后浪

柏辽兹回忆录

狂飙之子与十九世纪西欧文艺

[法] 埃克托尔·柏辽兹 —— 著 冷杉 佟心平 等 —— 译

目　录

序　言　1
前　言　10
柏辽兹生平简介　12

上　卷　1

第一章　3
拉科特－圣安德烈市；初领圣体；对音乐的初步印象。

第二章　7
我的父亲；我的文学启蒙；我对旅行的热爱；维吉尔；第一次感受诗歌的震撼力。

第三章　13
梅兰，我的舅舅；玫瑰红皮鞋；圣埃纳尔的斑蝶；十二岁男孩的初恋。

第四章　17
父亲给我上的音乐启蒙课；第一次尝试作曲；骨科学习；我对医学的憎恶；赶赴巴黎。

第五章　27
一年的医科学习；风趣的教授；歌剧院的演出；音乐学院图书馆；音乐，难以遏制的诱惑；父亲拒绝我从事这项职业；家庭纷争。

第六章　33
成为勒絮尔的学生；他的真诚善良；皇家唱诗班。

第七章　39
　　　第一部歌剧；安德里厄先生；第一部弥撒曲；德·夏多布里昂先生。

第八章　45
　　　奥古斯丁·德邦；他借给了我一千二百法郎；我的弥撒曲首次在圣罗什教堂演出；接着在圣厄斯塔什教堂奏响；我将它付之一炬。

第九章　49
　　　我与凯鲁比尼先生的初次见面；他将我赶出音乐学院图书馆。

第十章　53
　　　父亲不再给我生活费；我又回到拉科特－圣安德烈市；外省人对艺术及艺术家的看法；我的绝望；父亲的惊恐；他同意我回到巴黎；母亲的偏执；她的诅咒。

第十一章　59
　　　回到巴黎；我开始授课；我进入音乐学院雷哈的班中学习；我在"新桥"上的晚餐；父亲再次断绝我的生活来源；毫不容情的反对；安贝尔·费朗；鲁道尔夫·克鲁采尔。

第十二章　63
　　　我参加了合唱队队员职位的竞争；我获得成功；安托万·夏尔波奈勒；我们这群男孩子。

第十三章　69
　　　我初次谱写管弦乐；我在巴黎歌剧院的学习；我的两位老师——勒絮尔和雷哈。

第十四章　75
　　　参加法兰西艺术学院竞赛；我的大合唱被枪毙了；我对格鲁克及斯庞蒂尼的崇拜；罗西尼的到来；他的爱好者；我的愤怒；安格尔先生。

第十五章　79
　　　我在巴黎歌剧院的夜晚；我的布道热忱；丑闻；令人激动的场面；数学家的敏感。

第十六章　89
　　　韦伯出现在奥德翁剧院；卡斯蒂尔·布拉兹；莫扎特；拉什尼特；

篡改者；绝望与死亡！

第十七章　99
我对意大利语歌剧的成见；我从莫扎特的作品中所获得的印象；这种成见对它的影响。

第十八章　103
莎士比亚的出现；史密斯逊小姐；致命的爱情创伤；精神的麻木；我的第一场音乐会；凯鲁比尼可笑的反对；他的失败；第一次响尾蛇式的报复。

第十九章　111
徒劳的音乐会；不懂如何指挥的乐队指挥；没有演唱的合唱队员。

第二十章　115
贝多芬在音乐学院的出现；法国艺术大师们对他的敌视；勒絮尔对《C小调交响曲》的印象；勒絮尔执拗地坚持他的反对意见。

第二十一章　121
命中注定；我成为评论家。

第二十二章　125
音乐作曲竞赛；法兰西艺术学院的规章；我得了二等奖。

第二十三章　133
学院看门人；他的揭露。

第二十四章　143
总是史密斯逊小姐；一次义演；残酷的邂逅。

第二十五章　147
第三次参加法兰西艺术学院竞赛；我没有获得一等奖；与包阿德约的奇怪谈话；使人慰藉的音乐。

第二十六章　153
初读歌德的《浮士德》；我写了《幻想交响曲》；我的演出尝试徒劳无功。

第二十七章　157
　　我根据莎士比亚的《暴风雨》写出一首幻想曲；该作品在巴黎歌剧院的上演。

第二十八章　159
　　我极度地心不在焉；Hxxx先生；Mxxx小姐。

第二十九章　163
　　第四次参加法兰西艺术学院竞赛；我得到了大奖；七月革命；巴比伦的陷落；《马赛曲》；鲁日·德·李尔。

第三十章　169
　　法兰西艺术研究院的颁奖典礼；院士们；我的大合唱《沙达那帕鲁斯》；它的演出；没有燃烧的火灾；我的愤怒；马里布兰女士的惊恐。

第三十一章　175
　　我举办第二场音乐会；《幻想交响曲》；李斯特来拜访我；我们开始交往；巴黎人的批评；凯鲁比尼的老调；我出发前往意大利。

第三十二章　181
　　意大利之旅；从马赛至里窝那；暴风雨；从里窝那至罗马；罗马的法兰西学院。

第三十三章　189
　　学院的寄宿生们；菲利克斯·门德尔松。

第三十四章　193
　　悲剧事件；我离开罗马；从佛罗伦萨到尼斯；我重返罗马；没有任何人死去。

第三十五章　203
　　热那亚和佛罗伦萨的剧院；贝里尼的《蒙太古家族与凯普莱特家族》；由女士扮演的罗密欧；帕奇尼的《贞洁女子》；由女士扮演的李锡尼；佛罗伦萨的管风琴演奏者；圣体节；我返回学院。

第三十六章　211
　　学院的生活；在阿布鲁齐游历；圣彼得大教堂；忧郁；在罗马乡间郊游；狂欢节；纳沃那广场。

第三十七章　221
山中狩猎；依然是罗马平原；追忆维吉尔；荒凉的意大利；遗憾；小酒店的舞会；我的吉他。

第三十八章　227
苏比亚哥·圣贝努瓦修道院；小夜曲；西维苔拉；我的枪；我的朋友克里斯皮诺。

第三十九章　235
罗马音乐家的生活；圣彼得教堂的音乐；西斯廷教堂；对帕莱斯特里那的偏见；圣路易教堂的现代宗教音乐；歌剧院；莫扎特与瓦卡依；流浪乐师；我在罗马创作的作品。

第四十章　247
纷杂的忧郁；孤独。

第四十一章　251
那不勒斯之旅；热情的士兵；游览尼西塔；懒汉族人；（拉札罗尼人）；应邀赴宴；一记鞭子；圣卡罗剧院；徒步返回罗马；蒂沃利；仍是维吉尔。

第四十二章　265
罗马的流感；新哲学体系；狩猎；石榴裙下臣的烦恼；重返法兰西。

第四十三章　269
佛罗伦萨；葬礼；美丽的死者；快乐的佛罗伦萨人；洛迪；米兰；"卡诺比亚那"剧院；观众；对意大利音乐组织的成见；意大利人对庸俗之作不泯的热爱；回到法国。

第四十四章　277
教皇的贬责；音乐会准备事宜；我回到了巴黎；新英国剧院；费蒂斯及其对贝多芬交响曲的修改；幸会史密斯逊小姐；她破产了；她腿部骨折；我娶了她。

第四十五章　287
募捐演出；意大利剧院的音乐会；《哈姆雷特》第四幕；《安东尼》；乐队变节；我进行报复；帕格尼尼登门造访；他的中提琴；为《哈罗尔德在意大利》谱曲；乐队指挥吉拉尔犯错；我决定永远自己

指挥自己的作品；一封匿名信。

下　卷　295

第四十六章　297

加斯帕兰先生委托我创作一首弥撒曲；艺术处的头头们；他们对音乐的见解；缺乏信任；君士坦丁堡被攻克；凯鲁比尼的花招；诡计；我的《安魂曲》得以上演；哈贝内克的鼻烟盒；他们不付给我钱；有人想将十字勋章卖给我；各类无耻行为；我的愤怒；我的威胁；最终付钱了。

第四十七章　307

《安魂曲》中的《哀悼》部分在里尔演奏；让凯鲁比尼碰个小钉子；他向我使出漂亮的新招；我让他碰了个大钉子；我被《辩论报》编辑部聘用；我感受到了评论工作的痛苦。

第四十八章　313

贝尔坦小姐的《爱斯梅拉达》；我的歌剧《本韦努托·切利尼》的排演；它辉煌的结尾；《罗马狂欢节》序曲，哈贝内克，杜普雷；厄内斯特·勒古维。

第四十九章　321

1838年12月6日的音乐会；帕格尼尼；他的信；他给我的礼物；我妻子的宗教热情；愤怒、喜悦和诽谤；我拜访帕格尼尼；他走了；我创作了《罗密欧与朱丽叶》；这部作品引起的争论。

第五十章　329

德·雷穆萨先生要我创作《葬礼与凯旋交响曲》；它的演奏；它在巴黎大受欢迎；哈贝内克的话；斯庞蒂尼评价这部作品用的形容词；关于《安魂曲》他所犯的错误。

第五十一章　333

布鲁塞尔之旅及音乐会；我家里出现的风波；比利时人；扎尼·德·费朗迪；费蒂斯；后者所犯的错误；在巴黎歌剧院由我组织并指挥的音乐节；哈贝内克朋友们的阴谋遭到失败；吉拉尔丹先生包厢中的争吵；发财的方法；我出发去德国。

第五十二章 431
我把《自由射手》搬上了巴黎歌剧院舞台；我的宣叙调；演唱者；德绍尔；莱昂·皮耶先生；韦伯的继承者们对他的总谱的破坏。

第五十三章 437
我被迫为一些专栏供稿；绝望；自杀的念头；工业的节日；一千零二十二名演奏者；三万二千法郎的收入；八百法郎的利润；巴黎警察局长德勒塞先生；音乐会节目单审查制度出台；征收济贫院税的税务员；阿穆萨博士；我去了尼斯；香榭丽舍马戏场的音乐会。

第五十四章 501
在布雷斯劳举行的音乐会；我创作的《浮士德的沉沦》的传奇脚本；德国的爱国主义评论家们；《浮士德的沉沦》在巴黎上演；我决定动身去俄国；朋友们对我的热心支持。

第五十五章 俄国纪行 509
普鲁士邮递员；能斯脱先生；雪橇；大雪；愚蠢的乌鸦；维尔霍斯基伯爵夫妇；利沃夫将军；我在俄国的第一场音乐会；俄国皇后；我发财了；莫斯科之旅；悲惨的小丑；俄国大元帅；年轻的音乐迷们；克里姆林宫的大炮。

第五十六章 527
重返圣彼得堡；两度在大剧院上演《罗密欧与朱丽叶》；罗密欧坐在轻便马车里；恩斯特；恩斯特的天才；音乐的追溯性。

俄国纪行（续） 535
我返回了里加；柏林；《浮士德的沉沦》的上演；在无忧宫的一次晚宴；普鲁士国王。

第五十七章 541
巴黎；我为罗克布兰与迪蓬谢尔先生提名，让他们当上了歌剧院的经理；我与罗克布兰和迪蓬谢尔先生相识；《哭泣的修女》；我动身去伦敦；特鲁里街剧院的经理于连；教士应该以圣坛为生。

第五十八章 551
我父亲去世；圣安德烈之行；梅兰之行；寂寞发作；仍是那颗山地之星；我向她致函。

第五十九章　563
　　我妹妹逝世；我妻子逝世；她们的葬礼；奥德翁；我在音乐界的地位；我几乎不能对抗我在剧院里引起的仇恨；科文特花园的诡计；巴黎音乐学院里的小集团；被遗忘的梦想中的交响曲；我在德国受到的热情欢迎；汉诺威国王；魏玛大公；萨克森国王的管家；我的告别。

附言　579
　　致×××先生的一封信；另按其要求，附上本人回忆录手稿，以供其撰写本人传记之用。（但他丝毫没有参考这些手稿，充斥其书中的，净是些荒诞的故事和怪异的评论。）

后记　589
　　我完工了；研究院；工业展览馆的音乐会；于连；永恒的音符；《特洛伊人》；《特洛伊人》在巴黎上演；《贝亚特丽斯与贝内迪克特》；该作品在巴德与魏玛上演；洛温堡之旅；音乐学院的音乐会；斯特拉斯堡狂欢节；我的第二位妻子逝世；墓地；都见鬼去吧！

序　言

　　许多著名作家如卢梭或夏多布里昂均以出版回忆录宣告文学生涯的终结。但对音乐家来说，这种情况比较罕见。柏辽兹可能是他们中的第一人：一般说来，当一位作曲家感到有表达自我的欲望时，他总是将其倾注于音乐。那么柏辽兹为什么会成为这方面的先行者呢？这是由其特殊条件决定的：首先，他不是音乐神童。一个从小就具有音乐天赋的孩子，或是因家庭传统的熏陶，或是因其非凡的才华得到周围音乐环境的承认，往往以后只是在音乐方面挖掘才华，获得长足的进步，却抑制了其他能力的提高。譬如，他们的文笔通常十分笨拙，文学品味也较为欠缺。柏辽兹生于医生家庭，中学毕业会考后进入医学院学习，他一到巴黎就结交了几位酷爱文学的年轻人。由此可见，他并非仅仅是音乐的信徒，而他的偶像也不仅仅是格鲁克、韦伯和贝多芬，还有维吉尔、莎士比亚、歌德和拜伦。其次，他一生坎坷，时起时落，毁誉参半，有丰富的游历，结交许多第一流的人物，多次恋爱且感情炽烈。只有这样的一生才值得用笔来记载，并显示出永恒的意义。第三点，也许是最重要的一条——它涵盖了第二个条件，至少是部分地包括——柏辽兹生活在浪漫主义时代，即一个艺术与文学紧密相连的时代，这种结合并非出自偶然，而是由于两者具有共同的激情。很能说明问题的是，同样的现象也出现于造型艺术领域内——著名画家德拉克洛瓦所著的《日记》就具有极高的文学价值。

　　20岁的柏辽兹来到巴黎不久便开始在多家报纸上发表音乐方面的文章，逐渐练就了一种富有战斗性的、辛辣讽刺的风格。他在以后发表的文章中始终保持着这种风格。但最终使其成为一名作家的则是他所撰写的对贝多芬的著名评论以及其他一些或多或少直接阐述其音乐思想的文章。自1835年起，他开始定期为《辩论报》撰稿，文笔也日臻完美。

　　尽管柏辽兹音乐作品中的唱词大多取自他人著作，如贝朗瑞、戈蒂埃、雨果等，但他本人除谱曲外也常常自己作词。起初，他的词曲创作既夸张又笨拙，可渐渐地，它们显示出一种日趋成熟的分寸感和技巧性，例如《浮士德的沉沦》《特洛伊人》《贝亚特丽斯和贝内迪克特》的主要创作过程就属于这种情况。

在其文学创作初期，受当时潮流影响和性格制约，他习惯于在文章中突出或至少是肯定自己的个性与个人生活。实际上，自我是他永恒的主题。由于他的思想源于激情，其行为也就极富主观色彩。他的音乐也是如此。《幻想交响曲》，尤其是随后创作的《莱利奥》便是有力的证据。在《莱利奥》上演时，艺术家亲任乐队指挥，在舞台上进行了极为生动的表演。于是柏辽兹在世时较早开始了《回忆录》（即本书——编者注）的构思便是一件很自然的事了。他在书中除记述自己的所见所闻和音乐经验外，还描绘了个人经历，而后者与前者几乎是密不可分的。

1847年末，他来到伦敦，3月开始酝酿写作计划。探其原因，除表达自我的需要外，主要是以下两个原因：首先，虽然夏多布里昂打算将《墓外回忆录》留至死后发表，但人们对它的宣传却此起彼伏，已有多年。正如这位法国浪漫主义文学的一代宗师，柏辽兹作为法国浪漫主义乐坛占统治地位的作曲家（甚至是唯一的代表）也要为后世留下自己的画像和生活的记录。其次，柏辽兹在形成这个计划的前一年，遭受了事业上最惨重、最耻辱的失败——《浮士德的沉沦》演出失败。他开始自忖（正如他以后常做的那样），自己的作品和名字会不会最终湮没无闻。由此可见，《回忆录》是柏辽兹在未来面前的自我辩护，是向世人展示真实自我的一种方法，更何况生前他的声音一直湮没于对他的冷嘲热讽中。

真是一个不可思议的巧合：《墓外回忆录》于1848年10月问世时，距作者去世已有三个多月；而柏辽兹也恰是在同一年最后几个月中完成了《回忆录》大部分的撰写、修改和调整工作，并计划于死后出版。该书四分之三的篇幅都是他从前发表过的作品：刊载于《辩论报》《音乐杂志》上的文章，以及1844年8月发表的两卷《德国、意大利音乐之旅》中的节选。特别是作者在后者所有涉及意大利的部分里均使用了已发表过的作品，它们散见于1832年至1835年出版的《欧洲杂志》《创新》《音乐杂志》和《迷人的意大利》等刊物上，这些文章有时纯属虚构，在内容上也有所重叠。《回忆录》中的某些章节存有四种版本，每个版本不仅文笔风格、情节发展、起承回转各有不同，而且他对其动荡的感情生活的隐晦描写也时有变化。例如，他因怕得罪史密斯逊（1833年与柏辽兹结婚）而删去了所有暗示1830年他与加米尔·莫克恋爱关系的部分；随后，因怕激怒可怖的玛丽·雷齐奥（一位平庸的女歌剧演员，于1841年成为他的情妇）而删掉了写给史密斯逊的献词。

《回忆录》开篇几章的前半部是于1848年3、4月间在伦敦完成的，后半部成稿于年底，其中包括音乐家为纪念父亲去世而撰写的文章和记载其首次俄国巡回演出的文章。但此后作者却搁笔五年多之久。直到1854年，即他前妻去世和与玛丽再婚之间的那一年，他才重新开始《回忆录》的写作。关于这件事，他对玛丽一直半露半藏。玛丽是个美丽迷人却心如蛇蝎的女人。她出于嫉妒而将柏辽兹的一举一动都置于自己的监视之下。作品中提及她和这段婚姻时，作者只是一笔带过：我不得不做。此外，在这段时期内，柏辽兹除完成了作品一些细节的删改和承接外，还写完了第四章（记述《浮士德的沉沦》的有关情况）、第七章（记述《哭泣的修女》创作计划流产的经过）以及遗嘱（收于全书最后一章）。至此，柏辽兹自以为作品大功告成，但当他重病缠身，知道所剩时间寥寥无几时，想到自己将在肉体与灵魂的痛苦折磨中死去，便又奋笔疾书，终于完成了这部著作。他将手稿拼接好后并没有保存在自己家中，而是放在妻子身旁，即他在音乐戏剧学院图书馆的办公桌内。之后，由于他在法国受到冷遇，便考虑在国外出版这部作品。他将手稿寄给李斯特，打算将其译为德文发表，对此，他作了很详细的指示：如果他死时，手稿仍未被退回，那么李斯特应将它直接交与出版商米歇尔·列维；著作版权归他的妻子和儿子享有。不过要不是他将此事写信告知妻子，李斯特本可顺利完成此事……最后，这个计划落空了。于是柏辽兹只好像夏多布里昂曾做过的那样，于1858年2月和11月在一份期刊《画报世界》上登出了《回忆录》的若干片断——对此，他不得不做些删节：一是出于对妻子的担心，二是避免对当时尚在世的人物造成影射。1858年5月底他重写附言，此时他的音乐激情与巴黎公众产生了激烈对抗。这还没完，1864年春天或夏天，他又补入一个序言。4月柏辽兹与埃丝黛尔再次重逢（他在12岁时曾疯狂地爱上了她，此后虽一直杳无音信，但他从未将其遗忘）。于是，他又在作品中收入了去世前几个月中与埃丝黛尔的通信。至此整部作品才算全部完成。为确保作品不被篡改，他决定于1865年初即交付印刷。7月经核样后，初版完成，柏辽兹将其中一份寄予埃丝黛尔，其余部分则于死后才发行出售。

《回忆录》并不是一个行将就木者对过去平静而又略带伤感的追忆。从某个角度说，它更像是一部日复一日，至少是在每个事件发生后撰写而成的编年史，例如，占书中相当部分的，有关意大利、德国和俄国之行的描述便是这样完成的。作者对这部编年史曾稍作变动。他尤其喜好罗列事实；有时，在重读初稿时，若有了新的观点，他就用下注的方式将其标示出来。

这样完成的《回忆录》，其内容会不会不够和谐呢？我们可以对此表示担心。但是，正如我们所见，一些章节的最初成稿日期可追溯至1832年；另一些则是在近30年后才完成的。从一个未过而立之年的青年到一位饱受事业失败、丧亲之痛和疾病折磨的沧桑老人，这是多么大的时间跨度啊！但书中大部分的篇章却显露出从这一端向另一端行进的平稳与安详：这些文字写于他壮年时期，当时他四五十岁，正在创作《浮士德的沉沦》。此时的柏辽兹在事业上已是几经沉浮。其实他的一生都伴随着这种胜败轮回。老年柏辽兹几乎仍像年轻时那样热情奔放，因为激情始终在他心中沸腾；不过，他也能够相对冷静下来，嘲笑自己在过去某某事件发生时的那种激进、狂热或是绝望。对于过去的行为、梦想和冲动，他从未表现出不屑一顾，也从没否定过当初的想法，而是带着明朗和会心的微笑给其以公正的评价。书中所体现的智慧与冲动、沉思与欢乐、严肃与幽默之间没有丝毫抵触，而是相辅相成，一气挥就。这就是《回忆录》的强烈个性之所在。

那么该书是不是一份档案资料呢？阅读中，我们会很自然地发现一些自相矛盾和不确切的叙述，作者甚至不失时机地在某些评论中将其挑明。例如，有关1831年作者自杀未遂的故事就很可能是虚构的；他所描绘的西斯廷教堂也非亲眼所见；而他自费发表《安魂曲》所遇到的困难也绝非书中所述的那么夸张。我们用不着找更多的例子，更无需对每一处与"客观"事实不符的地方大加挞伐。因为首先，这类情况并不像那些自称尊重实据者所说的那么多，更何况这些人的证据并不是柏辽兹所用的事实。实际上，与后者相比，前者更不忠实。其次，某些有悖事实之处实属无意，要么是由于记忆的误差——这是很自然的，因为中间隔了许多年——要么是由于这种秘密的工作：作者是在一种疯狂的想像的操纵下对那些曾深刻影响过自己并使自己无法冷静审视的事件加以记述的。在这些章节中，作者是否时而表现出一种被迫害妄想症？也许。譬如，我们难以相信上了岁数的乐队指挥哈贝奈克在《安魂曲》的首场演出中，竟在铜管乐队入场的关键时刻撤下指挥棒，拿起了鼻烟盒，这差点引发一场会令他自己甚至是作曲家蒙羞受辱的灾难。但当一个人意识到他是本国唯一的伟大音乐家时——甚至是自贝多芬、舒伯特、韦伯逝世到舒曼、李斯特崛起之间几年中全欧洲唯一的伟大的交响乐作曲家时——当这样一个人穷困潦倒，仅靠写些小东西维持生计时，当他看到自己的音乐会无人问津时，当他的杰作《本韦努托·切利尼》和《浮士德的沉沦》遭到耻辱的失败时，当他被视作安布鲁瓦斯·托马斯昂斯洛和克拉皮松学院的宠儿时，我们是否还有资格带着宽容的微笑指责他激情过分、忘乎所以呢？诚然，在他的作品中并非所有的有悖事实之处都由于无意。他有时也故意地略微改动某些事件，用他擅长吹嘘的技巧粉饰一些事实，从而抬高自己。但是有哪个伟人，尤其在浪漫主义时代，不把自己视作构成其作品的要素之一呢？又有哪个人不在雕刻个人形象以期流芳百世？卢梭和夏多布里昂就是这样的典型。与《忏悔录》《墓外回忆录》一样，柏辽兹的《回忆录》也是如此：既是自我辩护又是艺术杰作。它与现实的差距就如同油画与照片的差距一样。作者之所以添加、删除或是改变某些细节，之所以将反差和对比浓彩重抹，是为了使作品更具完整性，避免结构松散，是为了强调本质的东西——正是这种处理方法使现实的纤毫在被感知、被体验的真实中消失了。

总体说来，考虑到音乐家的感情生活总是笼罩在阴影之中，尤其是在那段有两位柏辽兹夫人的悲惨时日里（一个是名义上的，一个是感情上的），考虑到作品是断断续续完成的（这使他对去世前几年的生活只有很少的描述），我们认为柏辽兹在《回忆录》中还是较忠实地介绍了他自己和他的一生。他确实是这样一位感情冲动、热情奔放的人，是个在自己应尽的事业上（即音乐）绝不后退的人。这个从不妥协的人，不管什么样的请求也不理睬唾手可得的好处；始终拒绝写钢琴曲，只是因为他不喜欢这个乐器；他甚至拒绝给小乐队作曲，因为他觉得只有庞大的交响乐团才能表现自己的思想。他确实是这样一位为了捍卫自己所崇拜的艺术而不惜战斗的狂热的人。在对庸人和阴谋家的斗争中他凶猛无情，但对音乐家却毕恭毕敬——他常为格鲁克、韦伯等人帮忙，例如抄写或改编曲目。虽然这些人的作品由他负责修改，但他却从来没有因为私利而想方设法篡改原作；他也十分诚实，承认对手的成绩，不论是他的宿敌如梅耶贝尔，还是他的敌人如罗西尼和凯鲁比尼，他都为其进行过辩护，只要他们的音乐值得他这样去做。他确实是这样一个人：无论是在幸福岁月、事业顶峰还是艰难的上升期，他总是不时遭受最沉重的打击，这并不只是他的狂热招致的后果，也是命中注定他该一生如此。这个人一生都在为自己的音乐而奋斗，都在同习俗、冷漠，及公众、批评界和当权者的不理解抗争。这个人在50岁时，被迫放弃创作一部业已成形的交响乐，只是因为这部作品会恶化他与妻子要竭力摆脱的困厄处境。他还不得不放弃一部由《哭泣的修女》改编而成、尚在创作之中的歌剧；对于几部已经完成的作品，他竟一直未能使其上演，我们也就一直没有欣赏过。他确实是这样一个人：我们在每个伟大的浪漫主义神话中都会寻见他的踪影。他一生疾风骤雨，有着罗密欧、恰尔德·哈罗尔德和浮士德的命运，因此他的经历已超越了个人冒险的概念，而得到了全世界的共鸣。任何人，无论他曾有什么样的偏见，在读了《回忆录》后，我认为这些偏见都将不再会妨碍他崇拜柏辽兹，热爱柏辽兹。

  本书向我们展示的不仅是一个人，更是一位音乐的技师。在他的娓娓叙述中，那个时代的音乐会，它们的演奏师及乐队指挥，所有的乐坛人士连同他们的俊雅、嗜好、偏见、爱情以及献身都一同复活了。在这群人周围是整整一个柏辽兹曾全部投入的时代。他将激情与朴实交织在一起，以令人惊叹的手法再现了那个时代。书中占首要地位的当然是作家和艺术家。其中提到的文学代表人物有雨果、海涅、巴尔扎克、拉马丁和大仲马。不过他的支持者主要还是音乐家，他们几乎全都是外国人：肖邦曾参与了为史密斯逊举行的音乐会；帕格尼尼则公开表示对他的敬慕并促使他创作了自己最伟大的杰作之一《罗密欧与朱丽叶》，而他则以此作为献给帕格尼尼的最珍贵的礼物。尤其是李斯特，他在听过《幻想交响曲》后被其深深折服，从此他一生都在为这位朋友效劳。为了柏辽兹的作品得以上演，为了让群众认识他的天才，李斯特鼎力相助，不遗余力。在国外，在德国、奥地利、匈牙利、波希米亚和俄罗斯，柏辽兹之所以受到了应有的欢迎，这还是要归功于音乐家们的帮助，尤其是德国音乐家：如门德尔松，他与柏辽兹在罗马相识。后面我们将会看到，在莱比锡他为这位法国音乐家工作。如演奏钢琴低音部，改正总谱上的抄写错误，指挥《罗密欧与朱丽叶》的合唱队。舒曼为《幻想交响曲》撰写了一篇热情洋溢的文章，并全力以赴帮助柏辽兹在德国获得成功。瓦格纳在德累斯顿接待了他,并以行动和个人声望帮助他,但后来两人关系逐渐疏远。这些伟大人物感人肺腑的真挚情谊在这里得到了充分体现,发出夺目光彩。

尽管这些个人友谊的力量如此巨大,但也不能遮盖浪漫主义时代的思想背景。《回忆录》的读者都会对此有所感受。当时的思想界并非总是惊涛骇浪。这种状况至少一直延续到1848年,但柏辽兹的浪漫主义是1830年的浪漫主义。这一年开端于《欧那尼》的上演,在七月革命"三个光荣日"中达到高潮,又以《幻想交响曲》而告终。这首狂热奔放的交响乐因其情发于中,故而听后感觉似幻似真,难以琢磨。而对它的解释也是五花八门,有时甚至是互相矛盾、荒诞不经的。然而这却是激励了整整一代人的狂飙突进运动的作品之一,并为推动人类历史的进步做出了贡献。从最广义和最严肃的角度看,这种激情产生的原因之一是政治性的,它包含着追求解放的思想。这一思想在柏辽兹的作品和生活中曾多次出现,因而在《回忆录》中我们会经常看到这一思想的迸发或流露。1826年,《希腊革命》完成,表达了作者对参加这场解放战争战士们的深深敬意。1827年,作者开始创作歌剧《宗教法庭的法官》,1828年完成了《威弗利》的序曲;前者歌颂了反对独裁统治的斗争,后者取材于沃尔特·司各特的小说,讴歌了苏格兰人民反抗压迫者的起义斗争。1830年,柏辽兹为《马赛曲》谱曲。七月革命时期,李斯特一直渴望自己能创作一部《革命交响曲》,德拉克洛瓦则在构思他的《自由领导人民》,雨果写了诗集《黄昏之歌》作为向"三个光荣日"的献礼,柏辽兹则在出门去领"罗马奖"时,拿着枪,在巴黎走街串巷,随时准备射击。在所有浪漫主义大师中,他是唯一一位与大仲马一同想方设法参与革命行动的人。不久,他便在公共场所(一条有屋顶的弄堂里)指挥成百上千名巴黎人合唱《马赛曲》。此后不久,他于意大利完成《罗伯·罗依》的序曲,这部作品的基本精神与《威弗利》是一致的。《海盗船》序曲及享有盛誉的《哈罗尔德在意大利》均取材于拜伦的作品——拜伦在与希腊起义者的并肩战斗中牺牲于该国。《五月五日》大合唱是献给拿破仑的赞歌。在今天,拿破仑被视为独裁者的象征,但直到1830年前,他却一直是自由主义者的崇拜偶像。这一年也是柏辽兹经受考验的一年。

乍看起来,《安魂曲》似乎不合乎当时潮流。但是起初,这部作品却是为纪念1830年七月革命牺牲者而创作的;值得注意的是,尽管柏辽兹不再是天主教徒,甚至彻底抛弃了一切信仰，但他却认为，在浪漫主义时代以这种无神论去反对宗教信仰的做法是有失偏颇的。因为，对于许多那个时代的人来说，相信人、相信人的进步和征服力不过是宗教信仰的新的形式。它与宗教的对抗就好像后面的海浪会击碎前面的海浪并将它取而代之一样。旧的信仰被新的信仰所接替，但却正是旧的孕育了后来者。正是从这一点出发，我们可以理解为什么《安魂曲》又被称作"无神论者的弥撒"，其余的则应从美学角度去分析。歌剧《本韦努托·切利尼》初看起来也是与时代背景相去甚远，但在奥古斯特·巴比耶看来（他是舞台剧本作者之一），这部作品本应在一次围攻罗马城的战斗中开始：切利尼为保卫城市，组织了一支由自由射击手组成的队伍，来抵抗变节后成为波旁要塞司令的叛徒的进攻。在这个历史背景下，雕刻家（他是音乐家的化身）理应为自由而战。我们不想对为纪念七月革命十周年而创作的《葬礼与凯旋交响曲》加以评论。《铁路大合唱》既是对由科技（这台进步的发动机）带来的技术的赞美，也是对实践技术的工人的歌颂。与许多同代人一样，柏辽兹比较拥护圣西门主义；这部作品便反映了他对工人的同情。最后，当他在《浮士德的沉沦》中插入《前进，匈牙利》时，他很清楚自己是在借器乐语言唱出一曲献给起义者的颂歌。

我们在阅读《回忆录》时不应忘记这个思想背景：它渗透于作者一生。从青年时起，他便起来指责凯鲁比尼的痴言妄语。凯鲁比尼是巴黎音乐学院的院长，他嫉贤妒能，苛刻挑剔（请读者们在阅读时注意寻找其他能体现这种喜好责难的性格的例子）。这个背景也渗透于作曲家的音乐当中，他已超越了传统的管弦乐，创造了新的配器形式（例如，在管弦乐中加入钢琴伴奏，使用各种低音提琴，在中音区空缺处使用高低音混合，立体分布铜管乐队，增加打击乐的数量和种类，等等），从而用一种不规则的，甚至是互相重叠的旋律，以前所未有的疯狂奔涌而出；原有的和谐的音调变化也常被突然的音调中断所代替；总之，柏辽兹认为，这使得交响乐配器挣脱了传统习惯的桎梏，为后来的革新者如穆索尔斯基、德彪西（因为柏氏作品中的许多片断颇具"印象主义"风格），尤其是为20世纪轰动世界的音乐大师如斯特拉文斯基、巴托克和布列兹开辟了道路。

其实，这种暴风骤雨的生活掩盖的是他喜爱吵嚷和故弄玄虚的一面，在贯穿整部《回忆录》的轻松的幽默背后，却是一种相对的大胆与诱惑。不论是表露在外还是隐含于内的,我们都要懂得如何区分开一位自由、高傲、正直的艺术家的外形与灵魂,因为他渴望自己成为一位音乐巨擘。

皮埃尔·希特龙

(顾春晖译)

前　言

人们曾经出版并且现在仍不时出版一些有关我的传记，一些内容难以核实甚而错误的记述充斥其间，因而我最终决定亲自写一些我在我勤奋与坎坷的一生中所经历的事件；我认为，我的记述或许对艺术界的友人有所裨益。此外，这种严谨的回顾将使我有机会能对我们这个时代，在作曲家的职业生涯中所存在的种种困难做出确切的定义，以便让某些作曲家能从中汲取一些有益的经验与教训。

几年前，我曾经出过一本书，内容包括对我的旅游经历的一些记述，以及部分个人近况和音乐评论的片断。目前，这个版本已经告罄。因此，关心我的一些友人希望我能够对这些杂乱无章的记述加以修改和补充。

如果说我今天接受这种友好的建议是一个错误的话，这并不意味着我对这项工作的意义没有清醒的认识。我对此毫不怀疑：公众对我曾经做过、感受过或想过的事情并不很关注。不过，既然有少许的艺术家及乐迷对此感到好奇，那么，与其令他们轻信虚伪的谎言，莫如向他们揭示事物的原貌。因此，我并不包藏哪怕是最为轻微的意愿，竟然胆敢手捧我的著作来到上帝面前，声称我卓然超群，无人能及；同样，也难以夸口，我之所言乃是一部《忏悔录》。我所言及的只是我之所愿，如果读者拒绝给予我他们的谅解，那么我恳请他们的这种苛求应该少带一些正统色彩，因为我只会承认那些轻微的罪行。

无论如何，我必须结束前言，时不我待。共和国此时正在全欧播撒惊惶与忧黯；音乐于长久以来便苟延残喘，行将就木，而今算是寿终正寝了；人们正在将之埋葬，甚而胡乱弃之于腌臜。于我而言，此一点无所谓是德国抑或是法国。俄罗斯相距遥远，我实在是难以复返。而英国自我旅居以来，给予我高尚而盛情的接待。这里虽然最先经历王位倾覆所带来的动荡，进而带来整个欧洲的骤变，但是有众多音乐家在惊惶失措之际从另一侧海岸汇集而来，寻求庇护之所，正如同海洋中暴风雨来临之际，众海鸟纷纷避难于陆地一般。不列颠本土是否足以维持如此众多的有国无家、颠沛流离的人的生计呢？它是否愿意在它的邻人图谋王冠的傲慢喧嚣之中，侧耳聆听他们那令人黯然神伤的乐曲呢？邻人的先例是否也会引诱它热衷于此呢？而谁人能知，几个月之后，我又将处于何种状况？……我根本就没有固定的收入以维持我及我的家人的生活！那么就让我们充分利用这仅存的时间吧！或许我必须立即学会尼亚加拉印第安人的那种百折不挠的坚韧精神：当他们在急流之中英勇无畏，劈波斩浪，然而最终认识到自己的努力是徒劳之后，他们却能够继续以坚定的目光注视着咫尺之遥的万丈深渊，并引吭高歌，直到那一泻飞瀑将他们紧紧缠绕；他们在激湍之中翻腾旋转，勇敢地冲向那遥远的无限之中……

1848年3月21日于伦敦

柏辽兹生平简介

1803年 埃克托尔·柏辽兹于1803年12月2日诞生于法国伊泽尔省（L'Isère）格勒诺布尔（Grenoble）与维埃纳（Vienne）之间的拉科特－圣安德烈市（La Côte-Saint-André）。他是一个古老的多菲内(La Dauphine)家族的后裔。父亲路易·柏辽兹生于1776年，在此地以行医谋生；母亲玛丽－安托瓦内特－约斯菲娜·马米翁出身于律师之家；舅舅为公务人员，供职于拿破仑第一帝国。柏辽兹为长子。随后，南希、阿黛尔、普罗斯佩尔分别于1805年、1813年和1820年出生。

1809年 柏辽兹到神学院学习。

1811年 神学院关闭，老柏辽兹决定亲自督导儿子的学业。他请人教授柏辽兹长笛课及吉他课。

1815年 柏辽兹结识了17岁的埃丝黛尔·杜伯夫，初受爱情煎熬。

1816年 柏辽兹首次尝试以多种旋律作曲。

1821年 柏辽兹在格勒诺布尔市通过中学会考，获得学士文凭；随后，奔赴巴黎开始医科的学习。他在巴黎选修了文学课，并表现出了对音乐的浓厚兴趣。

1822年 柏辽兹在巴黎音乐学院研究了格鲁克（Gluck）[①]的总谱，并到歌剧院聆听了他的《伊菲姬妮在陶里德》[②]，决定将自己的一生奉献给音乐事业。他被介绍给了勒絮尔(Lesueur)，后者是皇家唱诗班的总监和巴黎音乐学院教授，他给予了柏辽兹极大的鼓励。

1823年 柏辽兹创作出其最早的一批作品，绝大部分已经散失。在《海盗船船长》中，他写了几篇关于音乐的文章。勒絮尔同意以个人名义请人为他的作品润色和声。

---

① 格鲁克：(Christoph Willibald von Gluck，1714—1787)，德国作曲家，《伊菲姬妮在陶里德》的作者。他在巴黎居住多年，对歌剧进行了改革，旨在抛弃意大利歌剧的陈规陋习，发掘出歌剧的自然、淳朴及感人的特色。
② 《伊菲姬妮在陶里德》：伊菲姬妮是希腊神话中阿伽门农与克吕泰墨涅斯特拉之女。在其父出兵特洛伊时，曾将她杀死祭神。根据另一个传说，女神将之用一头牡鹿替换，到陶里斯担当她的信使。

1824年 柏辽兹受到韦伯①《自由射手》②的启示,创作出他的第一部巨作:清唱剧《穿越红海》(已失传),并希望在12月份公演。然而对该作品的唯一一次排练表明,他所付出的努力是徒劳的。

1825年 7月,柏辽兹的作品《庄严弥撒》在圣罗什教堂公演。1827年,作者亲手将作品毁掉。这一年,作者参加了罗马大奖赛,无功而返。家中传来消息,威胁要断绝他的生活来源。

1826年 柏辽兹于8月得以返回巴黎,并在巴黎音乐学院注册,受教于雷哈③。他在友人安贝尔·费朗所作诗文的基础之上,将一场"伟大的英雄革命"谱写成合唱,命名为《希腊革命》(已散失)。随后,尝试创作歌剧《宗教法官》。

1827年 家中再次断绝其生活费用,柏辽兹为生计所迫,不得不加入"新颖"合唱队,成为一名队员。他创作了一部大合唱,并再次参加罗马大奖赛,比赛命题为《被女祭司撕碎的俄耳浦斯》④;再尝败绩。随后,他又创作了交响序曲《威弗利》。9月11日,他去观看一个英格兰剧团演出的《哈姆雷特》,对剧中饰演奥菲莉娅的女演员亨丽耶特·史密斯逊一见钟情。后者在9月15日的演出中饰演《罗密欧与朱丽叶》的女主角。11月,柏辽兹在圣厄斯塔什教堂担任指挥,再度演出其《庄严弥撒》。

1828年 3月,在巴黎音乐学院的首次音乐会上,柏辽兹受到贝多芬作品的启示。5月26日,尽管遭到音乐学院院长凯鲁比尼的反对,他最终仍得以在音乐学院礼堂举办个人作品演奏会,曲目有《威弗利》《宗教法官序曲》《希腊革命》,以及《庄严弥撒》中的《基督复活》,大获成功。之后,柏辽兹以大合唱《埃尔米尼》获罗马大奖赛的二等奖。

1829年 柏辽兹进行了大量音乐创作:《浮士德的八个场景》(根据奈尔瓦尔⑤

---

① 韦伯:(Carl Maria von Weber,1786—1826),德国作曲家,乐队指挥,《自由射手》的作者,德国民族歌剧创始人之一
② 《自由射手》:韦伯所作三幕歌剧。又译《魔弹射手》。
③ 雷哈:(Auton Reicha,1770—1836)法籍捷克作曲家,音乐理论家,柏辽兹、李斯特的老师。
④ 俄耳浦斯:(Orphée),希腊神话中擅弹竖琴的歌手。
⑤ 奈尔瓦尔:(Gérard Labrunie Nerval,1805—1855),法国作家,是歌德作品《浮士德》的权威译者。

的法文译本);《九首爱尔兰旋律》(以托马斯·穆尔①的作品填词);《幽灵的芭蕾》(为合唱队及钢琴谱写的夜曲)。随后,他又创作了大合唱《克娄巴特拉②之死》,并参加罗马大奖赛,但该作品仍未能使他赢得大奖。柏辽兹再次举办音乐会,其曲目作者为贝多芬和柏辽兹自己。他从贝多芬的最后几首四重奏中汲取了灵感。

1830年 柏辽兹没能够再次遇见史密斯逊,但听到了关于自己的一些流言蜚语。不久,他与一个年轻的女钢琴家卡米尔·莫克开始了恋爱,这或许是他一生之中的第一次恋爱实践。这两次恋爱共同构成他创作《幻想交响曲》的灵感,该作品于这年上半年完成。此外,他又将《马赛曲》改编成管弦乐。8月21日,他的大合唱《沙达那帕鲁斯》③为他赢得了罗马大奖赛的大奖。其后,他又根据莎士比亚戏剧《暴风雨》创作了合唱与乐队的序曲;该曲于11月份公演。12月,《幻想交响曲》得到第一次演出,由哈贝内克④指挥——这使得柏辽兹成为一名伟大的浪漫派音乐家。李斯特因此对柏辽兹至为推崇,并成为他的朋友及其恒久的保护人。柏辽兹与卡米尔·莫克订婚。

1831年 1月初,柏辽兹出行罗马,住在美第奇家族的别墅。4月,一封来信宣布解除他的婚约:他的未婚妻已嫁普莱耶尔⑤为妻。虽然他打算回到巴黎报仇雪恨,但后来还是停留在尼斯。自杀之念骤起,终难以实施,作罢。回到罗马,创作了组曲《莱利奥》。该作品风格与《幻想交响曲》迥然不同,吸收了多篇以前写过的作品。同一时期的作品还有《李尔王序曲》,或许还应包括他的另一部作品《海盗船船长序曲》的初稿。

1832年 5月,柏辽兹自意大利返回;12月在巴黎首演《莱利奥》。接着,他

---

① 托马斯·穆尔:(Thomas Moore,1779—1852),爱尔兰诗人。
② 克娄巴特拉:(Cléopatre),古埃及女王,于公元前51—公元前30年在位,在阿克巧姆战败后,以毒蛇自噬其身,自杀而死。在其之后,古埃及军事王朝衰落下去。
③ 沙达那帕鲁斯:(Sardanapole),公元前7世纪亚述国王亚速巴尼查的希腊译名,传说其人生活穷奢极侈。
④ 哈贝内克:(Francois Habeneck,1781—1849),法国小提琴家,指挥家,以演绎贝多芬作品著称法国。
⑤ 普莱耶尔:(Pleyel,1757—1831),法籍奥地利作曲家,于1807年在巴黎创建了钢琴工厂;他写了许多交响曲、协奏曲及四重奏。

又推出新作《罗伯·罗依①序曲》。12月9日,哈贝内克再次指挥柏辽兹作品音乐会,曲目有《幻想交响曲》和《莱利奥》。雨果、大仲马、欧仁·苏②、海涅、帕格尼尼及亨丽耶特·史密斯逊出席音乐会——几天之后,柏辽兹将最终结识史密斯逊。

1833年 柏辽兹与亨丽耶特·史密斯逊订婚。婚礼于11月举行,李斯特与雅克·斯特兰兹为证婚人。一对新人定居在蒙马特尔高地。他们与肖邦、维尼③、奥古斯特·巴尔比埃、欧仁·苏及音乐理论家约瑟夫·道尔第格(此人成为柏辽兹一生之中最为忠诚的追随者之一)建立起深厚的友谊。11月,李斯特、德尔瓦尔夫人、亨丽耶特及柏辽兹举办了"柏辽兹—史密斯逊"义演音乐会,但遭到惨败。

1834年 8月14日,他的儿子路易·柏辽兹出生。嗣后,他又创作了交响曲《哈罗尔德④在意大利》,于11月23日上演。该作品在其崇拜者当中获得巨大成功,但在社会上并未引起强烈反响。

1835年 柏辽兹为《辩论报》撰写连载专栏。这项工作使他按时获得固定收入,但也迫使他必须定期完成,令他厌恶不止。李斯特创作并演奏了《埃克托尔·柏辽兹双主题幻想曲》。之后,柏辽兹又根据贝朗瑞⑤的诗歌创作了关于拿破仑之死的合唱曲《五月五日》。随后,柏辽兹开始进行歌剧《本韦努托·切利尼》的创作。在德国,音乐家舒曼写了一篇热情洋溢的文章,盛赞《幻想交响曲》。

1837年 柏辽兹应官方之邀创作《安魂曲》,于12月5日在荣军院演出,哈贝内克指挥。此时,亨丽耶特与柏辽兹之间爆发了家庭危机。亨丽耶特试图重新开始演戏生涯的努力付诸东流。

1838年 柏辽兹完成了《本韦努托·切利尼》的创作,并于9月10日在巴黎歌剧院演出。作品只上演了四场,一败涂地! 12月,柏辽兹开了两场音乐会。之后,

---

① 罗伯·罗依:(Rob Roy,1671—1734),苏格兰山匪,以抢劫闻名。
② 欧仁·苏:(Eungène Sue,1804—1857),法国作家,作品反映了法国底层人民生活,代表作《巴黎贫民》。
③ 维尼:(Alfred comte de Vigny,1797—1863),法国浪漫主义作家。
④ 哈罗尔德:恰尔德·哈罗尔德(Child Harold),英国著名作家拜伦的小说《恰尔德·哈罗尔德游记》中的主人公,曾参加过希腊革命,游历欧洲各地。
⑤ 贝朗瑞:(Pierre-Jean de Béranger,1780—1857),法国民歌作家,他的民歌将拿破仑时代的事件理想化,歌颂人民英雄,在群众中具有广泛的影响力。

帕格尼尼赠予他两万法郎（相当于1969年前后的十万新法郎）。

1839年 柏辽兹的弟弟普罗斯佩尔去世。柏辽兹于2月被任命为巴黎音乐学院图书馆馆长助理。由于帕格尼尼的赞助，他得以全心全意投入到一部新的、带独奏和合唱的交响曲《罗密欧与朱丽叶》的创作中去。这部作品于11月24日在音乐学院上演，由作者本人指挥。剧场爆满，各路艺术家与作家云集于此，济济一堂。一次辉煌的成功！瓦格纳此时也在巴黎，同样沉醉于作品的艺术魅力之中。

1840年 柏辽兹应邀写作《葬礼与凯旋交响曲》，以纪念1830年革命十周年。6月28日，在一次游行当中，音乐家们演奏了该作品的一些片断——未获成功。

1841年 玛丽·雷西奥，一个平庸与心胸狭窄的歌唱演员，成为柏辽兹的情妇，引起了亨丽耶特的妒忌。柏辽兹请人演出了韦伯的歌剧《自由射手》，并将他的《邀舞》改编成管弦乐。此后，柏辽兹考虑根据斯克里伯①的剧本及刘易斯②的《修道士》片断，创作歌剧《哭泣的修女》。随后，在戈蒂埃③填词的基础上，他又创作了人声与钢琴的六首旋律《夏夜》（晚些时候被改编成管弦乐）。

1842年 柏辽兹于9月到布鲁塞尔旅行并举办音乐会；在随后的法兰西研究院院士的选举中输给了昂斯洛。12月，他与玛丽·雷西奥前往比利时和德国。

1843年 在德国举办音乐会，在友人舒曼、门德尔松及瓦格纳的热情帮助下，获得成功。5月末，他回到巴黎，发表论文《配器法》，并将《希腊教堂素歌》改编为四声部合唱曲。

1844年 2月，柏辽兹请人演出《罗马狂欢节》序曲,节选自歌剧《本韦努托·切利尼》的第二幕。8月，他发表了文学作品《德国、意大利音乐之旅》。之后，为巴黎博览会创作《法国颂歌》——一次失败的尝试。接着，他又对《海盗船船长序曲》进行修改，重新命名为《尼斯之旅》。

1845年 1月，他在奥林匹克环形剧场举办音乐会。7月、8月，在马赛与里昂相继举办音乐会。柏辽兹随后决定继续《浮士德》的创作。10月，奔赴奥地利，

---

① 斯克里伯：(Eugene Scvibe, 1791—1861)，法国剧作家。他的喜剧、歌剧题材取自他同时代资产阶级的社会及精神的矛盾冲突。
② 刘易斯：(Lewis, 1775—1818)，英国小说家，他的作品《修道士》是英国哥特式小说的经典之一。
③ 戈蒂埃：(Gautier, 1811—1872)，浪漫主义的积极参与者之一，以其历史小说享有盛誉。

在李斯特帮助下，于11月在维也纳举办了音乐会。

1846年 1月，柏辽兹继续其旅行，到达布拉格。2月，在布达佩斯，他指挥了《匈牙利进行曲》，整个音乐厅为之鼎沸。3月至4月，行至德国，柏辽兹进行《浮士德的沉沦》的创作。4月底，他回到巴黎。6月，为里尔车站的启用典礼创作《铁路之歌》。12月6日，《浮士德的沉沦》第一次上演，但遭到彻底失败。柏辽兹曾将全部心血倾注于此。如今惨遭失败，不免黯然神伤。

1847年 2月，柏辽兹借道比利时、德国，孤独地踏上俄国之旅，他举办了多场音乐会，获得极大成功。在圣彼得堡，他与一个年轻的俄罗斯女孩度过了一段短暂而浪漫的时光。此间，他完成了钢琴伴奏歌曲《奥菲莉娅之死》及管弦乐《哈姆雷特葬礼进行曲》的初稿。7月，在柏林举办音乐会;同月，回到巴黎。9月，回到家乡拉科特-圣安德烈市。11月，独自前往伦敦。

1848年 柏辽兹对英国感到失望。1848年革命使他莫名惶恐。3月，决定写《回忆录》。4月，玛丽·雷西奥与他会合。7月，回到巴黎，他的父亲逝世。8月9日，他前往多菲内旅游。亨丽耶特受到了多次打击，最终瘫痪失语。

1849年 1月至9月，柏辽兹从事《感恩赞》的创作。

1850年 《感恩赞》于5月在圣厄斯塔什教堂上演。11月，柏辽兹写了多首钢琴合唱曲，以及一首小合唱曲《牧羊人的诀别》。或许是为了故弄玄虚，他将该作品题献给17世纪的幻想音乐家皮埃尔·杜克雷。这部作品后来出现在《逃离埃及》之中。

1851年 3月，柏辽兹竞选法兰西艺术研究院院士，他没有获得一票，安布鲁瓦兹·托玛斯胜过涅德尔梅耶及巴东而当选。同月，双合唱团与乐队的《法兰克人进行曲》上演。5月，柏辽兹在冬园举办两场音乐会，之后前往伦敦。7月，从伦敦归来。

1852年 2月至6月再次到伦敦游历，举办六次音乐会。11月，与玛丽·雷西奥前往魏玛公国，李斯特在那里举办了柏辽兹音乐周，并在大公剧院请人上演了《本韦努托·切利尼》，获得成功。12月，出版《管弦乐队之夜》，该书获得一定成功。

1853年 柏辽兹已囊中羞涩，被迫卖掉《浮士德的沉沦》的版权，得到700

法郎（相当于今天的3500法郎）。5月至7月待在伦敦，《本韦努托·切利尼》演出失败。8月至12月，游历德国。

1854年 3月3日，亨丽耶特逝世。月末，他前往德国进行新一轮音乐巡演。5月回到巴黎。柏辽兹创作乐队伴奏三重合唱曲《特里斯蒂亚》及一部清唱剧《基督的童年》，后者包括《逃离埃及》。这部作品在12月的演出中获得成功。10月份，法兰西研究院选举克拉比松为院士。同月，柏辽兹与玛丽·雷西奥结为连理。12月，创作大合唱曲《十二月十日》（后来更名为《帝国》〔L'Impériale〕）。

1855年 2月，到德国及魏玛、哥特公国游历。从那时起，柏辽兹计划写一部歌剧《特洛伊人》。3月，柏辽兹回到巴黎，生病，然后为了出席《基督的童年》的演出而奔赴布鲁塞尔。5月至7月，在伦敦举办音乐会。11月，在工业宫为庆祝万国博览会而举行音乐会。

1856年 2月，来到魏玛。6月，虽历经三次竞选失利，仍参加法兰西艺术研究院院士的角逐。柏辽兹所患的肠神经官能症加重，他深受其苦，直至去世。此后，柏辽兹创作出《特洛伊人》的片断。

1857年 8月，到普隆比埃尔疗养，随后游历于德国巴登，继续从事《特洛伊人》的创作。

1858年 4月，完成《特洛伊人》。5月，完成《回忆录》附言的写作。8月到巴登旅行。

1859年 3月，出版《音乐的怪诞》一书。6月，在波尔多举办音乐节。9月至10月，为格鲁克《奥菲欧》的上演而四处奔走。

1860年 1月，瓦格纳在巴黎举办音乐会，遭到柏辽兹对其演出的严厉批评。2月，他的妹妹阿黛尔不幸去世。8月前往巴登。柏辽兹计划根据莎士比亚喜剧《无事生非》创作喜歌剧《贝亚特丽斯与贝内迪克特》。

1861年 2月，柏辽兹完成《特洛伊人》。10月，实现了格鲁克的歌剧《阿尔切斯特》的上演。

1862年 2月，完成《贝亚特丽斯与贝内迪克特》，于8月在巴登公演。可惜的是，它在作者有生之年未能在巴黎上演。6月，玛丽·柏辽兹-雷西奥去世。柏辽兹与一个名为埃米莉的年轻女人发展了一段浪漫恋情。随后，发表了其音乐评论合集《穿越歌声》。

1863年 《特洛伊人》的上演遇到了困难。5月至6月,到斯特拉斯堡游历。8月,到巴登作短期游历。11月,《特洛伊人》第二部《特洛伊人在迦太基》上演,获得一定成功。然而作品的第一部《特洛伊的陷落》在作者生前没有上演。

1864年 8月,柏辽兹被授予荣誉军团军官称号。9月,到达多菲内。柏辽兹与他的初恋情人恢复通信联系。12月,他交付出版商《回忆录》稿件;六个月后,作品完成印刷。

1865年 4月,柏辽兹前往圣埃纳尔看望他的儿子路易,他是海军军官;8月,他在日内瓦见到埃斯黛尔,向她求婚,被后者拒绝。尔后,他途经格勒诺布尔及维纳埃市返回巴黎。

1866年 柏辽兹忙于格鲁克作品的演出,他使《阿尔米德》及《阿尔切斯特》得以上演。11月,他的朋友约瑟夫·道尔第格去世。12月,游历奥地利。

1867年 1月,游历科隆。6月底,柏辽兹闻悉儿子在哈瓦那死于黄热病的消息。7月,他在音乐学院图书馆烧毁了一生中收到的所有信件及与之相关的照片和文章。8月,最后一次见到埃斯黛尔。11月,柏辽兹不顾患病之躯,奔赴俄罗斯。

1868年 2月,回到巴黎。3月,前往尼斯。而后发生了两次脑溢血。7月,他的老友安贝尔·费朗去世。

1869年 3月8日,柏辽兹逝世。

1870年 遗著《回忆录》出版。1878年发行第二版。1881年再版。

生命不过是浮光掠影，转瞬即逝；是一个可怜的喜剧演员，于粉墨登场之际，在舞台上举手投足，傲气四溢，然后便悄无声息。这只是痴人说梦，虽充满狂喜与暴怒，实则毫无意义。

——选自莎士比亚《麦克白》

上卷

第一章

拉科特 – 圣安德烈市；初领圣体；对音乐的初步印象。

1803年12月2日，我出生于拉科特－圣安德烈市。这是法国的一座小城市，坐落于伊泽尔省，在维埃纳市、格勒诺布尔市与里昂市之间。在我出生前的几个月里，母亲未曾想到，正如圣母玛丽亚一般，她带到人间的这个小小的生命将来会戴上荣誉的桂冠。而我也必须承认——尽管这种承认对我的自尊而言是多么痛苦无情——母亲也如同亚历山大大帝①的母亲奥林匹亚斯一样，不相信在她的肚腹之中孕育着一团炽热的火焰，将来会熊熊燃烧，大放异彩。一切都比较特别，我得同意这一点，但一切却又都是真实的。我只是悄悄地睁开眼，见到世间光明，没有任何符合这个浪漫的诗意时代的预兆可以宣告，一个注定要一生辉煌的人已经来到人间。难道是我们这个浪漫的时代缺乏诗意么？

拉科特－圣安德烈市名副其实，是建在一座小山的缓坡之上，俯视着脚下那一片广袤而富庶的平原——金黄的田野，青翠的绿地——宁静与祥和之中荡漾着一份梦一般的庄严与凝重，美得难以言表；平原的南侧与东侧群山半环绕，更增添了这一梦的色彩。在平原的后面，远远的天边，巨大的阿尔卑斯山白雪皑皑，冰峰陡峭，高耸云端。

我想不必说明我是在罗马公教信仰的氛围中长大的。自从这种充满魅力的宗教不再焚烧任何人之后，它就带给我整整七年的幸福时光；并且直到如今，虽然我们之间不和已久，但我仍然对它保存着一份温馨的回忆。更何况它曾对我呵护备至，以至于如果我非常不幸恰恰出生在它处于分裂之时——这种分裂正是路德②和加尔

---

① 亚历山大大帝：(Alexandre le grand)，公元前3世纪马其顿国王，建立了地跨欧亚非的大帝国。
② 路德：(Martin Luther)，德国宗教改革领袖，1517年创立了新教路德教派，新教即我们所称的基督教，与罗马公教即天主教相区分。

文①长期的孕育于此时已破壳而出的结果——的话,那么首先,由于对诗意的幻想与对快乐的冲动,我会毫不犹豫地庄严宣誓放弃他们二人的异端邪说,以便我可以衷心拥吻那至美至善的罗马公教。我初次参加领圣体的仪式,是和妹妹在一起,在圣于尔叙勒会②修女院,妹妹是那儿的寄宿生。这种特殊的情况使得我的初领圣体变得亲切温馨,至今回忆起来仍充满感动。早六点,神父来找我。那时已是春天,太阳绽开笑脸,微风轻拂,杨柳细语,空气中荡漾着沁人心脾的香气。我跨过圣殿的门槛,心中激动莫名。进入教堂后,我置身于妹妹的小朋友们之间,她们都身着雪白的纱衣。我和她们一起等待着,祈祷着这一庄严而神圣的时刻的到来。神父走到前面,弥撒开始了。这一刻我已全部属于上帝。然而,当神父让我走到圣桌前时,我却感到了不适,因为我在那些美丽迷人的女孩子之前受到了邀请——某些人在圣坛脚下竟也胆敢保留男性的特权,这是不公正的,无礼的。我认为,那些女孩本来是应该在我之前受到邀请的。我不配这种荣耀,但我仍然走上前,脸涨得红红的。而后,正当我领取圣餐之时,一支少女合唱团唱起了圣体赞歌,那清澈的声音忽然在我体内产生了一种神秘的震撼,令我感动,以至于我不知怎样才能摆脱人们的注意。我感到一片天空在我面前打开,那是一片充满了至爱至善的天空,一片比我们经常谈论的天空更加空灵、纯净与美妙的天空。啊,这真实的表白具有多么神奇的力量!这动人的心曲具有怎样无可比拟的美丽啊!这优美的旋律回荡在宗教仪式的上空,与圣训竟然是如此彻底地吻合:十年之后,我才知道,这正是《尼娜浪漫曲》的主题曲《当至爱归来之时》。亲爱的达雷拉克,你令我如此心驰神往!人们尽管对音乐家是如此擅于遗忘,但在此时此刻,却几乎都会将你的名字牢记心间!

这就是音乐给予我最初的印象。

于是,我在突然之间变得"神圣"了,以至于我每天都去听弥撒,每周日都要去领圣体,都要到告罪庭前坦白我的灵魂:

"神父,我今天又是一事无成!"

---

① 加尔文:(Calvin),法国宗教改革领袖,于1509年生于法国的努瓦扬,后定居瑞士。他是路德思想的忠诚支持者,后创建了加尔文教派。
② 圣于尔叙勒会:(Saint-Ursule),该天主教修女会创建于16世纪的意大利。

"噢，孩子，"神父重复如昨，"你要继续努力啊！"
许多年，我都是如此虔诚地听从他的建议。

第二章

我的父亲;我的文学启蒙;我对旅行的热爱;维吉尔①;第一次感受诗歌的震撼力。

---

① 维吉尔:(Virgile,公元前70年—公元前19年),古罗马诗人,对于拉丁文学及西方文学产生了重要影响。作品有《牧歌》《农事诗》及《埃涅阿斯纪》。

我的父亲路易·柏辽兹是名医生；但在这里恕我不敢妄自评论他的职业，而只是想就他的人品说几句。父亲享有广泛的声誉，远近闻名。他永不停歇地工作，相信一个正直的人在从事像医学这样充满危险与困难的艺术实践中所应具有的良知；他也相信他的能力是有限的，他必须付出极大的劳动从事研究，因为哪怕是唯一的一次失败也会毁掉他与他的同事们的生活。他只是以一种非常无私的态度去完成他的工作。他并不认为自己是由于生活所迫而勉强为之；相反，他认为他从事这项职业可以造福穷人与农民。1810年，蒙伯利埃医学会组织了一次医学竞赛，主题是"康复疗法中具有重要意义的新课题"。父亲有所针对，撰写了一篇论文，并因此而获奖。我要补充一点，他的书[①]曾在巴黎印制发行，并且有多名著名医生竟然窃取其思想而对他未作任何提及。我的父亲是如此天真，惊诧于小人的卑鄙行为，不过只是说道："这无关紧要，只要真理战胜谬误！"现在，他已许久未曾行医，他的体力已渐不支；阅读与思考构成了他余生的全部。

　　父亲天生思想自由，对于社会、政治、宗教不抱任何成见。父亲曾向母亲非常明确地保证，他决不觊觎任何事情以使我放弃信仰——这种信仰在我母亲看来对我的救赎必不可少——以至于有许多次，我记得很清楚，他都让我背诵天主教的教义。父亲努力做到正直、严肃，在哲学问题上不偏不倚；必须承认，面对我的儿子，我是无法做到这一点的。父亲长期以来忍受着胃病的折磨；他的胃病久治不愈，多次被送到坟墓的边缘。他几乎不吃任何东西，长年累月地服食鸦片，并且数量与日俱增，这使他今天仍能靠它激活早已被病痛折磨得奄奄一息的身体。几

[①] 指《论慢性病、血液循环及针灸疗法》，由巴黎格鲁耶布瓦（Grouillebois）出版社出版。——原注

年前，由于他苦于病痛而失望至极，竟然一口气吞下二十二颗鸦片丸。但是后来，当他向我讲述整个经历时说："我必须承认，这样做并非是想救活我自己。"因为显然，与他的期望相反，如此惊人剂量的毒药竟没有置他于死地，却使得他的痛苦在突然之间便几乎消失得无影无踪，并使他在一段时间内恢复了体力。

我刚满十岁，他就将我送到市里的一家小型神学院，开始了我拉丁文的学习。但是不久之后，他又将我接出来，决定亲自督导我的教育。

噢，可怜的父亲！就像你们即将看到的那样，他同时是我的语言、文学、历史、地理甚至是音乐的老师！这需要他具有怎样的一种永不言倦的耐心，以及怎样的一种谨小慎微与聪明才智呵！

如此的工作，以如此的方式来完成，表明了一位父亲给予了儿子多少温柔与慈爱啊！而又有多少父亲有能力做到这一点呢？当然，从某个角度来说，我仍然不敢相信，这种家庭教育同公共教育会有同等优势；因为这样一来，孩子只能同他的父母、仆人及经过选择的小朋友建立起一种唯我独尊的关系，从而根本无法及时去适应错综复杂、艰辛坎坷的社会生活。世界与现实生活在他们面前是一本书，但它却紧紧闭着。我意识到，并且丝毫不怀疑，我正是因此而直到二十五岁之前都一直是个无知与愚笨的孩童。

父亲对我的功课并不作苛求，因而他永远没能激发出我对古典文学研究的浓厚兴趣。然而,我每天却都要用心背诵贺拉斯[①]或是维吉尔的诗篇，这使我异常憎恶。我费了多少努力才将这些美丽的篇章牢记，可是这对我的大脑却是一种折磨！此外，我头脑中的杂念总是如天马行空，左冲右突；我的耐力显然不够，总要想入非非。因此，我经常会在世界地图前长久地凝望，努力想搞清楚构成这一复杂图画的南海和西印度群岛中的那些岛屿、海岬和海峡。我常常在想象那遥远的土地是怎样被创造出来的，想象着那里的植物、居民和气候，以至于我热切地渴望能够身临其境。事实上，我对旅游及冒险的强烈兴趣正是在这时被唤醒的。

关于这一点，父亲对我的评价是不无道理的："他知道三明治群岛（即夏威夷

[①] 贺拉斯：（Horace，公元前65年—公元前8年），古罗马奥古斯都时期最主要的讽刺诗人、抒情诗人和文艺批评家。作品有《长短句》《闲谈集》《颂歌集》。

群岛——译注）、马鲁克群岛（印尼）、菲律宾群岛的每座岛屿的名字；他知道托雷斯海峡（澳大利亚）、帝汶岛、爪哇岛以及加里曼丹岛，但却连法国有多少个省都不知道。"我对那遥远的土地，尤其是另一半地球的土地充满了好奇。爸爸的图书馆中收藏着许多古代和当代的游记，我如饥似渴地阅读，这就更激发了我的好奇心。毫无疑问，如果我是出生在一个海港城市的话，那么也许有一天，不管我的父母是否同意，我都会乘船而去，成为一名水手。我的儿子刚刚有机会表明他与我同样的天性：他今天正在国家舰艇上服役。在他还没看到大海之前，他就选择了这个职业，爱上了这个职业。我期望有一天他能够光荣地完成他的海军生涯。

然而某天，在我认真咀嚼了拉封丹和维吉尔的作品之后，维吉尔的诗中洋溢着的美感却使我再也不能专心致志于我的海洋之梦了。维吉尔这位拉丁诗人生活在比拉封丹更古老的年代里。今天，我们这些后裔大多数已是难以体味到诗中那隐藏在一丝天真烂漫之下的深邃内涵，以及那躲藏在一种世所罕见却完美无瑕的清新自然后面的精湛技艺了。然而，这位拉丁诗人在史诗中却能和我谈论激荡的壮志豪情，而我也能真切地感受到这种激情的存在。是维吉尔最初打开了我幼小的心扉，点燃了我那星光闪烁的想象之火。谁能知道有多少次，当我在父亲面前背诵《埃涅阿斯纪》[①]第四部之时，我激情洋溢，心潮澎湃，以致声音颤抖，终至戛然而止！一天，当我正在朗诵"At regina gravi jamdudum saucia cura"这句诗时，我的内心波澜起伏，已不知不觉融入剧情，亲临那感人至深的一幕：狄多静静躺在那焚尸的柴堆上，气息奄奄，在他的周围环放着那个忘恩负义之人的武器——这是埃涅阿斯送给他的礼物；我弯下腰，俯视着这张"柴床"。天啊！看啊！他的鲜血正如泉水般在流淌！我被此景深深感动，以至于不断重复那垂死之人伤心绝望的话语！狄多三次用肘部撑起自己的上身，但三次都痛苦地，最终永远地倒了下去！我描述着他那血水汩汩的伤口；我倾诉着在他那灵魂深处瑟瑟颤抖的他那最后一丝对生命的依恋；我呼喊出他的姐姐，他的乳娘及他的妻子那撕心裂肺的号啕恸哭；我演绎着这生离死别的痛苦一幕；众神被这场面所感动，他们派伊里斯[②]

[①] 《埃涅阿斯纪》：(L'Anéide)，维吉尔作品之一。
[②] 伊里斯：(Iris)，希腊神话中奥林匹亚山众神的女信使，可飞翔，天上的彩虹是她的化身。

将这痛苦的时刻缩短。而我的嘴唇在翕动,我的声音亦已哽噎难辨。最后,当我朗诵到"Quoesivit coelo lucem ingemuitque reperta"时,我看到了狄多崇高的形象:他在天空下寻找一线光明,呻吟着,将这光明紧紧抓在手中。我激动得浑身颤抖,再也无法继续,我的声音戛然而止!

或许这次我最应感谢父亲,他是多么善解人意啊!看到我感动万分,难以自已,他却装作没有看到。他突然站了起来,合上书,对我说:"好了,儿子,我太累了!"于是,我跑开了,远离他人,深深地沉浸在维吉尔带给我的痛苦之中。

第三章

梅兰,我的舅舅;玫瑰红皮鞋;圣埃纳尔的斑蝶;十二岁男孩的初恋。

然而，我已经清楚地认识到这种感情是多么痛苦，它已被《埃涅阿斯纪》的作者描写得淋漓尽致。它是如此出众，不同凡响，致使我无论怎样描述它，对某些人来说都是难以形容且感受强烈的。在我十二岁时，它就与音乐一道走进我的生活。

我的外祖父姓马米翁，与著名战争英雄沃尔特－斯考特·马米翁同姓。他住在梅兰，一个美丽的乡村，距格勒诺布尔两里地，在萨瓦省的边界。梅兰的四周散布着一些大大小小的村落，俯视着脚下蜿蜒的伊泽尔山谷。多菲内山脉绵延数里，在远处融入下阿尔卑斯群山之中。我在这清幽空朦之中度过了我一生最为快乐的浪漫时光。每年暮夏，母亲、妹妹和我通常都要来到梅兰度过三周时光。我的舅舅菲利克斯·马米翁那时正追随拿破仑皇帝征战沙场，有时会来到梅兰同我们待在一起。他的浑身散发出加农炮那灼热的气息，要不然就是在他的身上增添了一处长矛刺过的痕迹、步枪射击的弹痕或是马刀劈过的长疤。那时他还只是枪骑兵士官长，年轻并且渴望辉煌与光荣，随时愿将生命奉献给他的理想，并相信拿破仑皇帝的帝位如勃朗峰般难以摇撼。他天性快乐，殷勤文雅，迷恋小提琴的如泣如诉，生就一副好嗓音，歌剧唱得颇佳。

在梅兰的高处，依傍着山坡，建有一座小小的白色别墅，四周围绕着葡萄园与庄园。在那里，伊泽尔山谷的全貌可尽收眼底。后面是一片乱石坡，一座破败的古塔，茂密的森林和高耸的圣埃纳尔巨岩。显然，在这清幽静谧的地方注定要上演一幕浪漫的传奇。那儿是戈蒂埃夫人的乡间别墅。每年在秋季美丽的季节来临之际，她都会与她的两个侄女在此小住数日。两个侄女中，年幼一些的名叫埃丝黛尔，只是她的名字就足以吸引我的注意。我曾经从父母的图书馆中偷走一部弗洛里安①的田园歌集《埃丝黛尔与内莫兰》，私下里阅读了无数遍，因而这个名字对我来说竟是如此亲切。眼前的埃丝黛尔芳龄十八，身材修长，大大的眼中总流露着一丝笑意，却也常闪烁着狡黠与挑衅的目光；在她的一头秀发之上，戴着一顶阿喀琉斯式的风帽，光彩照人。而她的脚呢，我或许不应该说是安达卢西亚人所特有的那种，但或许是纯正血统的巴黎人才该拥有的。此外，她竟然还穿着玫瑰红色的皮鞋！我确实是从未见过！您会嘲笑我吗？！我甚至忘记她头发的颜色（或许应是黑色的，我想）。每次一想到她，她那顾盼左右的双眼和那熠熠发亮的皮鞋便会同时出现在我的眼前。

  初次见到她，一股电流便袭遍全身。一见钟情，这就是我能说的全部。我忽然感到头晕目眩，它从此便不能再离我而去。我不渴望什么，我对一切毫无所知；但在我的内心，一种深切的痛苦猝然而生。我彻夜难眠，忧伤万分；我整天躲藏在玉米地里，或是外祖父的果园中某个隐蔽的角落；我像是一只受伤的鸟儿，忍受着巨大的痛楚，却不愿发出哀鸣。嫉妒，这个至纯至真的爱情的伴侣，是多么苍白无力啊！然而，哪怕是听到某个男人对我的偶像流露出一丝赞语，那嫉妒之感便会腾然而起，使我备受煎熬。当舅舅同她一起跳舞时，我听到他的马刺发出的"咔咔"响声，妒忌便令我浑身颤抖。所有的人，家人或邻居，都在兴致勃勃地取笑一个可怜的只有十二岁的男孩。他在纯洁的爱情面前颓然无力，身心俱裂！我相信，埃丝黛尔本人早已猜出一切，然而她竟然泰然处之，并嘲弄我的窘迫和无助。一天晚上，在她姑妈的家中举办了一次聚会，有许多人参加。在玩儿捉人游戏时，为了形成敌对的两方，必须将人们分成对等的两组，"骑士们"要选择他们的"小姐"。人们故意让我最先挑选我的"小姐"。但是，我竟然心有所惧，心脏激烈跳动。我最终静静地垂下双眼，听到每个人都在窃窃私语。"噢，好吧，不是吗，是我要选择，那么我就选择埃克托尔先生！"埃丝黛尔抓住了我的手，大声说道。噢，这是多么巨大的痛苦！她竟然也在戏弄我，这个残酷的姑娘！她正从她那盛气凌人的娇容后面俯视着如此可怜无助的我！

---

① 费洛里安：(Jean Pierre Claris de Florian, 1755—1794)，法国作家，文学院院士，作品有《寓言》、歌集《爱情的欢乐》。他曾创作过许多意大利歌剧脚本。

不，谁说时间的流逝会将受伤的心灵抚平？没有任何其他爱情会擦去初恋的印痕……十三岁以后，我没有再见到她。当我已到而立之年，那年我从意大利途经阿尔卑斯山，又远远见到了朝思暮想的圣埃纳尔；那白色的别墅，那古塔……，我的眼前一片模糊！是的，我依然爱她！在那以后，我听说她已经结婚云云。然而，这并不能使我感到一丝慰藉。母亲有时会拿我的初恋取笑我，可是母亲开这样的玩笑是错误的，您会即刻认识到这一点。在我从罗马回来后的某天，她对我说："喂，我手头有一封信，有人托我转交给一位女士，她一会儿会乘维埃纳的公共马车路过这里。你赶快到车站去，人们会在那里让马歇息。你去找一位名叫弗××的夫人，将这封信交给她。你可要仔细看清楚，我打赌你会认出，你可有十七年没见到她了。"我根本没有考虑这句话的含意，便去了马车驿站。马车到时，我拿着信走上前去。

"哪位是弗××夫人？"

"是我，先生！"一个声音对我说。

天啊，竟会是她，埃丝黛尔！仿佛是一声惊雷，震耳欲聋，并在我内心隆隆回响！埃丝黛尔，风采依旧！她就仿佛是在绿草茵茵的梅兰高地上那位飘然而至的希腊仙女，是在那里上空翩翩起舞的斑蝶！她仍然戴着那顶帽子，她的秀发依旧滑顺发亮，她的面容依旧灿烂迷人……但是她的玫瑰红的皮鞋呢？真是遗憾，它们哪儿去了呢？她拿过信，但她认出我了么？我迷惘。车又上路了。我回到家中，身心俱颤，为这次邂逅而感动莫名。

"好啦，"母亲审视着我，接着说，"看来内莫兰①还没有将他的埃丝黛尔忘记。"

他的埃丝黛尔？！真是恶毒的母亲！……

---

① 内莫兰：指弗洛里安作品《埃丝黛尔与内莫兰》中的男主人公，这里暗指柏辽兹。

第四章

父亲给我上的音乐启蒙课;第一次尝试作曲;骨科学习;我对医学的憎恶;赶赴巴黎。

我在前面说过，当我十二岁时，音乐便如同爱情一样，已向我展示了其真谛。或许更确切地说，我在那时已开始尝试作曲。因为在这之前，即使是初见乐谱，我也可以随它轻声吟唱；我甚至可以演奏两种乐器。父亲承担起我音乐启蒙教育的责任。

在我翻动抽屉时，竟偶然间找到一只竖笛，我立即尝试着吹奏，想要吹出熟悉的马尔勒布鲁①旋律，结果是徒劳一场。

父亲实在是无法忍受这讨厌的嗓音，赶来请求我让他休息一会儿，直到最后他答应教我竖笛的指法并教我吹奏《英雄曲》为止——这是我选择的曲目。事实上，他没费任何力气便教我学会了吹奏。仅仅两天之后，我便可以在家中自如地吹奏马尔勒布鲁的旋律了。

不是吗？或许您已经发现，这时我已经擅长用管乐器创造出辉煌的效果！一个纯粹的传记作者绝不会错过机会得出这样一个睿智的结论的。这使得父亲非常乐于教我识谱。他向我解释这门艺术的基本规则，使我透彻了解了音乐符号的意义和作用。不久，他又送给我一只长笛，用德维耶纳（Devienne）方法教我吹奏，就像以前教我吹竖笛一样，他仍然不辞辛劳。我在学习时也是怀着极大的热情，竟在短短的七八个月之后便对长笛的演奏较为熟练了。父亲非常希望我能够发挥已表现出的禀赋，便说服了家境较为殷实的邻居同他联合，以便能从里昂请来一位音乐教师。这个计划获得成功。塞莱斯丹歌剧院的一位第二小提琴手——他还会演奏单簧管——愿意屈尊定居在我们这个尚未开化的小城，并尝试以音乐来教

---

① 马尔勒布鲁：(Marlborough)，英国将军，在1688年英国"光荣革命"爆发后，支持立宪党人；后在安娜女王统治时期（1702年），参加西班牙王位继承战争，任联军的英国部队司令，取得一系列胜利。后来，他成为一名传奇人物，一首滑稽歌曲的主人公。

化这里的居民。如果我们能够确保他所辅导的学生的数量,以及确定他指挥国民卫队军乐队所得的薪水,他便会乐此不疲。他名叫安培尔,每天教我两节课。我拥有堪与女高音歌手相媲美的漂亮嗓音。很快,我对识谱便如醉如狂,并且已经成为一名颇为不错的歌手;甚至还能用长笛吹奏出德鲁埃(Drouet)最为复杂的协奏曲。老师的儿子比我年长几岁,已是一个技艺娴熟的圆号手,对我很有好感。一天早上,他来找我,我正要前往梅兰。

"你就要走了,为什么不和我道别呢?"他问我,"让我们拥抱一下吧,也许我再也见不到你了!"

他奇怪的神情,以及他离开我时那种庄重的样子,令我吃惊。但因为我很快就要再见到梅兰,见到依旧魅力四射的埃丝黛尔,这巨大的快乐便使我很快忘记了这件事。然而当我回来时,却听到了多么悲伤的消息!几乎在我走的同一天,小安培尔——我的小伙伴,仅仅在他的父母离开的几分钟的时间里,便在家中自缢身亡。从来没有人了解他自杀的真正动机。

我在旧书堆中曾找到过拉莫[①]的一本关于和声的著作,该书已被阿朗贝尔作了评论和简化。然而,我却是白白浪费了许多个夜晚来阅读这些晦涩的理论,竟然根本不能体会其中的含义。事实上,只有在掌握了和弦的基本原理之后,只有在对各种体系所赖以存在的实验物理问题做了广泛的研究之后,才能够理解作者的真谛。因此,只有真正通晓和声的人才能真正理解这部著作。然而,我仍旧渴望作曲。我将二重奏改编为三重奏和四重奏,然而却难以找到和弦及低声部——这两者之间本应有共同的基调才对。不过,我们这些爱好者每周都要演奏普莱耶尔的四重奏,而每次我都认真聆听。后来,我又设法搞到了一本卡特尔的《论和声》,它使我似乎在一夜之间便理解了和弦的构成及衔接的秘密所在。因而我很快就写了一部有关意大利主题的六乐章乐曲——我写这一曲子是因为我有一本意大利主题的合集,其和声的效果似乎差强人意。我因此受到巨大鼓舞,以致斗胆创作了一部长笛、两把小提琴、中提琴及低音提琴的五重奏。后来,我,我的老师和三

---

① 拉莫:(Jean-Philippe Rameau,1683—1764),法国作曲家,羽管键琴及管风琴演奏者,他对于确立和声这门科学做出了巨大贡献,作品有《论和声》等。

个音乐迷演奏了这一作品。

这部五重奏取得了成功，只有父亲似乎是唯一不以为然的人。两个月后，我又创作了一部新的五重奏。父亲希望在我尝试对该作品进行合奏之前，先听到长笛的部分。因为根据本地音乐爱好者的习惯，他们能够从第一小提琴来判断一部四重奏的优劣。于是，我为父亲演奏。当演奏到某一段落时，父亲对我说："这段倒还不错，有点音乐内涵。"但是，这部五重奏所包含的内容显然比第一部更为丰富，因而也就更难于演奏，所以我们这些音乐爱好者甚至连敷衍般地演奏一下都做不到。尤其是中提琴和大提琴在排练时更是困难重重。

当时我只有十二岁半。有一些传记作者曾写到，甚至最近还认为，我直到二十岁时才识得音乐符号。显然，他们是完完全全搞错了。

不过，在这两部五重奏创作几年之后，我将它们付之一炬。但奇怪的是，很久之后，当我在巴黎写作我的第一部交响乐作品时，父亲所赞许的第二种五重奏中的那个段落又重现在我脑海里。于是，我将它写入这部交响曲。这部分即为《宗教法官序曲》的快板开始后不久由第一小提琴奏出的那段降A调旋律。

可怜的安培尔在他的儿子悲惨地，莫名其妙地自杀之后，返回了里昂。我想他现在已经过世了吧。但很快他的继任者便来到了拉科特-圣安德烈市。这位后来者技艺更为娴熟，名叫朵兰，是考尔马尔的阿尔萨斯人，几乎会演奏各种乐器，尤其擅长单簧管、低音提琴、小提琴和吉他。他给我最大的妹妹上吉他课。她有一副好嗓音，但是造物主却没能同时赐予她任何乐感。不过，她仍然喜爱音乐，虽然从来不能识谱或哪怕是揣读出一首浪漫曲。我也去听了她的吉他课，并且自己也很想上。直到有一天，朵兰，这个正直而独特的艺术家，突然对父亲说：

"先生，我实在无法继续教授您儿子吉他课了！"

"为什么呢？是您不知怎样教我的儿子，还是他太懒惰而使您很失望？"

"都不是。不过这确实很可笑：他竟然和我弹得一样好！"

因此，在竖笛、长笛和吉他这三种庄严而无与伦比的乐器的演奏方面，我竟然超过了我的老师！而又有谁敢否认我选择这三种乐器的合理性呢？是否真的存在自然之神奇伟力，将我推向具有管弦乐效果的、米开朗基罗式的音乐之玄妙的境地！！啊，我亲爱的长笛、吉他和竖笛！！！我从此以后再没有学习演奏其他的乐器,然而这些对我已是足够受益的了。噢,不,我犯了一个小小的错误——我还会敲鼓。

然而,父亲却不想让我进行钢琴学习,否则很可能我已经成为一名"令人生畏"的钢琴家了,就像其他无数卓越的钢琴家那样。父亲根本就不想让我成为一名艺术家,他显然是害怕我会过于迷恋钢琴以致不知归路,而这远非他所希望的。因此,我很少有机会练习钢琴,虽然这种日常的练习在很多场合会对我有所助益。但是,大量令人生畏的重复练习确实也构成了某种平庸与乏味——钢琴正是为每天这种平庸与乏味的发生提供了机会。所以,我认为这种平庸与乏味是可耻的,并且认为它们的创造者们在失去了音乐的瑰丽变幻之后,在只剩下一支笔和一张纸的情况下,是无论如何也创造不出任何乐曲的。鉴于此,我是真的情不自禁要去感谢父亲强加给我的这种偶然性(指没学钢琴),因为正是它使我认识到实现安静地、自由地作曲的必要性,并且使我免于受到由于手指的习惯性动作而对创作所产生的束缚与压制——这种压制对于创作思维是非常危险的。同时,它也使我不受诱惑——因为有这样一些东西,它们的音色或多或少地会对某些作曲家产生诱惑。显然,会有难以计数的"俗不可耐"的爱好者会对我的见解表达他们的异议与遗憾;不过,没关系,我不会在意这些。

在我少年时代所尝试创作的各部作品中几乎都笼罩着一缕深切的忧伤,我的所有旋律都是小调曲式。我知道这个缺点,却难以避免。或许这是由于梅兰的那段浪漫的爱情深深地藏在心底,成为一抹难以驱除的阴影造成的吧。在这种无奈与痛苦之中,我不停地阅读《埃丝黛尔与内莫兰》。所以,我极有可能将这部田园牧歌中的多篇浪漫的爱情故事谱成乐曲,或许那其中的索然无味对于我来说却是温柔甜美。——我难以将其遗忘!

在我创作的乐曲当中,有一首是根据我的一段自白而写就的,基调非常忧伤。这段自白表达了我在离开梅兰那森林那热土以及那玫瑰色的小皮鞋时的绝望心情。在那不绝于耳的脚步声中,那片森林和热土是多么地荣耀,那一双狡黠的明眸又是怎样地将之照亮[①];而那双玫瑰色的皮鞋——我那恶毒的美人!今天,这首苍白

---

① 拉封丹作品《两只鸽子》。——原注

无力的诗歌就在我的面前，沐浴在伦敦春天的阳光之下。而我在此时却难以摆脱深深的忧虑，一种致命的不安将我笼罩，我的内心怒气难消：在伦敦我竟也发现了与其他地方相同的障碍，令人可笑至极！下面是我诗歌的第一节：

> 将永远离开，
> 我温柔的家园，温柔的女友。
> 远离他们，
> 我将在泪水与遗憾之中度过一生。
> 清澈的河水流淌过我的双眼，
> 映射出她那轻柔的倩影，
> 挽留住她那疾行的步伐，
> 我将永远离开你们！

我为这首诗所谱写的浪漫曲，在我出发前往巴黎之前，就将它连同那几首五重奏及六重奏作品一起烧毁了。然而，当我于1829年创作《幻想交响曲》时，这首浪漫曲的旋律又悄然溜进我的脑海。我觉得它非常适合表达一颗年轻的心在初次受到一段没有结果的爱情折磨时所体验到的那种巨大的痛苦。于是，我将它写入这阕交响曲之中。这首旋律即出现在该作品第一乐章和广板之前，由第一小提琴齐奏，命名为《幻想与激情》；我对它未作任何改动。

然而，就在我尝试进行各种音乐创作，在我贪婪地阅读之时，在我热切地研究地理之时，在我真诚地潜心宗教之时，在我经历初恋的酸甜苦辣之时，一个时刻悄悄地临近了——我必须要做好准备去从事一项职业。父亲为我指定了他的职业，根本就没有为我设想一个更好的；而且他早在很久以前就让我隐约看到了这一职业的雏形。

然而，我对医学的情感与他的期望根本就格格不入；而且只要一有机会，我的这种情绪便会迸发出来。虽然我不能清楚地描述我的感受，但我却预感到我的一生应该这样度过：远离病榻，远离收容院，远离医学的讲坛。虽然我的决心还不能使我承认这种幻想，但是似乎我的决心已定——坚决抵制他人的任何将我推向医学的企图。在这一时期，我从《传记集》中读到了格鲁克与海顿的一生，它们使我心潮起伏，久久难平。这是多么美丽的荣耀啊！我喃喃自语，想象着这两个闻名于世的人物的辉煌。这又是多么美丽的艺术，音乐！如果能将她发展壮大，这又是多么幸福！此外，一件看起来微不足道的偶然事件也在这方面对我产生了很大影响。突然之间我似乎醍醐灌顶，远远地望见了变幻无常的音乐世界，非常奇特，又非常庄严、凝重。

我从来没有读过大型的音乐总谱。我所了解的音乐作品不过是一些视唱曲，上面有用简谱标记的低音部分；或是长笛独奏；或是歌剧乐曲的片断，只用钢琴进行伴奏。然而某一天，一张写满二十四组五线谱的谱表落入我的手中。看到这么多行的五线谱，我顿悟：它得到如此精巧的运用，会有多少复杂动人的乐器与人声的组合产生！我掩饰不住内心的狂喜，"人们会在那上面写出多么辉煌壮丽的乐曲啊！"从此以后，我的心灵深处对音乐的渴望与日俱增，这更加深了我对医学的憎恶。然而，父亲竟突然之间做出决定，他同样利用了音乐，以便完全摧毁他所说的"我因年少无知而产生的憎恶"，并令我开始医科的学习。在父母面前，我感到莫大的恐惧，以致丝毫不敢承认自己对音乐怀有雄心壮志。

为了能使我很快熟知即将经常出现在我眼前的各种物件，父亲在他的书房中摆满了蒙罗关于骨骼学的长篇论著。书全部都打开着，里面有插图，人体骨骼的各个部位在其中都被精确地描绘出来，与实物的大小接近。

"这是一部名著，"他对我说，"你必须要用心研究。我认为你仍对医学充满敌意；你的那些想法既不符合逻辑，也没有任何基础可言。相反，如果你愿意向我保证以严肃的态度钻研骨骼学，我就会请人从里昂为你买回一支漂亮的长笛，它的所有按键部光彩照人。"

我梦寐以求很久的正是这样一件乐器。我还能回答什么呢？……父亲的建议是庄严而神圣的，我对父亲的尊敬中夹杂着一丝畏惧。他的好意，那种巨大的诱惑，这一切使我深受煎熬。终于，我咕哝着说出一声同意，便跑回我的房间。我躲到床上，身心俱碎。

我竟然要当医生，学习解剖学！还要给人做恐怖的手术！却不能全心全意地去从事我的音乐创作！音乐，你这崇高的艺术，我曾经为你设想过多少伟大与光荣！为了凡尘这痛苦的瞬间，却让我离开幸福的天堂！我真的要离开诗歌与爱情这永恒的天使吗？离开她们那动人的歌声，却要去接近那些肮脏的护士，成为手术台旁一名令人恐怖的医生，整天翻动那些面目狰狞的僵尸，听着病人的惨叫，以及那垂死之人的抱怨与回光返照的游丝般的哀鸣吗？

噢，不！这一切是多么可怖，多么难以忍受——这岂不是要完全搅乱我那原本秩序井然的宁静生活吗？然而，我却不得不去承受。

我的一个堂兄陪我一起进行骨科的学习，父亲把他当作自己的学生。他叫阿·罗贝尔，而今已成为巴黎一位著名的医生。很不幸的是，罗贝尔小提琴拉得非常好，他曾经参与演奏过我的那首五重奏。所以，我们在一起学习的时候，更多的是探讨音乐，而不是研读骨科专著。不过，他自己在家中却进行刻苦的学习，因为谈论音乐并没有阻止他在逻辑推理方面总比我做得更为出色。所以，父亲曾对我进行过严厉的劝诫，甚而对我大为恼火。

无论如何，心甘情愿也罢，外力所迫也罢，虽然只是借助一些人体骨骼的模型，我却居然颇为圆满地学会了父亲所能教给我的全部解剖学知识。那时，我十九岁，在同窗的鼓励之下，决定去涉足更为艰深的医学学习，并在这种意愿的驱使之下，同他一起赶赴巴黎。

写到这里，我要暂时停笔；以后，我会接着叙述我的巴黎生活，以及在那里的艰苦奋斗的历程。我刚刚到巴黎，就要立刻进行这种艰苦的奋斗，并在其后面对各种思想，各种人以及各种事物，我再也没有停止过这种奋斗。我想会有人准许我喘一口气的。

今天是四月十日，二十万英国宪章运动派人士将要举行声势浩大的游行。也许在几个小时之后，英格兰就要像欧洲其他地方一样，发生激烈的动荡。这块避难之所因而于我也将难以维持了。我只能静待事态的发展。

已经是晚上八点了。真不幸，宪章派人士竟是十足的革命者！一切都刚刚发生过。这些雄辩家，这些伟大的逻辑家，他们的论证是难以抵御的，并且将会传遍人群中的每一个角落。火炮被架到了论坛之上。它们甚至根本就不必发言，因为它们的外表就足以向任何人传递一个明确的信息：革命是不合时宜的。于是，宪章派人士便四散奔逃！

勇敢的人们！你们精通于暴乱之道，就像意大利人精通作曲一样。爱尔兰人或许更精于此道，但奥康奈尔①却总是告诫他们：要讨论！争论！而不是骚乱！

已是七月十二日；三个月已经悄然流逝。我却无法继续写作我的《回忆录》。我又将重返那个不幸的国家——人们仍把它称作法兰西。但无论如何，它毕竟是我的祖国。我想看一看，艺术家在那一片断壁残垣之中如何过活，或者他将如何死去：因为在那一片废墟之下，艺术之花已被撕碎，并被深深埋葬。永别了，英格兰！

法国，一八四八年七月十六日。终于回来了，故国！巴黎刚刚埋葬完死者。布满街垒的道路又恢复了交通，明天或许就被清理通畅。刚一到达，我就迫不及待地跑到圣安托万街区！多惨的景象！一片破败，惨不忍睹！即便是自由之神的雕像，虽仍高耸在巴士底广场纪念碑的顶端，却也被一颗子弹当胸穿过。大树倾倒，或被截断，房屋摇摇欲坠。广场，道路，河岸似乎仍在一片恐怖的厮杀声中战栗！……在这舐血为乐，疯狂暴虐的年代里，又有谁人去理会艺术！……所有的剧院都关闭了，所有的艺术家都受到了摧残，所有的教师似乎都游手好闲，而所有的学生都四处逃亡！可怜的钢琴家在广场卖艺，历史画家拖着扫帚沿街"绘画"，建筑学家在国家工厂中搅拌着灰浆……议会刚刚投票通过法案，调拨足够的资金使剧院重新开放，并给予最为不幸的艺术家一定的救助。巴黎歌剧院第一小提琴手的年薪还不足九百法郎。至今他们仍艰难度日，以授课为生。我们难道会设想他们能积攒下很多钱财吗？如果他们的学生离去，他们又将怎样？那些不幸的人们，我们不能够将他们流放，虽然他们中的许多人只有在美国、西印度群岛或是悉尼才会有更多的机会养家糊口！这种流放对政府来说代价是昂贵的。而即使要流放他们，他们也应该是罪有应得。可是我们的艺术家们却勇敢地同暴民做斗争，并冲向他们的街垒！

我们就是这样踟蹰于是与非、善与恶、真与伪的令人心悸的困惑之中；我们听人说着这样一种语言，它的绝大部分词语都已偏离了原来的词义；然而并非所有的一切都变得完全疯狂！！！……

---

① 奥康奈尔：(O'Connell，1775—1847)，爱尔兰政治家，他于1823年创立天主教协会，成为其领袖，对英国的统治采取消极抵抗政策，拒绝对伦敦采用暴力革命的政策。

还是继续写我的自传吧,我没有能力去做更好的事情。检讨过去,只不过是将我的注意力稍微转移一下罢了。

第五章

一年的医科学习；风趣的教授；歌剧院的演出；音乐学院图书馆；音乐，难以遏制的诱惑；父亲拒绝我从事这项职业；家庭纷争。

1822年，我和同学阿·罗贝尔来到巴黎，之后便立即全身心投入到医科的学习中去，虽然它是强加于我的。我在出发时已向父亲做过承诺，我必须忠实于自己的诺言。然而，我却不得不艰难地承受一些巨大的痛苦。一天早晨，罗贝尔告诉我，他买了一个"对象"（即尸体）。接着，他领我来到济贫院的解剖室，我可是第一次到此！太平间里阴森恐怖，到处是散乱的四肢，面目狰狞的人头，揭开头盖的颅骨。我们就走在这个充满血腥之气的腌臜之所，一阵阵令人作呕的腐尸味直冲鼻孔，一群群麻雀争夺着肺部的残渣，老鼠在阴暗的角落中啃噬着血淋淋的椎骨。这残酷的一切令我毛骨悚然。我跳窗而出，没命地向前奔跑，喘着粗气逃回宿舍，似乎死亡与它的令人惊惧的仪仗队紧跟在我的后面，如影随形。整整一天，我都处在这初次印象的痛苦的蹂躏之中。我不想听人谈论解剖学，解剖，医学；我甚至想出了一千个愚蠢的理由，以使我能够屈从于自己的这个受人胁制的命运。

　　罗贝尔失去了他的雄辩口才，没能消除我的反感与厌恶，也没能向我解释清楚我的念头的荒谬性。但不管怎样，他还是说服了我进行再次尝试。我同意随他再到收容院，一起进入太平间。真是奇怪，虽然再次见到那些物件，而它们也从一开始便引起我的惊惶，但是这次我却保持了一种异乎寻常的冷静；更为确切地说，我只是感觉到阵阵寒意与恶心。对此情景我已习以为常，就像一个老练的医科学生一般。事情就是这样简单，一切都结束了。我甚至可以体验到一种愉悦之情，心安理得地在某个可怜人的千疮百孔的肺部中翻来翻去，只是为了能够在迷人的一天当中，喂一喂天空中飞落的客人。

　　"你已经够火候了，"罗贝尔对我说，"你竟然变'人道'了！"

　　"是的，我将食物喂给雏鸟，因而我的善意在自然界中无处不在！"

　　我边反驳，边将一块肩胛骨抛给一只肥硕的老鼠，它正瞪着一双饿眼，眼巴巴地瞧着我。

我因而仍在继续上解剖课,如果不是因为兴趣所至的话,至少也是带着一种艰难的隐忍。但是,似乎有一种神秘的好感将我紧紧缚在我的老师阿穆沙先生身上。他对这门科学倾注了全部心血,就像我在音乐上倾注真情一样。他称得上是解剖学上的艺术家,在外科手术方面是个果敢的革新者。他的名字今天已属于全欧洲。他的研究成果在学术界中令人刮目相看。似乎只有夜以继日的工作才能完成他的宏伟工程。他是一个忧伤的幻想家,尽管生活令他精疲力竭,他仍继续他大胆的研究,坚持走在充满风险的路上。他的气质完全符合一个卓越人才的特点。我经常见到他,我爱他。

很快,我又选修了泰纳尔的化学课和盖·吕萨克的物理课——这些课在植物园上,以及安德里厄(Andrieux)的文学课。安德鲁狡黠而又天真,他晓得如何轻易地俘获听众。这多少算是给予我的一种补偿,我觉得听他们的课如沐春风一般。我似乎很快要成为一个与他人一样的普通学生,决心要在那数量惊人的蹩脚医生之中再添上一个无名鼠辈。然而,某天晚上,我去了巴黎歌剧院。那里正在上演萨利埃里①的《达那伊德》(Danaides)。它的排场盛大,气势恢宏,交响乐队与合唱队构成一个和谐的整体。布兰舒女士的嗓音独具魅力,她的表演才能感人肺腑,将德丽维丝的粗俗与伟大表现得淋漓尽致。主题曲《圣歌》的旋律似乎是萨利埃里仿他人之作,因为我在其中竟然发现了最符合格鲁克作品风格的特点。这种理想化的特点是我在研读了父亲书房中的《奥菲欧》的片断之后自己推断出来的。此外,斯庞蒂尼②还在萨利埃里的总谱中加入了既伤感又欢愉的舞曲旋律,这旋律与那令人惊异的舞蹈场面令我心驰神往,万分激动,——我简直难以形容我的心境。我似乎是一个梦想航海的年轻人,只见过在群山环绕的湖泊之中的一叶扁舟,但在突然之间却乘坐着三层巨轮来到茫茫的沧海。您可以相信,演出的当夜我辗转反侧,难以入眠,而第二天的解剖学课上却回响着我的隆隆鼾声。于是,就在我锯着那个"对象"的颅骨时,我唱起了达那乌斯的《享受平坦的一生》。当我低声

---

① 萨利埃里:(Antonio Salieri,1750—1825),维也纳歌剧院经理,歌剧及宗教音乐作曲家。据传说,他毒死了他的竞争对手莫扎特,但是并无真凭实据。
② 斯庞蒂尼:(Gaspare Spontini,1774—约1851),意大利作曲家。

吟唱《投入海神安菲里特的怀抱》，而不是在默诵比沙的有关筋膜的章节时，罗贝尔再也无法忍受下去了，他大喊道：

"赶紧做我们的事！我们没法工作！只要三天，我们的'对象'就腐烂了！它可值十八个法郎呀！无论如何，你要保持理智！"

我立刻便以内梅西斯的圣歌《贪婪的血是神圣的》作为回答。解剖刀一下子便从他手中落了下去。

那以后的下个星期，我又去了巴黎歌剧院，观看梅于尔①的《斯特拉托尼斯》及贝尔苏伊斯（Persuis）作曲并改编的芭蕾舞剧《尼娜》。我首先很欣赏《斯特拉托尼斯》的序曲音乐，其次是塞勒古斯唱的《哭出你的全部悲伤》，以及那首"商议"四重唱；但是该剧整体却让我觉得有些索然无味。相反，那部芭蕾舞剧却令我感到欣喜。比乔特提尼小姐的舞姿令人十分伤感，此时沃格特先生的英国管中吹奏出一曲感恩的旋律。这正是我初领圣体的那天，在圣于尔叙勒修女院中听妹妹的小伙伴们所唱的那首优美的浪漫韵歌——《当至爱归来之时》。听着这熟悉的乐曲，我的心感到深深的震撼。我邻座的观众轻声哼唱起乐曲的歌词。他告诉我歌剧的名字以及贝尔苏伊斯所借用的这部作品的原作者的名字，于是我知道了这首浪漫曲节选自阿雷拉克(Aleyrac)的《尼娜》。然而，无论饰演尼娜一角儿的女歌唱家（指杜加宗夫人——作者注）具有多高的天赋，我还是难以相信如此美妙的旋律竟会从她口中缓缓流出；声音是如此真实，表达是如此感人。沃格特吹的英国管也同样缠绵感人，与台上舞蹈者的翩翩舞姿完美交融。

尽管音乐带给我莫大的欢愉，但在一段时间里我却仍然过着左右为难的日子。无数个夜晚，我都在思考，想着在我的学业与兴趣之间存在着可悲的鸿沟，时间就这样一天天地流逝。对于我的音乐学习，我没有任何计划；虽然我的音乐知识贫乏，我却无法将其扩展充实。我许诺过，我就要遵守。可是，当得知巴黎音乐学院的图书馆将大量的音乐总谱向公众开放时，我再也抑制不住内心的渴望，便前去钻研格鲁克的作品。我对他的作品似乎有一种天生的好感。然而，时下巴黎歌剧院却再也不上演这些作品了。于是，当我一旦进入这艺术的圣殿，便再也脱

---

① 梅于尔：(Etienne Méhul，1763—1817)，法国作曲家，作有多部歌剧及钢琴奏鸣曲。

不开身了。这是给予医学的优美的一击——解剖台将永远成为过去了。

我的思维已完全沉浸在音乐之中。所以,虽然我对盖·吕萨克教授充满尊敬,对他的实验电学课有着浓厚的兴趣并已经开始了学习,但是我还是放弃了它。我一遍又一遍读着格鲁克的乐谱,将它们抄写下来,牢记在心;它们使我废寝忘食,处在精神的亢奋之中。之后的某天,在焦急的等待之后,我最终听到了《伊菲姬妮在陶里德》。走出剧院,我暗暗发誓,无论是父亲、母亲、舅舅、舅妈、祖父母及朋友们怎样反对,我都要去做一名音乐家。甚至在此后不久,我竟然给父亲写了封信,向他和盘托出在我的天赋之中所包含的东西是多么急迫和难以抵御,并请求他不要无缘无故地反对我。他给我回了信,声情并茂,结论是我很快就会明白,我的这个决定是多么愚蠢。他还劝我摆脱这种幻想,重新选择一项充满荣誉与前途的光明事业。但是父亲想错了。我没能如他所愿,仍坚持己见。从这时起,我与父亲的通信就变得频繁而趋于规律化。父亲的口吻越来越严厉,极具威胁性。不过我的信件字里行间却依然激情不减,最后竟至达到一种狂热的境地。

第六章

成为勒絮尔的学生;他的真诚善良;皇家唱诗班。

在同父亲进行激烈的争论时，我已开始作曲了。在写就的作品当中，有一部是由大型交响乐队伴奏的大合唱曲，根据米勒瓦耶的诗歌《阿拉伯骏马》改编而成。我在音乐学院的图书馆经常会碰到一个人，他是勒絮尔的学生，叫热罗诺（Gerono）。他愿意将我介绍给勒絮尔，这使我隐约看到了一线光明：或许我可以被准许上这位大师的作曲课。于是我愉快地接受了他的建议。一天早晨，我将我的那部大合唱交给了勒絮尔，并交给了他相关的一首有三个声部的卡农曲。因为我相信，这首卡农曲既然隶属于这部作品，那么在这种庄严的场合就应该一并交给他。勒絮尔很友善，他非常认真地看了这两部蹩脚作品的第一部分，然后将它们还给我，并对我说：

"可以看出作品中充满了激情与戏剧化的情节，但你还不知道如何作曲，因而你的和声中还存在很多错误。当然，给你指出这些可能是没用的。热罗诺将很愿意教给你我们关于和声的原则。只要你对它们有了了解，并能够理解其含义，我将很高兴收你做我的弟子。"

热罗诺很恭谨地接受了交给他的任务。在几个星期之内，他就向我讲清楚了大师的作曲及和声所依据的理论体系。这个体系出自拉莫及其对"发声弦"的声音共振（resonance de la corde sonore）所做的假设。然而，我立即便从热罗诺给我阐释这些基本原则的方式中看出，讨论这些原则的价值是没有必要的——在勒絮尔的学校中，这些原则已构成了某种意义上的迷信，而每个人都必须去盲从，去遵守，乃至连我最后也对这种理论深信不疑，这就是榜样的力量。后来，勒絮尔收下了我，我成为他最钟爱的学生之一，而他也把我当作他最虔诚的信徒之一。

至今我仍对这个才华出众、品格高尚的人充满了感激之情。正是他在我初涉乐坛时给了我无限的关怀与爱心，并且直到他生命的最后一刻，他仍表现出对我的深情厚谊。然而，我却花费了大量时间去学习他这套陈旧的理论，将这种理论付诸实践，随后却又忘记了它，不得不再次彻底地从头学起。所以现在，只要我一看到他的某一部乐谱，我就要情不自禁地移开我的视线。对于他我的内心怀有一种强烈的感情，就仿佛我们在看到一张朋友的遗像时所体验到的一般。我曾经非常欣赏他的清唱剧，它们成了皇家唱诗班中勒絮尔的保留作品。但我很遗憾，我对他的作品的仰慕之情与日俱减。过去，我每周日都要到杜伊勒里宫去听他的清唱剧。如果将那时与现在做个比较，我就发觉自己如今是那么苍老乏力，且缺乏幻想。而我在这宗教气氛浓厚的庄严肃穆之中所遇到的著名艺术家，又有多少位已悄然仙逝！而又有多少位活着的其境况比死亡还悲惨，竟至被人遗忘！而在那之后，又有多少动荡！多少努力！多少惊惶！那是一个充满了崇高热情、音乐激情、无尽幻想与难以言喻的欢愉的时代！每当我来到皇家唱诗班时，勒絮尔通常都要在演出之前抽出一定时间给我讲解即将演奏的作品的主题，并向我说明他的构思及解释他的主要意图。事实上，了解作曲家对主题所做的阐释并非无用，因为这个主题的内容几乎很少与弥撒经文的内容一致。勒絮尔曾经写过大量弥撒曲，他对《旧约》中的很多精彩篇章,如《拿俄米》①《拉结》②《路得与波阿斯》③和《底波拉》④都情有独钟，并据此创作了大量优秀的作品。他为这些作品增添了一种非常古朴的色彩；有时候这种色彩是如此真实，致使人们在倾听时竟然会忘记他的音乐作品的情节非常贫乏，忘记他在二重奏与三重奏作品中总要执拗地去模仿意大利歌剧的古老风格，以及他在配器方面所表现出的犹如孩童般的简单与脆弱。在所有的诗歌（或许应该除掉马克·菲尔森的诗歌，即他执意要题献给奥西安〔三世纪爱尔兰的游吟诗人〕的那一首）中，《圣经》对勒絮尔的特殊才能的发挥无疑是具有重要帮助的。同样，我也分享他对东方的偏爱。因为东方热衷于孤寂，而且具有一种神秘的宁静。在它的无数名胜古迹、漫长的历史及文艺作品中，都体

---

① 拿俄米：(Naomi)，圣经《旧约》中人物，是《路得记》中一个伯利恒人的妻子。
② 拉结：(Rachel)，圣经《旧约》中人物，雅各的妻子，约瑟和便雅悯的母亲。
③ 路得与波阿斯：圣经《旧约》中人物，为夫妻俩。
④ 底波拉：(Déborah)，以色列的女先知和士师。她出现在《圣经》的一首感恩歌中，歌中庆祝以色列人对迦南人的胜利。

现着一种无上的崇高与庄严,而这正是诗歌的希望所在。我的想象力也正振翅千里,飞向那遥远神秘的地平线。

在《Ite missa est》中有一个仪式。仪式之后,国王查理十世在一面巨鼓与六孔笛所营造的怪异声中退场。此时按照传统,铜管乐要吹奏出一段五拍子的齐奏。这种中世纪的粗野的音乐风格正好配得上这种仪式,因为它正是在中世纪问世的。有时,勒絮尔大师会带我去散步很长时间。就是在那些日子,我获得了一些弥足珍贵的建议和他的有趣的秘密。为了鼓励我,他给我讲了好些他年轻时的趣闻轶事。他在第绒的唱诗班创作了他的首批作品;后来被录用到巴黎的神圣教堂;他在巴黎圣母院竞争唱诗班的主管;梅于尔对他深恶痛绝;他在音乐学院中遭到拙劣的音乐家的侮辱;有人为反对他的歌剧《岩洞》而策划阴谋,但在此时凯鲁比尼却表现出高尚的情操;帕伊谢洛①先于他来到帝国唱诗班,给予了他许多友谊;拿破仑皇帝对他——《行吟诗人》的作者②所慷慨给予的崇高礼遇令他陶醉;以及这位伟人对这部音乐总谱所做的历史性评价。

老师还常与我谈起在上演他的第一部歌剧时所遇到的巨大困难;当时他的恐慌与焦虑,以及在歌剧成功后他的一种奇怪的忧郁与百无聊赖。于是,他需要尝试新的歌剧冒险——他用了三个月的时间便写就了歌剧《忒勒玛科斯》③。此外,他还向我讲述了西奥夫人在饰演女猎神黛安娜时所表现的高傲与美丽,在表现卡吕普索(Calypso)的狂怒时的唯妙唯肖。然后,我与他展开了讨论,因为他准许我在私下时与他讨论。有时,我甚至会滥用他的准许,以至于有些不合时宜。他的低音基础理论及转调理念便也极易成为我们谈话的主题。除了音乐,他还很愿意提出一些哲学和宗教的问题;不过,即使在这一点上,我们也总是难于一致。但是我们确信,我们也有共同点,比如说格鲁克、维吉尔、拿破仑,我们对这些人都有同样的热情。当我们在塞纳河畔或是杜伊勒里公园的树荫之下结束长长的闲

---

① 帕伊谢洛:(Païsiello,1740—1816),意大利作曲家,歌剧作曲家。
② 勒絮尔在歌剧《行吟诗人》首演后,得到一只金盒,内镌刻有:拿破仑皇帝送给《行吟诗人》的作者。——原注
③ 忒勒玛科斯:(Télémaque),古希腊神话中人物,特洛伊英雄,奥德修斯之子,助其父击退了对其王位的觊觎者。

聊之后,他通常会让我自便,因为他总要自己待上几个小时,以便思考问题——这早已成为他的一种需要了。

第七章

第一部歌剧；安德里厄先生；第一部弥撒曲；德·夏多布里昂先生。

勒絮尔先生接纳了我；虽然我还没有被音乐学院录取，但已成为他的一名特殊的学生。几个月之后，我想创作一部歌剧。那时我一直都在努力学习安德里厄先生的文学课，于是忽然产生了一个奇怪的念头：或许我可以请这位老学究来写歌剧的脚本。关于这件事，我已忘记当初给他写的信的内容了。不过，他的回信是这样的：

尊敬的先生：

大函收悉，欣喜之极。您对自己所致力的艺术表现出崇高的热情，这将确保您获得成功。我衷心祝愿您能圆满成功，并希望能为此尽我的微薄之力。然而我年事已高，恐难以胜任您所建议之重托；更何况我的思维与研究早已偏向它所。对于您来说，我已略显老朽愚昧。您可以想象，我毕竟有多年未曾涉足巴黎歌剧院，亦未去过费多剧院。我已六十有四，谈情论爱未免稍嫌不当，且有关音乐，我只是记得安魂弥撒而已。我很遗憾，为何您未能早三四十年来找我写剧本？或许真是我已太老了。我们本该合作才是。请接受我深深的歉意，以及我对您真挚而热切的问候！

安德里厄
1823年6月17日

安德里厄先生非常友善，他竟然亲自将回信交到我的手中。他与我谈了很长时间。临别时，他对我说："啊，是的，年轻时我对音乐也非常着迷，是个狂热的皮契尼[①]崇拜者和格鲁克迷。"

---

① 皮契尼：(Niccolò Piccinni, 1728—1800)，意大利歌剧作曲家，作品有《罗兰（Roland）》《伊菲姬妮》及《狄多（Dido）》等等。他与格鲁克的竞争引起了皮契尼崇拜者与格鲁克崇拜者之间的著名辩论。

这是我首次在名人面前遭到失败;我很失望。于是我又虚心地求助于热罗诺;他对自己的诗歌才能颇为自得。我请他为我将《弗洛里安的埃丝黛尔》改编成戏剧(请读者相信我很天真)。他同意改编,再由我为他的剧本谱曲。幸亏不曾有人听过这部作品的一丝一毫,因为它被我对梅兰的回忆过分渲染。然而,这种回忆却又是多么苍白无力!因为,我的作曲同热罗诺的剧本及诗歌相比,即使不是更滑稽,也是同样可笑。一部本来轻柔如玫瑰般的作品,由于模仿了索兰(Saurin)的悲剧《比弗利或赌徒》,而使剧中的气氛竟是那么伤感。然而,我非常喜欢其中的一段具有强烈震撼力的音乐,它是为低音声部及交响乐队谱写的。我曾非常希望听到德里维斯(Dérivis)来演唱它,因为我想这部作品是适合他的才华的。然而,困难在于如何找到一个有利的场合来演出这部作品。恰巧,这时法兰西歌剧院宣布将举办塔尔马(Talma)的义演,在节目单中出现了高塞克合唱队,他们将演出《阿达莉》①。

"既然有合唱队,"我暗自思忖,"那么就一定会有伴奏的乐队。我的歌剧演奏起来很容易,如果塔尔马将其列入演出曲目,德里维斯当然不会不顾他的情面加以拒绝。对,到塔尔马家里去!"

然而,事到临头,一想到我要同一个伟大的剧作家交谈,去直接面对一个尼禄②式的专制人物,我心中难免忐忑不安。离他的房子越来越近,我感到心脏"怦怦"跳动——这可是不祥的预兆。我终于到了!看到了他的家门,我开始战栗;我呆立在台阶上,不知所措。

"你敢再向前走吗?你将放弃你的计划吗?"

我试图抬起胳膊去拉门铃,试了两次,但它总是无奈而落。我的脸一定涨得通红,我耳鸣目眩。最后,羞涩、踌躇战胜了一切,我离开了他家——或者更确切地说是逃之夭夭。我的一切美好希望随之丧失殆尽。

现在,有谁会理解这一切呢?或许他是个刚刚脱离蒙昧无知的人,年轻而富有激情,如同我那时一般。

---

① 《阿达莉》:(*Athalie*),拉辛于1691年创作的悲剧,有合唱队参加演出。阿达莉,公元前841年至公元前835年以色列的国王。
② 尼禄:(Néron),古罗马帝国时代著名的暴君。

在那之后不久，圣罗什教堂的唱诗班领班马松先生建议我写一首庄严弥撒。他说将在圣婴日，即合唱队孩子们的主保圣人节这一天，在教堂上演这部作品。我们必须为乐队挑选一百名优秀的音乐家；此外还要组织一支规模更为庞大的合唱队。他们将要花费一个月的时间来学习各个声部。这部模仿之作并不能为我带来任何收入，圣-罗什合唱队的孩子们也将无偿但却要认真地完成这项任务，等等。因此，为了写这部弥撒曲，我倾注了极大的热情。然而，这部作品的风格具有一种不平衡的、或者说是某种音色变化的色彩，它只不过是对勒絮尔风格的一种蹩脚的模仿而已。就像绝大多数的老师那样，勒絮尔先生在检查我的乐曲总谱时，对于那些最为忠诚地模仿了他的风格的段落给予了特别的好评。手稿刚一完成，我就把它交给了马松先生，他又将这部仿作交给了他的那帮学生去学习。他向我发誓说，演出将是盛大而优秀的。然而我们还是缺乏一名娴熟的乐队指挥，因为他和我都不习惯指挥如此庞大的合唱队及乐队。瓦伦蒂诺那时在巴黎歌剧院担任乐队指挥，他渴望能够有幸指挥皇家唱诗班。无疑地，他不会拒绝我的老师的任何请求，因为我的老师那时是唱诗班的总监①。事实上，我只是将勒絮尔先生的信带给他；于是，尽管他怀疑我所拥有的演出条件，但还是同意帮助我。彩排的日子终于到了，庞大的人声部及器乐部将济济一堂。然而到那时才发现，我们总共才有二十名合唱队员，其中有十五名男高音，五名男低音；十二名儿童队员；九把小提琴，一把中音号，一支单簧管，一支法国号及一支大管。你们可以想象得出我的绝望与尴尬；我竟然给瓦伦蒂诺，一位世界一流乐队的享有盛誉的指挥家，拼凑出如此一支杂牌乐队！

"请保持安静，"马松领班总是如是说，"明天排练时不会缺少任何一个人。让我们再来一遍，再来一遍！"

瓦伦蒂诺强忍怒气，作了一下手势，排练开始了。但是，只消片刻，各声部所抄写的乐谱中隐藏的大量错误便暴露出来。于是，排练不得不停止。不是有人在乐谱的这里忘记了在音符上标上降调号或升调号，就是在乐谱的那里缺了十个休止符；更有甚者，有人竟然丢掉了三十个小节。这简直就是一团浆糊，混乱难辨，

---

① 总监只是负责作品的演出，并不亲自指挥乐队。——原注

我似乎承受了地狱中所有的折磨。最后，我们只好绝望地放弃了这次实现我的梦想的机会。而长期以来，我是抱着多么大的希望，想与一支大型交响乐队合作演出啊！

至少，这一教训没有被白白糟蹋。虽然我只听过这部倒霉的作品中的一小部分，但它已使我发现了其中那些最为明显的错误；因此，我立即痛下决心，重新开始。况且瓦伦蒂诺也使我更加坚定信心——他同意，如果今后我能洗刷这次耻辱重新站立起来，他决不会弃我于不顾。而我几乎将这首弥撒曲又写了一遍。可是，就在我潜心创作之时，我的父母知道了这次惨败，便立即利用这个机会，想将我那所谓的天赋击得粉碎；他们无情地嘲笑我的希望。这或许是自己酿就的一杯苦酒，我只有安静地将它慢慢吞咽，然后继续坚持下去。

总谱终于写完了。上次痛苦的经历使我坚信，决不能信任任何人来做抄写乐谱的工作。可是，我又囊中羞涩，雇不起专业抄写员，所以只得自己开始抄录各个声部，并抄成两份、三份、四份……。三个月后，乐谱终于准备就绪。可是当我看着我的弥撒曲时，我发现自己的境遇是如此尴尬，就像鲁滨逊那样：他所造的独木船是如此巨大，以致他无法将它推入海中。请人演奏这部作品，我绝对缺乏经济能力。再次依赖马松先生的乐团，那本来就是一种天真的幻想。如果由我自己邀请所需的音乐家，我本人却又不认识一个人。求助于皇家唱诗班的音乐家呢？他们确实在我的老师管理之下，但是他已正式宣布过这是绝不可能的[①]。就在这时，我的朋友安贝尔·费朗（在下一章我将对他做详尽的描述）有了一个大胆的设想，似乎勉强可行：他让我写信给夏多布里昂先生，一个唯一能够理解并同意这种请求的人，恳请他借给我一千二百法郎，以使我能够举办一次音乐会，演奏我的弥撒曲。夏多布里昂先生给我回了信，内容如下：

尊敬的先生：

您向我求借一千二百法郎，可是我并没有这笔钱；如果我能支付的话，一定会将之

---

① 我根本不了解其中原委。当然，如果勒絮尔先生要求全体皇家唱诗班的音乐家到圣罗什教堂或是其他什么地方去演奏他的某一个学生的作品的话，他们总是会欣然同意的。不过，他无疑是担心我的同学也会提出同样的要求；这样，他的这种准许也许会在将来被滥用。——原注

邮寄给您。而我也没有任何办法可以在大臣们面前替您美言①。先生,我深切感受到您的痛苦。我喜欢艺术,对艺术家也充满敬意。然而,我们的才能所经受的种种考验将使它本身获得成功;成功的那一天将会补偿我们所受到的所有痛苦。

请接受我的诚挚歉意!

夏多布里昂

1824年12月31日于巴黎

---

① 似乎我还曾请求过夏多布里昂先生将我推荐给当时的实权人物。古人云:"不要得寸进尺。"——原注

第八章

奥古斯丁·德邦；他借给了我一千二百法郎；我的弥撒曲首次在圣罗什教堂演出；接着在圣厄斯塔什教堂奏响；我将它付之一炬。

我已经颓丧到了极点。我没有任何特殊的理由反驳父母的来信；它已使我不堪重负。他们甚至威胁要取消我在巴黎生活所倚赖的那微薄的生活费。然而就在这时，在巴黎歌剧院上演皮契尼的歌剧《狄多》时，我很偶然地结识了一个年轻而博学的音乐爱好者。他慷慨但多急躁，曾经目睹了我在圣罗什的惨败，并为我愤愤不平。他出身于圣日耳曼街区的一个贵族家庭，生活比较富裕。然而，他的家道很快便中落了。他不顾母亲反对，娶了音乐学院的一个学生为妻——一个平庸的女高音歌手。当她初次登台演出之时，他便也成了一名演员；他一路追随她，从法国唱到意大利。然而，几年过后，他心目中的这位女一号便将他无情抛弃。可怜的他只好回到巴黎，靠教声乐课勉强糊口，艰难度日。偶尔有几次，当我还在为《辩论报》的专栏撰稿时，我还能够帮帮他。而我现在很是遗憾，那时没能为他做更多的事，这令我伤心。他对我的帮助纯粹是出自本性，它对我的职业生涯产生了很大的影响，我永远也不会忘记他。他叫奥古斯丁·德邦。去年，他的生活极为坎坷，教课的收入并不多！唉，二月革命一定使他失去了所有的学生。他现在变得怎样了？想到此，我不寒而栗。

然而当时，他在歌剧院的休息室中见到我，便扯开嗓门大叫：

"嘿！你的弥撒曲重写了吗？什么时候上演呢？"

"噢，上帝！是的，乐曲已经修改过，并已经抄好了。但是你又能希望我怎样来请人演奏呢？"

"怎样？当然是付钱给艺术家了。你需要多少钱？嗯？！一千二百法郎？一千五百法郎？或是两千法郎？我，我将借给你。"

"求求你，别这么大声！如果你此话当真，我真是很愿意接受你的建议，一千二百法郎对我就足够了。"

"说定了,明儿早来我家,我会解决你的问题。我们将雇佣巴黎歌剧院的所有歌唱演员及一支优秀的交响乐队,瓦伦蒂诺应该得到满足,我们也该如此。一切都应进展顺利,让困难见鬼去吧!"

事实上,一切都进展顺利。我的弥撒曲在瓦伦蒂诺的指挥下,在圣罗什的众多观众面前公演了!它气势恢宏。报纸也给予了积极的评价。而这一切多亏了勇敢的德邦。终于,我第一次听到了自己作品的演奏,也使别人听到了我的作品。所有的作曲家都清楚,在巴黎迈出职业生涯的第一步是多么重要,又是多么困难啊!

很久之后,该作又于1827年在圣斯塔什教堂公演。那一天,在圣德尼路上正发生着大规模的骚乱。

这次演出,奥德翁(巴黎一歌剧院名——译注)交响乐队及合唱队都来帮助我,完全免费;我也尝试了自己指挥乐队。除了由于激动而造成的几处疏忽之外,我指挥得还相当不错。然而,我还远未具备一名真正的乐队指挥的才能,因为这种才能需要细致、灵活、热情、敏感及冷静等种种优秀素质,并要与莫可名状的直觉结合,才可达到!并且,我需要时间、练习及思考,才能获得其中的某些素质!我们总是抱怨缺乏好的歌唱家,而优秀的乐队指挥却更加奇缺;并且在多数情况下,他们对于曲作者来说有着更为令人生畏的重要性。

这部弥撒曲几乎没什么价值,对此我深信不疑。所以,在这次新的尝试之后,我只是将我比较满意的《复活》这部分摘录出来,其余便都付之一炬。同时被焚毁的还有剧本《贝弗利》(Beverley);对于这部作品,我的心绪早已趋于平静。此外,歌剧《埃丝黛尔》及刚刚完成的拉丁文清唱剧《穿越红海》也让我烧了。我的眼神之中似乎流露出宗教裁判所的法官才惯有的那种冷酷;此事使我认识到,他们在火刑判决中拥有显赫的地位,他们手中的权力毋庸置疑。

真是悲伤的巧合!昨天,在写完你们刚刚读过的段落之后,我到巴黎喜歌剧院参加一个晚会。一个认识我的音乐家在幕间休息时遇到我,并与我攀谈起来。下面是我们的对话:

"您从伦敦回来有多久了?"

"几个星期了吧。"

"噢，德邦……您知道了么？"

"不，怎么了？"

"他上个月服毒自尽了。"

"噢，上帝！"

"是的，他写到他厌倦了生活。但恐怕他是生活不下去了吧。他再也没有教过学生；革命早已将他们赶得四散奔逃。他的家具出卖所得竟然不够付清他死后所欠的房租。"

"唉！不幸的人！可怜的艺术家，惨遭遗弃！这新建的共和国或许是为搬运工及收破烂的人准备的吧！"

"可怕，真是太可怕了！"现在，《晨邮报》正在向我描述不幸的李希诺夫斯基亲王的死亡细节：他被一群粗暴的德国农民残酷地杀死在法兰克福的城门附近！这些暴徒堪与我们的"六月英雄"相媲美！尖刀一次次洞穿他的身体，镰刀一次次斩过他的躯壳，四肢已被剁成肉酱。二十多颗子弹射穿他的身体，每一枪都仔细瞄准，以避免一枪就将他击毙！接着，他们扒光了他的衣服，弃之于墙角之下：他就这样走向死亡，赤裸着身体！五个小时以后，他咽下了最后一口气，没有一声抱怨，一丝叹息！高贵的，热情的，聪慧的，善良的李希诺夫斯基！在巴黎时，我对他非常了解。去年从俄国回来时，我在柏林还遇见过他。那时，他当护民官才刚刚开始取得成功。这些人类社会无耻的渣滓！当革命来临，你还处在惊恐与厌恶之中时，他们却比加里曼丹岛上的那些狒狒与猩猩更加愚蠢和凶残上百倍！

呜呼！我必须要出去了！我应该到自由的空气之中去走，去跑，去高声呐喊！

第九章

我与凯鲁比尼先生的初次见面；他将我赶出音乐学院图书馆。

勒絮尔看到我的和声学习相当有进步，就希望我能够进入他在音乐学院的班级中去，开始正规的学习。他与当时音乐学院的院长凯鲁比尼谈起这件事，于是我便被录取了。幸运的是，录取之时，我并没有被迫向可怕的《美狄亚》①的作者（即凯鲁比尼）做自我介绍。因为就在一年前，由于一件小事，我把他气得暴跳如雷。这件事他不可能已经淡忘。我这就把它讲给您听。

佩尔纳老院长去世之后，凯鲁比尼先生便接替了他的职位。他刚一来到音乐学院任职，就想在学院的内部组织方面烧上几把闻所未闻的大火，这才好表明是新官上任。学校在那时清教徒主义还远未盛行。于是，为了使两性学生在没有教师监督的情况下不能会面，他便命令男生都必须从弗布尔·布切索尼埃尔门进入学校，而女生则必须从贝尔热尔路进入学校。这两个不同的入口位于主楼的两侧。

一天早上，我要到图书馆去。可我并不知道这个刚刚颁布的校规。于是，我就按照习惯从贝尔热尔路——女生入口——进入了学校。就在要进入图书馆之时，一个学校的服务人员将我拦在院子里。他想让我出去，再从男生入口处进来。我觉得这种规定简直是可笑之极，也就不顾三七二十一摆脱这个监视者的纠缠，继续走我的路。这个跳梁小丑似乎想要表现得比新来的院长还要强硬，以便讨好他，就不甘失败地飞快跑到院长那里去报告这件事，而我根本就没有多想这个小插曲。有一刻钟的时间，我一直沉浸在阅读《阿尔切斯特》②的喜悦当中。正在这时，凯

---

① 美狄亚：(Médée)，古希腊神话人物。科尔喀斯公主美狄亚不顾一切爱上了伊阿宋，帮助他杀死了她的兄弟，抢去她父亲的金羊毛。而后伊阿宋将其遗弃。为了惩罚他，使他断子绝孙，美狄亚在痛苦中杀死了自己的两个儿子，然后乘龙车逃往雅典。
② 阿尔切斯特：(Alceste)，古希腊神话人物，佩里亚斯的女儿与阿德迈特的妻子。她同意代替自己的丈夫去死，后被赫拉克勒斯（大力士）从地狱中救出。格鲁克于1767年将这段内容谱写成三幕歌剧《阿尔切斯特》。

鲁比尼——那个告密者跟在他后面——走进了阅览室。他那死人一般的躯体晃动着向前，怒气冲冲，两眼透露着一丝恶毒。他们围着桌子转过来转过去，许多读者正在那里倚着胳膊看书。将他们一一检查之后，那个校工便站在我的面前，大喊道："就是他！"凯鲁比尼愤怒之极，以至于片刻之间说不出一句话来。

"啊，哈哈！是您！"他最终还是吐了出来，操着满口的意大利口音；愤怒使他显得尤为滑稽。

"是您从女子入口进来的？我，我，我不想让男的从那里进来！"

"先生，我原来并不知道您的禁令。下次我一定遵守您的规定。"

"下次，下次！您，您来这做什么？"

"您看，先生，我来这是为了学习格鲁克的乐谱。"

"那么，您，您为什么要看格鲁克的乐谱？又是谁准许您到、到，到图书馆来的？"

"先生，"我逐渐失去冷静，"格鲁克的乐谱，就我所知，是戏剧音乐方面最完美的。而我也根本不需要任何人的准许才能到这儿来学习。从上午十点到下午三点，音乐学院图书馆是对公众开放的，所以我有权享受这一权利。"

"权，权利？"

"是的，先生。"

"我，我要禁止您再来。"

"可是我还会来。"

"您叫什么、什么名字？"他大声问，声音气得发颤。

而我也是脸色气得发白。"先生，我的名字，也许某一天您会知道的！但却不是今天……您今天不可能知道。"

"抓住，抓住他，奥丹（那位校工的名字）。我一定，一定要把他投入监狱。"

这两个人，一主一仆，就在图书管理员的惊愕目光之下，开始跟我玩起了老鹰捉小鸡的游戏。他们绕过来绕过去，撞倒了椅子和书桌，却并没有将我抓住。我最终逃之夭夭，放声大笑，甩给了我的虐待者几句话："你们将既不会知道我是谁，也不会知道我的名字，而我还会马上回来，还要看格鲁克的乐谱！"

我与凯鲁比尼的初次见面便是这样发生的。如今我仍然不知道，如果我当时更为正式地向他自我介绍的话，他是否仍会记得这件事。无论如何，他确实是够讨人喜欢的。十二年之后，尽管他反对，我还是当上了这个图书馆的管理员，接着成为了馆长——可他竟曾经想把我从那里赶走！至于奥丹呢？今天，他成了我的一名最为忠诚的乐队侍者，我的音乐的最为狂热的支持者之一。在凯鲁比尼生命的最后几年，他甚至认为只有我才能担任音乐学院的院长这一著名的要职。正是在这一点上，奥贝尔[①]（Auber）与他存在分歧。

  我还有其他类似的关于凯鲁比尼的趣闻轶事要讲。你们将会看到是他迫使我吞下了许多苦果，而我只能以其之道，还治其人之身。我的报复将会同响尾蛇的毒口一般，使他更感灼痛。

---

① 奥贝尔:(Esprit Auber, 1782—1871)，1842年任巴黎音乐学院院长，创作了大量歌剧及喜歌剧。

第十章

父亲不再给我生活费;我又回到拉科特-圣安德烈市;外省人对艺术及艺术家的看法;我的绝望;父亲的惊恐;他同意我回到巴黎;母亲的偏执;她的诅咒。

我的弥撒曲的首演获得了某种成功,这多少在一段时间内减轻了家中对我的敌视态度,而我早已是忍受了太多的敌视。不过,一个新的突发事件再次将这种敌视激起,更加剧了家中的不满。我报名参加了法兰西艺术研究院的音乐作曲竞赛,它每年举办一次。参加者在获准参加比赛之前,必须先通过选拔赛。根据这一原则,能力差的人将会被淘汰。很不幸,我榜上无名。父亲知道这件事后,毫不犹豫地警告我,如果我仍固执己见待在巴黎,我就不能再指望他过活。我的老师可亲之致,立即给父亲去了一封信,言辞恳切,力劝父亲改变初衷。他向父亲保证,父亲根本不必怀疑我在音乐方面具有光明的前途,因为我的每个毛孔都散发出音乐的芬芳。为了说服他们在我的音乐天赋面前做出让步,他在论证中还加入了某些宗教思想。这些思想的意义对他们来说可是重于泰山的。然而,在此时提起宗教却不合时宜。父亲的回信言辞粗鲁,直截了当,几近蔑视,不可能不强烈地伤害了勒絮尔先生敏感的内心及信仰。父亲的回信竟是如此开始:"先生,我不信仰任何宗教!"您对下文可想而知。

　　但我仍抱着一丝缥缈的希望:或许我可以通过为自己的事业辩护来赢得家里的支持。这个念头使我变得足够容忍,使我竟可以遵从他们的意愿。于是,我回到了拉科特－圣安德烈市。

　　我受到了冷遇。父母几天都没有理睬我,让我自己去想;最后竟至勒令我:既然我不喜欢医学,我就必须再选择其他某一项职业。我回答道,我对音乐的爱好是唯一与绝对的,很难想像我不能回到巴黎投身于音乐之中。

　　"不过,你必须抛弃这种念头,"父亲说,"因为你将不能再回到巴黎!"

　　从这时起,我变得沉默寡言,几乎不回答他们对我提出的任何问题,甚至不吃不喝。我一天的全部生活,一部分消磨在森林或田野的漫无目的的游走之中,另一部分则是将自己紧锁在房门之内。其实，我根本没有任何计划。我的思想还在孕育之中。我受到了很多限制。这些都好像使我的智慧处于混沌状态。我的愤怒之火甚至也熄灭了。我快要窒息而死了！

一天清早，父亲来叫醒我。"起来，"他对我说，"穿好衣服后，到我的房间来，我有话对你说。"我只得同意，不知将要发生什么事。父亲的表情与其说是严厉，不如说是严肃而忧郁。进了他的房间之后，我已经准备好承受新一轮的轰炸。可是父亲的话出乎我的意料，令我愕然。"几个晚上我都彻夜未眠，我已做了决定……我同意你回到巴黎学习音乐……但是只能给你一段时间。记住，如果经过了新的磨难，而结局仍然不利于你的话，你要给我一个公正的答复：你要宣布我已经做过所有我应该做的合乎情理之事；而我会因此认为你将会决定开始另一种生活。你知道我对那些平庸的诗人的看法；任何种类的平庸艺术家都不比普通人更为杰出；而如果看到你竟然混迹于这样一群无用的人当中，那对我将是一种致命的痛苦，一种彻底的耻辱！"

然而，父亲却没认识到，他对那些平庸的医生却表示过极大的宽容。这些人不仅同那些蹩脚的艺术家具有同样的数量，而且他们不仅毫无用处，并且更具有危险性！父亲总是这样，而某些精英分子又何尝不是如此？他们能够用一些完美而确切的推理来批评别人的意见，殊不知他们用以攻击的武器也是一柄双刃剑，对于他们自己的见解和主张也具有同样的攻击力。

不过，我并没有等待下去，而是冲上前搂住父亲的脖子，并向他答应他所希望的一切。

"不过，"他接着说，"你妈妈对这件事的看法同我的还很不一样，我认为现在告诉她我的最新决定还不是时候。所以，为了避免各种不愉快的场面，我要求你不动声色，秘密地前往巴黎。"于是从那时起，我便小心翼翼地不透露一丝风声。不过，突然从愤怒忧伤和沉默寡言转变到狂热的喜悦，我很难掩饰这一变化。它来得如此不同寻常，以致引起了妹妹们的好奇。我的大妹南希便是如此。她央求我好久，让我告诉她缘由，最后我只好向她承认了一切……并再三叮嘱她要保守秘密。可以想像，她哪能像我一样保守秘密。很快全家人及我家的朋友，最后连我的母亲也知道了这一消息。

母亲的偏执非常厉害，因此，为了更好理解下面将要发生的事，就应该了解母亲对于与歌剧多少有点关系的各种艺术所抱有的一种偏执态度。而非常不幸，今天在法国仍有很多人都浸透着这种思想。在她看来，演员、歌唱家、音乐家、诗人、作曲家都是一些可憎的、为教会难容的造物，就像那些注定要被打入地狱的人一样。对于这一点，我的一个阿姨（无论如何，她今天仍然在真心地关爱着我，并且我也希望她今天仍能对我给予重视）有一天给了我一个令人惊愕的回答。要知道她满脑子都浸润着母亲的那种"自由"思想。我有一次同她讨论时，我对她说："亲爱的阿姨，按您所说，我想，如果拉辛（Racine）与您是同一个家族，您会非常气愤的。"

"噢！我的朋友……我对他可首先是充满'尊敬'！"

不久之后，当我在巴黎向勒絮尔引用这个词时，他差一点笑得背过气去。因而，他只能认为，这是一个行将就木的老朽才会有的看问题的方法，所以当他高兴时，他总是会向我打听拉辛的敌人、我的那位"老阿姨"的最新状况，虽然在那时她仍然年轻，并且如天使般美丽。

母亲却因而确信，既然我已决心投身于作曲事业——依照法国人的观点来看，这仍然没有脱离歌剧创作之列——我就已经踏上了一条不归之路；它将使我在这个世界上名誉扫地，在另一个世界被罚入地狱。所以，她刚一听说此事，便怒气冲冲。她那愤怒的眼神告诉我她已知道了一切。我想在出发之前逃避她，所以我处处保持谨慎。但是，我刚刚在我的小屋里安静了几分钟，她就跟了进来，目光炯炯，一切举动都表明她非常激动。

"您的父亲，"她对我说，不再用习惯的"你"来称呼我，"您的父亲很软弱，他同意您回到巴黎。他支持您荒谬而充满罪恶的计划！然而我，为了日后不自责，我要明确反对您离家出行。"

"妈妈！"

"是的，我反对这件事。埃克托尔，我请求您不要在您的疯狂之中固执己见。您看呀，我，您的母亲，跪在您的脚下，谦卑地，请求您放弃吧！"

"噢，上帝！母亲，请允许我扶起您，我无法忍受我的眼中所见。"

"不，我要这样！……"

但是，沉默了片刻之后，她说：

"你拒绝了我，你这个可怜的家伙！你竟能看到你的母亲跪在你的脚下而无动于衷！好吧！你走吧！将自己堕入到巴黎的腐化之中去吧！任你的名誉扫地，让我们，你的父亲、母亲，在耻辱与痛苦中死去！在你离开之前，我会离开家。你不再是我的儿子！我诅咒你！"

这能令人相信吗？宗教的偏执加上外省对艺术家的成见，它们所具有的一切最为傲慢无礼的、蔑视一切的东西，竟然会出现在一个像她这样温柔的母亲与一个像我这样经常充满感激与崇敬之情的儿子之间？！这是怎样的一幕，充满了难以置信的、令人恐怖的激烈冲突！我永远难以忘记！它更加激起了我心中对中世纪的这种愚蠢的理念的满腔仇恨。而这种理念今天在法国的大部分省份中竟保存得毫发无损。

这种磨难还不止于此：母亲失踪了。她自己躲避到我们在圣-安德烈坡市附近所拥有的一座叫"苏州"（Chuzeau）的乡间别墅中去了。出发的日子终于到了，父亲希望能对我作最后一次努力，让我向母亲道别，也希望她能收回她近乎残忍的话语。我们同我的两个妹妹来到了"苏州"别墅。母亲正在果园的一棵树下读书。看到我们，她连忙站起来走开。我们等了很长时间；我们跟着她，父亲呼喊她，妹妹和我潸然泪下。但一切都是徒劳的。我只得远走了，没有拥吻母亲，没有得到她的一丝嘱咐，一个母爱的眼神，却带着她的诅咒走了……

第十一章

回到巴黎；我开始授课；我进入音乐学院雷哈的班中学习；我在"新桥"上的晚餐；父亲再次断绝我的生活来源；毫不容情的反对；安贝尔·费朗；鲁道尔夫·克鲁采尔。

刚一回到巴黎，重新开始了在勒絮尔身旁的音乐学习之后，我就忙于还清德邦借给我的钱。这笔债使我备受折磨。而我能够将其还清，并不是依靠我每个月一百二十法郎的生活费，而是我有幸找到了几个想学习声乐、长笛及吉他的学生。我的教课所得以及我在个人消费方面的省吃俭用，使我在几个月之后积攒了六百法郎，我便赶紧将它们还给了我那殷勤的债主。人们不禁要问，在我这微薄的收入当中，我又能作怎样的节省呢？其实就是这样：

我在老城区阿尔雷路与奥尔费尔路交叉的拐角处低价租了一间小屋，在五层。我也不再像以前那样到饭馆吃饭。我开始过一种修士般的节食生活。这使我将三餐的费用减至最低，至多七八个苏。一般来说，饭食就是面包、葡萄干、李子干或椰枣。

已经到了一年中最美好的季节，当我出去到邻近的杂货店去购买我的"美食"时，一般来说，我都会坐在新桥的小小平台上，在亨利四世雕像的脚下：在那里，我根本不必考虑"砂锅炖鸡肉"这一美味。上面的这位仁慈的国王曾经想过他的子民们在周日的晚餐中会品尝此道美味；而我只是品尝着我的"美味佳肴"，看着远方的夕阳落在瓦雷里昂峰后面。我的眼中闪烁着快乐，俯视着脚下波光粼粼的塞纳河水；它就在我的面前悄然流逝，像窃窃私语一般。我幻想着托马斯·穆尔诗歌中那令人心醉的壮丽场面——我刚刚找到了它的一本法文译本，便迫不及待地拜读了它。可是，由于我和德邦经常来往，这使我无法掩饰我为了还债而强加给自己的节俭生活。德邦无疑很是痛苦，或许也有些尴尬。于是，他希望这笔钱能够尽快偿清，便给我父亲去了一封信，告诉他一切，并请他偿清仍欠他的六百法郎。但这种直率却是灾难性的。父亲早已对自己的让步感到遗憾；且我已在巴黎待了五个月，而我的状况却无改进，在音乐方面也没取得显著的进步。很显然，他曾幻想在很短的时间内,我将在学院大奖赛中获得参赛资格,并获得大奖;我将会写出一部三幕歌剧,一经上演,便获得非凡的成功;我会被授予荣誉勋位,政府会给我提供特殊津贴,等等。然而相反,他却收到了我欠债的通知,债务的一半竟还有待偿还。这种打击对他是沉重的,我已预感到他会做出剧烈的反应。他替我还了欠德邦的六百法郎,并口气坚决地通知我:如果我再不放弃我对音乐的幻想,他将不会帮助我继续在巴黎的学习,而这意味着我必须要自给自足。我有几个学生可教,并且我已习惯了节衣缩食地生活;更何况我已不再欠德邦一个苏。所以我毫不犹豫地决定,我会待下去。同时,我的音乐学业在那时也很繁重,但却积极有效。凯鲁比尼循规蹈矩的思想处处可见。当他知道我不是通过正常途径进入音乐学院勒絮尔的作曲班时,他便让我到雷哈的对位法及赋格班补习;因为按照学习的级别,这个班级应该是在作曲班之前的。所以,我要同时学习两位老师的课程。此外,我刚刚开始与一个心地善良、谈吐风趣的青年人交往,他后来成为我最好的朋友之一。他叫作安贝尔·费朗。他为我写了一部大型歌剧《宗教法官》的剧本;我怀着无与伦比的激情写就了它的音乐。然而不久之后,皇家艺术学院委员会却否决了这个剧本,我的乐谱也随之被打入冷宫,从此再无出头之日,唯有它的序曲后来得以重见光明。然而这部歌剧中的某些优秀的乐思,我却不时地挪用它处,在后来写的作品中将它们发展壮大;其余的部分也照此办理,只要有机会就利用一下。但有些在后来被我烧毁了。费朗还写过一部带合唱的英雄剧,题目是《希腊革命》;它在那段时间占据了他的全部思维。我将它谱成音乐,但同时并没有打断《宗教法官》的写作。人们从这部作品的每一页中都可以感受到斯庞蒂尼风格的强烈影响。这部作品赐予我一个反击顽固的利己主义的机会。我丝毫不怀疑这种利己主义的存在,绝大部分艺术大师都具有这种利己主义。同时,该作品也使我体会到,年轻的作曲家,特别是那些地位最卑贱的,在这些大师面前,从总体上来说,都遭到了可怕的冷遇!

鲁道尔夫·克鲁采尔(Kreutzer)是巴黎歌剧院音乐部门的总经理。星期宗教音乐会将很快在这座剧院里举行。只有指望他,我的歌剧才能上演。我于是向他打听情况。我的拜访是经过精心准备的。在此之前,艺术学院的总监德·拉罗什弗格已接受了他的秘书——费朗的朋友——的恳求,给克鲁采尔写了一封推荐信。

此外，勒絮尔在他的这位同学面前也大力推荐我。因此，应该有理由对这次拜访抱有希望。可是，我的幻想很快破灭了。克鲁采尔，这位伟大的艺术家，《亚伯之死》（这是一部优秀的作品，我曾为之而激动，所以几个月前曾寄给他一封信，对它大加赞扬）的作者，我还以为他会像我的老师那样和蔼可亲，因为我对他十分钦佩。不料他对我的接待却流露出一丝不屑,近乎无礼。他几乎未加理睬我的问候，也没看我一眼，就从他的肩头上传过来几句话："我的朋友（可他过去根本就不认识我），我们不能在宗教音乐会上演出新的作品。我们没有时间去排练；勒絮尔应该很清楚这一点。"我只得告退，满肚子的憋屈。克鲁采尔只是皇家唱诗班的普通小提琴手，因此，一星期后，勒絮尔与克鲁采尔的会面终于真相大白。我的老师已把他逼得走投无路，使他最后终于这样回答他："是的，当然。但是，如果我们帮助年轻人，我们自己将会变得怎么样？"他丝毫不掩饰他的恶劣情绪，但他至少还够坦率！

第十二章

我参加了合唱队队员职位的竞争;我获得成功;安托万·夏尔波奈勒;我们这群男孩子。

不知不觉，冬天临近了。我的热情几乎都投入到我的歌剧创作之中，这使我有点忽视我的学业。而我每天卢库卢斯（Lucullus，古罗马大将，以宴饮奢华著称）式的三餐"盛宴"也难以再在新桥我通常居住的小屋中举行了。阳光已不再灿烂，一股寒冷与潮湿的空气笼罩在周围。我需要木材，需要冬衣。可是我到哪儿去寻找这笔钱来支付这些必需品呢？我每次授课的收入为一法郎，根本不够支付这一切。回到家中认罪服输，或是死于饥饿！这便是我能作的全部选择。然而我内心的愤怒难以抑制，它再次给了我斗争的力量。于是，我下定决心：如果有必要，为了不再回到家乡过庸庸碌碌的生活，我可以尝试一切，甚至离开巴黎也在所不惜！我以前对旅行所抱有的激情现在同对音乐的激情汇集在一起。于是，我决定求助于外国歌剧院的中介人，希望被雇用充当第一或第二长笛手，在纽约或是墨西哥城，悉尼或是加尔各答的交响乐队中任职。那时，我甚至想去中国，去做水手，美洲海盗，捕野牛者，野人……反正我不愿屈服，这是我的性格。就像火药在炮膛里被压缩之后竟然又想阻止它爆炸一样，如果有某个陌生而奇怪的意志竟然想要阻止我那已被情绪激荡起来的意志的爆发，那将是危险而且徒劳的！

然而，我通过歌剧院中介的寻找与申请都白费了。至今我也不明白我那时到底决定做什么。恰在这时，我得知"新颖剧院"将再次营业，上演歌舞剧及某种类型的喜歌剧。我赶紧跑到舞台监督家里，向他申请乐队中一个长笛手的职位。但是，长笛的位置早已给了出去。我又请求得到一个合唱队队员的位置，但也没有得到！令我气恼之极！不过，舞台监督记下了我的地址，并向我保证，如果他们决定增加合唱队队员的话，他会通知我的。这种希望虽然极其渺茫，但它至少在几天之内给了我莫大的支持。没想到新颖剧院的人事部却真的给我寄来了一封信，通知我公开去竞争一个职位，而这正是我梦寐以求的。候选者的考试将在格勒奈尔-圣奥诺雷路的弗朗—马松大厅中举行。于是，我便去了。有五六个像我一样的可怜虫在一片焦急的静默之中等待着评审员的评判。他们中有一名纺织工人，一名铁匠，一个被解雇的街头小剧院的演员及一名圣厄斯塔什教堂唱诗班的成员。其实，竞争的职位是男低音，而我的声音充其量只能算作是男中音；但我想，考官对这件事似乎并不太在意。

是舞台监督亲自来监考。跟着他的是一名叫米歇尔的音乐家，当时在沃德维尔乐队工作。演唱既没有钢琴也没有钢琴师，只有米歇尔用小提琴为我们伴奏。

比赛开始了，我的对手一个接一个，按照他们的方式，演唱了他们精心准备过的曲目。轮到我了，我们的这位魁梧的舞台监督，名叫圣雷热，人很亲切；他问我带来了什么曲目。

"我吗？我什么也没准备。"

"为什么没准备？那您唱什么？"

"我想，您可以随便让我唱什么。这里没有乐谱、视唱练习谱或是练声曲吗？"

"我们没有任何这方面的东西。顺便问一下，"舞台监督带着一种不屑的腔调，继续说道，"您不会看过第一眼就能唱得出来吧？"

"噢，对不起，我确实是只要瞧一眼谱子就能唱得出来。"

"啊！这倒是与众不同。但是既然我们这里没有任何乐谱，您心中总该有熟悉的曲子吧？"

"当然有。我会唱《达那伊得斯》[①]《斯特拉托妮可》[②]《贞女》《科尔特兹》《俄狄浦斯》[③]《伊菲姬妮》《奥菲欧》及《阿尔米德》[④]，等等。"

---

① 达那伊得斯：(Danaïdes)，古希腊神话中人物，是给予阿尔高斯·达那奥斯国王的五十个女儿的名字。她们当中，除了一人之外，都在她们的新婚之夜将她们的丈夫杀死。她们因此被罚在地狱中去装满一只无底的桶。
② 斯特拉托妮可：(Stratonice)，叙利亚王后（约公元前254年），塞勒高斯·尼卡托一世的妻子。在国王同意离婚之后，她嫁给了她的儿子安提柯·索特尔一世。
③ 俄狄浦斯：(Oedipe)，古希腊神话人物。命运之神预言他将弑父娶母，不幸一一言中，虽然他极力抗争这种命运。于是他刺瞎了自己的双眼，放弃王位，并与他的女儿安提戈涅一起相依为命，过着漂泊生活，最后死于雅典附近。
④ 《阿尔米德》：(Armide)，吉诺尔特的五幕抒情悲剧，吕利于1686年为其谱曲，格鲁克于1777年再次为其谱曲。

"够了，足够了！见鬼！真是超群的记忆！嗯，既然您如此博学，那就唱给我们萨基尼（Sacchini）的《俄狄浦斯》中的一段:《她慷慨给予我》。"

"愿意效劳。"

"米歇尔，你可以为他伴奏吗？"

"当然，只是我不记得这段乐曲的调子了。"

"是降E调。我可以唱宣叙调吗？"

"是的，我们听您唱宣叙调。"

伴奏者拉出降E调的和弦，于是我开始演唱：

安提戈涅留在我身边，安提戈涅是我的女儿，
她是我心中的一切，只有她才是我亲爱的家园。
她将她的温柔与关爱慷慨给予了我，
她的热情使我在罪恶中找到了妩媚与可爱……

其他候选人神色可怜地面面相觑。那圣洁的旋律就这样静静地流淌出来。他们无法掩饰这一点：与我相比，虽然我既不是比斯凯克，也不是拉布拉什，但他们的歌唱确实不像牧童在引吭高歌，倒更像小牛犊在低声哞叫。在这种情形下，我看到胖胖的舞台监督圣雷热作了一个小手势；这使我明白其他人——如果用舞台术语来形容的话——已处于不利境地，坠入到"舞台下面的第三层"了。第二天，我得到正式任命。我战胜了纺织工人，铁匠，演员，甚至圣厄斯塔什的唱诗班成员。我的工作立刻便开始了，每月我可以有五十法郎的收入。

就这样，当我在期待成为一名受人诅咒、唾骂的作曲家之时，却成了一名二流剧院的合唱队员；从骨子里被人瞧不起，被他人所难容！我真是敬佩父母，他们为了将我从深渊中拯救出来所做的努力竟获致了这样的成功！

好事成双！我刚刚获得这个了不起的胜利，便有两个新学生从天而降，掉到我的面前。我还遇到了药学系的学生，我的同乡安托万·夏尔波奈尔。他想住到拉丁区去，以便能上化学课，并像我一样，想要过一种英雄般的节俭生活。我们刚刚互相算完对方的财产，便几乎同时大叫起来；如果我可以借用沃尔特《赌徒的

生活》中的一句滑稽的台词，这便是："啊，你没有钱！太好了，亲爱的，我们正应该聚到一起！"于是我们在阿尔帕街租了两间小小的房屋。安托万早已习惯了捣弄炉子，并自封为我们的大厨，凑合着将就我这个小伙计。每天早上，我们都到市场去买食物。令我的伙伴感到羞愧的是，我每次都是勇敢地用胳膊将食物夹到我们的住处，根本不担心让行人看到这一切。为此，有一天我们甚至大吵了起来。噢！药科学生的可怕的自尊心！

我们如此生活，像王子，又像移民，每人每月只消费三十法郎足矣。自从我来到巴黎之后，我还从没活得如此惬意。我甚至满足了自己许多奢侈的梦幻：我买了一架钢琴[①]；噢，多么漂亮的钢琴！我特意将音乐诸神的画像镶上框，用它一道装饰我的房间。我将穆尔的诗歌《天使恋情》赠予自己。而安托万呢？他就像猴子一样灵巧（这样比喻并不很恰当，因为猴子只知道破坏），在他的闲暇时间里，制作了很多舒适耐用的器具。他用劈柴为我们做了两双精巧的木底皮面套鞋。为了改变我们日常伙食的单调乏味，他竟然还制作了捕网和诱鸟笛。春天到来之后，他便拿着它们到蒙特鲁日平原上捕捉鹌鹑。最为有趣的是，尽管每晚有一段固定的时间我都不在家（因为新颖剧院每天都要演出），可是安托万在我们这段共同生活的日子里却始终浑然不觉。我却如此不幸，必须登台演出。我只是一名普通的合唱队员，我并不引以为荣。因此，我认为，告诉他我的卑微的职业是不适宜的。每晚当我去剧院时，他都认为我是到一条遥远的街区教课去了。然而，我的自尊心是堪与他的相媲美的。如果我让我的朋友明白我是如何赚取我的面包的话，那我将会感到痛苦。然而，当我走在大路上，在他的身旁，拿着我用诚实劳动赚得的面包时，他却竟然对我大发肝火，竟致想要离开我！说真的，我欠自己某种公正性——我保持沉默的理由并非是出于一种愚蠢的虚荣心。虽然父母对我严厉，并将我完全抛入孤苦无助之中，我却不想因为任何缘由而告诉他们我所下的决心，以免引起他们的痛苦（这在他们的心中是难以估量的）。即使告诉他们我

[①] 这架钢琴花了我一百一十法郎。我曾说过我没弹过钢琴，但是我确实想拥有一架，以便需要时可以弹弹和弦。此外，我也会很高兴置身于一家乐器商店之中。如果我足够富有的话，我希望在工作时我周围会有一架三角钢琴，两架或三架埃拉尔竖琴，几支萨克斯管(Trompettes de Saxe)，以及一堆斯特拉迪瓦利斯小提琴及低音提琴。——作者注

的决心，也将是徒劳无益的。我担心我的不慎会使他们明白一切，于是我只好保持缄默。因此，他们以及安托万，只是在七八年之后，当我的戏剧生涯结束之后，当他们在各种报纸上读到有关我的传记之时，才知道了真实情况。

第十三章

我初次谱写管弦乐；我在巴黎歌剧院的学习；我的两位老师——勒絮尔和雷哈。

正是在这一时期,我创作了我的第一部大型交响乐作品:《宗教法官序曲》。随后,《威弗利序曲》(*Waverley*)也接踵而来。那时,我对某些乐器的性能还不甚了解,以至于当我写完《宗教法官序曲》引子部分的降D大调长号独奏时,我担心它会给演奏带来很大的麻烦。于是,我很不安,便把它拿去给巴黎歌剧院的一名长号手看。他看了几句之后,便让我放心。"相反,降D调对于长号来说是最好吹奏的调性之一,"他对我说,"您的这一段会很出效果的。"

他的话使我十分兴奋。在回家的路上,我一直沉浸在其中,一不留神便扭了脚。后来当我听到这部分乐曲时,我的脚仍在隐隐作痛。不过,其他人听到它大概头会痛的。

我的两个老师在配器方面都没有教给我任何东西。勒絮尔对这门艺术的知识有限。雷哈倒是对于绝大部分吹奏乐器的性能都很熟悉,但我怀疑他对于如何将这些乐器组合起来(无论是大规模还是小规模),就没有什么比较先进的办法了。而且,这部分教学直至今日也没有在音乐学院开设,更何况他那时还得在课上讲解对位法与赋格曲,故配器法对他来说就更陌生了。幸亏我在加入新颖剧院之前结识了一位芭蕾舞大师,加尔代尔。他曾给过我巴黎歌剧院正厅后座的票;这样,我就可以经常去那看演出。我在那里拿着预告上演的作品乐谱,边听演奏边读谱。就这样,我开始逐步熟悉了如何使用交响乐队,并开始了解绝大部乐器的音调、音色或是音域以及其他性能。通过对音响效果及产生这些效果的方式加以认真比较,我甚至感觉到了在配乐法这门特殊的艺术与音乐表达效果之间的内在联系。但事实上并没有谁将我领上这条路。是我自己对三位现代大师——贝多芬、韦伯及斯庞蒂尼——的表达手段做了研究,并对配器的一般规则及各种不常用的形式组合也作了公正的审视。我还经常与演奏家交往,请他们在各自不同的乐器上作示范表演。这一切，加上我的一点本能，使我了解了配器法的其他知识。

雷哈教授的对位法讲得清楚透彻。他能在很短时间内言简意赅地传授给我许多知识。通常，他会像大多数老师那样，尽可能多地教给他的学生那些他极力要求遵守的规则。

然而，他既不是个经验主义者，也不是个故步自封的人。他相信在艺术的某些领域里是会有进步的。而且他对和声学发明者的崇敬也不至于使他盲目崇拜。正是在这个领域里，他与凯鲁比尼经常发生争论——后者如此推崇音乐方面的权威，以至于他会将自己的判断抽象为理论。比如，他在他的《论对位法》中说："这种和声安排或许对我来说比另一种更好，但如果从前大师的意见恰恰相反，那么我就必须服从他们。"

雷哈尽管蔑视常规，但在作曲实践中仍遵守它们。一次，我请他坦率告诉我他对以"阿门"结尾以及以"主，垂怜我们"开头的这类声乐赋格曲的看法。因为在各种流派中都有许多伟大的作曲家在他们的庄严弥撒曲或是葬礼曲中不厌其烦地使用这两个词汇。

"噢，"他大声喊道，"这是他们野蛮，无知！"

"既然这样，先生，为什么您还要写？"

"上帝，因为所有的人都这么写！"

天哪！

勒絮尔对此表现得更合乎逻辑。这些怪异的赋格曲，就像一群醉汉的漫骂那样，对他来说，只不过是对那些神圣的经文及其体裁的一种滑稽的模仿，是亵渎神灵。他也同样认为，这种作品只应属于蛮荒时代及那些尚未开化的民族。因而，他避免创作这类作品。即使他在他的宗教作品中写过极少的赋格曲，它们也与那些大量的令人憎恶的作品没有任何共同之处。他的一部赋格曲，与别人相反，是以这些词开始的：Quis enarrabit coelorum gloriam！（谁将讲述天国的荣光！）这是一部风格凝重、和声科学的杰作，也是一部表现赋格曲这种体裁本身的杰作。恢宏而壮美的主题呈示以属音开始，然后回应在主音上并以强烈的气势进入，同时重复这几个字：Quis enarrabit！（谁将讲述天国的荣光！）此时，合唱队的这部分好像受到另一部分的激情感染而兴奋。于是，现在轮到他们了！他们的声音突然冲口面出，带着双倍的激情，颂扬着天国的奇迹。随后，器乐的辉煌成功地为声乐的和声增添了绚丽的色彩！小提琴清丽温婉的乐音在乐队的高音区时隐时现，如繁星闪烁一般，构成了一幅静谧的画卷；同时，低音部在其间悄然流动——这种对比的力量是多么强烈！钢琴的乐音也紧密应和，它似乎更令人心驰神往！显而易见，这才是一部真正的赋格曲，其歌词的含义也证明了这一点；这才是配得上赋格曲体裁的作品，具有一种魔幻般的壮丽。勒絮尔在该作品中给予我们的启迪是如此弥足珍贵，高尚典雅；这才是一部艺术杰作，因为他在艺术创作中保持了理性与智慧！至于我与雷哈所谈论的那些赋格曲，是只有在小酒店或卑贱之地才可演奏的赋格曲。我可以列举出一大批这样的作品，它们居然都是由一些比勒絮尔身份更高的大师创作的。然而，这些大师，无论是谁，在写作时为了循规蹈矩，无一不是让自己原本高贵的才智作了令人羞愧的牺牲，因而也就肆意贬低了音乐内含的表达，这是难以原谅的！

雷哈在来法国之前，在波恩时曾与贝多芬同窗。我至今仍不相信他们彼此之间曾抱有过强烈的好感。雷哈在数学学习方面花了很大精力。一次，他在课上对我们说："我之所以能够成功地驾驭我自己的思想，那是因为我研究了数学；我的思想在此之前经常疯狂地引诱我，而数学研究却能够驯服它，使之冷静。这种研究还可使我的思想服从于推理与思考，因而也就使思想拥有了双重的力量。"我不知道雷哈的这种认识是否如他所相信的那样正确，也不知他的音乐才能是否真是因为这种对精确科学的研究而得到了提高。或许，他喜欢某些深奥难懂的数学组合，喜欢在音乐方面开诙谐的玩笑，并在解决某些棘手的音乐命题时找到某种真正的魔力。但是，这种方法却几乎只能将艺术引入歧途，并使它逐步失去它应该不断趋向的目标。对计算科学的倾心对于雷哈作品的成功与价值来说都是非常有害的。它将导致他的作品在旋律与和声的表达，即纯粹的音乐效果的表达方面，失去他在艰涩的数学组合方面以及在各种古怪的演算方面所获得的一切——因为，这些音乐作品与其说是为双耳准备的，不如说是为双眼准备的。此外，雷哈似乎既不在意评论家的颂扬，也不在乎他们的批评；他似乎只重视那些在音乐学院接受过和声学教育的青年艺术家的成功；他在给这些人授课时，仔细、认真得难以想象！不过，他最终还是对我寄予了厚望，尽管我在开始学习时，由于经常对某些规则向他提出质疑,而使他很不舒服。因为在某些情况下,他不能给我讲出一个道理,既然它根本就是不存在的。他的木管五重奏在巴黎曾风行多年;它们挺有趣,只是有些冷漠。我还记得曾听过他的一首非常迷人的二重奏,充满着奔放的激情。它出现在他的歌剧《萨福》(Sappho)之中;该剧曾上演多场。

第十四章

参加法兰西艺术学院竞赛；我的大合唱被枪毙了；我对格鲁克及斯庞蒂尼的崇拜；罗西尼的到来；他的爱好者；我的愤怒；安格尔先生。

法兰西艺术学院音乐竞赛的时候又到了,我再次报名参赛。这次我通过了初试。我被要求将一个浪漫的抒情场面谱写成大型管弦乐,主题是《被女祭司撕碎的俄耳浦斯》。我认为我的这首最新作品并非一无是处。然而,却只有一名平庸的钢琴师(我们马上就会看到,这些比赛组织得是多么差劲)负责演奏我的乐谱;更确切地说,是在钢琴上弹奏我的交响乐作品,而这个人还没有从纵酒狂欢中清醒过来。加之学院的音乐系是由凯鲁比尼、帕埃尔、勒絮尔、贝尔东、布瓦尔迪约及卡特尔等人组成,他们宣布我的作品无法演奏。我于是再次与比赛无缘。

　　有些艺术大师畏惧初学者,因而拒绝他们。而我在见识了这种平庸与懦弱的利己行为之后,又见识到了这种制度的专制与荒谬,它们会将初学者扼杀。克鲁采尔阻止了我可能获得的成功,这种成功的益处在那时对我来说意义重大。而那些院士,这些大人物,只是给了我一封信,宣布了一个滑稽可笑的结果,便剥夺了我本可以出人头地的机会,或者说是一个可使我引起注意、至少也是鼓舞人心的机会。就这样,他们将我置于极度的愤怒与沮丧之中。

　　为了让我能够顺利完成这次竞赛,新颖剧院给了我半个月的假期。假期一结束,我就必须重新开始演出。但是,我很快就病倒了,而且病得很重,差一点死于霍乱。安托万忙于追求几个轻佻的女人,所以白天黑夜的大部分时间里就只有我一个人。我既无仆人也无护士为我服务。在一个孤苦伶仃的夜晚,我的疼痛达到了极点。若不是我鲁莽地将小折刀插入到我喉咙的深处,刺穿了那里的一个令我窒息的囊肿,我早已死在了那个夜晚。这次不科学的"手术"倒促成了我的康复。在我快要痊愈时,父亲似乎终于被我的坚强意志所感化——他无疑很担心我的生活来源问题,因为他对此一无所知——恢复了生活费的提供。父亲的温情出乎我的意料,但也因此使我能够辞去合唱队队员的职位。这状况的改善并非无足轻重,因为每天的演出不仅使我心力交瘁,演出的那些东西也只是一些滑稽的歌舞;而那些大型的歌舞剧却仿佛在笨拙地模仿歌剧,这使我在演出中必须得忍受一种愚蠢的音乐。这种愚蠢使我最终染上了音乐的霍乱,或者说它使我被陈规陋习所束缚,并深受影响。只要是真正的音乐家,他就能清楚了解在法国我们所谓的"半歌剧院"的含义,他就能理解我所忍受的痛苦。

恢复生活费使我又可以以双倍的热情重新参加我在巴黎歌剧院的晚会了,而原来我在新颖剧院的那份让人忧伤的职业却使我在那段时间里不得不牺牲它。现在我又可以全身心地沉湎于对伟大的戏剧音乐的研究与崇拜之中了。说到歌剧音乐会,我也只是在巴黎歌剧院听过几场。然而那冷漠与平庸的演奏并不能使我受到震撼,因此我的偏爱并没有从器乐方面转到这上面来。海顿与莫扎特的交响曲的作曲风格,从总体上讲,是属于表达内在情感的种类。可是演奏乐曲的乐队人数少得可怜,舞台则过于宽广,其布置也不利于声音的传播。所以,演奏他们的乐曲所产生的效果不会超过在格勒诺布尔大平原上演奏所产生的效果。这使人觉得非常模糊、渺小与冷漠。那时,我只读过贝多芬的两首交响曲,听过一首他的行板;他显得距我遥远,如太阳一般,但却是一轮被浓云密密遮住了光芒的太阳。韦伯还未曾写出过杰作,他的名字对我还很陌生。至于罗西尼①,以及他在巴黎的追逐时髦的阶层中所激起的狂热,却激起了我强烈的愤怒。因为这种所谓的新兴流派很显然是作为格鲁克与斯庞蒂尼流派的对立面出现的。然而,他根本就没有构思出比这两位大师的作品更神奇、美丽与真实的任何东西。他那恬不知耻的旋律,对戏剧性表达与契合方面的蔑视,对高潮的节奏型的不断重复,那无休止的幼稚的"渐强",以及突然敲出的鼓声——这些都使我异常愤怒。我甚至拒绝承认罗西尼在他最杰出的《塞维利亚的理发师》中所表现的卓越才华,尽管这部歌剧的配器是如此地细致精巧。所以,我不止一次地自问,我究竟怎样做才能在意大利歌剧院中埋设一颗地雷,然后在某个演出的夜晚,将它同罗西尼的阿谀者们一起引爆。每当我碰到这样的一个奉承者,我便会愤怒地咕哝出一句"这个无耻之徒",同时

---

① 罗西尼:(Gioacchino Rossini,1792—1868),意大利作曲家,写有多部歌剧,如《塞维利亚的理发师》《奥赛罗》《贼鹊》等。他对于旋律及戏剧效果的天才为他在巴黎赢得了巨大声誉。

向他投去夏洛克式的复仇目光;"我真希望用红红的烙铁头戳穿你!"我必须坦白承认,直至今天,我的内心深处仍然抱有这种意图谋杀的罪恶情感,以及这种奇怪的看问题方式。当然,我不会用通红的烙铁去刺穿任何一个人,我也不会把意大利歌剧院炸成碎片,虽然地雷早已准备妥当,只需点燃导火索。写到这儿,我真心诚意地为我们伟大的画家安格尔[①]鼓掌叫好,因为我听到他在谈论罗西尼的某些作品时说过:"这是一个虚伪之人的音乐!"[②]

[①] 安格尔:(Jean Auguste Ingres,1780—1867),法国画家。他的绘画纯净而精致。面对浪漫派的兴起,他成为新古典派公认的领袖人物。

[②] 我与安格尔先生,在关于罗西尼的"意大利严肃歌剧"的大部分见解上,都有相同之处。这些相同并不是我唯一引以为荣之处。不过,这并不能阻止《圣桑弗里安的殉难者》的著名作者(指安格尔——译注)把我看成是一个可憎的音乐家,一个怪物,一个无赖,一个反基督者。但是我却真诚地原谅他,因为他同样欣赏格鲁克。所以,"热情"或许才应该是"爱慕"的反义词,因为它使我们喜欢那些喜欢我们所喜欢的东西的人,即使是在他仍憎恶我们之时。——作者注

第十五章

我在巴黎歌剧院的夜晚;我的布道热忱;丑闻;令人激动的场面;数学家的敏感。

巴黎歌剧院的大部分演出都很庄重正式，每次我都要阅读与思考那些即将演奏的作品，认真作准备。我，以及其他正厅后座的常客，对我们所钟爱的作者所表现出来的狂热与羡慕，是与我们对另一些人的切齿痛恨程度相等的。我们心目中的奥林匹斯山上的统治者朱庇特主神是格鲁克；我们对他所表现出的崇拜即使是今天最疯狂的音乐爱好者也难以想象。如果说我的朋友们是这门音乐宗教最虔诚的信徒的话，那么我可以不带任何虚荣地说，我就是他们当中的权威人物。当我看到他们虔诚的热度降低时，我会用圣西门那样的布道来重燃这虔诚之火。不管他们愿不愿意，我都要把他们领到歌剧院，并且总是送给他们门票。这些票实际上是我在售票处花钱买的，但却谎称是从行政部门的职员那里得到的。由于我的这个小小的花招，只要我一领着我的伙伴去听格鲁克杰作的演出，我就让他们坐在正厅后排的长凳上，并且建议他们最好不要换位置。因为没有一个座位对于听觉效果来说是十全十美的，每一个座位的优缺点我都研究过。这里，我们距离法国号太近；那里，我们又听不到。左侧，由于底层包厢的反射，效果很不舒服；右侧，长号的声音又太突出。下面，我们距离乐队太近，器乐湮没了人声；上面，我们距离舞台又太远，妨碍我们辨清对白或是演员的表情变化。某部作品的配器应该从这个地方听，而它的合唱则应该从另一个地方听。在某一幕中，布景所表现的是一片神圣的树林，因而舞台非常宽阔，声音在剧院的各个角落都会减弱，所以就需要靠近舞台；而在另一幕，情况恰恰相反，是发生在宫殿之中，这种布景被布景工称为"封闭的沙龙"，因此，人声就会被这种表面上看似无关的环境加强。所以，我们就必须在正厅后座中坐得更靠上一些，以便可以从稍远一些的地方听乐队及合唱的声音。这样，这两种声音在内部就融合得更加紧密，从整体上也就更加和谐。

我一做完这些指示，就问我的这些新信徒是否了解他们将要听的曲目。如果他们没有读过歌词，我就会从兜里掏出剧本，利用拉幕之前留给我们的时间，让他们读一读，并在主要段落中加入我认为有助于他们理解作者意图的评论。我们总是挑一个好的时间到达剧院，以便能够挑选座位，而不错过开幕时奏出的第一个音符。我们体味着在巨大的快乐到来之前的那种等待的特殊魅力，而我们也确信能够得到这种快乐。此外，我们也很愉快地看到乐池里先是空空荡荡，只有一架孤零零的钢琴而没有别的乐器；接着逐渐地，音乐家与乐器加入其中。乐队的服务人员首先进入乐池，将乐谱放在谱架上。那个时刻对于我们来说夹杂着一丝恐惧。因为从我们到达的那一刻起，就有可能发生某种意外：人们或许会改变演出的曲目，用某些早已过时的货色来替换格鲁克的经典作品；比如说《未婚夫》《开罗商队》《帕努奇》《乡村预言家》或是《拉丝苔尼》等——所有这些作品都或多或少地苍白贫乏，或平庸虚伪。对于这些作品，我们同样会给予高尚的蔑视。乐队的低音提琴所处的位置是距离正厅后座最近的。演出剧本的标题就大大地印在低音提琴的乐谱上，这既能使我们摆脱不安，也会验证我们的恐惧。在后一种情况下，我们便会赶紧跑出演出大厅，不停地咒骂，就好像一些正在偷窃的士兵，发现他们认为是盛满美酒的大桶中不过是装了一些清水而已。此外，我们的诅咒还会殃及替换作品的作者，那个用这种欺骗给观众带来痛苦的剧院经理，以及那个仍然准许这种歌剧上演的政府。可怜的卢梭，他珍视他的《乡村预言家》这部歌剧，就像他珍视他的那些使他名声不朽的辩论杰作一样！尽管他的这部小小的幕间曲般的作品只包含了一些微不足道的和声、回旋曲、牧歌、独奏及各种诙谐成分，但他却坚信，正是由于这些因素，他才把拉莫打得一败涂地，甚至使《帕尔卡》①中的那首三重奏也黯然失色②。虽然他受到种种打击的折磨，但霍尔巴赫派（Holbachiens）却对他的这部音乐作品推崇备至；他曾被谴责为并非该作品的作者，但是整个法国——从耶里奥特和费勒小姐③到法王路易十五——都在歌唱他的作品。尽管法王在他的王国中唱歌是最走调的一个，但他却仍不厌其烦地重复："我失去了我的奴仆。"而最终，卢梭最得意的这部作品一上演便给他带来了种种成功。可怜的卢

---

① 帕尔卡：(Pargues)，古希腊神话中掌管生、死、命运的三女神之一。
② 拉莫的歌剧《依波利特与阿里茜》中一段奇怪的片断，过去非常著名。——原注
③ 二人为巴黎歌剧院演员，塑造了《乡村预言家》中高兰与高莱特的形象。——原注

梭！如果他听到了我们对他作品的侮辱，他会作何感想呢？他是否能预见到，虽然他的这部珍贵的歌剧曾激起了人们雷鸣般的掌声，但终究有一天，竟会有一个玩笑之人如此蛮横无理，将一个硕大的撒满了白粉的假发套扔到了高莱特（Colette）的脚下，于是在如此重击之下，他的这部歌剧便轰然坍倒，从此再也无法站起来了呢？只是极为偶然地，我目睹了《乡村预言家》的最后一次演出[①]；但许多人却因此把我当成假发罩事件的导演；可我必须声明我是无辜的。甚至在看到如此粗鲁与不敬之后，我的心里还是既气愤又快乐，以致我竟不能确信我是否真的对此事无可指责。但是您能想像吗？格鲁克，是的，正是格鲁克本人，在大约五十年前，对这部可悲的《预言家》，竟也给予了一个莫大的讽刺。他甚至胆敢将这个讽刺写出来，并发表在世界上最严肃的、将要呈递给女王玛丽·安托瓦奈特过目的信札之中。他写道："虽然法国在音乐方面并不得天独厚，但还是有某些作品可证明这点，这其中就有卢梭先生的《乡村预言家》。"有谁会想到格鲁克竟会如此风趣？

这位德国人的如此挖苦足以把意大利作曲家靠滑稽与奸诈所获得的成功剥夺殆尽。

现在我接着讲述我的故事。当写在乐谱上的标题表明曲目没有任何改变时，我就会继续我的布道，哼出乐曲中最突出的精彩部分，并解释那些造成主要音乐效果的配器方法。因此，通过我的语言，我会提前从我们这个小小的俱乐部的各个成员那里获得狂喜与兴奋。这种激动的情绪使得邻座的观众非常惊诧，他们大部分是一些善良的外省人，听到我对即将演奏的乐谱中的精彩部分高谈阔论，都唯恐丧失头脑中早已存在的激情。总而言之，他们从中获得的更多的是厌恶，而不是快乐。此外，当每名音乐家进入乐池时，我都会说出他们的名字；并且还不时对他们的习惯与技艺加以评论。

"巴约进来了！他可是与众不同，不像其他的独奏小提琴手。他并不只是演奏芭蕾舞曲。他完全有资格为格鲁克的歌剧伴奏。你们很快就能听到他在E弦上演奏的旋律。我们可以从整个乐队中分辨出它的存在。"

"噢，看那边那个红光满面的胖子，他是首席低音提琴手，是歇尼埃神父。他

[①] 《乡村预言家》在这个充满欢欣记忆的夜晚之后，再也没在巴黎歌剧院上演过。——作者注

虽然上了年纪，但依然精力充沛。他一个人抵得上四名普通的低音提琴手。我们可以相信，他演奏出的音乐与作曲者谱写的乐谱分毫不差：他可不是那种对乐曲肆意处理的人！"

"乐队指挥可要对第一长笛手吉约先生稍加留神。喏，就是那个正走进来的人。他演奏格鲁克的作品似乎是天马行空。比如说，在《阿尔切斯特》的那首宗教进行曲之中，作者所写的长笛部分是在低音区，这只是为了能够获得这种乐器特殊的低音效果。但吉约先生可不会将就乐谱的如此安排。他的长笛必须要压过别的乐器；人们必须要听到他的声音。因此，他就将这部分乐曲提高了八度演奏，这也就破坏了作者想要取得的效果，将一个富有创意的乐思演绎成了稚气粗俗的东西。"

铃声响了三下，宣布演出即将开始。于是我们对乐队中那些显要人物的评论便戛然而止。我们都紧闭双唇，期待着克鲁采尔或是瓦伦蒂诺的指挥棒给出的信号。这时，心脏都会发出沉闷的"怦怦"声。演出开始了。如果我们的邻座这时竟敢说话，哼曲子或是打拍子，这可是绝对不允许的。此时，我们会将一名音乐爱好者的一段非常著名的话当作座右铭来遵守："先生，上天将会惩罚那些剥夺我听觉的快乐的音乐家！"

我们对即将演奏的乐曲早已耳熟能详了。因此，对它作任何改动同样都是不谨慎的。我宁可被人杀死，也不能容忍某些艺术家对乐谱做出哪怕是一点点的放肆行为。我不能不做出抗议。我不会等待片刻，以致我可以冷静地对此种亵渎提出书面抗议。噢！不！我要在大庭广众之下，高声地，以可以理解的语言来谴责这种罪行。我可以确信，没有任何批评可以像这种方式那样，给肆意妄为者带来如此沉重的打击。有一天，上演的剧目是《伊菲姬妮在陶里德》。我在以前的演出中就发现，有人在b小调的斯基泰人（Scythes）[①]舞曲的第一部分中加入了铙和钹，而格鲁克在此处却只使用了弦乐器。另外在第三幕，在俄瑞斯忒斯（Oreste）的宣叙调中，本来有一段长号的演奏（剧情的发展足以说明该段落的重要性），它又是写得如此令人赞叹称绝；可是，这段却没有被演奏。我已决定，如果同样的错误再次出现，我就一定要指出来。于是，当斯基泰人的芭蕾舞开始时，我就期待着

[①] 斯基泰：黑海沿岸古国名。

该段落中铙和钹的敲击。真是不幸，这段乐曲就像我所指出的那样钻入我的耳中。我早已热血沸腾，但仍强忍怒气等到这部分结束。于是，在两段音乐分隔的瞬间，我抓住这一时机，用尽全力，提高嗓门大喊：

"那里本来没有铙钹；是谁竟敢擅自篡改格鲁克的作品[①]？"

剧场中的混乱可想而知！普通的观众不可能对所有的艺术问题求得甚解；因而，是否修改作者的配器对于他们来说无关紧要。所以，他们是很难想像后排的那个狂热青年的愤怒的。而且，到了第三幕情况更加糟糕：在俄瑞斯忒斯的独白中，长号的演奏再次被省掉（如我担心的那样）。于是，同样的声音又响起来，人们又听到这样的质问：

"长号为什么还没有出声？真叫人难以忍受！"

观众和乐队都惊诧不已。或许只有瓦伦蒂诺的恼怒（我承认，他的恼怒是很自然的）可与之相比，因为当时是他担任指挥。我现在已知，这些不幸的长号手只是按照乐谱上标明的指示[②]照章办事；因为他们的复制的分谱与总谱是完全一致的。

至于格鲁克引入首段斯基泰人合唱中的那些铙钹击奏，则取得了极大成功。但我至今仍不知是谁竟敢将它们也同样引入到舞蹈之中，以致破坏了这段奇特的芭蕾音乐的神秘色彩和笼罩在其中的那种阴森可怕的寂静。但我还知道，在随后的演奏当中，一切又复归于循规蹈矩，铙和钹终于不再作声，而长号也最终加入了演奏。对此我已心满意足，在牙缝之间喃喃自语："啊，这才真让人感到幸福！"

不久之后，德邦发现《在科隆的俄狄浦斯》第一幕中所演奏的舞曲竟与萨基尼的原作不同：有人用拖沓冗长的法国号与大提琴的两段独奏取代了原创的乐曲，这可是不合时宜的。德邦至少同我一样怒气上涌，于是便建议我一定要揭露这种无耻的篡改。我怎能不大力支持这种可贵的精神呢？如果我们使用在歌剧《伊菲姬妮》上演时使用过的方法，我们肯定同样会在《在科隆的俄狄浦斯》中取得成功。于是，那天晚上，我们便在演出大厅中再次高声呐喊。虽然只有我们俩人，但那

[①] 在格鲁克的原谱中，只在《众神息怒》中才有铙钹的演奏。文中所谈及的芭蕾舞曲与原谱完全不同，其配器也是不同的。——作者注
[②] 格鲁克确实在这里标出了演奏长笛的指示；这只能算他倒霉了。——作者注

偷梁换柱的音乐从此便永远地消失了。

只有唯一的一次,我们成功地激起了观众的热情。海报中宣传,将由巴约来演奏《尼娜》中那段芭蕾舞曲的小提琴独奏。剧院的行政部门或许是厌恶这位小提琴大师,或许是其他原因,反对演奏这段乐曲。他们认为,只要在剧院门口的海报上贴上一张纸条向观众说明此事就行;虽然它让人难以觉察,但应该是足够了。可是并没有人去看它,所以,大部分观众都期待会听到这位著名的小提琴家的精彩演奏。

当尼娜在她的父亲和情人的怀抱中恢复理智时,碧戈蒂尼小姐的表演虽然感人至深,但还没有到使我们激动得忘记巴约的程度。歌剧逐渐接近尾声。

"怎么了,小提琴独奏呢?"我的声音足够大,希望被别人听到。

"对呀,好像有人漏掉了这一段!"观众中一个男子说道。

"巴约!巴约!我们要听小提琴独奏!"

这时,剧场有如烈火燃烧,这在歌剧的演出中前所未有。全场观众齐声高呼,要求兑现海报中宣传的承诺。幕布在喧闹声中落下,而喧闹声更加鼎沸。音乐家们看到观众如此愤怒,都忙不迭地离开乐池。狂怒的观众跳进乐池,把椅子四处乱扔,弄翻了谱架,砸漏了鼓皮。我徒劳地大喊着:"先生们,先生们,你们在干什么呀?为什么弄坏乐器呀!这简直是野蛮行为!那可是歇尼埃神父的低音提琴呀!这件奇妙的乐器,它可以演奏出梦幻般的声音呀!"可是没人听我的劝告。这些倔强的人,把整个乐池砸得一塌糊涂,弄坏了不知多少个长凳和乐器,然后才扬长而去。

我们在剧院中所做的批评是如此蛮横无理;这正是将批评付诸行动的负面结果。而好的结果呢?那就是当一切进展顺利时我们所表现出来的狂热。

应该认识到,对于大厅中他人不予任何关注的乐章,我们却是怀着怎样的热情为之鼓掌致敬呵!比如说,一个悦耳的低音,一个流畅的转调,宣叙调中的一个纯正的重音,双簧管吹奏出的一段动人的曲调,等等。观众把我们当成剧场雇来的鼓掌捧场者,而后者的头头明白事实正好相反。当我们不适时的掌声干扰了一气呵成的旋律时,他便会不时地瞪我们一眼,那眼神就好像海神在说"quos ego(就想着自己)"。但是当布朗苏夫人结束出色的表演时,大厅里响起了震耳的欢呼声和跺脚声。这种场面现在已经看不到了；即使是在音乐学院，这个在法国仍不时出现为音乐而真正狂热的唯一的地方，也是如此。

我至今仍然记得那激动人心的一幕，令人赞叹。下面即是此事的来龙去脉。那时正在上演《在科隆的俄狄浦斯》。虽然我们对萨基尼的重视远不如对格鲁克的尊崇，但萨奇尼在我们中间还是拥有热诚的崇拜者。一天晚上，我带着一个朋友到剧院看演出。他除了弹子戏外，对其他一窍不通。而我则想竭尽全力把他变成一个音乐信徒。但是安提戈涅和她的父亲的痛苦并不能将他打动。因此，我很失望。第一幕结束时，我便挪到他前面的一排去坐，免得被他的冷漠破坏了情绪。然而，也许纯属偶然，他右边的观众却有着百般柔情，似乎是为了代替我继续映衬他的无动于衷。很快，我就觉察出了这种局面。此时，德里维斯刚刚极为精彩地唱完了他的著名的宣叙调：

我的儿子！你不再是我的儿子！
离开吧！我的胸膛里充满了仇恨。

尽管这一洋溢着古典的朴素与美好情感的场面令我如醉如痴，但我却仍能听到在我后面发生的对话。这当然是我那位年轻的朋友和他的邻座。那年轻人正吃着桔子，而那位陌生人却早已被这最荡气回肠的情感所俘获。

"噢，上帝！先生，请您安静！"
"噢，不，这简直令人难以抗拒！这令我激动万分！这令我悲痛欲绝！"
"但是，先生，您为这种东西而感到痛苦，这就大错特错了！您将会生病的！"
"不，让我……噢！"
"先生！喂！拿出勇气来！毕竟，这只是一场戏而已。给您一瓣桔子，要么？"
"啊，多么崇高而伟大！"
"是的，桔子产自马耳他！"
"啊，这天国的艺术！"
"您可不要拒绝我。"
"啊，先生，多么动人的音乐！"

"是的，桔子真是太漂亮了！"

这段交谈真是驴唇不对马嘴。在此期间，和解一幕已演出完，歌剧中那段悦耳的三重奏奏响了。"噢，多么温馨的一刻！"这段旋律是如此简单，却有着一种感人肺腑的柔情蜜意将我紧紧缠绕。我的眼泪潸然而下，双手抱住头，就像一个陷入痛苦深渊中的人那样难以自拔。三重奏刚一结束，便有两只有力的臂膀将我从凳子上抱起，紧紧搂住我的胸部，似乎要将它压碎。这正是那个陌生人的双臂。他早已万分激动，难以自已；而在他周围的人中，我发现只有我似乎同他共鸣强烈。他热烈地拥抱我，喃喃自语，声音颤抖：

"天哪，天哪，先生，太美了，太妙了！"

我丝毫不为此感到惊讶；我也早已是哭成泪人一般，于是问他：

"您是音乐家？"

"不，但我同所有人一样，都感到了音乐的力量！"

"啊，我深有同感！将您的手给我。天，先生，您是真正勇敢的人！"

就这样，尽管有如此多的观众围在我们四周，我们对他们的嘲笑却毫不在意，更不在乎我的那位正在品尝桔子的新信徒的惊讶神色。我们低声交谈了几句，我告诉了他我的名字，他也将他的告诉了我[①]，还有他的职业。他竟然是一位工程师！一位数学家！！！那么，他那见鬼的对音乐的敏感是藏在何处呢？

[①] 他叫勒德希埃；我没有再见过他。——作者注

第十六章

韦伯出现在奥德翁剧院;卡斯蒂尔·布拉兹;莫扎特;拉什尼特;篡改者;绝望与死亡!

就在这一时期，我全力以赴学习音乐知识，我对格鲁克及斯庞蒂尼已近乎如醉如痴，而对罗西尼的学说与形式却深恶痛绝。就在这时，韦伯出现了。《自由射手》被改编成《绿林好汉罗宾汉》，在奥德翁剧院上演。然而，这部《自由射手》却失去了原有的独特魅力，被一个篡改者以种种卑劣手段任意删节，粗俗化，受到百般蹂躏，千般凌辱。作品的诠释者是一个年轻的交响乐队，不过还算令人敬佩；然而合唱队却很平常，那几个独唱家更使人毛骨悚然。只有一位女士，即饰演阿嘉特（法文译本译为阿奈特）一角儿的普伊埃夫人，她的嗓音非常漂亮，此外便一无是处。然而，她所饰演的角色，演唱缺乏智慧与激情，哪怕是一点点心灵的悸动也没有，于是这个角色几乎被彻底毁掉了。尤其是在第二幕中，那原本激情澎湃的乐曲，却被她唱得气定神闲，冰冷生硬，似乎有一份波尔多尼练声曲的色彩。因此，这一幕便悄然而过，微澜不惊。于是，我只得花大量时间来寻觅乐曲中所隐含的那些弥足珍贵的灵感启示。

该作品的首场演出便赢得了满场的口哨声及大笑声。而在这场演出之中已经引人注目的猎人的合唱、华尔兹舞曲在第二天的演出中更是激起一股狂热，致使观众很快容忍了作品中的缺点，并吸引着奥德翁剧院疯狂的观众。随后，第三幕中年轻的姑娘们所演唱的小曲及阿嘉特的祈祷（改编后被减半）都使观众兴奋；因为，人们在序曲中便感到一种奇怪的激情，而马克斯的咏叹调也不乏戏剧性的意愿。接着，人们也习惯了在地狱一场中发现，那些魔鬼的出现竟然也充满了喜剧色彩。于是，整个巴黎为之哗然，人们都梦想一睹这怪诞的作品。奥德翁剧院因此大发横财；卡斯蒂尔·布拉兹，就是将这部杰作肆意破坏的人，赚了十多万法郎。

起初，我对那些伟大的古典作品独一无二的顽固崇拜使我对这种新的风格非常反感。但在后来，尽管演奏是如此粗俗，竟至改变原貌，我却感到了惊喜。虽然演出有些混乱不堪，但在整部音乐中却散发着山野的芬芳，那种沁人心脾的清新令我陶醉。我得承认，我对于悲剧诗歌中抒发情感的庄重形式多少有点厌倦了，因而该剧中森林仙子们的那种迅捷的，有时甚至是兼具优雅与粗鲁的动作，以及她们那梦幻般的气质，天真而圣洁的情感，她们那贤淑的微笑及忧伤——虽然令我陌生，但却在一瞬间如一股热情的洪流将我淹没。

同期的巴黎歌剧院的演出因而有些被忽视了，这本在意料之中。但奥德翁剧院的演出我一场也没有错过。我被获准进入该剧院的乐池之中，因而很快我便对《自由射手》的这个版本的各个部分都耳熟能详了。

当时韦伯也来到了法国。他是第一次也是最后一次途经巴黎。从那时起至今，二十一年已经悄然流逝。其实他是在前往伦敦的途中，不久他便在那里看到了他的一部杰作《奥伯龙》的惨败；再后来，他便去世了。可我想拜见他的欲望是多么强烈呵！并且，在某天晚上，我又是怀着怎样激动的心情想要找到他啊！那天晚上，虽然他已感身体不适，但他仍想利用出发前往英格兰之前的一点点时间观看《奥林匹亚》的重新上演。而我寻找他的努力依然没有结果。同一天的上午，勒絮尔曾对我说："我刚刚接待过韦伯的来访！如果是在五分钟之前，你还可以听到他在钢琴上为我演奏我们法国版的总谱中的整场音乐呢：他可全都知道。"几个小时之后，当我进入一家音乐商店时，有人在议论："您可知道刚才坐在那里的是谁？""是谁？""韦伯！"当我走进巴黎歌剧院时，听到人们在不停地说："韦伯刚刚走出休息室，进入大厅；他坐在一等包厢里。"我很失望，最终也没能见他一面。一切都是徒劳的，没人能把他指点给我看。他与莎士比亚的那种人人皆可目睹的诗意般的出现相反，只有我一个人看不到他。我是如此默默无闻而又难于给他写信；在朋友之中又无显赫之人将我引荐给他，所以我最终未能与他相见。

噢！如果这些禀赋特异的伟人能够揣测得出他们的作品会唤醒多少伟大的情感，如果他们能够发现在一颗心灵当中竟然凝聚着，隐藏着千万个生灵才具有的那种钦佩与羡慕之情的话，那么，他们将会多么愉快地被这种羡慕之情所围绕，欣然接受它，并因此不再为一些人的嫉妒憎恶、另一些人的愚蠢与轻浮，以及所有其他人的冷漠无情而感到痛苦呵！

所以，尽管韦伯在民众中享有盛誉，尽管他的《自由射手》带来的光芒令人惊愕,并在巴黎风靡一时,尽管他无疑意识到了自己所拥有的才华,但是,对于拥有我这种默默的但却是真诚的崇敬之情,他或许比别人更应该感到幸福。他曾经写了多少动人的篇章,但却遭到了多少演出名家及音乐评论家的最轻蔑的冷遇。他的最新歌剧《欧丽安特》只是勉强称得上成功,因而他有理由对《奥伯龙》的命运感到担忧。他甚至想到如此伟大的一部作品,所拥有的观众都应该如同诗人的读者那样;而在剧院大厅之中端坐着的都应该是能够自由驾驭自己思想的国王。但是,这些国王之中的国王——贝多芬,却在很长时间内对他毫不知晓。因而,有人揣测(正如他自己所写的那样),他有时是在怀疑自己的音乐禀赋,而且,或许正是由于《奥伯龙》所受到的打击,他才会在痛苦中死去。

如果说,在这部出色的歌剧的命运与它的姊妹篇《自由射手》的命运之间存在着巨大的差别的话,这也并不是因为在那部深孚众望的幸运儿《自由射手》的外表上有什么粗俗的东西,或它的形式是多么卑微下贱,或它的成功包含着多少虚伪的成分,或它的语言是多么夸张造次,华而不实。都不是。作者无论是在《自由射手》之中还是在《奥伯龙》之中,都没有对时尚的幼稚苛求和对高傲的歌唱家的蛮横指责做出一点点的让步。因此,无论是对哪部歌剧,韦伯都是同样的简单、真实、高傲而富有创意;他始终是各种条条框框的敌人;他不愿因为任何怯懦而屈尊迁就并向公众讨要掌声,所以他始终在公众面前保持着尊严。他在这两部作品中同样是崇高而伟大的。不过,在第一部作品《自由射手》的诗体歌词中,韦伯使之充满了情感的冲突与对比。超自然的笔法带来了奇怪而强烈的效果。各种旋律、和声及节奏配合在一起,如惊雷轰响,如烈火燃烧,如光芒四射;所有的这一切因而都有助于唤起人们的注意。此外,剧中的人物均来自于日常生活,使人备感亲切;对他们的情感的描绘以及品德的记述也正说明了为何要使用一种并非高雅的文体。而恰恰是这种文体由于作者细致而完善的工作,使之重现光彩,并获得一种无法抗拒的艺术魅力;即使是那些对于管弦乐配器一窍不通的人,也都可以感受到这一点。所以,这种文体在经过如此一番修炼之后,在观众眼中就成了艺术的典范,创作的奇迹。

然而,在《奥伯龙》中却恰恰相反。虽然人类的情感在剧中仍然起着重要作用,但幻想却在其中占据着主要地位:那是一种优雅、娴静而又清新的幻想。合唱队不再是各种怪物和令人毛骨悚然的幽灵幻影，而是一群群空中的精灵神怪，仙女水妖，带着温柔的浅笑。旁白的主要魅力应该来自于与音乐的和谐；然而，与它相配合的乐曲的旋律却非常模糊，节奏也总是出乎意料，似乎蒙上了一层神秘的面纱。因此，这种旁白语言总是令人难于理解；它的细腻微妙之处，即使对于专业的音乐家来说，如果他们没有聚精会神地聆听并加以丰富的想像的话，也是难于体会到这一点的；更何况是普通的观众呢？德国人的梦幻荡漾在神妙的诗歌之中，这无疑容易使人百感丛生。然而对于我们法国人来说，它恐怕只不过是在片刻之间成为我们关注的一个奇怪的主题罢了，而很快对它的无聊与厌倦的感觉便会产生①，这一点可以证明。1828年，德国卡尔斯鲁厄的一个抒情剧团来到法瓦尔剧院演出。水妖们的合唱旋律舒缓，表达出一种异常纯净与完美的幸福境界；其实，这段歌曲也只不过是由两段短短的诗节组成。但与这抑扬变化如此平缓的曲调相匹配的人物的动作竟也是冗长拖沓，使得观众的注意在几个小节之后便逐渐转移了。唱到第一段歌词的末尾，观众的不满之情已很明显，以至于第二段诗节在一片嘈杂声中无法听到。结果是，乐队只好在第二场演出时，将这一段删去，草草了事。

当韦伯看到卡斯蒂尔·布拉兹——这个兽医似的音乐家对他的《自由射手》的所作所为时，只觉得从内心深处受到了一种卑鄙的凌辱。他在离开巴黎前，发表了一封公开信。他的愤怒与不满之情充溢其间。不过，卡斯蒂尔·布拉兹却竟有胆量做出如下回答：这种改编，尽管那位德国作者对之抱怨，却是可以确保《绿林好汉罗宾汉》取得成功的唯一方式。所以，韦伯竟然如此忘恩负义，对那位使他在法国成为明星的恩人横加指责。

噢，天可怜见……竟然会有人对一个可怜的水手挞以五十大鞭，只因为他表现出了一点点不屈的反抗！

同样，在几年前，似乎是为了确保莫扎特的《魔笛》的成功，巴黎歌剧院的经理也让人创作了一部综合歌剧（指由同一作者或不同作者的几部剧的片断所组

---

① 我对这部作品的意见发表之后，《奥伯龙》这部歌剧在里瑞克歌剧院上演却引起了巨大的反响，可谓是取得了巨大的成功；这应该是对我的观点的一个有力的反驳吧。——想必巴黎的观众在音乐欣赏方面该是终究获得了令人瞩目的进展了。——作者注

成的一部歌剧），就是我们今天所看到的这一部，名曰:《伊西斯的秘密》①。这部歌剧的脚本本身似乎到今天仍是一个尚待破解的谜，没有人能把它搞清楚。当这部"杰作"被构思之时，那个聪明的剧院经理请来一位德国音乐家帮助"构思"莫扎特的这部作品。这位德国音乐家对于此种卑劣行为自然是当"仁"不让。于是，他便在《魔笛》序曲（想想看，这可是《魔笛》的序曲呀！）的结尾处多加了几个小节；接着，他又在一首合唱曲②的女高音声部硬塞入了一段低声部的歌曲，并以他惯用的伎俩再次楔入了几个小节。他还将一场剧中的木管乐器的部分去掉，并将其引入到另一场剧中。随后，他又篡改了扎拉斯特罗（Zarastro）那美丽圣洁的咏叹调中的旋律及伴奏，并从中加工出了一首带有奴隶们的合唱的歌曲《哦，口琴！》；还将一首二重唱改编成三重唱。此外，《魔笛》的总谱似乎很难满足他那哈尔比亚③式的贪婪，他便靠对《提图斯》④及《唐璜》的总谱的肆意践踏来满足自己的饥饿之感。歌曲《何种魅力使你进入我的心扉》便撷取自《提图斯》，但却只是断取了其中的"行板"，因为与之相呼应的"快板"似乎并不能使这位天才的篡改大师满意。于是，他便将这段快板剔除，自己又炮制出了一段快板，揳在原处。在这段快板中，他只是引入了莫扎特原作中的片言只语作为遮羞布。在《唐璜》的著名片断《Fin ch'han dal vino》中，主人公唐璜放荡不羁的性格得到了淋漓尽致的展现。可又有谁能够想到，这位作曲家先生对此段又做了什么吗？他将此片断改编为一首三重唱（为一个男低音和两个女高音），并在其充满伤感柔情的诗句中唱出如下歌词：

  幸福得发狂！
  我的心在向往！
  我的命运与他的不同，
  怎样的快乐才可等同于我的快乐！

---

① 伊西斯:（Isis），古埃及神话中司繁育的女神。
② 歌曲名为《Per voi risplende il giorno》。——作者注
③ 哈尔比亚:（Harpie），古希腊神话中的鸟身女妖，又指凶恶贪婪的人。
④ 提图斯:（Titus），古罗马帝国皇帝。

> 为了生活，
>
> 相信你的朋友。
>
> 但愿我的命运会与你的相连，
>
> 噢，温柔的沉醉，
>
> 我的手带去我的温柔，
>
> 轻轻地抚过你的身躯。
>
> 上帝！感谢你赐予我这样伟大的友善！

接着，当这出令人可怖的大杂烩被炮制出来之后，便有了歌剧《伊西斯的秘密》。而这样的歌剧竟也会在这种状况下作为一部伟大的音乐总谱被上演，雕版及出版①。而这位改编者，竟也胆敢在莫扎特的名字旁边，将他这个白痴兼亵渎神灵者的名字——拉什尼特②——写在那里。我之所以提及他的名字，就是为了给卡斯蒂尔·布拉兹的名字找到一个等价物；一对儿难兄难弟，名副其实！

因而，也就是说在二十年的时间里，这两名可怜的行乞之人③中的每一个，虽然其里面的音乐衣衫已被撕扯得褴褛不堪，但在其外面却仍罩着一件和声之王的华丽外套。也正因为如此，这两位天才被装扮得如同猴子一般，穿上了庸俗而可笑的俏丽衣衫，一眼爆裂，一臂扭曲，一股折断，他们就这样被介绍到了法国公众面前！而那些无耻的刽子手却胆敢声称：这就是莫扎特！这就是韦伯！而公众竟也就相信了他们。然而，却没有一个人敢于站出来，按照他们的"丰功伟绩"来宣判他们的卑鄙罪行，或哪怕对他们做出愤怒的反击！

令人悲哀！或许即使公众了解了他们卑鄙的伎俩，也不会对这类事件表示关注。在德国，在英国，或在其他许许多多地方，都如同在法国一样。人们容忍那些最为高尚的作品——无论是什么体裁——被一些无名的鼠辈以各种卑鄙的手段，加以篡改，或者说糟蹋和凌辱。而无论您承认与否，这是您的权利：对那些伟大的

---

① 《伊西斯的秘密》及《绿林好汉罗宾汉》的音乐总谱已被印刷，至今两部作品仍保存在巴黎音乐学院的图书馆里。——原注

② 拉什尼特，而并非是拉什尼兹。重要的是千万不能将如此伟大人物的名字拼错。——原注

③ 指韦伯和莫扎特。——译注

艺术家的作品有进行修改的自由；但如果真有这样的必要的话，那也只能由更为著名、更为伟大的艺术家来拥有这样的自由。对一部作品进行修改，无论是古代的，还是现代的，都永远不能由低层次的人来越俎代庖，而必须由更高水平的人物来进行；没人可以否认这一点。然而今天，虽然每天都有人目睹与此相悖的事实发生，但最终却仍然对此无动于衷。

莫扎特被拉什尼特所谋杀！

韦伯被卡斯蒂尔·布拉兹所谋杀！

格鲁克、格雷特里[①]、莫扎特、罗西尼、贝多芬、沃格尔（Vogel）都被同一个卡斯蒂尔·布拉兹所糟蹋[②]。不幸的贝多芬还会看到他的交响曲将被阉割，先是被克鲁采尔，接着是被哈贝内克[③]。

莫里哀与高乃依的作品被巴黎歌剧院的老主顾——几个无名的鼠辈重新量身定做。

最后是莎士比亚，他的作品仍在英格兰上演，这回是希贝尔及其他某些人的版本。

这些对杰作的修改，在我看来，并非是高层次之人对低层次作品的修改；而恰恰相反，是低层次之人对高层次作品的修改，而且是些异常卑劣的低级之人！

当然，我们也不能说，这些作品的改编者在他们对大师作品的改编过程中，未曾有过几次令人心动的发现；但是这种偶然的结果并不能抵销他们将骂名千古的伪艺术引入到艺术中的罪过。

不，不，不，我要说一千万个不；音乐家、诗人、散文家、演员、钢琴家、指挥家，无论是三流的，还是二流的，甚而是一流的，你们都没有权力去触及贝多芬或是莎士比亚的作品，并将你们自己的感悟与品味作为恩惠施予他们。

不，不，不，我要说一千万个不；一个人，不论是谁，都没有权力去令另一个

---

① 格雷特里：(André Modeste Grètry, 1741—1813)，比利时作曲家，尤其擅长于喜歌剧的创作。他曾经写过《回忆录》。
② 这些大师的作品几乎没有一部不被此人以他自己的方式重新加工；我想他或许已疯了。——作者注
③ 我将会告诉您他们究竟是怎样做的。——作者注

人，也不论这个人是谁，去放弃他自己的本来面目而换上另一个，去按照别人强加的并非属于他自身的方式来表达自己，去穿上一件他本来并未挑选的形式的外衣，或在他活着时成为一个奇特的外部意志所摆弄的玩偶；而在他死后，也要被人镀上一层亮膜以掩人耳目。如果一个人本身即是平庸无奇，那就让他埋葬在他的平庸无奇之中！如果恰恰相反，他拥有一个精英所固有的本质，那么他的同类人，甚至比他更显赫的人，也要尊重他；而比他地位低下的人就更要谦卑地服从于他。

显然，加里克（Garrick）①发觉《罗密欧与朱丽叶》的结局实在是歌剧当中最为悲怆的一幕；于是，他就为莎士比亚的作品换上了一个结局。这样，剧情发展的结果就不会过于令人伤心欲绝。然而相反，重新创造了《李尔王》结局的那个倨傲的跳梁小丑又是谁呢？人们竟然有时，甚而经常用这个结局来替代莎士比亚为其杰作所创作的结局！而那个粗俗拙劣的诗人又是谁呢？这个人竟然将一大堆枯燥冗长且唐突的文字放入考狄利娅（李尔王的小女儿）的口中，仅仅是为了表达一段奇怪的、与她的温柔与高贵的心灵格格不入的庸俗感情！他在哪里？这个拙劣之人！但愿从诗人到艺术家，从父亲到情人，他们周围的所有人都来痛斥，鞭挞这个庸人！将他绑在历史的耻辱柱上，以发泄公众的愤怒，并对他说："可恶的白痴！你犯了如此可耻的罪行，那是最为丑陋的罪行，罪大恶极！你罪有应得，因为你竟然胆敢侵犯那些被我们称之为天才之人的智慧的结晶！你将被诅咒，你将陷入绝望，去死吧！你将陷入绝望，去死吧！（原文中这是用法文与英文重复说的一句话——译注）"

而《理查三世》呢？——或许我应从这部作品中借用一句诅咒——这部作品难道没有被篡改吗？难道没有人在《暴风雨》中加入新的角色吗？难道没有人粗暴践踏《哈姆雷特》或是《罗密欧与朱丽叶》吗？……这就是盖瑞克所树立的榜样所带来的恶果，所有的人似乎都胆敢对莎士比亚指指点点！！！

现在，我们再回到音乐的话题。当克鲁采尔最近在巴黎歌剧院举办宗教音乐会时，他对贝多芬的一部交响曲②进行了多处删节；而在此之后，我们难道没有耳

---

① 加里克:(David Garrick，1717—1779)，英国演员及作家，莎士比亚的诠释者，曾写过几部歌剧。
② D大调第二交响曲。——原注

闻哈贝内克将同一位大师的另一部交响作品中的一些配器裁减掉吗[1]？在伦敦，人们难道没有听到科斯塔（Costa）先生在《唐璜》《费加罗的婚礼》及《塞维利亚的理发师》的总谱中加入大鼓、长号、奥斐克莱[2]的乐段吗？……如果某些乐队指挥都胆敢随心所欲，去除或是引入这些作品中的某些乐段，那么又有谁能够阻止小提琴手或是长号手，或是某个最为卑劣的音乐家也来做同样的事情呢？接着便是翻译家、出版商，抑或是抄写员、雕版者，及印刷商，他们难道就没有美丽的借口来步其后尘吗[3]？

这难道不是对艺术的彻底践踏和摧毁吗，难道不是对艺术的终结吗？……我们所有的人都如此钟情于艺术的荣光，如此地珍视和关爱人类的精神所拥有的这份历久弥新、愈醇愈甘的权利，所以，当我们看到她们被损害时，我们难道不应该揭露这个犯罪者，起诉他，向他高声呼喝出我们天大的怨气吗？"你的罪行是滑稽可笑的，去绝望吧！！你的愚蠢行为是有罪的，去死吧！！你会被嘲笑，被唾骂，被诅咒！去绝望吧！去死吧！！去绝望吧！去死吧！！"

---

[1] 大约二十年以来，当音乐学院上演《c小调交响曲》时，哈贝内克在"谐谑曲"开始时，从来不让低音提琴部分演奏。他认为这部分不会产生好的效果……这或许是对贝多芬的一点"指正"吧？！！——作者注
[2] 奥斐克莱：(ophicléide)，一种U形铜管乐器。
[3] 事实上，他们不会放过这样的机会。——作者注

第十七章

我对意大利语歌剧的成见；我从莫扎特的作品中所获得的印象；这种成见对它的影响。

我已说过，在我第一次参加学院音乐竞赛的时候，我完全沉溺于对伟大的戏剧音乐的研究之中（更确切说是抒情的悲剧音乐），但无论怎样，它都可以说明，我在观察莫扎特时，是带着几许冷静的。

格鲁克与斯庞蒂尼是唯一能使我激动万分的人。这才是我对《唐璜》的作者给予冷遇的原因。他的两部在巴黎经常上演的歌剧是《唐璜》和《费加罗的婚礼》；但它们是用意大利语，由意大利人，在意大利歌剧院演出的，这对我来说已经足够了；我不能否认我对这些杰作保持着一定的距离。它们似乎属于一种超世俗的流派，这在我看来是不对的。此外，也许下面这点才比较有道理，即我对于那个可笑的唐娜·安娜角色的一段音乐感到震惊。莫扎特在这段之中不幸只是写了一首可悲的练声曲，这对于他的整部光彩夺目的总谱来说无异于白璧微瑕。事实上，我想谈论的是《唐璜》第二幕中女高音唱段（第22号）中的一段快板。整段音乐本是充满了深切的忧伤，这里所有表达爱情的诗句都是悲戚与哀愁的。然而，在这一段的末尾，我却发现了几个滑稽可笑的音符。这种不合时宜和不合情理简直令人震惊；或许人们很难相信如此跳动的音符会出自同一作者的笔下。唐娜·安娜在那时似乎是在擦着泪水，但突然之间她便陡地转到一种近乎失礼的快乐与滑稽之中。这段的台词如下：Forse un giorno il cielo ancora Sentira a-a-a（此处的这个经过音群令人难以置信，真是败笔之中的败笔），Pietà di me（意大利文，大意为"也许某天上帝会再怜悯她"）。应该承认，对于这位愤怒已极的贵族小姐来说，这可是表达"上帝总有一天会怜惜她"这一希望的一种古怪的方式。然而，我却难以原谅莫扎特的这种荒唐。今天，我已感到我付出了我的一部分鲜血来从我的记忆中将这令人羞愧的一页抹去，还有其他诸如此类的东西；但是，人们至今仍被迫承认这些败笔在他作品中存在着价值①。

因此，我也只能对他的戏剧观念嗤之以鼻，这足以使我的热情降至冰点。

《魔笛》所具有的宗教般神奇魔力使我佩服得五体投地，此言不虚！但我却是在《伊西斯的秘密》这部综合歌剧中才第一次仔细领略了该作品的美。我也只是在许久之后，才在音乐学院的图书馆里得以见到它的原稿，并有机会将它同在巴黎歌剧院上演的那部可悲的法国大杂烩版本作个比较。

因此，人们或许可以看到，莫扎特这位伟大的作曲家的戏剧作品从整体上曾给我留下坏的印象。所以，只有在多年之后，由于恶劣的周遭环境得以变更，我才领悟到他的作品的魅力、柔美与完善。他的四重奏、五重奏及其他一些奏鸣曲所具有的绚烂瑰丽，使我产生了对这天使一般人物的最初崇拜。而那些意大利人或是对位法教育家们对这位天使的作品的频频施虐，才是使他的纯洁性到处遭到破坏的唯一原因。

---

① 我甚至觉得"感到羞愧"这一形容语对于痛斥这一段落来说，其分量还是不够。莫扎特在此不顾激情，不顾情感，不顾正当的品味，不顾常理，而犯了最为丑陋最为荒诞的错误。我们甚至可以说，在整个艺术史中，这都是个可援引的反证。——作者注

第十八章

莎士比亚的出现；史密斯逊小姐；致命的爱情创伤；精神的麻木；我的第一场音乐会；凯鲁比尼可笑的反对；他的失败；第一次响尾蛇式的报复。

这里我将谈我的一生中最伟大的一部戏剧。我将不会去描述所有那些令人心碎的情节，而仅限于说出以下内容：一个英国剧团来到巴黎演出莎士比亚的戏剧，这些戏剧在当时对巴黎的公众来说是完全陌生的。我去观看了在奥德翁剧院的首场演出。我见到了饰演奥菲莉娅角色的亨里耶特·史密斯逊，她在五年后成为了我的妻子。她的神奇的才能，或者更确切地说，她的戏剧天赋，对我的想象力以及对我的心灵所产生的影响是只有诗人莎士比亚本人使我产生的激动和狂热才可与之相比拟的，而她恰恰是诗人最名副其实的诠释者。对此我不再赘述。

莎士比亚是如此意外地降临到我的面前，如惊雷般令我震撼。他像一道闪电划破了艺术的苍穹，伴随着隆隆的雷声，为我照亮了遥远的深邃之境。我因而认识了戏剧的伟大、美丽和真实之处。于是，在同一时刻，我便开始仔细斟酌起伏尔泰对莎士比亚的无情的嘲讽与奚落，这在法国已是广为流传的了：

　　……这只天才的猴子，
　　被魔鬼差遣，化作人形，讲经布道。①

同样，我也想起那些迂腐的教育家及其同样无知的兄弟们所固执恪守的陈旧的诗论。我明白，我理解，我也感到了我依然活着，我必须站起来，走我自己的路。

但是，此事对我产生了太大的冲击，致使我好久都没有恢复过来。在一种强烈、深切、无法战胜的痛苦之中，我的精神状态每况愈下，或者说，我是病了。也许只有一位心理学家，只有当他同时也是一位伟大的作家之时，他才可近似地描绘

---

① 维克多·雨果:《黄昏曲》。——作者注

出我的这一状况。

在我的睡眠恶化的同时,我的大脑似乎也已锈迹斑斑,失去了往昔的灵活。我对于所钟爱的学习的兴趣也日趋弱化,我已不能再学习了。我漫无目的地在巴黎的大街上或是在郊区的田野中游荡。我还记得,在这段漫长而痛苦的时期中,虽然我的身体是如此疲惫不堪,但也不过只有四次酣睡;我如同死人一般沉沉地睡去。一次是在犹太居住区边的田野中,我在麦捆上度过了一晚;一次是在白天,在索镇(Sceaux)旁边的牧场中;一次是在已冰封的塞纳河边,靠近纳耶,卧在大雪之中;最后一次是在意大利人街与黎士留街拐角处的"主教咖啡厅"的餐桌上——在那里我足足睡了五个小时,厅中的侍者异常恐惧,不敢靠近我,担心我已升入天国。

在这一连串的游荡之中,我似乎是在寻找我所丢失的灵魂;而恰恰在此之后,当我一回到家中,便盯住了桌子上打开的托马斯·穆尔的《爱尔兰的旋律》;我的视线落到了以这样的一行字开始的诗句上:"当爱你的那个人……"。我抓起笔,一口气写完了一首催人泪下的离别乐曲。这首作品的标题叫作《哀歌》,收录在我的作品集《爱尔兰》的最后一篇中。这是唯一的一次,当我感受到一种情感上的积极与直接的影响时,我能够成功地将如此炽烈的感情描绘出来。这首乐曲的旋律令人心伤,似乎是暴露于一场悲歌的倾盆大雨之中;我后来几乎再也难以达到这样的境界了。

这段乐曲从演唱到伴奏都异常艰难;为了使这部作品中所蕴涵的真实意义被表达出来,也就是说要使一种凄切的、骄傲的、而又柔弱的绝望之情,即莫尔在写作他的诗句时所应感受到的情绪,以及我在将诗句融入音乐之后也一定能感受到的这种绝望之情,或多或少地被弱化之后表达出来,就必须要有两个技艺娴熟的艺术家[①];尤其是一个歌唱家,他必须要有美丽的嗓音与超凡的敏感。如果听到这部作品被平庸地诠释出来,那么对于我来说,痛苦真是难以言表。

为了不使自己承受这种痛苦,在它问世的二十年时间里,我没有要求任何人来演唱这首歌。唯有一次,阿里扎尔在我家看到它,便在无伴奏的情况下尝试了

---

① 比才曾自伴自唱,他对这首哀歌的演绎是最为成功的。——作者注

一下。他属于男低音，于是便降为B调唱出。这使我听了很不舒服。于是，我在他演唱中间便打断了他，请他别再继续唱下去。他理解这一点；我也清楚他唱得很是不错。这使我萌生了将该首钢琴伴奏曲配器为交响乐的念头。但是过后，想像着如此的配器并不适合音乐会上众多的观众，而且假如他们竟对此无动于衷的话，那就简直是一种亵渎了。于是，我便不再努力，并烧毁了我已写好的乐谱。

我真希望《爱尔兰的旋律》一书的法文译本能够忠实于原著，好让我可以在不久之后将莫尔的全部英文诗篇都配上音乐。

如果说这首哀歌在英国和德国曾经名噪一时，那也许是因为它曾在那里找到了些许的同情与关爱；受伤的心灵在这部作品中重新找到了共鸣。然而，如此篇章对于大多数法国人来说却是无法理解的，对意大利人来说则更是荒谬和难以理喻的。

我在《哈姆雷特》的演出中所感受到的东西令我惊恐慌乱，于是，刚一走出它的阴影，我便正式向自己承诺，绝对不让自己再受到莎士比亚激情的煎熬。

第二天，剧院的海报通知将上演《罗密欧与朱丽叶》。我本来可以随便进出奥德翁剧院，不过由于担心剧院门卫也许会接到新的命令而阻止我像往常那样进入剧院，于是一看到即将上演这部令我心悸的戏剧的海报，便跑到预订处买了一张单人座的票，以便给我的入场作个双保险。其实，根本就无此必要。

体验着哈姆雷特的凄切忧伤，悲哀苦痛，可怜的爱情，残酷的讽刺；感受着他的冥思苦想，断肠心碎，疯狂与泪水；经历着他的苦痛灾难与不幸遭遇；于是，我走出了丹麦密布的阴云和冰冷的寒风，沐浴在和煦的阳光之下，沉浸于意大利飘香的夜晚，目睹着那迅捷如思维，炽热如熔岩，伟大而难于抗拒，纯美如天使之笑的爱情一幕；呼吸着复仇的愤怒，承受着心灵的重负，哀叹那爱情与死亡的无望挣扎；这些对我已经足够。第三幕刚一开始，我便已经窒息，痛苦难耐，如同有一只铁手蹂躏着我的心；于是，我便充满信心地对自己说："啊！我迷失了自我。"……当然，还要声明，我那时根本不认识一个英文字，而只能通过勒杜尔纳尔的译本的重重迷雾才可隐约窥见莎士比亚的风采，因而我无法领会他那如同金网一般辉煌的奇迹般的作品，那充满诗意的情节和线索。很不幸，即使到今天，情况也仍大体如此。对于法国人来说，探索莎士比亚笔触的深厚内涵要比英国人感受拉封丹与莫里哀的风格困难得多：我们的这两位诗人是蕴藏丰富的两块大陆，而莎士比亚却是整个世界。不过，演员们的表演，尤其是那位女演员（史密斯逊小姐）的表演，他们的举手投足，优美的声音，以及剧情的发展，于我来说更有意义；与我手中那本苍白无力、违背原意的译本相比，他们的表演给予我千万倍更多的莎士比亚的思想与激情。一个英国评论家去年冬季在《伦敦新闻画报》上写道：我看了史密斯逊小姐所饰演的朱丽叶后，惊呼："这个女子，我要娶她为妻，我要将这部戏剧谱写成最为宏大的交响乐！"我确实实现了这些，但是从未说过相同的话。我的传记作者赋予了我一个超乎我本性的宏伟目标。不过人们将会在我随后的记述中看到，连我的曾经受到震撼的灵魂在睡梦中都不敢奢望的东西后来是如何、并且是在何种偶然的情况下成为了事实。

莎士比亚在巴黎取得了成功，受到所有新文学流派——由维克多·雨果、亚历山大·杜马（大仲马）及阿尔弗莱德·维涅领导——的鼎力支持。但是他们的成功与史密斯逊小姐相比，却黯然失色。在法国，从来没有一个戏剧艺术家能够像她那样感动公众，使他们激动，兴奋；从来没有任何赞歌可以与法国的报界对她的赞扬相比。

在看过《哈姆雷特》与《罗密欧与朱丽叶》两场演出之后，再去观看英国的戏剧对我来说真是颇为困难了。我同样经历了主人公的磨难，这令我沮丧，伤心。我害怕这种精神的苦痛，如同人们对肉体的疼痛充满恐惧一般。只要一想到我要承受这种痛苦，我便不寒而栗。

我曾经有几个月的时间整天生活在浑浑噩噩之中，无助而绝望；在前面我已经指出了它的情形和原因。因为我总是想着莎士比亚和那位天才的女艺术家，想着那使整个巴黎为之倾倒的"完美的奥菲莉娅"，伤心地比较着笼罩在成功下的放射出耀眼光芒的她与藏在昏暗深处的可怜的我。当我最终又振作起来之后，我便希望能做出一次非凡的努力，使我的名字发出熠熠光辉照耀到她的头上，虽然我在她眼里仍旧是陌生的。于是，我便尝试着做了一件法国的任何其他作曲家都未曾做过的事情。

我竟然想在音乐学院准备开一场我的个人作品的大型音乐会。我对自己说："我要向她表明，我同样也是一名生活的描绘者。"为了实现这个目标，我需要做三件事：抄写好我的乐谱；联系演出场地及雇佣演奏家。

我一做出决定，便开始夜以继日地工作，每天工作十六个小时，选择要演奏的作品，再抄写交响乐队的各个声部的分乐谱以及合唱队的乐谱。

我的曲目包括：《威弗利序曲》及《宗教法官序曲》；《宗教法官》中的一段乐曲及一首合唱队伴唱的三重唱；《英雄的希腊人》场景及大合唱《俄耳浦斯之死》——这部作品曾被法兰西学院评审会宣布为无法演唱。我坚持抄写我的各个分乐谱，毫不懈怠。在此之前，我的生活已经更为节俭，以便省出更多的钱。这样，再加上以前我的积蓄，我便可以支付合唱队队员的工钱了。至于乐队，我相信可以得到奥德翁乐队、巴黎歌剧院及新颖剧院部分音乐家的免费援助。

现在，演出大厅便成为了主要问题——在巴黎总是如此。从各个方面来讲，音乐学院的演出厅都是最好的，但为了能够使用这个演出厅，必须要获得艺术总监索斯代纳·德·拉罗什弗考尔先生的批准及凯鲁比尼的同意。

德·拉罗什弗考尔先生欣然同意了我的申请。然而，凯鲁比尼的态度恰恰相反；我刚一简略地说完我的计划，他便勃然大怒。

"您想举办音乐会吗？"他对我说，带着他惯常的优雅。

"是的，先生。"

"那需要得到艺术总监的准许。"

"我已获得了准许。"

"德·拉罗什弗考尔先生同意了？"

"是的，先生。"

"但是，但是，我不同意，我。我，我，我反对借给您演出大厅。"

"不过，先生，您没有任何理由让别人也拒绝我。既然音乐学院在目前不会使用它，那么，大厅在半个月之内都是可以完全自由使用的。"

"但我要对您说，我不希望您举办音乐会。所有的人都在乡间度假，您不会有任何收入。"

"我并不打算靠这赚钱。这次音乐会的目的只是想让人了解我。"

"可是，根本就没有必要让人们来认识您！再说，需要付工钱，您有足够的钱吗？"

"当然有，先生。"

"啊，啊，啊！那么您想在音乐会上让人听到什么乐曲呢？"

"两部序曲，一部歌剧的片断，以及我的大合唱《俄耳浦斯之死》……"

"我不希望有您参加比赛的那首大合唱，它太糟糕了，根本无法演奏。"

"是您这样认为，先生。不过，我很高兴现在轮到我来对它进行评判。如果说一个蹩脚的钢琴师没能将它伴奏好，但这并不表明一个优秀的交响乐团就不能演奏它。"

"这是一种侮辱！您究竟要对法兰西学院做什么呢？"

"这只是一次很普通的试验，先生。如果法兰西学院曾经有理由宣布我的总谱不能演奏，那么很显然人们将无法演奏它。但是如果恰恰相反，是法兰西学院搞错了，那么人们就会说，我曾从院士们的建议中受益匪浅，并且在竞赛之后，我已对作品进行了修改。"

"您只能在周日举办这场音乐会。"

"是的，我将在周日举办。"

"但是，演出厅的职员，检票员及引座员，他们可都是为音乐学院工作的。他们只有在星期天才休息。您竟然想累死他们吗？这些可怜的人，您想让他们死去？"

"您可真会开玩笑，先生。相反，这些可怜的人会因为从您这里呼吸到您的仁慈而兴奋异常，因为他们得到了一次赚钱的机会。如果您剥夺了他们赚钱的机会，这才是大错特错了。"

"我不希望您举办，我不希望！我会写信给艺术总监，请他收回他的许可。"

"您可是善良之极，先生。但是，德·拉罗什弗考尔先生可绝不会食言。此外，我还要以我的名义给他写信。我在此时是如何荣幸地与您交谈，我要将谈话内容原原本本告诉他。他一定会因此赞赏您的理由与我的理由。"

事实上，我已将您刚刚读过的内容寄给了艺术总监先生。许多年之后，我从艺术总监办公室的一名秘书那里得知，我那篇充满对话的信件使总监先生笑得流出了眼泪。凯鲁比尼对他的那些音乐学院的可怜的职员所表现出的温柔使这位艺术总监感动至极：我竟然要用我的音乐会将这些人劳累至死！于是，他便立刻像任何一个符合常理的人所做的那样，又重新给了我他的承诺；接着又对我说了几句令我终生感激的话："我要派您亲自将这封信呈递凯鲁比尼先生；关于您的事，他已经收到了一切必要的准许。"在接到正式的许可之后，我没有耽搁一分钟，跑到音乐学院，将它递给这位院长先生："先生，请看这封信。"凯鲁比尼接过信，仔细阅读一遍，又读了一遍，脸色由白变青，然后将它递还给我，没再说一个字。

这可是从我的手中游到他身旁去噬咬他的第一条响尾蛇，以回敬他逼我吞下第一条水蛇的痛苦：在我们第一次相遇时，他就将我赶出了音乐学院图书馆。

我心满意足地离开他，用只有自己才可听到的声音对自己低语，语气已是大大地不敬，来回应他那温柔的话语："好吧，院长先生，这只不过是一条非常友好的小蛇，您就舒舒服服地把它吞下去吧；可要慢慢地，温柔地哟！我们也许还将看到其他的蛇，如果您总是招惹我的话！"

第十九章

徒劳的音乐会；不懂如何指挥的乐队指挥；没有演唱的合唱队员。

我赖以组成乐队的艺术家们已向我正式承诺他们的参与，合唱队员们也已做出保证；该抄写的各种乐谱也都已抄完；演出大厅也从那位暴戾的院长手中夺了过来。所以，我现在缺少的只是几名独唱演员及一名乐队指挥。布洛克那时是奥德翁剧院交响乐团的指挥，非常希望在这次音乐会中执棒，而我自己则不敢兼任此职。杜布雷刚刚从高荣（Choron）的班中脱颖而出，已是小有名气，同意演唱《宗教法官》中的一段歌曲。阿莱克斯·杜邦虽然身体欠佳，但也同意演唱《俄耳浦斯之死》，因为他以前曾在学院评委会面前试唱过它。然而，对于《宗教法官》中的一段三重唱所需要的一名女高音和一名男低音，我只好将就着巴黎歌剧院芭蕾舞团的两名三流演员来担当，他们既无漂亮的嗓音，也无很高的天赋。

由于对各声部乐谱的研究都是"出于好意"来完成的，所以排练造成这样的结果：在排练开始的时候，许多音乐家还未到来；而在接近结束时，很大一部分人都已经离开了。不过，那两首序曲，一首歌曲及一部大合唱排练得还颇为不错。《宗教法官》的序曲激起了乐队一片掌声，而大合唱的终曲也引起了巨大的反响。因为在这段乐曲中，我没受常规所束缚；而是在诗句的启示之下，在"酒神节"之后，我让管乐器再次奏响"俄耳浦斯赞歌"的爱情主题，而乐队的其他声部则以一种朦胧、轻柔之声伴奏，仿佛是"爱伯尔河河水的微波映衬着诗人苍白的脸庞"；与此同时，一种本来轻柔羸弱的声音逐渐升高加强，长时间地发出痛苦的哀号，两旁的河岸也发出回响："欧律狄刻①，欧律狄刻！噢，可怜的欧律狄刻！！"

我还记得《农事诗》②中美丽的诗句：

---

① 欧律狄刻：(Eurydice)，俄耳浦斯的妻子。
② 《农事诗》：古罗马诗人维吉尔的作品，共四卷，每卷五百余行，分别写种谷物、种橄榄和葡萄、畜牧、养蜂等农事，其中也有些神话插曲，如俄耳浦斯在冥土寻找妻子。——译注

Turn quoque, marmorea caput a cervice re vulsum
Gurgite quum medio portans ceagrius Hebrus
Volveret, Eurydicen, vox ipsa et frigida lingua
Ah! Miseram Eurydicen, anima fugiente vocabat:
Eurydicen! toto referebant flumine ripae.

在这幅音画之中充满了一种奇特的忧伤之情；但是，对于剧院中四分之三或是一半的观众来说，由于他们的文学修养并不太高，所以必将体会不到其中所蕴含的诗意。不过，它却使整个乐队为之激动，雷鸣般的叫好声不绝于耳。我现在感到很可惜：已将这部作品的总谱焚毁了；其实即使是最后的几页乐谱都本该能够说服我将其保留下来。除了"酒神节"这一段[①]让乐队演奏得酣畅淋漓之外，其余部分演奏得都不尽如人意。杜邦嗓子嘶哑，费了好大劲才唱出了高音部；他的状态是如此不佳，以致我在第二天恐怕是不能再指望他了。

我因此非常苦恼，我的那点欢愉已丧失殆尽。我原想在音乐会的节目单上写上：《俄耳浦斯之死》，抒情戏剧场景，曾被法兰西艺术学院宣布为"无法演奏"，于1828年5月×日上演。结果自然是凯鲁比尼不会放过这个机会："交响乐队根本就无法演奏这部作品"。他并不接受那个使我把它从节目单中取消的真正原因。

在这部不幸的大合唱的排练过程中，我领悟到，有很多乐队指挥，由于他们平时没有指挥过大型歌剧，因此对于如何演奏风格比较变幻无常的宣叙调并非很得心应手，布洛克正是如此。在奥德翁剧院上演的都是一些夹杂着对白的歌剧。然而，在《俄耳浦斯》的第一段咏叹之后，是一大段宣叙调，我在其中构思了多处交响乐队合奏的场面。所以，布洛克从来都没能确保让某些乐器适时地加入其中演奏。这使得一位彩排时在场的戴着假发套的音乐爱好者说出如下的话来：

"啊！提起那些古典的意大利大合唱，那才真叫音乐呢！那种音乐绝不会使乐队指挥如此尴尬，因为它根本就不需要乐队指挥。"

"是的，"我回答道，"正如老驴那样，它根本就无须带领，便可独自找到通往

[①] 恰恰是这一段，法兰西学院的那位钢琴师没有表演成功。——作者注

磨房的路。"

就这样，我们开始成为朋友。

无论如何，这部大合唱最终还是被我的另一部作品弥撒曲《复活》所取代，因为合唱队员与乐队都熟悉这一曲子。音乐会就这样开始了。两部序曲与《复活》弥撒得到了普遍认同，受到了热烈欢迎。至于那首歌曲，杜布雷用他当时仍然柔弱的嗓音诠释得也很出色，所以也很幸运。但是那首与合唱队一起表演的三重唱却很可怜，因为根本就没有合唱队伴唱。合唱队员们错过了演唱的时机，所以便很谨慎地直至最后一刻都保持缄默。至于那个关于希腊的戏剧场景，其风格要求有大型的合唱团参加表演，但是观众对此的反应却很冷漠。

这部作品从此再未演出过，我后来将它毁掉了。

但总而言之，这场音乐会对我还是有用的。首先，它使许多艺术家以及公众认识了我；尽管有凯鲁比尼的阻挠，但我的成名已开始成为不可避免的了。其次，当一名作曲家要自力更生组织自己作品的演出时，他必然要面对许多困难。这场演出使我努力去同从事音乐职业所必然遇到的艰辛做斗争。通过这次经历，我认识到我究竟有多少事情要做才能彻底战胜所有的艰难困苦。不用说，这场音乐会的收入才刚刚够支付照明和广告的费用，付给凯鲁比尼声称的"那些可怜的人"的工钱，以及付给我的那些无法用金钱来衡量其价值的合唱队员们；他们竟然能够保持一种那样崇高的沉默。

很多报纸都热情赞扬了这场音乐会。费蒂斯（Fétis）[①]，连费蒂斯都在一次沙龙聚会中用异常奉承的语言夸赞了我（从此以后他便一直如此……），说我进入音乐界是一个真正重要的事件。

但是，史密斯逊小姐也许正沉醉在她的成功里，报界对我如此的赞扬会引起她的注意吗？……真是不幸！我后来得知她正全心投入到她前途无量的事业当中，因而从来就没听人谈起过我的音乐会、我的成功、我的努力，乃至我本人……

[①] 费蒂斯：(Francois Joseph Fétis，1784—1871)，比利时音乐学家，曾经写过《音乐家传记》(*Biographie universelle des musiciens*)。

第二十章

贝多芬在音乐学院的出现；法国艺术大师们对他的敌视；勒絮尔对《c小调交响曲》的印象；勒絮尔执拗地坚持他的反对意见。

艺术家生活中的隆隆雷声有时会滚滚而至，如同狂风骤雨中的雷声一样快速迅捷：那载满电荷的大块云团抛射出闪闪电光，喷吐着暴风雨的气息。

我刚刚从莎士比亚与韦伯的作品中瞧见他们冰山之一角；很快，在地平线的另一端，我又看到了伟大的贝多芬冉冉升起。我所感受到的心灵的震撼似乎只有莎士比亚曾经带给我的震撼堪与相比。他为我打开了音乐的另一个天地，就好像诗人为我揭去了另一个诗歌世界的神秘面纱。

音乐学院的演出协会刚刚成立，由哈贝内克领导，他积极热情地投身到其中。尽管这位艺术家对他所钟爱的艺术大师的作品疏忽大意，甚而会犯严重的错误；但应该承认，他的善良动机和他娴熟的指挥技艺使贝多芬的作品在巴黎得到了普及并获得了成功；此一功劳除归功于哈贝内克之外非他人莫属——只有这样说对他才是公平的。为了能够建立起这个今天在整个文明世界中享有盛誉的美丽的机构，他付出了艰辛的努力。因为在那时候作品之所以能够风靡一时，全是因为其中充斥着各种生僻而古怪的演奏技巧与难点；为了能够达到好的演奏效果，为数众多的音乐家们必须要面对未来岁月中大量的排练以及各种使人疲惫不堪但却是极少有利可图的工作；或许他们本来就对作品的演奏持有一种冷漠的态度，便因此而对它更充满敌意。所以，哈贝内克必须要以自己的热情来重燃他们的希望之火。

此外，他还必须要与法国及意大利作曲家的无声的反抗、含沙射影的谩骂与讽刺、以及迟疑不决做斗争。这对他来说并非是微不足道的痛苦。这些人极端仇视为一个德国人建立高高的殿堂，因为他们认为贝多芬的乐曲对他们及他们自己的流派来说是令人恐怖的洪水猛兽。因而，我曾听到他们对别人说出多少可憎的蠢话，来诋毁这个闪耀着智慧与灵感之光的音乐奇迹！

我的老师勒絮尔是一个诚实而正直的人，他从不抱有任何对他人的怨恨与嫉妒，并钟爱他的艺术；但他却更忠诚于我所妄称为偏执与疯狂的音乐教条。所以，他对贝多芬的作品在不经意之中做出了颇具特色的评论。虽然他几乎闭门家中，潜心于自己的艺术研究，但音乐学院举办的头几场音乐会，以及贝多芬的交响曲在巴黎音乐界所引出的纷纷议论还是很快传到了他的耳中。他对此非常震惊；更何况，他与他的法兰西学院的同事们一样，将这种器乐音乐看作是一种低级音乐：尽管它构成了高尚的艺术的一部分，但其本身的价值却是平庸无奇。此外，他认为海顿与莫扎特早已构成了器乐音乐的泰山和北斗，又有何人能够超过他们的成就呢？

以贝尔东（Berton）为例，他在看待任何德国现代派音乐时都是怀着怜悯之情。而包阿德约（Boieldieu）呢，他对于他必须思考的德国现代流派并非知之甚多，但是，如果某些和声组合哪怕是有一点点远离他倾其一生所钻研的那三种和弦方式的话，他都要表现出一种幼稚的惊讶。再以凯鲁比尼为例，他虽怒火强压心头，却不敢对贝多芬横加指责——虽然后者的成功使他气愤难平，并动摇了他最为弥足珍贵的理论大厦的根基。而帕埃尔（Paer）呢，他却颇具意大利人的狡黠，竟至胡言乱语，他说他知道一些关于贝多芬的轶事；这些事情多少会对这位伟人产生不利影响，但想必是颇令叙说者欢欣的。卡特尔（Catel）对于贝多芬的音乐也自是不满，声言他只是关注于自家花园中的玫瑰。最后是克鲁采尔，他同贝尔东一样，对来自莱茵河彼岸的一切都采取一种无礼的蔑视态度。但勒絮尔呢，尽管他看到多数艺术家——尤其是在我身上——洋溢着对贝多芬的疯狂的崇拜，却仍然保持着缄默，装聋作哑，并巧妙地避开去参加音乐学院的音乐会，如果他去的话，就必须要发表对贝多芬的意见，从而也就会成为贝多芬所制造的狂热的见证人了。但这正是他所不愿做的事情，虽然他并不承认这一点。然而，我确实对他作了不少工作，和他谈了去听的必要性：他必须了解并发表个人对这一事实的见解，因为这一事件意义重大，就如同在我们的艺术中降临了一种新的风格及一种新的壮丽的形式那样。于是有一天，他终于同意我领他到音乐学院去听那天上演的贝多芬的《c小调交响曲》（命运）。他希望能够认真地聆听，不被任何事情所打搅，便让我走开；然后，他独自一人走到一层包厢的最深处。那里都是一些陌生人。当交响曲一结束，我便从我待的上层跑了下来，想要知道勒絮尔对这阕特殊作品的感受以及想法。

我在走廊中遇到了他。他满脸涨红，正大步走着。

"喂，亲爱的老师？"我对他说。

"噗！我要出去，我需要空气。真是闻所未闻，太奇妙了！它让我心绪不宁，我受到太多的感动和震撼，当我走出包厢想要戴上帽子时，我甚至觉得我连我的脑袋都找不到了！请让我一个人安静一下，再见！"

我胜利了。第二天，我急急忙忙去看他。对话首先就是从那部使我们深受感动的杰作展开的。勒絮尔在很长时间内都是让我一个人口若悬河，大发感慨钦佩之词。他表示同意，但神色颇为拘谨。不过，确实应该看到，昨天作为我的对话者的那个人已经消失不见了，而且这谈话的主题对他来说也已是很困难了。可是，我仍在继续，希望能够再次"虎口拔牙"，让他再次承认在聆听贝多芬的交响曲时的深深感动之情。我一直在讲，直至他晃动着脑袋，带着一丝怪怪的笑容对我说："不管怎么说，音乐都绝对不应该像那部交响曲那样被创作出来。"对此我回答道："别担心，亲爱的老师，这样的音乐不会多见！"

人类的本性是多么可怜！老师他又是多么可怜！在这句在许多类似场合被许多人所引述过的话语当中，包含了多少固执己见、抱憾和醋意，以及对无知的畏惧和对自己无能的默认。因为"音乐绝对不应该像那部交响曲那样被创作"；当人们被迫去感受那种音乐的力量并承认它的美丽时，这句话就等于是宣布：他们自己之所以避免写出如此的乐曲，仅仅是因为当他们想写出此种乐曲时，他们根本就无法做到这一点。

海顿对贝多芬也说过类似的话，他执拗地将他称作"伟大的钢琴家"。

格雷特里对莫扎特也写过诸如此类的愚蠢的名言。"莫扎特，"他说，"将雕像摆在了乐池当中，却把雕像的底座搬上了舞台。"

亨德尔也曾经胡说，与格鲁克相比，"格鲁克的厨子更像是一名音乐家"。

罗西尼则说，一谈到韦伯的音乐时，"他就会感到这音乐带给他的腹痛"。

不过，亨德尔和罗西尼对格鲁克和韦伯的疏远与冷淡是不应该归入同一动机的。我想，原因也许是这两个大腹便便之人无法理解那两个高尚之人吧。然而，斯庞蒂尼在任何一个强烈反对他的法国流派当中以及在大部分的意大利音乐家当中之所以激起对他长时间的痛恨，原因大概就是我刚刚谈论过的那种人类复杂的情感吧；一种可悲与可笑的情感。拉封丹在其寓言《狐狸与葡萄》中对此作了辛辣的讽刺：吃不到葡萄就说葡萄是酸的。

勒絮尔顽固地反对这个显而易见的事实与他自己的亲身体验，这只能使我最终认识到，他所努力让我铭记于心的那些理论都是虚无缥缈的。于是，在突然之间，我离开了那开辟已久的平坦之途，穿过森林，走过田野，翻山越岭，踏上了一条坎坷的不归之路。然而，我只能尽力隐藏这种转变；勒絮尔只是在许久之后，在听到我的最新作品上演之后，才觉察到了我的不忠：我本来一直是避免向他展示那部作品的（指《幻想交响曲》）。

当我必须要谈论我与哈贝内克这位技术娴熟但并不完善且颇为任性的乐队指挥的关系之时，我将再次谈到演出协会与他。

第二十一章

命中注定；我成为评论家。

我现在必须说明一下使我着手从事评论这一复杂工作的起因。安贝尔·费朗先生、卡扎莱斯先生以及德·卡尔奈先生在我们的政界算得上是赫赫有名的人物。为了他们的宗教及君主专制的政治主张，他们刚刚创办了一份文学杂志，起名为《欧洲月刊》。为了完成编辑工作，他们希望能够有合作者加入其中。

安贝尔·费朗建议由我来负责音乐评论工作。"但我并不是作家，"当他跟我谈起这件事时，我对他说，"我的文章糟透了，我真的不敢……""那是您搞错了，"费朗回答道，"我读过您的信；您将很快养成您所缺少的习惯。此外，在您的文章付梓之前，我们会检查它，我们也会指出必要的修改。请和我一起到德·卡尔奈家，您在那儿会了解这次合作为您提供的全部条件。"

果真有这样的武器可以保卫一切美丽的东西，并可以攻击我所发现的美丽的反面？这一想法开始使我微笑；而且，我的经济收入总是很有限，这也许会给我带来一点经济收入上的提高。想到这儿，我决定接受了。我跟随费朗来到卡尔奈家。一切就这样定下来了。

我在没有验证自己的能力之前，对自己从来都没有太多的自信。而在这项工作当中，当我在音乐论战的战场上做了一次不幸的跋涉之后，我的这种天生的禀性得到了加强。下面我会讲述是何种情形。在这一时期，罗西尼分子所主办的报纸发表了大量攻击格鲁克、斯庞蒂尼及各种表现流派和理性流派的言论，这简直是亵渎神灵。他们还发表了一些怪诞言论，支持并鼓吹罗西尼及其感觉主义的音乐体系。他们推理、论证的荒谬性令人难以相信他们的理论：音乐，无论是否是戏剧音乐，其目的只是用来迷惑人的双耳，而根本不能指望它表达情感与激情。这些人对音阶、音符甚至都一窍不通，竟也能说出如此的蠢话，并故作高傲之态，这不能不使我燃起胸中的怒火。

一天，当我在读了一个疯子的痴人妄语之后，我便下定决心回击他。

我必须有一个适当的论坛专栏。于是，我便给当时颇受欢迎的《月报》的老板及主编米舒先生写了一封信。我向他阐述了我的愿望、目的及见解，并向他保证在这次战斗中要给予敌人以准确而有力的一击。我的那封既严肃又风趣的信使他很高兴。他立即给了我肯定的答复。我的建议被接受了。我的第一篇文章已有人翘首以待。"啊！你们这些卑鄙的东西！"我高兴得一跃而起。"我要打垮你们！"但是，我搞错了，我没有战胜任何东西，当然也没有战胜任何人。我在写作艺术方面欠缺许多经验，我对新闻界及它的程式茫然不知；而我的音乐激情又是如此强烈，以致在开始时我会做了些莽撞之事。我交给米舒先生的那篇文章，章法混乱无序，并且虽说"论战文章"的言辞已被公认为够激烈的了，而我的文章却更是超出了论战文章的界限。米舒先生在听过我的朗读之后，对我的大胆深感不安，他对我说："您写的都是事实，但您却是在大吵大闹。我绝对不会在《月报》上登载这样一篇文章。"于是，我告辞，答应重写一篇。但是很快，随之而来的却是如此众多的繁文缛节，使我懒散，令我倦怠。于是，我便再也不管重写文章这回事了。

说到我的懒惰，当我在写作散文式的文章时，我是非常的懒惰。不过，我曾熬过许多夜晚来谱写音乐总谱，而且就像配乐这样的工作，它同样很累人，经常使我连续伏案工作八小时以上，在桌边一动也不动，甚至连换一下坐姿的想法也不曾有过。因此，当我决定要开始写一篇散文时，我并非没有作出努力。但是从第十行起（只有几次偶然的情况是例外），我就要起身，在屋中踱来踱去；我注视着街道，翻开从我手边掉落的第一本书，努力寻找各种方式来战胜那袭遍我全身的厌倦与疲乏。我要重新开始八至十次，才能完成《辩论报》长篇连载之中的一篇。我一般要花两天时间来写作，哪怕要论述的题目是我喜欢的、令我轻松的或是让我极度狂热的。天啊，上面有多少修改的杠杠，字迹又是多么的潦草！现在又该看我的一校样了……

作曲对我来说是一种天性和本能，是一种幸福；而写作对我来说却是一项工作。

无论如何，在安·费朗的鼓励与压力之下，我为《欧洲月刊》写了几篇关于格鲁克、斯庞蒂尼以及贝多芬的赞誉性的评论文章。接着，我又按照德·卡尔奈先生的意见做出修改。于是，我的文章便被如此宽容地印刷并装订成册。我开始认识到这项充满危险的工作所面对的困难。但随着时间的推移,这项工作在我的生活中所起的作用愈来愈重要。人们将会看到,我已不可能逃避评论工作,而它本身也在法国及其他地方对我的艺术生涯产生了各式各样的影响。

第二十二章

音乐作曲竞赛；法兰西艺术学院的规章；我得了二等奖。

我的那位莎士比亚心上人①令我黯然神伤，日夜难安，而贝多芬作品中的相关启示也远未令我超脱，痛苦似乎与日俱增。所以，我仅仅限于创作了为数不多的几部标题音乐作品，还尚未定型。我给人的外在印象总是沉溺于幻想之中，安静甚至沉默，粗野和疏忽大意。这些不仅我的友人，就连我自己也难于忍受。就这样，岁月来到了1828年6月；在这一时期，我第三次报名参加了学院竞赛。我再次通过初试，并最终获得了二等奖。

　　获得这种荣誉，将被公开授予桂冠和一面金牌（当然价值不大）。此外，获得桂冠的学生会因此而有权免费进入各家歌剧院，并且也会有更多的机会在下次比赛中获得一等奖。

　　一等奖所拥有的特权会更多。它将确保获得该奖项的艺术家在五年之内每年得到三千法郎的津贴；条件是：他在头两年要在罗马的法兰西学院度过，第三年要去德国旅行。他在巴黎获得余下的津贴，在巴黎做所能做的一切，以便自给自足，不致饿死。另外，我要在此回顾一下我的一篇文章的梗概，它创作于十五或十六年前，内容是关于这种竞赛的特殊组织方式，曾先后在多篇报纸上发表。

　　罗马大奖赛组织的双重目的在于：使人们知晓每年在法国年轻的作曲家当中，有哪些人奉献出闪烁着智慧光华的最佳作品。同时，提供给他们津贴以资鼓励，使他们能够在五年之内全心致力于自己的研究和创作。这也同样是政府建立这个组织的宗旨所在。无论如何，在几年之前，这种方法仍被使用，以便能够完成第一个目的，进而努力实现第二个目的。

---

① 指史密斯逊小姐。——译注

不过，在那之后，事情总算是有点变化，但又是几乎毫无改变。[①]

我将要叙述的事实对于大部分读者来说显得非常特别，令人难以置信。但是我曾相继获得过学院竞赛的二等奖和一等奖，因此我所说的将完全是我亲眼所见，并且我可以对它完全负责。此外，这个机会也可使我表达我的全部思想，而不必担心看到当我说出那些完全出自我对艺术的热爱及我内心深处的肺腑之言时，会有人将其归结为我因虚荣心遭到伤害而感到痛苦。

然而我对此事采取的放任造次，将会使凯鲁比尼——这个过去、现在和将来的院士中最为学院派的人，这个因我的批评指责而从中受到最强烈伤害的人——说："他竟然会去攻击艺术学院，那简直就是在殴打自己的乳母。"然而，如果我没有得到这个奖项，他也就不会指责我忘恩负义；但是我会在他以及许多其他人的心目中会被当成一个落第之人，从而一心想要报仇雪恨。因而，结论自然是：无论如何我本来都不应该触及这个神圣的主题。然而，我还是触及到了它，并且毫不容情地来探讨它，如同探讨普通的世俗问题那样。

所有法国人以及拥有法国国籍的人，年龄低于30岁的，都可以依据章程的规定参加竞赛。这一条件限制至今仍未改变。

当比赛日期确定以后，各位报考者要到学院秘书处登记。他们首先要参加预备性考试，称作"预考"，其目的在于能在所有报考者当中挑选出五至六名最为出色的学生。

大赛的题目肯定涉及一个主题严肃的抒情戏剧场景，由单声或二声部人声及交响乐队表演。（为进入大赛）各位报考者必须（在预考中）创作一部声乐赋格曲，以证明他们拥有旋律感及戏剧表现力，以及管弦乐配器才能及其他各种为了写出一部过得去的抒情戏剧作品所必备的知识。报考者为了完成这部作品，会被给予一整天的时间，"每首赋格曲都必须签上个人的名字"。

第二天，（法兰西）艺术学院的音乐部委员们会聚一堂，审阅这些赋格曲并进行遴选，这种挑选总会带有个人偏见，因为相当一部分签过字的手稿是属于那些

[①] 情况在今天已完全改变。拿破仑三世皇帝刚刚取消了法兰西学院的这一规章。艺术学院已不再颁发作曲奖金（1865年）。——作者注

学院院士先生们的弟子的。

选票被搜集以后，最后的参赛者名单被确定下来。接着，这些人便要立即参加大赛的决赛考试。他们会得到相关的戏剧场景的剧词，然后便要进入"单间"之中，为这些歌词谱曲配乐。艺术学院的常设秘书先生会向他们集体口授某部古典诗词，它几乎总是这样开始的：

"黎明已掠过你玫瑰色的五指"；

或

"新生的一天赐予自然以勃勃生机"；

或

"晨光熹微，地平线已浅色微染"；

或

"金黄色头发的太阳神腓比斯（阿波罗别称）驾驶战车，奔腾而出"；

或

"远山浓妆，红衣金衫"；

等等。

候选者在得到了明确的歌词之后，便被各自锁到一间称为"单间"的房间里，内有一架钢琴；这种状况会持续到他们完成总谱为止。上午十一点及下午六点，掌管每个单间钥匙的守门人会将这些被监禁者释放出来。随后他们便齐聚一堂吃饭，但是被禁止走出学院的大厅。

他们从外面得到的所有东西——纸张、信件、书籍、衣物——都要经过认真的检查，以便这些参赛者得不到任何人的帮助和建议。但这并不能阻止他们被准许在学院的庭院中于每天晚上六至八点接待来访者，甚或邀请朋友共进欢乐的晚餐。或许只有上帝才知道，在波尔多酒与香槟酒的觥筹交错之中，在他们的高声叫喊与相互传递的纸条当中，他们之间所交流的一切。作曲的期限是二十二天，那些提前完成作品的人在交过他们的手稿，标上号签上名之后，便可以自由走出了。

所有的总谱都上交之后，那些戏剧方面的权威便再次聚集到一起。这一次还要再加上学院其他系部的两个成员。比如说一名版画家，一名油画家；或是一名雕刻家，一名建筑师……也许两名都是雕刻家、画家、建筑师或版画家。重要的是，他们不能是音乐家。他们是拥有表决权的；他们被选入评委会就是为了去评判一种他们本来就陌生的艺术。

评委们一部接一部地聆听所有这些为交响乐队谱写的戏剧音乐，就是我在上面所提到的那种音乐。然而，他们所听到的却是简化了的音乐作品，因为只有一架钢琴伴奏！（在目前也仍是如此。）这些交响乐的总谱受到如此蹂躏；我们期待它们的价值会得到正确评价，那可真是白费力气。但是真理却不可能被永远肆意践踏。对我们曾经听过的作品来说，如果我们曾听到过完整的演奏，那么钢琴或许会带来交响乐队的效果，因为记忆在此时会苏醒，并补足钢琴欠缺的部分。这样做，我们是因为回忆而感动。但是对于一部新的作品来说，在音乐发展到当前的情况下，这样做却是不行的。在一部像萨基尼的《在科隆的俄狄浦斯》这样的音乐总谱中，或者是像其他此种流派的作品中，根本就不存在配器问题，所以它们在这样的检测当中，几乎不会丧失什么东西。然而没有一部现代作品——假设作者利用了当今音乐艺术所能提供给他的所有手段——是属于这种情况。那么就请在钢琴上演奏凯鲁比尼的《加冕弥撒进行曲》中的《领圣体》吧！那些曾使你心醉神迷、沉浸在神秘朦胧感之中的木管乐器的柔美乐音在钢琴上将会成为什么样子呢？那些几乎营造了整个音乐氛围的令人狂喜愉悦的长笛与单簧管的百转歌吟又会变成什么样子呢？它们的美妙将会完全消失，既然钢琴既不能维持也无法夸张地表现乐音。那么请再用钢琴来伴奏格鲁克的《伊菲姬妮在陶里德》中的阿伽门农乐段吧！

这段乐曲的诗词如下：

> 我听见在我的心灵深处，
> 发出自然的哀怨之声！

随后有段双簧管的独奏，那乐音使人心碎神伤，为之倾倒。然而，如果用钢琴演奏的话，那么这段独奏中的每一个音符都只能向你发出响铃般的声音，此外便没有其他任何效果；那感人的忧怨也会消失。如此，音乐家的意念、思想、灵感会被彻底摧毁或无情篡改。我还没有谈到交响乐队的效果有多么宏大呢；弦乐器与木管乐器之间的声音对比有多么微妙呢；铜管乐器与木管乐器的音色变化有多么鲜明呢！在表达"细腻入微的音调变化"时，打击乐器的效果或是神秘，或是深远；在表达"力量"时，它们的效果又是强烈而"巨大"的。还有一些动人心魄的效果是由于各和声音群之间的相互位置的"远离"才产生的。我甚至不必谈论还有几百种音色的细枝末节，因为再来讨论它们未免多余。我只是想说，这条竞赛规则的不公与荒谬性在这里已是一览无余。这难道不是很清楚吗，钢琴破坏了配器的所有效果；并且只是因为这一点，它在突然之间就使所有参赛者的水平趋向于一致。而那些技艺娴熟手法灵活的配器家却不得不退缩，成为甚至对此门分支艺术的最初概念都一窍不通的音乐侏儒。事实上，当别人可能已写出一部神奇的交响音乐之时，那名对配器真正一窍不通的人却有可能犯下大量无知的错误，将单簧管写成长号，将大管写成奥斐克莱；他甚至对各种乐器音阶的音域可能都毫无所知。然而在只有一架钢琴的比赛场上，体会这些乐器之间声调和音色上的差别是根本谈不上的。因此，钢琴是所有配器家的真正断头台，它的目的就是要切掉所有高贵的头颅，而那些贱民的头颅却可对此毫无畏惧。

无论如何，各个乐章都是如此演奏，然后便是投票了（我用现在时来叙述这件事，因为这一点到现在也仍无任何变化），接着是颁发奖项。您认为这样便一切都结束了，是吗？那就错了。八天之后，艺术学院的所有系部要聚在一起，以便做出决定性的结论。这次，画家、雕塑家、建筑家、像章雕刻家及版画家组成一个庞大而庄严的评审团，由三十至三十五名成员组成，其中原有的六名音乐家当然被包括在内。这六名音乐系的成员需要审读音乐总谱，这在某种程度上，可以帮助钢琴那并不全面且背叛原义的演奏。不过，实际上，这种办法对于其他系部的院士们来说毫无意义，因为他们不懂读谱。

当演奏者，即歌手和钢琴家，以同第一次演奏同样的方式演奏完作品之后，决定命运的投票便开始了。接着，人们开始计票。音乐系在八天前所送交的评选结果可以在最后的评判中被多数人确认，修改或是否决。

因此，这项音乐大奖就是这样被众多非音乐家所授予，而他们却是无法按照这些总谱的原有构思方式来聆听这些乐章。一条荒谬的规则迫使他们要做出一个选择。

为了表示公正,还应该加上这一点:如果说画家、雕刻家等人可以来评判音乐家,那么后者在绘画,雕刻等竞赛中也可以做同样的事情。艺术学院的各系部同样也要被召集一堂,以大多数选票的方式决定各种奖项的授予。然而在我的灵魂与良心深处,我却感到,如果我三生有幸能加入到这样博学的团体之中的话,那么当我将奖项颁给某个雕刻家或是建筑家时,我将会非常困难地表述我的投票理由;而且,如果我要做到公正和不偏不倚,那就只有通过抽签的方式来选出那名最为优秀的人了。

在隆重颁奖之后的当天,被雕刻家、画家和版画家等选中的那首大合唱才得到完整演出。但为时已晚;毫无疑问,本应在宣布获奖名单之前召来乐队伴奏。而在颁奖之后才不合时宜地花巨资请乐队来做这迟到的演奏,那真算是白瞎了,因为已做出的决定不可能再推翻重来。但是法兰西学院就是这么好奇,她想认识被她刚戴上桂冠的那首作品。这种好奇心很自然,不难理解……不难理解!

第二十三章

学院看门人;他的揭露。

在那个时候，学院有一位年老的守门人，名叫潘加尔。我上面所描述的在学院中发生的一切引起了他的一种最为有趣的愤怒。这个诚实正直的人在我们竞赛时的任务就是将我们锁在各个"单间"之中，在傍晚和上午为我们打开门，并在我们闲暇时监视我们与来访者的活动。此外，他也要完成在院士先生们身旁看门的任务，所以有机会目睹所有秘密与公开的环节，他因此做了许多奇奇怪怪的评论。

他在十六岁时，就作为见习水手登上了一艘战舰，几乎走过巽他群岛（印尼苏门答腊岛与爪哇岛之间）中的各座岛屿。后来，他被迫停留在爪哇岛上，岛上瘟疫引起的高烧夺走了几乎全体船员的生命，而他由于身体强壮——他说他在这方面是第九名——而幸免于难。

我总是喜欢那些上了年纪的旅行家，只要他们有一些遥远的故事对我讲述。在这种情况下，我也总是认真地，静静地，带着一种难以解释的耐心来倾听他们的叙述。我也可以在他们任何一句离题的话中，在他们的任何一段插曲的最细枝末节的部分当中，始终跟随着他们。这位叙述者在许久之后才想起要回到其主题，但却茫然不知该选择哪一条道路，于是便会拍着自己的脑门，以重新接上被打断的故事线索。"噢，上帝，我讲到哪儿了？"他喃喃地说道。这时，我便会很荣幸地将他重新引回到他的思路中去，提醒他久已寻找的人名和他所忘记的日期。当他因此而兴奋地高喊"啊！是的，我讲到这里；我原来是在这里"时，我便感到心满意足。因此，潘加尔老头与我，便成了忘年之交。他最初对我产生好感，是因为我有兴趣与他谈论苏拉威西岛（印尼）的巴达维亚[①]、安汶（或安波那，在印尼的斯兰岛）、克罗曼德尔海岸（指东印度海岸）、加里曼丹（印尼）及苏门答腊（印

[①] 巴达维亚，雅加达旧称，作者搞错了，雅加达应在爪哇岛。——译注

尼）；还因为有很多次我都怀着好奇的心情向他询问爪哇妇女的一些事情。她们对欧洲人的爱情是致命的。这个精力饱满的老头曾经与她们发生了许多荒唐的行为，以至于有一段时期他身体消耗很多，似乎要补救那次亚洲霍乱对他的疏漏。有一天，在谈到一个有关叙利亚的话题时，我和他谈起了沃尔纳，即沃尔纳①公爵先生，一个善良简朴的人，经常穿着一双蓝色的羊毛短袜。因此，他对我的尊重更有了显著增长。但是，他的热忱似乎是永无止境的，于是有一天，我竟然问他，他是否认识著名的大旅行家勒瓦扬。

"勒瓦扬先生！勒瓦扬先生！"他大声喊出来。"啊，是的，我认识他！听着！有一天，当我在好望角散步时，我吹着口哨，等待着一名娇小的黑人女孩，她和我说好在海岸边约会。因为，在我们当中有一些原因，所以她不能到我家来。我将要告诉你……"

"啊，好的，好的；可我们刚才是在谈论勒瓦扬。"

"啊，对，是这样！有一天，当我吹着口哨在好望角散步时，一个身材高大，皮肤黝黑长着浓密胡子的人突然转向我。他听到我在用法语吹歌儿，很可能是因为这个，他认出了我的国籍。

'喂，大男孩！'他对我说，'你是法国人吗？'

'是的，我是法国人！'我对他说，'我来自济韦，阿登山区的一个省，梅于尔②先生的故乡。'

'啊！你真是法国人？'

'是呀。'

'啊……'

说完他便转过身，背对着我走开了。这就是勒瓦扬先生。您明白我是不是认识他了。"

潘加尔老头就此成为我的朋友。他也待我如朋友一般，会告诉我一些他不敢告诉别人的事。我还记得我们有过一次非常有趣的谈话，那是在我获得二等奖的

---

① 沃尔纳，法国18世纪末至19世纪上半叶的哲学家，认为人们不分种族，将会在博爱与发展的基础上团结起来。——译注
② 梅于尔是济韦人，但我怀疑在潘加尔声称与勒瓦扬谈论他时，他才刚刚出生。——作者注

当天。那年竞赛的题目也已给出,是勒塔斯(Le Tasse)[①]的史诗片断:爱尔米妮精心化妆,拿着克罗兰德的武器,成功地逃出了耶路撒冷城防,以便用她的忠贞但却不幸的爱情去抚慰受伤的坦克雷德[②]。

在第三首歌曲的中间(因为在学院所规定的大合唱中,总是有三首歌曲:首先是必须要写的黎明日出,然后是第一段宣叙调和第一首歌曲,接着是第二段宣叙调和第二首歌曲,最后是第三段宣叙调和第三首歌曲。所有的这些都是为了同一个角色准备的),有这样四行诗:

> 基督徒的上帝啊,对您我一无所知,
> 对您,我过去是侮辱欺凌;
> 今天,我以尊严向您哀求。
> 请听我衰弱的声音。

尽管有些傲慢无礼,但是我还是这样想:虽然这最后一部分的题目要求是"激动的乐章",可是这首四行诗却应该是一次"祈祷"的主题。而且,如果让这位战栗的安条克女王发出情节剧式的撕心裂肺的叫喊,同时交响乐队奏出绝望的音乐,那就等于是说这位女王是在哀求基督徒的上帝,而这对我来说是难以想象的。于是,我便将这最后一段谱写成一首"祈祷"的宁静乐章;并且相信,如果说在我的总谱里还有什么值得夸耀的话,那么它一定是这首行板乐章了。

我在最后评判的当晚来到法兰西艺术学院,以便了解我的命运;我想知道那些画家、雕塑家、像章雕刻家以及版画家是否已经宣布我是一个优秀的或是糟糕的音乐家。在这时,我在楼梯上遇见了潘加尔。

"喂!"我问他,"他们怎样决定的?"

---

① 勒塔斯:即塔索(Tasso,1544—1595),意大利文艺复兴时期最后的著名诗人,出生在一个廷臣和诗人的家庭。人文主义者,对于爱情、美和感官的快乐有热烈的要求,其所著史诗《被解放的耶路撒冷》(1851)里面描述了许多英雄的浪漫片断。
② 坦克雷德:(Tancred),第一次十字军东征首领,攻占安条克、耶路撒冷等地。勒塔斯在《被解放的耶路撒冷》中将其作为骑士的典范。安条克,八世纪西亚著名城市,十字军曾将其作为他们所建立的拉丁国的首都。

"啊！是你，柏辽兹。是的，我很高兴，我一直在找你。"

"那么，我获得了什么？快点说，一等奖？二等奖？或是一句体面的评语，或是什么也没有？"

"噢！听着，我现在还很激动呢。我告诉您，您只差两票就能得到一等奖。"

"是真的？我对此一无所知。是您第一个给了我消息。"

"但是，听我对您说！您得了二等奖，这很不错；但您只差两票就可得到一等奖。噢，天，这令我气愤！因为，您知道，尽管我不是画家，不是建筑家，也不是像章雕刻家，并且我对音乐也全然不知，但这并不妨碍您的《基督徒的上帝》使我心潮澎湃，令我激动不已。而且，该死！听我说，如果在那时我遇到您的话，准会请您'喝上两杯'。"

"谢谢，非常感谢您，我亲爱的潘加尔，您真是太善良了。不过，您确实懂音乐，您也有自己的品味。此外，您难道不是访问过科罗曼德尔海岸吗？"

"当然，确实如此。但为什么？"

"爪哇群岛？"

"是的，但……"

"苏门答腊岛？"

"是的。"

"加里曼丹岛？"

"是的。"

"您曾经见到过勒瓦扬？"

"千真万确，如同两根手指一般。"

"您也总是与沃尔纳交谈？"

"是与那个穿着蓝袜子的沃尔纳伯爵吗？"

"是的。"

"好！那么您就已经是音乐方面的好评委了。"

"为什么这样？"

"没有必要知道为什么。只是如果有人偶然问您'您究竟有何种头衔可以评判作曲家的成绩呢？您是画家、像章雕刻家、建筑家或者是雕塑家吗？'时，您完全可以回答：'不，我是……我是旅行家，水手，勒瓦扬与沃尔纳的朋友。'这就足够了。啊，对了，评选的过程是怎样的？"

"噢，听着，别和我提这个！总归都是一样。如果我有三十个孩子，只有哪天我见了鬼才会让其中一个去学习艺术。因为我见到了一切，我。您不知道那是怎样一番情景，就像是一个该死的杂货店那样！比方说，他们在他们之间互相赠予，甚至是互相贱卖选票。对了，一次在绘画竞赛上，我听到勒蒂埃为他的一名学生而向凯鲁比尼拉选票——

'我们是老朋友了，'他对他说，'你可一定不会拒绝我的。此外，我的学生有真正的才能，他的画真的很不错。'

'不，不，不，我可不想，我才不能呢，'另一个回答道，'你的学生曾答应给我一本画册，我的妻子很想得到。可是他连一棵树都没有为她画，我不会把票投给他。'

'啊，你真是大错特错了，'勒蒂埃先生说，'我投了你的学生的票，你知道。难道你不愿投我的学生的票吗？'

'不，我不愿意。'

'那好，我亲自来做送给你的画册，就到此为止，我不知再说什么好了。'

'啊！这就不同了。你管你的学生叫什么？我总是忘记他的姓氏，把他的名字和作品号码也给我。我可别搞混了。我会把这些全部都写上。'说完，凯鲁比尼先生扭头喊我：

'潘加尔！'

'什么事，先生？'

'一张纸，一支铅笔。'

'给您，先生。'

于是，他们走到窗户那里，写了几个字。接着我听到音乐家对画家说，手里在抄写：'好了，他有了我的选票。'唉！这难道不卑鄙吗？如果我的一个儿子参加了竞赛，而竟敢有人对我要弄这样的手腕，这难道不是拿着石头偷偷摸摸隔着窗子来砸我吗？！"

"好啦，冷静点，潘加尔。告诉我，今天的一切是怎样结束的？"

"我已经对您说过了，您得了二等奖；只差两票，您就可以获得一等奖了。当杜邦先生一唱完您的合唱曲，他们就开始写选票，而我拿来投票箱（投票箱法文为 L'urne，原文为 La hurne，作者注为：L'urne，善良的潘加尔总是把投票箱称为 La hurne）。在我的旁边是一名音乐家，他低声对一名建筑师说：'您知道吗，那个家伙将一事无成。千万别把您的票投给他，那是一个迷途的青年人，只喜欢贝多芬的放荡音乐。没有谁能让他迷途知返。'

'您这样认为吗？'建筑师问，'可是……'

'噢！确实如此。不信您可以请教我们久负盛名的凯鲁比尼。我希望，您不会怀疑他的判断。他将会像我这样对您说，这个年轻人是个疯子，贝多芬使他大脑失常。'

"对不起，"潘加尔停了下来，对我说，"但那位贝多芬是什么人？他不是学院的，但所有的人都在谈论他。"

"是的，他不属于法兰西学院，他是位德国人。请你接着讲。"

"啊！上帝，幸好快讲完了。当我把投票箱拿到建筑师面前时，看到他把票投给了四号，而不是给您，就是这样，突然，有一位音乐家站起来说：

'先生们，在我们继续之前，我要提醒你们，在我们刚刚听过的总谱的第二部分之中，为管弦乐队所谱写的那部分十分精彩、巧妙。钢琴却不能把它表现出来，但它确实会产生强烈的效果。了解这一点应该是值得的。'

'您到底打算给我们说些什么呢？'另一名音乐家说道。

'您的学生根本没有按照要求去做。他不是写了一首激动的乐段，而是写了两首。他还在中间加了一段祈祷，他本不该这样做的。规章不能受到藐视。我们应该以此为戒。'

'噢！这可太过分了！那么常务秘书先生，您的看法如何？'

'我想，这有点严重了。我们可以原谅您的学生的恣意妄为，但同样重要的是，评委会对您所指出的那个优点应该有清楚的认识，而钢琴的演奏却不能使我们感受到这一点。'

'不，不，这不是真的，'凯鲁比尼说，'这种所谓的配器效果并不存在。它只不过是一团混乱，我们对它无法理解；即使对于乐队来说它也是拙劣的。'

'我的意思是,先生们,你们听到了吗?'旁边的画家、雕塑家、建筑师及版画家说,'我们只能评论那些我们能理解的东西;至于其他的,如果你们也不能达成一致的话……'

'啊!是的!'

'啊!不!'

'但,我的上帝!'

'哼!什么鬼东西!'

'我对你们说……'

'好吧,好吧!'

"结果是,他们同时大吵大嚷。雷格诺先生和另外两位先生极为厌倦,便走了。他们说自己没有发言权,他们将不投票。接着,便打开票箱计票,于是您缺了两票;这就是为什么您只得了二等奖。"

"谢谢您,我善良的潘加尔。但是,请告诉我,在好望角的学院里也发生过此类事情吗?"

"噢!瞧您开的什么玩笑!真可笑!一个好望角学院,一个霍屯督人(西南非洲部族)的学院!您很清楚那里没有。"

"当然。那么在科罗曼德尔的印度人当中呢?"

"没有。"

"在马来人当中呢?"

"也没有。"

"啊,这样!那么在东方就没有学院喽?"

"当然没有。"

"那么东方人可就有得抱怨了。"

"啊,是的;但他们并不在意!"

"野蛮人!"

说完上面的话,我便离开了这位老守门人,这位法兰西学院的门卫兼看门官。我在想,如果政府派法兰西学院去开化加里曼丹岛,那会有多大的好处。我已反复考虑过一项计划,并打算提交给院士们,希望他们能够像潘加尔一样到好望角去散散步。但是我们太自私了,我们这些西方人,我们的人道主义情感是如此脆弱,以至于对那些可怜的霍屯督人、那些不幸的马来人并没有学院这件事,我只是认真地考虑了两至三个小时而已,第二天便将它忘得一干二净。两年后,就像人们所见,我终于获得了一等大奖。而在这期间,诚实正直的潘加尔去世了,真是莫大的遗憾。因为他本该听到我的沙达那帕鲁斯(Sardanapales)王宫的《火灾》的;这次,他也本能够请我喝上满满一整杯酒的。

第二十四章

总是史密斯逊小姐；一次义演；残酷的邂逅。

竞赛之后便是颁奖。在此之后,我便再次沉沦于黑暗之中,无所事事;这似乎已成为我的常态。我几乎总是一颗被人遗忘的行星,黯淡无光,绕着我的太阳旋转①……那是怎样光芒四射的太阳啊!不过,唉,它也终将会悲伤地冷却熄灭。啊!美丽的埃丝黛尔,那高山之巅的耀眼明星,我的启明晨星,她在那时已无影无踪!她已消失在遥远的苍穹深处,被我这颗正午的巨大天体所遮蔽,我几乎不再希望在地平线上见到她重新出现②……我避免从英国剧院门前走过;我转移视线,不愿看到在书店中展示的史密斯逊小姐的画像。虽然我仍时常给她写信,但从未打她那儿收回片言只语。我的几封信并未使她感动,反而使她恐慌。这之后,她禁止她的女佣再收取我的信;没有什么可以改变她的决心。此外,英国剧院也将关闭。据传她的剧团将到荷兰巡回演出,她的最后几场演出的广告也登载出来。我当然避免出现。我已说过,再在舞台上见到朱丽叶或是奥菲莉娅对我来说是一种无法担负的痛苦。但是法国演员于埃的一场义演将在喜歌剧院上演。在这场演出中,有史密斯逊小姐和阿勃特主演的莎士比亚的《罗密欧与朱丽叶》的两场戏,于是,我希望看到我的名字会出现在广告上,在那位伟大的女悲剧演员的旁边。我希望会在她的眼前获得成功。于是怀着这种幼稚的想法,我跑去请求喜歌剧院的经理同意在于埃的晚场节目单中加演我的一部序曲。经理在与指挥商讨之后,二人都同意了。当我来到剧院排练时,那些英国艺术家将要完成《罗密欧与朱丽叶》的排练,他们正在表演墓地一场。我入场时,疯狂的罗密欧正把朱丽叶抱在怀中。我的目光不自觉地落到了莎士比亚剧团上。我大叫一声,飞快地逃之夭夭,不小

---

① 作者在这里将自己比作行星,他所围绕旋转的"太阳"是"史密斯逊小姐"。——译注
② 埃丝黛尔是作者的"启明晨星",这指的是作者幼时的初恋对象。——译注

心扭了我的手。"朱丽叶"已看到并听到了我……我令她害怕。她指着我,希望舞台上的其他演员和她一道警惕这个绅士:他的双眼中没有流露出一丝善意。

一小时后我折回来,剧院已空无一人。接着,乐团到齐了,开始排练我的序曲,我如同梦游一般听着演奏,没有作任何评论。演奏者向我鼓掌致意时,我只是心怀希望,但愿演出对公众会有好的效果,我的成功会让史密斯逊小姐看到。瞧我这个可怜的疯子!!!

在法国,在一次义演当中,一支序曲,无论是《自由射手》序曲还是《魔笛》序曲,都只不过被认为是供启幕暖场之用,观众不会对它注意的。此外,这首序曲又是形只影单,又被一支喜歌剧院的小型交响乐队演奏,即便它受到欢迎,其音乐效果也只能是平淡无奇的。另一方面,义演组织者在这种场合下请来参加演出的著名演员只在他们必须出场时才会来到剧院。他们并不知道节目单的另一部分,也对这不感兴趣。他们都急着赶到化妆室换衣服,根本不会待在大厅里去听那些与他们不相干的曲目。因此,我根本不敢作这样的设想:虽然我的序曲在节目单中被这样安排,但却取得了令人振奋的成功,观众还大声叫喊着"再来一次";可是史密斯逊却正在忙于她的角色,在化妆师给她穿衣之时,她或许正想着她的角色,因此竟然不知发生了什么事。假如她感受到了这动人的一幕,她会怎么反应呢?

"这声音是什么?"她在听到掌声时可能会这样问。

"什么也不是,小姐。不过是一首序曲,人们要求重演一遍。"

再说,不论这首序曲的作者她是否知道,如此渺小的成功对她来说也是不足以改变她在爱情上的冷漠的。好在一切都不明显。

但事实上,虽然我的序曲演奏得很出色,获得了足够多的掌声,但却没有被要求重演,史密斯逊小姐对此当然也就一无所知。在她所钟爱的角色演出再次获得成功之后,她第一次启程奔赴荷兰。一个偶然的机会(可她从来不相信)来到我面前:我搬到了黎士留街96号,在纳夫—圣马克街的拐角处,竟然就在她所居处的房子的对面。

而我却从头天到第二天下午三点一直躺在床上,身心俱裂,奄奄一息。后来我爬起身来,像往常那样,机械地走到窗前。或许命运的残酷毫无缘由,却又胆小怯懦:在此时此刻,我竟然看到史密斯逊小姐在她的门前登上马车,出发前往阿姆斯特丹……

想要描绘我所承受的苦痛是难上加难。那倾心的爱恋，可怕的孤独，空洞的世界，那冰冷的血管中流动的折磨，那对生命的厌倦，对死亡的渴望，甚至连莎士比亚本人都无法描绘。他也只能局限于在《哈姆雷特》当中，将这种痛苦算作是生活中最为残酷的厄运。

我不再作曲。随着我日趋多愁善感，我的智慧却每况愈下。我绝对是无事可做——唯有痛苦。

第二十五章

第三次参加法兰西艺术学院竞赛；我没有获得一等奖；与包阿德约的奇怪谈话；使人慰藉的音乐。

七月重来，法兰西学院的竞技场再次为我打开。我满怀希望这次能获得成功。并且，从各方面来说，我听到了对我最为有利的预测。音乐系的评委们自己放出风声，说我这次肯定得到一等奖。况且，我又是戴着二等奖的桂冠与那些还没有获得任何奖项的学生和那些普通的小布尔乔亚竞争的；因为，我被加冕过，所以我具有很大优势。我对自己说，我对我的作品充满信心；但我还是作了如下倒霉的设想，虽然它很快就被证明是错误的。

"既然这些先生已提前决定授予我一等奖，我就不明白我为什么还要像去年那样限制自己，即必须按他们的体裁与意图去作曲。我为何不让自己的情感、我的自然风格得到自由发挥呢？让我们严肃一些，做一名真正的艺术家，创作出一部杰出的大合唱吧！"

这次给我们创作的题目是《阿克巧姆战役之后的克娄巴特拉》。这位埃及女王让自己被蝰蛇噬咬，在痉挛之中痛苦地死去。在自杀之前，她向法老的亡灵祈祷，里面充满了宗教的恐怖。她向他们询问，她是一个放荡荒淫罪孽深重的女王，而那巍峨高耸的巨大陵墓所容纳的却是以辉煌光荣、德行高尚而著称的君主的阴魂；所以她能否将被这陵墓所接纳？

在这里需要表达一种崇高伟大的思想。而我曾经在头脑中不止一次用音乐诠释过莎士比亚笔下朱丽叶的不朽独白：

"但是，如果当我被放入坟墓……"朱丽叶的这种情感，至少是它的阴森恐怖，与我们那位缺乏灵感的法国诗人[①]强令克娄巴特拉从嘴中吐出的呼神唤鬼的情感

---

① 可能是指若岱尔（Jodelle），他于1553年创作了法国第一部仿古悲剧《被俘的克娄巴特拉》。——译注

有异曲同工之妙。我甚至愚蠢地将我刚才引用的英文诗句作为卷首语写在总谱上。所以，对于那些伏尔泰派的院士，同时又是我的评判法官的人来说，这已经犯下了不可饶恕的罪行。

我就这个主题毫不费力地创作了一部作品。我觉得这是一部很有特点的作品，主要是由于它的节奏古怪，因而也就十分动人心魄；而且它的等音和弦（enharmonigues）具有一种既庄严又忧郁的音色。此外，它的旋律也是按照剧情发展缓慢地但却是持续地加强，逐步展开。很久之后，我对它也没做任何修改，而是将它谱写成一部合唱曲，命名为《幽灵之歌》，收在我的独幕抒情歌剧《莱利奥》之中。

我在德国我的专场音乐会上听到了它，我很清楚它的效果。对这部大合唱的其他回忆我已从我的记忆中抹去；但我想，只有这部作品，我才相信是值得获一等奖的。但结果是它没有获得，而别人的大合唱也没有获得。

那一年，评委会既不愿意颁发一等奖，也不愿意用他们的投票来鼓励一名年轻的作曲家，虽然在他身上"如此之趋势已昭然若揭"。在这个决定做出后的第二天，我在街上遇到了包阿德约。我将逐句记录我们在一起的谈话，因为它奇怪之极令我难以忘怀。

"上帝！我的孩子，瞧您都做了些什么呀？"他一见到我，就对我说，"眼看大奖就要到手了，您却将它弃之尘埃。"

"可是先生，我已尽最大努力去做了，我正要向您解释。"

"这正是我们要谴责您的地方。您不应该展示您最优秀的，因为它是良好的敌人。我怎么能够赞成完美的东西呢？我首先喜欢的是一切可以使我得到慰藉的音乐，不是么？"

"先生，写出可使您得到慰藉的音乐实在是太难了：一个埃及女王，被悔恨所吞噬，遭到蛇的撕咬而中毒，在精神和肉体的痛楚中死去。"

"噢！您知道如何替自己辩护，这我毫不怀疑。但是这一切并不能证明什么。人们总能做到潇洒自如。"

"是的，古代的斗士就清楚如何洒脱地牺牲。但是克娄巴特拉并非这样智慧，这并不符合她的性格。更何况，她也并不是死在公众面前。"

"您言过其词了。我们并没要求您让她唱一首四组舞曲。而接下来,在您的向法老的祈祷之中,又有什么必要让您使用如此独特的和声呢?我并不是和声学家,但我要承认,您的和弦属于另一个世界,我对它一窍不通。"

这时我只得低下头,不敢回答;可是最简单的常识也能提供答案:您不是和声学家,这难道该怪我吗?

"而且,"他继续说道,"为什么您的伴奏中的节奏我们从来没有在任何地方听过?"

"先生,我并不认为在作曲中应该避免使用新的形式;只要我们有幸找到它,并找到它合适的位置,我们就可以使用它。"

"但是,亲爱的,达芭蒂女士是名优秀的音乐家,她演唱了您的大合唱。但我们看到,为了不唱错,她需要使出浑身解数,并且全神贯注才行。"

"这毫无疑问。但我得承认,我真的不知道音乐的目的在于被演奏时不需要竭尽所能和不需要全神贯注。"

"好的,好的,您总是让人不知所措,我了解这一点。再见,为了明年,您可要汲取教训。在您等待期间,请来看看我。我们可以聊聊。我要与您战斗,当然是以法国骑士的方式。"

于是,他便走远了。他很骄傲,他就像滑稽歌舞剧的作者那样,抛出一句讥讽来结束对话。为了评价这句堪与埃勒沃[①]媲美的刻薄话,您应该知道,当包阿德约对我嘲讽之时,他在某种程度上是在引用他的一部作品,他曾在其中将"法国骑士"这矫饰的四个字谱成音乐[②]。

包阿德约在这次天真的对话当中,只不过是概述了这一时期法国人对音乐艺术的思考。是的,正是这样。巴黎的广大公众需要使自己得到慰藉的音乐;即使是在最为骇人的情形之下,他们也需要有一点戏剧色彩的音乐,但又不要过于清晰,过于平淡无奇,不能够只有特殊的和声、奇异的节奏、新的形式及出乎意料的效果;他们需要的音乐不应对演奏者和听众苛求特别的才能与关注。这可是一种既可爱

[①] 巴黎喜歌剧院的著名演员,饰演查理曼帝国时代法国骑士的典型,殷勤而有礼。——作者注
[②] 指《让在巴黎》。——作者注

又殷勤有礼的艺术，它穿着紧身长裤，翻口的皮靴，既不暴躁也不耽于幻想，而且总是心情愉悦，就像过去法国南方的行吟诗人，像是一名"法国骑士"……并且是"在巴黎的法国骑士"。

　　几年前，人们还需要点标新立异的东西，虽然这些东西几乎并不更有价值。可现在人们并不知道该要些什么，或者更确切地说，他们不再需要任何东西。见鬼！当上帝让我出生在这个愉快的国度法国时，他的头脑是清醒的吗？然而，这个可笑的国家，只有当我能够忘记艺术、并不再考虑我们那些愚蠢的政治动乱时，我才能喜欢她。人们在这里是多么愉快！笑得多么开心！人们在这里创造了多少思想（至少是在口头上）！人们是怎样用他们美丽洁白的牙齿，用他们美丽、光滑如钢铁般的手指撕碎了这个宇宙和它的主人！这里闪烁的智慧之光是多么耀眼！人们竟然可以在这里舞文弄墨！他们竟然可以以保皇党或共和党自居，大吹大擂！而这最后一种方式却是最没有趣味的……

第二十六章

初读歌德的《浮士德》;我写了《幻想交响曲》;我的演出尝试徒劳无功。

我还必须指出在我生命中重要的插曲之一，即当我第一次读到热拉尔·德·奈尔瓦尔翻译的歌德的《浮士德》的法文译本时所获得的奇怪而深刻的印象。这本神奇的书一下子便把我吸引住，从此便再也不能离开它了。我无时无刻不在阅读它——桌子旁，剧院中，马路上，甚至在任何角落。

这部散文译著包含有以诗歌形式写成的各种片断、史诗及赞美诗，等等。于是，我便渴望将它们谱写成曲，对此我毫不动摇。在这项艰苦的工作刚刚结束之后，我甚至连我的音乐总谱的一个音符都没有听过，便做了一件蠢事。我花钱雇人将这部总谱排版。于是，这部作品便在巴黎出版了几册样本，标题是《浮士德的八个场景》，并且流传开来。其中有一本竟然到了马克斯先生（柏林著名的评论家与理论家）的手中；他非常友好地给我写了一封热情洋溢的信。这种来自德国的鼓励出乎我的意料，使我非常兴奋，这一点您可以想像。然而，这种情形并没有愚弄我太久。这部作品中虽然有大量严重的错误，但我觉得某些思想对我来说仍有价值，并且我也将它们保存下来，并按完全不同的方式将它们发展成我的另一部传奇作品:《浮士德的沉沦》。但从总体上说，这部作品是不完善的，写得很糟糕。而当我一旦确定了这一点之后，我便急忙去搜集我所能找到的所有《浮士德的八个场景》，然后将它们付之一炬。

我现在还记得，在我的第一场音乐会上，演出了这部被命名为《空中精灵的音乐会》的作品，以六人合唱的方式表演，由六名音乐学院的学生演唱。但是，它并没有产生任何效果。人们发现它毫无意思，从整体上给人一种模糊、冰冷的感觉，缺乏"歌德之魂"。十八年之后，我将这部作品在配器及转调上作了稍许修改，于是，它便成了欧洲各国公众所钟爱的作品（指《浮士德的沉沦》）。当我在圣彼得堡、莫斯科、柏林、伦敦及巴黎演出这部作品时，每次观众都要求重演。人们现在会发觉这部作品的构思完整清晰，旋律也是精巧细腻。事实上，我是让一支合唱队来表演它的。我找不到六名优秀的独唱家，便只好找了八十名合唱队员；这使它的内涵反倒更突显出来。人们会看到它的形式、色彩及效果得到了三倍的加强。而一般来说，有很多诸如此类的声乐作品，由于独唱家的弱点而陷于瘫痪以致无法表演。但是，只要我们让经过严格训练的数量众多的合唱队员来演唱，通过这种简单的方式，它们便会重新发散出灿烂的光芒，并再次找回它们久违的魅力与力量。在这种情形下，可能会有一两个寻常的声音是不完善的，但五十个同样寻常的声音却会使人意乱神迷。一个毫无灵感的歌唱家或许会将作曲家燃烧的激情表现得冰冷甚至荒谬，但是那种始终蕴含在真正的音乐群体中的普通热情，却总是能够使作品的内在之火熊熊燃烧。当一名冰冷的演唱名家将它扑灭之时，群体的热情会使它再次复燃。

在写完《浮士德》之后不久，我便写了我的《幻想交响曲》；它仍然受到歌德诗歌的影响。其中的某些部分花费我很大气力，而另一些部分却容易得令人难以置信。比如说它的柔板（即《田园一景》），经常能够强烈地感染听众和我自己。但它竟然令我劳碌了三个多星期；我几次三番将它放弃，又重新拾起。而《赴刑进行曲》却恰恰相反，只用了一个夜晚便完成了。当然，对这两部分以及作品的其他部分我后来都做了许多修改。

新颖剧院开始上演喜歌剧已有一段时间了，布洛克（Bloch）在那里指挥着一支不错的交响乐队。他鼓励我将这部最新作品送交给这家剧院的经理们，同他们商议举办一场音乐会来演奏它。他们同意了，因为他们实在是被这部交响曲的奇妙构思所吸引，他们以为这会激起公众的好奇心。我希望举行一次规模盛大的演出，便从外面又请来了八十位艺术家，他们将加入布洛克的交响乐队之中，因此总计就有一百三十名乐师。可是他们并没有作任何准备来合理安排如此庞大的乐器组合；同时，既没有必要的布景，也没有阶梯，甚至缺乏谱架。然而，世上有些人始终不知困难为何物；剧院的经理们正是带着此种冷静来回答我所提出的所有要求的："别着急，一切都会安排好；我们有一名聪明的置景工。"但当排练的那一天终于来临时，当我的一百三十名音乐家想要在舞台上各就各位时，竟然没人知道把他们安置在哪里。我只好充分利用舞台下面的那个狭小的乐池。然而，即便只把小提琴手们安置其中，空间也只是勉强够用。于是，剧院中便突然爆发了一片喧闹嘈杂；即使比我更安静沉着的作者对此也会发疯的。有的人要谱架，木工们便赶紧努力赶制出个什么东西来充当；布景工一边找背景屏和撑架，一边咒骂个不停；这里有的人要椅子，那里有的人要乐器，还有的人要蜡烛。低音提琴手少了根琴弦；定音鼓找不到它的位置，等等，等等。乐队的服务工不知该听从谁的。而布洛克和我，我们甚至将自己分成了四块、十六块、三十二块。徒劳的努力！无论如何，一片混乱，毫无秩序可言，简直成了音乐家们的普里皮亚季通道①!

然而，布洛克仍然希望在这一片嘈杂之中试奏两段；"这只是为了给经理们一些关于这部交响曲的印象，"他说。于是我们尽我们所能，同这混乱的乐队排演了《舞会》及《赴刑进行曲》。这后一曲在演奏者当中引起疯狂的掌声与欢呼。不过，音乐会却最终没有开成。受到如此混乱惊吓的剧院经理们在一项伟业面前退缩了。本来他们应该做更为仔细的准备，并准备更长时间；但他们没料到为这部交响曲必须作更多的工作。

因而我的全部计划由于缺少谱架和舞台而付诸东流。就是从那时起，我开始异常关注起我的音乐会的物质准备工作的。我是由此才知道"千里之堤，溃于蚁穴"这一真谛的。

---

① 普里皮亚季：(La Bresina)，白俄罗斯河流、1812年拿破仑军队自此溃败。

第二十七章

我根据莎士比亚的《暴风雨》写出一首幻想曲;该作品在巴黎歌剧院的上演。

吉拉尔此时担任巴黎意大利歌剧院乐队的指挥。为了抚慰我的不幸遭遇，他让我写另一部比《幻想交响曲》短些的作品，并保证会在意大利歌剧院精心演奏，不会发生任何尴尬之事。于是我便投入工作之中，把莎士比亚的戏剧《暴风雨》改编成一首戏剧幻想曲，带合唱伴奏。可是作品刚一完成，吉拉尔只不过是很快扫了一眼，便喊道："它的形式太复杂了，要使用太多的表现手段，我们不可能在意大利歌剧院组织一场这类作品的演奏。只有巴黎歌剧院才可以上演这部作品。"我没有片刻耽搁，便来到皇家音乐学院院长吕贝尔先生家中，给他看了我的乐谱。使我十分惊奇的是，他同意接受我的作品，并在下次艺术家专项补助津贴管理处主办的义演中演奏。我的名字对他并不陌生；我的第一场音乐会还是产生了一定的效果。吕贝尔先生看过报道此事的报纸。简言之，他对我充满信心。他没有细看乐谱（因为这会使我感到受辱），而是庄重地接受了它。你们会同意这一点，他是一位我从未见过的好院长。各部分乐谱都抄好之后，便开始在巴黎歌剧院着手排练幻想曲中的合唱。一切进展得有条不紊。彩排很辉煌。费蒂斯（Fétis）一直尽全力支持我，参加了彩排，并对作品与作者表现出浓厚的兴趣。但是您可真要羡慕我的厄运！第二天，即上演的那天，在巴黎歌剧院开场前的一小时，一场暴雨飞泻而下，这在巴黎或许是五十年才一遇的。真是一场倾盆大雨，巴黎的每条街道都在流淌雨水，成为溪流或是湖泊。任何一条路线，无论是步行，还是乘车，都几乎是不可能通行了。因而巴黎歌剧院大厅在整个上半场的演出中都人数寥寥，空荡荒凉；而当我的《暴风雨》幻想曲（该死的暴风雨！）必须上演之时，包括演奏者在内，才只有二三百人，这令我失望之极。

第二十八章

我极度地心不在焉；Hxxx 先生；Mxxx 小姐。

音乐这项伟大的事业并不是使我激动兴奋的唯一原因。有一位年轻的小姐，她已通过她的聪明才智及显赫的经历，成为今天最著名的演奏名家之一；她曾经唤醒过一位德国钢琴家兼作曲家Hxxx的一片痴情。我是他刚到达巴黎时才和他认识的。但他了解我对那位莎士比亚爱人（史密斯逊）的伟大恋情，对它带给我的痛苦哀伤也很同情。不过他的疏忽大意未免天真——总是和Mxxx小姐谈论这一点，并对她说，他从来没有见过能与我相媲美的疯狂迷恋。"啊，我可不是嫉妒他，"他接着说，"我相信他永远不会爱上您的。"你们可以想象，如此愚蠢的直白对这样一位巴黎小姐的冒犯。她只能不再梦想，而是行动起来，否定这位过于自信的、柏拉图式的爱情觊觎者。

就在这年夏天，一个贵族小姐寄宿学校的校长多布雷夫人建议我到她的学校去教吉他，我接受了。事情真是滑稽可笑，今天想起来仍然如此：我现在竟然出现在该学校的简介之中，而且是作为吉他这种高贵乐器的教授出现在多布雷寄宿学校的教师名单之中。那时Mxxx小姐也在那里教授钢琴课。她取笑我的忧伤的乐曲，并保证在这个世界上肯定会有一个人"强烈地关注着我"。她和我谈起非常爱她的Hxxx，但却加上一句，他"将毫无结果"。

一天早晨，我收到她的一封信。在信中，她仍借口和我谈论Hxxx而和我订立一个秘密约会，就在第二天。但我却忘记了赴约。如果我真是故意做的，那倒也不失为是某个擅使阴谋诡计的大方之家的又一杰作。但我确实是忘了这次约会，而且是在这之后几个小时才想起来，不过已经为时过晚。可笑的是，我对爱情所表现出来的这种高傲的冷漠虽然纯粹是出于偶然，但它竟然也为我们之间本已没有的美好开端画上了完满的句号。我在如此突然地做了几天被人暗恋的约瑟夫之后，最终"反仆为主"，决定接受这段恋情，让她来把我当作皮迪法尔^①，让她来安慰我内心所遭受的痛苦。我想，只要那些愿意考虑到我的身体中那如火的热情，考虑到我的十八岁年龄以及Mxxx小姐那动人心魄的美丽，就可以想象得出，我是怀着怎样的热忱做出这一决定的。

如果说我讲述了这段小小的罗曼史以及构成它的各种令人难以置信的情节的话，那也只是因为我几乎相信自己可以用一种新的、出人意料的方法来使读者放松一下。但是，我曾经说过，我并不是在写忏悔录。然而，我在这里需要坦白的是Mxxx小姐点燃了我心中熊熊的爱情火焰，令我为之心醉。承认这一点已经足够了。而可怜的Hxxx，我想我应该对他坦白事实。而他先是洒下几滴酸楚的眼泪，接着便承认，说到底，我并没犯下任何背信弃义的罪行。于是他便庄严而勇敢地做出了自己的决定：紧紧地握了一下我的手，然后毅然决然地出发前往法兰克福。他希望我能获得快乐。我一直都很欣赏他离别时的这一举动。

而我的全部身心，全部旺盛的精力从来都是被一种对音乐的伟大而深厚的感情所主宰，所占据；但在某一个时刻，我忽然心绪纷乱，似乎背离了这种情感；这种心不在焉竟是如此强烈。这就是我要对这件事表白的全部。只有在我的意大利游记当中，人们才会看到，这个小小的插曲竟是以怎样戏剧性的方式得到了解决，Mxxx小姐也差一点便验证了这句格言的可怕：玩火者必自焚。^②

---

① 皮迪法尔：(Putiphar)，根据《圣经》，他是法老卫队首领，约瑟夫（Joseph）的主人。他的妻子爱上了约瑟夫，但被他的无动于衷所激怒，便诬告约瑟夫企图奸污她。皮迪法尔因此将约瑟夫投入监牢。
② 详见第三十五章，Mxxx在与柏辽兹订婚后，又毁弃了婚约，这令柏辽兹愤怒异常，甚至想赶回巴黎杀了Mxxx一家。——译注

第二十九章

第四次参加法兰西艺术学院竞赛;我得到了大奖;七月革命;巴比伦的陷落;《马赛曲》;鲁日·德·李尔。

那一年的学院竞赛举行得比往年迟一些，被定在了7月15日。我第五次报名参赛，并且非常坚决地决定，无论发生什么事情，我今后都不再参赛。那一年是1830年。当我完成我的大合唱时，一场革命爆发了。

> 当黑色的阳光将它的闷热砸向桥面，
> 砸向我们寂寥的河岸上巨大的石板，
> 当钟声在嚎叫，当冰雹般的子弹，
> 在空中呼啸哭喊；
> 当整个巴黎如同海水涌上海岸，
> 起义的人民咆哮呐喊。
> 和着古老铸炮的凄切悲怨，
> 《马赛曲》回应哀叹。①

这时法兰西艺术学院被许多家庭占据着，当时它的样子非常奇怪。炮弹洞穿了紧闭的大门，火炮的轰鸣震撼着墙壁，妇女们发出凄厉的尖叫。在射击间隙的片刻宁静之中，燕子们又齐唱起欢快的歌曲，尽管被千百次地打断。而我却在拼命创作，我在流弹击中房檐的沉闷浑浊的响声之中拼命写着我的管弦乐总谱的最后几页。竟然有几颗子弹，在屋顶划过一道漂亮的抛物线，撞击在窗旁的墙上，迸裂为碎片。到了29日，我终于解放了。我总算可以走出屋门，拿着手枪，与那

---

① 奥古斯特·巴尔比埃的一首诗。——原注

些"神圣的恶棍们"①一起在巴黎的大街上嬉戏淘气，直至天明。

我永远也难忘记巴黎在这段著名的日子里的沧桑面容：孩子们勇敢暴怒；男人们狂热躁动；妓女们疯癫欲狂；瑞士人和皇家卫队忍气吞声；工人们感受到一种特殊的骄傲与自豪，他们宣称自己是"城市的主人，因而不会偷盗"。更有一些年轻人令人惊诧，他们居功自傲：他们或许曾经表现出真正的英勇无畏，但是却又要努力找到某种方式来使这一切滑稽可笑——或者是通过描述自己丰功伟绩的方式，或者是通过在事实中加入一些荒诞的轶事。因而，他们在攻打巴比伦大街上的骑兵营地时虽然也不是没有遭受重大损失，但他们却好像认为自己必须要向亚历山大大帝的士兵那样，庄严地宣布："我们拿下了巴比伦城②。"这本来挺好的句子说在这里似乎是太傻了吧；而且既然人们经常这样重复地说出，那么好像缩写句便成了必然的趋势似的。而当人们清晰地一顿一顿地念出巴比伦（Babylone）这个词时，是带着怎样的一种宏大的声响，又是怎样将那个O音（Babylône [babilo:n]）拖得很长很长啊！噢，巴黎人！……玩笑专家？巨人？或者，如果愿意的话，称之为玩笑巨人！

而音乐呢？歌曲呢？那些在街头回荡的沙哑的声音呢？只有听到了它们，才能对它们有所了解啊！

然而恰恰是在这次和谐的革命发生过几天之后，我有了一次对音乐的感受；或者更确切地说，我体验到了一次特殊的强烈的音乐震动。当我正穿过国王宫的庭院时，我相信我听到了从一群人中间流动而出的一段我所熟悉的旋律。我走近才知道，原来有十至十二个年轻人正在高唱一首战争颂歌，是我作曲，词是译自穆尔（Moore）的《爱尔兰旋律》。而此时此刻高唱这首歌恰巧即情即景③。我就像一名对成功并不太习惯的作家那样，对于这个发现兴奋异常。我走进这些歌唱家之中，问他们我是否可以加入他们的行列。他们同意了我的要求，于是在歌曲中又加入了一个男低音。事实上，至少对这首合唱曲而言，低声部实在是全无用武

---

① 奥古斯特·巴尔比埃语。——作者注
② 巴比伦城：古代马其顿帝国皇帝亚历山大大帝夺得该城，并将其作为其帝国在亚洲的首都。他本人于公元前323年死于该城。
③ 不要忘记那仍然硝烟弥漫的战场，那里仍闪耀着我们战士的血光。——作者注

之地。但我尽量避免暴露我的身份。我甚至记得曾和其中一个打着拍子的先生发生过激烈的讨论，因为他改变了我这首歌曲的演唱速度。幸运的是，在表演贝朗瑞的《古旗》时，我正确地唱出了我的部分，因而再次获得他的好感。这首作品，贝朗瑞已将它改编成为器乐曲。在此之后，我和他还曾一起演奏过。

在这场即兴音乐会的场间休息时，三名国民卫队士兵——使我们免受人群挤压的保卫者——走过一排排的听众，手中拿着军帽，为在这三天中受伤的人募捐。这种事情使巴黎人觉得好奇，这就足以保证我们的募捐会得到成功。很快，我们就看到一百苏的硬币滚滚而来。显然，这些硬币本来应该是安安静静待在他们主人的钱袋里的，而只是因为我们的歌声有着迷人的魅力，才使它们从那里蹦了出来。

但是，随着捐款越来越多，为这些爱国的"俄耳浦斯"保留的地盘也越来越小；保护我们的"部队"也觉得自己面对这潮水一般上涨的好奇的人群，而越来越无能为力。我们花了很大力气才勉强逃脱，可人流还是跟着我们。后来我们来到了通往维维埃纳街的考尔贝尔人行道，我们更是被紧紧包围，如同在集市上被围捕的黑熊一般，人们向我们呼喊着"再唱一遍！"恰巧，在这条人行道上，一幢圆形玻璃建筑的下面开着一家服饰用品店，于是店主便建议我们登上他家的二层。在那里，我们完全不必冒窒息而死的危险，可以从容地令那和声之瀑泻向我们那些热情的崇拜者。我们接受了他的建议，开始演唱《马赛曲》。

我们只是唱了几个小节，那原本在我们脚下骚动的嘈杂拥挤的人群一下子便停了下来，寂静出现了。也许，当教皇在圣彼得广场，在高高的教皇圣坛上，对罗马并对全世界赐福之时，那种安静也不会比此时的安静更为深沉，更为庄严。在唱完第二段之后，人群依然寂静；在第三段之后同样如此。这可不是我的所愿。见到如此众多的人汇集一起，我忽然记起，我刚刚将《马赛曲》——鲁日·德·李尔（Rouget de Lisle）的这首歌曲——改编为由大型交响乐队伴奏的双声部合唱曲。我在总谱的谱线处没有写上"男高音，男低音"之类，而是标明"用所有的一切，只要它能够发声，它的心脏在跳动，血管中流动着血液"。"啊，啊，"我对自己说，"这正是我所需要的。"因而，我对观众表现出来的固执的寂静异常失望。当唱到第四段诗节时，我再也无法抑制自己，便向他们呐喊："嘿，见鬼！请唱起来！"于是，人们便像训练有素的合唱队那样，竭尽他们的全部力量一齐唱出："市民们，拿起武器！"您可以想象一下：通往维埃纳人行路上的人群摩肩接踵；朝向纳夫小田园大街的人行道上的人们翘首而立；中间的圆亭也被人们挤得水泄不通。这四千或五千个声音积聚在一个音响的世界当中：左侧和右侧被商店的板壁所封闭，上部被大幅彩绘玻璃窗所遮盖，下部被可回声的石板所承接。

此外，还应想到，在这大部分的歌唱家——男人，女人，以及儿童——的眼中仍闪烁着昨日战斗的激情。我们或许还可以想像，这荡气回肠的合唱效果是多么惊人！我毫不夸张，我摔倒在地上；而我们这支小小的合唱队，也被这突然爆发的歌声所惊吓，竟一下子陷入缄默，正如同霹雳过后受惊的鸟儿那般！

我刚刚说过，我曾将《马赛曲》改编成由交响乐队伴奏的双声部合唱曲。我将这部作品题献给这首颂歌的不朽作者——鲁日·德·李尔。正因为如此，鲁日·德·李尔给我写了如下的一封信，我一直将它妥为保藏。

柏辽兹先生：

我们并不相识。您愿意我们能够相识吗？您的头脑似乎是一座永远都在爆发的火山；而在我的头脑之中，却只有星星之火，日渐熄灭，只是有时冒出一缕轻烟。但是，从您的火山一样丰富的喷发物之中，以及我的星星之火的余烬之中，是会产生出惊人之物的。对此，我有一个，或可能是两个建议给您。为了这个目的，我们或许应该碰面详叙，互吐心声。因而，如果您的心也对您这么说，那么请告诉我在哪一天我可以见到您；或者您也可以来舒瓦兹赴我一顿午餐，或是晚餐。当然饭食会很糟糕，但像您这样的诗人是不会介意的，更何况还有田园的空气来当佐料。

或许，到目前为止，我还没有期待我能到您处拜访。感谢您为我的那首拙作所带来的光荣，为它穿上新衣，并用您的卓绝而智慧的想象力来覆盖它的赤裸之身。因为我只不过是一名境遇凄惨的隐士，腿脚已跛，只能有很少的机会前去您的大城市作些短暂的游览；而且一年之中有四分之三或一半的时间都不能完成我所想做之事。

我自认为您或许不会拒绝这个对我来说有些碰运气的要求，而且您也正因为如此而可以用这种或那种方式使我能够高声向您表达我个人的感激之情；以及我在向您表示衷心的祝愿之时我所感到的快乐。因为这种祝愿是在您的勇敢与智慧的基础之上，由您所致力于的美好艺术的一个真正的朋友所建立起来的。

鲁日·德·李尔
1830年12月20日于舒瓦兹勒鲁瓦

我后来得知，鲁日·德·李尔也写过其他许多像《马赛曲》那样美丽的歌曲，这里我略过不提。他在衣袋中装着一本有关奥赛罗的歌剧脚本，很想把它推荐给我。但在我收到他的信的翌日，在我自巴黎启程之前，我曾向他表示歉意，将我欠他的这次拜访推迟到我自意大利归来之后。而这位可怜的人却在这期间去世，我因而无缘同他见面。

当巴黎的安宁和秩序再次勉强重建以后，当拉斐德向公众介绍路易·菲利普[①]，并向他们宣布建立起最为美好的共和国之时，当一切阴谋诡计最终得逞之后，社会机器重新开始转动，艺术学院又开始了它的运作。我们为参加比赛而创作的合唱曲又开始被演唱，依旧是使用钢琴伴奏；依然是在两个权威荟萃的评委会面前表演。他们已经了解到我写合唱的作曲方式，便承认我终于皈依了神圣的理论。于是，由于一部我在那之后烧毁的作品，这两个评委会最终授予了我一等奖。而在以前的竞赛当中，我竟然一无所获，使我感到一种强烈的失望。甚至当普拉迪埃这位雕塑家，在走出学院会议厅来到图书馆——我在那里等待对我命运的宣判——找到我，紧紧握住我的手，激动地说"您得到了大奖"之时，我都几乎没有感到任何快乐。看到他是如此喜悦而我却如此冷漠，人们或许会说我才是院士先生，他则是拿了桂冠的胜利者。当然，我还是赶紧对这一杰出的成就表现出重视。如果按照我对竞赛组织的看法，这一成就或许会使我的虚荣心感到满足，但并不会对我的创作路子有重大影响。然而这一成就代表着一种巨大的成功，足以满足做父母的虚荣。更何况，它使我获得一笔一千埃居的津贴，使我可以自由出入任何一家抒情歌剧院。这也是一种文凭，一种头衔，一种独立，以及一种在今后五年之中的自由自在。

[①] 1830年法国巴黎的革命再次推翻了波旁复辟王朝。"七月革命"的结果是建立了金融资产阶级掌权的国家。路易·菲利普被指定为法王。——译注

第三十章

法兰西艺术研究院的颁奖典礼;院士们;我的大合唱《沙达那帕鲁斯》;它的演出;没有燃烧的火灾;我的愤怒;马里布兰女士的惊恐。

像往常一样，两个月后，法兰西艺术研究院开始颁奖，并由大型交响乐队演奏获得桂冠者的大合唱。这种仪式在今天仍在举行。每年，同样的音乐家演奏差不多总是同样的乐谱。而那些奖项呢，几乎以同样的辨别力被评判，以同样的庄严与隆重被授出。每年，在同一天，同一刻，站在法兰西艺术研究院同一阶梯的同一级台阶上，同一个院士，向刚刚获得桂冠者重复着同样的话。颁奖日期是十月的第一个星期六；时间呢，是下午的第四个小时；阶梯的台阶呢，是第三级；颁奖的院士，所有的人都认识；重复的话呢，如下：

"前进，年轻人，鼓足勇气，坚持向前；您将去做一次美丽的旅行，到艺术的古典之乡，到佩戈莱西①家族，皮契尼②家族的祖国去。灵感的天空为您敞开！您将带着神奇的乐章再回到我们中间。您走在一条光辉的大道上。"

为了这光荣的一天，院士们穿上他们美丽的深色绣花衣衫。他们浑身放射着灿烂的光辉，令人头晕目眩。他们将以盛大、华丽的排场来为一位画家，雕塑家，建筑家，雕刻家及一位音乐家戴上桂冠。在这缪斯九女神（希腊神话中掌管文艺、音乐、天文等的九位女神）的闺房之中，有着多么伟大的欢乐！

我刚刚写了些什么？……那好像是一首诗！那是因为我的心在那时早已远离了法兰西艺术研究院，而且我正在考虑维克多·雨果的一段诗：

  雄鹰，我们军队的雄鹰，他们终将永远追随着你，
   你的滴血的羽毛飘落在每一寸土地之上，

---

① 佩戈莱西：(Giovanni Battista Pergolesi，1710—1736)，意大利作曲家，拿波里乐派创始人之一。
② 皮契尼：(Niccoló Piccinni)，意大利作曲家。

你的哀鸣消失在夜晚的水波之中，

是你，在你母亲的怀抱之中将他们孵化，

看啊，高兴起来啊，叫啊，振起双翼啊！！！

母亲，你的雏鹰已经破壳而出！……

再来看看我们这些桂冠的荣膺者，他们中的一些人与其说是像雄鹰，倒不如说更像猫头鹰，像这种"娇小的"，惹人厌恶的怪物。但他们却同样地一齐分享着法兰西艺术研究院的动人情感。

于是，就在十月的第一个星期六，他们那容光焕发的母亲"振起双翼"，获奖的大合唱曲将最终得到庄严演出。于是，就会有人召集起一支"完整"的交响乐队，因为那里不缺少任何乐器。那里有弦乐器。我们还会看到两支长笛，两支双簧管，两支单簧管（但是实际情况却使我必须声明：乐队中这个十分珍贵的声部只在很短的时间内是完整的。当获大奖的作品《曙光》开始照耀我时，我只听到有一支半单簧管在演奏。因为那个没人记得起自多久以来便开始司职首席单簧管的老帮菜只有一颗牙齿，从他那只患了哮喘的乐器中吹出的至多只有一半的音符）。您在那儿还会看到四支法国号，三支长号，甚至几支带音栓的短号——这些可是现代乐器！这支乐队的阵容真够强大的。而且天啊！一切都好像不是真实的。那天，法兰西艺术研究院真是让人难以辨认得出！它真是太破费了，确实做了许多荒诞滑稽之事。要知道，"它高兴起来，叫啊，振起双翅，它的毛头小鹰（我曾想说'雏鹰'）破壳而出"。每人都各就各位。乐队指挥手中操着指挥的琴弓，做出了开始的指示。

太阳升起：大提琴独奏，轻柔的"渐强"；

鸟儿苏醒：长笛独奏，小提琴组的颤音；

溪流低吟：中提琴独奏；

牛犊高叫：双簧管独奏。

经过句逐渐增强，当鸟儿，溪流，牛犊的声音依次奏响之时，太阳已经升至穹顶，至少已经到了中午。于是，宣叙调开始：

新生的一天已经……

随之演唱的，是第一首歌曲；第二段宣叙调；第二首歌曲；第三段宣叙调；以及第三首歌曲。在这里，通常来说，曲作者这位主角要长舒一口气，而歌唱家及听众们却要深吸一口气。常务秘书先生这时会以高高的、清晰的声音宣布作者的姓与名，一手托着一顶人造的桂冠——这是将戴在获胜者的头上的；另一只手拿着一块真金的奖牌——在优胜者前往罗马之前，这块金牌便已用来支付他前往该地的预付金了。我相信，它应该值一百六十法郎。接着，桂冠荣膺者站起身：

他刚刚被剪平头发的前额，象征着他的天真老实；

他满脸绯红，走上前来，带着诚实与腼腆。

他拥抱常务秘书先生，下面有人轻微地鼓了鼓掌。在距常务秘书的讲坛几步远的地方，站着获胜学生的享有盛誉的老师。于是学生再次拥抱他著名的师长，这是合情合理的。人们再次鼓掌。在大厅深处的一只长凳上，院士们的身后，坐着获奖者的父母。他们无声地挥洒喜悦的泪水。于是，获胜者便跨过阶梯教室一排排的座椅，踩着别人的脚趾，踏着另一个人的衣裾，扑向他父亲和母亲的怀抱。这时，父母亲已是大声呜咽，泣不成声：这是再自然不过的了。但观众们不再鼓掌，他们开始哄笑起来。在这上演被泪水浸润一幕场地的右侧，一个年轻的女孩向这位节日的英雄致意：他根本就不用人请求便向那边冲去，挤过人群时，扯坏了一位夫人的纱裙，弄皱了一位花花公子的礼帽，最终跑到了他表妹的面前。他拥抱了他的表妹。有时，他甚至会拥抱他表妹邻座的人。人们大笑不止。又有一个女人，坐在一个难以到达的黑暗角落，做了几个热情的手势，这个幸福的获胜者不能看不见。他会立即飞奔过去拥抱他的情人或是他的未婚妻，她应该来共享他的光荣。但是在他的急急忙忙之中，在他对其他任何女人都冷漠大意和视而不见当中，他一脚踩到一位妇女，将她撞倒，自己也刮到一张长凳上，重重摔倒在地。这一下他可不愿再向前走了，他拒绝给那个可怜的女子一点点拥抱，而是重回到他的座位，满头大汗，尴尬万分。这一次，人们如暴雨般鼓掌，他们哄堂大笑。这是一种幸福，一种疯狂。这是法兰西艺术研究院的演出之中最为精彩的时刻，我知道大部分笑逐颜开的朋友只是为了那一个人而来。我这样说，并非是心怀怨恨，斥责那些欢笑者，因为轮到我时，在我这方面，我既没有父亲、母亲、表妹、师长，也没有情人可以拥抱。我的老师生病了，我的父母很不高兴，因而并未出席；而我的情人呢……我只是拥抱了一下常务秘书先生。我怀疑，当我走近他时，人们会发现我的前额已经涨红。因为，我的前额，头发并未被剪平，相反却是被埋没在一片棕红色长发的森林之中。这一点，以及我的其他一些颇有特色的面容，是绝不会使人们将我置于他们心中那些猫头鹰的行列的。

此外，在那天，我似乎没有一丝尴尬之态，我甚至相信在那天我根本没有感受到我一生中最为强烈的暴怒。原因就是：这次竞赛中大合唱的题目是《沙达那帕鲁斯的最后一夜》。诗歌结束时的场面是这样的：战败的沙达那帕鲁斯叫来他最为漂亮的女奴，同她们一起登上柴堆。跃入我头脑中的第一个想法便是写一部关于火灾的描述性交响曲：那些并不顺从的女人们的哭喊声，那位在火势逐渐蔓延中蔑视死亡的勇敢的淫逸者的骄傲之声，以及宫殿倒塌时的爆裂之声。但是一想到我要通过交响乐队将这个画面中的主要特点转变为可以感受得到的东西时，我便停了下来。法兰西研究院的音乐系的人，无疑地，只要检查一下我的这首管弦乐终曲，就肯定会谴责我的整部乐谱；此外，既然简化为只用钢琴演奏，那么就没有任何音色的对比可以被辨别得出，所以将它们（管弦乐声部）写出来反正也是徒劳无益。于是，我便等待。当大奖已经被授予我之后，在我确信我不会再失去它时，而且我的作品也确定会由大型交响乐队演奏之后，我才写了我的火灾音乐。这段音乐在彩排时产生了非常强烈的效果，以致院士们当中的许多人虽被搞得措手不及，但他们还是禁不住站起来向我表示赞赏，而无丝毫不可告人的卑劣想法。即使对于我设下愚弄他们的音乐信仰的陷阱，他们当时也毫无怨恨。

研究院的公共会议厅里坐满了艺术家及怀着好奇心来听这部大合唱的音乐爱好者，因为它的作者那时已经有了喜欢做怪诞之事的大名。大部分人在走出会议厅时，都在谈论着这部奇怪的交响乐作品，表达着由《火灾》引起的震惊。因此，那些从来没有观看过彩排并直到正式演出才到来的听众的好奇心与注意力很自然地就被激发到一种不同寻常的程度。

我对于当时的乐队指挥，巴黎意大利歌剧院的前任指挥格拉赛的指挥能力有些不放心，便在演出开始时坐到了他的旁边，手中拿着我的乐谱手稿。马里布兰女士同样也被昨天的流言蜚语所蛊惑，而且她没有在正厅中找到座位，便坐在靠近我的、在两把低音提琴之间的一只小圆凳上。我那天是最后一次见到她。

一系列渐弱音开始演奏出来。

（这部大合唱是以这句诗开始的："黑夜已给大自然蒙上神秘的面纱，"我本来是应该描写"夕阳西下"，而不是描写惯用的"黎明日出"的。我似乎应该受到谴责，因为我从来与别人不同，我总要以冒犯的方式来对待生活，对待法兰西艺术研究院！）

大合唱顺利地表演下去。沙达那帕鲁斯知道了他的失败，决定自杀，便叫过来他的女人们；大火烧起来了，人们倾听着。熟悉彩排内情的人对邻座说：

"您将马上听到倒塌的声音，很奇怪，但也很神奇！"

我要对那些音乐家诅咒千次，万次，他们竟然没有计算应该休止的拍数！在我的总谱中，本来是几支法国号应将（暗示对方接话的）尾声传给定音鼓，定音鼓再将尾声传给铙钹，钹再传给大鼓，大鼓的第一声巨响便表示着最后的爆炸！可是，那该死的法国号却没有发出它的音符，定音鼓没有听到信号便不再出声，接着，铙钹与大鼓也都默不作声；什么声音都没有发出来！什么都没有！！！只有小提琴和低音提琴孤独地继续着它们猛烈的颤奏。没有爆炸声！一场大火还没有燃烧就竟然熄灭了，这并不是人们奔走相告的倒塌之声，而是一种滑稽可笑的效果！真是可笑之极！！只有一名真正经历过这种痛苦的音乐家才会想象得出我身上蕴含的愤怒！我的胸膛剧烈起伏，一声大叫"腾"地蹿出人群。我将我的音乐总谱抛过乐队席，掀翻了两个谱架。马里布兰女士惊骇得向后一跳，仿佛是一颗地雷突然在她脚边爆炸。所有的人都在大吵大嚷，乐队、愤慨的院士们、被欺骗的听众们，以及怒气冲天的曲作者的朋友们……这真是一场音乐灾难，在此之前，我从来没有体验过如此残酷的音乐灾难！但愿它至少对我是最后一次！

第三十一章

我举办第二场音乐会;《幻想交响曲》;李斯特来拜访我;我们开始交往;巴黎人的批评;凯鲁比尼的老调;我出发前往意大利。

由于我在法兰西艺术研究院的竞赛中获得优胜（即获得罗马大奖），因此按规定我得前往意大利。尽管我对内政部长极力恳求，请求他免除我的这次意大利之行，但我还是必须打点行装，奔赴罗马。

我可真不想离开巴黎，因为我还没有在公开场合重新演奏我的大合唱《沙达那帕鲁斯》，它的结尾在学院颁奖典礼上被彻底玷污了。随后我又在音乐学院举办了一场音乐会，在这场音乐会上，这部在学院获奖的作品出现在《幻想交响曲》旁边，后者还从来没有人听过。哈贝奈克负责这场音乐会的指挥，而它的演奏者们却是第三次非常热心地向我提供他们无偿的援助，我真不知该如何感谢他们的深情厚谊。

李斯特是在演出的头一天来拜访我的。我们那时还不认识。我和他谈起了歌德的《浮士德》，他向我坦白还未读过，不过在不久之后他同我一样便很快喜欢上了它。我们彼此都感到了对方的热情，在此之后，我们的关系便越来越紧密，越来越牢固。

他参加了这场音乐会，热情地鼓掌，表现狂热，于是所有的听众都认出了他。

当然，演奏并非是无可指责的。对于某些如此复杂的作品，我们不可能只通过两次排练就获得完美的效果。但从整体来说，能让人感受到它的特点就已经足够了。交响曲中的三个乐章《舞会》《赴刑进行曲》及《安息日》引起了巨大的反响。特别是《赴刑进行曲》更是震惊四座。不过《田园一景》未产生任何效果。其实，那时的《田园一景》与今天的大不相同。因为，在那之后，我便立即决定重新创作。F·希勒（F. Hiller）那时在巴黎，他对此给了我许多精辟的建议，我努力从中汲取灵感。

但是那首大合唱却表演得丝丝入扣——大火熊熊燃烧，倒塌之声清晰可闻，演出获得了巨大成功。八天之后，新闻界的评论家纷纷发表评论，有的支持我，有的反对我，但都怀着极大的热情。那些敌视我的评论对我的指责，并没有指出在这部音乐上我所暴露出的明显错误。而这些错误却是如此严重，以至于我花费了多年时间，使尽浑身解数来重新润色总谱，才将这部交响曲中的错误改正过来。因而，他们的指责，我认为全是无稽之谈。他们有时会指责一些音调变化的艰涩刺耳，可是这种变化却从来都不曾存在过；或是指责我执拗地违反艺术的一些基本规则，而我向来是带着宗教般的虔诚始终如一地遵守它们。或是指责我的乐谱中的某些部分缺乏某种音乐形式，而我只是在别人否定使用这些形式的段落中才使用它们。顺便说一句，我必须承认这一点：我的支持者也同样总是强加给我一些我从来没有过的想法，并且这些想法也是同样滑稽可笑。法国的评论界从此时起所浪费的一切，不论是为了赞扬还是诋毁我的作品，都是一些毫无意义的疯话，是荒唐与怪诞的见解，是愚蠢的视而不见，这一切简直令人难以置信。只有两三个人在开始时是带着一种聪明与智慧的保留来谈论我。但是那些具有深刻洞察力与高深学问，具有敏感性、想象力与公正性的评论家，能够正确地评判我，正确地评价我的音乐尝试的意义及我的思维倾向的评论家，却直到今天也难以轻易地找到。总而言之，在我最初的职业生涯中，他们就不存在。而我的试验作品的一些稀少且非常不完美的演出却可以给他们留下许多可供妄评的话柄。

在巴黎有一些年轻人，虽然只有很少的音乐修养，但却具有人们称之为艺术感官的第六感官。无论他们是否是音乐家，他们所拥有的一切足以使他们比那些满身散发着自负、虚荣、骄傲和无知的冷漠的散文作家能更好更快地理解我。而一些音乐教授却为他们自己的著作所局限，被我的创作风格中的某些形式所碰撞，所伤害，而因此开始厌恶我。尤其是我对经院理论的一些信条的大逆不道更使他们怒火中烧。只有上帝才知道是否有某种东西比这种狂热更强烈更疯狂。各种有关我的攻击指责及风言风语不可能不引起凯鲁比尼的愤怒；您可以想象这种愤怒！他的心腹向他汇报了那部"可憎"的交响曲的上次排练的情况。于是，第二天，当听众开始入场之际，他"恰巧"途经音乐厅门口，当有人叫住他问道："喂，凯鲁比尼先生，您不愿去听一听柏辽兹的最新作品吗？""我不需要去了解怎样做不该做的事情，"他回答道，脸上的神色如同受伤的猫儿一般，好像有人想让他吞下芥末似的。于是在音乐会获得成功之后，情况就更加糟糕：似乎他真的已经吞下了芥末。他不再说话，不停地打喷嚏。几天后，他让人把我叫去。"您将前往意大利么？"他对我说。"是的，先生。""您将被从音乐学院的名册之中划去，因为您已经完成了学业。但是我想，我想您应该来向我道别。人们，人们从这里走出，并不能像从马厩中走出一般。"而我却险些回答："为什么不呢？既然有人像对待马匹一样对待我们。"但是，我还是理智地压制了自己的怒气，甚至向我的可爱的院长保证，我绝没有想过离开巴黎时不向他告辞，并感谢他的好意。

不管怎样，我必须前往罗马的法兰西学院了。在那里我会拥有一切快乐：忘记善良的凯鲁比尼先生的优雅大度，忘记法国骑士包阿德约锋利的铁矛的攻击，忘记专栏作家们的奇谈怪论，我的友人们热情的支持，敌人们的抨击，以及这个音乐的世界，甚至音乐本身。

无疑地，从原则上讲，法兰西艺术研究院的目的是要对艺术及艺术家有所帮助。虽然，并不该由我来判断该组织的缔造者的目的对于画家、雕塑家、雕刻家及建筑家来说在多大程度上可以得到实现；但是对于音乐家来说，由于意大利的自然、艺术及回忆竞相将它们那充满诗意的财富展现在他们眼前，因而这次旅行是有利于发展他们的想象力的。但是至少从他们可以在那里进行何种专门研究的角度来讲，这次旅行却是徒劳无益的。从反映法国艺术家在罗马生活的真实情况来看，这一事实便更加明显地凸现出来。在前往罗马之前，我们五六个新获奖者聚集在一起筹备这次长途旅行；这种长途旅行一般是共同进行的。一个出租马车的车夫，在得到一点相当微薄的佣金之后，便负责将我们这一车伟人送至意大利。他把我们堆放在一辆劣质车辆之中，就完全像堆放"沼泽派①的资产阶级"那样。因为他从来也不换马匹，因而他要用许多时间来穿过法国，越过阿尔卑斯山，到达罗马人的国度。但此次每天赶路不多的旅行对于这五六个年轻的旅行者来说却一定丰富多彩，他们的心情也一定难以感到凄凉惨戚了。如果说我是用一种不肯定的口吻来谈论这一切，这是因为我自己并没有亲身经历过。一些情况使我在庄严隆重的颁奖典礼之后滞留在巴黎，直至一月中旬。之后，我回到拉科特-圣安德烈市

---

① 沼泽派：(Le Marais)，也叫"平原派"，18世纪法国资产阶级革命时期国民公会中的中间派。

度过了几个星期。父母对我刚刚获得学院的棕榈奖章异常骄傲，给了我最为热情的款待。在此之后，我便上路，孤独一人哀伤地前往意大利。

第三十二章

意大利之旅;从马赛至里窝那;暴风雨;从里窝那至罗马;罗马的法兰西学院。

这个季节的天气变化无常，因而穿越阿尔卑斯山真是很难带给我任何快乐。所以，我决定绕过阿尔卑斯山，转道马赛。这是我第一次与大海会面。我花了很长时间寻找一条稍微洁净一些的大船以便可以扬帆前往里窝那。但我找到的却总是一些丑陋的装运羊毛，或是油桶，或是一大堆令人黯然神伤的尸骸的小船，散发出令人难以忍受的气味。此外，船上没有地方供一名诚实正直之人安身栖息。他们既不给我提供生活必需品，也不给我提供铺盖，我只得自己携带食物，在人家愿意提供给我的小船一隅收拾出一处又脏又乱的栖身之处，权当过夜之所。而我的同伴呢，是四个不好惹的长着叭喇狗般面容的水手，他们的"正直"实实在在难以令我安心。我不得不退缩了，另找船只。于是在许多天里，为了消磨时光，我只能在拉卡尔德圣母院周围的悬崖峭壁上踱来踱去。不过，对这种消磨我倒是有一种特殊的兴趣。

终于，我得到有一艘撒丁岛的双桅横帆船启航前往里窝那的消息。我在卡那彼埃尔遇到了几个年轻人，他们表情和善，告诉我他们是船上的旅客，而且如果我们能共同解决食物问题的话，我们将会过得很舒适。再说，船长拒绝以任何方式负责我们的饮食。所以，就必须自己带些去了。我们带足了一星期的食品。我们甚至以为会有剩余，因为如果遇到好天气，从马赛到里窝那不会超过三四天。当我们拥有了一个美好的天气，一艘还算体面的船，并且还不晕船时，那么在地中海上作一次旅行真是一件舒适惬意的事情。头两天当中，我欣赏不够那些美丽的繁星，这使我陷入无限遐想之中，这使我完全消除了那种残酷折磨其他旅行者的不适。我们的晚餐是在甲板上吃的，夕阳西下，无限美好，撒丁岛在咫尺之遥，这真是一次舒适的聚餐。其他乘客都是意大利人，每个人头脑中都装着许多信不信由你的趣闻轶事。有一个人曾经在希腊为了自由事业而浴血奋战，在那里，他结识了加那利①。我们没有问起他关于那次纵火的英雄场面的细节，而是被他牵着鼻子走，听他神侃，因为那种光荣，如同那艘被人纵火的小船的爆炸一般，在那骤起而骇人的巨响所引起的耀眼光芒之后，便逐渐黯淡熄灭了。另一个人是威尼斯人，声音艰涩沙哑，说着一口蹩脚的法语，声称曾经在拜伦在亚得里亚海及希腊群岛所做的冒险远征中指挥过诗人乘坐的护卫舰。他向我们仔细描述了拜伦要求他必须穿上的那身笔挺发亮的军服，以及他们在一起的纵情狂欢。他也忘不了那位著名的诗人旅行家对他的勇气所做的赞美。在一次暴风雨中，拜伦热情邀请他的这位船长到他的舱室同他玩一把牌戏。这位船长接受了邀请，却没有待在甲板上监督驾驶。牌戏开始了。不久这艘船开始激烈地晃动起来，桌子啊，玩牌者啊，都被重重地掀倒。

"拾起牌，继续！"拜伦大喊。

"当然乐意奉陪，你这外国阔佬！"

"船长，您真是个勇敢的人。"

在这些讲述当中可能没有一句是真话。但是应该承认，那身镶饰绶带的军服与牌戏却真正符合这位《莱拉》作者（拜伦）的性格。此外，这位讲述者也缺乏足够的幽默与风趣使这个故事飘散沁人的地域芳香。不过，我却能够同一位与恰尔德·哈罗尔德（拜伦作品《恰尔德·哈罗尔德游记》的主人公）共同朝圣的伙伴肩并肩地待在一起，而我也能够从中体验到快乐，这就足以说明我相信他了。可是我们的航行却似乎不能按期结束了。在尼斯附近，海面上一片风平浪静，我们无法前进，在那里被滞留了三天之久。每晚掠过海面的轻柔的微风只能使我们前进几里，但是两个小时之后，便风息浪止。然而沿着这一带海岸的洋流却是相反的方向，在一夜之间又不知不觉地将我们吹回到出发之地。每天早上，一登上甲板，我问水手的第一个问题便是我们在海岸上所发现城镇的名称，而每天早上我都得到同样的回答："尼斯，先生，还是尼斯，没完没了的尼斯！"我开始相信尼斯这个优雅的城市或许具有一种磁力，就算它不能够将我们船上的所有铁制物

---

① 加那利：(Constandin Canary, 1790—1877)，希腊海军元帅，著名政治家，在1822—1825年希腊独立战争中扮演了重要角色。

品一件一件地吸过去（就像水手们所说的当我们靠近地球两极时所发生的那样），但它至少对我们的船有一种难以抗拒的吸引力。终于，从阿尔卑斯山上如雪崩般向我们吹来一股强劲的北风，使我摆脱了错误的想法。船长当然不会错过如此美妙的时机来弥补失去的时间，马上张满全帆前行。我们的大船似乎已经精疲力竭，倾斜得很厉害。然而，我很快就适应了这种情况，因为我早先已经预感到这一切。待接近午夜时，我们进入了斯佩齐亚海湾。这时，暴风雨疯狂地发作，水手们看到船长仍固执地挂满全帆航行，都吓得瑟瑟发抖。真是一场豪雨！我曾经用美丽的学院风格对此作过描述。我紧紧地抓着甲板上的一根铁栅，虽然心脏在"嘣嘣"地剧烈跳动，但我依然欣赏这美丽的奇异风景。这时，那位前威尼斯舰长正用严厉的目光盯着正在掌握舵轮的船长。我只能和他用更大的声音说话，而他不时地大声喊出几句骇人的惊叹："真是发疯了！"他说："这个固执的低能儿，他要将我们沉没！这样的天气竟然张开了十五张风帆！"但那家伙并没有吭气，仍然固执地掌握着船舵。突然，一股可怕的狂风将他打倒在地，也几乎把我们的船只整个掀翻。这真是恐怖的一刻。船体的摆动将大木桶抛离甲板，向四处滚动。当我们这位倒霉的船长还在其中乱爬之时，那个威尼斯人一个箭步冲向舵轮，开始指挥驾驶。真的，他带着一种非常不平等的专制蛮横，但在此时此刻却是合情合理。水手们在危险迫近时所产生的本能使他们认识不到这种蛮横。他们中有些人已经相信要命丧于此，便开始求助于圣母玛利亚。"混蛋！圣母玛利亚救不了我们！到上桅去！到上桅去，都到上桅去！"片刻之间，在这位临时船长的怒喝之下，船桅上站满了人，主帆都被收起，我们的船终于又抬起了一半。这样便可以对船进行调整了。我们获救了。

海上的飓风如此强烈，第二天我们只借助一面风帆便到达了里窝那。我们在安奇拉·奈拉旅店下榻。几个小时之后，水手们便成群结队地来看我们。这次拜访表面上是私人拜访，实际上他们来此是想和我们一起分享死里逃生的快乐。这些可怜的水手只勉强赚得一些鳕鱼干和饼干来充当他们的一日三餐，但却执意不肯接受我们的钱。于是我们费了好大力气才挽留住他们，让他们参加我们临时准备的午餐。如此温情的一刻是罕见的，尤其是在意大利，它值得我记载于此。

在旅途中，我的旅伴们便已告诉我，他们是前来参加刚刚爆发的反对摩德纳

（意大利北部城市）大公的运动的。他们的内心被一种强烈的激情所激荡，相信祖国已经接近了摆脱奴役枷锁的那一天。摩德纳已被占领，托斯卡纳（意大利中部一地区）已经风起云涌，人们没有浪费任何时间，已经开始挺进罗马；此外，法国也没有错过时机来援助他们高尚的事业等等。真是遗憾！在到达佛罗伦萨之前，他们中的一些人被大公的警察逮捕，投入监牢；也许他们至今仍深陷囹圄。其他人，我后来听说，他们都在摩德纳与博洛尼亚的爱国者行列之中脱颖而出，但是由于他们加入了勇敢而不幸的梅诺蒂（Menotti）的部队，因而经历了坎坷历程及悲惨命运。这就是这些美好的自由梦想者的悲剧结局。

而我们并不相信在佛罗伦萨的道别竟会成为永诀。我孤独地留在那里，忙于我的罗马之行。但在此时我的旅行真是不合时宜，而且我的法国国籍（自巴黎而来）也使我更难进入这教皇的国度。我被拒绝前往罗马。罗马法兰西学院的寄宿生都受到了特别怀疑，被认为是策划了纪念碑广场的叛乱活动。现在人们认为，教皇在当时并没有迅速认识到这支小小的革命者的队伍会迅速壮大。我只得写信给院长赫拉斯·维尔奈克先生，在他的强烈抗议下，终于从贝尔奈蒂枢机主教处得到了我所必需的许可。

真是令人感到奇怪，我独自一人从巴黎出发；在从马赛到里窝那的旅途之中，我是唯一的法国人，我也是佛罗伦萨出租马车车夫的唯一愿意前往罗马的旅客，就是在如此孤寂之中我到达了那里。我偶然在西埃那的一间旧书店中买到两卷本的关于约瑟夫娜女皇的回忆录。这使我在乘坐我的老马车的平静旅途中能够消磨时光。我的这位马车夫不知道一个法文单词，而我对意大利语也只知道下面这样简单的句子：Fa molto caldo（天气太热了）；Piove（要下雨了）；Quardo lo prango（午餐什么时候开始）。因此我们之间的谈话很难令人产生兴趣。这个国家并非景色如画，在我们所停靠的城镇或乡村特别缺乏舒适惬意，这使我开始厌恶意大利及那使我不得不来此的荒谬的规定。但有一天，大约在上午十点左右，当我们刚刚到达一排排被称作"斯托尔达"的别墅前时，马车车夫在喝了一口酒之后，带着一种漫不经心的神色，突然对我说："这就是罗马，先生！"并且，他根本就没有转身，便用手指了指圣彼得大教堂上的十字架。就这么几个字竟然在我全身产生了一种革命性的震动。我无法表述，当我在这一望无际的光秃与荒凉的平原中遥望这永恒的罗马城时，这一瞥所引起的慌乱和震惊。我眼中的一切顿时变得伟大、崇高而富有诗意。在人民广场的神圣庄严之中，我们进入了罗马。这种神圣与庄严虽然源自法国，但在许久之后，仍然能不断激发我宗教般的热情。我已经不再诅咒马匹的缓慢了，甚至当它们停在一间具有庄严而崇高外表的宫殿门前时，我仍如同在梦境中一样。这里就是罗马的法兰西学院。

罗马法兰西学院的寄宿生及院长居住在美第奇家族的别墅之中，它于1557年由阿尼巴尔·里皮所建；此后不久，米开朗基罗又为它建立了侧殿及作了些装饰。它坐落于宾西奥山，俯瞰全城。在这里，我们可以欣赏世界上最为美丽的景色之一。在右侧，伸展着宾西奥大道，这就如同罗马的香榭丽舍大街一样。每天晚上，当一天的炎热渐渐散去，那些休闲的人，或是步行，或是骑马，或是坐着敞篷马车，便淹没了这一大道。而他们在给这块丽却孤独的小山带来片刻的热闹之后，七点的钟声刚一响起，便急急奔下山去，如同轻风带走的群群虫儿一般，很快便四散消失了。这就是那里"污浊的空气"使罗马人产生的近乎迷信般的恐惧。它是如此强烈，以至于如果仍有一小群人滞留在那里散步，无视这"污浊的空气"的有害影响，在人群散去之后，仍然在那里流连，只是为了欣赏夕阳在落到天边的马里奥山之后时所展现的那片神奇瑰丽的彩霞，那么您就可以确信，这些鲁莽的梦呓者一定是外国人。

在这所别墅的左侧，宾西奥大道通到三圣山广场。那里有一座纪念碑，宽阔的大理石台阶向下伸展到罗马城之中，它是山顶与西班牙广场的直接通道。

在我们的背面，宫殿朝向一些美丽的花园，是按照我们的品味风格来设计的，就像任何一所体面的学院的花园所应该的那样。一片桂树和橡树林在梯地上郁郁葱葱地生长，构成了花园的一部分；树林的一侧是罗马城邦的城墙，另一侧是毗邻美第奇别墅地产的法国圣于尔叙勒会修女院。

在对面，我们看到在波尔热兹别墅荒芜的田野当中，矗立着拉斐尔曾经居住过的乡间别墅，忧郁而凄凉。似乎为了渲染这本已悲戚的画卷，在远远的地平线上，环绕着一排排意大利五针松，上面栖息着一群群乌鸦，一片浓郁的黑暗。

这就几乎是这所真正的王宫周围的地貌了。法国政府慷慨地将此赠予它的艺术家们，供他们在罗马逗留期间使用。院长的府邸相当奢华；或许，许多驻外大使都只是有幸才能得到如此豪宅。而寄宿生的宿舍呢，却恰恰相反，除了两三间外，其余都很狭小又不舒适，家具配置得尤其糟糕。我敢打赌，在这方面，巴黎波潘古尔兵营的骑兵中士们的居住条件也要比我在罗马法兰西学院的住所强得多。在花园中分布着画家和雕塑家的大多数作坊；其他的作坊大多分散在别墅内部及一个个高高的小阳台上。这些小阳台朝向圣于尔叙勒修女院的花园，从那里可以隐约望见萨比娜山脉、卡弗山及阿尼巴尔兵营。此外，还有一所图书馆，缺少所有新书，但却拥有许多已老掉牙的古书。它一直开放到凌晨三点钟，本来是为勤奋的学生规定的，现在却是面向了整天游手好闲无所事事不知如何排遣郁闷的人。但是应该说，他们所享有的自由几乎是无限的。这些寄宿生年年都要向巴黎法兰西学院寄去一幅画，一份素描，一枚像章，或是一部总谱。但是只要这项工作一做完，他们便可以遂自己所愿利用时间，或者干脆不利用时间，而不会有任何人来指责干涉。院长的工作仅限于管理这个机构，并负责监督这里管理制度的执行情况。至于说到指导学习，他完全无能为力。这基于如下理由：二十二个寄宿生各自从事五种艺术，虽然它们是血脉相通的兄弟，但毕竟还是不同的。因此，要求一个人精通这五种艺术是不可能的；所以对那些他所不懂的东西提建议也就非常不合时宜了。

第三十三章

学院的寄宿生们；菲利克斯·门德尔松。

当我到达学院门口并走下马车时，圣玛丽亚教堂的钟声刚刚响过，这是吃晚饭的时候。我急忙赶到食堂去。有人告诉我所有的新同学都聚集在那里。我在前面已经说过，很多情况耽搁了我到达罗马的时间，所以他们等候的唯一的人就是我。在宽广的大厅中间围绕着一圈饭食丰盛的桌子，热热闹闹地坐着二十多人。他们一见到我，便爆发出一阵欢呼；如果有玻璃窗的话，一定会被震落的。

"噢，柏辽兹！柏辽兹！噢，这个家伙！噢！这头发！噢！这鼻子！嘿！雅雷，就凭他这鼻子，他也会干净利索地把你打败！"

"那你呢？瞧他那头发，他会很骄傲地战胜你！"

"我的天！瞧这是怎样的一小缕头发！"

"嘿！柏辽兹！你还没有认出我吗？还记得法兰西学院的颁奖会和你那该死的定音鼓吗？定音鼓在《沙达那帕鲁斯的火灾》中没有发出声响！那不是令人气愤吗？是的，肯定地说，这真是糟糕透顶！嘿！你难道还没认出我吗？"

"我很容易便认出了您，但您的名字是……"

"啊！瞧！他称我为'您'，这可太矫揉造作了。老朋友，我们在这里很快便以'你'相称。"

"好的！那么你叫什么名字？"

"他叫西格诺尔。"

"比这更好听些，叫罗西格诺尔。"

"不好，这同音异义词的游戏真糟糕！"

"是荒诞不经！"

"让他（它）坐下！"①

---

① 法语中男人与物的宾格是一样的，因而他们说话时便抓住这一点开玩笑。——译注

"谁？让同音异义词的游戏坐下吗？"

"不，是柏辽兹。"

"喂！弗勒里，给我们拿点潘趣酒①来……要拿好酒来。它可比那些使鬼点子的人的蠢话更好！"

"好啦，音乐系的人终于都到齐了！"

"喂！蒙福尔②，这是你的同事！"

"嘿，柏辽兹，这是'你的''福尔'。"

"这是'他的''福尔'。"

"这是'我们的''福尔'。"

"你们互相拥抱吧！"

"我们互相拥抱吧！"

"他们不互相拥抱！"

"他们将互相拥抱！"

"他们将不互相拥抱！"

"会的！"

"不！"

"啊，这些家伙！但他们在大喊大叫时，你可以吃些通心粉！你是否可以给我一些呢？"

"好吧，我们大家一起来拥抱他！让一切结束吧！"

"不，让一切开始吧！潘趣酒来了！别喝你的葡萄酒了。"

"啊，是的，我不喝葡萄酒了。"

"打倒葡萄酒！"

"把酒瓶砸了！注意！弗勒里！"

---

① Punch，掺和着糖、红茶和柠檬茶的酒。——译注
② 学院作曲竞赛优胜者，比我先来到罗马。学院在1829年没有颁发一等奖，于是在1830年颁发了两个一等奖。蒙弗尔于是得到了这迟来的大奖，并使他得到了四年的津贴。——作者注
　蒙福尔，Monfort；如果写成 Mon fort，有同样的发音，但译为"我的〔Mon〕福尔〔Fort〕"。这是一种文字游戏，见下文。——译注

"乓！乓！"

"先生们，可是至少不要砸碎酒杯，喝潘趣酒还需要呢！我可不认为你们愿意用小杯喝！"

"啊？小杯？呸！"

"不错，弗勒里！酒酿得真是不错；没有它的话，任何事情可能都会发生！"

弗勒里是别墅总管的名字。从各方面来说，这个正直的人都配得上学院的各位领导给予他的信任，并在很长时间内负责寄宿生的饮食。我刚刚所描写的场面，他可是见过许多了，所以他不会再给予任何重视，并在这种场合下保持冷漠的严肃。但他这冷漠的反面一定是令人愉快的。如此的接待当然会引起我的头晕目眩。等我从中脱身，有点清醒之后，我才发现我所在的大厅给人的印象是多么奇特。在一面墙上挂着的是镶着镜框的以前学生的画像，大约有五十多幅。而另一面墙，看到上面东西的人没有不发笑的，那真是一幅令人啧啧称奇的自然伟力的壁画：上面展现的是一连串的漫画，那种滑稽可笑之相简直难以形容，而所有这些漫画的原形都曾在学院里住过。不幸的是，今天那个地方已经不够用来续接这奇特的画廊了。而某些新来的人，虽然他们的外貌会引起别人创作漫画的欲望，但却再也不会被这光荣的大画廊接受了。

当晚，在向维尔奈先生问候之后，我跟随我的同学来到他们经常聚会的地方，著名的格莱哥咖啡馆。这真是我们所能找到的最令人讨厌的咖啡馆：肮脏、黑暗、潮湿。没有什么可以证明在罗马定居的各国艺术家为什么会宁愿选择这里。但是由于它邻近西班牙广场，以及对面的勃布里餐厅，所以为它招揽了大批顾客。人们在这里消磨时光，或是吸令人可憎的烟，或是喝并非比别处更为可口的咖啡。当咖啡被端上来时，并不是放在像其他各处那样的大理石的桌上，而是放在小小的木制独脚圆桌上，这种桌大小同无边圆帽一般，又黑又粘，如同这可爱地方的墙壁那样。不管怎样，格莱哥咖啡馆经常被这些外国艺术家光顾，以至于大部分人在这里让别人给他们传递信件。而那些新来的人没有什么事可做，只好来这里寻找他们的同胞叙旧聊天。

第二天，我认识了菲利克斯·门德尔松，他那时已在罗马待了几个星期。我将在我到德国的第一次旅行中叙述我同他的会面，以及在此后所发生的事件。

第三十四章

悲剧事件;我离开罗马;从佛罗伦萨到尼斯;我重返罗马;
没有任何人死去。

> 有人说，他见过没有装子弹的步枪开火；可是，我想，他更经常看到的，是装了子弹的手枪没有开火。——题记

我花了一些时间来改造自己，以便勉强适应这对我来说全新的生活。但是有一种强烈的不安，自我到达的第二天便占据了我的全部心灵，使我既无法集中精神去注意我周围的事物，也无法介入我在突然之间刚被引进的社会圈子。我在罗马还没有收到来自巴黎的任何信件，可是它们本该比我早很多天到达的。我足足等了二个星期。我的焦虑不安与日俱增，急于想知道这神秘的寂静的原因，以至于我再也无法抗拒这种欲望。尽管赫拉斯·纳尔奈先生对我好意劝诫，希望能阻止我的鲁莽行为，并使我确信，如果我离开意大利，他将不得不把我从学院的寄宿生中除名。可我仍固执地坚持返回法国。

再经佛罗伦萨之际，我已经精疲力尽，生病卧床足足八天。正是在那时，我结识了丹麦建筑家施里克。他是一个可爱的大男孩，熟识他的人都知道他是一位具有非凡才能的艺术家。在这痛苦的一星期中，我忙于为《幻想交响曲》的《舞会》乐章重新配乐，并在这段中加入了一段尾声，使之成为现在的样子。在我还没有完成这项工作时，有一天，我在康复后第一次出门，到邮局询问是否有我的信件。给我的包裹中夹着一封信，其厚颜无耻的内容对一个像我那时的年龄及性格的人来说是如此陌生和伤人，忽然之间，某种恐怖的想法钻入我的头脑。两行愤怒的泪水夺眶而出。我在片刻间决心已下。是的，我一定要火速返回巴黎；是的，我一定要毫不容情地亲手杀死那两个有罪的妇人，还要冷酷地杀死一个无辜的人。（有人猜测，这件事与一个可爱的女孩有关，她曾经给予我很多的安慰。她的神气十足的母亲清楚地知道整个这件事情的来龙去脉，但她却指责我将纷争与不和带

入了她的家庭，并告诉了我她的女儿与P××先生结婚的消息。）至于在这次漂亮的行为之后，我会被处死——这是有严格的法律规定的——是理所当然的事情。但是在几分钟内，我便设计好了我的远征计划。他们将会对我重返巴黎感到恐怖，他们会认识我的厉害……我决定万分小心地化装前往。我跑到施里克家中。他还不知道这戏剧的主题，而我却是这出戏剧的主要炮制者。

"啊！上帝！怎么啦？"他见我如此苍白，问道。

"看，"我把信递给他，说，"读读看！"

"噢！真可怕！"他看完之后说道，"您将怎样办？"

一个念头立即闪过我的脑海，"不能让他知道"；这样我才可以行动自由。

"怎么办？我还是先回到法国吧。但我要回我父亲家，而不是巴黎。"

"这样做就对了，朋友，您是有理智的。回到您的家庭中。只有在家中，您才会随着时间的流逝而忘却痛苦，平息您这骇人的怒气。我看得出您现在是怒火中烧。去吧，勇敢些！"

"我有勇气。但我必须立即出发，因为我可能无法担保明天我会怎样。"

"您今晚出发，这太容易了！没有什么比这更容易的了。我在这儿的警察局及邮局认识人。两个小时之后，我就可以拿到您的护照。五个小时之后，我将会让您坐上邮车。我来负责这一切。现在回到您的旅馆做好准备。我会去找您。"

我没有回去，而是走向阿尔诺河岸。那儿住着一个经营法国流行服饰的女商人。我走进她的店铺，看了一下表，然后对她说：

"夫人，现在是中午。我乘今晚的邮车上路。您能在五点之前为我准备一套完整的女仆化装用具——连衣裙，帽子，绿色的头巾——等等吗？我将给您渴望的一切。我并不在乎花多少钱。"

女商人思忖了片刻之后向我保证，一切将在预定时间之前准备好。我付了定金，从阿尔诺河的另一侧回到我住的四国旅馆。我叫来了旅馆中负责餐饮的总管：

"安托万，我将在六点钟启程回法国。但我不可能带着我的旅行箱，邮车不能带着它。我把它交给您。您一定要万无一失地将它寄给我的父亲。地址给您。"

我拿过《舞会》这一乐章的总谱（这部手稿现在在我的朋友J·道尔提格的手中，上面还留有修改的痕迹），其中的尾声还没有完全配好乐。我在开头写道："我没有时间写完它。如果巴黎音乐协会的人心血来潮,想要在作者缺席的情况下演奏这部作品,那么我请求哈贝内克先生能够在最后一次再现主题时,在单簧管和法国号的伴奏下,将那段长笛的经过句降低八度;并写出与之配合的由全体乐队演奏的和弦。这些对于这首乐曲的结尾部分来说已经足够了。"

之后,我把打算寄给哈贝内克的《幻想交响曲》的总谱放入信封,连同我的一些脏衣服一起装入手提箱。我有一对可装两颗子弹的手枪。我仔细地装好子弹,又察看了一遍。接着,我把两小瓶清凉饮料,一瓶阿片酊,一瓶马钱子醚放入口袋。这样,我便不再考虑给自己装备什么武器。我等待出发时间的到来。我在佛罗伦萨的大街上漫无目的地游荡,带着病容和焦躁,甚至是令疯狗也不安的神色。

五点整,我回到制衣店。他们让我试了试各种化装饰品,都完全合适。在按照商定的价钱付款时,我又多给了二十法郎。一个柜台前的年轻女工见着了,想提醒我。但女老板顺势一抛,迅速将金币投入她的抽屉中,把女工推到一边,打断她:

"走开,小傻瓜,让先生清静些!你以为他有时间听你的傻话吗?"

接着,她又用狡黠而不失优雅的恭维来回敬我讥讽的微笑:

"先生,真要对您千恩万谢了!我现在就预感您会成功的。毫无疑问,在您的小小的喜剧中,您一定会成为一位迷人的小姐的。"

六点的钟声终于敲响。我与高尚的施里克告别了。在他看来,我是一只正要返家的受了伤的迷途羔羊。我的女式装束都被小心翼翼地塞进了马车的一个口袋中。我向本韦努托创作的珀尔修斯[①]雕像和雕像的铭文行了一个注目礼:"Si quis te loeserit, ego tuus ultor ero"("如果有人冒犯你,我将为你复仇")。这尊著名的雕像位于大公广场,邮局便设在那里。然后,我们便出发了。

道路一里又一里地延续下去。我和邮差一直都一言不发。寂静笼罩着我们。我的喉咙和牙齿都闭得紧紧的,我既不吃饭,也不说话。直到午夜时分,我们才交谈了几句,是关于手枪的。这位谨慎的车夫卸下子弹,将它们藏在马车的坐垫之下。他担心我们有可能受到攻击。而在这种情况下,他说,如果我们不想被杀死,

---

① 珀尔修斯:(Persée,公元前179—公元前168),马其顿最后一位国王,战败后被囚禁在意大利而死。

就不要有任何企图自卫的想法。

"随您的便！"我回答他。"我并不希望我们受到牵连。但是，我也不憎恶强盗。"

到达热那亚时，我只喝了些桔子水。这使我的旅伴非常惊奇。他真不知道我是属于这个世界还是另一个世界。我又一次预感到了不幸：我的女装丢失了。我们曾在一个叫彼得·桑塔的村庄换过马车。在离开将我们运离佛罗伦萨的马车时，我将我的所有"王牌"都忘在了那里。"遭天杀的！"我对自己怒喊。"不过，这难道不是被诅咒的善良天使在阻止我执行我的计划吗？等着瞧！"

很快，我让人叫来了一位广场上的服务人员。他会说法语和热那亚语。他将我领到一家制衣店。那时已接近中午，而邮车将在六点启程。我想订做一件新的女装，但制衣店的人说不能在很短的时间内完成，因而拒绝接受。我们又走到另一家，第三家；去了三家店铺，都遭到了拒绝。最后，终于有一家店说将召集所有的工人赶制，试着在出发之前为我准备好。

这位女老板履行了诺言。我的损失终于得到了补偿。然而，因为我刚才过于着急到处寻找缝纫女工，致使撒丁警察局在检查我的护照时，竟然把我当成了一个七月革命的传播者，一个与烧炭党①有勾结的人，一个暴动的同谋犯，一个解放者！他们拒绝在我上面提到的护照上签字，拒绝我前往图兰，并命令我从尼斯离境！

"噢，上帝！还要转道尼斯！这是要让我做什么呢？只要我能，您让我从地狱过去都行！"

下面两种想法哪一个最天真幼稚？是警察把所有的法国人都看成革命者呢？还是我自己竟然认为如果不把自己乔装成妇人，就不能返回巴黎？好像所有的人在认出我时，都必定能从我的脑门上读出促使我返回巴黎的计划似的；又好像假如我在一家旅店中藏上二十四小时的话，就不可能从五十家中找出一家有能力把我神奇地包装起来的服装店似的！

富于情感的人是很有魅力的。他们每个人都会想当然地以为整个世界都在关注着他们的情感——无论这种情感是什么。并且，他们还会建立起一种真正感化

---

① 意大利十九世纪资产阶级政党。——译注

自己的信仰，并使自己笃信这种信仰。

　　于是，我怒气未消地取道尼斯。我甚至在头脑中非常仔细地一遍又一遍重复到达巴黎后我将演出的喜剧。我将在大约晚上九点钟来到我的那些"朋友"家中。那正是家庭聚会准备喝茶的时候。我叫人通察，自称是M××公爵夫人的女仆，来送一条重要而紧急的消息。我被引进客厅，递上一封信。在他们忙于看信时，我就从腰间掏出我那两把两发子弹的手枪，将一号的头击碎，再将二号的头击碎。我接着抓住三号的头发，让他认出我来。尽管他大喊大叫，我还是要向他致以我的第三次"祝词"。然后，在这人声与乐器兼备的音乐会引来好奇的人之前，我会让那第四粒不可抗拒的东西穿过我的右太阳穴。假如这手枪竟没有发火的话（这发生过），我会立即打开我的小瓶子。噢！多美丽的景象啊！如果这一幕被删除不能上演，那才是大大的遗憾！

　　然而，尽管我已义愤填膺，但在行进时，我仍不止一次地对自己说："是的，这将是令人惬意的一刻！但是在这之后，我将要自杀，这也未免太令人伤心了。我难道就这样向世界说永别，向艺术说永别吗？我没有留下别的名声，却留下了一个不懂生活的鲁莽汉的恶名；我还没有完成我的第一部交响曲，头脑中还有别的总谱的构思，更为伟大的⋯⋯唉！这可是，这可是⋯⋯可是我又回到了我那血淋淋的念头："不，不，不，不！他们必须全部死去，我必须要将他们毁掉，我要将他们的脑壳砸碎！应该这样，就是如此！就是如此⋯⋯"马车在飞奔，将我带回法国。黑夜降临了。我们沿着高尔尼什公路疾驰。这条路修筑在高出海面两千多米的悬崖峭壁之中，大海在这里与阿尔卑斯山麓相接。然而，对生活、对艺术的热爱，一个小时以来，就不停地向我悄悄许下一个个温柔的承诺。我让它们轻轻地对我诉说。我甚至寻找到了倾听它们的乐趣。这时，马车夫突然停住了他的马匹，将制动块箍在车轮上。这短暂的寂静使我听到了大海在低沉地咆哮，在深渊的底部愤怒地捶击。这种声音引起了可怖的回声，在我的胸膛中掀起了新一轮的狂风巨浪，比以往任何一次都要骇人。我也像大海一样呼啸起来。我用两手将我从坐着的长凳上撑起，做了一个痉挛的动作，似乎要向前冲出，同时大喊了一声"啊！"声音是如此嘶哑、粗野，吓得那可怜的车夫躲到一旁，他肯定以为他的这位旅伴是一个十足的魔鬼，一个被迫带上一具真正的十字架的魔鬼。

然而，应该承认，这段间歇是存在的。这是生与死之间的一次较量。我刚一意识到这点，便开始作如下推理："如果我可以利用这珍贵的时刻（所谓珍贵的时刻，是指生活对我展开媚人的笑容的那一刻。我会回来的，你们将能看到这一点），如果我能够利用这珍贵的时刻，"我对自己说，"用某种方式将自己牢牢地拴在、依附在什么东西上，以便更有效地抵制罪恶再次附体，那么，我或许能够成功地下定一个决心，一个极其重要的决心。等着瞧吧！"在当时那个时间，那个地点，这种推理对我并不显得太荒诞。我们正穿过海岸边的一个小小的撒丁村落（我想是文提米勒）。这里的波涛没有愤怒地吼叫，我们停下来换马。我请马车夫给我点儿时间写封信。我走进一间小小的咖啡馆，拿出一张草纸，给罗马的法兰西学院院长赫拉斯·维尔奈先生写了一封信，希望他能将我的名字继续保留在寄宿生的名册中——如果他还没有将我从中划掉的话。我告诉他，我至今还未触犯他的规定。我将在尼斯等待他的回信，并以名誉担保，在他的回信没到尼斯之前，我不会越过意大利国境的。

就这样，我受到自己承诺的约束。但同时，我确信，如果我真的被学院除名，被剥夺掉津贴，无家可归，饥饿难耐，一文不名，我将会随时反悔，重拾做休伦人[①]的计划，并更加心安理得地再次登上马车。我甚至突然之间感到——我饿了。我从佛罗伦萨起便粒食未进。噢，伟大的善良的天性！毫无疑问，我已经重新恢复过来了。

我到达了这幸福的城市，尼斯。周围的大海仍在低噪。我等了几天之后，维尔奈先生的回信终于到了！友好的，热情的，父亲般的回信将我深深感动。这位伟大的艺术家并不知晓我痛苦的原因，但却给了我解决这个问题的最好不过的建议。他指点我，告诉我工作和对艺术的热爱是治愈一切心灵痛苦的良药。他说我的名字仍然写在寄宿生的名册之中，内政部长是不会得知我的鲁莽行为的，我可以再次回到罗马，他们将会张开双臂欢迎我的归来。

"啊，他们得救了！"我深深地叹了口气，对自己说。"如果我现在还活着！如果我还安静地，幸福地，与音乐一起活着！啊，那该是多么快乐的事情！……

[①] 休伦人：(Huron)，北美印第安人，作者意指粗野的人。

为何不试试？"

就这样，我深深地呼吸着尼斯那温和芬芳的气息。生活与快乐振翅飞来；音乐拥我入怀；未来向我微笑。我在尼斯度过了整整一个月。我漫步在桔林中，投入海洋的怀抱，登上维尔弗朗什山，在欧石楠丛中甜甜入梦，或是从高高的闪着光辉的瞭望台上看船只来来往往，并静静地消失。我完全一个人生活，忙着写《李尔王序曲》。我歌唱，我信仰上帝。我终于康复了。

我在尼斯度过了一生中最美好的二十天。噢，Nizza（尼斯）！①

但是，撒丁国王的警察局却仍然打扰着我平静的幸福生活，强迫我结束它。

我曾在一个咖啡馆中与皮埃蒙特（意大利西北部山区）驻地的两名军官交谈过几句。有一天，我还和他们玩了一局弹子球。这足以引起警察局长对我的严重怀疑。

"显然，这个年轻的法国音乐家来到尼斯并非是为了参加《玛蒂尔德·迪·萨布兰》（那时唯一在那儿上演的作品）的演出。他从不到歌剧院去；他整天待在维尔弗朗什山……他在等待某艘革命船只的信号……他从不在旅店的饭厅吃饭……他同一些秘密分子进行阴险狡诈的谈话。就是他悄悄地同我们驻地的军官接触，以"青年意大利"的名义负责与他们谈判。这明摆着其中有阴谋！"

噢，伟大的人！伟大的政治家，你们疯了吗？滚吧！

我被传唤到警察局，接受正式盘问。

"先生，您在这里有何贵干？"

"我来这里治疗一种顽症。我作曲，我做梦，我感谢上帝赐予我如此美好的阳光，如此美丽的大海，如此苍翠的山巅。"

"但，您不是画家？"

"不，不是，先生。"

"那为什么有人看见您到处夹着画板，画了许多东西？您是在起草计划吗？"

"是的，我在起草一部《李尔王序曲》的提纲，或者说，我已经作好了提纲。

---

① 尼斯此时属于意大利撒丁王国。在上世纪六十年代撒丁王国统一意大利的过程中，根据两国协定，尼斯及萨伏伊被割让给法国，作为法国帮助意大利反对奥匈帝国的回报。——译注

构思与配器部分都已完成。我甚至想,'起奏'部分会非常精彩。"

"什么?'进来'?李尔王是谁?"(法语中"进入"与"起奏"是同一个词:entrée。)

"噢,真遗憾!先生,这是英国的一位老绅士,以前的一位国王。"

"英国的!"

"是的。按莎士比亚的说法,他生活在距今一千八百年前。他错误地将他的王国分给了两个卑鄙的女儿。当他再也没有什么东西可给她们时,便被她们逐出门外。您看,很少有国王……"

"不要再提国王!那么,您使用'instrumentation'(配器——译注)这个词意味着什么?"

"这是音乐的专有词汇。"

"又是这个借口!先生,我很清楚,没人像您这样作曲!不要钢琴,只拿着画板、铅笔,在海滩上一言不发地散步!好吧,告诉我您想去哪儿。我们将归还您的护照。但您不能在尼斯久留。"

"告诉您,我要拿着您的放行证回到罗马,继续作曲。而且还是不用钢琴!"

事情就这样结束了。第二天,我离开了尼斯。我的确心有不甘。但同时,我的心轻轻松松,兴高采烈。因为它已经被治愈,充满了活力。就这样,我们又见过一次"装满子弹的手枪没有开火"。

不管怎么样,我觉得"我的小小喜剧"还是有某种益处的。遗憾的是,这部喜剧从来没有上演过。[①]

[①] 作者虽然说"有人猜测……",但事实上,作者的动机正是如此,只是他没有明说罢了。作者想要杀死的两个妇人一个是钢琴家卡米耳·莫克,另一个是她的母亲。那个无辜的人是普莱耶尔(Pleyel),即作者所说的P××先生。请参见本书第二十八章。——译注

第三十五章

热那亚和佛罗伦萨的剧院；贝里尼的《蒙太古家族与凯普莱特家族》；由女士扮演的罗密欧；帕奇尼的《贞洁女子》；由女士扮演的李锡尼；佛罗伦萨的管风琴演奏者；圣体节；我返回学院。

当我再次经过热那亚时，去听了一场帕埃尔（Paer）创作的《阿涅塞》。这部歌剧在罗西尼崛起之前的那个昏暗的过渡时期很有名。

而我却被一种冰冷的厌烦情绪所困挠，这种感觉无疑是源于那次令人讨厌的演奏，它破坏了原作所有的美感。我从中首先觉察到：有些人虽然本来就没能力"创作"任何东西，但他们却偏偏自认为有能力对一切进行"再创作"或进行修改；他们似乎总能以"鹰般锐利的目光"发现某部作品中的"欠缺"之处。于是，他们便根据自己这着实令人称道的习惯，竟然在帕埃尔充满智慧和温柔意蕴的配乐之中又加入了人鼓的演奏，想以此来强化音响效果。可是在整部作品的原有构思之中，并没有考虑到要和鼓声呼应配合，以致这该诅咒的大鼓的撞击声在整个乐曲中肆虐横行。在它的踩躏之下，原作的所有魅力顷刻之间荡然无存。阿涅塞（Agnese）是由费尔罗第夫人扮演的（她本来竭力避免出演这一角色）。作为一名女歌唱家，她非常清楚自己的嗓子每年会带给她多少收益，这种估算通常只有一法郎左右的误差。所以，当剧中她的父亲正在经受痛苦与疯狂的折磨时，她却用最沉着与冷静的方式和最彻底的淡漠来做出反应。据说她只排练过一次这个角色，勉强比划了几个姿势，演唱也毫无表情，目的是为了避免疲劳。

我觉得乐队演奏得还不错，但这个小小的团体并没给人留下深刻的印象。小提琴演奏得很准确，木管乐器也相当不错，能够跟上节拍。说到小提琴……当我在帕格尼尼这位意大利小提琴大师的家乡百无聊赖之际，他却在巴黎刚掀起一股激情的热浪。我诅咒着我这糟糕的命运，它使我没有机会倾听他的演奏。我试图至少从他的同胞那里获得一些有关他的讯息。然而热那亚人却和其他商业城市的居民一样，对艺术无动于衷。他们异常冷漠地和我谈论这位伟人，可他在德国、法国和英国却赢得了无数次的欢呼。我询问帕格尼尼的父亲住在哪里，但没人能给我指路。说实话，我在热那亚也曾寻访过庙宇、金字塔或是某座纪念哥伦布的建筑——因为这里是他的出生地呀！然而，当我在这个城市的大街小巷中游荡时，却连一尊这位发现新大陆的伟大航海家的半身雕像都没有看到！他可曾经给这个城市带来无限的荣光。这个忘恩负义的城市！

在意大利所有的大城市当中，没有一个能和佛罗伦萨相比。它给我留下了如此温馨的回忆。在这里，我丝毫未觉得自己被忧郁所折磨；而此后在罗马和那不勒斯，我都感到自己被痛苦所缠绕。在这里，我完全是个陌生人，也不认识任何人。尽管在尼斯的赛马会中我损失了一大笔，但我仍有足够的钱财供我支配，因而我在这里度过了美好的时光。我或者边参观城中不胜枚举的历史古迹，边梦想着但丁和米开朗基罗，或者在阿尔诺河左岸惬意的树林中舒适地阅读莎士比亚的作品。这里清幽僻静，所以我可以自由地，放任地大声赞叹。我原来考虑在佛罗伦萨（托斯卡纳地区的首府），我将无法找到我在那不勒斯和米兰才能期望得到的东西、所以我根本没有想到音乐。然而在旅馆的饭厅里，我听说贝里尼[①]的最新歌剧《蒙太古家族与凯普莱特家族》将要上演。人们居然谈到了音乐，也谈到了这部戏剧的脚本。考虑到意大利人通常并不善于为歌剧作词，这个情景可让我大吃一惊。天哪！这真是件新鲜事！在见过对莎士比亚的这部美丽的戏剧太多的失败尝试之后，我终于要听到《罗密欧与朱丽叶》了，这是一部真正反映了莎士比亚天才的歌剧。这是多么令人激动的主题！在莎士比亚笔下流动出来的场景多么适于音乐的表达！首先是在凯普莱特（Capulet）家中盛大的舞会，在一群旋转着的妙龄女郎当中，年轻的蒙泰居第一次看见美丽的朱丽叶——她对爱情的忠诚将使他付出自己的生命；然后是在维洛那街头激烈的战斗，疯狂的提伯尔特（Tybalt）就像愤怒和复仇的精灵一样，似乎主宰着一切；接着是夜晚，朱丽叶在阳台上那难以表述的一幕：两个情人呢喃低语，爱情如歌，如此温柔，如此甜蜜，如此纯洁，那带着笑靥的月亮友好地注视着他们；无忧无虑的茂丘西奥（Mercutio），表演着有趣的滑稽动作；朴实的老奶娘唠唠叨叨；严肃的隐修士，他竟想徒然地平息那交织着爱与恨的汹涌波涛，因为它的澎湃之声早已传到他简陋的小屋之中……然后是那可怕的灾难，

[①] 贝里尼：(Vincenzo Bellini，1801—1835)，意大利作曲家，主要作品是歌剧《诺尔玛》。

那幸福与绝望的交锋，快乐的呼吸变成了死亡的嘶哑的喘息；最后，相互仇视的两个家族被他们可怜的孩子那冰冷的身躯所唤醒，尽管已经太迟，但他们还是发誓要熄灭仇恨的火焰，因为这仇恨已使他们付出太多血与泪的代价。我因而兴冲冲地来到葡萄藤剧院。舞台上站着合唱队队员，他们的表现相当出色，声音响亮而且有穿透力；特别是那十几个十四至十五岁的男孩，他们在女低音声部的演唱中生出一种绝妙的效果。接着，剧中各个人物先后登场，但他们却唱得走音跑调。只有两位女士除外：那个又高又壮的饰演朱丽叶，另一个又矮又瘦的饰演罗密欧——继赞卡莱利和瓦卡依之后，又有人第三次或第四次起用一位女士来扮演罗密欧这一角色。但是上帝呵，为什么朱丽叶的情人要显得那么缺少男子汉气概呢？他是个小孩子吗？难道不是他用三个冲刺便把剑刺入了疯狂的提伯尔特的胸膛吗，而提伯尔特可是个剑术高手呀！而后来，在他毁坏了他爱人坟墓的大门之后，他又是用多么骄傲的一剑把向他挑衅的帕里斯公爵刺死在坟墓的台阶之上！他那被放逐时的绝望，他在获悉朱丽叶死讯时那阴沉可怕的隐忍，他在喝下毒药后那痉挛的疯狂……所有这些如火山般炽热的激情难道是在一个不男不女之人的灵魂中孕育而出的吗？

难道人们觉得两个女声的效果是最佳选择吗？那么男高音、男低音、男中音又有什么用途呢？那么好吧，所有的角色都可以由女高音或女低音来演绎；既然可以这样诠释罗密欧，那么用如笛声般更为高亢而尖锐的声音演绎摩西和奥塞罗也就更不足为奇了。就算必须容忍这些，但我还是相信原作的曲子一定会补偿我的。

但是，多么令人失望呀！在贝里尼的剧本中根本就没有在凯普莱特家举行的舞会，没有茂丘西奥，没有喋喋不休的老奶娘，没有严肃沉静的隐修士，没有阳台上的温柔一幕，没有朱丽叶在接过隐修士的小药瓶时那精彩的内心独白，没有被放逐的罗密欧和悲痛的隐修士在修士小屋中的对白，没有莎士比亚，什么都没有！总之，是一部失败的伪作！然而，它的作者却是一位伟大的诗人菲利克斯·罗马尼；他由于受到了意大利歌剧院中流行的褊狭习惯的束缚，才在莎士比亚的巨著中剪裁出这样一个平庸的剧本来。

尽管如此，作曲家仍然善于把其中的一个重要场景展现得美丽动人。在一幕的结尾处，两个恋人被他们盛怒的家人强行分开，他们努力挣脱拉扯着他们的手臂，拥抱在一起,高喊:"我们会在天国相见的。"贝里尼给表达这一誓言的话语配上了激情而热烈的乐句,使之充满了奔放的情感,并由两位歌唱家齐声唱出。二人声音激越,合而为一,象征着一种完美与和谐,因而在旋律之中涌动着一种特殊的魅力。或许是被这段旋律营造的氛围所打动,或许是由于它的表现手法,或许是由于这段和声出人意料的神奇效果,或许是被乐曲本身所吸引,我承认在突然之间我被感动了,禁不住热烈地鼓起掌来。可是在此之后,二重唱却开始被滥用。不过,我已下定决心尝尽苦果,所以几天之后我还想去听一听帕奇尼的《贞洁女子》。据我所知,这部歌剧和斯庞蒂尼的同名作品除了题目之外毫无共同之处,所以我也就没指望会发现有相同的地方。李锡尼(Licinius)①也是由一位女士扮演。在聚精会神地看了一会儿之后,我已深感痛苦,不得不像哈姆雷特一样高喊:"这是苦艾酒!"我实在是不能再多喝一口了,所以第二幕中间我便离开了剧场,并在地板上狠狠踩了一脚,以致连续三天我都能感到大脚趾很痛。——可怜的意大利!或许人们会对我说,至少在教堂里,会有盛大的音乐配得上它所伴随的仪式吧?可怜的意大利!……一会儿我们就会看到在罗马,这个基督教世界的中心,人们究竟在这里创作什么样的音乐。在你们期待之时,我将向你们讲述我在佛罗伦萨逗留期间的所见所闻。

那是在摩德纳和博洛尼亚发生了爆炸事件之后不久,路易·波拿巴的两个儿子都遭遇了此事。他们的母亲,奥尔唐斯皇后,带着其中的一个逃走了,另一个则刚刚在他父亲的怀抱中死去。人们正在举行葬礼仪式,场面非常壮观。教堂内遍布黑纱,教士、追思台、蜡烛……这种氛围更让人回忆起埋在他们灵魂深处的那个著名的姓氏,而不是带给人深切的感伤。当人们为他祈祷时,人们念着,……波拿巴!……是的,他叫波拿巴……可葬礼中的一个是他(拿破仑·波拿巴)的侄子,另一个几乎是他的孙子……二十岁便夭折了……他的母亲为了把她最后一个儿子②从反对者的刀光剑影中拯救出来,逃到了英国。……法国对她来说是个

---

① 李锡尼:(Licinius,?—325),古罗马帝国皇帝(308—324),基督教徒的迫害者。公元325年被君士坦丁所杀。
② 他现在是法兰西共和国的总统。在这个可悲的职位上,他忠心尽职,既理智又精力充沛。去年在伦敦的奥尔塞公爵家中,我曾有幸被介绍给他。——作者注

禁区……而她在法国曾度过了多少辉煌的日子！……我的思想带着我在时间的长河中逆流而上。我看到一个快乐的克里奥尔女孩，在船甲板上跳舞，那艘船将带她前往旧大陆。她是勃阿尔奈夫人的女儿，一个清纯的女孩。后来她便成为那位欧洲统治者的养女，尔后是荷兰的皇后，最后她遭流放，被人们遗忘，成为孤儿，发狂的母亲，逃亡，没有国家的皇后……哦！贝多芬！正是你那伟大的灵魂，深刻的荷马式的思想，才使你创作出《英雄交响曲》和《英雄之死的葬礼进行曲》，以及其他许多伟大而悲怆的音乐史诗；它们在让人们的心情沉重的同时，也使他们的灵魂得到了升华。可是它们现在在哪里？！管风琴演奏者却奏出短笛的音调，在键盘的高音区蹦蹦跳跳地奏着欢快的小调，就像戴菊莺栖在花园的墙头，在冬日惨白的阳光下嬉戏……

罗马将要庆祝基督圣体节①；这几天，我不断听到有人谈论它，就像它真是一件了不起的事。因此，我匆忙前往这个主教国的首府。同行的几个佛罗伦萨人与我心怀同样的目的。一路上，天边的美景不断映入我们的眼帘。这几位先生还向我描绘出一幅辉煌的画面：圆锥形的头冠和主教冠状的塔顶，祭披，闪闪发光的十字架，金光熠熠的衣服，焚香升起的浓云，等等。

"可是有音乐吗？"

"哦！先生，那里有很大的合唱团！"

接着他们又再次堕入到焚香的五里云雾之中，谈论着金光熠熠的衣服，闪光的十字架，以及大钟和大炮的轰鸣声。而罗宾则总是不断谈论他的长笛。

"那么音乐呢？"我又问了一遍，"仪式中的音乐呢？"

"哦！先生，那儿有个大合唱团。"

"啊！那咱们去吧，那可能真有一个大型合唱团。"我已经想到了在萨罗蒙教堂举行宗教仪式时宏大的音乐场面。我的想象力已经腾飞起来，越飞越高。我甚至希望它能与古埃及仪式的豪华气派的场面相媲美……正是这非凡的该被诅咒的能力才使我们的生命成为一场永远延续不断的奇迹！如果没有这种想象力，我可能会在听某些男歌者用假嗓子演唱平淡无奇的对位法作品时，为他们那刺耳的不

---

① 圣体节：(Del corpus domini)，复活节后第六十天。

和谐的假声所激动；如果没有想象力，我就不会因为在基督圣体节仪式队伍中竟然没有一群身着白装的少女而吃惊：可她们的笑声是多么纯净、稚嫩，表情是多么虔诚。当她们引吭高唱虔诚的感恩歌时，这些鲜活的玫瑰散发出怎样和谐的芳香呵！如果没有这种上天赐予的想象力，那两支由走调的单簧管，吼叫的长号，轰鸣的大鼓以及像街头卖艺人吹奏的小号所组成的乐队，也就不会因为它们演奏出亵渎神灵的噪音而激起我强烈的愤慨。显然，在这种场合下，这种噪音简直就是对听觉器官的谋杀。在罗马，人们把这称为"军营音乐"。如果让老西勒诺斯[①]骑上驴，带领一队粗野的男人和不贞洁的荡妇在这样的音乐伴奏下行进，那可真是再合适不过了。可现在这是圣体、是教皇、是圣母像[②]在这样的音乐中行进啊！然而，上述一切不过是一场骗局的前奏，还有更多的骗局在等着我。我就不必在这里提前描述它们了。

现在我又回到美第奇家族的别墅，院长热情地欢迎我，我的同伴们也都热忱地款待我。看得出来，他们对我刚刚完成的"朝圣"的缘由感到好奇，但又都十分谨慎，克制。

我曾离开这里，我有自己离开的理由；我又回来了，真是太好了。对此，恕我不加以评论吧。

---

① 西勒诺斯：(Silenus)，希腊神话中酒神狄奥尼索斯的养育者，是森林神之一。
② 真是没有艺术欣赏力的人！教皇同其他君主一样是野蛮人，罗马民族同其他民族一样是蛮族。——作者注

第三十六章

学院的生活；在阿布鲁齐游历；圣彼得大教堂；忧郁；在罗马乡间郊游；狂欢节；纳沃那广场。

顺便说一句，我已经完全适应了学院内外的各种风俗。当钟声穿过各个走廊和花园的小径响起时，便是吃午饭的时间到了。那时，每个人都会匆匆跑来，没有人会特意为吃午饭而换衣服，都穿着他们原本便穿在身上的衣服；有的戴着草帽，有的穿着已被撕破或粘满尘土的罩衫，有的脚上穿着拖鞋，有的没系领带，还有的就穿着破旧不堪的工作装。午饭后，我们通常会在花园里消磨一个或两个小时，玩玩铁饼或老式网球，或向栖息在月桂树丛中可怜的乌鸦开枪，或是训练小狗。所有这些活动都有贺拉斯·维尔奈先生的参与。对我们来说，他更是一个亲密的伙伴，而不是一个严厉的校长。每到晚上，我们一定会到格莱哥咖啡馆，在那里有一些和学院没有任何联系的法国艺术家，我们称之为"下层人"。我们会和他们一起抽"友谊雪茄"，一起喝潘趣酒或"爱国主义"酒，然后便各自离开……那些侥幸能清醒地回到学院这座兵营中的人，有时便会聚在面向花园的大门厅里。如果我在场，我那糟糕的嗓音和差劲的吉他技巧就派上了用场。大家围坐在一个带有喷泉的廊柱旁，喷泉的水不断地飞落到一个大理石的盛水盆中，又反溅到廊柱上，余音袅袅。于是，我们在皎洁的月光下唱起《自由射手》或《奥伯龙》中梦幻般的旋律，或是《尤利安特》中那段充满力量的合唱，或者是整段整段的《伊菲姬妮在陶里德》，或是《贞洁女子》（这是斯庞蒂尼的作品，而不是前面提到的帕奇尼的那部——译注）或是《唐璜》。我必须称赞我的学院朋友几句，他们的音乐品味还真不错。

另外，我们还有一种特殊的合唱方式，称为"英式合唱"。在每次多少有些疯狂的晚餐之后也不失为一种消遣娱乐。这些嗜酒之徒尽管各自的演唱水平不同，但都有某支自己最喜欢的歌曲。于是，他们便达成协议：每个人都要演唱与别人不同的歌曲。为了尽可能地达到千变万化的效果，每个人都要用与他前面那个人不同的声调来演唱。杜克是个才华横溢、知识渊博的建筑师,他演唱的便是《圆柱曲》。丹唐演唱的是《撒拉丁苏丹》。蒙福尔唱的是《贞洁女子》中的进行曲,并得到一片喝彩。西格诺里的《塔日河》浪漫曲也十分迷人。我演唱了《下雨了,牧羊女》;这是一首非常温柔淳朴的歌曲,也取得了一定成功。无论如何,一声令下,"合唱团"成员便依次唱起来。这个拥有二十四个声部的团体发出的声音逐渐增强,于是在宾西奥街上陪行人散步的狗便突然之间受到惊吓,而狂吠不已,与我们的歌声遥相呼应。此时此刻,西班牙广场的剃头匠们总是带着嘲讽的微笑站在店铺门前,天真地互相高喊着:"法国音乐!"

星期四是在校长家举行招待会的日子。罗马最耀眼的人物都聚集在维尔奈小姐和夫人主办的高雅而时髦的晚会上。当然,学院的寄宿生们都不会错过机会。星期天白天则几乎总是在罗马郊区进行郊游,距离可长可短。此外,在庞特摩尔城可以喝到一种甜腻腻、像油一样难喝的饮料,这是罗马人最爱喝的奥尔维托酒。此外,我们还参观了庞菲莉别墅,在圣洛朗城区外;特别是神奇的"西西莉娅·迈德拉"墓地,我们对里面产生的神奇的回声作了长时间认真的研究,致使我们把嗓子都喊哑了。于是便以此为借口,到一家离墓地不远的酒馆里去喝一种爬满了小飞虫的普通的黑色葡萄酒。

如果获得校长的准许,寄宿生们还可以进行更长距离的旅行,时间不限,条件只有一个,就是不能离开罗马城。后来又准许大家可以参观意大利所有的地方。这就是为什么学院的寄宿生人数总是不全,几乎至少总是有两个人在那不勒斯、威尼斯、佛罗伦萨、巴勒莫或是米兰旅行。画家和雕塑家因为在罗马找到了拉斐尔和米开朗基罗的杰作而最不着急离开罗马。相反,贝斯敦教堂、庞贝古城、西西里则强烈刺激着建筑师们的好奇心。风景画家则把大部分时间都花在游览名山大川上。音乐家们由于意大利各个城市都给他们以几乎同样的感受,所以他们只有在想到处看看或心情烦闷时才会离开罗马;他们的个人热情和突发奇想是决定旅行方向和时间长短的唯一原因。我便利用我们的自由,屈从于自己想冒险和猎奇的爱好。当罗马的枯燥无味使我的血液都要干涸时,我便来到阿布鲁齐(意大利中部山区)寻求解脱。如果不这样做,我真不知道如何对付罗马单调的生活。实际上,人们总是设想艺术家相聚时的快乐,有在学院和大使馆举办的高雅舞会,有在小咖啡馆里的无拘无束。但这并不能使我忘记我来自巴黎,来自文明的中心。我现在突然被剥夺了音乐、戏剧①、文学②、激情和所有我生命中的组成部分。

古罗马的伟迹遗风,虽然它们本身便可使现代罗马城富有许多诗意,但却并不足以弥补我所缺少的东西,这一点也不奇怪。如果人们经常不断地看到某些东西,那么便会很快熟悉它们,最后它们也只会同其他平凡事物一样给我们留下平凡的印象。但我必须说,这并不包括古罗马的圆形剧场。不论白天黑夜,每当看到它,我便热血沸腾。圣彼得大教堂③也总是让我不禁赞叹。它是那样宏大!那样典雅!那样壮丽!那样庄严与清寂!!!我喜欢一整天都待在那里,即使是夏天酷热难当。我带着拜伦的书舒适地安坐在一个告解座位上,享受四周新鲜的空气和教堂中的宁静肃穆。圣彼得大广场上的两眼喷泉低吟浅语,其声悦耳和谐;那阵阵微风每隔一段时间便会将它送入我的耳中。只有这时,教堂的幽寂才会被暂时打破。而我在此时则刚畅快地享受了这浓浓的诗意。除此之外,我便会徜徉于(书中)碧波荡漾的海面之上,追寻着海盗们的冒险航程。

我深爱他们既无情又温柔,既冷酷又慷慨的性格,而这两种表面矛盾的感情却又是那样奇怪地融合于他们一身,既能招致整个人类的仇恨,又能博得女人的爱恋。

有时,我会暂时离开我的书,停下来思考一会儿,环顾四周。头上投下的光线吸引了我的双眼,我便仰起头来,仰望米开朗基罗建造的那座无与伦比的穹顶。这是多么突然的思想转换呀!!!我的思想在突然之间便从海盗疯狂的吼叫和他们血淋淋的狂欢之中转向了天使们的合唱,转向了美德与和平,转向了那天边无际的宁静与深邃……接着,我的思想低飞,带着一丝欢欣,在教堂的广场上寻找着那位高尚的诗人的足迹(拜伦曾来过这里游历,参见《恰尔德·哈罗尔德游记》——译注)……

---

① 在罗马,剧院每年只开放四个月。——作者注
② 我所欣赏的大部分作品都被列入了罗马教皇的禁书之列。——作者注
③ 圣彼得大教堂:罗马梵蒂冈教皇国教堂,世界上最大的教堂,326年君士坦丁大帝命人修建。1506年起由布拉曼特(Bramante)、米开朗基罗和马尔代诺(Maderno)负责重修,建筑特点为高大的穹顶。

我想，他一定来过这里，举目凝视着卡诺瓦（Canova）的群雕；他的脚曾踏过这块大理石，他的手曾抚摸过这铜像的轮廓；他曾呼吸过这里的空气，这里的回音也曾重复过他的话语……他那温柔的爱的话语……啊！是的！为什么他不同他的密友顾西奥里[①]女士一同前来参观呢？那可是个值得赞赏的少有的女士，他从她那里得到了完完全全的理解和异常深厚的关爱！啊，爱与被爱！……诗人！……自由！富有！……他，是的，他曾拥有这所有的一切……每当想到这里，就会从我坐的告解座那里发出一种像牙齿紧咬的"咯咯"之声，就连地狱中的人听了也会不寒而栗。一天，在这种情绪的支配下，我不知不觉站了起来，好像要离开，但是快走了几步之后，我突然停在教堂的中央，静默地，一动不动。刚好这时，一个农民走了进来，安静地吻了吻圣彼得的脚趾。

"幸福的两足动物！"我低声咕哝着，感到一丝苦涩。"你还缺少什么呢？你有信仰有信心，可是你所深爱的这尊铜像，它的右手现在虽不再握着闪电形的投枪，而是拿着通往天堂的钥匙，但他以前确是朱庇特，一个恣意暴虐的神。你不知道这些，所以你的幻想没有破灭。当你离开时，你将找寻什么呢？是阴凉，还是睡眠？乡村里任何一个圣母教堂都是对你开放的，你随便就可以找到一个呀！你还梦想什么财富呢？是用来购买一头驴或是用来娶妻的那笔钱吗？可你三年的积蓄已经足够了。对你来说，女人是什么？……只不过是另一个性别而已。你在艺术中寻找什么？你只是在寻找一种可以使你的崇拜具体化的东西，促使你笑或使你跳舞的方式。对你而言，被染成红色或是绿色的圣母像便是绘画；对你来说，木偶和驼背丑角便是戏剧；风笛和巴斯克鼓便是音乐。而对我,这些只是绝望和仇恨，因为我缺少所有我想寻找的东西；我不抱任何希望能够将它们找到。

在倾听了一会儿我内心的风暴咆哮之后,我发现天色已晚。那个农夫已经走了，只剩下我一个人在圣彼得教堂……我便也离开了。之后，我遇到了几个德国画家，他们把我拉到城外一家小酒馆里，在那儿我们喝了不知道多少瓶奥尔维托酒，说着荒唐话，抽着烟，吃着尚未煮熟的鸟肉——这是我们刚从一个猎人那儿买的。

[①] 顾西奥里女士，我曾在维尔奈先生家里见过她。她金色的长发垂过忧郁的脸庞，就像垂柳的柔枝一样。三天之后，我在丹唐的工作室看到了她的泥塑漫画像。——作者注

这几位先生觉得这种原始吃法很好,我也很快同意他们的观点,尽管刚开始时我还觉得恶心反胃。

我们唱着韦伯的合唱曲,回到罗马市内。这些合唱让我们重新捡回遗忘已久的音乐的快乐……午夜我去参加大使举办的舞会。在那里我看见了一个英国女人,像狄安娜一样漂亮;人们告诉我她有五万英镑的定期收入。此外,她的嗓音很美,弹钢琴的天赋也值得赞赏,这些都使我非常愉快。上帝是公平的,他也把他的恩宠分给其他人:因为我还见到了几张老妇人那可怕的脸;她们死盯着牌桌,眼中闪耀着贪婪的光芒,就像《麦克白》里的巫婆!!!我也看见了几个花枝招展的姑娘,扭捏作态。不过,有人为我介绍了两位举止优雅亲切的姑娘,她们来此只是为了演练一下母亲们称之为"进入上流社会"的这出戏的。但上流社会无聊乏味的风气将会很快使这些娇嫩珍贵的花儿凋谢。认识她们使我很是兴奋。三个文艺爱好者在我面前大谈激情、诗歌、音乐;他们把贝多芬和瓦卡侬先生放在一起作比较,把莎士比亚同杜西斯先生相比较。他们还问我是否读过歌德的作品,是否喜欢《浮士德》。我还能知道什么呢?当然我还知道其他许许多多更美好的事物。当我离开沙龙时,我狂喜得满心希望一颗像山那么大的陨石落在大使馆上,将它同里面所有的一切砸得稀烂。

为了返回学院,当我们再次走在特里尼塔山的石级上时,我们必须拔出随身携带的罗马大刀,担心会有一些"疯子"埋伏在平台上,向过往的行人乞钱或是索命。但我们是两个人,他们至多不超过三个人;而且我们拔刀的声音也很大,足以让他们暂时恢复理智。

在这样乏味的聚会上,平淡无奇的卡伐蒂那(cavatine)①会在钢琴的伴奏下被平淡无奇地演唱出来;而这只会更激起我对音乐的渴望,并让我本来就有的坏脾气越发暴戾乖张。因此,从这样的聚会回来之后,我经常无法入眠。我只好下楼来到花园,坐在一块大理石上,裹着带风帽的大衣,在愤世嫉俗的黑暗的梦境中,听着从波尔盖斯别墅传来的猫头鹰的叫声。我便这样一直等待着太阳的再次升起。如果我的同伴们在美丽的朝阳升起时,知道我竟然彻夜未眠,而又无所事事,那

---

① 歌剧的一种咏叹调。——译注

么他们一定会谴责我，责备我的矫揉造作（这是他们的惯用语）。接着，所有的指控罪名都会一拥而上，而我对此只能一声不吭。如果再加上打猎和骑马闲逛①等等，这所有的一切便组成了我在罗马逗留期间的一个优雅的活动与思维的循环；我不断地在其中旋转。如果再考虑到地中海地区那令人难以忍受的干燥的西罗科热风，以及我对享受艺术的不断涌动的渴望，还有那些沉重的回忆，并发现自己被逐出音乐世界已有整整两年时的痛苦，加上无法在学院从事创作的焦急心态——它讲不清却又确实存在，这样的话，人们便会理解那将我吞噬的痛苦是多么的强烈！

　　因此，我变得像一条被锁链拴住的看门狗那样凶恶。尽管同伴们努力使我分享他们的快乐，但这只会使我更加烦躁。尤其是他们在狂欢节营造的所谓"欢乐的气氛"使我更加恼怒。这个节日无论是在罗马还是在巴黎都被称作"肥腴的开斋日"，可我确实无法想象（直至现在我仍然无法想象）人们会在这个节日的种种娱乐活动中找到什么喜悦？确实到处都是非常油腻的感觉！飞溅的烂泥，厚厚的脂粉，浓烈的白葡萄酒，厚厚一层酒滓，难以入耳的污言秽语，粗俗不堪的侮辱话，肥胖的妓女，喝醉酒的密探，丑陋的面具，疲惫不堪的马匹，以及傻笑的笨蛋，目瞪口呆的傻瓜，无所事事的闲人……在罗马，古代的良好传统似乎直至今天仍被保存。据说，从前在"肥腴的开斋日"要杀人祭祀。我不知道这堪可赞叹的习俗是否一直存在，据说它可以使人重新嗅到古罗马竞技场上诗歌般的芬芳。我想可能还存在吧！毕竟，如此伟大的思想不会那么快就消逝的。那时，在"肥腴的开斋日"（这定语是多么令人憎恶）会有一个可怜虫被判处死刑。自然，他在这样的日子来临之时也不例外。他会被养肥，好使他值得被奉献给他的上帝——高贵的罗马人。时辰一到，各个国家的傻瓜们（公平地讲，外国人对这种高贵的享乐所表现出来的热切渴望可并不比本地人少）便蜂拥而至，观看一个"人"究竟是

---

① 当我和菲利克斯·门德尔松在罗马平原骑马郊游时，我对他说，我很吃惊为什么没人想过把莎士比亚优美的小诗《玛布仙女》写成谐谑曲，对此他也表示很吃惊。可是我立即后悔说出这个想法。此后的几年里我都害怕被人告知他已就这个题目进行了创作。如果那样，我在交响曲《罗密欧与朱丽叶》中所做的两个尝试*，便无疑是不可能了，或者至少可以说是草率的。幸好他没有考虑过写这个题目。——作者注

　　*：事实上，在《罗密欧与朱丽叶》中关于《玛布仙女》那一段，我既写了一段声乐谐谑曲，也写了一段器乐谐谑曲。——作者注

如何死去。因为这些身穿礼服和华丽外套的嘈杂的野蛮人早已厌倦了观看赛马，也不再热衷于掷石膏小球的游戏，或为了某个智慧而狡黠的行为而放声大笑。不过目前，死去的确实是"人"！而通常只有某些"昆虫"才有理由这样称呼。一般来说，要处死的是某个倒霉的强盗。他本已受了伤；因而也就没有力气，但教皇"勇敢"的卫队还是要把他打得半死。只是为了"肥腴的开斋日"，就必须给他包扎伤口，照料他，使他痊愈，养肥他并使他忏悔罪过。在我看来，在这个战败者身上所洋溢的"人"的气息要比这群无耻的人身上的气息强上千倍万倍。而教会中那位世俗与精神的领袖，上帝在尘世的代言人，也要时不时地被迫为这些腌臜的战胜者上演一幕砍头的丑剧①。

之后不久，这些敏感而又聪慧的人们就会在纳沃那广场沐浴；同时在那里，把可能在他们的衣服上留下的血迹污点洗净。因而这个广场顷刻间便被水所淹没。这里已不再是个卖菜的市场，而是一个十足的脏水塘，臭水塘，水面上漂浮的不是鲜花，而是白菜叶、生菜叶、西瓜皮，草秆和扁桃壳。在这个热闹的池塘旁有一个高一点儿的平台，那里有十五个乐手，演奏的乐器包括两个大鼓，一个活动鼓，一个小鼓，一支三角铁，一把中国喇叭，两对钹；两旁还有一些类似号角或单簧管的东西。他们正在演奏一些乐曲，其曲风简直就如同乐器支架旁流淌的水流一样清澈而纯净。当最引人注目的车马队伍在这个水塘中慢慢前行时，站在"岸上"的"伟大的人民"便"哄"地发出讥讽的欢呼声——他们能够牢牢地站在池塘边上，

---

① 巴黎人在这方面确实可以和1831年的罗马人相媲美。雷昂·哈列维先生是一位著名作曲家的兄弟，他刚刚致信给《辩论报》。信中充满了理性和美好的情感。他要求取消狂欢节游行中在"肥牛"四周所举行的肮脏的庆祝活动。根据传统，人们要带着"肥牛"游街三天，然后拉到屠宰场割断喉咙，场面颇为盛大。

这封反对信具有很强的说服力，使我非常感动。我抑制不住致信给这位作者，信文内容如下：

先生：

您今天早上发表在《辩论报》上关于"肥牛"的文章令人佩服，请允许我为此而同您握手。不，您的文章一点也不可笑，您千万不要这样认为。您的谴责非常正确，因为这种场面会使某些所谓开化的人变成最卑鄙、最残忍的动物。所以，不能对这类场面无动于衷。被思想肤浅的人认为奇怪要比被正直的人认为粗俗和野蛮要好上一千倍。

请接受我最诚挚的敬意与最热烈的问候！

1865年3月7日

可这并不等于他们拥有伟大的品格。

"快看，快看！这是奥地利大使。"

"不，他是英国使节！"

"看他的武器，是上面有鹰饰勋章的那种！"

"不对！我看得出来，那是另一种动物的图案。此外，还有著名的铭文：'上帝和我的权力同在'。"

"啊，对！这是西班牙公使和他忠实的桑丘·潘沙[①]——罗西南特。嘿，罗西南特好像不太高兴作这次水中散步。"

"什么！他难道是那个法国议员吗？"

"为什么不是呢？法国议员就是跟在西班牙公使后面的那个老人，穿着紫色的上衣。他是拿破仑的舅舅。"

"那么，那个矮个子，肚子圆滚滚的，带着狡黠的奸笑，却又故作严肃的人，他是谁？"

"他可是个有头脑的人[②]，经常写一些有关艺术的文章，有丰富的想象力。他是西维塔-维希亚（Civita-Vecchia）的公使。为了赶这趟时髦，他自认为必须离开在地中海的工作岗位，以便能够坐着四轮马车在纳沃那广场的臭水沟中晃来晃去。现在，他正在沉思，也许是在考虑他的小说《红与黑》中的新的篇章吧。"

"快瞧，快瞧！我们著名的维托莉娅来了。这个弗尔那里纳的小脚姑娘（其实并非是那样小——作者注）今天穿着埃米南特式的服装出场。她竟然也放下了这星期在学院创作室的工作来放松一下。瞧，她正在彩车上，就像刚刚踏浪而出的维纳斯。喂，当心！纳沃那池塘中的那几个"海妖"（指高台上的那几个音乐家——译注）可都认识她。他们就要吹起海神的号角，为她的到来奏响凯旋进行曲啦！赶紧逃命吧！"

"怎么这么吵，怎么啦？啊，一辆彩车翻了！是的，我认出了贡多第街卖烟的

---

① 桑丘·潘沙：(Sancho)，西班牙作家塞万提斯（Cervantes，1547—1616）作品《堂吉诃德》中的角色，该书描述堂吉诃德和他的侍从桑丘的"游侠史"。
② Baile先生（Bayle或Baile）以司汤达的笔名写了《罗西尼的一生》，他写的全是关于音乐的最令人恼怒的蠢话，而他却自认为对音乐很有感受力。——作者注

那个胖女人。哇,太好了!她终于游上岸了,就像在波佐利①湾中的阿格丽品娜②一样!"

可她那拉车的马并不是海马呀!当她为了安慰她那刚刚洗过"澡"的儿子,把鞭子递给他时,那可怜的马却正在浑浊的水中挣扎。啊!快乐万岁!天啊,一匹马淹死了!可怜的阿格丽品娜绝望了!于是,旁边的人笑声更大了!淘气的孩子向她扔橙子皮,还向她扔其他一些乱七八糟的东西。好人们呀,你们的嬉戏真是感人!你们的娱乐方式真是可爱!在你们的游戏中充满了多少诗意!在你们的喜悦中充满了多少崇高和优雅!哦!是的,伟大的评论家们很有道理,他们说艺术是为普通人而诞生的。如果说拉斐尔能画出神圣的圣母像,这是因为他了解人民对美好、圣洁、纯净的理想的热爱;如果说米开朗基罗可以从大理石中雕出他那不朽的摩西像,如果说他那充满力量的双手能够建起一座奇妙无比的教堂,这无疑是为了回应那震撼人们心灵的伟大激情,是为了让那使他们刻骨铭心的、受到塔索和但丁所热情颂扬的诗的火焰更加熊熊燃烧!应该诅咒所有那些不受大众欢迎的作品!因为如果公众蔑视它们,那一定是它们毫无价值;如果公众轻视它们,那一定是它们本来就让人鄙视;如果公众用口哨声来谴责它们,谴责作者,那一定是他本来就缺少对公众的尊敬;他竟胆敢凌辱公众伟大的聪明才智,触犯了他们内心深处的自尊。那好吧,就让他滚吧,见鬼去吧!

---

① 波佐利:(Pozzuoli),意大利港口,在那不勒斯湾,存有大量的历史古迹,其中有公元一世纪的圆形剧场,是世界上保存最完好的圆形剧场之一。
② 阿格丽品娜:(Agrippine la Jeune, 16—59),古罗马皇帝尼禄(Néron)的母亲,野心家。她在她的第三次婚姻中嫁给了克劳狄皇帝,尼禄的叔叔,并使尼禄成为他的养子。后来她派人毒死了克劳狄,以便将尼禄扶上宝座;但尼禄继位后,又派人将她杀死。

第三十七章

山中狩猎；依然是罗马平原；追忆维吉尔；荒凉的意大利；遗憾；小酒店的舞会；我的吉他。

罗马城市的生活令我实在难以忍受,因此我不会错过任何一个逃离它的机会,躲藏到深山之中,盼望着我被准许返回法国的时刻的到来。

只有风景画家才去参观意大利的山区。为了作好到那里长途旅行的准备,我经常到苏比亚哥去旅行。那里是罗马教皇国的一个大村落,距蒂沃利有几里的路程。

这种郊游是我治愈忧伤的惯用药方,这剂神圣的良药似乎使我又恢复了生命的活力。一件灰色的破帆布上衣和一顶草帽就是我全部的行装,六个钱币就是我全部的旅费。然后,拿着一把枪或吉他便踏上旅程。或是打猎,或是唱歌,我根本不必为夜晚的住宿担忧,因为我确信会找到住处。如果有必要,还有数不清的山洞和路边的许多圣母教堂。我一会儿小跑,一会儿停下来,或者瞧一瞧某座古老的坟墓,或者站在干燥的罗马平原上某个荒凉的小山丘顶,侧耳倾听圣彼得教堂大钟那庄严的吟唱,教堂顶金色的十字架在天边闪烁。有时甚至还会去打断凤头麦鸡的飞行,只为了在笔记本上记下刚刚在脑海中露出尖尖小角的音乐灵感。总之,我总是能够尽情享受这种真正的自由带给我的无限幸福。

有时,我不带枪而是拿上我的吉他。我会待在一个与我的想象协调一致的风景里。当我突然间发现自己在某个地点早已迷失方向时,自我童年起便埋藏在我记忆中的某首《埃涅阿斯记》的篇章便会突然间在我脑中苏醒。于是,我会即兴创作出一首奇特的宣叙调,配以更加奇特的和弦。我会为自己演唱:帕拉斯(Pallas)之死,善良的埃旺德尔(Evandre)的绝望,以及护送着年轻战士身躯的送葬队伍,他的战马埃东在侧面相伴,没有鞍辔,鬃毛下垂,大滴大滴的泪水滚滚而下。我还会为自己演唱拉丁努斯①国王的恐惧,拉丁姆②城之围——此时我的双脚正踏着这片土地;

---

① 拉丁努斯:(Latinus),传说中拉丁姆的国王,拉丁神话中著名的英雄。
② 拉丁姆:(Latium),古地区名,在今意大利中部,古罗马文明发源地。

还有阿玛塔（Amata）悲惨的结局，以及拉维尼亚（Lavinia）那高贵的未婚夫死亡的残酷场景。

于是，在回忆、诗歌和音乐的共同作用下，我达到了最令人难以置信的兴奋状态。我沉醉在这三件美丽的事物之中，它们化成涓涓的细流，在我的哽咽声中夺眶而出。更为奇特的是，在那时，我会努力思索我为何会潸然泪下。是的，我为可怜的图耳努斯①而哭泣，因为伪善的埃涅阿斯（Aeneas）夺走了他的城邦，他的情人和他的生命；我为美丽动人的拉维尼亚而哭泣，她被迫嫁给沾满了她情人的鲜血的外来强盗。我感慨于那些充满诗意的年代，那时的英雄们，天神之子，穿着多么华丽的盔甲，以优雅的姿势投掷标枪，标枪那饰着金箍的枪尖发出闪闪金光。此后，我便会离开过去回到现实，我为自己的痛苦，为我飘渺的未来，为我被迫中止的事业而哭泣。于是，我便沮丧地沉浸在一个诗歌的混沌世界中，低吟着莎士比亚、维吉尔和但丁的诗篇：没人比我更加悲伤……记住那沉重的往事……哦，可怜的奥菲莉娅！……晚安，可爱的女士们……生命与痛苦……我将愤怒地出逃……在树荫下，我渐渐昏沉沉地睡去。

多么疯狂呀！也许有人会这么说。是的，但这又是多么幸福呀！理智的人们难以理解这生命的情感竟会是这样强烈。那时，你的心在膨胀，任凭你的想象力在无垠的广袤之中驰骋自如。我们活着，带着无限的热情。我们的躯体也同样感受到精神的巨大亢奋，因而也似乎变得像铁一样坚硬。正因为这疯狂，我做了无数不谨慎的傻事，如果换成今天的话，可能就会要了我的命。

比如说有一天，我从蒂沃利出发，那天大雨瓢泼。尽管天气潮湿，我仍能用步枪打猎。早上便开始淋雨，等晚上到达苏比亚哥时，我已经成了落汤鸡。这一天，我共走了十里路，打了十五只野味。

现在，我虽然已经重新融入巴黎风暴般的生活之中，但我却是带着怎样强烈的情感，怎样的怀念来追忆起我曾无数次游荡过的阿布鲁齐那荒凉的国度啊；我还回忆起那里人烟稀少的奇特的村庄和穿着破烂的居民。他们总是带着怀疑的目光，

---

① 图耳努斯：(Turnus)，维吉尔作品《埃涅阿斯纪》中人物。埃涅阿斯到了拉丁姆地区，受到了国王拉丁努斯的款待，神谕要他和国王的女儿拉维尼亚结婚，这激怒了拉维尼亚长期的求婚者鲁图利亚王图耳努斯，因而双方发生战事，图耳努斯最后被埃涅阿斯杀死。

带着虽然破旧，但射程很远、命中率很高的步枪。真是奇特的景致！它神秘的孤独强烈地震撼着我的心扉。我又重新找回了失落感与被遗忘感。在苏比亚哥、阿拉特里、吉维特拉、热奈萨诺、索拉岛、圣马力诺、阿尔斯等地方，穷困而古老的修道院中罕有人来，教堂的门总是大敞着……僧侣们不知哪里去了，唯有寂静笼罩着空旷……晚些时候，僧侣们便会和强盗相伴而归。而在豪华的寺院中则居住着虔诚而好客的修道士：他们总是热情地招待游客，他们那智慧而富有哲理的谈话会让路人吃惊。在卡西诺山的本笃会教堂里有大量的镶嵌画、木雕和圣物盆，令人眼花缭乱。在苏比亚哥的圣贝努瓦①修道院中则有一个石窟，里面曾接待过圣贝努瓦，他在那里种下的玫瑰花至今仍在绽放。此外，在同一座山的更高处，在一个悬崖边，坐落着贝雅托·洛伦佐（Beato Lorenzo）的小屋。它的山脚下是贺拉斯和维吉尔所深爱的古老的阿尼奥河，它静静地流淌。它的背后紧靠着几块岩石，被阳光镀上了一层金色。我曾在一月份看见燕子躲在那里。高大的栗树丛带着一抹浓重的黑色；那跨越了久远时光但依旧残存的废墟在其中时隐时现。夜晚会有一些人影倏忽而现，接着便又悄然消失，是牧人，也可能是强盗。……小屋对面，阿尼奥河的对岸是一座鲸背状的大山。在那里，现在仍可看到一座用石块垒起的金字塔。那是我有一天心情郁闷时很耐心地堆砌而成的。法国画家都深爱这种孤独感，他们便很有礼貌地用我的名字为它命名。小屋下面，有一个岩洞，只能爬着进去。如果想到达它的入口，那就只能从它上面的那块石头上往下跳。但也许人们会因此而落到下面比它更深五百尺的地方，摔得粉身碎骨。

  右边是一块田地，我曾被收割的农夫拦住，他们很奇怪我为什么会出现在这里。他们问了我无数问题，令我难以忍受。最后，因为我一再保证我到此只是为了到圣母像前还愿，他们才让我继续爬山。远处是一片狭长的平原。在那儿，皮亚吉亚家族的别墅孤零零地矗立在阿尼奥河边。我曾在那里请求留宿并晾干我的衣服，因为我是在秋季沿途打猎时路过那里的，那些天一直在下雨。房子的女主人是位文雅的女士。她有一个很漂亮的女儿，后来嫁给了里昂的画家，我们的朋友弗拉

---

① 圣贝努瓦：(Sain-Bénoit 或 Sain-Benedotto〔意文〕)，本笃会创始人，于公元529年创立本笃会，意大利中部Cassill峰是其发源地。

什龙。此外，我在那里还看见了一个滑稽的年轻人，叫克里斯皮诺，他有半强盗半毛头小伙的性格；他总是给我们带来火药和雪茄。在高高的山顶上，立着一排排的圣母像，像一顶顶王冠。每到黄昏，不知从何处的修道院中传来伤感的钟声，于是，晚归的收割人便会唱着祈祷文离开平原，走过这些圣母像，赶回家中。在杉树林中，从流浪乐师的竖笛中飘出悠扬的田园之歌，在林中久久回荡。在小酒馆的舞会上，那些亭亭玉立的黑发女孩，有着棕色的皮肤和爽朗的笑声。有多少次，她们疯狂地跳舞，而使劲弹着法国吉他的那位先生也兴致勃勃（指柏辽兹，见下文——译注），因而她们对他因弹琴而五指疼痛浑然不觉。在那里，传统的巴斯克鼓为我即兴创作的活泼轻快的意大利舞曲伴奏。宪兵们费尽力气想加入我们这个小酒店中的舞会，当然招致了法国舞者和阿布鲁齐舞者的一致反对。弗拉什龙的拳头威力无穷，这些教皇的士兵便带着耻辱抱头鼠窜。但他们却威胁要设下埋伏，与我们兵戎相见！……弗拉什龙没向我们透露任何消息，午夜里单"棍"赴会，而这些怯懦的宪兵没有到来。这使得克里斯皮诺兴奋不已。

后来我又游历了阿尔巴诺，卡斯特尔冈多夫，图斯古拉姆；参观了西塞罗的小剧场，欣赏了剧场坍塌的别墅中残存的壁画；我还去了卡比亚湖，在一片沼泽地中睡了午觉，根本没有考虑到这样是否会发烧。我到过赞诺比曾居住过的花园的遗址，她是帕尔梅（Palmye）高贵而美丽的皇后，后来被迫离开自己的宝座。此外，还有古老的长长的引水渠，延伸至无垠的远方。

当这自由的日子一去不复返时，回忆它们该是多么的残酷！那是心灵、思想、灵魂、一切一切的自由，我们可以自由地不去想，不去做，自由地忘记时间，轻视野心和欲望，嘲笑荣耀，不再相信爱情；那是前往北方、南方、东方、西方的自由，可以自由地在野外露宿，自由地过朴素的生活！那是无目的地流浪和梦想的自由，可以自由地躺着，蹲着，整整一天只倾听温暖的西罗科热风的低吟！那才是真正的、绝对的、无止境的自由！哦！伟大而强壮的意大利！荒凉的意大利！你大可不必担心你的姐妹，艺术的意大利，因为——美丽的朱丽叶已经躺在了棺木之中。

第三十八章

苏比亚哥 · 圣贝努瓦修道院；小夜曲；西维苔拉；我的枪；
我的朋友克里斯皮诺。

苏比亚哥是一个有四千人口的小村落。很奇怪，它建在一座圆锥状小山的周围。阿尼奥河顺流而下，在低处形成了蒂沃利瀑布，这就是苏比亚哥全部的财富，维持着它的几家经营不善的作坊。

有几个地段，阿尼奥河流淌在窄窄的峡谷中，尼禄让人修了座高高的堤坝，把水阻在那里；我们现在仍能够看见几处堤坝的残迹。水被拦住后，在村庄高处形成了一个很深的湖，因而名字就叫作"萨伯拉克"，意为"上面的湖"。圣贝努瓦修道院坐落在比湖高一里的地方，在一个深邃的悬崖边，它差不多是方圆几里之内唯一的一个引人好奇的建筑。因此，慕名而来的游客很多。教堂的祭坛建在一个岩洞的入口处，这个岩洞曾是本笃会创始圣人隐修的地方。

教堂的内部结构很奇特。它由两层组成，一个有十几级台阶的楼梯将它们连接起来。

当带领您欣赏完圣贝努瓦的"圣洞"和墙壁上的怪诞画后，修士们会来到一层。那里的地面上堆着厚厚的玫瑰花瓣，它们采自修道院的花园。这些花有能医治痉挛的神奇功效，所以修士们大量地零售玫瑰花瓣。三只生了锈的老枪早已破烂弯曲，就挂在这香气四溢的特效药之上，似乎要证明这药的神奇力量是不容置疑的。猎人们装火药时，总是马马虎虎，只在开枪时才发现这样做他们要冒很大危险。但他们认为，只要在开枪时向圣贝努瓦祈祷一下（这似乎也太简易了吧），他就不仅会救他们的命，而且会使他们毫发无损。继续向上攀登，在比圣贝努瓦高两千米的地方是贝雅托·洛伦佐的隐修之所，现在早已无人居住。这里寂静得可怕，四周被红色的光秃秃的岩石包围。自从修士死后，它便被完全抛弃，因而这寂静更加吓人。这里唯一的守护者是一只大狗。当我参观这里时，它正躺在阳光下，一动不动，面带疑问，严厉的目光追随着我的每个脚步。我没有携带武器，并且是在悬崖边，这个深沉缄默的阿耳戈斯①可能会因为一个最微小的动作引起它的疑惑便会咬住陌生人的喉咙，或把这引起它猜忌的人扑下悬崖。我必须承认，它的存在在一定程度上使我缩短了欣赏景致的时间。苏比亚哥在山区中并非非常偏僻，文明也并非没有到达这里。这里有一个咖啡馆，当地的政客经常光顾。这里甚至还有一个爱乐协会，指挥它的音乐教师同时还负责教堂管风琴的演奏。在圣枝主日的弥撒中，他盛情款待我们的是《灰姑娘》序曲，它让我很失望，我因而不敢出席这个歌唱协会的活动，因为我害怕让人太多地发现我的反感而伤害这些善良的爱乐者的心。我很喜欢乡村音乐，至少它蕴含着质朴的气息，极富地方特色。一天晚上，我被一支我所听到过的最特别的小夜曲吵醒。一个肺活量颇为可观的小伙子用尽全力在他心爱的姑娘的窗下吼出他的情歌。这支歌由一支硕大无比的曼陀林、一支风笛和一个类似三角铁的小乐器伴奏——当地人称它为"斯汀巴洛"。这个歌手的歌声或者说吼声由音高依次递减的四个或五个音符组成。在最后，乐音又回复升高：由一个从属音到主音的放声长吟结束，中间没有任何喘息和停顿。风笛、曼陀林和斯汀巴洛只是连续地，有规律地或者说是一成不变地重复演奏两段和弦，它们悦耳的和声填补了歌唱者在歌曲每段停顿时所留下的空白。这位任性的歌手扯着嗓子又开始唱了起来，完全不顾从他的嗓子中挣扎着蹒跚而出的声音是否与伴奏者奏出的和弦相配合。而伴奏者们也根本不会留意这个问题。应该说，他的歌声好像大海涛声或瀑布声。尽管这场音乐会有粗野的乡土气息，但我说不出我的感受究竟有多愉快。由于距离远，并且声音要穿过隔板才能到达我的耳朵，所以减弱了不和谐音，使得这个山民粗犷的嗓音变得较为柔和。一会儿，几支山歌小段便在痛苦中结束，随之而来的是一阵沉寂；接着，又如此循环往复。……于是，渐渐地，这单调的连续的演唱使我进入一种愉快的半梦半醒的境界。当这个恋爱的青年人对他的美人实在是没有什么可唱了的时候，便一下戛然而止。而我就好像在一瞬间缺少了什么最重要的东西似的……我继续侧耳聆听……我的思想是如此温柔地飘向那个声音，并和它充满柔情地结合在一起！……

---

① 阿耳戈斯:（Argus 或 Argos），希腊神话中看守母牛的百眼巨人，其中五十只眼睛在睡觉时也睁开。后被赫耳墨斯（Hermes）和赫拉（Hera）所杀，后者将他的百眼放在孔雀的尾巴上。

可是当歌声一停止,思想的线便突然断开……因此直到清晨,我都一直静止在无梦、无眠、无思想的混沌状态之中……

这支情歌在阿布鲁齐的所有地区广为传唱:我从苏比亚哥到那不勒斯的阿尔斯都听到过。它会因歌手的情感和演唱时所运用的表情动作的不同而稍有变化。特别是在阿拉特里的一个晚上,我觉得这首歌是如此美妙,它的演唱者缓缓地,轻柔地将它唱出,不带任何伴奏,因此歌曲似乎染上了一层宗教的神圣色彩,与我所了解的这首歌曲完全不同。

这种声嘶力竭喊出的歌曲的每一段所包含的小节数不总是一样的;它随歌者即兴创作的歌词的变化而变化,而伴奏者须尽可能跟得上它的变化。这种即兴创作并不要求这些山里的俄耳浦斯们花费多大的精力创作规范的歌词,它不过是一些随随便便的散文式的歌词;他们甚至可以把日常对话中所能说的任何内容加进去。我前面提过的那个年轻人,叫克里斯皮诺。他曾做过两年苦役,并很傲慢地宣称他做过强盗。所以每次我到苏比亚哥时,他都会唱这样一首欢迎曲来向我致敬。他会像一个强盗那样喊出这首歌!

Allegretto(轻松的快板)歌词:邦吉奥尔诺,邦吉奥尔诺,邦吉奥尔诺,先生,多么美丽的国度!

最后一个元音在标了 ＞ 号的小节处,音高必须要发生转移,这是严格规定的。这种音移必须要喊一嗓子才可发出,很像哽咽的声音,造成了奇特的效果。

在周围其他的村庄中(苏比亚哥好像是它们的首府),我没有听过音乐的任何零星片断。西维德拉是所有村落中最吸引人的一个。它像一个鹰巢,栖在一块岩石顶端,地势险峻。这里又穷又脏,臭气熏天。但在经过艰苦的攀登后,到达这里,您会欣赏到无与伦比的风光。唯有这才能补偿您的疲惫不堪。这里怪石嶙峋，巉岩峭壁，真是鬼斧神工，其魅力令无数艺术家为之倾倒。我的一个画家朋友竟然在这里一待就是半年。

这个村庄的一侧坐落在一些垒叠的大石块上。它们是如此巨大，根本就难以想象人们当初是怎样移动这些大石块的。这或许只有泰坦①才可将它建起。村子的围墙体积庞大，外表粗糙，无疑是属于一种蛮石结构②的建筑风格，而这种垒石结构在今天的围墙建筑中已被广泛应用。只是这座"泰坦墙"却没有什么名气，尽管我经常同建筑师生活在一起，但我从未听人提起过它。

另外，西维德拉给旅游者提供了一个其他类似村庄都不具备的好处：这里可提供客栈或其他类似的服务。人们可以将就着找个地方住宿，或是生活一段时间。当地的富人，文森佐先生，尽其所能接待和留宿外国人，特别是法国人。他对法国人有一种令人尊敬的好感。但他却经常要问一些政治问题，令他们很难回答。这个正直的人没有什么其他奢望，但在这一点上却总是难以满足。他穿着一件十年都不曾脱下的礼服，蹲在他冒着烟的烟囱底下看着您走进来，便开始了他的提问，而不管您有多疲惫，渴得要死，饿得要命。在您回答关于拉斐德，路易·菲利普和国民卫队的有关问题③之前，您甭指望得到一杯酒。维可瓦尔，奥雷瓦诺，阿尔索里，格内萨诺和其他二十几个我已经忘记了名字的村庄几乎是整齐划一地有着同样的外表：总是成片的灰秃秃的房屋，就像燕子窝那样，紧贴在几乎难以攀登的贫瘠的峭壁上。到处是可怜的孩子，半裸着，追着外国人喊：画家！画家！英国人！给半个邦戈④吧！（他们认为所有来这里参观的人都是画家或英国人。）就算这里有路，也不过是些不成形的石级，混在岩石中几乎难以辨认。您会遇到一些闲散的人，用一种特殊的神情看着您。妇女们赶着猪群，这些猪和玉米就是当地所有的财富。年轻的姑娘们，头上顶着罐子或枯木柴捆。所有人都是那样贫苦，

---

① 泰坦：(Titan)，希腊神话中的巨神族。乌拉诺斯和地神该亚所生的子女，共十二人，六男六女。
② 蛮石结构：(laconstruction cyclolzéenne)，也可指"独眼巨人"结构。在该神话传说中，由巨人所建。该结构是指由许多不规则的大石堆砌而成，中间填以鹅卵石作为充料，如迈锡尼岛上的建筑。
③ 这是他在1832年感兴趣的话题。现在他可能该对路易·拿破仑，尚加尔涅（Changarnier）和国民卫队感兴趣了吧。——作者注
④ 小额罗马钱币。——译注

那样悲伤,那样破烂不堪。他们肮脏,让人恶心。尽管这个民族拥有一种自然的美丽,他们的服装有别致的剪裁,但却很难从他们那里感受到除了可怜之外的任何其他感觉。但不管怎样,当我走过这些巢穴时,我都会感到一种极度的快乐,而不论我是否拿着枪。

事实上,当我要攀登某个不知名的悬崖时,我非常小心,一定要把枪留在下面。因为它的质量会激起阿布鲁泽人太多的垂涎,以致他们会想到把枪的主人干掉。通常这些阴险的人会埋伏在一堵古老的墙壁后面。在相遇时,他们的老枪就会射出几颗无情的子弹。

由于我多次到这些勇敢而正直的人们的村落去参观,所以后来我和他们相处得很好。尤其是克里斯皮诺,他对我感情很深,愿为我做任何事情。他不仅提供给我飘香的烟斗(味道还真的很香)①,铅丸以及火药,甚至还有雷管!这可是雷管呀!在这个偏僻的地方,没有一点技术和工业的概念,但竟能找到雷管!另外,克里斯皮诺认识方圆十里所有漂亮的年轻姑娘,了解她们的爱好,她们的亲戚,她们的愿望,她们的感情,以及她们的父母和情人的相关状况。克里斯皮诺有一个确切的记录,记载着每个姑娘的操守度和体温,有时查看一下这个"温度计"也是蛮有趣的事情。

此外,他对我的感情也是有原因的:有一天晚上,我曾指挥过一首小夜曲,这是献给他情人的。我也同他一起为这个宝贝儿演唱,伴奏过一首当时在蒂沃利风雅的人中很风行的歌曲,用的是我的吉他。我还送给他两件衬衫,一条裤子。有一天,他对我缺乏尊敬,我甚至在他的屁股上狠狠地踢了三脚②。

克里斯皮诺从没时间学习看书,他也从不写信给我。当他有一些有趣的消息要告诉在山外的我时,他便来到罗马。事实上,对他这样勇敢的人来说,这不过是三十几里简单的路程罢了。当我们在学院时,总是习惯把房门敞开着。

一月的一天早晨(我在十月离开山区,因此我已经无聊三个月了),当我在床上翻了个身时,突然发现在我面前站着一个人,高高的个头,晒黑的长脸,戴着

---

① 我那时抽烟。我并没觉得烟草带来的刺激对我有什么不好的影响。——作者注
② 这只是个谎言,因为艺术家总是倾向于写一些他们认为会有丰富表达效果的句子。我从没踢过克里斯皮诺;只有弗拉什龙是我们当中唯一一个可以对他有这种举动自由的人。——作者注

尖帽，罗圈腿。这个坏小子好像正在老老实实地等我醒来。

"啊！是你呀，克里斯皮诺！你来罗马干什么？"

"我来……就是为了看您！"

"是么，要见我？然后呢？"

"我想，准确地说，我得还债，如果有机会……"

"什么机会？"

"说老实话，我……我缺钱。"

"好极了！这正是应该叫作'老实话'的东西！啊，你没有钱！你希望我能为你做些什么呢，恶棍！"

"我可不是恶棍！"

于是，我用法语替他完成他的回答："如果您因为我身无分文就叫我乞丐，您对了。但如果是因为我在西维塔·维希那待了两年，那您就错了。他们把我送去干苦力，不是因为我偷东西，而是因为我有精湛的枪法，是因为我在大山里举起著名的大刀向外国人劈去。"

我的这位朋友肯定是在自我吹嘘，他甚至连一个修士都不曾杀死。但不管怎样，人们会发现，他毕竟有荣誉感。后来他很恼怒，只接受了三个比亚斯特尔，一件衬衫和一条围巾，没等到我穿上靴子再把别的东西送给他，他就离开了。两年前，这个可怜的家伙在一次打架中被石块击中了头部，死了。

我们能在一个更美好的世界中再次相见吗？……

第三十九章

罗马音乐家的生活;圣彼得教堂的音乐;西斯廷教堂;对帕莱斯特里那的偏见;圣路易教堂的现代宗教音乐;歌剧院;莫扎特与瓦卡依;流浪乐师;我在罗马创作的作品。

总是要回到罗马这座永恒的城市；总是越来越确信，如果一个音乐家被迫居住在罗马，可他的心中依然熊熊燃烧着艺术的火焰，那么在所有的艺术家的生活中，就没有谁的生活能比他的更悲惨的了。在这里，他每时每刻都体验着折磨。最终他会发现，他充满诗情画意的丰富的想象一个接一个地松动，瓦解，于是他的想象力所建造起来的辉煌的音乐大厦会在最令人绝望的现实面前轰然倒塌；然后，就是每天新的体验都会不可避免地带来新的失望。在其他充满生机、伟大、壮丽，洋溢着天才光芒的艺术之中，在其他各种自豪地炫耀着自己各式各样奇迹的艺术当中，他会发现音乐已经堕落为一个只扮演失去了尊严的奴隶的角色。他因贫困而变得迟钝，他用衰弱的嗓音演唱着愚蠢的诗句，以便能快乐地享受那些嗟来之食。只在罗马待上几个星期，我便轻易地发现了这一点。我刚到达罗马，便跑到圣彼得教堂……多么巨大！多么雄伟！多么恢宏！……这就是米开朗基罗，这就是拉斐尔，这就是卡诺瓦。我在最名贵的大理石上走着，我在最稀有的镶嵌画上走着……噢，这庄严的宁静……这清新的氛围……这如此丰富如此和谐地调配在一起的、放出熠熠光辉的色调……噢，这个独自跪在无限的清寂之中的老年朝圣者。突然，一个轻微的响声从教堂最昏暗的角落发出，就像遥远的雷声一样回荡在教堂巨大的穹顶之下……我有些害怕……那里好像就是上帝的房间，而我没有权利进入。但当我想到如我一般的造物主竟然能够创造出如此伟大，如此辉煌的建筑，我就充满了自豪之感。而且，当我一想到我所钟爱的艺术在其中所发挥的卓越作用时，我的心便开始猛烈跳动。哦！是的，我几乎立即就对自己说：这些画像，这些雕塑，这些立柱，这些巨匠的建筑杰作风格，所有这些不过是建筑物的肉体，而只有音乐才是它们的灵魂；只有通过音乐，才可表现出它们的存在；是音乐总结了其他所有的艺术永不停止的赞歌，用它有力的嗓音将这热烈的赞歌带到神的脚下。可是管风琴又在哪儿呢?……

这里的管风琴比巴黎歌剧院的那个稍大一些,它的音响效果还不错。一个壁柱遮住了我的视线,所以我没有看到它。但这没关系,因为这件破旧的乐器可能只是为了给唱诗班定定调,至于它到底可以产生什么音乐效果是可以忽略不计的。那么,这里有多少唱诗班成员呢?我回想起巴黎音乐学院的小礼堂,圣彼得教堂要比小礼堂至少大五六十倍。我想既然是一个拥有九十人的唱诗班每天在小礼堂里演唱,那么圣彼得教堂的唱诗班成员一定应该用千来计算了。

但实际上,平时唱诗班成员只有十八人!在盛大的节日中,也不过三十二人!我其至在西斯廷教堂①听过一首由五人演唱的弥撒曲。一个成就不凡的德国评论家最近是这样为西斯廷教堂辩护的。

他说:"大部分旅行者一进入西斯廷教堂便期望听到一种音乐。这种音乐与他们在自己的祖国所听到的、使他们着迷的那些歌剧音乐相比应该更诱人,甚而可以说更有趣。然而事实恰恰相反,这些教皇的歌者们使他们听到的都是些古老的素歌:朴素、虔诚,不带一丝伴奏。于是,这些失望的爱乐者在回国后便咒骂西斯廷教堂没有给予他们任何音乐上的益处,所以关于它的美好的描述都只是无稽之谈罢了。"

我们可绝对不是像这位评论家所讲的那样是些肤浅的观察者,所以对这个问题看法不同。正好相反,这流传了几个世纪之久的旋律,不论是它的风格还是形式都没有任何变化地被保留到我们这个时代,这给音乐家所提供的益处,就像庞贝的壁画给画家所提供的益处一样。这些音乐没有小号和大鼓的伴奏,这丝毫不令人觉得可惜。但今天这种伴奏却被作曲家广泛采用,几成时尚,使得歌唱家和舞蹈家竟然认为如果没有伴奏他们就无法得到他们应得的掌声。因而我们必须承认,西斯廷教堂是意大利唯一的一个尚未被这滥用伴奏的恶习所影响的音乐圣地。很幸运,我们可以在这里找到避难之所,以躲避卡蒂那咏叹调粗制滥造者的残酷炮击。我们同意那位德国评论家所讲的,教皇的这三十二名歌者,尽管他们在这个世界上最大的圣彼得教堂中难以制造出任何效果,甚至无法使自己被听到,但

---

① 西斯廷教堂:梵蒂冈的一座小教堂,由西克斯四世敕命建造,米开朗基罗曾为其建筑穹顶。教堂内部有许多壁画和天顶画。——译注

他们却是在教皇的西斯廷教堂的有限空间里演唱帕莱斯特里那①的作品。我们也赞同他的描述：这样纯净而安详的和声如涓涓细流汇入到一种充满魅力的梦境之中。但是如果这"作曲家"的名号可以给予那些终其一生编纂辑录各种和声组合系统的音乐家的话，那么就应该说，这种和声的魅力是源自和声本身所固有的属性，而并非源自作曲家那所谓的"天才创造"。比如说，下面的这个和声系统，它出自帕莱斯特里那的《耶稣受难应答歌》：

曲谱：①女高音部；②女低音部；③男高音部；④男低音部

这些四声部赞美诗的曲调中并没有运用"旋律"和"节奏"等音乐手法，即使是和声的使用也仅限于"完全和弦"，其中夹杂着几个"声音延留"。所以应该承认，是此类作品的题材风格，以及某种有关和声的科学引导着音乐家创作出这部作品。那么，音乐家的天才灵感呢？是的，那只是个无聊的玩笑罢了！此外，有些人仍然相信，帕莱斯特里那只是想尽可能地接近那种虔诚状态的极致。在这种意识的驱动之下，他才故意这样为《圣经》谱曲。可如果他们这样认为，那就大错特错了。他们显然还不了解他创作的那些牧歌。他为牧歌中那些轻佻、风流的歌词所谱写的乐曲，竟然与他为一首圣歌所配的旋律极其相似。例如他的歌中唱道："在台伯河边，我看见一位英俊的牧羊人，他的爱情在抱怨，等等……他让合唱队以一种拖沓冗长

---

① 帕莱斯特里那：（Palestrina，1525—1594），意大利作曲家。他是复调音乐杰出的大师之一，作有多部弥撒曲和颂歌。

的方式唱出这些歌词。无论是总体效果还是和声风格，几乎都同他为宗教作品的作曲毫无区别。因而他不会创作其他类型的音乐，这就是事实！他是如此难以追随一种卓越的理念，以致在他的作品中，一大堆诸如此类的蹩脚的和声组合不断地被发现。虽然在他之前的擅长对位法的作曲家早已大量使用过这种形式，但他却竟然被认为是一个充满了灵感的"作曲家"，并且是这种类型音乐作品的最强有力的反对者！他的《从弥撒曲到赋格曲》就是一个明证。

那么好吧，姑且假设他非常巧妙地战胜了对位法困难，那么这究竟在哪个方面有利于宗教情感的表达呢？他这个和声编织者所表现出来的耐心，又究竟能在哪个方面表明，他对他的工作的真正目标，有过哪怕是最简单不过的一点点的考虑呢？显然，在任何方面，这种假设都是不成立的。比如说，他的任何一部音乐作品的表现力都不比另一部作品更强，更真实，因为他是按照永恒不变的法规把它们创作出来的。因而，这位作曲家战胜的所谓"困难"与对音乐的美感和真实的追求毫不相干，因此对这两者的表达也并不重要。同样，即便是在作曲时，他由于身体痛苦或是物质贫乏而感受到某种莫名的尴尬，但即使是这些都不足以影响音乐表达的美感与真实。

因此，如果帕莱斯特里那不幸失去双手而不得不用脚来创作，并且也侥幸成功了的话，他的作品也不会因为这种痛苦而获得更大的艺术价值，并且也丝毫不会因此而影响到作品的宗教色彩。

但是那位我刚才提到的德国评论家，却会毫不犹豫地高呼,帕莱斯特里那的《耶稣受难应答歌》是美妙绝伦之作。

他还说道："整个庆祝仪式，包括这个庆祝主题本身，教皇在红衣主教中间的出现，歌者们令人赞叹的、充满智慧的、准确的吟诵，他们成功的演绎，这一切都使之成为圣星期中最令人肃然起敬、最感人的一幕。"是的，当然。但是所有这些并不能使这部乐曲成为一部天才和灵感的杰作。

年末的日子一直阴沉沉的，不免令人感到凄凉。冰冷的北风凛冽地吹着，更平添一层忧伤。在这样的一个日子里，当您阅读着《莪相》①时，当您听着风的竖

---

① 莪相:(Ossian)，公元三世纪苏格兰传说中歌颂英雄的诗人。后来有多位诗人以他的名义写成了《古诗辑录》，对浪漫诗歌产生了重大影响。——译者

琴奏出的神奇和声在绿色斑驳的树梢间摇摆回荡时,您将感受到一种更深切的忧伤,一种模糊的无休止的对另一个世界的渴望,一种对这个世界无限的厌倦。总之,一种强烈的忧郁袭遍全身,掺杂着几缕自杀的热望。这种和声的效果比西斯廷教堂里的更显著清晰,而众多伟大的作曲家当中竟没有一人想到要将这风的竖琴的优美声音加入到音乐之中。

但是至少西斯廷教堂的音乐仪式还保留有与它相匹配的神圣与宗教的色彩;而罗马其他的教堂在这方面却背叛了古老的传统,堕落了;依我看,这甚至是一种伤风败俗,真令人难以置信。当几名法国教士见到这宗教艺术可耻的堕落之后,他们都义愤填膺。

在国王节那天,我观看了一场盛大的弥撒曲演出,由一个庞大的合唱队和一支大型乐队来表演。我们的大使德·圣奥莱尔先生为此邀请了罗马最好的艺术家。管风琴前搭起了一个相当大的梯形台,容纳了六十多位演奏者。他们开始大声调音,就像他们在剧场休息室中所做的那样。但是,管风琴的音域太低,而且由于木管乐器的存在,它不可能加入到整个乐队中演奏。唯一能做的决定就是淘汰管风琴。但管风琴师可并不这样认为。他想演奏他的声部,哪怕把听众的耳朵折磨至流血也在所不惜。他想挣钱,这个正直的人,他一定要赚到这笔钱——这我敢打赌。因为,我这辈子还从来没有这样由衷地笑过。根据意大利管风琴师那值得称赞的习惯,在整个仪式中,他始终只是在管风琴的高音区演奏。因此,当整个乐队齐奏时,它的声响要比管风琴那许许多多"短笛"奏出的乐音强大得多,于是便将这些"短笛"完全掩饰了起来,天衣无缝。而当乐队碰巧奏出一个短促的和弦,接着便是一阵寂静时,由于管风琴的声音通常有所延迟——您知道,它不能像其他乐器那样快速地终止一个乐音——它的声音便毫无遮掩地被听众听到了。于是大家便听到了一个比整个乐队的和弦低四分之一倍的和音,产生了一种难以想象的、最为残酷的、最为戏剧性的呜咽的效果。

在教士演唱素歌的间隙,那些参加合奏的人似乎无法控制他们手中音乐恶魔的捣蛋,竟不约而同地大声调起音来,带着一种简直令人难以置信的冷静。长笛用D调吹奏出一串串音阶;法国号用降E调演奏一曲铜管乐;小提琴奏出可爱的华彩乐段和迷人的回音;异常傲慢的巴松管使劲吹出它低沉的音符,以致上面的按键都震得格格作响；而管风琴啁啾的鸣叫更是漂亮地为这闻所未闻的合奏增添了辉煌的色彩。这些堪与卡洛①的重彩油画相媲美。而这一切竟都发生在一群有教养的人面前，有法国大使，学院院长，一群教士和红衣主教，还有来自各个国家的音乐家。不过应该说，这里演奏的音乐作品与这些演奏者极为相称，有渐强的卡伐蒂那咏叹调，小咏叹调，管风琴曲和华彩经过句，以及某首没有名字的作品，纯粹是一个拼凑而成的音乐怪物：瓦卡依的乐句为头，帕奇尼的只言片语为四肢，加兰伯格的一首芭蕾舞曲为身体和尾巴。为了给这首杰作再添上完美的一笔，您完全可以想象，这段奇怪的圣乐的女高音独唱部分竟是由一个胖胖的男士唱出的，他红通通的脸颊上长满了黑乎乎的长髯！

我忍不住对我旁边一个早已瞠目结舌的人说："天呀，在这个如此幸运的国家里，一切都是奇迹！您可曾见过一个像这样长着胡子的Castrat（法文指童年时起便被阉割的歌手）？"

"是Castrato（意文指用假声演唱的男演员），"一个意大利女人转过身激烈地反驳我；她一定是对我们的笑声和评语生气了。"他本来就不是唱旦角的！"

"夫人，您认识他吗？"

"废话！开什么玩笑，你这头蠢驴！他是个无与伦比的歌唱名家，他是我的丈夫！"

我经常在其他教堂中听到《塞维利亚的理发师》《灰姑娘》和《奥赛罗》序曲。这些乐曲好像成了管风琴师深爱的保留曲目，因为它们可以为神圣的宗教仪式增添更加怡人的色彩。

剧院的戏剧音乐独具"戏剧"特色，就像教堂的音乐独具"宗教"特色一样。因此，剧院音乐自然也就同样"光彩照人"了：同样的"创意"，同样的"纯正"形式，同样的"富有魅力"的风格，同样"深邃"的思想。在戏剧节上我听到的歌手中，总体上嗓音都不错，因为他们拥有良好的练声条件，这是意大利人固有的特点②。但是除了德国歌剧女演员安格尔夫人，我们在巴黎经常为她的演唱喝彩，

---

① 卡洛：(Callot，1592—1635)，法国雕刻家、画家，具有天才的创意，曾在意大利与洛林作画，是重彩绘画的大师。

② 意大利人一直就拥有这固有的特点。——作者注

以及萨尔瓦托（一个相当不错的男中音）之外，其余的人还尚未迈出平庸者的行列。那些合唱团，从整体水平上讲，无论是准确度，还是演唱的热情，都低于我们喜歌剧院合唱团的水平。那些戏剧节的乐队庄重沉稳，简直令人生畏，就像摩纳哥亲王的军队那样，毫无例外地拥有所有被人通常称为缺点的品质。在瓦尔剧院，大提琴手的数量是……是一个，这唯一的一个大提琴手兼职金银首饰匠。但他与他的一个同事相比却幸福得多，因为后者为生活所迫，不得不去做用稻草填塞椅子的活计。在罗马，"交响乐"一词和"序曲"一词，只用于指剧院乐队在大幕拉开前所制造的某种噪音或热闹，没人会注意的。在罗马，韦伯和贝多芬的名字几乎无人知晓。一次，西斯廷教堂的一位知识渊博的教士对门德尔松说，他听人谈起过一个名叫莫扎特的人，是个很有前途的青年。这位可敬的教士一定很少同外界接触，他必定穷其一生来研究帕莱斯特里那的作品了。这可真是一个无论在行为还是观点上都与众不同的人。尽管在罗马从不演奏莫扎特的作品，但公平地说许多罗马人都曾听人谈起过他，但还从未听人谈起过"他是个很有前途的青年"。博学的爱乐者甚至知道他已经死了。他们甚至还知道，尽管他同唐尼采蒂没有相同之处，但是也写过一些不同凡响的乐曲。我认识一个人，他设法搞到了《唐璜》的乐谱。经过长时间地在钢琴上练习这首曲子之后，他不得不私下里向我承认，这首"流传已久的乐曲"比瓦卡依的《查第格》①和《阿施塔特》②要杰出得多。瓦卡依的这两部作品刚在阿波罗剧院上演。器乐对于罗马人来说是个谜。而他们对我们所说的交响乐甚至没有什么概念。

在罗马，只有一种广为流传的器乐音乐引起了我的注意，我倾向于把它看作是某种古韵遗风。事实上，我想谈论的是吹奏竖笛的流浪乐师，人们因此称他们为"流动音乐家"。在圣诞节临近时，他们三五成群下山，带着竖笛和"皮飞利"（一种双簧管），在圣母像前吹起虔诚的合奏曲。通常他们披着灰褐色的呢大衣，带着强盗们常戴的尖帽，他们的外观充满着某种新鲜而神秘的野性。我曾在罗马街头一连几小时地凝视着他们，他们的头微微歪向肩膀，眼中闪烁着强烈的敬意，用

---

① 《查第格》:（Zadig），伏尔泰的作品。
② 阿施塔特:腓尼基人传说中的女神，在希腊神话中转化为阿芙洛狄忒，在罗马神话中转化为维纳斯。

充满虔诚和爱慕的目光凝望着神圣的圣母像，几乎和他们深爱的雕像一样站在那里，一动不动。此时，一只大的"皮飞利"吹奏出低音；在它的伴奏下，风笛吹奏出由二至三个乐音组合而成的和弦；而一个中等长度的"皮飞利"则在这和弦之上演奏着主旋律。尔后，在所有的这些乐音之上，两个十二至十五岁的小孩吹奏起两只特别短的"皮飞利"，吹出颤音和活泼跳动的华彩乐段。这使得这首乡野韵味十足的乐曲中充满了大量的奇特的装饰音。在几段欢乐、喜悦的歌曲长时间地重复之后，一段缓慢、庄重、带着非常淳朴的热情的祷告曲圆满地结束了这段朴实的"交响乐"。这段乐曲被收录在许多那不勒斯的音乐汇辑之中，所以，我在这里就不重复了。如果靠近听，那么乐器的声音大得难以承受；但是如果有一定距离，这支独特的乐队所奏出的音乐效果是很少有人会无动于衷的。我后来在这些"皮飞利"演奏者的家中也听过他们的演奏，真是不同凡响。那么，当我被自己飘忽不定的情绪引至阿布鲁齐的荒凉山中之时，听到它们让我所感受到的激情当然就更加强烈！在那里，火山岩与黑压压的杉树林构成了这种原始乐曲的天然装饰，强化了它的山野气息。此外，如果再加上远古的蛮石墙这种神秘的古迹，以及几个穿着生羊皮、羊毛全露在外面的牧人（这是萨比那牧人的装束），我能确信自己是生活在古老的民族之间的一个现代人。而阿尔卡德人[①]爱万德尔，这个爱琴海慷慨的主人，从前也曾栖身于他们中间！

就像我们看到的那样，当我们住在罗马时，我们几乎会放弃听音乐的任何念头。在这种不利于音乐的气氛之中，我终于再也不能进行音乐创作了。所以，我在学院期间不过写了三四支曲子而已。第一支是《罗伯·罗依》序曲。这支序曲拖沓冗长，一年后在巴黎演出时，很不受公众欢迎。于是，我一走出音乐厅便把它烧毁了。第二首是我的《幻想交响曲》中的"田园一幕"。然而，当我后来在庞盖兹别墅漫步时几乎把它全部进行了修改。第三首是独幕歌剧《莱利奥》中的《幸福之歌》[②]。它是我做梦时梦出来的。那时，我正在我们的古典花园中，躺在被修剪成墙状的茂盛的黄杨丛上面，那阴险的南风——我的亲密的敌人——正将我吹得

---

① 阿尔卡德人：（Arcadie），住在古希腊地区，在伯罗奔尼撒半岛的中部。
② 我已经写出这部作品的台词和歌词，用它作为《幻想交响曲》的尾声。这是我在从尼斯回来的路上，即从西埃那（Sienne）到蒙特菲亚斯克那的徒步旅行中创作的。——作者注

晃来晃去。第四首是《女俘》。当我创作这首乐曲时，我还很难预料它的命运。此外，我把它错当成是在罗马创作的；其实它是在苏比亚哥创作的。事实上，我和我的建筑师朋友勒菲伯维尔曾住在苏比亚哥的一间旅店里。我记得有一天，当我看到他正伏案工作时，他的肘部动了一下，碰掉了一本摆放在他的画图台上的书。我把书拾起来一看，是维克多·雨果的《东方集》。书恰好翻到了《女俘》那一篇。我在拜读了这首美妙的诗后，便转过身对勒菲伯维尔说："如果我有五线谱纸，我就要为这首诗写首曲子，因为我已听见它在唱了。"

"这有什么难的，我给你一些。"

勒菲伯维尔拿起一把直尺，一支画线笔，不一会便画出几张谱表，而我则将这首歌曲和它的低音部分快速写在上面。之后我便把手稿放在钱包中，却再也没想起来。十五天以后我回到罗马，大家在校长家里唱歌，我突然想起了《女俘》，便对维尔奈夫人说："我想给您看一首我在苏比亚哥即兴创作的歌曲，因为我想知道它到底象征着什么——我已没有丝毫印象了。"我匆匆忙忙写出了钢琴伴奏谱，这使我们可以从容地将它演出来。效果还不错。但维尔奈先生此后便被这首歌曲所纠缠和折磨。一个月后他这样质问我："啊！如果您再到山里，我希望您别再从那里带回什么歌曲了，因为您的《女俘》已经开始让我在别墅里的生活很不舒服。不论是在大厅、花园、树林、平台还是在走廊里，我每走一步都会听到有人高唱或低吟着：'沿着阴暗的墙……斯巴侬人的军刀，我不是塔塔尔人，……黑人宦官……'简直让我发疯了。明天我要解雇我的一个仆人；我将会雇用一个新的，条件很清楚，只要他别唱《女俘》。"

我想，这首歌曲应该是我创作的作品之中最富色彩的一首；后来，我将它配乐发展，改编成了管弦乐。

我在罗马期间还创作了其他作品。为了结束这个简短的曲目单，最后还应该提及一下一首由交响乐队伴奏的六声部默祷曲。它是根据托马斯·穆尔一首诗歌的散文译本创作的（"这整个的世界，不过是一个飞逝的影子"）。这部作品构成了我的第18部作品第1号，名为《特里斯蒂娜》。

至于我为了遵守清规戒律而寄给巴黎法兰西学院院士们的那首由大型交响乐队伴奏的合唱曲《复活》（*Resurrexit*），院士先生们在其中找到了"十分显著的进步"。这就显然证明了在罗马的生活已对我的思维产生了影响,它使我完全放弃了我那惹人生气的"音乐发展倾向"。可是您知道,这只是我在获得学院大奖多年以前所写的一首庄严弥撒的片断而已,曾经在圣罗什和圣厄斯塔什教堂演奏过。因而,您便完全可以信任这些永垂不朽的法兰西学院院士们的准确评判了!

第四十章

纷杂的忧郁;孤独。

就在我即将开始学院生活的关头，我的身体却再一次遭受到一种疾病（心理病，神经官能病，或妄想症，您叫它什么都可以）的残酷侵蚀。我把这种病症称为"孤独症"。它第一次发作时，我刚刚16岁。那是5月一个美丽的清晨。当时，我坐在圣安德烈郊外的一片草地上，一小片高大的橡树林在我周围投下浓浓的树荫。我正全身心地沉浸在蒙茹瓦（Montjoie）的小说《波西里普山间的手稿》中。忽然，一阵轻柔忧郁的歌声将我从故事中唤醒。歌声时抑时扬，在草地上空回荡。那是正从附近经过的祈丰年的队伍。队伍中的农民低声念诵着《圣人祈文》。每年春天，依照惯例，农夫们要走遍当地的山坡、草原，祈求上天赐福予世间果实。不知为什么，面对着这个充满诗意，极具震撼力的场面，我的心忽然狂跳不止。人们在一只用枝叶装饰的木制十字架前停住脚，纷纷屈膝下拜，聆听神甫念诵祈文，为田野祈福。仪式结束后，队伍重新缓缓向前移动。令人伤感的诵词也再一次响起。老神甫的声音已经微弱难辨了；偶尔，从人群中飘出他的支言片语：

....
……保住你的神性
....
虔诚的人群愈行愈远，愈行愈远……
……（声音渐弱）
圣母玛利亚
神圣的……

四周一片寂静……正值花期的麦田在晨风的轻拂下，泛起层层麦浪，发出微微的"沙沙"声……恋爱中的鹌鹑咕咕地呼唤着伴侣……雪鸦站立在一棵杨树顶端，欢快地歌唱着……沉沉的静籁……一片枯叶从橡树上缓缓飘落……我的心一下一下无声地跳动着……生命仿佛脱离了我的肉体存在着，那样杳渺不可及……冉冉升起的旭日将光芒洒在绵延无际的阿尔卑斯山冰川上，迸射到四方。那里，是去往米兰的方向啊！……阿尔卑斯山脉，意大利，那不勒斯，波齐利普，然后，就到米兰了……那些小说中的男男女女……狂热的激情……那无法测知的幸福……秘密……展开翅膀，飞吧！飞吧！……穿越茫茫的空间，睁开双眼，去赞美吧！去体验爱情、激动和火热的拥抱吧！啊，还有那伟大的生命……而我，只不过是一具钉在泥土上的笨拙的躯体！那些小说中的人物是虚构出来的吗？还是已经灰飞烟灭？……那会是什么样的一种爱情？什么样的荣耀？跳动着的是什么样的一颗心脏？……我的星宿啊，你在何方？山巅上的那颗星……可能已经永远消逝了吧……意大利，我何时才能与你相见？……

  病症就在这时猛烈地迸发了。我痛苦不堪，呻吟着躺倒在地。我张开痛苦的双臂，痉挛地一把一把揪起身边的花草，与可怕的孤独症，与可怕的失意症斗争。草儿和无辜的雏菊睁大了吃惊的眼睛，无助而绝望地望着我……

  可是，什么样的病症能与我那以后经受的，与日俱增的痛苦相比呢？……

  我不知道怎样描述这种难以言表的痛苦。我想，也许只有一种物理现象与此有相似之处。那就是：将一只盛满水的高脚杯与另一只盛满硫酸的高脚杯并排放在一个抽气机的玻璃钟罩下。当抽气泵将罩下空间抽成真空的那一刻，我们可以看到：水开始激荡，沸腾，最后蒸发；硫酸渐渐从杯中溢出，吸收水蒸汽；水蒸汽分子不断减少，同时散发出大量的热量；杯底残余的水分很快变冷，最终凝结成一小块冰。

  啊，孤独的情绪和失意的感觉攫住我的那一瞬与这种情形是多么相似！我悸动的胸膛周围形成一片真空，就好像我的心脏在一种不可抵御的吸力作用之下膨胀，破裂，蒸发……我全身的肌肤随即变得疼痛，炽热，通红。我恨不得大声呼喊，向朋友，向哪怕是最铁石心肠的人求救，求他们抚慰我，看护我，保护我，将我从被毁灭的命运中挽救出来，挽留住我那向四方飞散的生命。

  病症初次发作时，我对死亡还没有什么概念。是的，一点儿概念也没有。我甚至无法接受自杀的念头。我根本不想死。我渴望活下去,确确实实地渴望活下去,甚至，奢望给自己的生命注入千万倍的活力。这种期盼幸福的心理与生俱来。它同人被赋予的不计其数的丰富的情感丝丝相连。它存在着，压抑只会令它变得愈加强烈。只有在贪婪、疯狂、无度的放纵中才能满足它的要求。

这还不是忧郁症，但会导致忧郁症。它是心灵、感觉、思想、神经的沸腾和蒸发，而忧郁是所有这些情绪的凝结，是那一小块冰。

每到夏日的周末，我即使心境平和安宁，也总会感到一丝隐隐的孤独。那些日子里，我们居住的城市变得毫无生气。每个人都启程去了乡村。人总是相信能在远方寻到欢乐；可能吧，因为我们"置身城外"。贝多芬的交响曲中的柔板，格鲁克的《阿尔米德》中的几幕，他创作的意大利歌剧《忒勒玛科斯》中的一段乐曲，以及《奥菲欧》中的香榭丽舍大街，也会引发同样强烈的痛苦。不过，这些旷世之作有自己的解毒剂。在泪水为之夺眶而出之后，心情也轻松了许多。相反地，贝多芬的几段奏鸣曲和格鲁克的《伊菲姬妮在陶里德》则忧伤抑郁，让人沉浸在其中不能自拔。这些作品中处处寒意逼人，令听众联想起阴暗的天色，黑压压的乌云，还有呼啸的北风。

此外，忧郁症患者有两种类型：一种喜欢讽刺和挖苦，易怒暴躁，充满仇恨；另一种沉默，阴郁，只追求闲散、宁静、独处和沉睡。一旦被这种情绪附身，任何生灵都会变得冷漠。即使整个世界灭亡，他也会无动于衷。我希望地球是一颗装满火药的炸弹，我会亲手点燃导火索引爆它，以此取乐。

我就是被这样的忧郁症折磨。一天，我躺在法兰西学院桂树林中的一堆枯叶上正熟睡着，忽然感到一只脚被人踢了一下。是我的两位同事：建筑师康斯坦·迪弗（Constant Dufeu）和雕塑家丹当·埃内（Dantan Aené）。他们特意来叫醒我。

"喂！快乐老爹！你想去那不勒斯吗？我们一起去吧！"

"见鬼去吧！你们明明知道我没有钱。"

"唉，你怎么这么笨呢？我们有钱，会借给你的。丹当，过来帮我一下。我们把他拉起来。好了，你总算站起来了！……现在，打起精神！去向维尔奈先生请一个月假。你一准备好行李，我们就出发。就这么说定了。"

后来，我们真的上路了。

唉，那不勒斯……

第四十一章

那不勒斯之旅；热情的士兵；游览尼西塔；懒汉族人；（拉札罗尼人）；应邀赴宴；一记鞭子；圣卡罗剧院；徒步返回罗马；蒂沃利；仍是维吉尔。

那不勒斯！！！一个天空湛蓝，阳光普照，富庶繁荣的地方！

人人都在描述——比我描述得生动百倍——这个神奇的地方。哪位游人不被她辉煌壮丽的外表所震撼？正午时分，大海憩息着，碧绿的长袍上泛起柔软的细细的褶皱，轻波荡漾，浪花喃喃的低语声让人迷醉。午夜时分，迷失在维苏威火山口边，听着山体内低沉的隆隆的轰鸣声及山口喷发出来的骇人的嘶嘶声，目睹着通红的熔岩喷涌而出，灼热的液体肆无忌惮地冲向天空，落下，在火山口边缘蜿蜒，凝固，仿佛宽广的火山胸前有一条火红的项圈。见到这，谁没有一丝隐隐的恐惧掠过心头？谁不曾伤感地在凄凉的庞贝城废墟中徜徉，独自端坐在圆形剧场的阶梯上，等待观看欧里庇得斯或索福克勒斯的悲剧？舞台上的道具依旧如故，仿佛一切就绪，只等演出开始了。还有懒汉族人（拉札罗尼人），这个民族整日快快乐乐，却又喜爱小偷小摸，诙谐成性，有时却又天真烂漫；谁能不对这个可爱的孩子气的民族抱有一丝宽容心呢？

我不想与众多的描述者一争高下。可是，我实在无法按捺住在这里为大家讲述一则趣事的冲动。因为，它活灵活现地勾勒出那不勒斯渔夫的性格。我到达后的第三天，一些懒汉族人盛宴款待了我。餐后上甜点时，他们还送给了我一件礼物。我的故事说的就是这场宴会和礼物。那天，秋高气爽，凉风习习，天空湛蓝湛蓝。我漫步在雷阿尔别墅区中。之前，我已经请求罗马法兰西学院的同事们允许我这天独自散散步。经过一座毫不起眼的小楼时，一个立在入口岗亭前的士兵忽然用法语对我说道：

"先生，请摘下您的帽子！"

"为什么？"

"您看这里！"

顺着他手指的方向，我看见楼阁中央立着一座大理石像，石像的基座上刻着两个字：托夸多·塔索。一见到这个名字，我立刻按士兵的要求摘帽致敬。多么崇高、震撼人心的名字啊！……可我一直没有想明白，这位诗人的守护者是怎么猜到我是法国人，并且是个艺术家的？他怎么能料到我会忙不迭地服从他的命令？真是个善观面相的人。言归正传，我还是说说那些懒汉族人吧。

　　我在海边信步而行，脑海中思绪万千，想着那位可怜的塔索。几个月前，我曾和门德尔松一起去罗门圣奥诺弗里奥修道院瞻仰了他简陋的墓地，想着所有那些用心灵谱写诗篇的诗人的悲惨命运……我的思绪忽然从塔索跳到了塞万提斯；又跳到了塞万提斯笔下如田园般美妙清丽的加拉泰①；又跳到了小说中与加拉泰一样拥有一张美丽绝伦面孔的尼西达（Nisida），跳到了波佐利海湾中那座有着同样美丽名字的小岛。于是，一股不可遏制的渴望忽然涌上我的心头：去拜访尼西达岛！

　　我朝着那个方向飞奔而去。不一会儿，我就置身于波齐利普（Pausilippe）岩洞中，再疾行穿过岩洞，海滩就展现在我的面前。岸边停靠着一叶小舟。我想租下它，雇四名桨手。谁知，一下来了六个人。我出了个合理的价钱，并告诉他们，乘这支胡桃般大的船去尼西达可不需要六名桨手。他们脸上挂着笑，一直不松口，坚持要价三十法郎（其实这一趟最多值五法郎）。我好声好气地与他们讨价还价。两个小男孩一声不响地站在一旁，满眼羡慕之色。这几个桨手的要求无理得可笑。于是，我指着那两个小懒汉族人说：

　　"好了，好了！三十法郎就三十法郎！但你们八个人一起上。可要给我卖力划！"

　　大人小孩都乐得又叫又跳。一行人跳上小船，几分钟就到了尼西达。嘱咐"船员"保管好"舰艇"后，我登上了小岛。我游遍了这座小岛的每个角落，看着夕阳落入《埃涅阿斯纪》中如诗如画的米塞恩岬②。大海早已忘记了维吉尔、埃涅阿斯、米塞恩，正欢乐地用大调吟唱，歌声如天籁，和谐婉转。

　　我正漫无目的地闲逛着，一名军人忽然走到我面前，用一口流利的法语主动

---

① 加拉泰：希腊海神。独眼巨人波利费姆出于嫉妒，将她的情人、牧羊人阿希变成了一条河。
② 米塞恩岬：(Misène)，意大利一岬角，位于那不勒斯湾西，罗马帝国时期的海军基地。

表示愿意为我介绍岛上各处的名胜及其秀丽的风光。我诚惶诚恐地接受了他的好意。一小时后,当我即将与他告别之际,我把手伸向钱包,准备付给他一些"劳务费"。他却仿佛受到了侮辱,后退一步,一边推开我的手,一边说:"先生,您这是做什么?我什么也不要……只要,只要您为我向仁慈的天主祈祷就行了。"

"没问题,我一定做到。"我把钱包放入口袋,心想:这倒是个古怪的要求。我要是做不到,那才见鬼呢!

于是,晚上睡觉之前,我郑重其事地为那位忠厚的中士背诵了一遍天主经。可在背第二遍时,我实在忍不住"扑哧"乐出了声。我实在替那可怜的人儿担心,怕他永远发不了财,一辈子都只是个中士。

我本打算第二天再离开尼西达。可是我的一名水手,受"船长"委托前来唤我,说要起风了,如不赶紧"起锚",就很难返回农庄了。我听从了这个慎重的建议。于是,我登上船,大家各归其位。船长敞开了可与特洛伊英雄相媲美的喉咙,放声高歌:

"……Eripit ensem Fubmineum

(他抽出把大刀),

Strictoque ferit retinacula ferro

(猛地砍断绳索)"

(歌词大意:所有的人激情澎湃,可又夹着些许惶恐。我们加快速度,飞也似地逃离了海岸。船桨激起层层泡沫;海,消逝在我们的……小舟下。)

我们途中还是遇到了一些危险。小船被汹涌的波涛掀起,抛下,在雪白的浪峰上剧烈地颠簸着。我的手下收敛住笑容,纷纷掏出自己的念珠。这一切在我看来既残暴又滑稽可笑。我不禁自忖:"我会以什么名义淹死呢?一名崇拜塔索的文官?甚至可以说,为微不足道的一顶帽子的缘故而丧生?"因为,假如我散步时没戴帽子,就不会遭到那名卫兵的盘问,也不会浮想联翩,想到加拉泰的作者,想到尼西达,因此也不会去小岛作这次愚蠢的远足。这会儿,我本来应该安静地坐在圣夏尔,听着美妙的音乐。想到这些,再加上岌岌可危的小船上下颠簸,我肚里忽然翻起阵阵恶心。这时,海神可能觉得玩笑已经开够了,终于允许我们抵达了陆地。一直一言不发的水手们又开始大呼小叫起来。大喜过望的他们在接过我事先同意被敲诈的三十法郎时，竟然感到过意不去，诚心诚意地请求我与他们共进晚餐。我接受了邀请。他们引着我来到一片远离海岸的杨树林中。这个地方荒凉偏僻，只有一条小路从旁边经过。我对东道主朴实的邀请起了疑心（可怜的懒汉族人！）。这时，一间小茅屋出现在我们面前。看来他们对这里十分熟悉，一到就马上忙碌起来，准备筵席。

不一会儿，一小堆热气腾腾的通心面就摆上桌来。他们请我像他们那样用右手抓着吃。桌上还摆着一大钵波齐利普酒。我们轮流捧着酒钵喝。不过，人人都要排在一位掉了牙的老人后面——他是这群人中唯一能在我之前喝酒的人。这些忠厚的小伙子们最重视敬老的风俗，对客人应有的礼貌也只能屈居其后。老人海喝一气后，便开始谈论政治。回忆起约阿希姆王[①]时，老人不由得感慨万千，对那位国王赞不绝口。年轻的懒汉族人想把话题引开，让我轻松一下，就恳求老人讲述他曾经历过的一次漫长、艰难却又精彩异常的海上之旅。

老懒汉族人开始讲述他二十岁时在海上度过的三天两夜。他被冲向一个个陌生的海岸，最后被抛到了一个遥远的岛上。据说，拿破仑后来就被流放到这个被当地人称作"埃尔巴"的岛上。老人的故事引起听众的阵阵惊叹。这个匪夷所思的历险让我激动不已，心中暗暗为这位勇敢的水手逃脱险境而庆幸。懒汉族人对我十分感激。他们渐渐地兴奋起来，互相耳语着，神神秘秘地在茅屋里来来往往。我猜测他们是在为我准备一个惊喜。的确如此。当我起身向他们告辞时，一名身材最高的懒汉族人局促不安地走上前来，以他族人的名义请我看在他们对我感情的份上接受一份纪念品。这是他们能够送给我的最好的礼物；最冷漠的人也会为之落泪。它，就是一头硕大无朋的洋葱。我谦恭而严肃地接受了下来。随后，在再三地互道珍重，握手，发誓友谊始终不渝之后，我把这头巨大的洋葱一直抱上了波齐利普山头。

我与那些善良的人们告别后不久，此时正艰难地行走着：离开尼西达时我的右脚被撞了一下。天色渐渐暗了。这时，通往那不勒斯的大路上驶来一辆漂亮的敞篷四轮马车。我脑海中闪过一个不太适宜的念头：后车辕上没有马车夫，不如跳上去，

[①] 约阿希姆王:(Joachim, 公元前609—公元前598)，犹太第十八任国王，在耶路撒冷被亚述人杀死。

舒舒服服地一路到达城里。可我打错了如意算盘。端坐在车内的那位可人的巴黎小姐冷不丁地忽然用她那动听而带刺的声音叫唤马车夫:"路易,后面有人!"话一落音,我脸上便吃了一记火辣辣的鞭子。这就是我优雅的女同胞送给我的礼物!哼,这个法国小姐!如果克利斯皮诺(Crispino)在场,我们可不会叫你好受!

我只好一瘸一拐地走上了回程。一路上,我不停地想着强盗生活的种种妙处。两三个人——必须都不是愚蠢无耻之徒——占山为王,生活虽然奔波劳累,却坦荡磊落。只可惜这种情况当今难寻呐。

我渐渐地把忧愁抛在了脑后,打算到圣夏尔歇脚。就在那儿,我听到了自踏上意大利以来的第一声音乐。与我留意过的众多乐队相比,这一支实属上乘。吹奏乐手中气充沛,稳稳当当地送声入耳,即使到高音部分,也不必替他们担忧;小提琴师灵巧熟练;大提琴师也表现得十分出色。令人惊讶的是乐师人数寥寥无几。按照意大利乐队的编制原则,大提琴手总是少于低音提琴手。其实,这并不适合该国乐队习惯演奏的音乐类型。我也十分厌恶那些所谓的指挥大师挥舞着琴弓,敲打他们面前的乐谱架,制造出极其不悦耳的噪音。可有人对我说,没有这些动作,大师指挥下的乐师们有时就会不知所措,失去章法……对于此种解释,我无言以答。不管怎么说,当一个国家对器乐曲还几乎懵懂无知时,我们怎么能强求它拥有像柏林、德累斯顿或巴黎那样的乐队?合唱队队员的水平十分低下。我至今还记得,一名为圣夏尔剧院写曲的作曲家,竟几乎无法写出一首四声部合唱。那些女高音,离开了男高音,演唱时就困难重重。每到用高八度演唱时,就不得不为她们将男高音的人数增加一倍。

最后,乐师们竟然用奔放狂野的激情演奏诙谐歌剧,其滑稽可笑的程度绝对胜过大部分喜剧。我在当地逗留期间,就有一部唐尼米蒂的笑剧上演,名曰:《戏剧的得体与失礼》,让人忍俊不禁。

然而,我也很清楚,那不勒斯戏剧的音乐魅力根本抵挡不住到城市周边探险对我的吸引力。我在城外逗留的时间要比在城内多得多。

一日清晨,我和米尼埃——一位海景画家,我们都叫他"海神"——共进早餐时,他把餐巾一扔,问我:"我们做什么好呢?我对那不勒斯已经厌烦了。别再回去了……"

"那就去西西里吧。"

"就这么办,去西西里!我手头还有一幅画没完成,请等我把它画完。嗯,五点钟,我们在汽船上集合。"

"好极了!我们还有多少钱?"

翻翻口袋,我们发现剩下的钱去巴勒莫绰绰有余;可要想从那儿回来,就只能像教士说的那样"看上帝安排了"。我们两个法国人可完全没有那股韧劲,都认为不可冒险。于是,我们分道而行,他去作海景写生,我呢,徒步返回罗马。

徒步去罗马,这个计划在我脑中已盘桓了好几天了。回到那不勒斯当晚,与迪弗和丹当道别后,我偶然遇见了两位认识的瑞典军官。他们有意徒步前往罗马。我也被说得心动起来。

"一言为定,"我对他们说,"明天,我就动身去苏比亚哥。我打算取直线,翻山过去,像追捕岩羚羊的猎手那样'跋山涉水'。我们最好一起拟定路线。"

两位先生接受了这个离经叛道的主意。我们立刻将必需品通过出租马车夫寄发出去,决定取直线前往苏比亚哥,在那里歇息一日后,再从大路返回罗马。一切准备就绪。我们穿上旅行必备的灰帆布衣;本奈特先生带上自己的画册和笔;两根手杖,就是我们全部的武器。

正是葡萄收获的季节。汁多肉美的葡萄(但比起维苏威的葡萄还是稍逊一等)就成了我们旅途第一日全天的食物。一路上的农户们都不收我们的钱。有时甚至不需询问果园主,就可以大开牙祭。

当晚,我们在卡布(Capou)落脚。吃了一顿丰盛的晚餐,找到了一处舒适的住处,还遇见了一位……即兴演奏家。

他先在那把大曼陀铃上调了调音,显露出他的身手不凡。然后,他又询问我们的国籍。

"法国,"克兰克斯伯先生回答道。

一个月前,我曾听过坎坝尼亚(Tyrtée)的即兴演出。当时,演奏者也问了我的旅伴们同样的问题。当听到"我们是波兰人"的回答时,他立刻露出仰慕的神情,说:"我走遍了全世界,意大利、西班牙、法国、德国、英国、波兰、俄国,我都去过。波兰人是最最正直的。"

我们的演奏家一气呵成,即兴创作了一首大合唱曲,献给我们这三个所谓的

法国人。词曲如下:

您一定能像出我是多么的飘飘然,而那两位瑞典人又是多么地感到备受凌辱吧?

在进入阿布鲁齐山脉前,我们在圣热尔芒诺逗留了一日,以便参观著名的蒙特卡西诺修道院。

这所本笃会修道院和苏比亚哥修道院一样,也坐落在一座山上。可不论从哪一方面看,它都和后者毫无相似之处。在这里,您根本感受不到圣贝内苔多地区那迷人的原始朴实的民风,而只有皇宫般的豪华和铺张。修道院一所教堂里收藏的珍奇异宝的价值之高,连最有想象力的人也无法估量得出。其中一架管风琴,上面雕着许多形状可爱的小天使;只要管风琴一演奏起来,小天使们便吹起喇叭,敲响饶钹。教堂前的广场是用世间罕见的大理石铺成的。木制的神甫祷告席上精雕细琢出一幕幕修道生活场景，令人叹为观止。

我们一路急行军，仅用一天就从圣热尔芒诺赶到了索拉岛（Isola di Sora）。这是个坐落在那不勒斯王国边境的村庄，颇有些特点：一条小河在流经几座工厂后，倾泻而下，形成一处秀丽的瀑布。然而，一个骗局正在那里等着我们。克兰克斯伯先生和我的脚上都起了血泡。一行三人干渴难耐，精疲力尽，浑身都是灼热的尘土。我们进村的第一句话，就是问哪里有 laiocanda（旅店）。

"嗯……旅店……没有。"一个农民回答，脸上带着既嘲讽又怜悯的神色。"那么，我们晚上去哪儿下榻？"我们问他。

"谁知道……？"

我们请求在一间破旧的农具库中过夜。那里连一根麦秆都没有。可主人就是不同意。我们丧失了耐心；这些乡下佬的不慌不忙和冷笑真让人忍无可忍。在这种小商镇里找不到一家客栈，也找不到一户好客的人家。外地人到这里只好睡大街……真是岂有此理！（其实，我们后来经常遇到这种事）正在这个当口，我忽然想起了一件事：我以前曾在索拉岛住过一日。一个名字如及时雨般闪现在我脑中：库埃利先生。他是个法国人，经营着一家造纸厂。经人指点，我们在一群人中找到了他的兄弟。我向他讲明了我们的困境。他想了一会儿，然后语气平静地用法语（他的方言很重，说的法语像多菲内方言）对我说："周（走）吧！我会让你们妹妹（美美）地睡上一觉。"

哈！得救啦！库利埃先生是多菲内人。我也是多菲内人。有一句话说得好，"多菲内人之间好办事！"

事实也正是如此。造纸厂主一眼就认出了我。我们受到了热情的款待。一顿丰盛的晚餐之后，主人为我们安排了一张巨大的足以容纳三个人的床（我只在意大利见过这么大的床）。我们舒舒服服地躺上去，心想：这一次是侥幸逃脱了。在剩下的旅途中，最好不要再碰上没有旅店的村子了，以免再冒露宿之险。翌日，主人明确告诉我们，这里距苏比亚哥还有两日的路程，也就是说，我们还有一夜需要碰运气。这让我们稍稍安了些心。一个小男孩领着我们用一个钟头穿过村里的葡萄园和树林。到了林子尽头，他给我们大致指了指方向。然后，我们又独自上路了。

韦罗里是一个很大的村庄。远远看过去，它密密匝匝地遍布整个山头，让人误以为是座城市。我们在这里吃了一顿糟糕的午饭：面包加生火腿。靠着这点食物的支撑，我们在天黑前走到了另一处有人家的山头：阿拉特里。这里更加险峭、荒凉。我们一走上通往村子的路，身后就跟了一大群妇女和孩子，满脸好奇之色，一直尾随我们到村里。村里人给我们指了指一间房子，上面挂着一块破招牌，表明这就是"旅馆"了。与其说这是间房子，不如说是个狗窝。虽然我们恶心透顶，可也只能在这儿过夜了。上帝哦，这是多么恐怖的一夜啊！我们根本无法入睡。床单里爬满形形色色的小虫子，让人不得安宁。我被这些数不胜数的小东西折磨得痛苦不堪，天亮时，忽然发起高烧来。

怎么办？……两位先生不愿意把我一人留在阿拉特里。无论如何都得到达苏比亚哥，待在这间破屋子里一定不会有好结果……可是，我浑身打着冷颤，一步都迈不出去。他们也不知怎样让我暖和起来。我那两位倒霉的旅伴用瑞典话商量着什么。可他们的神色清楚地流露出内心的为难。这都是我造成的！只有看我的了！我挣扎着一路小跑跟上他们。两个小时之后，烧竟然退了下去。

离开阿拉特里之前，当地的一个向导站在村口给我们指了路。许多方案被提出来，又一一被推翻。最后，我们决定走阿提诺—昂蒂科立—苏比亚哥这条路线。我们度过了踏上旅途以来最艰辛的一天。途中，没有一条现成的路。我们沿着水流湍急的河床行进，时不时会遇上密布的岩礁，得费很大劲儿才能越过去。

历经千辛万苦，我们来到了一座不知名的村庄。一个让人毛骨悚然的地方：整个村子就是几间破屋，败落得不堪入目，我简直不敢称之为"房子"。房门都洞开着，屋里一贫如洗。四下里一个人影都没有。只看见两只小猪在路上的黑泥淖里打着滚儿。所谓的路，是用几块碎石铺成的。村民们都在哪里呢？

这里的山谷中岩石交错纵横，像个迷宫。我们好几次迷失了方向。看来，只好顺原路重新爬上山头。不过，还有一个办法，就是站在山谷的尽头，大声叫嚷，希望某个农民能听见。

"喂！！！去昂蒂科立的路怎么走？"

话音未落，周围忽然响起一阵哄笑，中间还夹杂着"滚开！滚开！"的喊声。这叫我们心里更加七上八下起来。不管怎么样，我们还是爬了上去。我至今还记得，生活在昂蒂科立这块不毛之地的贫穷的居民们给我们端来了鸡蛋、火腿和玉米。我们学他们的样子，把这些食物烤着吃。一股自然的清香味弥散开来。这时，昂蒂科立当地的医生向我们走了过来。他身材肥胖，一头红发，长得像个屠夫。他恭恭敬敬地向我们询问了几个有关巴黎国民自卫军的问题，随即又兜售起他手头的一本印刷书。

天黑之前，我们必须穿过许多草场：少不了请一个向导带路。可我们请的这位向导像不太认路似的，总是没个把握。终于，我们望见池塘边坐着一个牧羊老人，赶紧上前向他询问去往阿尔斯那索的方向（据向导所言，那是座美丽的村子，我们可以在那儿痛饮解渴）。可能茂密的草丛掩盖了我们的脚步声，也可能这位老牧羊人一个月没听见人声了，当我们突然出现在他面前开口发问时，他惊得险些一头栽进水塘里。

我们连忙塞给他几文钱，表示并无恶意，他这才稍稍从惊惶中平静下来。可他的喉音奇重，声音在咽喉里"咯咯"作响，哪里像人的语言？他回答了几句，可都含糊不清，我们根本无法听懂。最后才搞明白，那"美丽的阿尔斯那索村"其实只是个osteria（小酒馆）。在这苍苍茫茫、悄无声息的大草原中，一个老妇人靠卖些酒水经营着它。本奈特先生的画册引起了他的注意。我们告诉他那是本《圣经》。他高兴得不得了，一张一张地翻看里面的画。完了，又热情地拥抱了本奈特先生一下，还为我们三个人祈祷祝福。

无边无垠的大草原上一片寂静，静得难以形容。这里人迹罕至，我们看见的，只有老牧羊人，他的羊群和一只严肃而忧伤地踱来踱去的乌鸦……我们刚一靠近，它就"扑棱棱"地向北飞走了……我久久地用目光追随着它……思绪也向着同一方向飘去……飘向英国……沉浸在莎士比亚的幻想中不能自拔。

当晚我们必须赶到苏比亚哥。昂蒂科立的向导已经回去了。夜色正迅速地降临。我们已经连续走了三个小时，一个个都疲惫得一言不发。这时，我忽然认出了一片灌木丛：七个月前我曾在这个地方猎杀了一只乌鸦。凭借这个灌木丛，我辨认出了我们所处的位置。

"来，先生们！"我对两个瑞典人喊道，"再加把劲儿！我认识这里！再过两个小时就能到苏比亚哥！"

果然，只用了四十分钟多一点儿，我们就望见远远地在我们的下方，闪着许多灯光：苏比亚哥到了！我在那儿找到吉贝尔，向他借了些急需的衣物。我正打算去歇息，忽然听见外面一片叫喊声："噢！西多罗·弗朗施罗先生！这是那位弹吉他的法国先生！"弗朗施罗立即拿起一个巴斯克鼓，同美丽的妻子玛丽于斯阿飞奔而来。唉，不管愿不愿意，都得跳撒勒达何罗舞①一直到午夜了。

在下文我要记叙一场经历。直到两天后要离开苏比亚哥时，我才对此事有了一些感触。

我的两名瑞典旅伴，本奈特和克兰克斯伯先生一路走得很快。我跟着他们的步伐，累得精疲力尽。他们既不愿意适时停下歇一歇，也不愿放慢脚步。我只好让他们先往前去，自己清静地躺在树荫下，心中暗存侥幸，希望待会儿能像寓言里的那只兔子那样飞速赶上他们。他们已经走得很远了。我站起身来，一边琢磨着："我能不能从这儿不停步地跑到蒂沃利？（这一段可足足有二十四公里的路程！）试试看！"于是，我撒开腿来没命地跑，就像要追回被掳走的情人那样。我看见了两个瑞典人，超过了他们，我穿过一个村庄，又一个村庄……村子里的狗都狂吠着追过来，猪也被吓得"哼哼"叫着四处逃散。村民们还以为我刚刚杀了人呢，都用同情的目光注视着我离去。

忽然，我右腿膝关节处钻心地痛了起来，再也无法弯曲。我只好拖着伤腿，用右脚跳着往前走。这段忽发奇想的旅途让我吃尽了苦头。可我坚持下来了，一刻不停地终于到达了蒂沃利。到达的那一瞬间，我的心跳突然停止了。我差点儿没死过去。还好，什么也没发生。只能说我的这颗心脏太强健了。

两个瑞典人一小时后才赶到蒂沃利。那时，我已沉沉地睡着了。醒来时，我神清气爽，完全恢复了体力。（他们对此颇有怀疑，不过，我完全能够理解。）我的同伴要对当地的风景名胜进行一番调查，请我做他们的向导。我们游览了美丽的小韦斯达寺（Veita）（它看起来更像爱神庙），大瀑布，众多的小瀑布，以及内普蒂恩山洞（Neptune）。钟乳石高达一百英尺，绵延不绝，是游人必定驻足观赏的一景。贺拉斯那闻名遐迩的居所就静静地隐蔽在这片钟乳石林之中。诗人房屋

---

① 意大利中部一种轻快的舞蹈。——译注

周围的橄榄树的枝丫在屋顶上面纵横交错。

我让两位瑞典先生坐在树下休息一个钟头,自己抽空去攀登邻近的一座山,在山顶割了一株小香桃木。在这方面,我有点山羊的脾性,看见一座郁郁葱葱的山冈,就蠢蠢欲动,抑制不住攀登的渴望。之后,我们离开山区向平原前进。当地人热情地向我们介绍梅塞纳斯①的旧居。穹顶的客厅很宽敞。现在,这里成了一个铁匠铺,硕大的锤子一下一下地砸在巨大的铁砧上,"呼呼"声不绝于耳。昔日,就在这个大厅里,回荡过贺拉斯享乐至上的诗篇,响起过维吉尔那忧郁而低沉的声音;也在奥古斯都皇帝的大臣举办过盛宴之后,回响过他那美妙的田园诗的片断:

> Hactenus arvorum cultus et sidera coeli;
> Nunc te, Bacche, Canam, nec non silvestria Tecan
> Virgulta, et prolem tarde crescentis olivoe.

遍游了这座建筑之后,我们继续向平原前进,顺便参观了爱斯特宫(La villa d'Este)。这个名字让人想起爱勒奥挪哈公主②。她曾让塔索陷入一段痛苦的恋情中,因此而闻名。

即将进入平原时,我引着同伴们参观了遍布古路曲径的亚德里亚那(Adriana)别墅。我们游览了大花园里的残垣断壁、幽谷(曾有一位拥有无上权力的异想天开者打算在某个山谷中复制一处该幽谷的微缩景观呢)、侍卫室和皇帝私人剧院的遗址。只不过,今天侍卫室里的侍卫变成了一大群虎视眈眈的猛禽,剧院里也种满了难看的圆白菜。

光阴和死神面对着这些稀奇古怪的变迁,该有多么欣喜若狂啊!

---

① 梅塞纳斯:(Mécène,公元前69—公元前8),罗马政治家,倡导诗歌、艺术,维吉尔、贺拉斯等都受过他的庇护。
② 爱勒奥挪哈公主:(1498—1558),奥地利公主,菲利普一世的女儿,1518年嫁给波兰国王马尼埃尔一世,1530年又嫁给法国国王弗朗索瓦一世。

第四十二章

罗马的流感;新哲学体系;狩猎;石榴裙下臣的烦恼;重返法兰西。

唉，我又回到了兵营式的学院生活，重新陷入了烦恼之中。一种传染性流感把全城笼罩在阴云惨雾中。市民成百上千地大批死去。我浑身裹在一件带帽大衣里（就是画家笔下彼特拉克常穿的那种），在罗马顽童的哄笑声中，陪伴着送殡马车去教堂。地下墓穴张着大口把它们一个个吞噬。人们移去地下天井的一块石头，用铁钩勾起软塌塌的尸体，将它们安放在这个弥漫着腐烂气味的"宫殿"的石板上。一个替代罗马城外籍掘墓人的家伙带着一把镘刀，拾起一些个被渴望探索疾病不愈之谜的医生剖开的颅骨，用右手把这些用来思考的器官的残骸扔入洞穴深处。

科学院的一位建筑师加雷兹创作了一幅画，表现了这罕见的一幕。我带着风帽的形象也被纳入画中。这一切都让我愁上加愁。

我和画家贝扎尔、风景画家吉贝特、建筑师德拉努瓦组成了一个小团体，名为"四人团"。半年前，我为一个大哲学体系构筑了基础，"四人团"的主要任务就是建立并完善该体系。我们称之为"超越情感体系"，一门旨在赋予人石头般的完美和情感的卓越学说。然而我们的哲学非但没有打动人心，反而招来了反驳之声：痛苦和快乐，情感和感觉怎么能舍弃！人们把我们当成了疯子。我们洒脱地回应这一切，不予理睬，却压不住责骂的潮水。

"这些先生说我们疯了？这有什么！是不是，贝扎尔？……吉贝特，你怎么想？……你呢？德拉努瓦？

"这有什么大不了的？没人会把它当回事儿！"

"我是说这些先生把我们当成疯子。"

"看来，这些先生是把我们当成疯子了。"

人们当面耻笑我们。大哲学家总是这样被世人误解。

一天晚上,我和雕塑家德贝结伴去打猎。我们大声叫唤"人民猎场"的守门人。

由于得到教皇命令，放行所有狩猎者，守门人只好起身。检查完我们携带的武器，他便打开大门，放我们进去。我们一直走到凌晨两点。路边草丛中忽然有点响动。可能是只野兔。两支枪同时开火……那东西死了……原来是一个我们的同道人，一个竞争对手！这个狩猎者已把灵魂交还上帝，鲜血交还大地……他是只倒霉的觊觎一窝鹌鹑的猫。困意忽然袭上来，我们再也支撑不住了，倒在一块田里睡了几个小时。醒来后我们分头行动。突然，一阵大雨劈头盖脸地浇了下来。我在平原一处狭沟中找到一棵小橡树，凑凑合合躲在下面避雨。在这里，我杀了一只箭猪，取下几根好刺当作战利品带走。我来到一个偏僻的村庄。除去一位在一条快干涸的小溪边洗衣裳的妇女之外，我再也找不到一个人影。她告诉我，这个安静隐蔽的地方叫作"法尔纳斯岛"，以前叫"古维爱伊城"。原来，这里就是罗马骄傲的敌人沃勒斯克人①的首都！奥菲迪乌斯（Aufidius）曾在此叱咤风云；勇猛的马尔裘斯（Marcius）也曾赶到这里，不惜亵渎神灵，助他一臂之力，摧毁自己的家园。小溪旁那位妇人蹲着的地方，可能就是当年伟大的韦图里阿（Veturia）领着几位罗马妇人给自己儿子下跪的地方呢！整整一上午，我漫步在这片曾上演过无数兵戈铁马的土地上。普卢塔克②令这些战役名播四海，莎士比亚也令之流传百世。这些战役，论规模，论重要性，哪一场在凡尔赛和圣克洛德战役之下呢？我浮想翩翩，不由得怔住了。雨渐渐下得密了。我的猎狗被雨帘遮住了视线，纷纷把头藏在荆棘里。一条大笨蛇，这种天气不老实待在自己的穴里，却蹿出来，正好死在我的手下。远处传来一声声枪响。是德贝在招呼我。我们又聚在一起，准备吃晚饭。我从皮挎包里取出一颗颅骨。这是我去年从尼斯回来时，在哈迪高法尼公墓里捡的。现在被我用来作沙壶。我们往这个"沙壶"中塞满火腿片，再浸入溪水中，把这个面目骇人的食物浸淡。我们佐着凉冰冰的雨水吃了一顿简单的晚餐，没有酒，也没有雪茄。德贝一无所获。我呢，除去一只猫、一头箭猪和一条蛇外，还猎到一只无辜的红喉雀，给它们作伴。我们朝旅店走过去，那是这一带唯一的一所房子。我们就在这家旅店睡下了，直到三点钟才进入梦乡。店里的人把我的衣服拿去晒干。

---

① 沃勒斯克人：古意大利民族，罗马人强硬的敌人，只在公元前四世纪臣服于罗马。
② 普卢塔克：(Plutarque，50—125)，希腊作家，曾游历过埃及，多次居住在罗马，写了大量论著，可分为两组：《道德论》与《列传》。

终于,雨过天晴。我费劲地穿上衣服,重新上路。德贝精神抖擞,把我甩在后面。我遇见了一大群美丽异常的鸟儿,像是从非洲海岸飞来的。我至今也不知道它们的名字。鸟儿像燕子般在空中不断滑翔,发出短促的类似山鹑的叫声。它们的羽毛黄绿斑点相间。我也顾不得猎人的颜面了,捉住了六只鸟。远远地,我望见一只野兔从德贝手中逃脱。我们回到罗马时,浑身泥浆,那样儿决不亚于马里乌斯(Marius,古罗马统帅)从沼泽中走出来的狼狈情形。

随即而来的,是了无生气的一周。

后来,学院终于因为一位叫勒××①的同事而略显出一丝活力来。维尔奈先生的一个意大利跟班的妻子爱上了我们这位同事。于是他成了她的情人。不巧一日两人在一起时当场被妇人的丈夫撞见。勒××先生因此成天担心遭到残暴的暗杀。那副恐惧的样子简直让人发笑。他不敢走出房门一步。到了吃饭的钟点,我们不得不上门接他,一路将他搀扶着到餐厅。他总觉得屋子里四处都是明晃晃的尖刀。这位先生日益消瘦下去,脸色苍白,继而变得蜡黄、青紫。他什么活动也不参加。一天,在餐桌上,德拉努瓦终于忍不住给了他一句善意的批评:

"亲爱的勒××,难道你还在为做'石榴裙下臣'而烦恼吗?"

"石榴裙下臣"!这个词立刻在桌上传开,众人皆点头称妙。

可是,我仍然日益郁闷,整日向往的,只有巴黎。我又重拾起创作《幻想交响曲》的计划,并一定要实现它的上演!我从维尔奈先生那儿获得准许,可以在流放期满前离开意大利。我摆了个姿势让人画了幅像。依照惯例,这幅画像应由我们最年长的画师持笔,悬挂在我刚刚提到过的餐厅的画廊中。我用了几天在蒂沃利、阿尔巴诺和帕勒斯特里纳作了最后一次旅行,变卖了枪,砸碎了吉他,在几份画册上签名留念,又请同事们痛痛快快地喝了顿潘趣酒。我久久地抚摸着维尔奈先生的两只狗,我狩猎时形影不离的伙伴。一想到即将离开这个诗情画意的地方,今后可能再也见不到了,我就感到深深的悲伤。朋友们把我一直送到莫雷桥。我登上一辆劣质马车,上路了。

---

① 勒××先生是个引诱闺阁少妇的高手。他总强调,让女人们垂青于他的一个稳妥的办法,就是永远装出一副忧伤的模样,还要穿一条白裤子。——作者注

第四十三章

佛罗伦萨；葬礼；美丽的死者；快乐的佛罗伦萨人；洛迪；米兰；"卡诺比亚那"剧院；观众；对意大利音乐组织的成见；意大利人对庸俗之作不泯的热爱；回到法国。

我重见法国的迫切愿望就要实现了。尽管如此,我还是闷闷不乐,心情难以舒展。这样告别意大利,倒是挺体面。我还没有来得及体会自己的感觉,只是觉得心情沉重。这是我第四次去佛罗伦萨了。这座城的市容叫人无法忍受。我在这座艺术殿堂逗留了两日。这期间,有人告诉我画家舍那瓦——他有一颗硕大的充满智慧的脑袋——一直在殷切地寻找我,可久未如愿。他两次错过了和我见面的机会:一次是在比蒂宫的画廊里;另一次他甚至到旅馆里打听我的消息,非要见我一面不可。我深深被艺术家的非凡的热忱打动了。于是,我也四处打探他的下落,可没有任何线索,只好怀着没能与他结识的遗憾离开了。谁知,弹指一挥间,五年过后,我们终于在巴黎相见了。一聊起来,我发现他兴趣甚广,对音乐、诗歌等艺术有着睿智而透彻的见解,令我折服。

　　一天晚上,我随他参观主教座堂。游览完毕后,我挨着一根柱子坐下。教堂渐渐暗了下去,夕阳将一缕光彩夺目的余晖投射进来,光芒中可见许多微小的尘埃上下飞舞。一队神甫和持蜡烛人走进殿堂,准备主持一个葬礼。我走上前,向一个佛罗伦萨人打听死者的身份。"中午死的一个小媳妇!"他满脸愉悦地告诉我。祷告很简短,神甫们好像刚开始就迫不及待地想结束。仪式完毕后,遗体被抬上一个有盖儿的担架。送葬队伍朝着灵房走过去;死者将在那儿放一夜,第二天再入殓。我跟在队伍后面。一路上,手持蜡烛的唱经人低吟着悼词,发音含糊不清,像是从牙缝里挤出来似的。不过,他们的表面文章作得倒是蛮好。其实,他们的心思都放在手上死者家属购买的蜡烛上了,一心琢磨着怎么让它们尽可能地溶化,滴油。原来,葬礼结束后,剩下的蜡烛要交还给教堂。整枝整枝的蜡烛,这些老实的唱经人是不敢私藏下来的。他们便与一群顽童签订私下协议,让孩子们目不转睛地盯着蜡烛。自己则一刻不停地偷偷挑开烛芯,向下弯,把蜡油撒在石板上。

蜡油一落地，孩子们便两眼冒光，"呼啦啦"地冲过来，用小刀把蜡滴从石板上刮下来，捏成球状。于是，这些蜡球体积不断扩大。等这段漫漫长路走完——灵房设在佛罗伦萨的一个远郊——用于丧葬的蜡烛便成了一大团一大团的蜡油，到了唱经人——不如说是可恶的窃贼——手里。这就是这些虔诚的敬神者的勾当。可怜的逝去的人儿啊，竟然被小人引往最后的归宿！

在主教座堂回答我问题的那个快乐的佛罗伦萨人也在送葬队伍当中。到灵房门口时，他注意到我观察上述小动作时焦虑不安的样子，便靠近我，操着一口不标准的法语问："您想尽（进）去吗？""想。该怎么办？""您先给我撒（三）块钱。"

我往他手里偷偷塞了三块钱。他接过后，过去和守门人嘀咕了一会儿，就把我带了进去。死者被摆放在一张桌上。一条长长的白纱袍从脖子到脚把她罩得严严实实。她有一头乌黑的头发，一半编成发辫，波浪般垂到肩头；蓝色的大眼睛半闭着；小巧的嘴巴；唇边还挂着一抹忧郁的微笑；颈项晶莹洁白；神态高贵、纯洁……啊，青春！……青春……死亡！……我的意大利向导依旧笑着，赞叹道："她多美啊！"说着，他抬起可怜的年青死者的头，用肮脏的手拨拉她的头发，像是让我更清楚地观赏这张俊俏的面孔。女子的额头，面颊依然带着抹不去的雅致，却羞答答的，用一头秀发遮着，怎么拨也不愿散开。意大利人忽然把手一松，尸首"砰"地重重撞在木桌上。大厅里顿时"轰"地炸了锅……这亵渎神灵的行为，再加上骤然而来的嘈杂，骇得我肺都要炸了。我感到从没有过的恐惧，再也支撑不住了，腿一软跪了下去。我握住那美人儿的一只手，覆上我赎罪的吻。那个佛罗伦萨人竟然还笑个不停……

忽然，一个念头在我脑中一闪：要是女子的丈夫瞧见这只对他来说弥足珍贵的贞洁的玉手在一名陌生男子的亲吻下渐渐温热，该作如何感想？盛怒之下，他会不会把我当成他妻子的私通情人，而怀着一腔更炽热的爱和忠诚，跑来向心爱的人的遗体抒发悲伤、绝望之情？不幸的人儿，清醒清醒吧！……不过，要是他真的做出这么一个错误的判断，难道还不应该受一下无尽的折磨吗？……真是个头脑迟钝的丈夫！让别人从他怀中夺走他那人见人爱的妻子也罢！

走出大厅时，我迷迷糊糊的，脑中一片混乱。

唉！其实，吊唁仪式上，香消玉殒的人儿生前艳事被抖搂出来，这种事时有发生。今后，每一位阅读我这本书的美丽女子——假如真有美丽的女子愿意读我的书的话——都有权利质问：我执意给她们端上这样一个令人憎恶的形象，置之于众人眼前，是不是存心折磨她们呢？天地良心，我一点儿也没有想过要兴风作浪，用这种手段搅乱女士们的生活，也没有想过效仿哈姆雷特，连讥带讽地指责她们。其实，对于死亡，我没有什么强烈的兴趣。我热爱生命，曾描绘过生活中种种令我动容的事情。只不过，其中一些情节的笔调悒郁些罢了。仅此而已。有些女士，一听人说她们终有一天会被揭发，荡妇形象暴露无遗时，便粉面含怒。在这里，我想提前告诉这些女读者，我没有说什么冒犯不敬的话。她们满可以心定神笃地继续读下去。最起码——这也是最可能的——她们可以把书扔在一边，去描眉画眼，听听粗劣的音乐，跳跳波尔卡舞，发表一大堆愚蠢的言论，消遣捉弄情人，让他们心神不宁。这些本来就是她们更喜欢的乐子嘛。

经过洛迪（Lodi）时，我不由自主地向着那座著名的大桥走过去。耳边，仿佛依然响着波拿巴·拿破仑军队的机枪震耳欲聋的扫射，以及溃不成军的奥地利人的惨叫声。

天气好极了。大桥上冷清得很。只有一个老人坐在桥边垂钓……

到了米兰，一定要看新上演的歌剧，才能不带着遗憾离开。当时正在上演唐尼采蒂的《爱的甘醇》。剧院里全是人，个个都背对着舞台扯着嗓子说话。被冷落的演员在台上自顾自地指手画脚，声嘶力竭地抢着唱。至少我相信他们是在唱：那一张张嘴都张得大大的呢。观众席上太嘈杂了，除了舞台上的大鼓声，我什么音乐声都听不见。包厢里的人嬉戏着，吃着点心，诸如此类。眼见从这场演出中——对我而言是个新剧目——听不到一点儿东西，我只好退席离开。不过，意大利人好像有时是会听听音乐会的；好几个人都曾向我肯定过这一点。总而言之，米兰人和那不勒斯人、罗马人、佛罗伦萨人、热那亚人一样，在他们看来，一段曲子，一首二重唱，一支三重唱，不管是什么，只要唱得好了，就是音乐。对于超越这个范畴的东西，他们要么反感，要么无动于衷。也许，这种对立的情绪只是源于一种成见，而音乐演奏团体——唱诗班、交响乐队——素质的低下正是造成偏见的主要根源。这些"音乐人"除了长期吹拉弹唱陈词滥调之外，对真正的音乐杰作一无所知。他们倒也有可能紧跟天才音乐大师的步伐，上升到某个高度——只要后者小心谨慎，不过于触犯他们根深蒂固的陋习就行。《威廉·退尔》在佛罗伦萨红极一时,就是极好的佐证。还有斯庞蒂尼的巅峰之作《贞女》二十年前在那不勒斯连续上演,备受瞩目。此外,在奥地利统治下的城市里,人潮踩着军乐节拍蜂拥而至,渴望听一听优美的德国管弦乐队的演奏。这些音乐与他们一向被灌输的枯燥乏味的咏叹调是多么大相径庭!可是,总体来说,意大利人只会欣赏音乐的物化的效果,体味不出其中内在的含义。

我一直认为,意大利人是欧洲所有民族中最无法领略到艺术的曼妙之美、最难以理解高层次意境的一个民族。音乐对他们来说,不过是一种感官上的愉悦。仅此而已。这一表达思想的美妙的艺术在他们心中受敬重的程度,绝不会超过烹调术。他们想听的音乐,必须简单易懂;就像做一道通心粉的过程那样,不需要思考,甚至也不需要集中注意力,立即就能让他们掌握要点。

我们法国人在音乐领域毫无建树。我们也常常像意大利人那样,即使一大串情节都看不懂,也会为当红女歌手的一个颤音或一个半音音阶而掌声雷动,狂热不已。但至少我们用心聆听了。即使体会不出作曲家的意图,那也不是我们的错。可是在阿尔卑斯山那一侧的意大利,情况就截然不同。演出过程中观众的种种行为都是对艺术、对艺术家的极端的侮辱。强迫我给意大利人写歌剧,还不如让我在圣德尼大街一个小杂货铺叫卖胡椒粉、桂皮呢。除此之外,意大利人一向狂热且墨守成规,这方面无人能比。在这里的法兰西学院里也不例外:只要对曲调风格、管弦乐配器和节奏进行一点儿出乎意料的革新,就会使他们怒不可遏。罗西尼的《塞维利亚理发师》——这可是地地道道的意大利作品——上演时,罗马的音乐爱好者们为了赚回一点骄傲,显示自己做得与派西埃罗(Pasiello)不一样,恨不得结果了那位年轻的乐队指挥的性命。

人们之所以认为意大利人对音乐的特有审美是他们的社会结构的必然产物(加尔〔Gall〕和施普尔采姆〔Spurzeim〕就持这种观点),是因为意大利人过分喜爱一切跳跃的、绚丽的、夺目的玩意儿,而根本不顾及天气、地点和人性的纷杂情感。一句话,有失常理。他们的音乐总是快快乐乐的(贝里尼和他的效仿者的一部分音乐作品不包括在内。他们的音乐特色恰恰相反,常以忧伤的调子为主旋律。这些音乐大师有时会使用荒诞的风格,但那也是为了不完全丧失传统)。即使某个作曲家一时让悲剧迷了心窍,丢了荒诞之风,也会很快"迷途知返",重新拾起惯用的风格;什么华彩经过句、回音、颤音、俗不可耐的轻佻曲调，都会再一次出现在乐队和歌手的表演中，而取代先前的几个真正的音符。这真是个莫大的嘲讽，也让歌剧院显得滑稽可笑。

这方面有名的例子要是让我一一列举的话，可是一点儿都不缺。我们暂且撇开艺术上高深的问题不谈，先就事论事剖析一番：难道不正是从意大利产生了落入俗套、一成不变的音乐形式吗？后来，一些法国作曲家采纳了这种音乐形式，唯有凯鲁比尼和斯庞蒂尼竭力抵制，可支持他们的人寥寥无几。这难道不是事实吗？对音乐感觉敏锐，有血有肉的人岂能接受一首重唱曲中的四个人，怀着迥异的感情，操着各自的乡音，用一种声调轮番唱："噢，我深爱的人儿……"（我简直不寒而栗），或"我的心快乐地跳不停……"（吓都吓死我了）？假设，正像一些人正在做的那样，让音乐沦为一种含糊不清的语言，用同一种癫狂的调子既能表现焦虑，又能表达欢乐和爱情，那么，这就只能证明：人已经丧失了领会音乐其他特性的感觉。这一点犹如太阳的存在，无可争议。唉，这番老生常谈的议论已经扯得太远了。最后，我只想说，在不带成见地长期研究了意大利民族的音乐情结之后，我认为，意大利作曲家正在走的路，是整个民族天性——在作曲家身上表现得更明显一些——引导的必然结果。这种天性在佩戈莱西①时代就表现出来了。

博学的马蒂尼②、贝卡利亚③和其他许多睿智的人都抱怨过这种天性。才华横溢，凭《奥菲欧》获得巨大成功的格鲁克也没有战胜这种天性。歌唱家、某些作曲家更是在公众中把它发挥得淋漓尽致。人们无法剥夺意大利人的这种天性，就像无法改变法国人天生爱滑稽歌舞剧的喜好。至于大家常说意大利人有和谐的乐感——我敢说，所有这样的传闻都有些夸大其词。我在蒂沃利、苏比亚哥时，确实听见当地人唱过比较纯正的二声部；但即使在毫无此声誉的法国中部地区，这种技巧的运用也司空见惯。而在罗马，我从未听见当地人嘴里发出过一个和音。散居在平原地区的牧羊人唱起歌来，只会发出稀奇古怪的咕噜声，不知属于哪个音阶，让人无法记下谱来。可以说，这种粗野的歌和土耳其的有很多类似之处。

---

① 佩戈莱西：(Pergolèse, 1710—1736)，意大利作曲家，那不勒斯流派的代表，创作过许多戏剧（《女仆情人》）、宗教音乐、合奏乐。
② 马蒂尼：(Martini, 1706—1784)，意大利方济各会修士，音乐作家、理论家，莫扎特曾拜在他门下。
③ 贝卡利亚：(Beccaria)，意大利刑法学家、犯罪学家，著有《轻罪与刑罚》，改革了当时的刑法。

直到去了都灵，我才第一次在街头巷尾听见了合唱。立在大风中的合唱队员都是音乐爱好者，因为常光顾剧院，所以有了较高的教养。巴黎在这方面可以说与都灵不相上下。好几次夜深人静时，我都听见从黎世留大街那儿传来阵阵和音，还蛮悦耳的。但有一点我必须指出，合唱队员和谐的歌声中，总是不停地夹杂着咳嗽声。这要是落入懂行人的耳朵里，可就犯了大忌。

意大利村落的教堂里都没有管风琴。村民们与大城市毫无往来。要想在这里找到好的合唱团简直是异想天开。根本连一个影子都没有！在蒂沃利，要是有一日我发现两个年轻人能自如地用三度和六度唱着动听的歌，那么几个月后，我准保能惊诧地看到，一大群人在扯着嗓子胡唱《圣女经》！那场面可笑极了。

我并不想替多菲内人在音乐艺术领域里讨个名声。相反，我认为他们是世界上在这方面最无知的一个群体。可是，我必须说，唱同样的祈祷词，多菲内的旋律就柔和、虔诚而忧伤，真正是个向圣母祈求的样儿。可在蒂沃利倒好，祷词整个儿变成了卫队进行曲！

下面列出两地的乐谱，孰高孰低，自有分明：

蒂沃利的祈祷歌：

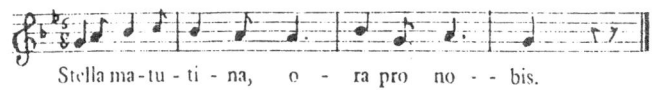

圣安德烈的祈祷歌：

意大利的好嗓子比别处多，这已是公认的了；意大利人的嗓音洪亮，有底气，而且音域宽广，极利于发声。可惜民众性好浮华，滋养出种种恶习：对装饰音嗜好成癖，再美妙的旋律都被他们弄得面目全非；歌曲公式化，每个短句如出一辙；

终了的华彩乐段乏味无比，整齐划一，歌手可以随意渲染，只是苦了听众的耳朵；一味追求搞笑煽情，就连悲怆的场面里也少不了……所有这些流弊，把旋律、和声、动作、节奏、乐器、转调、悲剧、导演、诗歌、诗人和作曲家都变成了歌手玩弄于掌心的奴仆，使之备受凌辱。

1832年5月12日，我沿塞尼斯山而下时，忽然又望见了格雷伊沃丹山谷。披上了春天盛装的她，是那么的明艳动人！蜿蜒曲折的谷地拥着伊泽尔省。那儿，就是我度过了童年最美好时光的地方！是我的心儿第一次为狂热的梦想躁动不安的地方！

圣艾伊那尔的古石……斯苔拉蒙第(Stella monti)遗址熠熠生辉,优雅高贵……啊，还有那儿，在淡青的雾霭中，祖父的小屋正对着我笑呐！乡间别墅，满目的郁郁葱葱……一切一切都如此令人陶醉！在意大利哪能找到这般美景？……可是，忽然间，我的心感到一阵刺痛，把刚才的欢乐击得粉碎……我好像听见，远远地，从巴黎传来了低沉的炮轰声。

第四十四章

教皇的贬责;音乐会准备事宜;我回到了巴黎;新英国剧院;费蒂斯及其对贝多芬交响曲的修改;幸会史密斯逊小姐;她破产了;她腿部骨折;我娶了她。

正如前文所述，我获得了霍拉斯·维尔奈先生的特别允许，在两年流放期未满前六个月离开了罗马。我先在父亲那儿住了一个半月，再打算后半个季度去巴黎组织一两场音乐会，然后前往德国——根据那儿的艺术学院的规定，我必须旅行一年。我在漫游意大利期间，曾写过一些单本的管弦乐作品。在圣安德烈时，我整日忙于抄写副本，乐此不疲。现在，到了在巴黎展现它们的时候了！在此之前，我让人在罗马把一部作品的合唱谱复制了一份。谁知，《亡灵》（*Ombres*）这一段与教皇的禁令相违背。写这篇合唱的歌词时，有人使用了一种"未知"的语言①，即死魂灵的语言，是生者无法理解的。作品送到罗马审查处，在请求批准出版时，死魂灵演唱的歌词可让语言学家们大伤脑筋。歌词用的是何种语言？这些稀奇古怪的字是什么意思？请来看稿的德国人表示一点儿也不懂。后来请的英国人也好不到哪儿去。还请了丹麦人、瑞典人、俄国人、西班牙人、爱尔兰人，甚至波希米亚人，但这些翻译尽管都精通拉丁文，到了这儿却通通不灵光了。审查官被弄得晕头转向。可别处又无权颁发出版证。作品的发行工作只好暂时搁置。最后，一位审查员经过一番冥思苦想后，终于找到了一个让同事们心花怒放的公正的论据："既然连英国的、俄国的、西班牙的、丹麦的、瑞典的、爱尔兰的、波希米亚的翻译都弄不懂这种神秘的语言，那么，罗马的公众很有可能也不会太明白。所以，我觉得，我们可以批准这部作品印刷发行。对民风和宗教都不会有大碍。"就这样，死魂灵的合唱终于印刷上市了！这些冒失的审查官呐……！假如歌词用的是梵文呢……

---

① 这件事之后，我把歌词改成了法文，只在《浮士德的沉沦》的"群魔殿"中保留了这种语言。——作者注

我一到巴黎就去拜访了凯鲁比尼。出现在我面前的他，比从前虚弱、苍老了许多，而且对我十分亲热。这可不是他以前的性格。眼前的景象和他在我心中的旧形象构成的反差让我唏嘘不已。我感到自己是那样无能为力，心中感叹道："上帝啊！这位凯鲁比尼与从前简直判若两人。可怜的人啊！看来，他来日不多了！"我心急如焚，想在他身上找出些生命的迹象，可是，终于彻底地失望了。

动身去罗马之前，我还要在巴黎待一段日子。可是，我原来在里什留大街住的套间已住上了别人。我头脑一热，跑去对面史密斯逊小姐曾住过的房里租了一间（在纳夫圣马克大街一号），安顿了下来。第二天，我遇见了这幢房子的老佣人。这里的粗活一直是由她包揽的。"请问，史密斯逊小姐近况如何？"我问她，"您有她的消息吗？""您说什么，先生？……噢，她现在就在巴黎呢。不过，前几天她还在这儿，就住在您现在的房间。前天刚走，去了里沃利大街。她是一家英国剧院的经理。下周就要演出了。"冥冥之中竟有这样的巧合？我的心"突突"跳个不停，一句话都说不出来。我很清楚自己不会再有情敌了。两年多来，她一直杳无音讯。我不知道她是在英国，还是在苏格兰，或是美国。我从意大利回来的时候，她也正好结束了北欧之旅，又出现在巴黎。差一点儿我们就能在同一幢屋子里相见！而我住的房间正是她前天离开前住的那一间！……

一个人，要是相信磁吸引力学说，相信人会意气相投，相信内心神秘的冲动，自然会为这番理论列出种种有利的论据。我也是这样：我来到巴黎是为了展示自己的作品。如果在音乐会上演之前我去观看英国戏剧，那一旦看见了她，我必定会再次意乱情迷，所有的才思也会再次丧失殆尽，不复自由。到那时，又何谈创建自己的音乐事业？所以，先开音乐会，等到哈姆雷特或罗密欧给我领回奥菲莉娅或朱丽叶后再见她吧。到那时，哪怕我为情而死也在所不惜。反正，厄运似乎总是缠绕着我。只有听天由命了。

所以，尽管莎士比亚笔下的人物像贴满了巴黎的各堵墙，每天展示着他们魔鬼般的魅力，但我却压抑着内心的欲望，不为所动。终于，音乐会组织好了。

曲目有我创作的《幻想交响乐》，随即为《复活》。这个单本剧是音乐会的补充节目，同时构成《一个艺术家的生活片断》的第二部分。大家都知道，《幻想交响曲》是以我对史密斯逊小姐的爱恋作为主题的，还有我的恐惶、痛苦和可怕的梦魇……请欣赏接下来发生的一连串不可思议的巧合吧!

这场音乐会开过之后,我就要与艺术、与生活挥手说再见了。这场告别音乐会上演前两天,我去了趟施莱辛格的音乐店。一个英国人走了进来,看见我,又立即转身出去了。"这人是谁?"我向施莱辛格打听。"是舒特尔先生。啊!我有主意了!"施莱辛格忽然一拍脑门大喊道。"给我一张包厢票。舒特尔认识史密斯逊小姐。我去求他把您的音乐会入场券送给史密斯逊小姐,请她参加。"听到这个大胆的建议,我不由得浑身发颤,可又没有勇气抗拒这个建议的诱惑,于是便把票递给了他。施莱辛格向舒特尔走的方向追了过去,追上了他,一定又向他解释了著名女演员到场对这场音乐会的重要意义。舒特尔终于答应,届时尽力将史密斯逊小姐带来。

有一件事不能不说。当我一遍遍排练节目并忙于各种准备工作时,她,可怜的英国剧院经理,却为几次演出的惨败而倾家荡产。天真的艺术家把希望都寄托在巴黎公众的热情和新文学流派上了——三年前,就是新文学流派把莎士比亚及其作品捧上了天。可这次她错了。巴黎公众的思想浅薄,像波浪般变幻不定。现在莎士比亚对他们而言,已不再是什么新鲜玩意儿。浪漫派口中的文学革命已经结束了。他们的首领不再希望看到天才悲剧诗人的出现。不仅如此,后者甚至让他们畏惧——浪漫派中总有一些人大肆剽窃天才诗人的杰作。为了保全自己的名声,他们自然竭尽所能,防止公众过于熟识后者。

这就是巴黎人对英国戏剧的再次上演反应平平的症结所在。巨额的投入和微不足道的票房收入之间的差额就像一个张着黑洞洞大口的无底深渊,要把轻率的史密斯逊小姐的身家财产一股脑儿都吞进去。就是在这种情况下,舒特尔建议史密斯逊小姐去包厢出席我的音乐会。下面就是随后发生的事情。多年以后她才亲口告诉我其中的细节。

舒特尔找到她时,正是她心情沮丧到谷底的时候。起初,她没好气地拒绝了邀请。这也是在情理之中;在那样的情形下,她已经被音乐烦够了。可是,史密斯逊小姐的姐姐帮舒特尔说话了,劝她趁此散散心。在场的一位英国演员也极力撺掇。大家叫来了马车。史密斯逊小姐只好勉强任人把她推上了车。舒特尔得意洋洋地朝马车夫喊了声:"去音乐厅!"。史密斯逊一路上仍是闷闷不乐。百无聊赖之中,她的目光落在了那张还未看过的节目单上。舒特尔事前并没提及我的名字。她这才知道我就是音乐会的组织者。看到交响曲的名称和其他各曲时,她略微有些诧异。不过,她无论如何也想不到,她自己就是这场让人肝肠寸断的悲剧的女主人公的原型。

到了音乐厅,她朝包厢走过去。一路上,她惊奇地发现,周围熙熙攘攘的都是乐师(我有一支庞大的乐队)。整个大厅的人都用殷勤的目光注视着她,同时又交头接耳地谈论着她什么。她本能地感到一阵不安,可又说不清原因。音乐会由哈贝内克指挥。史密斯逊一直怀疑是否看错了印在节目单上方的我的名字。等我怀着激动的心情在指挥身后坐下时,她一眼就看见了我,并认出我来。"就是他!"她在心里喊着。"可怜的年轻人!……他一定把我忘记了……我倒希望……希望他这样……"我的《幻想交响曲》奏响了,并产生了魔幻般的效果。观众沸腾了,激动得如痴如狂,掌声欢呼声响彻了巴黎音乐学院的大厅。这样成功的场面,再加上激昂的音符,狂热地呼唤爱的旋律,又感受着咫尺之隔的乐队席的巨大共鸣声,这一切一切,可能,不,一定给了她强烈的震撼,把她推向了无尽的遐想之中。在心中,她一定在悄悄地喟叹:"唉,要是他还爱着我……"场间休息时,舒特尔在和史密斯逊小姐交谈时言辞闪烁不定,说今天这场音乐会的年轻作曲家有些烦恼,人人皆知。可话里话外,又明摆着暗示其中的缘由。史密斯逊小姐越听越起疑。后来,单本剧上演了。演员波卡日扮演莱利奥(也就是我)。他高声朗诵道:

"噢!我的奥菲莉娅,我的朱丽叶,我的心儿呼唤着的姑娘,我能不能再寻觅到她?一个秋日的傍晚,我与她共坐在野生野长的欧石楠旁,沐浴在北风中。渐渐地,我在她的臂弯中伤感地睡去。这样愉悦而又忧郁的爱啊,叫人怎不向往?"

"天啊!……朱丽叶……奥菲莉娅……"史密斯逊心里唤道,"这……这说的不就是我吗?……肯定是这样……他竟然还爱着我!……"后来,她对我说了许多次:就从那一刻起,整个大厅都在她周围旋转起来。她什么也听不到了,像被催了眠似的,迷迷糊糊地回到了家。

那一天是一八三二年十二月九日。

正当这场悲喜剧在大厅一角的爱人心中悄悄上演时,对面舞台上,另一场戏正紧锣密鼓地准备着。这场戏的主角是一个音乐评论家,因为虚荣心受到伤害,心中燃起了熊熊的仇恨之火。他对某位后来也成了评论家并成为其不可轻视的敌手的艺术家持有偏见，还给我一条条摆出了许多理由。这位评论家就是费蒂斯先生。我怀着满腔怒火写下了这场戏，明摆着是对他进行无情的鞭挞。

在我动身前往意大利之前的这段日子里，我赖以生存的收入中，有一部分是靠校对音乐原稿挣得的。出版商特鲁普纳除其他作品外，还让我修订贝多芬交响曲的乐谱。在我之前，费蒂斯先生已经负责把它们重看了一遍。我发现，费蒂斯先生对这一篇篇名作进行了许多傲慢的修改，背离了作者的原意，还加上了许多傲气十足的批注。在贝多芬交响曲的乐谱中，凡是与费蒂斯先生标榜的理论不一致的地方，都被他凭着令人难以想像的自负作了修改。例如，在《c小调交响曲》的行板乐章中，贝多芬在六度 $\begin{cases} Si^b \\ Fa \\ Ré \end{cases}$ 和弦上，让单簧管持续吹奏 E^b 音。费蒂斯先生却在这一段旁作了如下幼稚的批注："这里显然应该用Fa而不是E^b。贝多芬竟然会犯下如此严重而荒谬的错误！"换句话说，一个像贝多芬这样有才华的音乐家，所持的和声方面的教理，竟然与我们的费蒂斯先生的见解有出入！真是荒谬透顶！费蒂斯先生自然要理所当然地大笔一挥，把这个淋漓尽致地体现贝多芬特性的E^b改成了Fa。贝多芬的初衷就这样被无情地篡改了。其实，曲作者的本意是再明显不过：从高音持续过渡至自然E调，最后再转到Fa。这样的处理手法勾勒出一个小小的半音阶上升，一个精彩得无与伦比的经过段便跃然而出。我早就被其他诸如此类的肆意篡改行为气得火冒三丈，看到此处，更是义愤填膺。"真是岂有此理！我们编订的这本法文版乐谱囊括了历史上音乐奇才的旷世之作。好嘛，总编请来做助手的这位教授，只会躺在从前的功勋簿里飘飘然，困在他那狭隘的理论里止步不前。就好像一只松鼠，总在它旋转的笼子里奔跑。难道因为这么一个人，我们不朽的杰作就得蒙受删改之辱；贝多芬也要像个交响乐课堂上的小学生那样忍受种种修改？当然不行！绝不能允许这种情况发生！"我立即去找了特鲁普纳，对他说："费蒂斯先生侮辱了贝多芬，也侮辱了人类的常理。他妄自尊大地涂改贝多芬作品的行为是种犯罪。他竟想把《c小调交响曲》行板乐章里的E^b去掉！这个驰名于欧洲各个交响乐队的E^b！而乏味庸俗的，恰恰是费蒂斯先生加上的那个Fa。我来是想告诉您，我将向所有的音乐厅和所有剧院的音乐人揭露您的版本中的种种不实之处以及费蒂斯先生的所作所为。所有尊重才华、鄙视自负和平庸的人们都会给您的那位教授以应有的待遇。"我没有食言。他们无知地亵渎杰出音乐作品的消息很快在巴黎艺术家中间传播开来。哈贝内克也不由得惶惶然:他在指挥同一部贝多芬交响曲时,也把终曲部分的一整段反复和谐谑曲乐章的低音提琴部分都删掉了;也就是说,他以另一种方式篡改了贝多芬的作品。消息传得沸沸扬扬。特鲁普纳不得不取消了改动的部分,还乐章以本来面目。费蒂斯先生为慎重起见,在他的音乐杂志上刊登了一篇满是谎言的声明,矢口否认这一切,说指责他改动贝多芬交响曲的言论纯粹是无稽之谈。

我作为一名在起步阶段得到费蒂斯先生鼓励的学生,却做出如此大逆不道的反抗行为;再加上我明显地倾向于音乐异端,就更是不可饶恕,简直是忘恩负义。

许多人都有这样的心态。若是有一天,他们众口一词,认为您还是有点才华,您就得为了这句话,永远无条件地赞美他们,不管他们乐于做什么,还是……不乐于做什么。否则,您就会被视为"忘恩负义之徒"。所以,我在无数蹩脚的小作家心中,便成了一个恶人——他们曾对我的作品表现出或真或假的热忱,可我却以冷淡的口吻谈论他们写出的形形色色的粗俗之作:弥撒曲也好,戏剧也好,都让人忍俊不禁。

就这样,当我前往罗马时,已经在身后的巴黎树立了第一个与我有密切关系却又恨我入骨的敌人。至于其他也可以算得上是仇敌的人数众多的业内人士,我必须承认,自己无德无能,实在不配与他们为伍。这些人就像腐水里的纤毛虫似的一下子同时冒了出来。他们倒一点儿也没让我感到不安。其实,我敌视费蒂斯比费蒂斯敌视我更甚。一想起他对贝多芬的侵犯(未果),我就气得发抖。为单本剧作曲时,我也没有忘记这一点。在作品的一段独白戏中,我借莱利奥之口说出了如下的话:"天才最残暴的敌人就是狂热地笃信宗教的教士们,生活在循规蹈矩的教堂里的人!为了他们那荒谬的女神,抛弃了崇高的新观念——如果他们曾接触过新观念的话。这些老态龙钟却又无知的理论家,生活在成见的大洋中,笃信世界只有他们生活的小岛一般大小。这些老老少少落后于时代的放荡不羁者,用音乐开心,解闷,却绝不允许贞洁的乐神拥有更高尚的使命;这群亵渎圣物的家伙,胆敢把手伸向原本著作,将其删改得面目全非,还美其名曰'修订''完善'!

据他们说，做这项工作还得具备极高的鉴赏力才能胜任呢！罪该万死的家伙！让艺术蒙受羞辱，授人以笑柄。他们就像一群俗不可耐的鸟，一窝蜂地飞到我们大众的花园里，不可一世地落在园中最美的雕塑上。待到把海格力斯的胳膊和维纳斯的胸口弄得污秽不堪后，才趾高气扬，心满意足地离去。那样儿啊，就像它们刚生了个金蛋！"

这段独白的最后一句话未落音，大厅里笑声、掌声已响成一片。大部分的演员和一部分听众都明白了其中的讽喻。波卡日在说"还得具备极高的鉴赏力呢！"这一句时，还唯妙唯肖地模仿了费蒂斯特有的甜腻腻的嗓音。当时，费蒂斯也在场，就众目睽睽地坐在楼厅上，听任我劈头盖脸地极尽谩骂之能事却无可奈何。事后他大发雷霆。从那天起，他开始对我恨之入骨。这一点不用多说，读者们也能感受到。

不管怎么说，我为贝多芬复了仇；但那股尖刻辛辣的火气在第二天已消散得干干净净。我得到史密斯逊小姐的准许去拜访她了！从那一日起，我就没有一刻安宁过：一会儿心惊胆跳，一会儿又痴痴地傻想。这一年多来我承受了种种焦虑、不安的折磨，其中滋味只可意会不能言传。她的母亲和姐姐曾郑重表示反对我们的结合。至于我的父母，更是听也不愿听。不满、怒火笼罩着两个家庭；在一片反对声中，发生了形形色色的争执。就在这一时刻，英国剧院又被迫关门。史密斯逊小姐失去了所有的经济来源。她所剩的财产远远不够偿还剧本上演惨败所欠下的债务。

之后，一场严重的事故更是给不幸的她雪上加霜。一天，她组织完一场演出回来，在家门口下马车时，不小心一脚踏空，跌断了腿。两个路人赶紧上前扶住她，把处于半昏迷状态的她抬进了房间。

英国方面根本不相信这个不幸事件，还认为这是英国女经理导演的一场戏，以此博得债权人的怜悯。不过，至少巴黎的公众和艺术家对她表示了极大的同情。马尔斯小姐的行为让人敬佩。她动用钱财和朋友的影响等一切办法来帮助"可怜的奥菲莉娅"。后者已经身无分文了。可是，当她有一天从姐姐那儿得知我拿来了几百法郎时，她顿时泪如雨下，硬要我把钱拿回去，否则，就永远不再见我。虽然我们精心照顾，可史密斯逊小姐还是康复得很慢。踝关节上的两根腿骨有些错位,得需要时间才能完全长好。我们甚至担心她以后可能会跛足。在伤者卧床不起、痛苦地养病时,那场造成事故的演出在我的努力下获得了成功。我们靠此挣了一大笔钱,立即偿还了几笔逼得很紧的债。1833年夏,我不顾对方家庭的强烈反对,排除万难,在征得父母同意后,娶了刚刚复原、宣布破产的亨丽耶特·史密斯逊。新婚那天,她除了一身债务外,一无所有,还担心意外之后的后遗症让她无法恢复舞台上的风采。至于我,我所有的财产,就是朋友古奈借给我的三百法郎。而且,我和父母的关系又一次弄僵……

可是,我拥有了她,就什么都不在乎了……

第四十五章

募捐演出；意大利剧院的音乐会；《哈姆雷特》第四幕；《安东尼》；乐队变节；我进行报复；帕格尼尼登门造访；他的中提琴；为《哈罗尔德在意大利》谱曲；乐队指挥吉拉尔犯错；我决定永远自己指挥自己的作品；一封匿名信。

我还能从法兰西艺术研究院领取一年半的奖金，这成了我一份微薄的收入。艺术科学院规定的去德国游历一项，也经内务部长特许得以免除。渐渐地，我在巴黎拥有了一些支持者，并对未来充满信心。为了偿还妻子的债务，我又重操起苦不堪言的经商生涯。一番奔波劳累之后，我终于成功地在意大利剧院举办了一场演出加一场音乐会。我的朋友又助了我一臂之力。亚历山大·杜马（Alexandre Dumas，即大仲马）就是其中之一，他对我炽热的友情一生不泯。

演出曲目如下：大仲马的戏剧《安东尼》，由菲尔明和多瓦尔夫人主演；莎士比亚的《哈姆雷特》第四幕，由亨丽耶特和几位好不容易才找到的英国业余演员主演；一场由我担任指挥的音乐会，演奏曲目为：《幻想交响曲》；《宗教法官》序曲；我新近创作的大合唱《沙达那帕鲁斯》；韦伯的《音乐会小品》，由才华横溢的李斯特伴奏，韦伯合唱团演唱。大家可以看出，戏剧和音乐曲目之多，致使音乐会开到凌晨一点才能结束。

尽管可能对我不利，但我仍必须把这场不幸的演出经过原原本本告诉大家；年轻的艺术家也许能以此为鉴。

我和意大利剧院经理达成协议，他许诺将大厅及剧院乐队交给我使用。由于对该剧院音乐家的惯例一无所知，我竟然把几名巴黎歌剧院的艺术家加入到这个乐队中去。再也没有比这更危险的组合了。这些音乐家被契约束缚，被迫参加一场又一场音乐会的演出。连音乐会在他们自己的剧场里举办，他们都会觉得做了多余的苦役。现在，竟然还有人把其他音乐家也塞进来，并给他们更高的薪金，这让他们更是气不打一处来。指挥几乎立刻便感到了这股愤愤然的气氛。

对法国剧院幕后的种种舞弊行为，我和妻子都是门外汉。所以，尽管当时的情况对我们不利，我们还是没有想到要采取一些预防措施来保证演出的顺利进行，也没有付给剧院雇来的捧场者一张钞票。倒是多瓦尔夫人坚信，演出当晚肯定有场阴谋在等着我的妻子；为了确保演出能获得辉煌的成功，必须依照行规，打点方方面面。她自己托人买了一些票，连同我们给她和大仲马的票一并送了出去，好让后看台的人显得多一些。在阿黛尔这个角色中有上佳表现的多瓦尔女士再次赢得了满场掌声。演出结束后，她谢了两次幕才得以下台。接着上演《哈姆雷特》第四幕。由于没有前几幕的过渡和铺垫，所以这一场戏显得十分晦涩难懂，特别是对于法国人来说。这样一来，奥菲莉娅这个曾在几年前倾倒观众的浪漫角色的魅力被大大打了折扣；观众对该名作的反应十分冷淡。

在奥菲莉娅跪倒在用作父亲殓布的黑纱旁的最后那场戏中，可以清楚地看出，女演员（我的妻子）费了很大的劲才用手撑着舞台地板站起来——但不管怎么说，她自始至终淋漓尽致地发挥了自己杰出的才华。她虽然已经康复，腿也没有跛，但行动起来总有些顾忌，不太自如。落幕时，曾经视她为偶像的观众们，刚刚为多瓦尔欢呼过的观众们，却没有再次呼唤她的名字……看到这一切，她的心都要碎了。所有的女子，所有的艺术家都能理解这种心情。可怜的"奥菲莉娅"！照耀你的那轮太阳已经西斜了……对此我也黯然神伤。

音乐会开始了。令我惊讶的是，虽然《宗教法官》序曲演奏得极为蹩脚，场下却掌声雷动。李斯特带着他惯有的具有感染力的激情演奏的《音乐会小品》也获得了叹为观止的成功。我陶醉在李斯特所营造的狂热气氛中，忘记了自我，竟然当着观众的面冲上台去拥抱了他。我这种不合时宜的愚蠢举动很可能让我们俩都陷入受人讥讽的境地。幸好，观众还比较仁慈，没有哄笑。

正如上文所述，我缺乏指挥乐队的才能，对此也没有经验。造成的结果是：演奏《沙达那帕鲁斯》的序曲时，第二小提琴手竟然漏了一段起奏，害得乐队乱作一团，不知所措。我只得以手势提示乐队，跳过其余部分，从上一段和弦重新开始。阿莱克斯·杜邦演唱得不错。可是，著名的烽火连天的战乱部分表演得十分糟糕，没有产生预期的效果。什么都完了！我耳边只有动脉"通通"地搏动着的声音，觉得自己正渐渐地坠落，坠落……还有一点不妙：当时已经很晚了，可我们还有韦伯合唱团和整整一首《幻想交响曲》没有演奏呢。据说，意大利剧院并没有规定，强制乐师在午夜后演出。所以，由于众所周知的原因，对我没有好感的乐师们个个都心急如焚地盼着大逃亡那一刻的到来。在这样人心向背的情形下,还会有什么好结果呢?那些卑劣的小人,趁着韦伯合唱团演出时,一个个都忙不迭地偷偷溜走了。到了午夜时分,台上只剩下我付钱请来的乐师坚守岗位。等我转过身打算开始《幻想交响曲》时,发现周围只有五个小提琴手,两个中提琴手,四个低音提琴手和一个长号手。我又懊恼又沮丧,站在那儿不知如何是好。起初,观众倒没有做出退席的样子。可没过多久,他们渐渐不耐烦起来,大声嚷着,要求快开演。我则执意暂缓演出。嘈杂声中忽听得楼厅上一个人大声喊:"快奏进行曲!"我回道:"我没法用五个小提琴演奏进行曲。这可不是我的错。乐师都不见了。我希望大家……"我又羞又恼,脸涨得通红。观众沮丧地纷纷起身。音乐会只好就此结束。我的敌人自然不会放过奚落我的机会,凑过来说我的音乐"把乐师都吓跑喽!"

我没想到世上竟会有人怀着如此卑劣的动机做出如此下流的行径!该死的拙劣的乐师!都是些让人不齿的流氓!我真后悔没记下这些家伙的名字!

这场悲惨的晚会给我带来了大约七千法郎的收入。但这笔钱很快就被妻子无底的债务吞得无影无踪。唉,债还是没能还清。直到许多年以后,我才靠着节衣缩食填完了亏空。

我本打算好好地补偿亨丽耶特。可在巴黎,找不到一个可与她合作的英国演员。她想向几个戏剧爱好者求助。但由于人数仍远远不够,她只能一遍一遍地演莎士比亚戏剧中的几个片断。这当然不行。我们只好放弃这个想法。可我,至少我仍坚持要取得一次无可争议的成功,来回应那些从四面八方升起的充满敌意的谣言。我用重金聘请了一支由巴黎精英乐师组成的乐队。乐队中有许多人都是我的朋友,至少能用公正的眼光看待我的作品。我向公众宣布将在音乐学院举办一场音乐会。我频频露面,所用的花费远远超出音乐会将挣得的收入。妻子支持我的举动,并表现出她往日的风范:只要事关艺术家的荣誉和艺术的利益,她就会勇敢地,甚至鲁莽地面对一切艰难困苦。

我不敢亲自指挥乐队,生怕再牵连到演奏水平。哈贝内克也固执地拒绝了。最后,在我的朋友的帮助下,吉拉尔终于同意接受这项任务。他果然不负重托。《幻想交响曲》又一次出现在节目单上,并自始至终博得了观众的掌声。演出空前成功。

我的名誉也得以恢复。乐师们（当然，我没有请一个意大利剧院的乐师）满脸洋溢着喜悦告别了乐团。另有一件事叫我兴奋得无以复加：观众散去后，一个男子独自留在大厅里等候我。他一头长发，目光锐利，满脸麻子，身材高大，可以说是一个巨人，而且浑身透着抵挡不住的才气。我不认识他。可第一眼见到他，我就忽然心绪不宁起来。这位男子在过道里拦住我，紧紧握住我的手，说出一大堆炽热的赞美之辞，在我的心中和头脑里熊熊燃烧。他，就是帕格尼尼[①]！（当时是1833年12月22日。）

从那一天起，我和这位著名的音乐家有了往来。他对我的命运产生了独到的影响。可他那高尚、大度的气概却招来了无数恶意、荒诞的批评。大家很快便会明白个中缘由。

在那场使我重建名望的音乐会结束之后过了几个星期，帕格尼尼来拜访我。"我有一把极品中提琴，"他对我说，"这件美妙的乐器出自斯特拉第伐利之手。我想在公众面前演奏它，可又没有适合的乐谱。您愿意为我谱一首中提琴独奏曲吗？在这件事上我只信任您。""没问题，"我回答，"能得到您的信赖，我真不知如何表达自己的快乐。可是，对您的期望，我想说，只有您自己才能写出能够衬托出像您这样的演奏名家才华的乐曲啊！""噢，不，不！我一定要请您作曲，"帕格尼尼嚷道，"您会成功的。我呢，我现在的身体状况不允许我再作曲了。我根本想都不想了。"

就这样，我只好试着创作一首令这位杰出的演奏家满意的中提琴独奏曲，同时还应有乐队协奏，而且独奏还不能夺去乐队的光辉，因为，帕格尼尼凭借自己举世无双的演奏才能，一定能让中提琴保持主角儿的地位。这项提议让我感到十分新奇。一个美妙的初步构想顿时在我脑中酝酿出来。我立即投入具体的创作。第一段刚完成，帕格尼尼就想过目。当他见着"快板"中的中提琴休止符时，立即嚷了起来："不是这样！我休止的时间太长了！我必须连续演奏下去！"我说："我早就说过了嘛。您想要的是中提琴协奏曲。也只有您能为自己写出那样的曲子。"

[①] 帕格尼尼：(Paganini，1782—1840)，意大利作曲家、小提琴演奏家，技艺精湛，著有多部随想曲及小提琴协奏曲。

帕格尼尼没有反驳。可是他显得很沮丧，没有进一步讨论我写的管弦乐初稿就离开了。几天后，他由于受喉部病痛的折磨，有死亡的危险，帕格尼尼离开巴黎去了尼斯。三年后才回来。

我在了解了他对我的作曲构想不甚满意之后，便抛开杂念，一心一意把曲子谱写出来，以为他用，而不再费尽心思去考虑用什么方法衬出中提琴的主角地位。我想给乐队创造出一连串场景，中提琴独奏保持其本色，活跃地穿插其中。我要令中提琴声沉湎于阿布鲁齐漫漫跋涉留给我的充满诗情画意的回忆之中，并像拜伦在《恰尔德·哈罗尔德游记》中那样展开忧郁的遐想。我的这部交响曲就这样命名为《哈罗尔德在意大利》。《幻想交响曲》中的一个主题（中提琴的第一段旋律）又在这部作品中重现。我写这部交响曲用的时间比写其他的作品短。不过，后来我又花了大量时间进行润色。以《朝圣者进行曲》为例。一天晚上，我在炉火旁出神时，忽然有了灵感，仅用两个小时便将这首曲子一挥而就。随后，我为了令作品更趋完美，又用了六年对细节进行修改。不过，即使是尚未经过改动的原作，在1834年11月23日在音乐学院的第一场音乐会上，也获得了轰动一时的成功。

只有在第一段时，观众掌声寥寥。责任在指挥吉拉尔。他没能带领乐队充分排练该段的结尾部分。演奏终曲部分时，本应渐次将演奏速度加快两倍。失去这个逐步加速的过程，该段快板的尾声就会沦于萎靡和干瘪。听着乐队有气无力地拖着音，我真是痛苦万分。《朝圣者进行曲》受到了极大的欢迎。一曲终了，应观众的强烈要求，又重新演奏了一遍。演奏至进行曲第二部分中间时，在一个短暂的休止后，应该奏两拍竖琴，长笛、双簧管和圆号随即跟上重复，模仿修道院悠扬的钟声。可是，竖琴师算错了他的休止符，接着便晕头转向了。吉拉尔非但没有指引他回到乐谱上来——我曾经十次遇到同样的问题，都是这样解决的（四分之三的乐队演奏这个地方时都会犯同样的错误）——反而对乐队大喊："最后一个和弦！"于是，他们跳过了随后的五十多个小节，直接演奏了末尾和弦。这无异于一场屠杀。幸亏这首进行曲第一次演奏获得了好评，观众也就不去追究第二遍失败的原因了。假如事故发生在先，观众肯定会将噪音的始作俑者归咎于曲作者。不过，自我在意大利剧院一败涂地后，我对自己的指挥才能就已毫无信心。所以，之后很长一段时间内，我就让吉拉尔指挥我的音乐会。可是，在《哈罗尔德在意大利》第四场的演出过程中,他又在小夜曲曲终时犯了个严重的错误。演奏这段时,如果一部分乐队不准确地把速度加快两倍,另一部分乐队就无法进行下去,因为后者的每一小节都与前者的半小节相对应。我终于认识到,吉拉尔无法胜任。于是,我决定,从今往后亲自指挥乐队演奏我的作品,不托付任何人把自己的创作意图传达给演奏者。至今我只违背过一次誓言,而且,大家将会看到这次失信差点儿造成的恶果。

这首交响曲第一场试演后,巴黎的一家音乐报刊登了一篇文章,对我大肆抨击。文章见报的第二天,我又收到一封匿名信。信中洋洋洒洒地满是更为粗鲁的侮辱之词。作者还斥责我"是个胆小的懦夫,没种朝自己的脑袋上来一枪"。

下卷

第四十六章

加斯帕兰先生委托我创作一首弥撒曲;艺术处的头头们;他们对音乐的见解;缺乏信任;君士坦丁堡被攻克;凯鲁比尼的花招;诡计;我的《安魂曲》得以上演;哈贝内克的鼻烟盒;他们不付给我钱;有人想将十字勋章卖给我;各类无耻行为;我的愤怒;我的威胁;最终付钱了。

1836年，加斯帕兰先生出任内务部部长。当时政治家中对音乐感兴趣的人寥寥无几，对音乐具有感受力的人更是凤毛麟角，而他便是其中的爱乐者之一。为了将人们尘封已久的宗教音乐重新在法国发扬光大，他打算每年从艺术处的资金中拨出一笔三千法郎的款项给一位由部长指定的作曲家，请他创作一部弥撒曲或是一部大型的清唱剧。

　　加斯帕兰先生心中认为，除此之外，作为部长还应负责利用政府的开支，使新作品有机会得到演出。他说："我想就从柏辽兹开始吧，由他来创作一首安魂曲，我相信他会成功的。"这个消息是加斯帕兰先生之子的一位我也认识的朋友告诉我的，它使我惊喜交加。但为了确定一下，我又向一个当天在场的人打听了一下，他向我肯定我所了解的这些情况都是确有其事。部长还说道："我就要离开内务部了，这是我临走前在音乐方面做出的最后承诺，您收到我拨款给您创作安魂曲的委托了吗？""没有，先生，我完全是出于偶然才得知您对我的好意的。""怎么搞的？我八天前就下令给您寄过去了！肯定是办公室一时疏忽给耽误了，我去查查。"

　　好几天过去了，仍然没有音讯。我十分不安，于是去问加斯帕兰先生的儿子，他将一个不容置疑的事实摆在了我面前：艺术处的处长根本不赞成部长提出的这项关于宗教音乐的计划，更别提选我作为这条作曲家辉煌之路上的开路先锋了。另外，他知道加斯帕兰先生几天之后就不再是部长了，所以加斯帕兰先生创建学校和请我写安魂曲的决议被他一直耽搁到部长即将离任时才拟定，于是没有什么比放弃继续实行这项计划并任其流产来得更容易的事了，这就是处长先生脑子里打的小算盘。但加斯帕兰先生未曾料到别人会这样不把他放在眼里；在他离任的前一天，他才从他儿子那里得知他的命令压根儿没有被执行，于是他最后非常严肃地给××先生下达命令，让他立刻将决议拟定出来后给我寄出去，事情这才总算落实了。

这是××先生遭到的第一次失败,而这只能更增添了他对我的反感,事实上他自己也在不停地助长这种抗拒我的情绪。

这位艺术和艺术家命运的仲裁者只承认罗西尼一个人在音乐方面的真正价值。有一天,他当着我的面傲气十足地将欧洲所有古典和现代的大师逐个点评了一番,却唯独忘掉了贝多芬,他突然意识到这一点,就补充道:"还有一个,好像……是……他叫什么名字来着?一个德国人……有人在音乐学院演奏过他的交响曲,您该知道吧,柏辽兹先生……。""贝多芬?""对,是贝多芬。这个人嘛,他倒并不是没有才华。"我亲耳听到艺术处处长这样措辞,他承认贝多芬不是没有才华。

在这一点上,××先生只不过是当今时代整个法国的官僚阶层对音乐所持态度的最显著的代表而已;成百上千个这样的"行家"把持了艺术家们的所有必经之路,他们推动着这台政府机器的齿轮运转,而我们的音乐机构则必须拼尽全力不顾一切地与它啮合。而如今……

一接到决议,我立即投入了创作。对我来说,《安魂曲》的创作是一个我久已觊觎而最终掠获的战利品,我带着某种痴狂向它扑去。在思潮沸涌中,我的头脑好似就要裂开,一段乐曲的提纲还未写完,另一段就已成形。由于无法写得很快,我采用了一些速记符号,尤其是在写"尊为圣"这一章时这些符号给了我莫大的帮助。作曲家所经历的最大的痛苦与绝望莫过于还来不及笔录下那些曾在脑海中一闪而过的创意便这样任其从记忆深处永远地飘逝了。

因此我创作这部作品时进展神速,只是在作小部分的修改时,我才会花上不少时间。这些改动之处可以在出版人理科尔迪在米兰发行的第二版乐谱中见到。

部长的决议中规定,将由政府出资,在为纪念1830年革命中的牺牲者而每年举行的悼念仪式那一天演奏我的《安魂曲》。

时值七月,悼念仪式临近了,我让人将我作品中各个合唱与管弦乐的部分抄写了下来并按照艺术处处长的指示开始排练。但很快内务部办公室便来信通知我,七月份的悼念仪式将取消音乐会,并命令我中止所有的准备工作。从这时起,内务部的新部长就拖欠了抄谱人和那两百名合唱队员的一大笔工钱,因为他们按照最初的指示,已经在排练上投入了不少的时间。我花了五个月的时间催付这些欠款也无济于事。至于拖欠我的款项,我甚至提都没敢提;这些人好像压根儿就没想过这个问题。一天,从××先生的办公室出来的时候,我开始失去了耐性,与他就这个问题爆发了一场激烈的争吵。后来,残老军人院的炮声响了,宣告君士坦丁堡被攻克。两小时后,我被火速召回了内务部。原来,××先生刚刚找到了一个能使他下台阶的办法,至少他是这么想的:当勒蒙将军在进攻君士坦丁堡时牺牲了,为了悼念他以及在攻城中牺牲的法军将士,残老军人院的教堂将举行隆重的葬礼。这次葬礼关系到陆军部,因此陆军部的头面人物贝尔纳将军同意在葬礼上演奏我的《安魂曲》。这就是我从××先生那里获悉的意外消息。

但就在此时,事情变得复杂起来。意外接二连三地发生。我奉劝那些可怜的艺术家在读我这本书时至少应该吸取我的经验教训,并以在我身上所发生的这一切作为借鉴进行反思。这样当他们在和我面临同样的处境时,就会从中获得一点好处,这就是:不再相信任何人和任何事,不再相信书面的或是口头的承诺,并且无论是上天堂或下地狱,都得时刻提防,保持警惕。

我的《安魂曲》将在这样一个隆重庄严的仪式上演奏的消息一传到凯鲁比尼的耳中,就让他怒不可遏,因为长期以来按照惯例,在这种情况下,应该演奏一首他写的葬礼弥撒曲(他曾写过两首葬礼弥撒曲)。这样的打击在他看来是损害了他的权利,他的尊严,他当之无愧的名誉,以及他不容置疑的重要性;而一个初出茅庐并被他视为在学校中制造事端的年轻小伙子却从中渔利,这一点使他深为恼火。他的所有朋友和学生,以阿列维(Halévy)为首,也和他一样气恼不已,他们四处游走,想制造一场风波并将矛头指向了我。其意图便是为了老先生的利益而不惜剥夺我这个年轻小辈的资格。一天晚上,我正待在《辩论报》报社的办公室里(因为不久前我刚被这家报社的编辑部聘用了,而编辑部主任贝尔坦先生对我也十分看好)。这时阿列维来到了报社,我立刻猜出了他的来意。他是想借助贝尔坦先生巨大的影响力使凯鲁比尼的企图得以实现。然而发觉我在那儿,他显得有些张皇失措。而后,在一种冷淡的气氛中,贝尔坦先生和他儿子阿尔芝接待了他,于是他马上改变了计策。阿列维跟随贝尔坦先生走进了隔壁的房间,房间的门开着。我听到阿列维说,发生在凯鲁比尼身上的事对他造成了极大的影响,甚至到了使他卧病在床的地步,因而他阿列维来请求贝尔坦先生运用他的权力,让这位声名显赫的音乐大师获得荣誉勋位的十字勋章来作为对他的安慰。贝尔坦先生打断了他的话,语气十分严肃地说:"是的,我亲爱的阿列维,我们会尽力如您所愿让凯鲁比尼得到他所应得的荣誉。但如果这涉及安魂曲,那又是另外一回事;谁要是想让柏辽兹拿他自己的安魂曲做什么交易的话,那只要他心软退让了一步,我就一辈子都不会原谅他的。"一席话说得阿列维惭愧不已,只得怏怏离去。

凯鲁比尼本想让我碰几个小钉子,让我哑巴吃黄连,有苦说不出,没想到在我这里却碰了个大钉子,只得自食其果,苦不堪言。

于是另一个经过更精心策划的阴谋开始实施了,其卑劣阴险的程度令我都为之汗颜。在此我无意指责任何人,我只是冒昧地指出了事实,而未加任何评论,但这些事实却都是千真万确,不容置疑的。

贝尔纳将军本人亲自向我宣布,只要具备几个条件,仪式上就将演奏我的《安魂曲》,我过一会儿会谈到这几个条件。就在我即将开始排练时,××先生派人找到我,对我说:"您要知道,这种大型音乐盛会历来都是由哈贝内克负责指挥的。"又来了,这下又该有什么晦气的事落在我头上了!"是的,"他接着说,"您现在习惯于亲自指挥您自己的作品了,但是哈贝内克是一位长者。而且我知道,他会为不能指挥您的《安魂曲》而感到很难过。您和他的交情如何?""交情如何?不知为何,我们的关系处得不太好,三年前他就不再跟我说话了,我不明白这是为什么。事实上我也不想去打听为什么。一开始是他冷漠无礼地拒绝指挥我的一场音乐会。在我看来,他的表现既粗暴无礼又不可理喻。但既然他这次愿意在当勒蒙元帅的葬礼上露面,而这又正合您的心意,那么我就把我的指挥棒让给他。但尽管如此,我仍然坚持要由我亲自指挥一场排练。"××先生回答说:"这没什么问题,我这就去通知他。"

事实上,无论是分练还是总体的彩排都进行得非常认真仔细。哈贝内克和我说着话,就好像我与他之间的关系从未有过裂痕一样。看来这部作品是应该能够顺利上演的。

正式上演的这一天终于来临了。在残老军人院的教堂,这部作品将面对众多的王公贵族,各部部长,各国的使节,全法国的新闻界,外国新闻记者以及除此之外的一大群人。我必须圆满成功,此外别无退路。如果演出效果平平,对我已是致命的打击；要是遭到失败的话，那就足以将我彻底毁灭。

然而，听听下面发生的事吧。

乐师们被分成了相互分开的若干组，组成了四支铜管乐队，我在《喇叭喧鸣》这一部分中会用到他们。他们将在大型声乐器乐合奏中各据一角。《天罚日》过后紧接着的是《喇叭喧鸣》，在这一章开始部分的起奏中，音乐的速度放慢了两倍。一开始，所有的铜管乐器在新的乐章中同时奏响，通过几段连续的起奏迭加入大三度音，而产生遥相呼应的效果。在进入这特殊的小节时，清楚地打出四拍子的节奏是至关重要的。否则，这部我寄予厚望的、能在我们的艺术中占据举足轻重地位的杰作，这股规模和阵容都空前绝后、运用的手法标新立异、气势波澜壮阔的音乐洪流，这幅像《最后的审判》的音乐画卷只能陷入一片无边无际令人瞠目结舌的杂乱无章之中。

出于一贯的不信任感，我背对着哈贝内克，站在他的身后，在即将参与合奏时，关注定音鼓手们的演奏，因为那里他是无法看到的。在我的《安魂曲》中大约有一千多个小节。就在我刚才说到的那个时刻，乐曲速度放慢了，铜管乐器开始了强有力的合奏。就在演奏到这独一无二的小节时，就在这个乐队指挥责无旁贷的关键时刻，哈贝内克却放下了他的指挥棒，悠然自得地掏出他的鼻烟盒吸了一撮鼻烟。我一直注视着他，一见这个情形，我便飞快地以脚跟为轴来了个向后转，冲到了他的前面，伸开手臂打出了对那个新乐章至关重要的四拍子。乐队跟随着我，秩序井然，我指挥着这一段直到结束。梦寐以求的效果出现了。当合唱队唱完最后一段歌词，哈贝内克发觉《喇叭喧鸣》这一乐章被我妙手回春，起死回生了，便对我说："我可是出了一身冷汗，要不是你，我们就要砸锅了。"我盯着他回答道："是的，我知道这一点。"我一句话也没多说……他是有蓄谋的吗？……这个人是不是和憎恨我的××先生以及凯鲁比尼的朋友们串通一气，策划并企图干出一桩如此卑鄙恶毒的勾当呢？我不愿去想……但我对此确信无疑。假如我错怪了他的话，就请上帝宽恕我吧。

尽管有各种各样官方和半官方的、卑鄙可耻的阴谋诡计从中阻挠破坏，我的《安魂曲》还是取得了圆满的成功。

我刚才提到了陆军部部长同意演出我的《安魂曲》的条件是这样的，可敬的贝尔纳将军对我说："您的作品将在仪式上演奏，为此我将拨给您一万法郎，但我必须看到我的同事、内务部部长的信之后才能将这笔钱交给您。他在信上首先要保证偿付根据加斯帕兰先生的决议请您创作《安魂曲》而应该付给您的报酬。其次要偿付在七月份参加了排练的合唱队员以及抄谱人应得的费用。"

内务部部长实际上已经在口头上向贝尔纳将军保证将偿清这笔三重债务。他的信也已起草完毕，只缺他的亲笔签名。为了拿到这个签名，他的一位秘书拿着信和羽毛笔同我一道在会客室外面从上午十点一直等到下午四点。到了四点钟，部长才出来，这位秘书在楼道里截住了他，终于让他签上了他那宝贵的大名。我一分钟也没耽误，就跑到了贝尔纳将军那里。在一丝不苟地看过他的同僚的信之后，这才让人将一万法郎交到我手里。

我将这笔钱完全支付给了参与这次演出的人。我给了杜普雷300法郎，他在《圣哉经》中担任独唱。另外300法郎我给了哈贝内克，这位独一无二的抽鼻烟的指挥；他是多么恰到好处地用上了他的鼻烟盒啊。这样我就一文不名了。从来自两方面的约束力来看，内务部部长都应该偿清这笔欠款：一方面是他前任的决议，另一方面是他刚以私人方式向陆军部部长做出的保证。我设想，最终内务部部长是会偿还这笔欠款的。

一个月，两个月，三个月，四个月，八个月过去了，我仍然无法得到一枚铜子。在我们不断的请求和部长的朋友对他们的一再劝说下，经过不辞劳苦地四处奔走，以及一次又一次书面和口头上的抗议；部长终于还清了合唱团成员和抄谱人应得的报酬。

长期以来，如此之多的疲于等待付款的人们对我无休无止的纠缠使我变得无法忍受。他们甚至对我也产生了无端的猜疑。我至今对这一点仍然愤愤不平。但我总算从中解脱出来了。

而我，《安魂曲》的作者，难道会将自己的价值同区区几个小人相提并论吗？见鬼去吧！这纯粹是对我的诬蔑！因此，对于那些自始至终不愿偿还欠款的人，我仍然毫不犹豫地要求他们不折不扣地履行部长许下的承诺。当时，我急需要钱，所以只好再次忍气吞声地到艺术处处长的办公室里去找他。几个星期过去了，我的请求仍然徒劳。我怒火中烧，形销骨立，夜不成眠。终于在一天早上，我来到内务部，铁青着脸想大闹一场做个了断。

我走进××先生的办公室，对他说："啊！看来你是坚决不想付钱给我了！"处长回答说："我亲爱的柏辽兹，您知道这不是我的错。我已经了解了各方面的情况，并且作了周密的调查。应该给您的那笔资金已经不知去向了，有人把它用作别的用途。我不知道是哪个处干的。唉，要是这种事情发生在我们处，我一定……""怎么，给艺术处的资金被用在别的部门您竟然不知道？您的预算是谁先来谁就可以用的，是吗？……不过没关系，我毫不关心这类问题。我只知道内务部长允诺拨给我三千法郎创作《安魂曲》。我必须要回这属于我的三千法郎。""——我的上帝，请您冷静点，别人会发现的。另外这还有一个您是否能得到十字勋章的问题。""我不要你们的什么十字勋章！把欠我的钱给我！"我一下子推倒了一把扶手椅，大声喝道："没有什么可是，我宽限您到明天中午。如果明天中午十二点我还没有收到这笔钱，我会给您和部长造出点前所未有的丑闻来听听！您知道我还是有办法造出点儿丑闻来的。"××先生一听大惊失色，帽子也忘了戴，就跌跌撞撞地跑上楼去找部长。我跟在他的后面喊道："让他给我听着，他对我的这种态度，我用来对待我的鞋匠都感到可耻。他对我的所作所为会马上让他有个好名声的。"

这下我发现了部长的弱点。十分钟后，××先生拿着一张三千法郎的凭单（支票）回来了。他们弄到了钱……在巴黎，艺术家们有时是如何为自己伸张正义的便能从中略见一斑了。我要提醒他们，那些更激烈的做法也是不可小瞧的。

不久以后，杰出的加斯帕兰先生又再次出任内务部部长。他将无比荣耀的荣誉军团骑士十字勋章授予了我。看来是想补偿一下我由于《安魂曲》所经历的种种不堪忍受的不公平待遇。有人可以说这是想把这枚十字勋章以三千法郎的价钱卖给我。假如当时这枚十字勋章就这样授予我的话，我连三十个苏都不会给他。这项公众的荣誉同时也授予了当时巴黎歌剧院的经理迪蓬谢尔以及当代最负盛名的歌唱家博尔多尼。

《安魂曲》付印之后，我题词将其献给加斯帕兰先生：他当时已经卸任，这样做就愈显得理所当然了。

《安魂曲》上演之后，音乐家们、合唱团团员们、搭筑乐队演出台的美工们、哈贝内克、杜普雷，以及其他所有人的报酬都已付清，而我却还在为得到我的三千法郎而奔走疾呼。这样一来，内务部部长在这件事上对我采取的行动和态度就变得尖刻起来。某些反对我的报纸也给我扣上了一个政治红人的帽子，将我说成是一条靠啮食政府预算为生的蛀虫，还在报上赫然印着，为了那首《安魂曲》，内务部刚刚给了我三万法郎。他们在我当时尚未收到的那笔款子后面加上了一个零：他们就是这样捏造事实的。

第四十七章

《安魂曲》中的《哀悼》部分在里尔演奏;让凯鲁比尼碰个小钉子;他向我使出漂亮的新招;我让他碰了个大钉子;我被《辩论报》编辑部聘用;我感受到了评论工作的痛苦。

在我刚讲过的那次葬礼仪式引起的波折过去几年之后，里尔城举行了它的首次音乐节，哈贝内克负责音乐部分的指挥——不知是一时心血来潮还是突发善心。他这个人总是反复无常；或者是在可能的情况下想让我忘记他那出了名的吸鼻烟的小动作，他突发奇想向音乐节组委会建议将我《安魂曲》中的《哀悼》放在音乐会上和别的曲目一同演出。凯鲁比尼的《庄严弥撒》中的《信经曲》也同时被列入了节目单。哈贝内克在排练我这段曲目时极为认真，整个演奏过程看起来也无可挑剔，演出效果也是异常火爆。尽管《哀悼》的规模十分庞大，观众们仍强烈要求重演。有些听众甚至为之感动得落泪。由于里尔的组委会未邀请我荣幸地参加这次音乐节，我留在了巴黎。然而音乐会开完以后，哈贝内克为空前成功地演绎了这部难度极大、如此复杂的作品而兴高采烈。于是他给我写了一封短信，其内容如下或大致如下：

我亲爱的柏辽兹：
　　我怀着难以抑制的兴奋之情通知您，您的《哀悼》被演绎得无懈可击，反响强烈，造成了轰动的效果。

您忠实的哈贝内克
于里尔

　　巴黎的《音乐报》发表了这封信。这下轮到哈贝内克去看凯鲁比尼了。他不得不向他保证，他的《信经曲》演绎得也不错。凯鲁比尼冷冷地反唇相讥道："是啊，但您可没给我写信！"他又被这邪门的《安魂曲》刺激了一下。于是，在下面发生的事件中，他便十分可笑地对我施以报复，想让我尝尝苦头。

音乐学院的和声学教师一职空缺。因而，我的一位朋友便怂恿我去应聘此职。虽然我对能得到这个职位并不抱什么希望，但还是给我们的凯鲁比尼院长写了封信。收到我的信后他叫人把我召去，他用所能表现出来的最亲切的态度、最温和的声音对我说道："您是自荐来任和声学课教师的吧？"……"是的，先生。""噢，您将会如愿以偿的……以您现在的名气……以您的关系……"——"太好了，先生，我已经提出申请了。""是的，但是……但是这让我很为难……我是想把这个职位给其他人的，"……"这样的话，先生，那么我收回我的申请。"——"别这样，别这样，我可不愿意这样。您看，这样一来，好像是因为我您才撤回申请的"——"好吧，那我保留我的申请。"——"如果您坚持要求的话，您也能得到这个职位，但是我原来并没有打算给您的。那么，该怎么办呢？您知道在音乐学院教和声课的人必须是钢琴家。您知道吗，我亲爱的柏辽兹。"——"必须是钢琴家？啊，这太出乎意料了。好吧，这是个好理由。我将给您写信，说因为不会演奏钢琴，所以我无法奢望音乐学院和声学教师之职。因此我撤回我的申请。"——"是的，我亲爱的，但是……但是这可不是因为我您才……"——"不，先生，完全不是。因为我愚蠢得居然忘记了只有钢琴家才能教和声学。所以，我理所当然要撤回我的申请。"——"是的，我亲爱的，来，来拥抱我一下。您知道我是多么地爱您！"——"噢！是的，先生，这我知道。"他确实拥抱了我，亲热得像我的亲生父亲。回去后，我写信给他，撤回了我的申请。八天以后，这个职位给了一个名叫比奈梅的人，他弹钢琴的水平也不比我强多少。

　　这就是那个上演得很成功的伎俩，我对此只是一笑了之。

　　读者一定感到奇怪，我为何不反问凯鲁比尼："先生，您自己难道不能教和声学课吗？"这是因为，这位了不起的艺术大师自己也一点不会演奏钢琴。

　　不久以后，我也故意以一种毫不留情的方式伤害了我的这位大名鼎鼎的朋友。我坐在巴黎歌剧院正厅的后排，看了他写的一部作品《阿里巴巴》的首演。当时所有的人都认为这部歌剧是凯鲁比尼创作过的最空洞乏味的作品之一。第一幕接近尾声时，我已对这部毫无特色可言的作品感到了厌倦，不禁高声叫道："我出二十法郎买下它！"在第二幕中，我总感觉到被这部音乐的海市蜃楼欺骗了，因而我继续出价："我出四十法郎买下它！"最后一幕（终曲）开始了。"我出四十法郎买下它!"全剧结束后,我站起来,扔下了下面几句话:"啊!我发誓,我可不是那么有钱,我放弃了!"然后我扬长而去。

和我坐在同一排长椅上的两三个年轻人对我怒目而视。他们是特意被安排在那里为他们的院长捧场的。于是不可避免地于次日将我出言不逊的叫价以及后来更肆无忌惮的语言告诉了凯鲁比尼。凯鲁比尼对我说过:"您知道我是多么地爱您"。而之后发生的这件事对他来说就更是一个侮辱。毫无疑问他会觉得我是个过河拆桥、忘恩负义的人,这次可不再是小事一桩了。我也承认这一点。我射过去的这一箭毫不留情地给他的自尊心造成了严重的创伤。他同我疏远了。

我想现在该说说我是怎样被《辩论报》的编辑部聘用的。从意大利归来之后,我就在《欧洲月刊》《文学欧洲》《戏剧世界》(这些刊物存在的时间都很短),《音乐报》《记者》,以及一些如今已被我所遗忘的刊物上发表了为数不少的文章。然而这些短期的、无足轻重的工作也只能给我带来极其微薄的收入。我窘迫的生活状况仍未得到改善。

一天,我实在走投无路了。为了挣几个法郎,我写了一篇题为《鲁比尼在加莱》的短篇小说。《音乐报》发表了它。我写这篇小说的时候悲伤欲绝,但刊登的消息却让我欣喜若狂。这一悲一喜的强烈反差是经常出现的。几天以后,《辩论报》又转载了这篇小说,而且在题头还加上了几行总编的按语,对作者的赞美之辞溢于言表。我立刻向贝尔坦先生致谢,他建议我为《辩论报》的音乐专栏撰写文章。在卡斯蒂尔·布拉泽退休之后,这个引人羡慕的评论家的宝座就空缺下来了。开始我没有完全在那里任职,有一段时间我只是写一些对于音乐以及对一些新创作乐曲的评论,不久以后,对巴黎歌剧院的评论也移交给了我,而意大利剧院仍然归德莱克吕泽先生负责评论直至现在。让·雅南则保留着对巴黎歌剧院芭蕾舞团的评论权。当时我放弃了在《记者》中的专栏。同时将我的评论工作限制在只写受《辩论报》以及《音乐杂志》欢迎的评论上。如今我差不多放弃了这家周刊编辑部分给我的工作。尽管给我的待遇十分优厚,我只在每当我们的音乐界的发展迫使我不得不这么做的时候,才给《辩论报》写文章。

这项无休无止的任务腐蚀了我的生活。然而,除了不得不考虑它能给我带来的经济来源之外,我感到自己也几乎不可能放弃这项工作,否则就会在它所激起的强烈而无穷无尽的仇恨面前手无寸铁，坐以待毙。因为报刊从某种意义上来讲，比阿希尔的长矛更为有用，它不仅治愈了它所造成的创伤，还能被主人当作盾牌（武器）。而我在那些可悲的文字之间是多么游刃有余啊！有时为了避免使真相昭然，我必须用多少拐弯抹角的言辞啊。在社会关系和公众观念面前，我必须做出多少让步啊！我忍住了怎样的狂怒！我咽下了何等的耻辱！可有人还以为我脾气暴躁，凶神恶煞，目中无人。啊！你们就是这样对待我的，你们这群毫无教养的人。如果让我说出心里话，我就这样告诉你们：看着吧，你们企图让我躺上的那张荨麻床和我用来炙烤你们的铁格架相比，只能是一张开满玫瑰的花床！

我至少应该光明正大地说，不论基于何种考虑，我从未拒绝过将我对那些激发过我灵感的作品或个人的尊重、敬佩以及狂热的仰慕之情毫无保留地表达出来。我也热情地赞扬过那些曾经让我吃尽苦头的人，尽管我已和他们完全终止了一切联系。在忍受了如此的痛苦之后，报纸给予我的唯一补偿是将我心灵的冲动引向了真善美的彼岸。赞扬一个有价值的敌人对我来说是惬意的。这是正人君子的一种责任，我为能履行这种责任而感到自豪。相反，为了吹捧一位毫无才华的朋友而杜撰出来的每一个字词都会引起我锥心的痛苦。然而对于这两种情况，所有的评论家都清楚：仇视你的人会不满于你在众目睽睽之下如此直率地对他们作出公正的评论，并为这好像是你赐给他们的荣誉而勃然大怒；而爱你的人，也往往因为你对他们如此吝惜于颂扬之辞而对你不满。

当有人不幸同我一样同时身兼艺术家和评论家两职时，请不要忘记这种职责给心灵带来的创伤。那就是必须以任意的一种方式留意一千件小人国中发生的无聊透顶的蠢事。尤其要提防那些在目前或在将来用得着你的人对你的阿谀奉承和俯首帖耳之举。我经常饶有兴趣地欣赏着某些人的"地下"工作，他们为达到他们所谓"好"专栏的目的而在其意欲撰写的文章上挖出一条长达数里（法国古里，合4公里）的地道。如果他们清扫地道，修建拱顶的耐心还不够可笑的话，那么就没有什么比他们一下下挥动十字镐的辛勤劳动更滑稽的事了。直到有一天，评论家对这种鼹鼠似的劳动终于失去了耐心，于是突然打开了一个漏水洞，将地道，有时甚至连同挖掘地道的人都淹没殆尽。

我不喜欢用金钱来评价我的作品，我只在乎那些不受专栏影响的人对它们的意见。在音乐界人士当中，只有乐队以及合唱团成员对我作品的认可才是令我感到满意的。因为以他们的个人才能，很少有被我选中作为评论对象的。因此他们毫无理由为了我在专栏中可能对他们进行评论而对我刻意奉承讨好。再者，有时从我的文章中挑出几句赞扬之辞也不足以取悦听到这些话的人。我拼命强迫自己赞美某些作品，以至于字里行间不免流露出了我的真实想法。就像在承压机的巨大作用之下，水透过机器的金属表面渗出来一样。

巴尔扎克在他那叹为观止的《人间喜剧》中曾在二十处就当代评论界谈出了一些极有价值的见解。然而在揭露评论界人士的错误和谬论的同时，我认为他没有充分突出那些值得尊敬的人物的价值；也没有对他们内心的苦衷给予充分的重视。甚至在他的《新闻论》一书中，尽管是与他的朋友洛朗-让（他也是我的评论界同行，是我所认识的最有思想深度的人之一）合著的，巴尔扎克也未能将这个问题的方方面面悉数阐明。洛朗-让曾给好几家报纸撰稿，但未能持之以恒。与其说他是个评论家，不如说他是个幻想家。他也和巴尔扎克一样，不可能什么都知晓，什么都能看到。

一天，阿尔芒·贝尔坦先生由于关心我困窘的生活而与我攀谈起来，他的一席话使我又惊又喜：

"我亲爱的朋友，您的职位现在就定下来了。我为您的事和内务部长谈了，他决定不顾凯鲁比尼的反对，让您担任音乐学院的作曲教师。薪金是一千五百法郎。另外，还有从内务部的资金中拨出的奖励艺术创作的四千五百法郎。有了这六千法郎的年薪，您就可以烦恼尽扫，完全自由地投入到音乐创作中去了。"

翌日傍晚，我在巴黎歌剧院的后台，××先生看见了我。他知道了部长对我的安排。而当时他仍然是艺术处的主任。他向我迎面走来，对我殷勤备至，将阿尔芒·贝尔坦先生对我说过的话几乎原封不动地复述了一遍。我向他表达了我的谢意，又请他转达我对部长衷心的感谢。在没有人要求的情况下就自动做出的这个承诺，是不会比其他的承诺更有信誉的。但从此时起,要谈的就不是这个问题了。

第四十八章

贝尔坦小姐的《爱斯梅拉达》;我的歌剧《本韦努托·切利尼》的排演;它辉煌的结尾;《罗马狂欢节》序曲;哈贝内克;杜普雷;厄内斯特·勒古维。

尽管凯鲁比尼总是从中作梗，我后来还是得到了音乐学院图书馆馆员的职位，并且一直任职至今，月薪一百一十八法郎。但不久之后，当我在英国逗留期间，法国宣告成立共和国。几个高尚的适于此职的同胞认为应该将此职夺回来。他们抗议说这个职位不应该让我这样一个怠职如此之久的人来担当。我从伦敦一回来便知道我即将被撤职。好在维克多·雨果当时是众议员，他才华横溢，并在众议院中享有一定的威望。幸而有他的介入，才让我得以保住了这个卑微之职。

几乎在同时，艺术处处长由夏尔·布朗先生接任。他是一位正直善良又博学多才的艺术爱好者，也是著名的社会党成员。好几次他都非常热情地帮助了我。他对我来说是难以忘怀的。

有些人极为冷酷地仇视着政治和文学新闻工作者。当这些新闻工作者一旦有把柄被抓住，不论是直接或是间接的，他们就会真真切切地感受到这种仇视对他们造成的伤害。

《辩论报》创办人的女儿，总编的妹妹路易丝·贝尔坦小姐同时也致力于文学和音乐的创作，并且成就斐然。贝尔坦小姐是当代最杰出的巾帼精英之一。据我看来，她在音乐方面的天赋与其说是感性的，不如说是理性的。也许人们会隐约觉得她的歌剧《爱斯梅拉达》的风格及其旋律的体裁稍嫌幼稚。但尽管如此，这部由维克多·雨果撰写歌词的作品的确包含了一些极为瑰丽优美，并且意趣盎然的篇章。由于贝尔坦小姐无法在舞台上监督或指挥乐队的排练，于是他父亲便委托我帮她处理此事，并十分慷慨地对我花在这件事上的时间进行了补偿。剧中的主要角色有：弗比斯、弗罗洛、爱斯梅拉达和卡西莫多，分别由努里、勒瓦瑟、法利孔小姐和马索尔扮演。这些人都是当时巴黎歌剧院里再好不过的歌唱演员了。

有几段乐曲，尤其是教士与爱斯梅拉达之间的二重唱，第二幕中的浪漫曲，以及传神地刻画卡西莫多的乐曲在彩排中博得了阵阵掌声。这部作品竟然出自一个女子之手，一个从未写过任何一句评论，从未褒贬过任何一个人的女子！她唯一的过错便是出生在这个极具影响力的报业领导者的家族。当时某些读者对这家报纸的政治倾向十分憎恶。这部作品比我们每天听见的那些获得成功或至少是为人们所接受的作品好上千倍，然而它却陷入了一片极其恶劣的喧哗嘈杂声中。在歌剧院里迎接它的是一片史无前例的嘘声、尖叫声和喝倒彩声。甚至不得不在一幕的中间，在人们又一次嘘声四起时，无可奈何地降下幕布。但演出还得继续进行。然而，名为《敲钟人之曲》的为大家所熟悉的卡西莫多的乐段仍然博得了全场阵阵掌声，并被要求重演。由于无法阻止这个场面所产生的强烈效果，一些比其他人更为疯狂仇视贝尔坦家族的观众竟恬不知耻地叫喊到："这不是她写的！这不是贝尔坦小姐写的！这是柏辽兹写的！"是柏辽兹模仿《爱斯梅拉达》的风格写了这一段音乐——这个谣言在这些人中间迅速蔓延，传播。然而这段音乐和这部作品的其他乐段一样，都完全与我无关。我以名誉担保，我从来没有为这部歌剧写过任何一个音符。

但他们是如此千方百计地要将仇恨的火焰猛烈地射向作曲者，以至于歪曲夸大了我负责这部作品的排练并将其搬上舞台的这个事实，并将其作为借口，把敲钟人之曲完完全全地归功于我。由此我可以想象，在轮到我出现在歌剧院的舞台上时，出现在这个任何卑鄙无耻的报复行为都能够逍遥法外的剧场大厅中时，我的仇人们，那些在我为《辩论报》写评论时直接触怒的人，将会以一种怎样险恶的手段来报复我。

我被本韦努托·切利尼生活中的一些小插曲所打动，不幸地认为它们可以作为创作一部有悲剧色彩又别有情趣的歌剧的素材。于是我请莱翁·德·韦利和奥古斯特·巴比尔——了不起的《讽刺诗》（短长格、抑扬格，希腊、拉丁诗）的作者——为我写一个剧本。

甚至连我们的朋友也认为，这部作品确实没有什么令人称之为好剧本的可取之处。然而，我却对这部作品很满意，而且至今我仍看不出它比每日上演的那么多别的作品逊色在哪儿。当时巴黎歌剧院是归迪蓬谢尔领导。他把我看成一个狂人加疯子，而我的音乐也只是，而且只能是一连串的胡言乱语加疯话连篇。然而为了取悦《辩论报》，他同意听人朗读《本韦努托·切利尼》的剧本，并且装出颇为乐意地接受了它。然后他离去了，四处宣扬他之所以允许排练这部作品，并非是因为它的音乐（他心里明白音乐是荒谬透顶的），而是因为它的剧本（他觉得这才是魅力无穷的）。

他确实让这部作品进行了排练。在投入排练的这三个月中，那些人让我经受的苦痛将使我永生难忘。大部分的演员已听信这部歌剧将必败无疑的谗言，因而漫不经心，无精打采，给这部歌剧的排练带来了显而易见的倦怠情绪。哈贝内克的情绪也极为恶劣，震耳欲聋的喧嚣声在剧院中回荡。这些知识浅薄的人对于这个与斯克里布派韵文平淡松散的风格截然不同的剧本的见解非常愚蠢可笑。所有这一切都向我显露出一种全面的敌意，而我对此却无能为力，只能假装视而不见。

奥古斯特·巴比尔在宣叙调中的有些地方使用了一些显然是辱骂人的话语。这些粗俗的用语与我们现时代的装模作样、一本正经是格格不入的。但在李·德·韦利写的二重唱中，这些诗句竟然令我们大部分歌唱者感到滑稽可笑：

当我从梦乡中苏醒，
微白的晨曦染亮了屋顶，
公鸡在引吭高歌，等等，等等。

噢！公鸡！他们说："啊！啊！公鸡！为什么不是母鸡！等等，等等。"

该怎样回答这类蠢话呢？

我们终于开始乐队的排练了。那些乐师们看到哈贝内克面带愠色，因此对我缄默不语，矜持，严肃，冷若冰霜。然而他们还是恪尽职守的。但哈贝内克没有尽职。他从来就没能表现出第二幕中在圆柱旁人们载歌载舞的萨尔塔列拉舞曲那活泼欢快的风格。舞蹈演员们无法适应他缓慢、拖沓、有气无力的速度，就过来向我诉苦。我对他反复说过："再快点，再快点，欢快起来！"哈贝内克怒气冲冲地敲击着他的谱架，还敲坏了他的琴弓。最后，看他这样发了四五次火之后，我镇定地对他说了这样几句话，惹恼了他：

"我的上帝，先生，您就是敲坏五十把琴弓，您的速度也还是慢了一半；这可是一支萨尔塔列拉舞曲啊！"

这次哈贝内克停止了排练，转向乐队说道："既然我没有这个荣幸能让柏辽兹先生感到满意，那我们今天就到这里为止吧，你们可以走了。"我无法自己指挥《本韦努托·切利尼》的排练，因为法国的剧院规定，作者无权指挥他们自己的作品。于是排练就这样结束了。

几年之后，当我创作《罗马狂欢节》的序曲时，其中的快板是以哈贝内克永远无法指挥好的同样的萨尔塔列拉舞曲作为主题旋律的。音乐会当晚，我的序曲在赫尔茨大厅进行首演，哈贝内克当时也在大厅的休息室。他得知在早晨排练的时候，国民自卫队方面从我这里带走了一些乐师。因此，木管乐部没有人参加我们的排练。他自言自语道："太好了，今天晚上的音乐会可有好戏看了，等着瞧吧！"我走上乐队席，周围所有负责木管乐的艺术家们一想到要在公众面前演奏一首他们完全陌生的序曲，就都不免暗自捏着一把汗。

我对他们说，不要害怕，乐谱很正确，你们都是才华横溢的音乐家，尽量看我的指挥，把握好休止符，一切都会很顺利的。

无懈可击地，我以能使舞蹈演员们旋风般起舞的速度指挥着这段快板。观众要求重奏这支曲子。于是我们将这段序曲又重奏了一次。第二次演奏时，这首序曲更是被演绎得出神入化。回到休息室，哈贝内克显得有些垂头丧气。我走过他面前时只向他扔下了四个字："瞧见了吧！"对此，他哑口无言。

在此之前，我从未如此强烈地体会到由自己来指挥自己的音乐而带来的幸福感。想到哈贝奈克让我经受的痛苦，这次成功就更让我感到高兴。

可怜的作曲家们！要学会自己指挥，并要擅于自己指挥，擅于把握自己。千万不要忘记，在您作品的演绎者中，最危险的人物莫过于乐队的指挥了。

再回头说说我们的《本韦努托·切利尼》吧。

乐队为了不和他们的指挥对我暗中抗议的态度背道而驰，便对我小心翼翼地保持着严肃与矜持。然而在最后几次排练结束之后，他们打破了拘谨，称赞起其中的几个乐段。有几个人甚至宣称我的乐谱是他们听过的最富有创意的作品之一。这些话传到了迪蓬谢尔的耳朵里。一天晚上我听见他说："见过变得这么快的看法吗？居然有人觉得柏辽兹的作品吸引人。这些愚蠢的音乐家简直把他捧上了天。"

然而这些音乐家中间也有好几个人完全没有一点赞成我的意思。

一天晚上，在演奏第二幕的终曲时，我意外发现有两个人没有演奏他们的声部。而是在奏着《我有好烟叶》的曲子。他们希望以此来讨好他们的指挥。在剧院我也发现了与这些恶作剧相类似的可笑举动。

同样进行到这段终曲时，舞台应该布置得很黑暗，象征着旺多姆广场上在夜幕下戴着面具的拥挤的人群。而在这时，男舞蹈演员们却嬉戏追逐，捕捉着女舞蹈演员，并以此为乐。他们对那些被夺走女伴的人尖声叫喊，夹杂在合唱团员们的歌声中，扰乱了他们的演唱。我气愤不已，为了制止如此肆无忌惮的混乱场面，我去找负责人，但迪蓬谢尔总是无影无踪。他是不屑于来观看排练的。

无论如何，这部歌剧总算上演了，人们对序曲反应强烈，演奏甚至取得了过分空前的成功。而后面的演奏却遭到了一种令人钦佩的、精力旺盛的一致性大喝倒彩。不过它还是演了三场。此后杜普雷觉得应该放弃本韦努托这个角色。这样一来，这部作品便少了他这块招牌，在很久以后才得以重新上演。阿莱克斯·杜邦已花了整整五个月的时间来练习这个角色，他对未能第一个获得这个角色而耿耿于怀。

杜普雷十分擅长扮演激烈的角色，比如在他即将打碎自己的雕像时的六重唱部分。但他的声音不适合演绎舒缓柔和的歌曲，或是荡气回肠的、梦境般恬静的旋律。这样一来，在他的唱段《在那些最荒凉的山峰上》中间，他无法将"我快乐地歌唱"这句中的高音"SOI"坚持唱到底。按照我写的乐谱，这个音符应该持续三拍，而他只唱了一个短音"SOI"。因此，效果就荡然无存了。格拉斯·多吕女士和施托尔茨女士全神贯注地反复揣摩二人分别扮演的泰蕾萨和阿萨妮奥的角色。因此在演绎这两个角色时她们显得魅力四射，得心应手。施托尔茨女士在第二幕中演唱她的回旋曲《那么我拥有什么？》时显得那么光彩夺目，以至于人们都可以将这个角色看作是她在歌剧院登上至高无上地位的起点。可随后人们又将她如此粗暴地从这个位置上推了下来。

我在巴黎歌剧院遭受这样的侮辱已经十四年了。我以一种极为冷静的公平态度仔细地重阅了一遍我这可怜的乐谱。我再次重温了我也许将永远也无法重新拾起的千种思绪、万种灵感，狂热的激情以及音乐所绽放出来的无上光辉。它们当之无愧地本该享受一种更好的礼遇。

我花了相当长的时间来创作《本韦努托·切利尼》的音乐。由于没有一个朋友来帮助我，我无法在预定的时间内完成它。我只能从所有别的工作的羁绊中完全挣脱出来，才能进行一部歌剧的创作。也就是说，在或长或短的时间内必须有条件将它一气呵成。但我当时却远远未能这样做。我只能日复一日地靠为好几家报纸撰稿为生。编辑工作几乎占据了我的全部时间。在这部作品让我产生第一次狂热的冲动时，我试图花两个月的时间来创作它。然而，无情的贫困从我手中夺走了创作之笔，粗暴地将评论家的笔强硬地塞到我的手中。其间的伤心事真是难以尽述。但是我毫无退路。我有妻儿，难道我忍心让他们缺吃少穿吗？我沉浸在深深的沮丧中。一方面，生活上的需要折磨着我；另一方面，我为不得不放下音乐创作的激情而痛苦不堪。我在其间左右为难，进退维谷。我甚至都没有勇气将我这项令人憎恶的平庸作家的工作坚持下去了。

当厄内斯特·勒古维来看我时，我正沉浸在最灰心、最忧郁的愁思中。他问我："您的歌剧呢？"——"我还没写完第一幕呢，我抽不出时间写它。"——"如果您有这个时间的话……"——"当然啰，那我会从早写到晚。"——"您要怎样才能有时间？"——"我缺两千法郎。"——"那如果某个人……如果有人……""行了，帮我说出来吧。"——"什么，您想说什么？"——"好吧，如果您的朋友借给您这笔钱的话……"——"我能向哪个朋友借这样一笔钱呢？"——"您都没问过这事；正是我可以借给您这笔钱啊！"……我的欣喜之情就可想而知了。次日，勒古维果然借给了我二千法郎。幸亏有了这笔钱，我才得以完成了《本韦努托·切利尼》。多么善良的心地啊！多么高尚可爱的人啊！这位杰出的作家、艺术家早已用他细致入微的高尚心灵洞悉了我所遭受的痛苦，他唯恐向我提议结束这种痛苦的方式会伤害到我！……几乎只有艺术家们才能如此地相互理解……而我也有幸遇见了好几个；他们以同样的方式帮助了我。

第四十九章

1838年12月6日的音乐会；帕格尼尼；他的信；他给我的礼物；我妻子的宗教热情；愤怒、喜悦和诽谤；我拜访帕格尼尼；他走了；我创作了《罗密欧与朱丽叶》；这部作品引起的争论。

当《本韦努托·切利尼》在歌剧院中横遭屠戮时，帕格尼尼正从撒丁岛旅行归来。他观看了这场可怕的演出，离去的时候痛心不已。此后他说道："我若是歌剧院院长的话，我甚至现在就会鼓励这个年轻人给我再写三部乐曲。我会预先付给他钱，我这是作了一笔黄金般的交易。"

这部歌剧的失败，再加之我在这些没完没了的排练中所郁积并压抑的满腔怒火，使我患上了支气管炎。我只好卧床，什么事也干不了。然而我和我的家人还得生活下去。我决定竭力担起这不可推卸的责任。于是在音乐学院的大厅里举行了两场音乐会。第一场的收支勉强相抵。为了增加第二场的收入，我在节目单中加进了我的两首交响曲，《幻想交响曲》和《哈罗尔德在意大利》。尽管我那顽固的支气管炎将我置身于不利的境地，但对于指挥这场1838年12月16日的音乐会，我还是感到充满了力量。

帕格尼尼也观看了这场音乐会，就是描述那著名的冒险经历的《哈罗尔德在意大利》的那一场。它招来了多少针锋相对的、四处蔓延的无稽之谈。我已说过帕格尼尼在离开巴黎之前是怎样鼓励我创作《哈罗尔德在意大利》的。这首交响曲在他离开后曾被演奏过多次，然而自从他归来后却从未在我的音乐会上演奏过。因此，他并不知道这首曲子。这一天，他是头一次听到。

音乐会刚刚落幕，我筋疲力尽，大汗淋漓，颤抖不已。在乐队席的正厅门口，帕格尼尼激动不已，兴高采烈地向我打着手势走过来。他的儿子阿希尔尾随其后。帕格尼尼在一场使他痛不欲生的喉病之后，已完全失声了。他在一个不完全寂静的地方，只有他的儿子可以听见或猜出他所说的话。他向这个孩子做了一个手势，孩子爬上了一把椅子，将耳朵凑近他父亲的嘴，全神贯注地听着。而后阿希尔从椅子上下来转向我说："我父亲让我向您保证，先生，在他这一生中，从未有一场音乐会能给他如此深刻的印象。您的音乐深深地震撼了他。若不是他克制住自己的话，他会拜倒在您的膝下向您表达他衷心的感激。"听到这番出乎意料的话语，我做了一个手势，表示我不敢相信并十分惭愧。然而帕格尼尼一把抓住我的胳膊并用他那残存的一点声音嘶哑地发出"是！是！"的声音。他将我领上了舞台，许多乐手当时还在那里。他向我双膝跪下，亲吻着我的手。我想当时我的震惊程度已无须赘述。我列出事实，这就够了。

我从这白热化的场面走出来，外面寒风刺骨。我在林荫道上遇见了阿尔芒·贝尔特先生，于是我停留了一会儿，跟他讲述了刚才发生的那一幕。阵阵寒意向我袭来，我回到家便卧床不起，疾病比以前又加重了。次日，我独自待在我的房间里。这时，我看见小阿希尔走了进来。他对我说："家父得知您还在病中，感到十分惋惜和难过，若不是他自己也身体欠安，疲于病痛，他会来看您的。这是他托我转交给您的信。由于我做了个要拆信的动作，这孩子拦住我说："这封信不需要回信，我父亲吩咐我让您在一个人的时候读它。"然后他一溜烟走了。

我思忖这封信一定是极尽对我的祝贺赞美之辞，于是我打开它念了起来：

（意大利语信）

我亲爱的朋友：

贝多芬去世了，唯有柏辽兹能使他复活。我领略了您非凡的，能称得上是天才的作品。恳请您接受我赠送的两千法郎，这些钱放在罗斯柴尔德男爵先生那儿，待他看完信后就会见到的。永远相信我吧！

您最亲爱的朋友
尼科罗·帕格尼尼
1838年12月18日于巴黎

我懂一点意大利语，它足以使我看懂这样一封信。然而信的内容却出人意料地令我吃惊不已。我的思想如堕云雾，我的感觉全然停滞。但有一张寄给罗斯柴尔德先生的短笺还放在里面。我丝毫未考虑到我的冒失。便不假思索地迅速拆开了它。上面有几行短小的法文：

亲爱的男爵，

请您将我昨天存放在您家里的两千法郎转交给柏辽兹。请接受我最诚挚的谢意。——等等。

帕格尼尼

直到此时我才恍然大悟，当时我一定是面如纸色。因为我妻子这时进来发现我手里拿着一封信，神色不济，便喊到："怎么了？又怎么了？又发生什么不幸的事了？振作一点！那么多不幸的事我们都挺过来了。"——"不，不，正好相反！"——"什么？"——"帕格尼尼……"——"怎样？"——"他给了我两千法郎！"……——"路易！路易！"亨丽耶特欣喜若狂，跑去找我那正在旁边的客厅里玩耍的儿子。"过来，过来，到妈妈这边来，快来感谢仁慈的天主对你父亲的恩赐！"于是我的妻儿跑过来，在我的床边拜倒。母亲祈祷着，惊讶不已的孩子在她的身边合起他的小手……噢，帕格尼尼！！！他是无法看到这是一幕怎样的景象！

大家一定想象得到，既然他无法出门看我，那么我的第一个举动定是给他回信。但是我的信在我看来总是不胜重托的。它远不能表达出我的所思所想，我不敢将其在此处重述出来。

不久后，帕格尼尼这一高尚行为便在巴黎传为佳话。我的住处那两天也成了接踵而至的艺术家的汇聚点，他们接踵而至，贪婪地看着那封出了名的信，并渴望从我这里获得关于这一非常事件的点点滴滴的细枝末节。所有的人都向我祝贺，其中的一个还表现出某种由嫉妒而产生的恨意。这并非是针对我，而是针对帕格尼尼的。"我没有钱，不然的话，我会干得同样漂亮的，"一个小提琴手如是说。这是我所认识到的最体面的嫉妒举动的典范。在外界，向我席卷而来的是仇敌的贬损、狂怒、谎言以及朋友的狂喜和欢呼雀跃。其中有雅南写给我的信和他在《辩论报》上写的那篇出色的、极富说服力的文章；还有一些无耻之徒对我的侮辱，对帕格尼尼的诬蔑；以及诽谤性的影射。二十种善意与恶意之间相互猛烈地碰撞，这一切都朝我席卷而来。

在如此动荡纷乱的情况下，我的心波澜起伏，激流汹涌，难以平静。无法下床的烦躁不安使我颤抖不已。直到第六天我才感觉稍好一些。我再也无法待在床上了，我穿上衣服跑到胜利街的新泰尔莫，帕格尼尼就住在那里。有人告诉我他独自一人在弹子房散步。我冲了进去，我们紧紧拥抱在一起，说不出一句话。过了几分钟，我结结巴巴地不知如何表达我由衷的感激之情。帕格尼尼住的大厅里寂静无声，我可以听到他说的话。他的一席话打断了我：

"不要再说这些！不要！一句也不要再多说了。这是我一生中能体验到的最深切的满足感。您永远也无法知道您的音乐激起我怎样强烈的感情。我已有多年没有体会到这样的感情了！"他狠狠地击了一下弹球，又说道："啊！那些对您搞阴谋诡计的人将再也说不出什么了。因为他们现在知道我懂这方面的事，我也并不容易！"

他的这句话意义何在呢？他是想说"我并不容易被音乐所感动"呢，还是"我从不很轻易地将我的钱给别人"？抑或"我并不富裕"？

他说这句话时的嘲弄口气让我觉得后一种解释是难以接受的。

无论如何，这位伟大的艺术家是想错了。尽管他享有如此高的威望，也无法使这些蠢人无赖就此折服。他并不了解这些巴黎的社会败类不久之后就会嗅着我的踪迹更加嚣张地狂吠。

一位自然主义者说过，有些狗憧憬着人的地位，而我觉得有更多的人向往着狗的身份。

我将债偿清了，还剩下一大笔钱。我只想把它用在音乐上。我对自己说，我应该在一个新颖宏伟的构思上创作出一部一流的作品；一部盛大壮丽、炽烈感人并且充满幻想的作品；一部值得奉献给对我恩重如山的这位卓越艺术家的作品。当我正在反复推敲这个计划时，帕格尼尼的健康状况却在巴黎恶化了。看来他无法再去马赛，并从那里抵达尼斯了。唉，他从巴黎无法再回去了。我通过信件向他呈递了关于我早已向他说过的这部我反复酝酿的鸿篇伟作的各种主题。

他回答我说："在这一点上，我无法给您任何建议。您比任何人都更明白哪一个能够使您中意。"

最后，经过了相当长期的反复推敲，我终于打定主意创作一部带有合唱、独唱以及合唱宣叙调的交响曲。而莎士比亚的悲剧《罗密欧与朱丽叶》则成为我这部壮丽而又别出心裁的作品的主题。我用散文语言写出了夹在乐曲间的那些歌曲的全部唱词。埃米尔·戴尚以她一贯令人愉快的、乐于助人的性格以及非凡的文学才能将其改成韵文。于是我开始了创作。

啊，这次我有了更多的稿纸，或者说至少是多一些，因为我有钱了。帕格尼尼将它给了我，让我创作音乐。而我正是这样做的。我用了七个月来创作这部交响曲。无论有什么事，一个月我至多只耽搁三到四天。

在这段时间里，我过的是怎样一种激情如火的生活啊！我精力充沛地遨游在广阔的诗歌海洋里。在莎士比亚点燃的爱情的炽热阳光下，那狂热的幻想的微风抚慰着我。我感觉到我精力充沛地抵达了一座不可思议的神奇岛屿，在那里，一座纯艺术的殿堂正冉冉升起。

我是否最终到达，这并不由我来决定。那么只能顺其自然了。

在我的指挥下，当时的这部乐谱在音乐学院连演了三次，每次都取得了真正意义上的成功。然而我却很快发觉在这个乐谱中还有许多地方需要修饰润色。于是我开始从方方面面对它进行一丝不苟的研究。然而使我深感遗憾的是，帕格尼尼从未听到也从未看到过它。我一直盼望着他能重回巴黎。我还期待着这部交响曲能够尽善尽美，圆满完成，并且能够付梓。这样我就可以给他寄过去了。然而就在此时，他却在尼斯去世了。我创作这部作品首先是为了使他满意，也为了能让他亲眼见到它同时亲自请他为这个作曲家所做过的一切做出评价。然而，我已无从知道他是否认为这部作品能配得上他了。他将这种痛苦以及其他无尽的心碎欲裂的悲痛留给了我。他于1840年1月7日在尼斯给我的信中说到他自己也对无法见到《罗密欧与朱丽叶》而深感遗憾。信中写道：

"现在事已至此，心中的愿望只能沉默。"可怜的、高贵的、伟大的朋友。幸亏他没有读到巴黎的好几家报纸对这部作品的提纲、序曲、柔板、玛布仙女一段以及劳伦斯神父的宣叙调所写的那些可怕的愚蠢之辞。其中的一家报纸还指责我，说我尝试这种新形式的交响曲简直是荒谬透顶。另一家报纸声称在我的《玛布仙女谐谑曲》中只能找到一点类似润滑不良的喷射器那样的噪音。第三家报纸谈到了这部交响曲中柔板的爱情场面，即现在欧洲四分之三的知道这一段音乐的音乐家们将其列在我写的所有作品之首的这一乐段；他们十分肯定地说我不理解莎士比亚的作品！！！鼓着腮帮子喋喋不休的癞蛤蟆！在我面前，你们就是这个样子！

从未有比这更出乎意料的评论更残酷地伤害我的了！根据惯例，没有一个曾经写文章赞成或反对我的严厉而公正的批评家给我指出过这样一个缺点。然而，后来当我重新认识到这些缺点确实存在的时候，我便逐个地将它们改正过来。

弗朗科斯基先生（恩斯特的秘书）指出《玛布仙女谐谑曲》的结尾部分欠佳，比较生硬。于是我推翻了以前的结尾，为这一乐段重新写了一个结尾并保留至今。

根据奥尔蒂格先生的意见，我想在劳伦斯神父的宣叙调中进行主要的删节。这是由于诗人在写作时运用了篇幅过多的诗句而将我带入了冗长啰嗦之中，使这段宣叙调大为失色。

由于我不断地在巴黎、柏林、维也纳、布拉格倾听我的作品，来研究其整体和细节的效果，因此，其余的所有修改、增添、删节都是由我自己来完成的。

尽管在作品中我没有找到别的瑕疵，但我至少是以我最大的诚意来寻找它们的，用我敏锐的洞察力来发现它们的。

在此之后，一个作者除了坦率地承认他无法做得更好，并且只能任其作品白璧微瑕之外，他还能做些什么呢？当我终于做到了这一点时，交响曲《罗密欧与朱丽叶》出版了。

这部作品演奏起来有极大的困难，并且是各种各样的、在形式上和风格上都不可避免的困难。这些困难只能通过长期的分段练习以及无懈可击的指挥才能克服。要将这部作品演绎好，需要一流的艺术家，即乐队指挥、器乐家以及歌唱家。并且需要这些艺术家在排练这部作品时具有像在一流歌剧院中排练一部新的歌剧那样的决心。也就是说他们应该全身心地演绎它。

因此，人们永远不会在伦敦听到这部作品，因为在那里无法进行必要的排练。在那个国家里，音乐家们是没有时间搞音乐的。①

---

① 在这本书写完之后，在我的指挥下，《罗密欧与朱丽叶》的前四部分在伦敦上演了，并且在公众中获得了在任何别的地方得不到的、前所未有的热烈欢迎。——作者注

第五十章

德·雷穆萨先生要我创作《葬礼与凯旋交响曲》；它的演奏；它在巴黎大受欢迎；哈贝内克的话；斯庞蒂尼评价这部作品用的形容词；关于《安魂曲》他所犯的错误。

1840年的七月将至。法国政府想通过一些盛大的典礼来纪念。为了纪念1830年革命十周年，将把在这次革命中牺牲的那些英勇的烈士的遗体运送到巴士底狱广场上刚落成的纪念碑下面重新埋葬。当时的内务部长德·雷穆萨先生和加斯帕兰先生一样也是一位音乐爱好者。他有心让我为烈士遗体的运送仪式创作一部从曲式到演奏方式上完全任我选择的交响曲。为这项工作他拨给了我一万法郎。这笔钱将作为我支付抄谱者与乐师们的费用。

　　在我看来，对于这样一部作品来说，最简单的方案也许是最好的。而且对于一部在露天演奏的交响乐来说，大量集中木管乐器是个好办法（至少第一次是这样）。我想用行进中演奏的一首既激昂又悲壮的进行曲唤起人们对在这次著名的三天中牺牲的战士们的回忆。当遗体下葬到这座烈士纪念碑的墓中时，向这些英勇高尚的烈士们致悼词并道永别，最后唱一曲颂歌。这是一首神圣的乐曲，当碑石封顶时，人们的眼中就浮现出那座展开双翼，直冲云霄，象征自由的纪念碑；就像为它而献身的这些烈士们的高尚灵魂。

　　就在我即将完成葬礼进行曲时却谣言四起，说七月份的仪式可能要取消。我对自己说："好吧！又是上次《安魂曲》事件的翻版！这次我可不会再重蹈覆辙了。我知道我们这个世界是什么样的。"于是我便停笔了。然而几天后，当我在巴黎闲逛时，内务部长的马车从我身边经过，德·雷穆萨先生看见了我，于是停下了他的车。他向我招了一下手，我便走了过去。他想知道那部交响曲的进展情况。我直截了当地向他说明了我中止这部交响曲创作的原因，并向他提到了上次达姆雷蒙元帅的葬礼仪式以及那部《安魂曲》给我造成的莫大痛苦。

　　他对我说："但是您听到的谣言全是假的呀！什么也没有改变。巴士底狱圆柱形纪念碑的落成典礼以及七月革命烈士的遗体运送仪式都将如期举行。我还指望着您呢，请您尽快完成您的作品吧。"

尽管我的怀疑是有充分理由的，但是德·雷穆萨先生的一席话却打消了我的顾虑。我马上重新投入了这部作品的创作之中。进行曲与追悼曲已完成了，化神曲的主旋律也已确定。我在创作铜管乐时停留了很长时间。我想将这一部分管弦乐队的低音逐渐升高并拔到高音符，以此来将化神之歌绽现得光芒四射。这一部分我不知改了多少次都无法使我满意。要么太流于平庸，要么曲式上过于狭窄，要么不够庄严，要么不够嘹亮，要么层次感不强。我梦想着创作一部天使般的、简单而高贵、五彩缤纷、战鼓擂擂、光芒四射、隆重庄严、效果强烈、波澜壮阔、向人间和天界宣布天界之门业已开启的乐曲。最后我不无忧虑地停下了笔。这就是人们现在所能见到的这一段。其余的部分我也很快就写完了。不久，经过我按惯例进行的修改和润色后，我给这部交响曲加上了一个弦乐队以及一个合唱队。这两部分并不是非要不可，但是它们的加入能够极大地增加这部交响曲的效果。为了这个仪式，我开始着手对一个两百人的军乐队进行排练。哈贝内克这次又饶有兴趣地想负责指挥。但这次我谨慎地将指挥的任务留给了自己。我对他玩过的那个鼻烟盒的小小伎俩还记忆犹新呢。

幸亏我有意在这部交响曲彩排时邀请了人数众多的听众，因为举行仪式的那一天人们是无法评价这部曲子的。尽管在送葬行列的行进过程中木管乐队的演奏气势十分宏大，但人们还是既听不清又辨不明。我们沿着普瓦松尼埃林荫道行进时，两旁由于挺立着大树，有回声的作用，所以那一段演奏效果就比较好，但除此之外，其余的都失败了。

在巴士底狱广场上也是这种情况，十步以外人们几乎就什么都听不清了。让我倍加不安的是，在仪式临近结束时，国民自卫军的宪兵队对于手执武器站在炎炎烈日下已经十分不耐烦，于是就在五十多面鼓的敲击声中开始游行。在演奏《化神曲》①时激烈的鼓声一直持续不断。这样一来，连一个音符都无法听清了。在节日和公共庆祝活动中，音乐在法国总是受到这样的待遇。人们总觉得它应该是愉悦视觉的。

---

① 化神：(apothéose)，古语，也称"尊为神"。——译注

但我深知，在维维恩大厅中的彩排才是我真正的音乐演奏。这部交响乐的上演造成了如此强烈的效果，以至于该大厅音乐会的负责人让我连演了四个夜场，每场都将这部新的交响曲放在首位。这四场演出带来了可观的经济收益。

不知为何，总是让我感到别扭的哈贝内克从其中一场演出中出来时说："很显然，这部曲子很有创意。"也许，几天以后他又会说些截然相反的话了。这次我和部长之间没发生什么龃龉。雷穆萨先生表现得很有绅士风度，很快就将那一万法郎拨给了我。在结清了乐队与抄谱人的账之后，我还剩下两千八百法郎。显然钱很少，但部长高兴，而且公众在这部新作品的每一场演出中都证实了我的价值。这部作品比这些年来所有的作品都备受他们的青睐。甚至将他们的热情激发到近乎荒诞的地步。一天晚上，在维维恩大厅中，在《化神曲》演完之后，一些年轻人竟不顾一切地举起椅子，并且一边叫喊着一边将它们向地上砸。剧院负责人马上发布命令，宣称接下来的几场晚上的演出禁止采用这种新式的喝彩方式。

关于这首不久以后又在音乐学院演奏的有两个乐队而无合唱队参加演出的交响曲，斯庞蒂尼给我写了一封冗长而奇怪的信。我愚蠢得居然会将这封信给了一位手稿收集者，以至于十分懊悔无法在这里将它转载一遍。我只知道它是这样开头的："对您震撼人心的音乐，我印象犹存……"，等等。

尽管他和我有交情，但对我的作品给予夸赞却是仅此一次。他常常来听我的演出，却从不轻易评论。不，在我的《安魂曲》的一场大型演出之后，在圣尤斯塔什教堂他也评论过。那天他说道："将学院大奖的一部分荣誉归功于罗马，对此您无可厚非：要是没有米开朗基罗的《最后的审判》，您是无法创作出这样一部《安魂曲》的。"

在这一点上，他就大错特错了。因为西斯廷教堂中的这幅著名的壁画只能让我失望透顶。在其中我只看到了一幅有着无尽痛苦折磨的炼狱图。而决非人类至高无上的天国。此外，对于绘画我一窍不通，对于传统的美术我也几乎没有什么感受力。

第五十一章

布鲁塞尔之旅及音乐会；我家里出现的风波；比利时人；扎尼·德·费朗迪；费蒂斯；后者所犯的错误；在巴黎歌剧院由我组织并指挥的音乐节；哈贝内克朋友们的阴谋遭到失败；吉拉尔丹先生包厢中的争吵；发财的方法；我出发去德国。

就在这一年（1840年）年底，我去国外进行我的第一次音乐之旅，就是说我开始在外国开音乐会了。布鲁塞尔的斯内尔先生邀请我在"大和弦"音乐厅演奏我的作品；与这个音乐厅同名的音乐协会的会议便在此处召开，而斯内尔先生便是负责人。我决定尝试一下这样的经历。

但要去布鲁塞尔，我必须在家中发动一场名副其实的政变。因为，我妻子总是以这样或那样的借口反对我的旅行计划。我若相信了她，到时候我便无法离开巴黎。长期以来，一种我无法解释的疯狂的嫉妒心理便是她反对我旅行的深层动机。因此为了实现我的计划，就只好对她保密。我敏捷地将我的乐谱盒以及一只箱子从家里偷偷地运了出去，只留了一封信解释了一下我出门的原因便马上出发了。但我并非单独出行，我还有一个旅伴；从那以后，我的每次旅行都有她相伴了。由于受到了各种各样的指责和非难，而且往往是毫无道理的，我在这个家中已找不到平静与安宁，终于有了这个机会，使我得以从这个我只有责任的角色中争取到一些权利，然而，我的生活却就此发生了翻天覆地的变化。

好了，我对这部分生活的叙述就到此为止，对那些令人心碎的细节我也不想赘述了。我只从这一日说起，经过了漫长的痛苦挣扎，我妻子和我终以平静友好的方式分手了。我经常见到她，我对她的爱仍然丝毫未变，她那令人忧心的健康状况使她在我心中愈加珍贵。

我所说的足以向以后认识我的人表明我在这一时期的所作所为，我并未添枝加叶，因为我已说过，我不是在写忏悔录。

我在布鲁塞尔举办了两场音乐会，一场是在"大和弦"音乐厅，另一场是在奥古斯丁教堂（这是一座历史悠久绘画精美的天主教堂）。这两个音乐厅的回音太大以至于稍显活跃或旋律激昂的乐段到了那里便必定嘈杂不清。只有那些柔和舒缓的曲段在"大和弦"音乐厅中丝毫未受大厅中回声的影响而改变音质,从而达到了其预期的效果。

无论在布鲁塞尔还是在巴黎,人们对我的音乐的看法都同样有着分歧。有人对我说,在一向敌视我的费蒂斯先生与一位自称站在我这一边的评论家、同时也是杰出的艺术家和作家的扎尼·德·费朗迪先生之间展开了一场奇怪的讨论。后者认为在我刚上演的乐曲中,《哈罗尔德在意大利》中的《朝圣者进行曲》是他所听过的最有趣的作品之一。费蒂斯反驳道:"要是我指出,人们在有一段中总是不断地听到两个不和谐的音符(或无法进入和谐),您觉得会怎么样?"他想说的是ut和si在每段末尾的反复(ut和si为音阶7个唱名中的两个,即do与si——译注),这是为了模仿缓慢悠扬的钟声。

扎尼·德·费朗迪回击道:"毫无疑问,我不认为这有什么奇怪的。但若有一个音乐家终此一生能够创作出同样一个有两个音不和谐的乐段并使我心醉神迷到这种地步的话,我要说他不是个凡人,而是个天神。"

唉,可惜我已对这种意大利式的激情做出了答复:我只是个平凡的人,而费蒂斯先生也只是个可怜的音乐家,因为这两个突出的音符是百分之百和谐的。正是由于它们介入到和弦中,才使乐段结尾时那些互不相同的调归到了同一个主音调中。而且从纯音乐的角度来看,这一点正是这首进行曲的别致新颖、画龙点睛之处;这也正是一个名副其实的音乐家绝对不能也丝毫不该弄错之处。当有人告诉我这个贻笑大方的"错误"之后,我很想在某个杂志上写篇文章给扎尼·德·费朗迪,以向他指出费蒂斯先生的错误。然而我改变了主意,将自己囿于我的一方天地中自得其乐,而对那些评论避而不答,因为它们是如此荒谬。

《哈罗尔德在意大利》的总谱于几年以后出版了,费蒂斯先生一定能够亲眼看到并相信这两个音符是和谐的。

此次跨越国界的旅行只是一个尝试,我还打算去德国并打算为这次旅行花上五到六个月的时间。我回到巴黎,着手准备一场告别巴黎的大型音乐会,这个计划我已酝酿很久了。

当时的歌剧院负责人皮耶先生十分赞成我的建议,即在这个剧院举行一个由我指挥的音乐节。①于是我便投入了这项工作中，我们计划的保密工作更是做得滴水不漏。难就难在不给哈贝内克从中搞破坏的时间。

作为这个剧院的乐队指挥，看到我要指挥这样一个人们在巴黎见到的最隆重的音乐盛典，哈贝内克是免不了要心怀嫉恨的。于是，我在私下里将我早已确定的节目单上的音乐准备得万无一失。我还聘请了一些音乐家，但我没有告诉他们这场音乐会将在何处举行。当万事俱备，只欠将我的计划昭之于众时，我请皮耶先生告诉哈贝内克，将由我来担任这次音乐节的指挥。他对此事却进退两难，并向我表现出了他的忧虑：他对哈贝内克心怀畏惧。于是我便给这位可怕的乐队指挥写了封信。我告诉了他我与皮耶先生协商后所作出的安排，并提到我的音乐会曲目都是由自己来指挥；我希望这场同样由我自己来指挥的音乐会能够尽善尽美，圆满成功。

他在歌剧院正在排练时接到了我的信，将它读了好几遍，并长时间表情阴郁地在舞台上踱来踱去。他突然间打定主意，来到了管理办公室，宣称这个安排正合他意，因为举行音乐会的那天他正想去乡下。然而他的失望之情却流露无遗。他乐队中的许多音乐家也马上亦步亦趋地效仿他，尽其所能对他阿谀奉承。根据我与皮耶先生达成的协定，整个乐队，包括我从外面邀请的音乐家，都必须按我的指令行事。

这场晚会对歌剧院的负责人很有利，他只承诺给我五百法郎的辛苦费，而将组织这场音乐会等诸多事宜交给我全权负责。哈贝内克的音乐家们有义务无偿参加这次演出。我回想起了在意大利剧院的那场闹剧以及在同样的情况下他们对我的恶作剧；而这一次面对这群歌剧院中的艺术家们，我的处境甚至更加不妙。每晚我都看到幕间休息时乐队中有人交头接耳，窃窃私语，大伙儿烦躁不安，哈贝内克不动声色，冷漠镇定，身边还围绕着一群愤怒的拥护者。他们对我怒目而视，各个谱架上都分发了几期《音乐批评报》。这份报纸对我极尽毁谤之辞。当大规模的排练即将开始时，哈贝内克的几个亲信看到人们的愤怒情绪高涨起来，便宣称

---

① 这个我在巴黎第一次使用在海报上的词成为了那些最别出心裁的演出经常使用的字眼。我现在可以看到，在最简易的小咖啡馆里，也举行由三把小提琴，一面大鼓和两支短号参加表演的"舞蹈节"和"音乐节"。——作者注

没有他们原来的"老主子",他们就要罢演。我想让皮耶先生付款给歌剧院的音乐家们,将他们和外请的音乐家们一视同仁。但皮耶先生拒绝了。

我对他说:"我理解,我也承认您拒绝我是有原因的。但您这样做会影响到音乐会上的演出。那好吧,我就将您给我的这五百法郎付给那些同意参加演出的音乐家。"

皮耶先生说道:"怎么,为了这次音乐会,您这样不辞辛苦,兢兢业业,最后您却分文不要!……"

"这算不了什么,重要的是一切顺利,这五百法郎可以使那些不那么固执的乐手的情绪平定下来;至于其他人,请您不要用职权强迫他们履行义务。让他们和他们的老主子一块儿赌气去吧。"

一切准备就绪,六百名乐手、演唱者、合唱队员和乐器演奏家们组成了我的乐队。要上演的曲目包括格鲁克的《伊菲姬妮在陶里德》中的第一幕,亨德尔的《阿塔丽》中的一幕,我的《安魂曲》中的《天罚日》与《哀悼》,我的《葬礼与凯旋交响曲》中的《化神曲》,《罗密欧与朱丽叶》中的柔板、谐谑曲以及终曲,外加帕莱斯特里耶的无伴奏合唱。现在我简直无法想象最后我是如何在这样的条件下,在如此短暂的时间(八天)里与这些汇聚一堂的音乐家们一起揣摩并且领会了这些如此复杂的曲目的。然而我做到了,我往返奔忙于歌剧院、意大利剧院以及喜歌剧院和音乐学院之间,而在意大利剧院中我只雇用了合唱队的成员。我在这里指挥一场合唱队的排练,在那里指挥一场乐队的排练。这些排练我都必须亲眼过目,而从不求助于他人督促这些工作。接着,我又马不停蹄地在歌剧院的观众休息室指挥两个乐器组进行排练;弦乐组的练习从早晨八点到中午,管乐组从中午到下午四点。我就这样手执指挥棒站了整整一天,嗓子冒烟,声音沙哑,左手臂像断了似的。我又渴又累,体力不支,这时一位好心的合唱队员给我送来一大杯热酒,这使我力量倍增,完成了这艰苦的排练。

歌剧院的音乐家们又另外提出了新的要求,这就更加增添了排练的困难。这些先生知道我付给外请音乐家三十法郎,认为理所当然应该来找我评理,他们一批接一批前来要求得到和外请的声乐家同样的报酬。他们说,我们并不是为了钱,但巴黎歌剧院的艺术家们得到的报酬不能比那些二流剧院的人少。

我回答他们说："好吧！我向你们担保，你们会得到你们的二十法郎的。但是看在上帝的份上，干好你们自己的事，让我安静点吧。"

翌日，在舞台上进行了彩排，效果差强人意。所有别的曲目都过得去，除了我特意留心将其列入节目单中的玛布仙女谐谑曲。这一段的节奏如此之快，乐感如此微妙，是既不能也不该由一个如此庞大的乐队来演奏的。在这种情况下，用一种简单的办法几乎不可能整个拉住乐器组中没有跟上指挥的地方。这一部分所占场地太大，那些远离指挥的部分由于无法准确跟上急促的节奏而最后总是要滞后。我心绪纷乱，居然没想到可以组成一个经过挑选的小乐队，让他们在剧场中间围着我，从而毫不费力地准确传达我的指挥意图。由于遇到了一些难以置信的困难，我只好放弃了谐谑曲并将其从节目单上删去。这时我注意到，如果负责小钹的这一部分的音乐家们离乐队指挥太远的话，那么他们在降si和fa音上便无可避免地要滞后。那天，我竟然愚蠢地将这些击钹手安排在剧场的最后，靠着定音鼓。这样一来，尽管我拼尽全力，他们有时仍然会整个地滞后。这时我才想到应将这些击钹手安排在我身边，于是问题便迎刃而解了。

次日，我想将直到晚上的时间都用于休息。一个朋友（莱昂·加达耶）却告诉我，哈贝内克的手下们又搞出了几个阴谋，想让我的这场音乐会前功尽弃或大伤元气。他写信告诉我说，他们肯定会用小刀将定音鼓的鼓皮划破，将那些低音提琴的琴弓上涂上油脂。并且，在音乐会进行中会要求演奏《马赛曲》。

尽管我十分需要休息，但一听到这些，我也无暇顾及了。我本想利用这一天好好睡一觉，然而现在却在歌剧院的四周绕着圈，心急火燎，焦躁不安。我就这样在林荫道上气喘吁吁地走来走去。这时正好看见了哈贝内克，我径直向他走去，拉住了他的手臂：

"有人告诉我，你手下的音乐家们千方百计不择手段地想在今天晚上给我捣乱。我对他们留着心呢。"

这个伪君子回答说："噢，您没有什么好担心的，他们什么也不会干的，我已经把他们给说服了。"

"当然了，我并不需要您下保证，正相反，我要向您保证：如果有什么事发生的话，落到您头上的罪名可不轻呀。但您用不着担心，因为您说过，他们什么也不会干。"

但晚上音乐会举行时，我还是很担心。白天我已把我的抄谱人安插在乐队中看着那些定音鼓和低音提琴。这些乐器是原封未动的。但正是这一点让我担心：在《安魂曲》的一些大的乐章中，那四个小的铜管乐队的小号和短号的音调各不相同（降si、fa和降mi）；但要知道，那些备用的小号（比如fa调的小号），与降mi调的区别很小，很容易将它们弄混淆。因此那几个捣乱分子可能会在《喇叭喧鸣》这一乐章中奏出fa调而不是降mi调，并在奏出了使人难以忍受的刺耳难听的声音之后，还可以用弄错了调为借口为自己开脱。

在开始演奏《天罚日》时，我离开了我的谱架，在乐队中巡视了一圈，我让所有的小号手和短号手给我试奏一下他们的乐器，我仔仔细细地审视着不同调子上所做的记号：F调、降E调、B调，我就是这样检查这些乐器的；当我检查到歌剧院的音乐家杜维尔雷两兄弟所在的那一组时，两兄弟中的哥哥对我说的话让我面红耳赤："噢，柏辽兹！您这是不相信我们，这可不好啊！我们都是实在人，我们爱您啊。"虽然我这样做的确事出有因，但受到了这样的责备，我便不再继续检查了。

其实，我这些正直的小号手们丝毫未出差错，演奏无懈可击，他们将《安魂曲》中的这些片断应有的效果发挥得淋漓尽致。

音乐会的这一部分演完后接下来马上就是幕间休息。就在此时，哈贝内克的心腹们觉得时机成熟，可以采取对他们来说最容易而又最不冒风险的行动了。正厅后排有几个人喊起来："马赛曲！马赛曲！"他们希望通过这种方式掀起观众的情绪，从而打乱晚会的秩序。一些观众的兴致已被挑起，他们想听一下由这样一个合唱队和这样一支乐队演奏的这首著名的歌曲到底如何，于是便也附和着那些有预谋的人喊了起来。我走到前台用我最大的声音对他们喊道："我们今天不演奏《马赛曲》，我们不是为演奏它而来的！"剧场这才恢复了平静。

一波未平，一波又起，大出我的所料。很快，整个大厅就被搅得更加沸沸扬扬。"抓杀人犯，真无耻！抓住他！"叫喊声从三楼楼座传过来，所有听众在一片混乱中站了起来，吉拉尔丹夫人头发蓬乱，歇斯底里地在她的包厢里呼救。她的丈夫则被坐在他旁边的《音乐批评报》的一个编辑贝热龙掴了一个耳光；他被看作是杀死路易·菲利普的第一刽子手。人们控诉他在多年前曾在皇家大桥上向国王开枪射击。

这场风波大大影响了我音乐会的后半部分。但音乐会还是顺利结束了,我却自始至终悬着一颗心。

无论如何我将问题都解决了,并且使我的敌人们的智囊团毫无用武之处。音乐会演出的收入达到了8500法郎。我分文不要拿出给巴黎歌剧院音乐家的那笔钱是不够的,因为我向他们许诺要付给每人20法郎,所以我只好从剧院的出纳员那里拿出了360法郎。他同意了,为了标明这笔钱的去处,他用红笔在账册中写上了:付给柏辽兹先生的额外支出。

因此,尽管哈贝内克和他的手下从中作梗,我终于还是独立地成功组织了这场在巴黎史无前例的最盛大的音乐会,并且放弃了付给我的那笔微薄的报酬。剧院得到了8500法郎的收入,而我得到了360法郎的辛苦费!

人们就是这样发财的!我在生活中常常采用这种方法。因此,我也发财了……但作为一个绅士,皮耶先生如何能容忍这件事呢?我始终未能明白。也许这个出纳员压根儿就没有告诉过他。

几天后,我就动身前往德国了。通过我回国后给我的好几位朋友写的信(甚至给两个不配称为朋友的人写的信)(哈贝内克和吉拉尔),人们可以了解到我在旅途中的轶闻趣事及所见所闻。诚然,这是一次充满艰辛的探索之旅,但它至少也是一次音乐之旅,从经济方面来看也是合算的。远离了巴黎的阴谋诡计,倦怠松懈,庸俗乏味,我在那里尽情享受着生活在一个令人惬意的氛围中所能感受到的无比幸福。

下面基本上是我当时以"在德国的音乐之旅"为题发表过的一些信件。

德国纪行之一

1841—1842

第一封信 致阿·莫雷尔①

布鲁塞尔，美因茨，法兰克福

是的，我亲爱的莫雷尔，我现在正从漫长的德国之旅归来。在德国期间我举行了十五场音乐会，排练了近五十场。您觉得经过如此的劳顿，我一定需要休息和散心。您说得对，但您一定很难想象休息和散心对我来说是多么陌生！经常在晨曦初露，我还处在半梦半醒的状态时，我便手忙脚乱地穿上衣服……以为自己迟到了，整个乐队都在等我……然后，思索片刻，我这才回到了现实。我对自己说，哪来的乐队呢？我这是在巴黎，这里的习惯总是相反的，在这里，乐队等我是不可能的。此外，我没有举办音乐会，我没有合唱队可训练，我没有交响乐可指挥。早晨我见不到梅耶贝尔、门德尔松、利平斯基、马施纳、阿·博雷尔、施罗瑟、曼戈尔德、穆勒兄弟，见不到任何一位对我盛情招待殷勤备至的德国艺术家。这时，在法国几乎听不到音乐。我的朋友们，又见到你们，我感到多么幸福啊。然而，当我问到在我离开的这段日子里巴黎的情况如何时，你们的表情是如此忧郁，如此沮丧。一阵凉意猛然袭上我的心头，我萌发了重回德国的愿望，因为这个国度里激情尚存。

然而何等巨大的力量将我们控制在这个巴黎的漩涡中，控制在这个让全欧洲人的野心都不知满足地卷入其中的漩涡中啊！音乐学院，音乐学校，三家歌剧院，教堂，声乐学校，这些地方的所有有利条件集聚一堂，人们从中可以取得多么辉煌的成绩啊！具备了这些零零碎碎的条件，再加上明智地加以挑选，即使造就不了一个无懈可击的合唱队（声音训练不够）至少也能组成一个独一无二的乐队！要使巴黎人听到一个由八百到九百名音乐家组成的如此卓越出色乐队的演奏，只

---

① 阿·莫雷尔先生是我最好的朋友之一，也是我所认识的最优秀的音乐家之一。他的作品具有真的艺术价值，他现任马赛音乐学院的院长。——作者注

差两件事：安置他们的地方，以及将他们凝聚在一起的一点点对艺术的热爱。而我们连一个大的音乐厅都没有！如果每天用一下舞台，换景机械，舞台布景，这些演出所有剧目时必不可少的日常工作，还不至于在为举行一次盛大演出而进行筹备工作时让人束手无策，那么巴黎歌剧院还算差强人意。但如果没有全体一心的共鸣，思想行动的一致，完全忘我的精神以及坚韧不拔的毅力，那我们就将一事无成。难道人们丝毫没有从中发现一些高尚可贵的东西吗？我们应寄予希望，但我们也只能寄予希望。音乐学院协会在排练时与众不同的有条不紊，这个著名协会的成员们的艺术热情都是有口皆碑的，然而人们如此赞赏的只是这些不同寻常之处……在德国却正好相反，我发现出于对指挥发自内心的尊敬而形成的井然秩序，全神贯注的场面是无处不在的。事实上，确实有好几个指挥：首先是作曲家，他在练习和排演中几乎由始至终地亲自指挥着他的作品。而乐队指挥的自尊心从不会受到什么伤害。唱经班指挥通常是娴熟的作曲家，他指挥歌剧的大型保留剧目以及作曲家因去世而不在场的那些大型音乐作品。乐队长则指挥那些小型歌剧以及芭蕾舞剧，另外他还担任第一小提琴手的演奏。当他不担任指挥时，他便将唱经班指挥的命令及其意图传达给乐队最主要的部分，同时监督着练习中的具体细节，留心不让音乐和乐器出现差错，并时时用琴弓指示一下，或采取某种方式刻画旋律和节奏。这个任务是唱经班指挥无法完成的，因为他总是手执指挥棒进行指挥。

毫无疑问，在德国良莠不齐的音乐家聚集的圈子中，肯定也有不听指挥、品行不端、卑鄙阴险的虚荣小人；但我不记得见过他们胆敢明目张胆地昂起头来高声说话（除了唯一的一个例外）；也许是我听不懂德语吧。

至于那些合唱队队长，我发现他们几乎没什么才能，他们中间的大多数是蹩脚的钢琴演奏者，我甚至还见到一个压根儿就不会弹钢琴的。他只能靠右手的两根手指头敲击琴键弹出调子。此外，和我们这里一样，德国也保留着将所有合唱团员集中在同一个地方并在仅有的一个指挥调整下进行练习的习惯，而不是设三个练习厅，三个声乐指挥先进行预备排练，让女高音和次女中音，男低音和男高音分开几天各自练习；这种方法节省时间，并能使合唱队各声部的训练取得良好的效果。总的说来，德国的合唱队员，尤其是男高音的声音比起在我们自己的剧院中听到的合唱队员的声音更为清新流畅，其音色也更为饱满华丽；但要说德国的合唱队员比我们的胜出一筹的话，这个结论就下得为时过早了。若您愿意随我到我所参观的不同城市中去看看的话，那么过不久您就会发现，除了柏林、法兰克福、德累斯顿这几个城市之外，所有剧院的合唱队不是糟糕透顶就是流于平庸；相反，那些声乐学院却应当之无愧地被视为德国音乐界的骄傲之一。我争取在不久以后找到这一反差形成的原因。

我的旅行一开始就恶兆不断，各种各样的意外情况和不幸遭遇接踵而至，令人不安。我向您肯定，我亲爱的朋友，继续这次旅行，将它完成并且将它圆满完成几乎需要一股百折不挠的韧劲。一开始，我从巴黎出发时还自认为举办三场音乐会是不成问题的。第一场在布鲁塞尔举行。在那里我受"大和弦"音乐厅的聘请进行演出，剧院的负责人宣布我的其余两场演出将在法兰克福举行。他对此事给予高度重视并满怀热情信誓旦旦地保证,这两场演出一定能顺利举行。所有这些热情似火，甜蜜无比的承诺结果如何呢？全是空话！原因何在呢？原来纳坦·特雷耶夫人出于好意而向我许诺要特意从巴黎赶来在布鲁塞尔的音乐会上演唱。在庄严隆重地宣布完举行这个音乐晚会的消息后，我们便投入了排练，可就在此时，我们得知这位女歌唱家刚刚病倒，还相当严重。这样一来，她便无法离开巴黎了。纳坦·特雷耶夫人在剧院担任首席女演员期间在布鲁塞尔给人留下了如此美好的回忆，甚至可以毫不夸张地说，她为人们所热爱，红得发紫，受到了狂热的崇拜。对于比利时人来说，全世界的交响曲都比不上一首由特雷耶夫人演唱的卢瓦萨·皮热的浪漫曲。这个灾难性的消息一传来，整个"大和弦"都陷入了一片昏厥状态，毗邻音乐厅的吸烟室霎时变得冷冷清清，所有的烟斗都熄灭了，好似空气在一瞬间被抽空了一样。"大和弦"音乐厅里的人都咕咕哝哝地抱怨着四散离去,我怎样安慰他们也无济于事："音乐会虽然举行不了了，但请镇静点，你们再也用不着为听我的音乐而烦恼了。对于这样的不幸来说，我想这种补偿已经足够了。"但这些话根本不管用。

他们泪如雨下，因为特雷耶夫人来不了了。于是这场音乐会就此流产了。这个如此和谐有序的乐团的指挥斯纳尔是一个具有真才实学的人，充满了对艺术的献身精神，以及艺术家的卓越品质；甚至连皮热小姐的浪漫曲没演成，他也不会陷于失望之中。但尽管如此，这位邀请我来德国的斯纳尔最终仍是尴尬不已，无地自容。

他发誓再也不重蹈覆辙了,但为时已晚。

那该怎么办呢?难道求助于可与"大和弦"相媲美的对手爱乐音乐厅吗?它是由吉德的令人钦佩的音乐指挥本德尔领导的。将该大厅的乐队和音乐学院的学生组成一支优秀的演出队伍吗?有了亨森、默茨、韦利先生的妥善安排,事情便会轻而易举地解决;他们都曾在这之前的某个时机,热情备至地在他们的学生和朋友中对我颂扬有加。但一切都得从头开始,而我却期待着在法兰克福举行我以前提过的那两场音乐会,我没有时间。于是,我不得不出发了,那些比利时的音乐爱好者们一定非常沮丧。想到这种后果,我便忧心忡忡,责备自己十分无辜却如此难堪地造成了这一切。我就是这样满腹忧虑地出发了。幸而这种内疚没持续多久,不久便烟消云散了。我登上莱茵河的客船,欣赏河流及两岸的景致,不到一小时,我就不再想它了。莱茵河!啊!太美了!简直美极了!您相信吗?我亲爱的莫雷尔先生,我真想不失时机地以此为题即兴发挥赋诗几首!但愿我不要这么做!我深知我的即兴发挥只会是一些单调乏味毫无诗意的苍白之辞。此外,我很希望您将维克多·雨果的那本精彩的书读了又读,这会使您变得更加尊贵。

到了美因茨,我便打听奥地利军乐队的消息,这支军乐队去年就在这里。据施特劳斯[①](巴黎的施特劳斯)说:

那么,看看发生了什么事吧。在巴黎有一个施特劳斯,但这位施特劳斯有一个兄弟;在维也纳也有一个施特劳斯,但这位施特劳斯却根本没有兄弟!这是两个施特劳斯唯一的不同之处。他以一种与他名副其实的热情指挥着喜歌剧院的舞会,以及贵族阶层举办的所有私人舞会。最近,在奥地利大使馆,一个维也纳人,肯定是个冒充的维也纳人,走到施特劳斯身边,用奥地利德语对他说:

"啊!您好,我亲爱的施特劳斯先生,见到您我是多么高兴啊!您认不出我了吗?"——"是的,先生。"——"啊!我可是认出您了,尽管您稍微有点发福了;再说也只有您才能写出这样的华尔兹,只有您才能指挥并组成这样一支舞曲乐队。

---

① 今天施特劳斯的名字在全欧洲舞蹈界已家喻户晓。他偏爱许多别出心裁、优雅洒脱、旋律新颖、妙趣横生、随心所欲的华尔兹,还在全世界作巡回演出。我们认为人们是太固执了,竟迟迟不接受这样一种变形的华尔兹或变异的华尔兹,但这也可以理解。——作者注

施特劳斯是独一无二的。"——"您说得太好了,但我要向您保证,维也纳的施特劳斯也是很有才华的。"——"怎么!维也纳的施特劳斯?那不就是您嘛;没有别人了。我对您很熟悉,您脸色苍白,他也脸色苍白;您说奥地利德语,他也说奥地利德语;您创作了一些令人陶醉的舞曲——对——您总是强调三拍子小节中的弱拍。"——"啊!弱拍,那正是我的强项!"——"您写了一首名为《钻石》的华尔兹,对吧?"——"对,那是一首光芒四射的曲子,棒极了!"——"您说希伯来语吗?"——"说得很好。"——"英语呢?"——"一窍不通。"——"没错,您就是施特劳斯;您的名字还在海报上吧?"——"先生,我再说一遍,我不是维也纳的施特劳斯。知道切分音华尔兹舞曲、标出不合拍旋律的不止我一人。我是巴黎的施特劳斯,我的兄弟小提琴拉得很好。您瞧,他也同样是施特劳斯。维也纳的施特劳斯也是施特劳斯。这就有了三个施特劳斯。"——"不,只有一个施特劳斯,您想骗我。"这位维也纳人疑心重重,让我们的施特劳斯怒气冲冲焦虑不安地想为自己验明正身。于是他便找到我帮他摆脱这场误会。我证实这位巴黎的施特劳斯面色苍白,奥地利德语和希伯来语说得很棒,法语说得不太好,英语一窍不通;他写过一些富于节奏,风情万种,无与伦比,美妙动人的华尔兹舞曲;他神情忧郁,但才华横溢,不容置疑,指挥着他那支欢快的舞会乐队。我说,我确定这位施特劳斯很久以来就住在巴黎,十年来,在我所有的音乐会上他一直演奏着中提琴;他还是意大利剧院乐队的成员,每年夏天他在埃克斯、日内瓦、美因茨、慕尼黑……在各地都要挣上很多钱。但维也纳除外,他从不肯去那儿是考虑到会遇见另一个施特劳斯,然而那位施特劳斯却曾到巴黎来过一次。

因此,这位维也纳人只要好好记住,看好他们的施特劳斯,把我们的施特劳斯留给我们,这就行了。但愿最后人人都将不属于这个施特劳斯的东西还给那个施特劳斯,不再将属于那个施特劳斯的东西归功于这个施特劳斯;否则,有人最终会抱有成见,说施特劳斯的《假宝石》比施特劳斯的《钻石》好,施特劳斯的《钻石》乃是出自于《假宝石》。这支军乐队曾激情澎湃,铿锵有力地演奏了好几部我写的序曲,取得了惊人的出色效果。这支军乐团业已离去,再也没有和谐的音乐了(它确实是非常悦耳的音乐!)。再也不可能有音乐会了!(我本想给美因茨的居民来个惊喜,开个这样的玩笑)。应该试试!我到音乐出版界的元老斯科特家里去了。这位神气十足的老先生的神情就像沉睡了一百年的睡美人一样。他回答我所有的问题都慢吞吞地,说话时还时常夹杂着长时间的沉默:"我认为……您不能……在这里……开音乐会……这里没有……乐队……没有听众……我们也没有钱!……"

由于我没有足够的耐心,我便以我最快的速度登上火车,前往法兰克福。我已怒火中烧了,居然还有事情让我火上浇油!……这条铁路竟然也处于沉睡状态,火车开得极慢,驻足不前,磨磨蹭蹭;尤其是在这天,火车在每个车站都无休无止地拉延长号;作长时间停留。但所有的柔板到最后都该有个终结。在夜幕降临之前我抵达了法兰克福。这真是个魅力四射生气勃勃的城市!这里到处洋溢着充满活力,瑰丽多姿的气氛;此外,这座城市建设得很好,光彩夺目,洁白锃亮,就像一枚崭新的一百苏硬币①那样。栽满了小灌木和花卉的林荫道具有英式园林风格,给城市围上了一圈青翠馥郁的腰带。尽管时值十一月,青葱翠绿的颜色和五彩缤纷的花朵早已退去,但金色的阳光带着一抹喜悦与惬意戏谑地透过那些略带感伤的草木枝叶。或许是因为这些空气清新,阳光明媚的林荫道与美因茨阴暗的街道形成了反差,也许是因为我对于最终在法兰克福开始举办我的音乐会满怀希望,还或许是因为所有其他无须深究的原因,反正成千上万欢乐幸福的声音在我心中齐声合唱。我在那里散了两个小时的步,心情无比舒畅。返回旅馆时我对自己说,至于那些正经事嘛,明天再说吧!

翌日,想着我音乐会排演的一切已准备就绪,我步履轻松地来到了剧院。在穿过剧院所在的广场时,我发现有几个年轻人带着木管乐器。我想他们有可能是乐队的人,于是就请他们将我的名片交给唱经班指挥和剧院经理古尔。看到我的名字时,这些正直善良的艺术家们马上由不经意的神情转为由衷的崇敬。他们对我热情备至,使我受益匪浅。他们当中有一人会说法语,于是代表他的同事对我说道:

"终于见到您了,我们真是太高兴了。古尔先生很早以前就告诉我们您要来,我们已经将您的《李尔王序曲》排练两遍了。在这里您也许找不到您的音乐学院

---

① 法国辅币名,旧时相当于1/20 Line,今相当于1/20法郎,即5生丁。——译注

的乐队,但您应该不会不满意的!"古尔来了,他个子矮小,面容狡黠,双目灵活,炯炯有神;他的动作迅速敏捷,言语简洁尖刻。看得出来,当他是乐队的领队的时候,他不会因为过于宽容而犯下什么错误。所有一切都表明在他身上有一种音乐的智慧和意志;他是一位领导者。他会说法语,但以他性急的性格来看,他说得不算快,而且在每句话中,还夹杂着几句用德语说的骂人的粗话,显得十分滑稽可笑。这些话我只能用大写字母来代替。他看见我时说道:"Oh! S·N·T·T……是您啊,我亲爱的!您难道没有收到我的信吗?"

"哪封信?"

"我在布鲁塞尔给您写的那封信,想对您说……S·N·T·T……我说得不太好……真该死……实在是太不走运了!……啊!这是我们的舞台监督,他可以作我的翻译。"

然后他接着用法语说:

"告诉柏辽兹我给他写信让他别来了,小米拉诺罗们的演出每晚都排满了剧院,我们从未见过观众如此狂热。S·N·T·T那些大型作品和大型的音乐会得另找个时间上演。"

那个舞台监督翻译道:"古尔先生让我对您说,先生……"

我说道:"不必劳驾您再重复了,他说的并不是德语,我听得非常明白;我听得太明白了。"

古尔先生说:"啊!啊!啊!我在说法语吗?S·N·T·T,我连自己都不知道呢!"

我说:"您知道得很清楚,我也明白我该打道回府了,要不就得冒另外又出来几个小神童将我压倒的危险。"

古尔说:"有什么办法呢,我亲爱的,这些孩子能挣钱。S·N·T·T,法国的浪漫曲能挣钱。法国的歌舞剧能吸引观众。您还想怎么样呢?S·N·T·T,我是经理,我总不能拒绝钱吧。但至少您待到明天再走吧,我想让您听听皮斯谢克和卡皮泰纳小姐演唱的《菲岱里奥》①。S·N·T·T您再给我讲讲您对我们这些艺术家

---

① 贝多芬的歌剧。——译注

的看法吧。"

我说:"那一定很不错,尤其是在您的指挥下;但是,我亲爱的古尔,您为什么老是在诅咒呢?难道您觉得这样就能安慰我吗?"

"啊!啊!S·N·T·T这样说话不是和家里人在一起吗?"(他本来是想说亲热这个词的。)

我情不自禁地放声大笑,笑得前仰后合,本来恶劣的情绪一扫而光。我拉着他的手说:

"好吧,既然我们和家里人在一起,那就去喝几杯莱茵葡萄酒吧,我原谅您的小米拉诺罗了。我也会留下来听听卡皮泰纳小姐演的《菲岱里奥》,看来您是一心想让我当她的副官啊。"①

我们约好了,我两天后出发去斯图加特。这次我可没指望碰运气能见到林德潘特纳和符腾堡的国王。应该给法兰克福的那些被那魅力无穷的两姐妹的小提琴迷住的人们一点时间,让他们恢复冷静,让他们那如痴如醉、神魂颠倒的狂热情绪稍许平息。在巴黎,我对这两姐妹的小提琴是第一个鼓掌称赞,青睐有加的;然而在法兰克福,她们却莫名其妙地让我感到厌烦。

次日,我看了《菲岱里奥》的演出。这场演出是我在德国所见到的最好的演出之一。古尔建议我来听听以安抚我的失望情绪是有道理的;要体验到一种比这更彻底的音乐享受真是很难得。

在我看来,饰演菲岱里奥(莱奥诺拉)一角儿的卡皮泰纳小姐是具备贝多芬这部恢宏之作所要求的音乐戏剧方面的天赋的。她的音色十分独特,极适于表达那些深沉、朴实,但随时可能爆发的情感,就像使弗洛雷斯坦那英勇的妻子的心灵都为之震撼的那种情感。她的演唱朴实无华,恰到好处,表演淳朴自然。在那著名的开枪射击的一幕中,她并没有像十六七年前我们在巴黎看到当时还年轻的施罗德·德芙里安夫人那样,以她那神经质的狂笑使全场受到强烈的感情冲击,而是使用一些别的方法感动观众。就女歌唱家这个光彩夺目的名词而言,卡皮泰

---

① 卡皮泰纳(Capitaine)一词在法文中是"船长"的意思,因此作者在此处说当她的副官。——译注

纳小姐是绝对称不上的。但在德国同类歌剧中,在我所听过的所有女演员中,我最青睐她,这一点是确信无疑的。而且我以前从未听人说起过她。有人以前曾对我提起过几个出类拔萃的人才,而我却认为他们拙劣之极。

遗憾的是我已记不起饰演弗洛雷斯坦这一角色的男高音的名字了。虽然他的嗓音没什么出众的地方,但他的素质还是很好的。他演唱了极难的那首监狱中的咏叹调,这并没有让我忘记哈提金格在塑造这一角色时达到的登峰造极的程度;然而他却博得了听众的阵阵掌声。这里的听众比法兰克福的听众要热情得多。至于皮谢克,几个月后,在施波尔的《浮士德》中,我对他便刮目相看了。他使我真正认识到了这个统治者角色的全部价值,而在巴黎我是永远无法理解的。仅仅为此,我就要发自内心地感激他。皮谢克是一位艺术家,他也许进行了严格认真的练习,但他的天赋条件也使他受益匪浅。他拥有一副无比出色的男中音歌喉,感染力强,柔滑圆润,音域宽广。他的神情庄重,身材高挑,年富力强,热情似火!可他只懂德语,这可真是遗憾!法兰克福剧院的合唱队员们看来也不错,他们的排练一丝不苟,嗓音清新流畅,很少放过那些音准上的错误。我唯一希望的就是他们的人数能再多一点。在四十几个人的合唱中,总有那么点在大型声部组合中不易察觉的刺耳杂音。由于没有看过他们排练一部新的作品,因此我不能说这些法兰克福的合唱队员是教师或是音乐家。但我必须承认一点,那就是他们将囚犯们的第一次合唱演绎得令人十分满意;这个乐段十分柔和,他们必须细腻地将它唱出来。那气势宏大的终曲唱得就更好了,热情奔放,活力四射。对于乐队来说,若将它看成是一支普通的剧院乐队的话,我可以说这支乐队从各方面来说都是出类拔萃,令人赞赏的。它连一丝微小的细节都不放过,各不相同的音色融入了一片整体的和谐之中,没有一丝生硬的感觉。该乐队从不会把握不定,所有环节都恰到好处,就像一个乐器在演奏一样。古尔的指挥技法娴熟,排练一丝不苟。毫无疑问,这些是取得成功的重要因素。让我们来看看乐队的组成情况吧:

8支第一小提琴——8支第二小提琴——4把中提琴——5把大提琴——4把低音提琴——2支长笛——2支双簧管——2支单簧管——2支巴松管(大管)——4支法国号——2支小号——3把长号——1个定音鼓。尽管有一些十分细微的区别,这支由47名音乐家组成的合奏团体在德国所有的二等城市中还是随处可见的。它的安排如下：小提琴、中提琴和大提琴合在一起，位于乐池的右边；低音提琴被安排在正中间的右侧，正对着脚灯；长笛、双簧管、单簧管、巴松管、法国号和小号以及与之相配合的弓乐器组合被安排在左边；定音鼓和长号被单独放在右边的尽头。由于无法对这支乐队进行管弦乐排练的严格考验，所以对于它是否有着很强的理解力，是否能适应多变的、幽默的曲风，它的节奏是否把握得非常踏实稳重等等，我并没有发言权。但古尔向我保证，在音乐会或是在剧院中它也同样出色。我应该相信，因为古尔并不会像那些父亲似的对他们的孩子宠爱无比，倍加偏袒。小提琴手们都是科班出身，风格纯正；低音乐器乐音丰富；我无法评价中提琴手，因为在我看过的在法兰克福上演的歌剧中，他们的角色都很默默无闻。从总体上看，铜管乐器十分出众，我能挑出毛病的只有法国号，这个问题在德国是相当普遍的，即法国号在强奏时，特别是在吹奏高音时，往往吹出了铜声。这种声音的吹奏方式影响了法国号本身的自然音色。诚然，在某些场合，这样吹奏确实能起到好的效果，但我想它并不能系统地为这种乐器的演奏流派所接受。在《菲岱里奥》这场出色的演出结束时，只有十一二个听众在离席时鼓了几下掌……这就是全部了。我对这场演出受到如此的冷遇而愤愤不平。这时有人试图让我相信，虽然听众没怎么鼓掌，但他们仍然能欣赏并能体会到这部作品的卓绝之处。

古尔说："不，他们什么也不懂，一点也不懂，S·N·T·T。"他说得有道理，这些听众大多数是市民阶层。

这天晚上，我在一个包厢中还看到了我的老朋友费迪南·希勒。他长住巴黎，巴黎的行家们还经常夸奖他高超的音乐造诣。我们很快打了个招呼，就又恢复了老朋友式的亲密无间。希勒正负责法兰克福剧院的一部歌剧，他于两年前曾写过一部清唱剧《耶路撒冷的陷落》，演出了好几次，获得了巨大成功。他经常举办音乐会，在这些音乐会上，除了这部重要作品的一些片段之外，人们还能听到在近一段时间中他创作的各种各样的器乐曲，这些都获得极高的赞誉。遗憾的是，希勒的音乐会是在我不得不出发后的次日举行的；于是，对于他的评价，我只能引用别人的观点。这使我不必对朋友的作品提出批评的意见了。在最后一次音乐会上，他推出了新作：一部受到了热烈欢迎的序曲以及几段有四个男声部和一个女高音的选段，据说它们极富独创效果。

在法兰克福有一所音乐学院，有人在我面前提起过好几次并对它颂扬有加。它就是圣塞西尔声乐学院。人们认为它不仅人数众多，人员素质也极佳。然而，由于无法亲自去考察一番，在对这所学院的评价上，我只能缄默不语，持完全的谨慎态度。

尽管法兰克福的民众大部分是市民阶层，但在我看来，就算考虑到有很多真正关心音乐的上流社会的人士，但要想聚集起一个有音乐感受力并能欣赏这样大型艺术作品的听众群体，也还是不可能的。无论如何，我没有时间再去亲身体验了。

我亲爱的莫雷尔，现在我该把对于林德潘特纳和斯图加特唱经班的回忆整理汇总一番。我将从这儿找到第二封信的主题，但这封信并不是给您的。在我们的朋友中，有些正和您一样热切地渴望知道我这次德国之旅的详情细节，我难道不应该回答他们吗？

再见。

又及：您发表了新的歌曲了吗？人们到处都在谈论您新近创作的旋律取得了成功。昨天我听了您根据小仲马写的歌词创作的《年轻侍从和丈夫》回旋曲。我应当对您说，它的确精细雅致，风情万种，妙趣横生，魅力四射。在这一类型的作品中您从未写得如此出色过。这首回旋曲将会大受欢迎并风靡一时，您的作品将会被手摇风琴师招摇示众。这可是您自找的。

第二封信 致 M·吉拉尔

斯图加特，海辛根

在离开法兰克福前往符腾堡王国进行我的冒险之旅之前，我所要做的第一件事便是要了解清楚在斯图加特我应当知道的演奏资源，据此拟出一个音乐会的方案。我只带上了那些经过严格挑选，最有必要上演的乐谱。要知道，我亲爱的吉拉尔，我的德国之旅所遇到的最大难处之一，也是最难预料的难处，便是运送乐谱的巨额开支。这些乐谱分成乐队部分和合唱部分，有手抄的，石版印刷的，锡版印刷的，重量惊人，我到哪里去都不得不花一大笔钱带着它们，将它们放置在邮局的运货车上！（当时铁路还不多见；今天德国的铁路已经纵横交错随处可见了。)要是知道这些,您就不难理解了。只有这一次,我在访问了斯图加特之后,是前往慕尼黑,还是回到法兰克福接着奔赴北方,我犹豫不决。我只带了两部交响曲,一首序曲,几个歌曲集,而将其余所有的都留给了那可怜的古尔。看来他一定不是这样就是那样被我的那些音乐作品弄得焦头烂额了。

在从法兰克福到斯图加特的一路上,毫无情趣的旅途未给我留下丝毫的回忆,没什么可给您描述。没有浪漫的景致,没有浓郁的森林,没有修道院,没有独立的小教堂,没有汹涌的激流,没有夜晚的喧嚣,甚至连堂吉诃德中缩呢机的喧闹声都没有;没有猎人,没有奶牛,没有泪流满面的年轻姑娘,没有迷途的小牛犊,没有迷路的孩子,没有欣喜若狂的母亲,没有牧羊人,没有窃贼,没有乞丐,没有强盗;最后,有的只是月亮的光辉、马匹的嘶鸣以及熟睡的赶车人的鼾声。这里那里不时有几个丑陋的农夫头戴一顶大三角帽,身上穿着过时白布做的宽大衣服,下摆长得有些过分,使他们关节粗大的双腿运动不便;这身打扮使他们看起来像那些不修边幅的神甫。这就是全部了!到达斯图加特后,我要见的第一个人,是通过一位朋友结识的,但我们之间的联系并不密切。通过这种关系,我想他对我应该抱有好感,他便是著有许多音乐艺术评论及理论的希林博士。在德国,这个博士头衔几乎人人都有。这使我对他的预测完全失误了。我在头脑中想象他一定是个老学究式的人物,架着一副眼镜,头上顶着红棕色的假发,拿着一个硕大无比的鼻烟盒,盛气凌人地说着赋格曲和对位法,只谈巴赫和马尔普格;可能外表看是彬彬有礼,但内心却从总体上对现代音乐极为仇视,对我的音乐更是深恶痛绝;最后,他还是个吝啬鬼。结果我犯了个多大的错误:希林先生一点儿也不老,也不戴眼镜,有一头漂亮的浓密黑发,充满活力,说起话来快而有力,如连珠炮般。他抽烟而不吸鼻烟。他殷切友好地接待了我,开门见山地向我提出我要想举办成一场音乐会所要做的所有事情。至于赋格曲和卡农,他连一个字都没跟我提。他根本没有对《胡格诺派教徒》和《威廉·退尔》表现出不屑一顾。在没有听到我的音乐之前,他也丝毫未对我的音乐表示反感。

此外,由于没有翻译,我和他之间的谈话进行得很费力,希林先生说法语和我说德语的水平差不多。由于无法沟通,他失去了耐心。一天,他问我:"您会说英语吗?"

"我只知道几个词,您呢?"

"我……不会!那么意大利语呢?您懂吗?"

"会一点。剧院经理意语怎么说?"

"啊!天哪!别再说意大利语了!……"

我想,上帝会原谅我。如果我声称我既不懂英语也不懂意大利语的话,这位性急的博士会和我一起用这两种语言演出《自顾不暇的医生》中的拉丁语剧词。

我们终于用上了拉丁语,勉强能够相互沟通。我明白尽管这次谈话肯定会有些困难,但谈论的话题却肯定不会围绕着赫尔德的理念,或是康德的纯粹理性批判。最后希林先生告诉我,可以在剧院或是在专门举行这一类音乐盛会的名曰勒杜特的音乐厅中举办我的音乐会。如果是第一种情况,在一个像斯图加特这样的城市中我最大的有利之处便是有国王和王公贵族们出席,他向我保证能够争取到他们。除此之外,演奏费用全免,我也无须操心这场晚会的门票、海报以及物质方面的别的细节问题。若是第二种情况,我就不得不承担乐队的费用,负责所有的事情,国王也不会出席——他从来不去音乐厅。于是我采纳了博士的意见,急忙向台本海姆男爵先生,即王宫的元帅和剧院的总管呈递了我的请求。他彬彬有礼极有风度地接待了我,并向我保证,当天晚上他就向国王转达我的请求,他想国王是会应允的。

他又补充说:"但是我想让您知道,勒杜特大厅是唯一一个具有良好效果并专门为音乐会准备的音乐厅。至于剧院则正相反,它的音响效果极差,很久以来人们便再也不在那里举办大型器乐作品的演出了。"

我当然知道什么时候该回答什么时候该缄口。我自言自语地说,去见见林德潘特纳吧;他是而且理所应当是最具权威性的仲裁者。我亲爱的吉拉尔,我无法对您形容和这位杰出的艺术家第一次会面使我受到了多大的收获。我们一见如故,五分钟之后,就好像已经认识十年了。林德潘特纳很快便针对我所处的情况给了我启示。

他对我说:"首先,您必须转变一下对于我们这个城市中音乐究竟有多重要这个问题的看法。诚然,这里是王宫所在地,但这儿既没有钱也没有听众。唉!我又想起了美因茨和肖特神甫。但是,既然您已经来了,我们当然不会让您还没有演奏几首您的作品就这么走了；我们是多么渴望听到您的音乐啊；这就是您要做的。剧院毫无用处，要演奏音乐作品是绝对不能用它的。国王是否出席的问题也毫无价值。陛下是从来不听音乐会的。看来也不会在您给他指定的地方去听您的音乐会。既然这样，那么就用勒杜特音乐厅吧。那里的音响效果极佳，乐队的潜力能发挥得淋漓尽致。对于乐手们来说，您只需付给他们一小笔80法郎的膳宿费即可；所有工作无一例外地被当作一种责任和荣誉；正式上演也好，对您的作品进行排练也好，都由您来担任指挥。今晚您去听听《自由射手》吧；在幕间休息时我会把您介绍给唱经班。我向您保证他们是诚心诚意的。您会看到我这个保证是否有错。"

我当然不会失约。林德潘特纳将我介绍给这些艺术家们。在他觉得有必要将我对他们说的一番话翻译过来以后，我的疑虑一扫而光：我有一个乐队了。

我这支乐队的构成与法兰克福的那支乐队大同小异。乐手们十分年轻，精力充沛，热情似火，我十分看好他们演奏韦伯的那部杰作中的器乐部分时的风格。但就我看来，那些合唱团员却相当一般，在演绎这令人赞美的乐章时，在处理一些重要的细腻变化时显得人数不足，不够专注。他们歌唱的力度总是中强，并且还对他们承担的这次演出的任务表现出厌倦情绪。演员们也都流于平庸。他们的名字我一个都记不得了。女主角（阿加特）音色嘹亮，但却显得刻板生硬，不够柔顺。第二女主角（安耐特）发声较为自如，但却常常唱错。至于那个男中音（加斯帕尔），我认为他是斯图加特剧院所拥有的再好没有的男歌手。随后我又听了他在《哑女》中的演唱，对他的看法依然如初。林德潘特纳在指挥这两部歌剧时，在其中某些章节的速度令我惊讶不已。后来德国许多唱经班的指挥在这一点上给我的感觉都十分相同；其中有门德尔松，克莱布斯以及古尔。至于《自由射手》的进行速度，我毫无发言权；也许他们在这一点上比我更了解真正权威的演绎方法。但至于《哑女》《贞女》《柳条小摇篮》以及《胡格诺派教徒》，这些曲目是在巴黎它们的作曲家的眼皮底下上演的，所以它们的速度从第一次上演之后就保持原样，原封未动。我敢肯定我在斯图加特、莱比锡、汉堡以及法兰克福听到的某些加快速度演奏的片断是对原作的不忠实。这种不忠实也许并非有意，但是却实在严重影响了这些作品的效果。然而在法国，人们却觉得德国人减慢了我们这些作品的速度。

斯图加特的乐队拥有16把小提琴，4把中提琴，4把大提琴，4把低音提琴，而木管乐器和打击乐器在演奏大部分的现代歌剧时是必不可少的。除此之外，还有一架十分出色的竖琴，由克鲁格尔先生演奏，这在德国实在是难能可贵。这种美妙的乐器在德国愚昧可笑地遭受着冷落，原因无从查考。想到没有一个德国学校的教师用它，我甚至都认为从始至终便是这样。莫扎特的作品中找不到竖琴:《唐璜》中没有，《费加罗》中没有，《魔笛》中没有，《后宫诱逃》中没有，其他歌剧中也没有；此外，他的弥撒曲中没有，他的交响曲中也没有。韦伯也在到处避免使用竖琴，海顿和贝多芬也是一样。只有格鲁克在《奥菲欧》中写过一段非常简单的有竖琴的乐章，只用一只手弹奏。这部歌剧也仍是在意大利创作并上演的。这其中的一些事情使我惊讶不已并让我愤愤不平！……这是德国乐队的一个耻辱:乐队本应该至少配备两架竖琴的，尤其是现在，他们要演奏的是来自经常使用竖琴的法国和意大利的歌剧。斯图加特的小提琴手十分优秀。看来他们中的大部分是乐队首席莫里克的学生；几年以前，我们曾在巴黎音乐学院欣赏过他那刚劲有力的表演，尽管不够细腻，但风格宏大壮阔，朴实无华。莫里克在歌剧和音乐会中，占据着小提琴头把交椅的位置，因此他大部分的时间只指导他的学生；这些学生对他崇拜得五体投地也是理所当然的。由此他们的演奏把握得非常准确，这一点十分可贵；这种准确应归功于感觉和方法上的协调一致以及小提琴手们的全神贯注。

我应当指出，在他们中间，音乐会的第二指挥哈本海姆从各方面来讲都是一位杰出的艺术家。我听过他的一首风格上富于旋律，鲜明生动，无比和谐的大合唱，配器也十分出色。

其余的弦乐器即使不能与小提琴相提并论，但至少也是令人满意的。我对木管乐器的评价也是一样。第一单簧管和第一双簧管极好。演奏第一长笛的艺术家是克鲁格尔先生的父亲，但他不幸选用了一支很旧的乐器，因此演奏上有许多不尽如人意的地方:总体的音色纯度不够，吹出高音时比较费力。老克鲁格尔先生还应当避免总是吹出斜音（1e Penchant）和回音的习惯，这是作曲家作曲时所避讳的。

第一巴松管手是诺伊基什纳先生，他演奏巴松管是一流的高手，然而却总爱炫耀他那些高难的技巧；另外，他使用的那支巴松管又是如此的糟糕，致使那些含糊不清的音调每时每刻都显得十分刺耳；即使是他在演奏得最好的时候，那些乐句的效果也会受到影响。在法国号中，舒恩克先生的演奏引人注意，他和他的那位在法兰克福的同行一样，在高音时总是吹奏出太多的铜音。在斯图加特人们只使用有活动柱（或半音阶）的乐器。富有经验的乐器制造者阿道尔夫·萨克斯目前在巴黎，他详尽论述了这种结构比直升式活塞结构更为优越；直升式活塞结构在当时整个德国都几乎弃之不用了。而活动柱结构被普遍应用于法国号、小号、低音长号等诸多乐器中。德国人将运用这种结构的乐器叫作阀门乐器。出乎意料的是，我没看见过军乐队，而且还是斯图加特相当好的军乐队使用过这种乐器。在那里人们还在使用有两个直升式活塞的小号，这种乐器在音质与音色方面非常不尽如人意，且远不如现今在别处普遍使用的活动柱结构的小号。我没有谈及巴黎，十年以后我们再来谈它。

　　长号的实力很强；第一长号手施拉德先生四年前在巴黎曾是维维恩管弦乐队的成员。他的确有着真才实学，对这种乐器十分精通，演奏技巧难度极高。次中音长号经他演奏，发出的声音优美无比。他擅长以一种尚不知名的方法同时演奏出三到四个音符。我甚至可以说，他奏出的一些乐音就像那位近来巴黎音乐界媒体众所瞩目的年轻圆号手①所能奏出的一样。施拉德在斯图加特公演时演奏了一支幻想曲，在延长符号部分时，他同时奏出了属七和弦的四个音，分别为 $\begin{cases} mi^\flat \\ La \\ Ut \\ fa \end{cases}$。对这些发音管共鸣的新现象寻根问底是属于声学家们的事。对于我们这些其余的音乐家来说，对其认真揣摩并当机会到来时不失时机地汲取经验才是我们要做的事。

　　斯图加特管弦乐队的另一长处在于它是由那些意志坚定的读谱人组成的。没有什么能打扰他们，也没有什么能使他们感到为难。他们同时读着乐谱中的音符以及色调微差，初一看便不会漏过一个未加注明的"弱"或是一个"强"，一个"中强"或是"渐弱"。他们对所有节奏以及拍子的反复变化都十分娴熟，并且善于果断地强调弱拍，毫无困难地从一个切分节奏过渡到另一个，演奏起来轻松自如，毫不费力。总而言之，他们所受的音乐教育从各方面来讲都是全面的。从我的音乐会

---

① 维维安，一个才华横溢但好故弄玄虚的人；性格怪僻的艺术家，但却是一位具有真才实学并且音乐素质极为难得的艺术家。——作者注

进行的第一次排练开始，我便认识到了他们的这些难能可贵的品质。我选择了《幻想交响曲》以及《宗教法官》作为这场音乐会上的上演曲目。您要知道这两部作品包含着多少难点，有节奏上的，切分句上的，交叉切分上的以及从重叠的四音符组过渡到三音符组上的难点，等等。如今在音乐学院我们将所有这些东西堂而皇之地搬到了公众面前；然而为此我们却付出了多少漫长而艰辛的劳动啊！因此我担心在序曲以及交响曲终曲的不同乐段中会出现大量错误是不无道理的。然而我连他们的一个错也挑不出来；一下子所有的难点都被理解，读懂并且克服过去了。我惊讶万分。要是我对您说，我们只排练了两遍就已将这要命的交响曲以及其他的曲目搬上了舞台，您的惊讶程度一定不亚于我。音乐会那天，如果不是一半的小提琴手真的病倒了，或是装病而未来参加，效果甚至可以说是极为令人满意的。您看看我，只有四个第一小提琴和四个第二小提琴就与所有的木管乐器和打击乐器相抗衡。因为这场流行病放过了乐队的其他乐手。乐队除了一半的小提琴手缺席之外，什么也不缺！啊！在这样的情况下，我只能像《自由射手》中的马克斯所做的那样，为了争取到几个小提琴手而同地狱中所有的魔鬼签订了契约。尽管林德潘特纳有言在先，说国王和贵族们不会来，但他们却还是来了；这更加使我痛心疾首，怒气冲冲。尽管有几个小提琴手背叛了我，但整场演出虽然不能说是气势磅礴（这是不可能的事），但至少也称得上是明智理性，准确严谨，热情奔放。《幻想交响曲》中效果最好的乐段是柔板（田野景象），以及终曲（安息日之夜的梦）。序曲也受到了热烈的欢迎，《哈罗尔德在意大利》中的《朝圣者进行曲》也被列入到上演曲目之中；然而这支曲子却未引起听众的注意。还有一次，在另外的一个场合，我没留意，也让这支曲子单独上演；其结果也是这样。然而，只要让我将《哈罗尔德在意大利》全部演奏，或至少演奏这部交响曲的前三部分，这首进行曲在哪里便都会和在巴黎一样受到欢迎，并且经常被要求重演。这再次说明了不要将某些曲子分开演奏，并且只有在天时地利人和的情况下才上演这些曲子的必要性。

音乐会之后我受到了来自国王，尼佩克伯爵以及杰罗姆·波拿巴特亲王各方面的祝贺，这些我现在该对您说说了，不是吗？要知道，亲王们是一贯对外国艺术青睐有加的。如果我向您重复当天晚上和以后的几天里那些音乐家对我说过的话，那么我真是毫不谦虚。但话又说回来，为什么要谦虚呢？难道就是为了不让几条拴在链子上的谁自由地经过它们，它们都想咬几口的恶犬狂吠吗？真正的谦虚，不仅在于不谈论自己，还在于不让别人谈论自己，不让自己吸引公众的注意，缄口不言，搁笔不写，无所事事，闭门不出，不去生活。这岂不是荒谬吗？……于是我下决心无论是什么都承认，无论是好运还是厄运。在我的上一封信中，已开始这样做；在这封信中，我准备继续，我十分渴望得到作为指挥的林德潘特纳大师的赞许。但我十分担心，在我的所有曲目中，他只赞赏那首序曲，而对我的交响曲却深为厌恶。我敢打赌，莫里克对我的音乐没有丝毫赞赏。至于希林博士，我敢肯定他觉得我所有的音乐都糟糕至极，并且为他将我这样的无赖介绍到斯图加特而进行的那些活动感到耻辱。这个无赖涉嫌冒犯了音乐，如果说他给音乐注入了一种自由的热情，一种漂泊不定的流浪感的话，那么他便将圣洁的缪斯女神变成了一个波希米亚人的普塞女神；与其说是爱斯梅拉达，还不如说是海伦娜·玛克·戈利高尔，那个全副武装的野性女郎，长发随风飘扬，深色长衣上的小饰物闪着夺目的光芒，赤着双足在荒野的岩石上狂奔跳跃；她梦想着风驰电掣的声音，黑色的眸子一瞥之间便让女人们胆战心惊，不会激起她们的爱焰，却让男人们心驰神荡。

希林以其霍恩佐伦-海辛根亲王顾问的身份，少不了要写信给亲王殿下，建议他与其待在一个文明的城市里为他解闷，还不如让这个好奇的野蛮人去黑森林更合适。于是这个什么都渴望了解的野蛮人，接到了一封由亲王的另一位心腹顾问毕林男爵先生起草的措辞既客气又文雅的邀请函。之后他便穿越皑皑的白雪和茂密的冷杉林，奔赴那个小小的海辛根城，没有多想过他能在那里干什么。在黑森林的这次徒步旅行给我留下了一份由欢乐、忧郁、甜蜜与痛苦交织在一起的复杂感受。若不是有那几乎无法解释的心锁，我是回忆不起来刺骨的寒冷的。黑白两色像丧服一样披在群山之上，寒风在战栗的松树下咆哮，孤寂和隐秘又如此强烈地侵蚀着心灵，在旅途中我读着悲剧小说中的一段忧伤的插曲……一来到海辛根，便是那愉快的面容，亲王的和蔼亲切，元旦节，舞会，音乐会的狂笑，计划在巴黎的重聚，然后……再见了……随后，出发了……噢！我是多么痛苦！……是什么驱使我神差鬼使地向您讲述这么多事，就像您所能看到的那样，无任何动人心弦、浪漫传奇的轶事可言……，但我就是这样一个人，我往往会动机不明地去忍受一些痛苦，就像在大气带电状态的作用下，即使无风，树叶也会沙沙摇动。

幸亏，我亲爱的吉拉尔，您认识我已不是一两天了，您是不会觉得我这段平淡无奇的叙述，这段没有快板的小序曲，这个没有赋格曲的主题太可笑的。噢！毫无疑问！这是个没有赋格曲的主题，承认吧，这是个难得的好运气。还有成百上千的赋格曲没有主题，这两种我们都已见识过了，且不算那些只有些坏主题的赋格曲。好了！幸亏有赋格曲的介入，现在我的忧郁已一扫而光了。我又恢复了好心情。那么让我给您说说海辛根的事吧。

我刚才对您说过这是一个小城，那是从地理上夸大了它的重要性。海辛根只是个大村庄，顶多只能算作一个市镇，它建立在一片相当陡峭的海岸上，有点类似于环绕蒙马特尔高地的那一部分，或者更好一点像罗马的苏比亚哥村庄。在这个市镇之上，是归亲王管辖的欧热尼亚别墅，俯视着整个市镇。在这座小宫殿的右边，是一条深深的山谷，再远一点，是一座崎岖光秃的山峰，顶部是霍恩佐伦古老的小城堡。自从此地成了亲王祖先的坟墓之后，早已不再是猎人们的聚会场所了。

这富有浪漫色彩的动人景观的统治者如今是一位才华横溢、生气勃勃、和蔼善良的年轻人，他在世界上仿佛只有两件始终不渝的操心事，即是他那使这个小王国的居民们尽可能幸福的愿望，以及对音乐的热爱。您能设想出一种比他这种更加美好的生活方式吗？在他的周围满眼皆是欢乐的人们，他的臣民崇敬他，音乐也爱慕他，他以诗人和音乐家的方式来理解他的生活；他创作了一些迷人的浪漫曲，其中的两支《渔夫的儿子》和《船长的黄昏》在旋律的表现力上真正让我感动不已。他以作曲家的歌喉歌唱着它们，然而却带着颇为动人的热情和发自心灵深处的乐音。如果不能说他拥有一个剧院的话，那么至少他也拥有一个由一位卓越的领班泰希利斯贝克领导的唱经班。巴黎音乐学院经常荣幸地演出泰希利斯贝克的交响乐。他并不铺张，却异常细心地为亲王演奏器乐曲中的那些最简单的杰作。就是这位和蔼可亲的亲王向我发出了那封令人愉快的请柬并十分热忱地接待了我。

一到达海辛根，我就与泰希利斯贝克重逢了。五年前在巴黎我就认识他。在家中,他对我殷勤备至,他的极尽真诚关怀之意,令人永生难忘。他很快便将我们可以支配调用的音乐实力告诉了我。总共有八名小提琴手,其中三名水平很差;还有三把中提琴,两把大提琴,两把低音提琴。第一小提琴手名叫斯特恩,是一位才华横溢的小提琴高手。第一大提琴手奥斯瓦尔德也配得上同样的殊荣。海辛根牧民档案管理员担任第一低音提琴手。即使是最吹毛求疵的作曲家也会对他的演奏感到满意。第一长笛,第一双簧管以及第一单簧管也不错。但第一长笛手在吹奏时偶尔有些微弱的装饰痕迹,对此我在斯图加特就已批评过了。第二木管乐器的人员充足。两个巴松管手和两个法国号手还有些尚待改进的地方。小号手和长号手只有一个,还有定音鼓手,都不尽如人意。每当他们一演奏,人们都得忍住自己才不至于让他们停下来,而他们对此却一无所知。

我看见您笑了,我亲爱的吉拉尔,您是否想问我能让这么一支小乐队演奏什么呢?对您说吧!凭着持久的耐心和坚定的意志,我们在三天内对某些分谱作了整理和修改,并进行了五次排练,将《李尔王序曲》《朝圣者进行曲》《幻想交响曲》中的"舞会",以及其他一些合适的乐段,视其规模,在适合的范围内搬上了舞台;一切都进展得异常顺利,细致准确,甚至充满激情。

我用铅笔在中提琴分谱上写下了主要的音符,使第三和第四法国号的音符一目了然(因为我们不能只有第一和第二法国号)。泰希利斯贝克在钢琴上演奏"舞会"中的第一竖琴。他还十分愿意负责《哈罗尔德在意大利》进行曲中的中提琴独奏。海辛根亲王站在定音鼓手的旁边为他数着休止符,以保证他的演奏准确。在小号的分谱中我删去了我们认为仅有两名乐手是无法演奏的那些乐段。唯一的长号交给了长号手一人,但他只是谨慎地演奏那些他最熟悉的音符,如降 B(si bémol)、D(ré)、F(fa);其他所有的音符他都小心翼翼地回避了,他的沉默倒使他几乎在各处都十分引人注目。亲王殿下在音乐厅中聚集了众多的听众;要知道,音乐的气息是多么生气勃勃,热烈而迅速地在这个美丽的音乐厅里传播、流动啊!然而,您可能猜得到,在所有这一切中,我能体会到的只是一种掺杂着焦躁的喜悦之情。当亲王走过来和我握手时,我情不自禁地对他说:

"噢!我的殿下,我向您保证,我会用我余生中两年的时间拥有一支我自己的音乐学院的乐队,并要在您面前将它的演奏和您听过并评价得过于宽容的这些曲子对比一下!"

他答道:"是的,是的,我知道,您有一支最上等的皇家乐队,它称您为陛下!而我只是一个亲王,但我会去巴黎听它演奏的,我会去的,会去的!"

但愿他能信守诺言!他的掌声、喝彩声留存在我心中,在我看来就是一笔来之不易的财富。

音乐会之后的晚宴设在欧热尼亚别墅,亲王富有魅力的愉快情绪感染了所有的宾客;他想让我见识他作品中的一首由男高音演唱、钢琴和大提琴伴奏的歌曲。泰希利斯贝克演奏钢琴,作曲者则负责歌唱部分,我在满座宾客热烈的欢呼之下,被选中唱大提琴的那一部分。大家对这段歌曲报以热烈的掌声,同时对我这"大提琴"E弦的古怪音色大笑不止。尤其是女士们在我唱La时,笑得气都喘不过来了。

第三天,在无休无止的告别之后,我便要返回斯图加特了。白雪在泪流满面的大松树上融化着,覆盖在群山之上的白色棉被出现了块块黑斑……到处都是无尽的忧伤……孤寂仍侵蚀着我的内心……

剩下的是寂静……

再见。

第三封信 致李斯特

曼海姆,魏玛

从海辛根归来,我在斯图加特停留了几天,心中又茫然一片,不知所措。对于大家向我提及的关于这次困难重重的旅行的计划以及今后的方向等问题,说真的,我可以像莫里哀笔下的那个人物那样回答:不,我并没有回来,因为我并不曾在那里;我也不会再去,因为我已决定。但我不会停留,因为并非所有这一切都一样。

我欲离去……

离去……去哪儿?我不太清楚。是的,我已写信给魏玛,但不见回音。在做出决定之前，我只有等待回信。

您不了解这些不确定的事，我亲爱的李斯特。如果你在一个打算途经的城市，唱经班是由优秀人员组成，剧院开放着，总管将它交给您来支配，那么知道这些对您来说是无关痛痒的。确实，对您来说了解那么多信息又有何用呢？您可以将路易十四的话稍作修改，信心百倍地说："乐队，是我！合唱团，是我！指挥，还是我！我的钢琴在歌唱，在梦想，在爆发，在鸣响，它飞舞着向那些最娴熟的琴弓发出挑战，它像乐队一样，有着洪亮的悦耳声音；它传给傍晚的轻风，带去一抹有着美好和弦与朦胧旋律的云彩；我不需要剧院，不需要封闭式布景，不需要大量的阶梯座位；我也不会因为冗长的排练而筋疲力尽；我不需要一百个、五十个，或者二十个音乐家，我根本不需要他们；我甚至不需要音乐；一个宽敞的客厅，一架大钢琴，我俨然就是众多听众的主人。我一出场，人们便掌声雷动；我的记忆苏醒了，令人心醉神迷的幻想曲从我的指尖诞生，我歌唱着舒伯特的《圣母颂》或是贝多芬的《阿黛莱德》；所有的心灵都贴近了我，所有的人都屏住了呼吸。多么感人的寂静。多么专注而又深情的仰慕。而后明亮的信号弹升上了天幕，随之便是最后那五彩缤纷的烟火，人们的尖叫欢呼，鲜花与桂冠如雨点般落在这位在他的三角钢琴旁微微抖动并弹出天籁之声的神甫周围。豆蔻年华的美人们被神圣的激情冲击得丧失了理智，热泪盈眶地亲吻着他长袍的边缘；严肃的灵魂流露出由衷的崇敬，由钦羡而爆发出狂热的掌声；满场的人群为之倾倒，紧闭的心扉竟然也心花绽放。"翌日，当这位年轻的受到神灵启示的圣者抒发完他那源源不绝的热情之后，便离去了，消失了，在他的身后洒下了一片热情四射荣耀辉煌的灿烂曙光……这是一个梦想！如果有人名叫李斯特，或叫帕格尼尼，那么这便是他那些黄金般梦想中的一个。

相反，作曲家却要像我这样，力图通过旅行来介绍他的作品，他得做好心理准备去承受多少精疲力竭，劳累不堪，徒劳无功，重蹈覆辙之苦啊！……人们能明了他在排练中所经受的痛苦吗？……首先，他得承受来自所有那些被他的音乐弄得心绪不宁、不习惯于一些非同寻常的演奏方式的音乐家的冷眼：这个法国人想干什么？他还有什么能耐？乐手在谱架前就位；然而看一眼整个乐队，作曲家便很快发现了一些令人不安的空缺；他向唱经班的领班询问原因，回答是：第一单簧管手生病了；双簧管手的妻子正在分娩；第一小提琴手的孩子得了假膜性喉裂；

长号手们都出席阅兵式了,今天他们忘了要求免除兵役了;定音鼓手扭伤了手腕;竖琴手不能参加排练,因为他需要时间将他自己的分谱好好地练一下;等等。然而排练还是开始了,乐手们以一种比作曲家慢上两倍的速度马马虎虎地演奏着那些音符。没有什么比这种疲沓的节奏更可怕的了!但渐渐地,他们的本能占了上风,他们的热血开始沸腾,他们加快了节奏,不由自主地回到了乐段正常的速度。然后,混乱一片,嘈杂喧嚣声刺耳锥心,于是只好停下来,又重新放慢了速度,在作曲家的指挥下,将这些别的乐队演奏得既自如又明快的长乐段一小块一小块地分段进行排练。这还不够;尽管速度已放得很慢了,铜管乐队的某些声部中还不时冒出一些不和谐的怪音;他想找出原因:"小号单独演奏一下给我听!……你们在那里干什么?我应该听到三度音,而你们却奏出了两度音和弦,第二小号把ut(do)奏成C音ré(D音),把您的ré吹出来!很好!第一小号手把C音ut吹成了fa(F),把您的ut(C音)吹出来!再来一遍!……天哪!您给我吹出来的是降E!"

"不,先生,我是照这上面写的来演奏的!"

"但是我对您说不是的,您弄错了调。"

"但我确信我吹的是ut(C音)!"

"那么你的小号该用哪个调?"

"用降E!(mib)"

"好!您看看,这就是您的错;您应该用fa(F调)的小号。"

"啊!我没仔细看说明,您说得对,请原谅。"

"好了!您在那边的演奏的声音怎么那么嘈杂?我说的是您,定音鼓手!"

"先生,我演奏的力度是'很强'。"

"根本不对,应该是'中强',不是两个F,而是一个M加一个F。另外您用的是木槌。应该用海绵头的鼓槌;这两者简直有着天壤之别。"

"可唱经班指挥说:'我们不明白,您说的是海绵槌头的鼓槌吗?我们从未见过这样的鼓槌。'"

"我就知道。我特意把它从巴黎带来了。就放在那张桌子上,您去拿一副吧。现在我们进行到哪里了?……我的上帝!这是第二十次声音太强了!你们竟然没用弱音器?!……"

"我们没有；乐队的小伙计忘了把它们放在谱架上了，明天我们再去拿吧，……"

经过三四个小时这样纷纷扰扰的纠缠，仍旧无法奏出一段听得清楚的音乐；所有的演奏听起来都支离破碎，衔接脱节，音调不准，缺乏热情，平淡乏味，喧闹嘈杂，毫不协调，刺耳难听！最后的感觉也是一样，只得任由那六十个或八十个音乐家精疲力尽，十分不满地离去，怨声载道，四处声称他们不明白这种音乐有何意义；这种音乐他们从未体验过，简直是一座地狱，一片混沌。次日，勉勉强强，稍有起色。待到第三天，作品才初具雏形。这时，这位可怜的作曲家才松了口气；稳重的和弦渐渐明确，节奏也跃动起来，旋律呈现出或悲伤或喜悦的感情色彩；和谐紧密的乐器组合演奏得果断豪放。经过无数次探索，无数次尝试，乐队终于成长了，会走了，会说话了，长大成人了！对作品的领悟使这些惊讶的音乐家们勇气倍增。作曲家要求进行第四次演练：他的演奏者们毕竟是些世界上最优秀的乐师；他们则满腔热情，积极响应。这一次，没治了！——注意色调变化！你们不再紧张了吧？——好！我们把真正的速度演奏出来，好吗？——好的！

于是光明粲然绽放，艺术闪现出来，乐思闪耀着光芒，作品得到了理解！乐队肃然起立，掌声雷动，向作曲家致敬。唱经班领班也前来祝贺，好奇者躲在大厅黑暗的角落中，悄悄地靠近，登上舞台与音乐家们交流着惊喜交加之情，欢呼雀跃，还不时以惊讶的眼神向那个开始曾被他当作疯子或是野蛮人的外国指挥家看上一眼。现在他需要休息了。但愿他能挺住，这个不幸的人！这时他得加倍当心，在音乐会之前他得赶回来监督那些谱架的设置，检查乐队的各个部分以保证它们不出丝毫差错。他必须在各排席位间穿梭巡视，手里握着支红笔，在管乐器的乐谱上注上在德国使用的调名，以代替在法国使用的调名，即到处注上：in C、in D、in Des、in Fis，来代替 en ut、en ré、en ré bèinol、en fa dièse。他还得将双簧管调移成英国管独奏的调，因为他要指挥的乐队中没有这种乐器，而且演奏者对于移调总是犹豫不决。如果合唱团员和歌唱演员们缺乏信心的话，那么还得让他们单独进行排练。然而听众们入席了，演出的钟声敲响了；精疲力尽、心力交瘁的作曲家出现在指挥台上：他没有把握，虚弱乏力，厌倦颓然地勉强支撑着。直到那一刻，听众的掌声雷动，乐手的激情四射，他对作品的满腔热爱使他顿然变成了一台电动机器。从他身上辐射出千万条肉眼看不见但却真切存在的闪电般的光芒。作曲家开始得到回报了，啊！这时我才认识到，作曲家兼指挥家是过着一种他从未体验过的演奏能手的生活！沉迷于指挥乐队的幸福之中，是何等的快乐！就像他在弹奏，在亲吻，在紧抱着这硕大无比充满激情的乐器！他那眼观六路耳听八方的注意力又恢复了，他注视着全场；他以眼神示意各声部和器乐部的出场，上面、下面、左边、右边；他挥出右手，乐队便奏出了强烈的和弦，就像声音悦耳的炮弹在远处爆裂；随后在管风琴声部，他让所有的演奏都戛然而止，他控制住了全场的注意力；他高举双臂，屏住呼吸，倾听那一瞬间的沉寂……然后，更加热烈地任他那驾驭自如的音乐潆流滚滚而至。

　　在指挥那些伟大的柔板时，指挥家在那旖旎的和谐之湖中从容不迫地摇荡泛舟是多么惬意啊！他侧耳倾听着一百个缠绵的声音在歌唱爱的赞歌，好像在向孤独和黑夜吐露他们对现实的怨言和对往昔的遗憾。常常在此时，但也只有在此时，这位作曲家兼指挥家全然忘却了听众；他倾听着，他自我评价着。如果他的情绪高涨起来，感染了周围的艺术家们，那么他便不再考虑听众的感想而完全远离了他们。如果他的心灵因与这诗一般的旋律碰撞而微微震颤，如果他感受到了一颗炽热灵魂的那种内心的激情，那么他的目的便达到了。艺术的天空正向他展开，地上又有什么要紧呢？

　　而后，在取得了巨大的成功的同时，音乐会接近了尾声！他的喜悦之情成百倍地高涨，感染了乐队中所有自尊心得到极大满足的乐手。因此，你们，伟大的演奏能手们，你们是沐浴在上帝恩泽下的王子和国王，你们在王位的御阶上诞生，而作曲家却只能靠战斗和征服才能达到统治。然而胜利的光辉和成功的喜悦与陶醉是伴随着战斗的千难万险的。他们可能比你们更加幸福……如果他们麾下总有士兵的话。

　　好了，我亲爱的李斯特，我已经离题万里了。和你一聊，我差点忘了继续讲述我的旅行了。还是言归正传吧。

　　因为要等待魏玛的回信而在斯图加特度过的几天中，由林德潘特纳指挥的勒杜特协会乐队举办了一场盛大的音乐会，我有机会第一次观察到了广大听众对伟大的贝多芬那无与伦比的音乐思想普遍抱有一种冷淡的态度。乐手们以难能可贵的细致与热情演绎着那部真正不朽的乐章——《莱奥诺拉序曲》，然而观众却掌声寥寥。当晚在客饭席中，我听到一位先生抱怨没有上演海顿的交响曲，却上演了这种没有一点歌唱的粗暴音乐！！！……坦率地讲，在巴黎这种市民已经不会再有了。

最后我终于等到了魏玛的那封令人愉快的回信，于是我便出发前往卡尔斯鲁厄。我本想在经过那里时举办一场音乐会；而唱经班的领班施特劳斯（又是一个施特劳斯，但这个施特劳斯不写华尔兹舞曲）告诉我，要举办音乐会还得等上十天八天，因为剧院已和一位皮埃蒙特的长笛演奏家订下了合同。因此，带着对这位伟大的长笛演奏家的由衷敬意，我赶紧奔赴曼海姆。这是一座充满魅力，异常寒冷，地势平坦，四四方方的城市，我不相信音乐的激情会使这里的居民夜不成眠。然而这里却有好几所声乐学院，一座相当好的剧院以及一个对音乐感受力很强的小管弦乐队。领导声乐学院以及乐队的是年轻的拉赫纳，那位著名作曲家的兄弟。他是一位谦和而又腼腆的艺术家，谦逊过人，但才华横溢。很快他便为我安排了一场音乐会。我已记不起节目单上的曲目了。我只知道我打算将我的第二部交响曲（《哈罗尔德在意大利》）整个搬上舞台。但从第一次排练起，我就不得不删去了它的终曲——《酒神狂欢节》，因为长号手们无法胜任他们在这一章中所担任的角色。对此拉赫纳感到十分郁闷，他说很希望见识到整部作品。我不得不一再去说服他。就算长号手能够胜任，一个如此缺乏小提琴手的乐队想把这支终曲的效果演绎出来也简直是异想天开。这部交响曲的前三乐章应该演奏得十分精彩，给听众留下了深刻的印象。有人对我说，出席音乐会的尊贵的公爵夫人阿梅莉被《朝圣者进行曲》的音乐光辉打动了。尤其是其中的《阿布鲁齐小夜曲》，使她觉得自己沉浸在意大利迷人的夜晚，体会到了那种幸福的恬静。乐队中的一位中提琴手的中提琴独奏极有才华，然而他却从不自命不凡，认为自己技艺精湛。

我在曼海姆发现了一位相当出色的竖琴手；以及一位优秀的双簧管手，然而他却不善于演奏英国管。还有一个技艺娴熟的大提琴手（海纳菲特尔），他是一个与他同姓的女歌唱家的表兄。还有几位富有才华的小号手。这里没有奥斐克莱。看来拉赫纳不得不让活动柱结构的长号降到低音的C或B来代替这种在所有大型现代音乐作品中都要用到的乐器。在我看来，还不如去寻来一个奥斐克莱更方便；而且，从音乐上来讲，也是这样做比较好，因为这两种乐器并不太相似。声乐学院的排练我只听过一次；参加的音乐爱好者们普遍都有比较漂亮的嗓音。但他们绝非音乐家或音乐读谱人。

莎宾娜·海纳菲特尔小姐在逗留曼海姆期间，演出了一场《诺尔玛》；自从她离开巴黎的意大利剧院后，我就再没有听到她的演唱了。她的嗓音总是充满力量并且灵活自如，但偶尔会有点走调，唱高音时常常很难支持住；她就是这样。然而，海纳菲特尔小姐在德国的女歌唱家中几乎没有竞争对手；她很善于演唱。

十年八年前我在巴黎偶尔遇见过一个法国人德西雷·勒米尔先生。尽管在曼海姆他对我关怀备至，我仍感到很无聊，烦闷。从居民们的表情和态度上，甚至从城市面貌上都不难看出，这里的人们对艺术活动一窍不通。音乐在这里仅仅被视为一项十分令人愉快的娱乐活动。人们在干完正事后的空余时间里才愿意把它当作消遣。而且这里还阴雨连绵，在我的住处附近还有一座大钟，钟声和谐的共鸣形成了小调三度音。①

钟的旁边还有一座塔楼，上面栖居着一只恶鹰，它尖锐凄厉又极不和谐的叫声没日没夜地在我耳边回响。我还心急火燎地渴望见到那座诗人的城市；唱经班领班，我的同胞谢拉尔，以及洛伯的来信都催促我快到那里去。我知道，对于这些真正的德国音乐家，你是能感受到他们的优点以及他们灵魂深处的热情的。

我又一次航行在莱茵河上了！——我遇见了古尔。——他又开始向我许诺了——我告别了他。——在法兰克福，我又见到了我们的朋友希勒。——他告诉我他将要上演他的清唱剧《耶路撒冷的陷落》。——然后我又出发，患上十分严重的喉炎。——在路上我睡着了——真是一场噩梦……你不知道。——魏玛到了。——我的病情十分严重。——洛伯和谢拉尔想方设法让我恢复也是徒劳。——音乐会准备就绪，——有人通知我进行第一场排练。——我欣喜若狂——我痉

---

① 在德国，我对各种钟声的共鸣作了许多观察；我发现在这一点上，大自然又一次嘲弄了我们学校中的那些理论教条。一些老师固执地认为所有这些发声体只能发出大调三度音，而一位与之相反的数学家近来肯定，所有的钟奏出的都是小调三度音。实际上，这些钟可以和谐地奏出各种音程。一些钟可以发出小三度音，另一些则可以发出四度音；魏玛的一座钟还能连续发出七度音和八度音（它的根音是fa，回声是八度音fa，及七度音的降E）。这些钟发出的和谐共鸣显然是取决于铸造者赋予它们的外形和金属的不同厚度，在某种程度上还取决于它们的弯曲度，以及熔化和浇铸时出现的一些无从知晓的意外问题。——作者注

愈了。

好极了，在这里我感到无比欣慰！我感觉到空气中的某些东西在向我宣布这是一座文学之城，是一座艺术之城！它的面貌和我心目中的构想不谋而合。它恬静安宁，光彩夺目，清新宜人，充满了梦幻祥和的气氛。城市近郊风光旖旎，河流清新秀美，山冈郁郁葱葱，山谷明媚壮丽。经过这座城市时，我的心狂跳不已！什么？这里就是歌德的小屋子！已故的大公爵（魏玛公爵）以前总喜爱在此参加席勒、赫尔德、魏尔兰等人学识渊博的谈话！这块石头上的拉丁语铭文是《浮士德》的作者刻上去的！可能吗？席勒竟然住在这个如此可怜的顶楼中，靠这两扇小小的窗子透气！就是在这间陋室中，这位满怀崇高激情的伟大诗人写出了《唐·卡洛斯》《玛丽亚·斯图亚特》《强盗》和《华伦斯坦》这样的不朽篇章！就是在此处，他像一个普通的作家那样生活过！然而作为国家大臣的歌德是富有的……他难道不能拯救他的诗人朋友的命运吗？……或许这场惊天动地的友谊全是假的！……我想恐怕只有席勒这一边是真心实意的！歌德太爱自己了，同时他也太钟爱他那要命的孩子靡菲斯特了；他活得太长了，他太畏惧死亡了。

席勒！席勒！你有这么一个没有人情味的朋友真是活该！我的目光滞留在那狭小的房子，那阴暗的房间，那破旧漆黑的屋顶上。凌晨一点，月光如水，严寒刺骨。一切都缄默不语，一切都死气沉沉……渐渐地我的胸膛起伏着，我颤抖着，被这位天才偶尔透过坟茔使那些黑暗中的生者对他产生的崇敬、遗憾以及无尽的爱碾得粉碎。我跪在简陋的门框旁，怀着痛苦、仰慕、热爱、崇敬之情一遍又一遍地呼唤着：席勒！席勒！席勒！……

现在该对你讲什么呢？亲爱的李斯特，该谈谈我这封信的正题了吗？我又离题千里了。等等，为了继续我的叙述并使自己稍稍平静一些，我想起了魏玛城的另一个居民，想起了一个才华横溢的人，他作了一些弥撒曲，一些优美的七重奏，还自我要求十分严格地弹奏着钢琴；我想起了洪梅尔（Hummel）……好了，这下我又恢复理智了！

作为艺术家，法国人和我的老朋友谢拉尔竭尽全力地帮助我达到目标。剧院总管施皮格尔男爵对他的好心十分赞许，将剧院和乐队交给我使用；我没有说到合唱团员，不知为何他不愿和我提起他们。我一到这里就在玛尔什纳的《吸血鬼》

中听过他们的演唱；简直无法想象像这样不幸的团队，又跑调节拍又不准，十分引人注意，我还不知道竟有这样的合唱团。还有那些女歌手！唉！可怜的女士们！出于礼貌我就不说她们了！但是有一位男低音扮演了吸血鬼的角色：你一定猜得到我想说的是吉纳斯特！他难道不是一位名副其实的艺术家吗？……他是一位出色的悲剧演员；我对于无法在魏玛逗留更长的时间，观看他在我出发时上演的莎士比亚悲剧中的李尔王一角儿而深感遗憾。

唱经班的结构很好；然而为了让我更加满意，谢拉尔和洛伯开始四处寻觅弦乐器手以加到唱经班现有的乐器中。他们找到了22位小提琴手，7名大提琴手，7名中提琴手以及7名低音提琴手。木管乐器一应俱全，从中我发现了一名非常出色的单簧管演奏者以及一名有着非凡实力的小号手沙赫斯。没有英国管——我不得不将一支单簧管移调用来演奏这一部分；也没有竖琴。蒙塔格先生，一个讨人喜欢的年轻人，出色的钢琴家，十全十美的音乐家，自告奋勇地用一架钢琴代替了这两部分的竖琴演奏，并且由他自己演奏。没有奥斐克莱——有人以声音十分强有力的最低音铜管乐器来代替它。这样就万事俱备了，我们开始了排练。应该告诉您，在魏玛我发现，音乐家们对他们演奏过几次的我的那首《宗教法官》怀有一种十分高涨的热情。他们的心情都好得不能再好了。根据他们的意愿，我选择了《幻想交响曲》进行排练。排练时，我也异乎寻常发自内心地感到高兴；我的作品这么快就被人理解了，这是一种极度而又难得的欢乐。我记得第一乐章《梦幻—激情》和第三乐章《田野景象》给唱经班和一些参加排练的音乐爱好者以强烈的印象；特别是第三章的结尾部分，好似压住了所有人的胸膛。在最后的那隆隆雷声之后，在牧人落寞的短笛独奏的最后，乐队好似发出了一声深沉的叹息，之后随风而逝。这时我听见我的邻座也异口同声地发出了叹息，并啧啧称赞。谢拉尔十分偏爱《赴刑进行曲》这一乐章。至于听众，他们好像更喜欢《舞会》和《田野景象》。《宗教法官》序曲大受欢迎，人们欣赏它就像兴趣盎然地重温一首久已为人熟知的曲子那样。好了，我又不谦虚了；如果我对你说大厅被挤得满满的，掌声经久不息，要求我上场谢幕的欢呼声如雷贯耳，亲王的内侍代表亲王前来向作曲家表示祝贺，一些新朋友等在剧院的出口处，拥抱我，不容分说地留住我，一直到凌晨三点。如果我对你这样描述我的成功的话，人们一定会觉得我有失礼仪，可笑之极,非常……好了,虽然我有自己的处世哲学,但这还是会令我不寒而栗。那么我就此搁笔好了。再见。

第四封信 致斯蒂芬·海勒

莱比锡

我亲爱的海勒,您也许会嘲笑我在上一封信里谈到我所称的阿梅莉大公爵夫人时所犯的错误吧[①]?那好吧!我得向您承认,对于这个错误给我招来的那些无知而轻率的批评我并不感到太懊恼,因为我也可以把弗朗古或乔治称为拿破仑皇帝!而在迫不得已时将曼海姆统治者的名字换一换也是未尝不可的。——另外,莎士比亚也说过:"名字里有什么?我们将称作玫瑰的东西换一个名字也不会因此而减损它的芬芳。"

无论如何,我会谦恭地请求亲王殿下的原谅。如果他如我所愿原谅了我,我便会对您的嘲笑一笑置之。

离开魏玛,我最方便的是去造访音乐之城莱比锡。然而尽管门德尔松在那里被授予了特权,而我1831年在罗马时又和他有着交情,但我对去不去那里还是踌躇不决。从那时开始,我和他便各自遵循着两条泾渭分明的艺术道路,致使我认定从他身上找不到强烈的共鸣。谢拉尔认识门德尔松,他打消了我的疑虑,于是我给门德尔松写了封信。他很快便回了信,内容如下:

我亲爱的柏辽兹,对您热情的来信我表示由衷的感谢;我还感谢您对我们在罗马的友谊至今记忆犹新!我对这段友谊也终生难忘。想到不久后就能和您当面交流,我十分高兴。为了使您在莱比锡的日子过得舒心愉快,所有我能做到的,我都会当作乐趣和责任来做。我想您会对这座城市感到满意的。还有,这里的音乐家和听众会使您满意的。在没有向几个比我更了解莱比锡的人请教之前,我不愿冒昧地给您写信。所有人都赞成我的观点,觉得您可以在这儿举行一场精彩的音乐会。乐队、场地、海报等等开支总共

[①] 实际上大公爵夫人叫斯苔芳妮。——作者注

为110埃居，收入可以从600埃居提高到800埃居。您应该停下其他计划，到这里来，所有这些都需要提前十天。此外，这里音乐会协会的几个负责人还托我问问您是否愿意在二月二十二日为城里的穷人义演的音乐会上演奏一部您的作品。我希望您在开完自己的音乐会后能够接受他们的建议。我想让您离开魏玛后就尽快赶来。能够握着您的手对您说："欢迎您来德国"，我会感到非常高兴。请不要像在罗马时那样笑话我蹩脚的法语，并一如既往作我的好朋友。①我将永远是您忠实的朋友。

菲利克斯·门德尔松

我能拒绝这样一封邀请信吗？……于是带着对魏玛的怀念，带着对在那里我不得不离别的新朋友的怀念，我出发前往莱比锡。

我和门德尔松是以一种奇特的方式在罗马认识的。我们第一次谈话，他就和我说起了我在巴黎艺术学院获奖的那首《沙达那帕鲁斯》大合唱。与我同时获奖的蒙特弗尔为他演奏了其中几个片断。我向他表示我实在不喜欢大合唱中的第一个快板部分，他兴高采烈地叫道："我正要赞扬您……赞扬您的鉴赏力。我还担心您对这一段快板很满意；坦率地说这段快板不怎么样！"

次日我们差点吵起来了，因为我充满激情地谈起了格鲁克，他以一种嘲弄并且惊讶的语气回答说：

"啊！您喜欢格鲁克！"

这好像是在说："像您这样一位有着高尚的情操，在表达宏伟的风格的忠实性上有着敏锐感觉的音乐家，怎么会喜欢格鲁克？"很快，我便有机会对于他这次小小的冒犯予以回击。

我从巴黎带来了意大利歌剧《戒律马科》中的《阿斯特里亚》之曲，非常精彩，但却不太知名！一天，当我和蒙特弗尔等待门德尔松来排练时，我将没署有作者

---

① （1864年5月25日）我刚从一本后来由他兄弟发表的《门德尔松书信集》里得知他对我们的罗马友谊是怎样看的。他清楚地对他母亲提到我："他是一个十足的漫画式人物，毫无才华可言……有时我真想把他吞掉。"当门德尔松写这封信时，他21岁，还未看过一部我的作品；我当时也只写出了《幻想交响曲》的第一个提纲，他也未读过。只是在他离去之前的短短几天中，我才给他看了我刚刚完成的《李尔王序曲》。——作者注

名的这段乐曲的一份手抄本放到了蒙特弗尔的钢琴上。他来了,看见了这份乐谱,他还以为是某部意大利现代歌剧中的片断,于是便开始弹奏起来,弹到最后四小节时,他叫道:"噢,这是阳光!是美丽的景色!是甜蜜的回忆!是爱情!"曲调的确非常壮丽。他以一种戏谑的方式模仿着鲁比尼,弹奏着这段曲子。我打断了他,以一种惊讶的神态对他说:

"啊!您不是不喜欢格鲁克吗!"

"什么格鲁克!"

"哎呀!我亲爱的,是啊,正如您想的那样,这段乐曲是他的而根本不是贝里尼的。您看,我比您更了解他,我比您更赞成您自己的观点!"

一天,我们谈起了节拍器及其用途。

门德尔松激动地大叫起来:"为什么要制造节拍器?这种东西简直毫无用处。见到一段乐曲,一个音乐家若是无法马上猜出它的速度,那么他就是个傻瓜。"

我本想回答他有很多这样的傻瓜,但我忍住了。

当时我几乎没什么作品。门德尔松只知道我写的用钢琴伴奏的《爱尔兰曲调》。一天,他想看我刚刚在尼斯写完的《李尔王序曲》。起初,他专注而缓慢地读着这段序曲,尔后将手指放在了钢琴上想将它弹奏出来(对此他有一种无与伦比的天赋)。

他对我说:"告诉我您的速度。"

"有必要吗?您昨天不是说,所有那些看到乐曲却无法马上猜出速度的音乐家都是傻瓜吗?"

他试图掩饰,但这些针锋相对的反驳或更确切地说是出人意料的回击使他大为不快。(可能就是为此他想把我吞掉吧。)

他每次提到塞巴斯蒂安·巴赫的名字时都不忘挖苦地加上一句:"您的小学生!"最后,每当我们一谈到音乐,他就会暴跳如雷;我都不知该如何应付他才能使自己不受到伤害。不过,他具有优良的品质,温存迷人的性情,因此能自如地应付与其他所有人的矛盾。在我们有时展开的一些关于哲学和宗教的讨论中,他总是对我十分宽容。

一天晚上，我们一同研究着卡拉卡拉①的公共浴池，争论着人类行为的功劳或过失，以及他们在这种生活中的收获。当他陈述他那非常宗教非常传统的观点时，我回答他说他那一套简直是荒谬之极。这时他脚下一滑，跌倒在一段有着极陡阶梯的废墟上，摔伤了，身上一片青肿。

我扶着他站起来，对他说，钦佩上帝的公正吧；是我在亵渎宗教，但却是你跌倒了。

这种蔑视宗教的言行伴随着我一阵大笑。这在他看来似乎是太大逆不道了。从那时起，我们关于宗教问题的讨论便常常有了分歧。在罗马，我第一次欣赏了他的一部绚丽多姿，五彩纷呈，精致细腻的音乐画卷《芬加尔山洞》序曲。门德尔松刚刚将其完成，他让我十分确定地认为，以他非凡的才能，他能在钢琴上弹奏出最复杂的乐谱。在刮着西科罗风（欧洲南部季风）的日子里，我打断了他的工作（因为他是个不知疲倦的工作狂）；他十分优雅地搁下笔，看见我满脸忧郁，便试图安抚我，为我演奏我从那些我们共同喜爱的杰作中挑选出来的作品。多少次，我闷闷不乐地躺在他的长靠背椅上，唱着《伊菲姬妮在陶里德》中的歌曲。"这种景象，咳！太令人珍爱了。"他端庄地坐在他的钢琴前伴奏着。然后他叫起来："这实在太美了，太美了！我会不顾白天黑夜不知疲倦地听着，永远如此，永远！"于是我们又重新开始了独唱伴奏。他还很喜欢让我以我忧郁的嗓音，以横躺着的姿势小声哼出两三首根据穆尔的诗改编的乐曲，这会使他很高兴。门德尔松对我哼的小曲总抱有某种敬佩。

这种最终使我觉得其乐无穷的关系持续了一个月后，门德尔松不辞而别。我再也没见过他。同时刚才我给您看的这封来信确实使我感到惊喜异常。这封信看来是展示了我以往未从门德尔松身上认识到的仁善的内心世界以及良好的道德品质。一到莱比锡我便很快发现，这些优良的品质确实在他身上表露无遗。然而他仍然恪守着他的艺术原则，坚如磐石，不可改变。但他从不试图粗暴地将自己的观点强加于艺术。当他只是在行使他唱经班指挥的职责时，才将他觉得好的作品公之于众，而将那些他觉得不好的或有害的作品弃之不理。只是他总是有些过于

---

① 卡拉卡拉:(Caracalla, 188—217)，古罗马皇帝，嗜杀成性的暴君，杀死了自己的父母、兄弟、妻子。

喜欢古人了。

他向我提到的音乐会协会会员众多，内部组成也极好；这个协会拥有一个出色的声乐学会，一支优秀的乐队以及一个音响效果无可挑剔的音乐厅，即格万特豪斯音乐厅。我应该在这样一个宽敞又美观的地点举行我的音乐会。一下马车我便参观了这座音乐厅。我来得正是时候，恰逢门德尔松的新作品进行彩排，《沃尔珀吉斯之夜》。首先令我惊叹不已的是歌唱家们优美的歌喉以及过人的领悟力，乐队细腻且充满激情的演奏，尤其是作曲上的宏大气势。

我倾向于将这一类型的清唱剧《安息日之夜》看作门德尔松到那时为止创作得最完美的作品（当我写下这些话的时候，还不知道他的那部宏大辉煌的《仲夏夜之梦》已经问世），它的诗体唱词是歌德写的，而且与《浮士德》中"安息日"的那一场迥然不同。它是关于在基督教早期，当时连祭品放在设坛祭祀的高地都被禁止的时候，一支忠实于旧习俗的宗教派别在山上举行的夜间集会。在举行圣事的那些夜里，这支宗教派别习惯于在山道上布下大量全副武装、装扮奇特的守卫。事先约定的信号一出现，当祭司登上祭台唱起圣歌时，这群形似恶魔的守卫便可怖地舞起了他们的长柄叉和火把，发出各种各样的声音和令人恐惧的尖叫，来盖过齐声唱经的声音，并且使那些妄图打断仪式进行的渎神者心惊胆寒。可能正是因此，法语中才用巫魔夜会（sabbat）一词作为黑夜中的喧嚣的同义词。从门德尔松的音乐中，可以听出这些诗体唱词给予这位娴熟的音乐家以乐思的源泉。他令人钦佩地从中做出了选择。尽管他创作的乐曲纷繁复杂。但却光辉四射，至善至美。嗓音和乐器的效果在各个方面都交织错综，相互冲击，碰擦，表面上看好似杂乱无章，实则达到了艺术之巅。我尤其想提一下两段曲风截然不同而又都无比出色的乐段，即布置守卫的那段神秘的乐章，以及终曲的合唱，其中祭司宁静而又虔诚的声音不时飘在那一群假守护神和巫师发出的地狱般的隆隆声响之上，真不知在这段终曲中哪一部分最值得称赞，是乐队部分还是合唱团部分，抑或是整体如滚滚旋风般的速度！

在门德尔松满心喜悦地指挥完这段乐曲走下了谱架时，我心醉神迷地走上前去。对于这样的相遇来说，这种时候真是再合适不过了。然而，相互寒暄几句之后，一股同样的忧伤之情从心底油然而生，同时侵袭了我们。

"怎么！已经十二年了！我们在罗马平原上共同梦想的日子已过去十二年了！"

"是啊，还有在卡拉卡拉的公共浴室！"

"啊！您那时总开玩笑！总想嘲笑我！"他说。

"不，不，我不再嘲笑您了，这是为了考验您的记性，再看看您是否已原谅了我对宗教的大逆不道。不开玩笑，从我们第一次见面开始，我就想十分郑重地请求您送我一件礼物，我将把它视为无价之宝。"

"那么是什么呢？"

"将您刚用来指挥新作品彩排的那支指挥棒送给我吧。"我说。

"啊！我很愿意，条件是您把您的指挥棒也送给我。"

这样一来，我是用铜的换来了金的；无论如何，我同意了。

很快我就得到了门德尔松的音乐权杖。次日，我将我那支沉重的橡木指挥棒以及下面这封信交给了他。我希望这个最后的莫希干人不会对这封信有任何非议：

致门德尔松指挥：

伟大的指挥！我们互相许诺交换我们的大头棒（野蛮人用的狼牙棒）；我的就在这儿！它很粗劣，而您的也很简朴；只有那些女人和欧洲白人喜欢那些华丽的武器。作我的兄弟吧。当伟大人物派我们到这个国家驱逐生灵时，但愿我们的战士将我们的大头棒共同悬挂在军事委员会的门上。

我怀着一种纯洁的狡黠心理想使这封简单的信变得稍稍戏剧化一些。几天后，门德尔松着手组织我的音乐会，他确实像兄弟一般地对待我。他向我介绍的第一位艺术家是音乐会的指挥戴维。他是一位卓越的音乐家、杰出的作曲家以及优秀的小提琴家。此外，戴维先生的法语说得无懈可击，给了我莫大的帮助。

莱比锡管弦乐队的人员没有法兰克福和斯图加特管弦乐队那么多。但这个城市不乏音乐人才，我打算将乐队的人数增加一点，于是小提琴手增至二十四人。后来我才知道这样的改革招来了两三个地位稳固的批评家的不满。有了十六个小提琴手，连上演莫扎特以及贝多芬的作品都已足够了。而我还要增加到二十四个！多么傲慢不逊，自命不凡！……我试图再找到三个合适的乐手，将他们安排在我的几段音乐中，但是徒劳无功。我们找不到英国管、奥斐克莱以及竖琴。原来那支英国管极其拙劣，破旧不堪，尽管演奏它的艺术家极具天赋；由于这支英国管的音调极为不准，我们只好将它弃之一边，让那位艺术家担任第一单簧管的独奏。

这里的奥斐克莱——至少有人向我介绍这种瘦长的铜管乐器时用的是这个名字——和法国的奥斐克莱迥然不同；它几乎发不出声音。于是干脆就当作没有它一样。我们勉强用第四长号取代了它。至于竖琴，想都不能想；因为六天以前，门德尔松由于想在莱比锡上演他的《安提戈涅》中的几段，不得不从柏林弄回了几架竖琴。由于有人告诉我他对此还是不太满意，我便写信到德累斯顿。利平斯基一位高尚的艺术家（待会儿我有机会说到他），将剧院的竖琴手给我派了过来。只需找到乐器就行了。我们在各种各样的乐器制造者以及商人那里来回奔波也是徒劳。最后门德尔松打听到一位音乐爱好者那里有一台竖琴，就说服他答应借给我们用几天。可是看看我多不走运吧：竖琴运来了，还配有崭新的琴弦，但这时却发现李希特先生（应利平斯基的邀请，好心好意来到莱比锡的德累斯顿竖琴手）只是一个娴熟的钢琴家，小提琴也拉得极好，但竖琴却几乎一点也不会弹。这种乐器他只练过十八个月，只会弹奏最简单的琶音，一般只是为意大利歌剧中的合唱部分作伴奏。因此，一见到我的交响曲中经常能遇到的舒张的经过句群以及歌唱构思，他便勇气顿失。那天晚上，门德尔松只好坐在钢琴旁来代替竖琴的独奏，并且负责起奏。如此小事，却费尽周折。

无论如何，对于诸多不利因素，我早已习惯，排练于是开始了。在这美丽的大厅中，乐队的安排是如此的出色，每位乐手都和指挥配合得天衣无缝。此外，在门德尔松和戴维的影响下，那些出色的艺术家与音乐家练习时都是那么全神贯注，以至于只经过两遍彩排，便足以上演节目单上的一长串曲目，其中包括一些很难的作品，如《李尔王序曲》《宗教法官》以及《幻想交响曲》。此外，戴维还同意担任我两年前为阿尔托写的作品《梦幻曲》和《随想曲》的小提琴独奏；这些作品的配器法极为复杂，但他演奏得极为精彩，全场掌声雷动。

乐队应该说是无懈可击的。我刚刚提到的那些剧目仅仅经过两次排练之后，便当之无愧地受到了赞誉。我认为所有巴黎的以及别的地方的音乐家都会同意我的看法的。

这场音乐会震撼了莱比锡市民们的音乐意识。根据报纸上进行的论战来看，这些讨论的激烈程度至少能和多年前这些作品在巴黎掀起的巨大波澜相提并论，人们对我的所作所为进行了讨论，一些人认为我德才兼备，而另一些人则认为我这是有预谋的犯罪。此时，我去德累斯顿作了一次旅行，一会儿我会对您谈到。为了不至于将我在莱比锡的经历讲述得支离破碎，我亲爱的海勒，我将对您讲讲门德尔松在信中向我提到的，而我又许诺要参加的那场献给穷人们的音乐会上发生的事。

这场晚会完全是由音乐协会组织的；至于那所由我支配的、阵容强大、实力雄厚的声乐学院，我已向您一再称颂了。正如您所想，我当然不会将如此出色的歌唱组合搁置不用。我将《罗密欧与朱丽叶》中的那有三个合唱部分的终曲交给了协会的负责人；这部分歌词的德语译文已在巴黎被丢斯伯格教授翻译出来了。只需将这部分译文合上歌唱部分的曲谱就行了。这是一项冗长而又繁重的工作。再加之抄谱者辨不清那些词在长短音节中的分布，所以对于歌唱者来说便困难重重。门德尔松不得不花费时间重审乐谱，并将这些刺眼的错误改正过来。此外，他还得在近八天的时间内对合唱团进行排练。（在巴黎，一个同样人数众多的合唱团八天的排练要花费4800法郎，而有人有时居然还会问我为何我在自己的音乐会上不上演《罗密欧与朱丽叶》！）这个学院确实也有几个剧院的艺术家以及圣托马斯唱经班的学生，然而它基本上是由莱比锡上流社会的一些音乐爱好者组成的。这便是为何每当要学习某些重要的作品时，他们总能很方便地进行次数众多的排练。然而当我从德累斯顿回来时，排练还远未结束，男声合唱更是不尽如人意。我真不愿看到像门德尔松这样一位大师，这样一位演奏能手，负责这样一项合唱指导的下等工作。应该说他是带着一种始终不渝的耐心来做这项工作的，他的每一个批评都是温和有礼的；如果人们知道以他的身份来说，这些工作是多么可贵，那么人们对此会更为感激。而我呢，我经常被剧院的女士们认为是不懂献殷勤的；在这方面我已名声在外。我承认对此我是当之无愧的。在一个大合唱团开始练习时，甚至在还未开始时，一股无名之火便涌上心头，尽管什么事也没发生，但我的坏脾气却表露无遗。一个小男孩无碍地走过一个加斯科尼人身边时，被他踢了一脚，这个小男孩对他什么也没做。当我指责他这一行为时，他反驳道："要是你对我也做过什么事，那么你就想想吧。"从我的眼神中，所有合唱队员都明白了他的意思。

然而又经过了两场排练，这三支合唱团便大有长进。若不是一个好几天以来一直叫嚷着给他分配劳伦斯神父一角儿的剧院歌手将我们练出来的和谐效果破坏殆尽的话，那么在乐队的完美配合下，终曲本来应该是演绎得尽善尽美的。

我注意到了在进行钢琴伴奏的排练时，这位先生（我已忘了他的名字）属于音乐家中的大多数，即那些不懂音乐的人。他数不好休止符，无法按时行进，还走调；但我总是对自己说："也许他没有时间练习他的乐章吧，在剧院他总是演一些最难的角色，为何这个角色他就不能胜任了呢？"我经常想起阿利扎尔，他对这一场总是称赞不已，并对自己在布鲁塞尔不懂德语十分遗憾。但到了音乐会前夕彩排的时候，这位先生仍无丝毫长进，而且他还总在嘴里粗野地诅咒着些什么。我们因为他而不得不让乐队停下来，门德尔松和我还反复再三地练着他的那些短句。最后我终于失去了耐心，我辞退了唱经班，请他们再也别练我的作品了，因为其中的低音角色显然无法胜任。在回去的路上，我忧郁地思考着：两个作曲家在漫长的日子里将上天赋予他们的聪明才智及丰富的想象力倾注到他们的艺术实践中，两百个兢兢业业而又有能力的音乐家、歌唱家以及演奏家白白辛苦了八天，却又不得不放弃他们已能适应的这部作品！而这一切只是因为一个人的无能！噢，你们歌唱家若是不唱歌，那你们便是上帝！……协会对于更换节目单上的这首历时半小时的终曲感到很为难；通过音乐会当天早上的乐队和合唱团都一心想练好的加时排练，我们终于达到了目的。《李尔王序曲》乐队已是驾轻就熟了；《安魂曲》中的《奉献曲》合唱团只需唱几个音，它取代了《罗密欧与朱丽叶》中的乐段。当晚的演奏非常令人满意，此外我还要说明的是，《安魂曲》中的片断奏出了我意想不到的好效果，获得了来自德国家喻户晓的音乐家及批评家之一的罗伯特·舒曼的极高赞誉。①

几天后，这支《奉献曲》为我赢得了我未曾奢望的赞誉；您往下看便知。我

---

① 在排练期间，舒曼一改他往日的缄默，对我说："这支《奉献曲》超过了所有曲子。"门德尔松也称赞了我的浪漫曲《失神》的伴奏中的低音提琴的起奏；这支曲子也在音乐会上被演唱了。——作者注

又一次在莱比锡病倒了，在我即将出发时，我终于来到我的医生那里，向他询问应付给他的酬劳，他回答我说：

"在这张处方纸上写上您的《奉献曲》的主题吧，再加上您的签名。我还要对您感激不尽呢；从未有一部音乐作品让我这样感动过！"

我犹豫了一会儿，不知是否应以这样一种方式来偿付医生的治疗费。但他却一再坚持。有机会以一种更值得的方式来报答他对我的称赞，我难道会头脑简单到不去利用它吗？我在这张纸的题头写道：致克拉鲁斯医生。

他对我说："应是卡鲁斯。您在我的名字上多加了一个'L'。"

我马上想：Patientibus Carus sed Clarus inter doctos。（意为：对病人收费昂贵，然而在学者中却享有盛誉。）但我没敢写……有时候我也会难得糊涂。

我亲爱的海勒，一位像您这样的作曲家和演奏能手，会对任何与艺术相关联的东西极感兴趣。因此您问我那么多关于莱比锡音乐财富的问题，在我看来是理所当然的。我将就若干问题作简短的回答。您问我杰出的钢琴家克拉拉·舒曼夫人在德国是否有竞争对手能体面地与之相抗衡？

我想没有。

您请我谈谈莱比锡的那些有头脑的人物的音乐感觉是否良好，或者至少应该爱好你我称之为美的音乐？

我不愿谈。

声称爱好高雅严肃艺术的人的道德行为是否是这样的："只有巴赫是他的神，只有门德尔松才是他的先知？"

我想不应该这样说。

剧院组成的情况是否良好，公众是否会取笑那些在洛青（Lortzing）经常上演的小歌剧？

我不能这么说。

我是否读过或听过莱比锡极为推崇的几部古老的五声部持续低音弥撒曲？

没有。

再见，继续写您那些美妙的随想曲吧，就像您写的前两首那样。愿上帝保佑您那些配声乐的四个主题的赋格曲。

第五封信 致恩斯特

德累斯顿

我亲爱的恩斯特，您已叮嘱我在穿越德国时不要在那些小城市逗留，还向我保证只有那些大城市才能为我提供举办我的音乐会所需要的演奏条件。

还有几位和您一样的人以及几个德国的音乐评论家也对我这么说，并且后来还责怪我没听他们的话，没有首先到柏林或维也纳去。但是您知道，提出好建议总是比做起来容易；我没有遵循所有人都认为最合情合理的旅行方案，因为我无法做到。首先我无法选择我的旅行时间。白去了一趟法兰克福之后，正如我所说的那样，我无法尴尬地回巴黎。我本想去慕尼黑，巴耶尔曼的一封信又告知我，我的音乐会只有在一个月之后才能在这个城市举行。梅耶贝尔这方面来信说，柏林剧院在相当长时间里将被几部重要作品占据。因此在此期间，我的作品无法在普鲁士上演。但我总不能无所事事吧；于是带着想对和声之国的音乐结构了解的想法，我计划什么都看看，什么都听听，并将我的合唱以及乐队作品修改简化，使别处也能听到我的作品。我深知那些二等城市中不具备我的一些作品曲式曲风上要求的音乐条件，但我还是将这些曲目保留到了这次旅行的最后，它们将成为用渐强奏出的经过句中的强奏手段。我想，该做的都做了，这循序渐进的跋涉既十分明智又意趣盎然。无论如何，对于这种旅行我乐此不疲。

现在我们谈谈德累斯顿吧。

我在这里想举办两场音乐会，物色到了合唱团、管弦乐队以及一位著名的男高音。在去德国之前，我还从未见过如此庞大的阵容汇集一堂。此外，在德累斯顿我还将遇到一位以前在巴黎认识的热情洋溢、忠心耿耿、精力充沛、充满热情的朋友，名叫查尔斯·利平斯基。我亲爱的恩斯特，我对这位令人钦佩的杰出的朋友给予我的莫大帮助真是一言难尽。音乐会首席指挥的地位以及他伟大的人格和卓越的才能使他受到了尊敬，为他在唱经班的众多艺术家当中赢得了极高的威望。他不会将其搁置不用的。由于吕蒂肖男爵的总管向我承诺两个晚上整个剧院将全权交由我来安排，所以他将不再负责监督演出效果。我们取得了令人赞叹的效果，此外节目安排也极为丰富，包括《李尔王序曲》《幻想交响曲》《奉献曲》，《安魂曲》中的《圣哉经》和《Quoerens me》，以及我的《葬礼与凯旋交响曲》的最后两个乐章。您知道，这部交响曲需要两个管弦乐队及合唱团，还有一些独唱部分。我没有交响曲合唱部分的译文，然而剧院的舞台监督温克勒先生，一位才华横溢、博学多才的人，很热心地将其临时翻译成我们所需的德语韵文，于是终曲的排练便可开始了。至于独唱，用的是拉丁语、德语和法语。我刚才提到的那位男高音有一副纯正动人的嗓音，他被悲剧气氛所感染，在舞台上激情四射，非同寻常。他的歌唱风格纯真朴实且别有韵味。他是富有经验的音乐家及读谱人。一开始，他甚至没有看一看就担任了《圣哉经》中的独唱，毫不迟疑，毫不做作，甚至没有做作的祈祷。他本可以像别人在这种情况下所做的那样，为了取得非凡的成功，而接受我的《圣哉经》，并要求我让他演唱某段他早已谙熟的咏叹调；然而他没有这样做；一上场就效果极佳，无懈可击。

但我一时心血来潮，列入上演曲目中的《本韦努托·切利尼》的咏叹调比音乐会上的其他任何曲目都更让我操心。我无法让德芙里安女士担任女主角；对于她来说，这一段的调子过高，练声曲又过于轻快。利平斯基推荐的第二女歌手发现德语的唱词译得不好，行板音高但词长，柔板音低但歌词又太短，所以她要求删减修改；她还感冒了……您当然完全了解这位既不能又不愿胜任这一角色的女演员的可笑举止。

最后，您认识的那位卓越的音乐会指挥和娴熟的小提琴手的夫人，舒伯特女士，诚惶诚恐地接受了这支倒霉的卡伐蒂那（cavatine）。她的谦虚夸大了作品的难度。她的演出博得了雷鸣般的掌声。其实，有时候演唱抒情小曲比上演《c小调交响曲》更为困难。

利平斯基极大地唤起了音乐家们的上进心，他们热切地希望将它演好，决心要比莱比锡的音乐家们演得更好（这两个城市之间在音乐上暗暗竞争）；这令我们更加努力了。四次漫长的排练效果差强人意，唱经班主动要求如果时间充裕的话，再进行第五次排练。结果这次效果显著，十分精彩。在彩排时只有合唱队令我担忧，但在音乐会前他们接受的两次排练却令他们信心倍增。《安魂曲》的片段比其他的曲目更受欢迎。《葬礼与凯旋交响曲》取得了和在巴黎同样好的效果。翌日早晨，演奏《葬礼与凯旋交响曲》的音乐家们兴高采烈地为我演奏了一支晨曲，将我从床上拉起来；然而我是多么需要睡眠啊！我不得不忍着头痛以及我那永远的喉咙痛，和他们喝干了一小桶潘趣酒。

在德累斯顿的音乐会上我第一次看到了德国的公众对我的《安魂曲》的偏爱，然而我们不敢将《末日经》《尊为神》等等这些大型乐段搬上舞台（因为合唱队人数不太多）。《幻想交响曲》并不受一部分听众的青睐；有人告诉我上流阶层的听众，如萨克森的国王与王公贵族不太喜欢这种近乎粗暴的激情，这种梦幻式的抑郁以及终曲中那些残酷的幻觉。我想只有《舞会》和《田野景象》博得了他们的好感；他们随波逐流，与其他三个乐章相比，对《赴刑进行曲》以及《安息日》报以更加热烈的掌声。然而很容易看出来，总之，这部在斯图加特大受欢迎，在魏玛被完全理解，在莱比锡被议论纷纷的作品，在德累斯顿居民们的音乐与诗歌观念中却无足挂齿。他们被这种与他们所熟悉的那些交响曲迥异的标新立异给弄得不知所措；与其说他们对它是喜爱，不如说是吃惊；与其说是感动，不如说是震撼。

德累斯顿的唱经班过去长期由意大利人莫拉奇和《自由射手》杰出的作者指挥，如今则由莱西格和理查德·瓦格纳先生领导。在巴黎，关于莱西格，我们只知道他的以"韦伯最后的思想"为题的舒缓而忧郁的华尔兹。我在德累斯顿停留时，有人演奏了这首宗教作品，并在我面前对它赞颂有加，我却无法附和，因为这部作品在仪式上上演的那天，我正因病痛难熬而卧床不起，不幸未能听到。年轻的唱经班指挥理查德·瓦格纳在巴黎呆了好长时间，也只能靠在《音乐报》上发表的几篇小文章而为人所知。这是他第一次用他的权威满腔热情，真心诚意地帮助我进行排练。他加入唱经班的宣誓仪式定在我到达的第二天举行。我看到他陶醉于欢乐之中，兴奋之情自然流露。他在法国默默无闻，经受了种种缺吃少穿、无比难熬的病痛。瓦格纳后来回到了他的故乡萨克森，大胆写出了五幕歌剧《黎恩济》的词曲，在德累斯顿取得了巨大的成功。之后他又写出了三幕歌剧《漂泊的荷兰人》的词曲。无论人们对这些作品持何种态度，但应当承认两次成功地完成这种文学与音乐的双向创作的人才并不是俯拾皆是的。瓦格纳先生极为令人满意地证明了他的这种能力，引起了旁人的诸多关注与兴趣。这一点萨克森国王完全理解，他任命瓦格纳为唱经班领班。在确定下来的那一天，艺术界的朋友们就像在路易十四任命那个无比勇敢且经验丰富的水手为海军准将时那样，听到他回答了同样的话："陛下，您做得很好！"

在德国的歌剧中，《黎恩济》大大超出了一般歌剧的篇幅，因此现在无法完整地上演；即某天晚上演头两幕，另一天晚上演后三幕。我只看过它第二部分的演出。只听一遍我是无法对其深入了解从而下结论的。我只记得在最后一幕中由黎恩济唱的优美的祈祷文，以及一首雄壮的凯旋进行曲，毫无剽窃那首出色的奥林匹亚进行曲之嫌。《漂泊的荷兰人》的总谱有着阴郁的气息以及某些与主题有关的风雨飘摇般的效果，在我看来十分出色。但我也得承认它滥用震音（tremolo），其效果比在《黎恩济》中还要激烈；这表明作曲家的心中有某些倦怠，而他自己却毫无警觉。这种强烈的震音在所有乐队奏出的效果中是最容易让人厌倦的。此外，当它的前后毫无鲜明的乐思时，它丝毫不用作曲家拿出创意。

无论如何，我应重申一下，应该尊重国王的意志。国王主动给予他莫大的恩赐，可以说是拯救了一位有着可贵天赋的年轻艺术家。

德累斯顿剧院的人员在尽可能地渲染瓦格纳这两部作品上演的轰动效应方面没有丝毫疏忽；《黎恩济》的布景、服装、演出都达到了在巴黎上演时所取得的最好效果。德芙里安夫人在《黎恩济》里扮演一个小男孩的角色，有机会我会再详述她在柏林的演出。服装不怎么合身，掩饰了她的女性身材。尽管有些矫揉造作，加之她到处使用感叹词，但她在《漂泊的荷兰人》中的表演还是很到位的。然而真正具有完全纯粹的天赋，并且在我面前显得分外活泼的人是魏希特。他担任可恶的荷兰人的角色。他出色的男中音是我听过的最美妙的歌喉之一。作为一个富有经验的歌唱家，他自如地驾驭着自己的歌喉，其表现力也是如此地丰富，嗓音甜蜜热情又响亮有力；只要他在歌唱中稍稍用心并稍为敏感一些，他就能达到上述效果。而且他也完全做得到。提夏切克扮演的黎恩济优雅热情，光彩夺目，充满英雄气概，令人振奋；美妙动人的音乐以及他那双饱含激情的大眼睛使他熠熠生辉。魏斯特小姐扮演黎恩济的姐妹，她几乎无任何道白。作者在写这个角色时，是让演员完全像一个女歌唱家那样把它唱出来的。

我亲爱的恩斯特，我想和您深谈一下利平斯基，但我所说的并不是像你所说的那个享誉欧洲、受人崇拜的小提琴家，那个非常专注、勤勉的艺术家。对于这个在事业上可让您首肯的伟大的演奏名家，一个天才，我几乎一无所知。或许您比我更清楚,他是如何演奏他的那些优美的协奏曲的片断的。他的风格是多么高雅，感人至深，扣人心弦，令人久久沉浸在对他永不褪色的回味中。另外，在我逗留德累斯顿期间，利平斯基对我如此仁厚亲切，热情备至，尽心尽力，以至于我对他的赞誉之辞在许多人的眼中显得有失公允。人们认为我赞美他是出于感激而非出于由衷的崇敬之情。在我举行的音乐会上，他演奏了我那首几天前在莱比锡由戴维演奏的小提琴浪漫曲，以及我的《哈罗尔德在意大利》中的中提琴独奏，博得了众多听众的热烈掌声。

第二场音乐会比第一场更为成功；首先《哈罗尔德在意大利》中的凄凉忧郁充满宗教气氛的场景博得了一致欢迎。《罗密欧与朱丽叶》的片断——柔板和《凯普莱特的家宴》——也享受到了这种荣幸。然而使公众以及德累斯顿的艺术家最深受感动的是《五月五日》这首大合唱，由魏希特与合唱团令人称道地加以演唱。其德语唱词是由不知疲倦的温克勒又一次热情备至地为这次演出而翻译过来的。如今，拿破仑在德国人民心目中几乎和在法国一样是异常神圣的。这也许是因为我在各个城市演出的那首歌曲起到了潜移默化的作用，特别是它的结尾曾多次引起公众极为热烈的反响：

"默默地我们远远逃离了这块岩石。

白昼的星辰舍弃了苍天……"

在德累斯顿，我认识了杰出的英国竖琴演奏家帕里什·阿尔瓦斯，他尚未获得他理所应当获得的那种名气。他从维也纳来。他可以说是竖琴演奏家中的李斯特！简直难以想象他居然能用在某种程度上说如此有限的这种乐器奏出如此新颖的经过句群，音色卓然超乎寻常，优美典雅，活力四射。他的《柳条小摇篮幻想曲》（其曲式被塔尔伯格兴致勃勃地模仿过并加以演奏）以及根据《奥伯龙》的水神合唱而创作的变奏曲及其他二十首类似的乐曲使我听得如痴如醉。新式竖琴难以言表的优点在于它能够通过脚踏板的双重活动，使两根弦齐奏；这使他产生了将两根弦配合演奏的想法。但将这种齐奏记入谱中看起来却完全是难以演奏的。

然而所有的困难只在于灵巧地使用脚踏板，产生的这种双重音叫作"近音"

（synonymes）。他在小三度音程的跳跃中闪电般奏出了有四个部分的经过句群。因为采取这种演奏"近音"的方式后,竖琴的琴弦不是像平常那样奏出降C的自然音阶,而是按降音序列奏出丰富的音列：

C本位音　C本位音　A本位音　降G　降G　降E　降E

帕里什·阿尔瓦斯在维也纳期间培养出了几个好学生。他在德累斯顿,在莱比锡,在柏林以及许多别的城市演出,他那卓越的天才总能掀起观众的狂热的激情。但他去巴黎又能指望什么呢？

除了我刚才提到的那些艺术家之外,德累斯顿乐队还有一位卓越的道茨奥尔教授,他是大提琴组的首席,单独负责第一低音乐器的起奏,因为和他一起读谱的低音提琴手太老了,以致无法演奏乐谱中的某些音符,只能勉强支撑住他的乐器的重量。在德国我经常碰见这种对老人不适当的尊敬；这使唱经班领班将那些他们的身体早已无法胜任的乐手席留给他们。而且不幸的是,一直要留到他们去世为止。我不止一次地硬下心肠,以一种近乎冷酷的态度要求换掉这些可怜的老人。在德累斯顿有一个很不错的英国管乐手。第一双簧管奏出的音色优美,但其演奏风格陈旧,还有爱演奏颤音和波音（mordants）的怪癖。我认为这是大大玷污了我的作品。特别是在《田野景象》开头的独奏中,他又大肆发挥他的怪癖。在第二次排练中,我开门见山地表示我十分憎恶这些曲调上花里胡哨的小摆设。在后面的排练中,他由于心中有鬼所以没有再犯,但这只是个埋伏。音乐会这天,我当然不可能让整个乐队停下来单独向他打招呼,于是这个阴险的双簧管手一个人在王公贵族与公众面前又堂而皇之地开始他那些卑鄙的小动作,还以一种讥讽的目光注视着我。我怒不可遏,差点晕倒在地。

在法国号手中,我注意到了列维先生,他在萨克森享有很高的声誉。和他的同事们一样,他用的是有活动塞的法国号。在德国北部的唱经班中,只有莱比锡的唱经班还未采用这种法国号。德累斯顿的小号也同样是有活动塞的；它们更为优越,能够代替我们的那些有音栓的短号,然而人们对此还不了解。

军乐队十分出色,连鼓手都是音乐家；然而簧乐器的演奏在我看来却不是无懈可击的,音准方面还有待改进；军乐队的领队还应该向我们那无与伦比的乐器制造商阿道尔夫·萨克斯要几支单簧管。

没有奥斐克莱,它的主要乐段便由俄式巴松管、蛇形风管和大号来代替。

在我指挥这支德累斯顿的乐队时,我经常想起韦伯。这支乐队由他指挥了几年,那时乐队的人数比现在多。

韦伯将乐队训练得如此熟练,以至于有几次在演奏《自由射手》序曲的快板时,只指挥了前四小节,接下来其余的让乐队自己单独演奏直至结尾的延长号就行了。那些在这种情况下看到他们的指挥抱着双臂的音乐家们应该感到非常骄傲。

我亲爱的恩斯特,您能相信吗?我在这座音乐之城停留的三个星期中,无人向我提起韦伯的家庭,也无人告诉我他家就在德累斯顿!我本来可以很荣幸地了解他的家庭,并向其表示一下我对这位伟大的名副其实的作曲家由衷的崇敬之情!……然而我知道得太晚,因而与这次宝贵的机会失之交臂。我至少在此应请求韦伯夫人以及她的孩子们相信,我对此事甚为遗憾,并至今念念不忘。

在德累斯顿,有人给我看了著名的哈塞(Hasse)的几部总谱。这个萨克森人说,以前在很长一段时间里,哈塞是这支唱经班命运的仲裁者。而我在他的总谱中却没有发现什么不同寻常的东西,只有一首特别为萨克森宫廷盛大光荣的纪念仪式而创作的《感恩赞》在我看来是十分壮丽辉煌的,好似一座重槌之下的大钟在轰鸣。这对于那些听到强有力的响亮声音就知足了的人可能是很好的,但这种音质在我看来并非令人满意。我特别想了解哈塞为意大利歌剧院,德国歌剧院,英国歌剧院写的众多的歌剧中的几部的演出情况,因为这几部才配得上他那极高的声誉;但我只能通过一场精彩的演出才了解到。在德累斯顿,为何无人将至少其中的一部搬上舞台呢?这的确让人纳闷;这将会是一种音乐的复兴。哈塞的生活一定十分离奇;我试图去了解它也是徒劳。我只找到了关于他的几本庸俗的传记,它们只是重复了我知道的东西,对于我想知道的却无只言片语。他在极地以及炎热地区作过那么多旅行,又在意大利和英国生活过那么久!应该有一部离奇的小说描述他和威尼斯人马塞罗之间的关系,以及他与扮演他歌剧中的主要角色、并最终成为他妻子的福斯蒂娜之间的爱情;他们夫妇之间的争执,作曲家与女歌唱家之间的战斗,其间主人就是奴隶,真理即是谬误。

也可能什么也没有;谁知道呢?福斯蒂娜一定生活得像一个很有人情味的著名女歌唱家,像一个谦逊的女歌手,像一个贞洁的妻子,一个出色的音乐家。她忠于丈夫，忠于她的角色，当她闲下来时便做做祷告，织织长袜。哈塞写作，福斯蒂娜歌唱；俩人都收入不菲，且无什么花销。这些事以前发生过，现在也能遇见；若您结婚了，这种情况就是我对您的祝愿。

当我离开德累斯顿前往莱比锡时，利平斯基得知门德尔松要在为穷人们演出的音乐会上上演《罗密欧与朱丽叶》的终曲，便告诉我，如果剧院总管给他两三天的假期的话，他就想去听听。我只是将这个承诺当作了对我最友好的称赞。然而看看我有多难吧！音乐会那天，由于我在前一封信中叙述过的原因，终曲未能上演，我却看见利平斯基来了……他走了三十五里路只是为了听这个乐段！……这是一位热爱音乐的音乐家！……我亲爱的恩斯特，但这是不会让您吃惊的；我敢肯定，您也会这样做的，因为您也是一位艺术家！

那么，再见了，再见。

第六封信 致海因里希·海涅

布伦斯瑞克，汉堡

在布伦斯瑞克这座美丽的城市中，各种各样的幸事接踵而至：首先我打算通过这段叙述让我的一位仇敌大饱眼福，这也许让他从中得到快乐！……然而，对于您来说，我亲爱的海涅，我描述的这些祥和喜悦的场面也许会给您带来不快。非道德主义者断言，当幸福降临在我们头上时，我们的朋友便会诸事不顺。但我根本不信！这完全是令人厌恶的胡言乱语。我敢保证当好运从天而降，落到我的哪位朋友身上时，对我不会有丝毫坏的影响。

够了！别让我们又涉足于那讽刺性的荆棘丛中去了；在那成片的乔木状荨麻的阴影下，苦艾和大戟绽放花朵，蝮蛇咝咝作响，癞蛤蟆聒噪不休，湖水奔涌翻腾，大地震颤，夜风呼啸，晚霞默默无语地绽射光辉！紧咬嘴唇，低垂的眼帘遮蔽了暗绿的眼眸；轻咬牙关，给他的对手一个带有毒刺涂着粘胶的座位，这又有何好处呢？何时灵魂才能远离苦涩辛酸，让令人惬意的记忆充溢思想；何时人们的心灵才能充满感激，充满纯真的欢愉；何时人们才会希望，有一百名吹着小号的号令兵向所有那些我们所珍视的人大声宣布：至少有一天，我是幸福的。

我是基于一种幼稚的虚荣心才开始这样做的。我在不经意中曾试图效仿过您，您这位无法模仿的讽刺家；但我不会再重蹈覆辙了。在我们的交流中，我经常遗憾不已，因为我既无法使您保持严肃，又无法让您在伸出您的手时不痉挛不已，您真像只山猫，您的作品并无辛酸，但却有多少感触，多少想象充溢其中啊！只要您乐意，您便尽情地用大调歌唱着！当您出人意料地不胜仰慕，迷失自我，您又是怎样地激情迸放，呼之欲出啊！在您的内心深处，对于这个您嘲弄的国家，对于这块盛产诗人的土地，对于这个富于幻想的国度，对于这个您最终称其为祖母而又不由自主如此深爱的德国，您是怀着怎样无穷无尽的深情啊！

我看得出，在我的旅途中，她是以一种多么忧郁而深为怜悯的语气谈到您啊；是的，她爱您！她将她所有的爱倾注到您一个人身上。她的儿子们，她那些伟大的儿子们业已去世，她只能指望您了，她微笑着称您为她的坏孩子。是她，正是她，在或柔缓或浪漫的曲调中轻摇着摇篮，伴您度过幼年时光，使您的灵感绽现，对音乐艺术有了纯真高尚的情感；而正是当您离她而去，周游世界，饱经忧患之后，您才变得尖酸刻薄，冷酷无情。

我知道，对于我将描述的我在布伦斯瑞克的经历，您可以很容易地创作出一幅大型讽刺画；看看我是多么信任您的友谊，或者是因为我不再害怕您的讥讽了；我就是要写信把这些告诉您。

在离开莱比锡时，我收到了梅耶贝尔的一封信。他告诉我，无人能做到提前一个月来让我举办自己的音乐会。这位伟大的指挥建议我利用这段推后的时间去布伦斯瑞克。他告诉我将会在那儿见到一个令人欣赏的乐队。我接受了他的建议，未料到听从了他的建议真的是让我受益匪浅。在布伦斯瑞克，我一个人都不认识；对于如何上演我的作品、如何安排艺术家以及公众的口味我一无所知。但您知道，有了梅耶贝尔的热情鼓励，再加上唱经班的骨干穆勒兄弟为我出谋划策，这就足以使我信心百倍。他们上次在巴黎旅行演出时，我曾听过他们的演奏；我将这四个技艺精湛的高手演奏的贝多芬的四重奏看作是现代艺术中最非凡的奇迹。

事实上，穆勒一家演奏的贝多芬的四重奏堪称典范之作，正如博勒尔（Bohrer）一家演奏的三重奏被奉为经典一样。在世界任何地方，从未有人能演奏得如此完美：音乐感觉和谐统一，表现力精湛深邃，风格纯正，气势恢宏，力度雄浑，热情奔放，激情澎湃。我觉得这些不朽作品的精湛演绎使我们准确了解到贝多芬在创作这些作品时的所思所想。这是灵感与创造的回音！这是天才的反映！

在布伦斯瑞克，穆勒这个音乐之家的人数比我想象得要多；我数了一下，姓这个姓的艺术家共有七位，兄弟、儿子以及侄子、外甥。乔治·穆勒是唱经班的指挥；他的长子夏尔只是音乐会的首席；但观察一下，从每个人的恭敬态度就可看出，人们将他看作这著名的四重奏的指挥而对他很敬重。第二乐队长是弗洛丹塔尔先生，一位名副其实的小提琴家和作曲家。我提前告诉了夏尔·穆勒我到了。在布伦斯瑞克，我从马车上下来，一位和气可亲的年轻人前来与我攀谈，他是金凯森先生，乐队的第一小提琴手。他也说法语，出乎我的意料。他在邮局门口等我并把我送到唱经班领班家中。这种殷勤备至的关心在我看来是个好兆头。他在巴黎见过我几面。尽管我冷得缩成一团，可怜兮兮，但他还是认出了我。为了逃避六只可怕的烟斗没完没了地在车厢中吞云吐雾，弥散着呛人的烟味，我在一辆几乎完全向着风的马车中过了一夜。我十分赞成德国警方的法规：在大街和公共场合禁止吸烟，违者罚款。执行这条令人愉快的法规无人会觉得厌烦，不然的话，那可怕的烟斗就会无处不跟着你，在咖啡馆，在宴会桌上……我亲爱的海涅，您是德国人，且不抽烟，我想这并不是您最微不足道的优点，子孙后代可能对您这一点并不在意，然而许多当代的男人以及所有当代的女人都会为此而感激您。

夏尔·穆勒以那种既严肃又镇静的态度接待了我。在德国有好几次我都因这种态度而诚惶诚恐，总觉得会从这种态度中发现一些冷漠的迹象。然而没有什么比我到法国的感受更令人觉得不真实、靠不住的了。当我们接待一位陌生人时，我们满面笑容，甜言蜜语，而五分钟之后就将其忘之脑后。但这位乐队长可不是此类人，他在询问过我想以何种方式组织乐队之后便立即与他的兄弟合计如何才能召集到我认为必需的弦乐器演奏家。他们还在除公爵唱经班以外招募实力相当的音乐爱好者和艺术家加入其中。次日，他们就为我组成了一个出色的乐队，比巴黎歌剧院的乐队人数还稍多一些，其中的音乐家们不仅技艺娴熟，还热情勃发，充满活力，无与伦比。竖琴、奥斐克莱以及英国管的问题像在魏玛、莱比锡、德累斯顿那样又出现了（我对您所说的所有这些细节都是为了使您有个音乐家的名声）。乐队的成员之一莱布洛克先生是个优秀的艺术家，十分精通音乐文学。但他专注于竖琴的演奏只有一年，因此非常担心我的第二交响曲对他来说会有难度。此外，他只有一架老式竖琴，简单的踏板无法演奏如今为这种乐器所创作的谱曲。幸亏《哈罗尔德在意大利》的竖琴部分相当简单，莱布洛克先生刻苦练习了五六天，在彩排上便能完全应付自如了。然而在音乐会的当晚，遇上这等重大场合，他十分紧张，在演奏引子时突然中断了，剩下夏尔·穆勒的中提琴独自演奏。

这是唯一让我们感到遗憾的事，但是观众丝毫未觉察到。几天来尽管我百般劝慰，他仍痛苦地自责。至于奥斐克莱，在布伦斯韦克找不到这种乐器。于是有人给我找了一个低音大号以代替奥斐克莱（这是一种华丽的低音乐器，在讲到柏林军乐队时我会谈到它）。但我看那个演奏这乐器的年轻人没有很好地掌握它的技巧，他甚至不知这种乐器的实际音域。然后是一位演奏者将俄式巴松管叫作低音巴松管，我费尽周折才让他认识到这种乐器的特性与名称。它的音质如其名，并且像奥斐克莱那样用一个吹口吹奏。然而低音巴松管是一种有移调装置的簧乐器，它是一种大巴松管，能够奏出几乎全部低八度的巴松管音阶。无论如何，俄国巴松管勉强能够代替奥斐克莱。没有英国管，有人便安排用一个双簧管来演奏英国管的独奏部分。当合唱团在另一个大厅里排练时，我们开始了乐队的排练。我必须在此承认，迄今为止，在法国，在比利时，在德国，我从未见过一群如此杰出的艺术家；十年来他们忠心耿耿，兢兢业业，满怀激情地投入到他们的任务之中。第一次排练之后，他们便了解了我这些交响曲中的主要难点。在以后的训练中，他们又彼此商定好隐瞒开始排练的时间，每天早晨（我后来才知道），乐队在我来到之前一个小时便集合起来，练习那些经过句群以及节奏上最难的部分。当看到乐队在演奏上取得突飞猛进的进展，看到乐队以一种激昂的必胜信念克服了重重困难时，我惊讶不已，因为我在巴黎的乐队、那支大部队中的年轻侍卫队长期以来却对这些困难束手无策，不敢加以征服。只有一个乐段让夏尔·穆勒感到十分棘手，这就是《罗密欧与朱丽叶》中的谐谑曲。金凯森先生曾在巴黎听过这段谐谑曲，应他的要求，到达德国后，我第一次冒昧地将其安排在音乐会的上演曲目中。

他告诉我："我们像这样努力地工作下去，肯定会取得成功！"事实上，他并未高估乐队的实力：玛布女王坐在那辆由三匹袖珍的小马拉着的微型小马车上，在夏夜嗡嗡叫的昆虫的引导之下，向布伦斯韦克的观众展示了她的精灵古怪与调皮淘气以及她的反复无常、变幻莫测。但是您，这位仙子和精灵化身的诗人，您这位娇嫩顽皮的小精灵的兄弟，您是会理解我的忧虑的。他们双翼的薄纱用何种丝线织成，天空必须何等的恬静，他们才能在黑夜淡淡的星光下将他们绚丽多彩的双翼自由自在地展现出来；而您对此或许知之甚少。好了！尽管我忧心忡忡，乐队还是将莎士比亚的令人陶醉的幻想曲的气氛演绎得淋漓尽致；如此细腻，如此灵活，如此微妙甜蜜。我想这位袖珍王后从未在这样宁静的和谐中无比幸福地坐着马车飞驰过。

而人们早已沉醉于美酒、欢乐和令人热血沸腾的酒神狂欢节里了。节奏时而像被绊倒，时而又带着幻想纵情狂奔；铜管乐器好像从口中吐出咒语，以哀婉的语调在同神灵的声音应答着。在那里，人们狂笑，豪饮，打砸，杀人，施暴；最终人们肆情欢乐。在这场盗匪横行的一幕中，整个乐队变成了一座真正的群魔殿；在疯狂的激情中，有一些非同寻常摄人心魄的东西。小提琴、低音号、长号、定音鼓、铙、钹，所有乐器都在恶魔的气氛中统一协调地歌唱着，跳跃着，咆哮着；中提琴独奏中，幻想着的哈罗尔德惊恐万状，从他那夜的颂歌中远远听到了几声颤抖的音符。啊！这是怎样的惊心动魄！我是怎样的激动不已，浑身震颤地指挥着这支非凡的乐队啊！我看到了这群远离巴黎的年轻人前所未有的如火激情！！！您是从未领略过的；你们从未被这样强烈的生命激情冲击过！我真想同时拥吻唱经班的所有成员，但我只能高呼，当然是用法语高呼，我的语调大家也肯定会明白："太伟大了！真是奇迹！先生们，我感激你们，钦佩你们，你们真是无懈可击的盗匪！"

具有同样狂野风格的《本韦努托·切利尼》的序曲也演奏得十分精彩，只不过风格与之完全相反的《哈罗尔德在意大利》序曲、《朝圣者进行曲》和《小夜曲》从未演奏得如它那样宏大而静谧，充满着宗教般的安详。至于《罗密欧与朱丽叶》中的那一段《凯普莱特的家宴》，他们抓住了它的特点，将其演奏得活力四射；照我们巴黎人的话来说，真是出神入化！

再看看排练休息时所有这些充满激情的面容吧，其中的一位音乐家施密特（成功的低音提琴手）在开始演奏《酒神狂欢节》中的"拨奏"时右手的食指脱了皮；尽管血流不止，他也没想过要停下来一会儿，只是换了根手指便继续演奏。用军人的话来讲，这就叫百折不挠，一往无前。

当我们休息时，合唱队仍在练习着我的《安魂曲》中的片断，但效果却参差不齐，显得几分吃力。《奉献曲》和《探问经》经过排练最后可以上演了。《圣哉经》中的独唱应由剧院第一男高音担任，他是一位优秀的音乐家，但仍存在无法逾越的困难。这一段的行板有三个女声部，德累斯顿的合唱队员很好地领会了那几个同音异符的音调变化，而这却超出了布伦斯瑞克合唱队员的音乐领会力。他们试图辨清乐感找准音调，但试了三天也是徒劳，这些因此可怜而又绝望的合唱队员们派了一个代表来说服我不要让他们在公众面前丢丑，想让我将那支可怕的《圣哉经》从音乐会的海报上划去。我只能同意了，但却不无遗憾。特别是为施梅策尔感到遗憾，因为他那极高的男高音演绎这首高尚纯洁的颂歌真是无懈可击。况且他也为能演唱这首歌而感到十分高兴。

现在一切就绪，穆勒对于谐谑曲还诚惶诚恐，他想再练几遍。尽管如此，我们都来到音乐会场听听我音乐的效果。我应当早点告诉您，根据唱经班的建议，我邀请了二十几个人作为布伦斯韦克音乐爱好者的代表来听排练的效果。然而，这一举措却成了一个活生生的广告传遍了全城，无疑加大了公众的好奇心。以下便是市民们对于这场音乐会准备工作的特殊兴致所在，以及他们对于乐手们和那些享有特权的听众所提出的问题；"排练的那天早晨发生了什么事？……他满意吗？……那么说他是法国人了？……但法国人只会写些喜歌剧啊！……合唱队员们觉得他很凶吧！……他说那些女人们唱歌像舞女！……那他知道合唱团的那些女高音是出身于剧院的芭蕾舞团吗？……在演奏其中一段时，他向长号手们致敬，是真的吗？……乐队侍从敢肯定他在昨天的排练中喝了两瓶水，一瓶白兰地和三杯烧酒吗？那他为什么老对指挥说："César！César！（法语意为"对了，对了！"德国观众听的法语发音为C'est ça！C'est ça！意为"对了对了！"）"等等。

正式演出前很长一段时间里剧院被那些对我抱有好感而急于听到演出的人挤得满满的。我亲爱的海涅，将您抽搐的手缩回去，因为您在这儿又让我感觉到它们的存在。上演的时间到了，乐队各就各位，我走上舞台；穿过小提琴手们的席位，走近指挥台。看着从上到下都花团锦簇的指挥台，我的紧张情绪可想而知。我对自己说：这些音乐家真是害苦我了！多冒失啊！这个如意算盘岂不是打得过早了吗？如果听众并不认可，那我可要进退两难了！这样的演出在巴黎足以将一个艺术家毁掉二十次。出乎我的意料，听众们对序曲报以热烈欢呼；《朝圣进行曲》应观众要求演奏了两遍。《酒神狂欢节》令全场激动不已。带合唱的《奉献经》以及《探问经》看来是勾起了在场许多人的宗教情感。夏尔·穆勒在演奏小提琴的浪漫曲时，全场掌声雷动。玛布梦幻仙子谐谑曲一鸣惊人，令全场惊叹不已；乐队演奏的一首浪漫曲应观众要求重演了一遍。《凯普莱特的家宴》在一片热烈的气氛中为晚会画上了一个圆满的句号。最后的和弦奏毕，震耳欲聋的声音响彻全场。所有的观众，在台阶上，包厢里，在任何角落里狂呼尖叫起来。乐队的小号、圆号和大号等铜管乐器高低不齐地奏出不和谐的声音，还夹杂着用琴弓敲击小提琴和低音提琴的声音，以及那些打击乐器所能发出的最大声响。

在德语中有一个词能表达这种独特的喝彩方式，这种出人意料的喝彩方式给我的第一感觉便是让我愤懑，令我反感；他们就这样破坏了我刚刚体验到的音乐效果，我几乎怨恨这些艺术家以这样一种吵吵闹闹的方式向我表达他们对这场音乐会的满意之情。唱经班领班拿着鲜花走上前用法语对我说：

"先生，请允许我代表公爵唱经班将这些花冠献给您，请允许我将它们放在您的总谱上！"

我并未被他们的敬意深深感动，而听到这席话，观众又叫喊起来，乐队又开始了他们的合奏……指挥棒掉到了地上，我已晕头转向了。

行了，您想笑就笑吧。这对您会有好处，但对我只有损失。此外，我还没有完蛋。让您将我的自吹自擂听到底而不讽刺我，真是难为您了……好了，今天您还不算太坏；那么我继续说。

我满头大汗，热气腾腾地从剧院出来，就像刚在冥河中浸泡过一样，失魂落魄又欣喜若狂。刚出来，不知道来祝贺我的那些人从哪儿听说的，有人告诉我音乐爱好者和音乐家协会在我下榻的旅店中为我订了一套有一百五十套餐具的晚餐。我只好回去，一到旅店，又是无尽的掌声，又是无穷的欢呼声，接下来的便是觥筹交错，千杯祝酒，法语和德语进行的谈话无止无休；我尽我所能回答我了解的事；每一次祝福，都有一百五十个声音以完美的合唱效果欢呼应和。男低音们发出 re 的音，男高音在其中加入了 La 的音，然后女声部令人惊叹地发出 fa 的音，所有的声音形成了一个大三度 re 的和弦，接着便是下属音，主音，属音和主音和弦等四个和弦。这些并列的和弦依次形成了变格收束和完全收束。这一段非常和谐、风格庄重的齐唱，壮丽豪华，实在美极了，至少可以和那些音乐人的相提并论。

我该对您说些什么呢，我亲爱的海涅？您一定觉得我极其天真，简单透顶。我得承认所有这些亲切友善的表示，所有这些友好善意的喧哗都令我万分高兴。对于作曲家来说，这种高兴不是指挥了一支杰出的乐队，出色地演出了一曲他钟爱的作品，而是顺利的事接踵而来；这样一场音乐会结束后，另一场同样的音乐晚会也取得了成功。您看得出，我是多么地感激布伦斯韦克的艺术家和音乐爱好者们啊。我还要非常感谢布伦斯韦克的首席音乐评论家罗伯特·格利本刻尔，他在评论一本关于我的学术性小册子上与莱比锡的一家报纸展开了激烈的论战。我认为他的观点公正客观，正确评价了我所顺应的音乐流派的方向与实力。

把你的手给我，让我们用他们最喜欢的和弦为布伦斯韦克欢呼：

艺术家之城万岁！

我亲爱的诗人，我还为此而生气呢；但您也和这些音乐一样受到牵连。

现在该说说您出生的那座城市汉堡了。这是座犹如庞贝古城一般荒凉的城市，但它勇敢地从灰烬中重生并包扎了自己的伤口！……当然，我对此极为称颂。汉堡有着巨大的音乐财富，有声乐团体，交响乐团，军乐队，等等。确实，剧院的乐队由于经济原因而每况愈下，很不景气；但我事先和剧院经理讲好了条件，由于增加了许多弦乐器，并且应我要求辞退了两三个乐队中近百岁的老弱音乐家，因此他们给我安排的乐队无论从人数还是从艺术家的素质来讲，方方面面都无可挑剔。真是怪事，在汉堡我一下就发现了一名非常出色的竖琴手，他有一架很棒的竖琴！我还以为我会找不到这样的竖琴手呢。在那儿我还发现了一支很好的奥斐克莱，这样就用不着英国管了。

第一长笛手坎塔尔和第一小提琴手林德瑙是两个水平一流的演奏高手。唱经班领班克莱布斯也极有才华，工作一丝不苟。我真希望乐队的指挥们也能这样。他十分友好地参加了我那冗长的排练。剧院的合唱团在我逗留汉堡时阵容相当强；它包括三位知名的艺术家；一位具有天分的男高音歌唱家，他的嗓音不说是出类拔萃至少也是颇有韵味；一个音域宽广的女高音，某某小姐……小姐……我确实忘了她的名字（如果我要是再出名一点的话，这位年轻的美女就会赏脸在我的音乐会上演唱《和撒那颂》！最后还有出色的男低音莱舍尔，他音域宽广，音色华丽，音域跨度达到了两个半八度！此外，他多才多艺，极为出色地扮演了像扎拉斯特罗（Zarastro）、莫伊斯（Moïse）和伯特拉姆（Bertram）这样的角色。剧院经理的妻子柯奈特夫人是个颇有造诣的女音乐家，她的高音音域宽广，音色华美，效果不同凡响，只是未能派上用场，她只在所扮演的几个角色中有不俗表现。我为她在《魔笛》中扮演的夜女王这个角色拍手叫绝；这个角色难度极大，很少有女高音拥有如此高的音区。

合唱团由于人数不足而显得有些薄弱，但对于我交给他们演唱的乐段却能应付裕如。

汉堡歌剧院的大厅十分宽阔，我担心过它的场地过大，在《魔笛》《莫伊斯》和《查莫尼的琳达》（Linda di chamouni）上演时，我接连三次发现了剧院几乎是空着的。但我的作品在汉堡公演的那天，我惊喜地发现剧院座无虚席。

精彩的演出和人数众多、素质极高又热情备至的观众使这场音乐会成为我在德国开得最成功的音乐会之一。《哈罗尔德在意大利》和由莱舍尔饱含深情地演唱的《五月五日》大合唱获得了极高的赞誉。在演完这些作品之后，我谱架旁边的两个音乐家压低声音用法语对我讲了几句，简单的话语令我感动不已：

"啊！先生！我们的敬意！我们的敬意！……"他们已无法再说别的了。总之，汉堡乐队的成员是我忠实的朋友，我可以向您保证我以此为荣。只有克莱布斯在赞许的同时有所保留，他语出惊人，对我说："我亲爱的，几年之后您的音乐将会传遍德国，并风靡起来；这是多么不幸啊！它将会怎样地被模仿抄袭！这又是多么荒唐的事啊！对于艺术家来说，您最好从来就没有出生过！"

但愿这些可怜的交响曲不要如他所说的那样具有如此传染性，不要像黄热病和霍乱那样四处蔓延。

现在，海涅，海涅，海涅，著名的思想家、银行家，所罗门·海涅先生的侄子，众多印成铅字的宝贵诗篇的作者，我已没有什么话对您说了，那么我和您……就此告别。

第七封信 致路易丝·贝尔坦小姐

柏林

小姐，首先，我要为自己冒昧地给您写这封信而请求您的宽恕。我抽空写下这封信，因为，我很害怕自己目前的精神状态。几天以来，我一直被一种邪恶的思想所纠缠。如果继续这样下去的话，天知道会有何种抑郁的想法、荒诞的念头或古怪的空想从我脑袋里冒出来？或许您不太清楚邪恶思想的确切含义……其实它恰恰是纯真幻想的反面。

持纯真幻想的人认为维克多·雨果是一位伟大的诗人；贝多芬是一位伟大的音乐家；而您既是音乐家又是诗人；雅南（Janin）则是个风趣的人；如果上演一部好歌剧，公众体会不到其中的妙处，那么，即使这部歌剧成功了，公众也不会因此而懂得更多；美好的事物并不多，而稀有的东西并不一定美好；强权法则是最行之有效的；卡迪尔（kader）错了，奥康奈尔也错了；显然，阿拉伯人不是法国人；平静的躁动毫无价值；别的类似建议也只能使事情越弄越糟。

持邪恶思想的人怀疑一切，对一切都感到惊奇；他们扭曲美好的形象，丑化一切事物；他们不停地埋怨，他们咒骂生活，诅咒死亡；他们的恨，像哈姆雷特的一样深，诅咒用恺撒的骨灰来堵塞墙壁的缝隙；而一旦他们得知唯有穷苦人的骨灰才会被用于这份下贱肮脏的工作时，他们的恨就更深了；他们怜悯约里克（Yorick），这个可怜的家伙，在地下度过十五年之后，面对着自己做的怪相都笑不出声来……

因此，当您一个人住在罗歇，静静地沉浸在您的思绪之中时，此时此刻的我，却被邪恶的思想所占据①，心中充满了极度的痛苦和无聊。假如您让我欣赏日出，我会觉得它还不如香榭丽舍大街两旁的路灯；假如您指给我看湖面上那些姿态曼妙的天鹅，我会对您说，天鹅是一种愚蠢的动物。它们只知扑水和觅食，叫声嘶哑，让人不寒而栗；假如您坐在钢琴前，想为我弹奏几段您最喜爱的音乐家如莫扎特和西玛罗沙②的曲子，我可能会任性地打断您。因为我不再崇拜莫扎特。他的所有歌剧都是如此地相似，他的冷静使人厌烦，让人急躁……至于西玛罗沙，我觉得他那永恒而独特的《秘密婚礼》几乎与《费加罗的婚礼》一样枯燥无味，远没有人们所说的那样具有音乐性。让他的《秘密婚礼》见鬼去吧！我还会向您证明，这部作品的滑稽之处就在于演员们使用了讽刺和嘲笑；旋律的创意也因此受到了很大的限制；不时出现的全终止符竟几乎占了总谱的三分之二！总之，这是一部适于在狂欢节和赶集时上演的歌剧。而假如您选择一段风格迥异的塞巴斯蒂安·巴赫的曲子，我在听到他创作的赋格曲之后，可能也会逃之夭夭，而让您独自留在他的《受难曲》之中。

看看这种病态心理所带来的可怕后果吧！……当您被它控制后，您就不会再有礼貌、教养、谨慎、策略、计谋和见识；您所说的尽是些荒谬可笑的话；您总是猜忌别人的言论，您不仅仅使自己痛苦，也会给别人带来不快。您会失去理智。

可恶的邪恶思想，见鬼去吧！好在这一切都已过去；现在的我已找回了理智，能够通情达理地与你交谈。小姐，我首先要跟您说说我在柏林的所见所闻。接着，我还要告诉您我在那儿演出的音乐。

我将从大抒情歌剧院开始讲起。怎样的地位，就受到怎样的尊敬！

德国歌剧院毁于三个月前的一场火灾。整个剧场显得阴暗而又肮脏。但剧场

---

① 小姐，昨天，当我被这种罪恶的念头所缠绕时，我正在一个对手稿真迹有着特殊嗜好的人的家里。女主人请我在她的那本纪念册上写一点东西。她还补允说："请别写平庸的句子。"这句叮嘱把我给激怒了。我立刻提笔写道：
"死刑绝不是一样好东西。因为，如果它不存在，我极可能已经杀了许多人，那当今世界就不会还有如此多的愚蠢的无赖生活在这个世上，成为艺术和艺术家的祸患。"
他们看了我写的这句话之后，大笑不止，以为我是在开玩笑。——作者注
② 贝尔坦小姐最近向我指出，西玛罗沙并不是她最喜爱的作曲家之一。我很遗憾犯下了这个错误。然而不管怎样，我觉得这并不太严重，不必为此痛心疾首。——作者注

的布置及音响效果很不错。跟在巴黎一样，乐池没有向前一直延伸到观众席中，而是向着左右两边拓展。至于那些响声震耳的乐器，如长号、小号、定音鼓及大鼓，由于受到二楼包厢的隔阻，听着也不觉得十分刺耳。这是我所听过的最好的管弦乐队之一。整个乐团规模宏大，有十四把第一小提琴，十四把第二小提琴，八把中提琴，十把大提琴，八把低音提琴，四支长笛，四支双簧管，四支单簧管，四支巴松管，四支法国号，四支小号，四支长号，一个定音鼓，一只大鼓，一对儿铙钹及两架竖琴。

几乎所有带琴弓的乐器手都是优秀的。特别值得一提的是担任第一小提琴手和第一大提琴手的冈兹兄弟，以及优秀的小提琴手黎斯。铜管乐器和木管乐器也相当不错，数量是我们在巴黎歌剧院所见到的两倍。这种组合的优势非常明显：它能允许两支长笛、两支双簧管、两支单簧管及两支巴松管同时进行"最强"乐段的演奏，从而中和铜管乐器的乐声。否则，铜管乐器所发出的刺耳声将会盖过其他乐器。梅耶贝尔很不喜欢呈圆柱形的法国号。不久之前我还赞同他的观点。然而，这次参加演奏的法国号全是圆柱形的，发出的乐声却优美动听。不少作曲家对圆柱形的法国号（coràcylindres）心存偏见，认为这种法国号的音色与普通法国号的不同。我试了好几次，轮流听普通法国号、丰音法国号和圆柱形法国号所发出的开音符，但总是无法区分它们在音色或音质上哪怕是最小的差异。人们表面上反对这种新创的法国号，而实际上反对并没有起多大作用。自乐队开始使用这种经改善的乐器以来，一些吹奏者为了方便起见，改用圆柱形的法国号来演奏本应由普通法国号演奏的乐段。这的确是一种非常严重的滥用现象。然而，这应当归咎于演奏者，乐器本身是毫无过错的。一位优秀的艺术家，不仅能用圆柱形法国号吹奏所有普通法国号的闭音符（notes bouchées），而且还能吹奏整个音阶而不用一个开音（sons ouverts）。由此我们可以得出结论，吹奏者们应当掌握好吹奏技巧，如同那个圆柱形喇叭筒不存在一般。从此，作曲家应用某种特殊的记号在乐谱中标明法国号分谱中的闭音符。这样演奏者就能在没有任何记号的地方吹奏开音符。

今天，圆柱形小号在德国已被广泛使用。然而起初它的推广同样遇到了阻力。只不过比起新创的法国号来，它所遇到的阻力要小得多。小号不存在闭音符的问题，因为作曲家不会把闭音符用于小号上。人们只会说，圆柱形小号的音色不如普通小号的嘹亮。而我并不这么认为。如果有一只比我更为敏锐的耳朵能够觉察到这两种乐器的不同之处的话，那么我希望圆柱形小号的优点远远大于它的不足之处。圆柱形小号能毫不费力地跨越两个半八度音域的整个半音音阶。今天，普通小号在德国已不再流行。而在法国，我们却几乎见不到半音小号（或是圆柱形小号）。时至今日，活塞短号受欢迎的程度仍高于小号。我认为这是不合理的。就音色来说，短号远不如小号那样尊贵和辉煌。不管怎么样，我们所缺的并不是乐器。当今世上，制作乐器的能工巧匠还要数阿道夫·萨格斯（Adolphe Sax）。他制作的各类调式圆柱形小号，无论是大的还是小的，常用的还是不常用的，音色和品质都完美无缺，无可挑剔。可这样一位年轻有才的艺术家在巴黎却身份低微，无法立足。人们残酷地迫害他，行径如中世纪般野蛮，丝毫不亚于本韦努托的敌人对这位佛罗伦萨金银首饰雕镂匠所犯下的罪行。人们强行遣散他的工人，窃取他的方案，把他当作精神病患者，并对他提起诉讼。或许，人们还会杀了他。这就是庸人们对发明者的憎恨。幸运的是，鲁米尼将军给予这位有才艺的工匠的友谊和保护使他能一直支撑到现在。但将军的友谊和保护能持久吗？……把一位如此有才华的人安排到与他相称的职位上，使其英雄有用武之地，这才是战争部长的职责。我们的军乐队还没有使用圆柱小号，也没有低音大号（低音乐器中最强大的乐器）。如果法国的军乐团要达到普鲁士和奥地利军乐团的水平，这些乐器的制作生产势在必行。战争部长向阿道尔夫·萨格斯定做的三百支小号及一百支低音大号将会挽救他。

我访问过不少德国城市，而仅在柏林发现了降E调低音长号。巴黎还没有这种乐器，因为吹奏者们不愿使用令胸腔疲劳的乐器。从外表看，普鲁士人的胸膛比法国人的更为强壮。柏林歌剧院管弦乐队拥有两支低音长号，声音非常洪亮，完全盖过了负责高音部分的中音长号和次中音长号。低音长号那压倒一切的生硬乐声将会破坏长号三个声部的和谐。柏林歌剧院并没有奥斐克莱，而法国歌剧几乎每一部中都包含有一段用奥斐克莱演奏的分谱。于是德国人都用第二支低音长号来代替奥斐克莱（而不是用低音大号）。然而，如果吹奏者常用第三长号低八度音写的奥斐克莱分谱的话，那么这两种乐器的合奏产生的效果是非常糟糕的。人们将再也听不见铜管乐器的低音部分；而小号的声音顶多也只能是依稀可辨。在我的音乐会上，我只使用一支低音长号来演奏交响乐。由于这种乐器的声音过于洪亮，我便让低音长号吹奏者坐着，喇叭筒对着乐谱架。这样谱架对低音长号就起到了弱音器的作用。相反地，中音长号和次中音长号吹奏者们却站着，喇叭筒朝向乐谱架面板的上方。只有这样才能保持三个声部的和谐。经过反复的观察，我得出了一个结论：巴黎歌剧院同时使用三支次中音长号的方法应当是最好的长号集合方法。小长号（中音号）的音色尖细，高音音符作用甚微。因此我赞成在剧院中不使用中音号，并觉得如用低音长号，就需要写四个声部，同时使用三支次中音长号与之相抗衡。

或许我说的算不上金玉良言，但至少也是经验之谈。然而，小姐，我确信，比起我愤世嫉俗的长篇大论和平淡无奇的故事来，乐器法的内容会使您更感兴趣，您是一位工于旋律的作曲家，一位和声学家。据我所知，您还对骨学有着较为深入的了解。因此，我将继续对柏林歌剧院的音乐力量加以审视。

定音鼓手是一位不错的音乐家，然而手法却不太灵活，鼓声听起来断断续续。此外，定音鼓显得太小，声音过于单调，鼓槌产生的效果平淡无奇，不知是皮头鼓槌还是海绵头鼓槌。在这一方面，整个德国远远落后于法国。甚至在演奏方面——具体地说，从击鼓速度和色调细微变化的表现技巧上来说——除了韦柏·莱希特（柏林军乐队首席法国号手，敲定音鼓的鼓声如雷鸣一般）之外，我找不到一名能与优秀的巴黎歌剧院的定音鼓手普萨尔相提并论的艺术家。应当向您介绍一下铙钹吗？是的，要知道一对儿完整无缺、毫无破损的铙钹可是稀罕之物，在魏玛、莱比锡、德累斯顿、汉堡、柏林，我都没有见过，这使我感到十分愤怒。于是，我有时便让乐队等上半个钟头，并拒绝排练，直到有人拿给我一对儿外表崭新、坚固耐用、富于颤音的铙钹为止。这一切就是为了向乐队指挥表明我讨厌破损的铙钹。应当承认，德国的管弦乐队在某些方面至今仍很差劲。某类乐器毫无价值，演奏者们本领平庸，如定音鼓、铙钹、大鼓，又如英国管、奥斐克莱和竖琴。然而这一缺陷很明显是由于某些作曲家的作曲方法所造成的。他们对乐器本身并没有深入的了解，这就导致了作曲风格不同的后继者们在这一方面毫无所获。

但是另一方面，德国人的铜管乐器，尤其是小号，又胜出我们不知多少倍！这真叫人难以想象。德国人的单簧管也比我们的好；而对于双簧管，情况就并非如此。两个流派可说是难分伯仲，不相上下。至于长笛，我们比德国人强。这儿如同巴黎，四处都听不见笛声。德国的低音提琴比法国的低音提琴要好。德国的大提琴、中提琴及小提琴质量上乘。不过，公正地说，它们仍无法与年轻的法国琴弓乐器相提并论。巴黎音乐学院管弦乐队的小提琴、中提琴和大提琴是无与伦比的。大量的事实使我确信，在德国，质量上流的竖琴是非常稀少的。柏林也不例外。或许，这座都市很需要像帕里什·阿尔瓦斯这样的高才生吧。这支神奇的乐队由普鲁士王家乐队总指挥梅耶贝尔领导，演奏力度和技巧都堪称一流，不同凡响。这是……梅耶贝尔（我想，他的名字之于你们一定如雷贯耳！！！……）；还有德·埃宁（乐队首席指挥），一个能干的人，才智在艺术界备受推崇；以及德·托贝尔（乐队第二指挥），著名的钢琴家及作曲家。我曾听过他作曲的钢琴三重奏（由他和冈兹兄弟演奏），给我的印象是结构匀称、风格新颖、充满激情。托贝尔刚为最近在柏林上演的希腊悲剧《美狄亚》谱写了合唱曲，并获得了成功。

冈兹先生和黎斯先生担任音乐会的指挥。

现在，登上舞台吧！

平常日子里，合唱团也就只有六十人。而一旦表演大型歌剧，并有国王亲临的话，合唱队人数就要翻一倍，届时，六十位来自其他合唱队的队员将会被邀请参加演出。他们都是优秀的合唱团团员，嗓音清新，嘹亮。大部分成员，男士也好，女士也好，儿童也好，都是音乐家。虽然他们的朗诵水平比不上巴黎歌剧院，但却比后者更为专心，更勤奋地练习歌唱艺术，待遇也更好。这是我所见过的最优秀的剧院合唱团。指挥是那位著名女舞蹈家的兄弟爱尔斯勒。他是一位聪明而又有耐心的艺术家。通过他，不仅能省去不少麻烦，而且还能加快合唱团的排练进程。他预先把一百二十人的大合唱团分成三组（女高音和次女低音、男高音、男低音），每一组都有一位由他选择并受他监督的副指挥负责。这样，合唱团的成员就不必同时挤在一间屋子里。由于一些经济及历史上的原因，这种分别练习的方法决不会被剧院采纳。然而，它却是透彻研究合唱队每一声部的唯一方法，并能大幅度提高合唱队的演唱水平，使之更富于色调变化。我在别处已对此加以说明，这里就不再重复了。

柏林剧院独唱演员们的知名度不如合唱团及乐队本身，在欧洲乐坛中并不出众。然而这支队伍中也有一些杰出的人才，譬如：

热情洋溢，极富表现力的女高音歌唱家玛科斯小姐。不幸的是，她的嗓音在低音及高音区稍显异常；

花腔女高音图契克小姐，她的嗓音清脆、伶俐；

个性鲜明的次女低音歌手哈奈尔小姐；

杰出的男低音歌唱家博蒂舍尔。他的音域宽广，嗓音优美，不仅是一名优秀的歌唱家，同时也是一名英俊的演员，一位经验丰富的音乐家及朗诵家；

才华横溢、嗓音悦耳的男低音歌唱家茨锡舍。他在音乐会上的表现比在剧院中更引人注目。

首席男高音曼蒂奥斯。他的嗓音略显生硬，音域也不宽广。

加入合唱团仅几个月的女高音歌手施罗德·德芙里安夫人。她唱高音时声嘶力竭，显得十分生硬，然而嗓音却嘹亮高亢，激动人心。每当德芙里安夫人无法用力唱出高音时，她便降低声调，蒙混过关。她的装饰音非常难听。她还混淆歌词与抒情独白，影响之恶劣，不亚于滑稽歌舞剧中演员们的瞎唱胡吼。这种歌唱流派粗俗下流，毫无音乐性可言，是初学者们的大忌。

俾斯契克是法兰克福杰出的男中音歌唱家，新近加入了梅耶贝尔的乐团。这可是不小的收获，应当向柏林剧院管理机构庆贺。

好了，小姐，这就是我在普鲁士首都所了解的有关戏剧音乐的一切。意大利剧院的演出我还没有看过，因此就不跟您谈了。

在下一封信中，在讲述有关我的音乐会的故事之前，我要收集有关《胡格诺派教徒》和《阿尔米德》的演出回忆。我参加了他们在声乐学院和军乐团中的演出。从本质上说，这些机构差别很大，但都很重要，规模也不小。如果把它们与我们的同类机构相比较，那我们的自尊心就会受到深深的伤害。

第八封信 致哈贝内克先生

柏林

最近我向路易丝·贝尔坦小姐介绍了有关柏林大歌剧院的声乐及器乐状况。您知道她精通音乐，热爱艺术。现在，我要谈一谈声乐学院和军乐团。但既然您首先想了解我对那些演出的看法，我就打乱叙述的顺序，先告诉您普鲁士艺术家是如何演出梅耶贝尔、格鲁克、莫扎特和韦伯的歌剧的。

不幸的是，在柏林如同在巴黎或是别的地方一样，艺术家和公众之间似乎达成了某种默契，以至于演出或多或少受到了人们的忽视。大厅里空着许多座位，乐池中的不少谱架也被空置一旁。它们的主人或是在城里吃晚餐，举办晚会；或是外出打猎，等等。而那些音乐家演出时打着盹，有些人甚至根本不演奏。他们睡觉，看书，画漫画，恶意取笑邻座的人，并大声喧闹，我已不必再向您描述在乐队中时常发生的类似情况……

至于演员，他们是如此显眼，以至于不敢太自由散漫（不过，有时他们也会放纵自己），但是合唱队队员却尽情享受自由。他们三三两两，陆陆续续地登上舞台；不少人不仅迟到，甚至连衣服也没有穿好；有的人由于白天在教堂里忙碌了一天，所以上台时显得疲乏不堪，并企图在演出时保持沉默。所有的人都随心所欲，遇到高音符时，他们便低八度演唱，或低声哼哼，蒙混过关，不再有任何的色调和力度变化。清一色的中强音充斥了整场音乐会，人们不看指挥棒，因此导致了三四个错误的起奏及同样多的破句。但这又有什么关系？观众发现得了吗？乐队指挥对此也一无所知。词曲作者如果抱怨，别人会指着他的鼻子大笑，并诬蔑他有意搞破坏。而那些女士更是不甘落后，她们向着乐池中的音乐家或包厢内的熟人微笑，并与他们鸿雁传书。早上，她们参加了同事××小姐的孩子的洗礼。在台上，她们吃着从那儿拿来的糖衣果仁，肆无忌惮地嘲笑教父的滑稽相、教母的风骚劲儿和神甫那洋洋自得的神态。人们一边闲聊，一边教训着调皮捣蛋的孩子，并打他们的耳光：

"完了没有，淘气鬼？我可要喊领唱了！"

"我亲爱的，瞧××小姐胸前那朵漂亮的玫瑰！是弗罗伦斯送给她的。"

"那她对她那位经纪人还是痴心不改吗？"

"是的，但这是个秘密。并不是所有人都能有代理人的。"

"对了，顺便问一下，你想去宫廷音乐会吗？"

"不去。那天我有事。"

"什么事啊？"

"我要结婚了。"

"啊！你不是在吓我吧？"

"当心！落幕了。"

一幕剧就这样结束了。观众们受到了愚弄，作品也受到了损害。这又怎么了？难道不应该休息一下吗？人是无法永远处于巅峰状态的。这些乱七八糟的演出正好能与那些倾注了心血、热情及才智的演出形成鲜明的对比，使后者显得更为突出。对此我表示赞同。然而，您也得承认，如此轻率地对待名著佳作是一件悲哀的事。我知道，人们不会在伟人的塑像前日夜烧香。然而，当格鲁克或贝多芬的半身像被用作理发厅里的假发头型时，我们又怎么能不愤怒呢？……

不要作哲学家，我相信这会使您感到气愤。

我并不想因此而贬低柏林歌剧院的某些演出。不，我们对此应当更慎重些：在这方面以及其他某些方面，我们法国还是有优势的。就算偶尔有一次我们在巴黎看了一场极其糟糕的演出，那我们也决不会奢望普鲁士的演出比它要好。我所看过的《费加罗》和《自由射手》就是这样。演得不坏，但也称不上完美。整体结构稍显松散，细节部分略显简单，热情不够，缺乏激情。人们只想着乐曲的色调和生动，这些生活中真正的象征——对于好的音乐来说，这是必需的；但还有一些更本质的东西，比如灵感，更是不可或缺的。

然而一旦涉及《阿尔米德》和《胡格诺派教徒》时，情况就完全改变了。我记得有一次在巴黎看他们的演出，您到得很早，以便能对他们有一个全面大概的了解，并能及时做出评价。每一位演员都提前入场，且神情严肃，体现了他们认真专一的敬业精神。由此人们知道一场重要的音乐会即将开始。

二十八把小提琴和许多双管制吹奏乐器组成的大管弦乐队和一百二十人组成的大合唱团上场了。梅耶贝尔站在第一个乐谱架之前。我很渴望看他指挥，尤其是看他指挥自己的作品。他认真地指挥着乐队，就像二十年来一直指挥他自己的乐队那样。乐队被握在他手中，他随心所欲地指挥着乐队的一举一动。至于他对《胡格诺派教徒》采取的动作则跟您的一样，除了第四幕僧侣们的进场和第三幕结束时的行进——他的动作更为缓慢一些。我觉得这种差别稍稍减弱了第一乐段的效果，同时，队形也太宽了些；而演奏第二乐段的军乐队在台上的队形就较为有利，宽度适中，无论从哪一方面来讲，第二乐段的演奏都要胜过第一乐段。

我无法对梅耶贝尔作品中的乐队演奏逐场加以分析。我只能说演奏自始至终都是无可挑剔的，即使是在最复杂的段落中，色调变化也完美无缺，演奏清晰度无与伦比。第二幕结尾部分的经过句群是以减七度和弦的半音音列为中心的，并含有等音转调，因此即使是最难的乐段，发出的声音也是清晰异常，十分准确。同样，我不能忽略合唱团。经元音化（vocalisés）处理的经过音群，合唱团的高低两个声部，模仿起奏，由强到弱的突然过渡，中间转调……，一切的表演都干净利落，强劲有力。而演员们更是真心投入，充满激情。"匕首赐福"的衔接和应犹如一道闪电打动了我，使我震慑和感动。"教士牧场"的宏大场面，妇女的争执，童贞女的连祷①，胡格诺派士兵们的歌声，所有这一切交织成的音乐包含了极其丰富的内容，然而听众却能轻而易举地掌握这部歌剧的情节脉络，洞察作者的思想意图。对于我来说，直到现在，这一戏剧化对位法的奇迹同样也是合唱演出的一个奇迹。我相信梅耶贝尔在欧洲再也找不着比这儿更好的地方了。应当补充一点，演出的布景非同一般。唱"鼓声咚咚"之歌时，合唱团团员随着鼓声而左右移动，不仅活跃了舞台，也加强了音乐的效果。

在巴黎，军乐团被安置在剧院深处，与管弦乐队相隔一个舞台，从那儿军乐团看不见指挥的动作，因此也就不能及时跟上每一个节拍。而这儿与巴黎不同。这儿的军乐团在舞台包厢的幕后演奏，布局经过脚灯及合唱团穿越剧院。这样，音乐家们从头至尾都能十分接近指挥，故而对指挥的动作与管弦乐队一样看得一清二楚，两支乐团在节奏上就能完全保持一致。

柏蒂谢扮演的圣布利（Saint-Bris）唯妙唯肖；茨锡舍演马塞尔也不错，只是欠缺一点马塞尔的戏剧幽默感。玛科斯小姐在剧中表现得富于同情心而又有一定的尊严，充分突出了瓦伦蒂娜个性的主要优点。然而，我要指出她在德芙里安夫人的学校里发错了两三个单音节。几天后我看见了后者扮演的同样的角色。我公开表示不赞同她的那种方式。我要说明一下我的观点为什么与某些极其欣赏这位艺术家的杰出人物的如此不同。这可能会令他们感到吃惊甚至震惊。我对德芙

---

① 连祷是公共祈祷的一种形式。——编者注

里安夫人既不偏爱，也无成见。我记得多年前她在贝多芬的《菲岱里奥》中的演出，那时我还是欣赏她的。但最近在德累斯顿，我对她的看法完全改变了。我注意到在她身上有非常坏的演唱习惯，舞台动作夸张而做作。而《胡格诺派教徒》剧情的扣人心弦，音乐的伟大与真实更显出了她在这部歌剧中拙劣的表演。因此我严厉地批评了那位女歌唱家和那位女演员。为什么：在谋反这幕剧中，圣布利向纳韦尔（Nevers）和他的朋友们透露了屠杀胡格诺派教徒的计划，瓦伦蒂娜（Valentine）战栗地听着她父亲的这个血淋淋的计划，却没有流露出恐惧的样子。的确，圣布利无法忍受他女儿的想法。当瓦伦蒂娜的丈夫折断宝剑，拒绝加入谋反集团时，瓦伦蒂娜，这位羞涩的女子，因长期克制对他那不由自主的激情，保持缄默，强忍巨大苦痛，而显得愈发美丽。可德芙里安夫人并没有像别的优秀悲剧演员那样尽量避免动作表演，而是相反，当纳韦尔跟随她到舞台深处时，她用力抓住纳韦尔，仿佛要使纳韦尔的言行举止听从她的安排似的。因此，当瓦伦蒂娜的丈夫高喊"在我的显赫祖先中有士兵，却没有出过一个刺客！"时，他的反抗已无任何力量，表演也失去了自发性。他就像一位顺从于妻子的丈夫。当圣布利唱出那段有名的旋律"为了神圣的事业"时，德芙里安夫人竟然忘情地扑入她父亲的怀中，而后者被认为是不了解瓦伦蒂娜的感情的。她恳求他，哀求他，终于使他为她那激烈的表演而屈服。柏蒂谢却没有料到这一点。这一次面对这突如其来的即兴发挥，他不知该怎样保持呼吸与行动的自由。他头部及右臂的动作好像在说："看在上帝的份上，夫人，让我安静一会儿吧。让我把我的角色唱完吧！"从这里，我们不难看出，德芙里安夫人已被魔鬼附身。如果在每一幕剧中，不管有理没理，她的表演都已不再吸引人的话，那她就完了。而她却坚信自己是舞台的灵魂，是唯一能够占据观众心灵的演员。"你们怎么能听那个演员的歌声！你们居然欣赏作者，喜欢合唱团！这简直太蠢了！往我这儿看！因为，我就是诗歌，我就是音乐，我就是一切！今晚没有比我更引人注目的明星了。你们应该是为了我而来剧院的！"

在这一幕之后是那首神奇的二重唱。当哈乌勒（Raoul）陷入巨大的绝望之中时，德芙里安夫人的胳膊肘支着双人沙发，头优雅地向左歪着，美丽的棕色卷发自由下垂。她说了几句话。接着，当哈乌勒应答时，她又摆出另一副姿势，从右侧炫耀她那头秀发的美丽光泽。然而，我不认为这种无谓的卖弄风情能够表现出瓦伦蒂娜的内心世界。

至于德芙里安夫人的歌声，我已经说过了，平庸乏味，且音量不足。她唱的延长号及她在角色中千变万化的表现很糟糕，水平低劣。而她的感叹语更是闻所未闻。德芙里安夫人从来不唱这些词句：上帝！噢，我的上帝！是的！不！真的！可能的！等等。她的所有这一切都是大声喊出来的。我对这种非音乐的喊叫的厌恶简直无法用言语来形容。依我看，说歌剧比唱悲剧更糟糕一百倍。

在某些乐谱中，那些标有说唱（Canto parlanto）记号的音符也并不是这样唱的。严肃题材的作品中，演唱那些音符所要求的音色也应总是与曲调紧紧相连。还记得法拉贡小姐用说唱形式演绎这段二重奏结尾部分时的唱法吗："哈乌勒！他们要杀你！"当然，这不仅自然，也具有音乐性，产生了巨大的效果。

德芙里安夫人远未达到这种水平。相反，面对着哈乌勒的哀求，她竟一遍比一遍高地喊了三次："不！不！不！"我觉得好像又听见了多尔瓦尔夫人或乔治小姐在一出音乐剧中的喊声。我纳闷乐队为什么还在继续演奏，既然歌剧已经结束了。这真是既可笑又可怕。见到第四幕剧被如此糟蹋，我感到十分气愤，便没有接着看第五幕。我亲爱的哈贝内克，难道您也一样吗？这让我难以置信。我了解您对音乐的感受方式：当一部优秀的作品被演奏得非常糟糕时，您会勇敢地提出批评意见；演奏越差劲，您就越勇敢。然而却有一个例外。噢！这个例外使您生气，厌烦，愤怒。狂怒之后，您会冷静甚至喜悦地看着不和谐人格的消失。而当庸人们惊诧于您的怒火时，真正的艺术家却与您有着同样的感受；我也和您一样恨得咬牙切齿。

德芙里安夫人当然也有优点：如热情，有冲劲。但光有这些是不够的，而且也不适合某些角色的本性与特征。比如即将出嫁的新娘瓦伦蒂娜，她有一颗坚强而腼腆的心，是纳韦尔的高贵夫人，是哈乌勒纯洁而含蓄的情人。为了把哈乌勒从死亡中解救出来，她向他表白了爱情。瓦伦蒂娜应当是一个温文尔雅，举止得体，歌声柔美的角色，而不是像德芙里安夫人那样歇斯底里，并带有狂热的利己主义。

几天后，我又看了《阿尔米德》。人们非常认真而细致地把这部名著再次搬上舞台，演出效果极佳，博得了观众的赞赏。我觉得在古典作曲家中，格鲁克是最具有艺术改革精神的作曲家。他从不迁就歌手的任性，不赶时髦，并在到法国之后与陈规陋习作不懈的斗争。或许与米兰、那不勒斯、帕尔玛的那帮半瓶醋的音乐家之间的斗争不仅没有削弱他，反而增添了他的力量。尽管法国人有崇尚艺术的风气，他却从不把他们的反对意见放在眼里。有一次，批评、责备的叫喊声使他失去了耐心，愤怒使他失去了控制，他激烈地驳斥了他们的批评。事后，他责备了自己。但仅此一次而已。从此，他仍像以前那样默默而顽强地走着自己的路。大家都知道他的目的是什么。尽管他天资聪颖，但他如果不是充满自信，并意志坚定的话，他的那些非凡的作品就很有可能被那些今天已被人们完全遗忘的平庸之作所湮没。但表达的真实会带来文风的纯正及形式的宏伟，这是永远不会过时的。格鲁克优秀的作品将永远优秀。维克多·雨果说得好："心灵是没有褶皱的。"

玛科斯小姐在《阿尔米德》中的表演高贵而充满激情。尽管，她的表演显得有些过火。的确，要表演格鲁克作品中的女性，光有天才是不够的。这就像表演莎士比亚作品中的女性那样，演员要有高贵的灵魂，仁慈的心灵，优美的嗓音，漂亮的脸蛋，得体的举止。除此之外，这些角色还要求她们美丽和富有才华。

由梅耶贝尔指挥的《阿尔米德》这场演出使我度过了一个多么美好的夜晚啊！乐队及合唱团从作者和指挥这两位大师身上同时获得了灵感，发挥出了极佳的水平。演出的最后一场"追求至死亡"，获得了雷鸣般的掌声。"恨"这一幕剧中，柏林大剧院的芭蕾舞大师保罗那独特的表意动作充满了激情：表面上仿佛混乱无序，其实内含着一种完美的和谐。6/8拍的A大调舞曲在我们这里十分流行。而它在德国已经消亡，代之以我们在巴黎从没见过的降B大调恰空慢三步舞曲。这支成熟的舞曲节奏明快，充满激情。"恨"这幕剧演得真是太棒了！我还从没有理解与欣赏这幕剧到如此程度。听着"追忆"那一段，我激动得浑身发抖：

　　把我从爱情中解救出来吧！
　　没有比这更令人恐惧的了！

头半句诗中，两支双簧管发出了一声尖厉的大调七度不和谐音，如女性的尖叫声，充满了恐惧和焦虑。接下来的一句诗是：

　　防备一个过于可爱的敌人。

这两种相同的声音结合在三度音程上，宛若喁喁低语。

简简单单的几个音符却蕴含了多么大的遗憾啊！人们感受到，如此懊悔的爱情是最强烈的。的确，当仇恨之魔及其可怕的随从赶来作恶时，阿尔米德及时制止了它们。这时，合唱团唱到：

　　去追寻爱情吧，既然你渴望爱情，
　　不幸的阿尔米德，
　　跟着爱情走，它将带你走向
　　可怕的深渊。

在奎诺的诗歌声中，这幕剧结束了。阿尔米德与合唱团成员一声不吭地从里面走出来。这个结局对格鲁克来说显得既平庸又做作。他希望女魔术师先独自待会儿，然后一面想着她刚才听见的话，一面走出来。一天，在一次排练后，他突然心血来潮，在歌剧中加了一段即兴表演。以下便是配合这段情节的诗句：

　　噢，上天！多么可怕的威胁啊！
　　我在颤抖！我的血液已经凝固！
　　爱情，强烈的爱情，快来平息我的恐惧吧！
　　可怜可怜这颗被你俘获的心儿吧！

乐曲旋律优美，声音悦耳，略带一丝淡淡的忧郁，充满了戏剧和音乐的灵感。在头两句诗的每一句感叹之中，都伴随着第二小提琴的某种断续的颤音。男低音歌手们发出低沉的隆隆之声，威胁到了第三句诗中的第一个词：爱情。这儿，最美妙的旋律如花一般慢慢地绽放，用它那柔和的光亮驱散了先前的昏暗。然后，一切都归于沉寂……偶尔还会响起几声小提琴的颤音。阿尔米德垂着头离开了。这一场景真是太宏伟,太壮丽了!!!

当然,我这满怀敬佩之情的分析的确非常幼稚!但哈贝内克,难道我不是在跟您讲述格鲁克歌剧中的精彩部分吗?您知道,这是我的肺腑之言。有时,我们从音乐学院的音乐会中出来,一路上都进行着激烈的讨论。这一次也不例外。

我将对该幕歌剧在柏林的演出作一番评论:

置景工过早落幕,他本应等到最后间奏的最后节拍响起再动手。否则,当乐队的乐声渐趋平静时,人们就无法看到阿尔米德慢步离开,直至剧场深处。在巴黎歌剧院,效果就要好得多。每逢表演《阿尔米德》时,置景工不到时候从不落幕。您知道,我并不赞成乐队指挥任意修改别人的作品,他应当只追求将作品出色地演奏出来。然而,我却要为梅耶贝尔想出的继续震颤音的主意向他表示祝贺。第二小提琴奏出的这个乐段定在降D调上,而梅耶贝尔为了使其更引人注目,便采用了双弦齐奏的演奏方法(空弦"D"及第四弦"D")。第二小提琴的数量因此也好像翻了一倍。此外,双弦齐奏所产生的共鸣非同一般,效果奇佳。对格鲁克的作品作如此修改是完全正确的①。这与您的想法不谋而合:在琴马附近压弦演奏《阿尔切斯特》神谕的连续震颤音。格鲁克没有把它表现出来,而事实上他应当这么做。

在表达美好情感方面,我认为《快乐园》这部歌剧是最好的。欢乐之后的疲惫,迷人的娇美姿态,把我送入格鲁克和塔索这两位诗人构筑的爱情宫殿,使我喜不自胜。我闭上眼睛,细细地品味着加沃特舞曲那柔和的旋律,悦耳的声音,以及合唱曲"从未去过那些美丽的地方"的倾诉衷肠。我睁开眼,仿佛看见拥抱在一起的双臂,交错在一起的双脚,披落下来的香发,以及千百个迷人的微笑,欢乐之花在音乐之风的吹拂下盛开,美丽的花冠显露出声、色、香的高度统一。是格鲁克,这位了不起的音乐家,唱出了所有的痛苦和欢乐。他使得鞑靼人怒吼,

---

① 不,这是不正确的。我这样写是不对的。格鲁克和梅耶贝尔一样清楚双弦齐奏的效果。如果他不愿这样做,任何人都不能篡改他的作品。再说,梅耶贝尔在《阿尔米德》中已采用了其他方式来加强效果,如长号二重奏"仇恨之魔与愤怒之魔",但备受人们的指责;这样的错误让人无法想像。斯庞蒂尼有一天当着我的面指出了这些错误,并指责我没有发觉它们。其实,他也一样,在《伊菲姬妮在陶里德》的乐队中加入了管乐器……还有一次他写道:"这太可怕了!难道我死后,人们也要把我谱写成管弦乐曲吗?……"却忘了他自己也有同样的弱点。——作者注

并生动地描绘了陶里德那荒凉的海滩及当地居民的野蛮习俗。是他用音乐的方式如此形象地再现梦幻般的快乐和爱情中的宁静！……为什么不呢？以前他不也开启了香榭丽舍吗？……难道不是他发现了这支不朽的合唱团吗？我们的现代大诗人曾说过：强者是那些最温柔的人。难道不正是这样吗？

我发现，与您谈论一切美好的事物让我感到十分快乐，但这种快乐使我走得过远了。直至今天，我仍无法谈论在柏林享有盛名的非戏剧性音乐组织。这将成为我下一封信的主题，也将成为烦扰别人的另一个借口。

您不会为此责怪我吧？

不管怎样，再见了！

第九封信 致德斯马勒斯特先生

柏林

如果我想详细了解柏林的音乐财富，我会无休止地继续研究这座王城。柏林虽然是首都，却不太有都城的风范——尽管它的音乐财富让柏林人引以为自豪。这儿，音乐存在于空气中，人们呼吸着音乐，音乐也渗透到人的身体内部。音乐无处不在，在剧院、在教堂、在音乐会中，在街上，在公园里，宏大而又豪迈，激烈而又灵活，充满了青春的朝气和华丽的装饰，宛如一位高贵而严肃的美丽天使，偶尔降临人间，却随即又振翅飞回天堂。

所有的柏林人都崇尚音乐。不管是穷人还是富人，教士还是军人，艺术家还是业余爱好者，老百姓还是国王，无一例外，都崇尚音乐。尤其是国王，他像崇拜着科学及其他艺术一般崇拜着音乐。他好奇地观察着每一个动作。可以说，他在欣赏新艺术的同时，并没有忘记保留传统艺术流派的精华部分。他有着惊人的记忆力，能随意提及某些今天已不被人知晓的音乐家及其音乐的演奏问题，并经常会难倒他的图书管理员和乐团指挥。不管是现在的，还是过去的，什么事都逃不过他的兴趣。他想审听所有的音乐。因此，柏林成了大艺术家们向往的地方，普鲁士人也由此对音乐抱有一种特殊的情感。而柏林的合唱团和管弦乐队就更让人敬佩。

声乐学院就在其中。与莱比锡及所有其他德国的歌唱学校一样，这所歌唱学校几乎全由业余爱好者组成，喜爱歌剧的男女艺术家们也占了其中的一部分。上流社会的太太小姐们并不认为在芒蒂于丝和柏蒂谢小姐身旁演唱巴赫的清唱剧会有失身份——柏林声乐学院的大部分演唱者都是音乐家，几乎所有的人都有一副清亮的嗓子；女高音和男低音尤为优秀。此外，在伦德哈根先生的熟练指挥下，节目排练得有条不紊，秩序井然。种瓜得瓜，种豆得豆。等到正式上演时，效果必定极好。在巴黎的此类演出与之相比便望尘莫及。

应校长的邀请，我访问了声乐学院。当时，他们正在演奏塞巴斯蒂安·巴赫的《圣马太受难曲》。您或许知道这首著名的乐曲。它包括两支合唱团和两支管弦乐队。至少三百名歌手分布在圆形剧场的阶梯座位上，该剧场极像我们植物园里的那个圆形剧场。两支合唱团之间仅隔三四英尺的距离。人数不多的两支管弦乐队在合唱团后面，远离指挥，为合唱团的高声部伴奏。指挥站在前方钢琴旁。这不是钢琴，应当称之为羽管键琴。因为它的声音是如此悲切。在巴赫那个时代，羽管键琴还在被人们使用着。我不知道声乐学院是否刻意这样安排。但不管在哪所歌唱学校或哪家剧院中，作此用途的伴奏钢琴是最令人厌恶的。只有莱比锡的门德尔松在格万特豪斯大厅的钢琴伴奏是个例外。

您会问我，羽管键琴在一部作者并没有使用它的作品演奏会上能派上什么用场呢？它与长笛、双簧管、小提琴、低音提琴同时伴奏，很有可能是为合唱团前几排歌手定调。因为他们离管弦乐队过远，可能听不太清楚乐队的演奏。不管怎样，这是一种习惯。持续不断的琴声产生的效果令人厌倦，给人一种多余的单调感。但为了保险起见，也只能如此。一种传统习惯是如此神圣不可侵犯！——尽管它并不优秀。

歌手们在沉默时保持坐姿，演唱时全部起立。我认为站着演唱对于声音的传播确实十分有利。只是，有的歌手站着怕累，在唱完歌词后立刻便坐了下去。这实在太遗憾了。在巴赫的作品中，两支合唱团轮流对唱，其中的一支唱完坐下，另一支便站起来接着唱。这样一高一低的连续动作交替进行，结果便让人觉得十分可笑。如果他们不能一直站着，我倒宁愿他们一直坐着。其实，这一点立刻就能办到，只要指挥问一句：我愿意还是不愿意。

不管怎样，这两支合唱团的表演还是让我肃然起敬。第一支合唱团的演唱还几乎使我停止了呼吸。我根本没有料到音乐的力量竟是如此强大。然而还是应当承认，管弦乐队的演奏远比合唱团引人入胜；乐器的音色变化要比嗓音的变化丰富得多。这是显而易见的：嗓音只有四种不同的变化，而不同乐器的音色变化可以达到三十多种。

我亲爱的德斯马勒斯特，您不能让我分析巴赫的这部鸿篇巨著，因为我的能力有限。此外，三年前在巴黎音乐学院演奏的该曲片段可视为巴赫在这部作品中的风格手法的集中体现。德国人非常欣赏他的宣叙调。而我由于不太懂得他们的语言，也就无法体会其中的妙处。

如果有人来自巴黎，并了解那儿的音乐习俗，他就能明白德国人是如何用心，尊敬，虔诚地聆听这部作品。每个人都仔细地阅读着小册子上的歌词。没有一个小动作，没有一句评论之语，没有一声掌声。人们像是在祈祷，在聆听福音书，在履行神职。确实，这首曲子应当受人如此尊重。人们喜爱巴赫，信任巴赫。他那神圣的地位从没受过质疑；如果有人胆敢怀疑巴赫，那他就是令人恐惧的异教徒。甚至谈论巴赫都是不允许的。巴赫就是巴赫，如同上帝就是上帝。

几天之后，声乐学院又宣布上演格劳恩（Graun）的《耶稣之死》。这又是一部优秀的宗教作品，一本神圣的书。但格劳恩的崇拜者主要集中在柏林，而巴赫的崇拜者则主要分布在整个德国北部。您很想知道我对这场演出及合唱团指挥弗雷德里克的看法吧。非常不幸，那天晚上我病了！医生（博学可爱的加斯帕尔博士，他也非常喜爱音乐）不允许我离开房间。有人想让我去看一位著名的管风琴演奏家，却徒劳一场，因为医生根本不答应。整整一个礼拜后，我的身体才恢复健康，但再也没有清唱剧、赋格曲、赞美歌可听了。所以，虽然听人说柏林的宗教音乐非常出色，但我却只能对此保持沉默。如果将来有一天我返回普鲁士的话，不管生病与否，我一定要听一听格劳恩的音乐。否则，我会痛苦万分的。但目前，我还无法与您谈论格劳恩的音乐……您从我这儿肯定是一无所获，而只能由您来告诉我这方面的消息。

至于军乐队，由于他们或走路，或骑马，整天穿梭于柏林的大街小巷之中，因此要听遍所有的军乐队是不可能的。这些小乐队彼此孤立，无法形成柏林及波茨坦军乐队指挥兼教官威普莱希特想象中的那种宏大气势。设想一下，他的军乐团有六百多位音乐家，个个擅长读谱，精通乐器，演奏准确，且气长唇巧，更使他们如虎添翼。因此，这支乐队中的小号手、法国号手和短号手能轻而易举地吹奏出我们的艺术家无法企及的高音音符。这是音乐的军队而不是军队的音乐。普鲁士亲王为了迎合我的心意，让我随意欣赏他的乐队。一天早上，他好心地邀请我去他府上参加一场由威普莱希特指挥的音乐会。

听众非常稀少，至多十二到十五个人。没有管弦乐队，也丝毫没有迹象表明它会出现。对此我感到很惊奇。这时候，您和我都非常熟悉的f小调短句使我们的目光移向了宫内最大的厅堂，然而一道幕布挡住了我们的视线。亲王殿下礼貌地让音乐会从我写的《宗教法官》序曲开始。我以前从未听过如此整齐的木管乐器演奏。共有三百二十人参加演出，指挥是威普莱希特。他们非常准确地演奏着这首难度颇大的乐曲，每一个人都充满了激情。

序曲中铜管乐器的那段独奏的效果尤其震撼人心，共包括了十五支低音长号，十八或二十支中音及次中音长号，十二支低音大号和不计其数的小号。

我在前几封信中提到的低音大号在普鲁士完全取代了奥斐克莱。这是一种大型的铜管号，来源于最低音的铜管乐器，具有五根圆柱体铜管，使得该乐器的低音音域极其宽广。

的确，低音音阶的最低音音符有些含糊不清。但在另一支低音大号的高八度音伴奏下，产生了一种令人难以想象的和谐和颤音的效果。此外，这种乐器的中音和高音典雅而嘹亮，与长号和小号的音色相辅相成，形成了绝妙搭配，宛若真正的低音提琴。这是威普莱希特竭力在普鲁士推广的演奏法。如今通过A·萨格斯的努力，它在巴黎也获得了人们的赞赏。

我觉得单簧管与铜管乐器一样妙不可言。尤其在由英国大使韦斯特莫兰伯爵组织的两支乐队的交响乐大战中，单簧管更是发挥了巨大的作用。

接着是一段令人难忘、具有骑士风度的铜管乐器独奏，由梅耶贝尔为宫廷节日而谱写，标题是《火把舞》。曲中有由十八支圆柱体小号发出的D调十六拍长颤音，节奏竟与单簧管一般快。

本场音乐会在一首由威普莱希特作曲、特征鲜明、荡气回肠的葬礼进行曲中结束。而这还只是一次排练！！！

在乐队演奏不同曲目的间隙，我荣幸地与普鲁士公主交谈了一会儿。她那超凡脱俗的品味及对乐曲的丰富知识使得她的赞同非常宝贵。亲王殿下也用纯正的法语优雅地与我交谈，这大大密切了我们之间的关系。我真想在这儿画一张公主的莎士比亚式的肖像图，或至少勾勒一下她那温柔美丽的轮廓。或许我敢这样做……假如我是一位大诗人的话。

我参加了宫廷音乐会的其中一场。由梅耶贝尔演奏钢琴。没有管弦乐队。歌唱家也是我刚才提到的剧院里的那一批。晚会快结束时，伟大的钢琴家梅耶贝尔伴奏得疲倦了，便把座位让了出来。让给谁了呢？您猜猜看……让给了国王第一侍卫罗登伯爵。他熟练地为德芙里安夫人钢琴伴奏舒伯特的《桉木之王》。对此您有何看法？这恰恰是音乐知识得到迅速普及的一个证明。罗登先生还有别的才能，如去年冬天，他成功地组织了轰动整个柏林的名为《费拉尔宫廷节日》的化装舞会。梅耶贝尔为这场盛会谱写了大量曲子。

这些礼节性的音乐会总是显得毫无生气，不过到结束时却会给听众留下美好的印象，因为通常总会有几位名人参与其中，人们为能有机会与他们交谈而感到自豪和幸运。我就是在这样的情形下在普鲁士王宫里碰见了亚历山大·德·洪堡特先生。他是一位著名的地质学家，还兼有深厚的文学功底。

晚会上，国王、王后和公主几次同我谈到我刚在大剧院举行的音乐会，并询问我对普鲁士几大艺术家的看法，还提了一些有关乐器法的问题，等等。国王声称我让他乐队里的所有音乐家都魔鬼附身。晚餐后，国王陛下正准备起驾回房，突然像是改变了主意，走到我面前问：

"对了，柏辽兹先生，您的下一场音乐会将给我们带来些什么？"

"陛下，我将保留一半先前的节目，另加五段我的交响乐《罗密欧与朱丽叶》。"

"《罗密欧与朱丽叶》！我们一定不能错过！可那时我要外出巡视。不过，我一定会赶回来的。"

在我第二场音乐会演出的那天晚上，国王果然于开演前五分钟到达，莅临他的包厢。

现在要跟您讲一讲那两个晚上吗？有一点是肯定的，这两场音乐会让我吃了不少苦。幸而艺术家们演技娴熟，加之性格宽厚，而梅耶贝尔为了帮助我也忙得不可开交。像柏林歌剧院这样的大剧院的日常工作总是十分烦琐，与一般音乐会的准备工作有着本质的区别。当梅耶贝尔第一次上演《胡格诺派教徒》时，为了化解和战胜每时每刻出现的困难，他都用尽了浑身解数。我想将《安魂曲》中的几大乐段搬上柏林舞台，可这些都是我在德国其他城市还没有上演过的，所以不太清楚声乐部分和器乐部分所需之资源。幸好事先我把我的想法告诉了梅耶贝尔。在我到达之前，他已找来了我所需要的演奏乐器。至于四支规模较小的铜管乐队，则较易解决。如果需要的话，三十支铜管小乐队也找得来。但定音鼓和定音鼓手却很难寻找。最后，在威普莱希特的帮助下，我们终于筹集了所有必需的东西。

　　头几次排练时，我们被安排在一间属于第二剧院的一间富丽堂皇的音乐厅里。我一走进这间大厅，就预见了我们将在这儿遭受的痛苦。由于大厅内部的回声效果过强，各种声音便容易混淆在一起，令人难以忍受。对乐队的研究也因此变得极其困难。我们甚至在排练仅过了一个小时，还未到一半时，就不得不放弃了其中的一个乐段（《罗密欧与朱丽叶》的谐谑曲）。但我要强调一句，乐队的演出阵容是最好的。只是由于时间不够，我们不得不把谐谑曲推迟到第二场音乐会演出。渐渐地，我终于有点习惯了我们自己发出的嘈杂声，并能在这混乱的声音中分清谁演奏得好，谁演奏得不好。我们就这样继续着我们的排练，根本没有料到在剧院大厅里演出的效果竟是如此不同。《本韦努托·切利尼》《哈罗尔德在意大利》，韦伯的《邀舞》及《安魂曲》的各个片断由管弦乐队独自演奏，合唱团则在别处练习。四支铜管乐队在我的要求下单独进行排练。在此期间，我已是第三次观察到一个我无法解释的事实：

　　当大号演奏至一半时，四支乐队的长号依次奏出G大调和弦的音符，节拍雄浑。第一支乐队首先奏出"嗦"，第二支乐队接着奏出了"西"，然后是第三支乐队奏出"来"，最后是第四支乐队奏出高八度音的"嗦"。如此的连续演奏和如此给每一个音符起音是最容易不过的了。可是在巴黎残老军人院的教堂里第一次演奏《安魂曲》时，乐队却无法演奏这一乐段。随后，在巴黎歌剧院排演该乐段的几个片断时，我又反复练习，但一刻钟后，我不得不放弃了努力——总有一两支乐队没有击中要害，不是演奏"西"的那一支，就是演奏"来"的那一支，要不就是两者都不行。眼下在柏林，当我的目光落在这一段乐谱上时，我立即想起了巴黎的长号。

"啊！瞧瞧，"我自言自语，"要是普鲁士的艺术家们能撞破这扇开着的门就好了！"

可惜不能！枉费力气！毫无进展！第二支和第三支乐队无论如何都找不着感觉；第四支乐队由于听不见其他乐队的尾音，也不能正确演奏。我便对四支乐队分别进行训练。

我先让第二支乐队吹奏"西"；

它做得很好。

我让第三支乐队演奏"来"；

它毫无困难地做到了。

接着，我让四支乐队依次连续演奏这四个音符！……但不可能！根本不可能做到！只有放弃！……对此您能理解吗？真不如一头撞在墙上算了！

当我问巴黎和柏林的长号吹奏者为什么他们不能正确演奏时，他们也不知怎样回答我。对此他们自己也毫无所知。这两个音符搅得他们云里雾里，大惑不解。[①]

我应当写信给使这部作品在圣彼得堡上演的H·洪堡先生，询问他俄国的长号手是否具有破除这道魔法的能力。

对于节目的余下部分，乐队理解得透彻多了，没有让我失望。很快，我们终于能在歌剧院的大厅里进行一次总排演了。剧院舞台与音乐厅一样呈阶梯状。交响曲、序曲、大合唱（康塔塔），一切都进行得很顺利。但当演奏《安魂曲》片断时，合唱团无法与我保持相同的节奏。当他们发现自己与管弦乐队混淆在一起时，马上便不知所措。他们在演唱时不是错误百出，就是缺乏信心。在《尊为神》中，男高音根本没有出声。我不知该怎么办才好。那天，梅耶贝尔正好病得厉害，无法起床；合唱团指挥也病了。管弦乐队一见到合唱团便阵脚大乱，十分气馁……

---

① 在巴黎圣奥斯塔什教堂举行的最近两场《安魂曲》的演奏中，我们终于准确无误地演奏了这一乐段。——作者注

精疲力竭的我一屁股坐了下来,心情非常沮丧,真想抛下这一切,当天晚上就返回巴黎。在这不幸的时刻,我想到了您,并自言道:

"坚持下去?这简直是发疯!噢!假如德斯马勒斯特,对我们音乐学院的排演从没满意过的德斯马勒斯特在这儿的话,假如他知道我决定明天举行音乐会的话,那我就清楚他会做些什么了。他将把我关在屋子里,并把钥匙放在他的口袋里,径直跑去对剧院总管说,音乐会不能如期举行。"

您肯定会这样做的,是吗?哎!可惜,您错了。让我来向您解释一下。在恐惧过去之后,我已打定了主意,口气坚定地命令他们:"一定要成功。"

黎斯和甘茨,这两位音乐会大师,就在我的身边。为了让我重新振作起来,不断地用言语激励我。我却反问他们:"你们对管弦乐队有信心吗?"

"有;丝毫不必为它担心。我们虽然很累了,但我们已经理解了您的音乐。明天,您一定会满意的。"

"那么,还有一点:明天早上把合唱团召集起来。我还需要一个优秀的伴奏者。既然埃尔斯勒累病了,那么您,甘茨,或您,黎斯,明天就拿着小提琴过来。如果有必要的话,我们要练习三个小时的演唱。"

"就这样!我们一定照办。一切听您的安排。"

于是,第二天早上,我们又投入了排练之中。我和伴奏者黎斯,我们依次把孩子、女士、第一女高音、第二女高音、第一男高音、第二男高音、第一和第二男低音分成十人一组演唱。接着是二十人一组。这以后我们又把两个部分合并起来,然后是三个部分、四个部分,最后是所有的演唱者。最后,我就像传说中的马车夫,大声嚷道:

"这是怎么回事?我的马车跑得很溜!"

我对歌手们作了一次简短讲话,黎斯逐句把它们翻译成德语。所有的人都重新振奋起来,心中充满了勇气,非常高兴赢得了这场伟大的战斗,大家的自尊心都得到了维护。我们胜利了,并且胜得非常漂亮。晚上,序曲《五月五号》(大合唱)和交响曲都非常成功。有这样的乐队和像柏蒂舍这样的歌唱家,演出必定成功。接下来的《安魂曲》中,每一个人都专心致志,真心希望协助我。管弦乐队和合唱团的布局无可挑剔,没有缺席的人。大家都已准备就绪。我们开始演唱《末日经》。没有错误,没有犹豫;合唱团在乐队的伴奏下高声歌唱;四支铜管乐队分布在剧院的四个角落。剧院在十个定音鼓及五十支琴弓所发出的乐声震撼下不停地颤抖。一百二十名歌手的歌声与气势恢宏的哀乐混合在一起,仿佛是来自另一个世界的声音。

当演奏至《追思已亡经》时,观众席里不时爆发出掌声和叫喊声。我们终于胜利了!喜悦洋溢在每一个演奏者的脸上,大家坐在一起,每一个人都因幸福而颤抖!至于我,我的心跳如敲钟一般,脑袋则变成了磨坊,膝盖不停地打战,指甲已抠入谱架的木板中。假如在最后一刻,我没有尽力地笑,尽力地大声与扶着我的黎斯交谈,我相信我肯定会昏死过去。第一个难点解决后,余下的部分就跟玩儿似的。《尊为神》很快就演完了,作者十分满意。世界末日般的晚会终于结束了。

音乐会结束后,许多人上来向我表示庆贺,与我握手。我待在那儿,毫无知觉……我的大脑和神经系统消耗过度,我故作呆傻状以便能得到休息。只有当威普莱希特紧紧抱住我时,我才恢复了意识。这位可敬的人差点挤断了我的肋骨,还大声地在我耳边叫嚷着。

我高兴得喘不过气来,喜悦如海洋一般深不见底。应当承认,有时候冒险也是明智之举。如果我当时没有足够胆量的话,音乐会就不可能举行,对《安魂曲》的研究也就不会重新开始。

关于我宣布的第二场音乐会的曲目,就如我上面所说的,是《罗密欧与朱丽叶》的五个片断。《玛布王后》也在其中。第二场音乐会与第一场音乐会之间相隔十五天。在此期间,甘茨和陶伯特(Taubert)仔细研究了那首谐谑曲的乐谱。当他们见我决定举办这场音乐会时,这时轮到他们害怕了:

"我们还没有完成排练,"他们对我说,"您知道我们只能进行两次排练,而本来应当需要五六次。没有比这更困难、更危险的事了。这是一张音乐的蜘蛛网,如果不具备特别的敏感性,人们会把它撕碎的。"

"啊!我打赌我们仍会成功。不错,我们只有两次排练。但要学的只有五个新片断,其中的四个难度并不大。此外,管弦乐队通过第一次的演出已经对这首谐谑曲有了一定的印象。梅耶贝尔已就此和国王交谈过,国王很感兴趣。我希望艺术家也知道其中的含义。演出肯定会成功。"

这场音乐会几乎与在布伦斯韦克的那场音乐会同样出色。有这样的音乐家，乐队敢做许多事。他们在受梅耶贝尔指挥之前，曾在斯庞蒂尼手下待了很长一段时间。

第二场音乐会取得了与第一场同样的结果。《罗密欧》这一段演奏得极其出色。《玛布王后》令观众感到很惊讶，甚至包括一些音乐知识很丰富的听众，如普鲁士公主殿下。她非常想知道我是怎样制造小快板的伴奏效果的，却没有料到这是通过多声部小提琴和竖琴的和弦来实现的。国王比较喜爱《凯普莱特家中的节日》这一段，还派人问我要一份抄本。而我认为乐队更喜欢《爱情场景》这段柔板。对此，柏林音乐家与巴黎音乐家有着同样的感受。阿奈尔小姐在排练中只演唱了序幕中的次女低音歌曲。但是在音乐会上，她觉得在"那是深深叹息的夜莺日趋衰竭的地方"后面应当加上一个长颤音延长号以模仿夜莺。噢！小姐，这是多么大的错误啊！！！而您看上去是多么好的一个姑娘呵！

哎！比起《末日经》《喇叭喧鸣》《尊为神》，《安魂曲》中的《奉献曲》，《本韦努托·切利尼》《李尔王序曲》《哈罗尔德在意大利》及其《小夜曲》《朝圣者进行曲》《强盗》《罗密欧与朱丽叶》《凯普莱特家的音乐会和舞会》，《玛布王后》中的《玩笑》，及其他任何我在柏林指挥的我的作品，有些人居然更喜欢《五月五号》！……我知道，印象跟人的外貌一样，是千差万别的。然而，当人们这样对我说时，我还是紧皱眉头。幸运的是，我从其中引述的内容是特别精彩的。

再见了，我亲爱的德斯马勒斯特。您知道，几天以后，我们要在音乐学院演唱《赞美圣母歌》。别忘了带您的十六位大提琴手和大歌唱家来。我将十分乐意听他们演奏，并看您指挥。我们好久没在一起唱歌了！为了向他们表示欢迎，请您转告他们，我将用门德尔松的指挥棒指挥他们。

一切都看您的了！

第十封信 致M·G·奥斯博恩先生

汉诺威，达姆施塔特

遗憾！真遗憾！我亲爱的奥斯博恩先生，我的旅行快要结束了！我离开了普鲁士。对我所受到的礼遇，艺术家对我的热心支持及公众和评论家对我的宽容，我心中充满了感激。但无休止的奔波，连续不断地带新乐队排演，这种生活使我精疲力竭。所以我这次放弃了对维也纳和慕尼黑的访问。我回到了法国；已经到了！我激动，兴奋，浑身热血沸腾，同时又有一种莫名的恐惧。我回到巴黎了，并感受到了巴黎的电流。巴黎呵！巴黎！伟大的诗人A·巴尔比耶（A·Barbier）热恋的土地！

  ……这个可怕的火炉，
  这个巨大的石坑，
  里面充满着混浊的黄水；
  这是一座间歇喷烟的火山，
  剧烈地搅动着大地。
  …………
  在那儿没有人睡觉，脑子在不停地
  工作，就像一把弓，绷紧了弦。

就在这儿，艺术一会儿平静地睡去，一会儿又沸腾起来；就在这儿，艺术既崇高又平凡，既高傲又媚俗，既是乞丐又是国王；就在这儿，有的人赞美它，有的人蔑视它，有的人喜爱它，有的人辱骂它。正是在巴黎，艺术有着不少忠诚、热心、聪明的信徒；正是在巴黎，艺术过多地与聋子、傻瓜、野蛮人交谈。这儿，艺术在自由中前进，变化着；这儿，由于那些固守陈规旧习的人，艺术只能缓慢而蹒跚地前进。正是在巴黎，人们赞美它，像神一样地厚待它，而它的祭坛上却只摆着微薄的祭品。也正是在巴黎，人群大量涌向艺术圣殿，其中既有高尚的人，也有小丑似的人物。在巴黎，艺术的那位患瘰疬病的孪生兄弟，职业，披着一层华丽俗气的外衣，向世人展示着它那资产阶级的傲慢。而艺术本身，特尔斐①的阿波罗，

---

① 特尔斐：（Delphes），古希腊宗教圣地，供有阿波罗神庙，存有竞技活动旧址。在公元前七世纪的罗马时代，其影响力覆盖了整个世界。

散发着圣洁的光辉，几乎不屑于转移她那高尚的目光，只向职业投以轻蔑的眼神和微笑。但有时真让人惭愧啊！靠着他的姐妹，这个不幸的私生子获得了令人难以置信的好处。人们看见他钻进了闪耀光芒的战车，抓住缰绳，想让这辆不朽的战车倒退。而驾车人惊诧于他的鲁莽，一把将他从座位上揪起，随手一扔。很快，驾车人便忘了他……

而金钱又把他领了回来，并与他结成了可怕的联盟。暴富的贪婪欲望有时会毒化某些天才的灵魂：

> 金钱，充满诱惑的金钱，人类的最后一位上帝，
> 它主宰着人类，并使他们躁动不安，
> 把他们推向罪恶的深渊；为了一丁点儿的报酬，
> 人类不惜践踏他们自己的父亲。

通常，只有在了解了那些不幸然而又是不容置疑的真相的情况下，这些高贵的灵魂才会蜕化变质。如今我们的社会习俗和政府形式决定了艺术家越讲艺术就越受痛苦；他的作品越新颖，影响越大，由此而遭受的惩罚也就越严厉；他的思想境界越高，就越不为普通群众所理解。

那些美迪奇（酷爱并庇护艺术的贵族——译注）已经死了。替代他们的并不是我们的代表。您一定理解外省的那位吕居尔古说的深刻的话。他在听别人念我们最伟大的诗人、《天使的堕落》的作者创作的诗时，边打开鼻烟盒，边以长者的口吻说道："是的，我的一个侄子也写这样的小说！"因此，还是从诗人的同伴那儿去获得灵感吧！

至于您，在音乐界中无名无望，只为自己的乐队作曲，演奏规模很小的名家们，你们在与资产阶级打交道时自然没有什么好害怕的。不过，您一定也会有所感触吧。您谱写了几首庸俗无聊的曲子，被发行人包装一新后，作品的销路一定很好；然而不幸的是，当您想谱写一首严肃认真的曲子，而您又对自己的作品充满信心时，您的作品一定会被搁置一旁，无人问津。即使有幸得以出版，也不会有人购买。

说实话，其他地方也和巴黎一个样儿。在维也纳，就像在这里，人们花一千

法郎买追求时髦的蹩脚音乐家所作的浪漫曲或华尔兹舞曲，而贝多芬的《c小调交响曲》的价格还不到一百埃居。

在伦敦，您已出版了不少规模宏大、格调高雅的三重奏和各类钢琴独奏曲。除了您的几部杰作之外，您的独唱歌曲，如《我的心在跳，我孤独的家》，被您的姐姐汉普顿夫人演唱得很有诗意，令人陶醉。我承认，没有比这更能激发我的想象力的了。我眼前出现了爱尔兰的青山，随着纯洁无瑕的旋律，夜晚的轻风徐徐飘来，吹皱了凯拉尼（Kellarney）湖的湖面。不知为什么，神圣的情歌使人想起了孤独、大自然、可爱的生灵、古时的英雄、苦难的祖国，甚至死亡。正如你们的民族诗人托马斯·穆尔所说的，这是种像夜晚般平静和神秘的死亡。哎！所有的灵感，所有的诗情，您只能将之付于一丝苦笑之中。您要经常与一些没有思想、没有灵魂的家伙打交道，如音乐商人。他们经常与您谈论平庸的新歌剧。在这些剧中，所有的音符都跳跃着，追赶着，一个叠一个，仿佛像包里摇晃的金币"叮当"作响。从这儿您能看出，金钱的作用有多大。

不，对此应当采取容忍的态度，除非发生了某些意外情况，除非一些低级艺术贬低了艺术本身的价值。从商业的角度来看，我们的艺术并不具备生产能力；因为它过分关注社会中的例外情况，它要求过多的准备工作、过多的手段来向外界表述自己。因此，从事艺术创作的人应当有一种高尚的排斥意识，应当不计较利益的得失。即使是最伟大的民族，对纯艺术家的态度，也像我刚才所讲的那位代表一样，总是看重伟人身边的那个"同样也在写作的侄子"。诸如此类之事，不计其数。

在伦敦一家剧院的档案馆里，人们发现了一封由一批演员起草的致伊丽莎白女王的信，共有二十多人签名。威廉·莎士比亚也在其中。他的签名如下：您的可怜的演员。莎士比亚是可怜的演员之一……在莎士比亚时代，戏剧艺术很受大众喜爱，程度比当今一些自称最喜爱音乐艺术的民族还要深。音乐艺术的主流是高雅的。它如同一位只有当世王公贵族才配娶的高贵女子，与其下嫁卑贱之人，不如坚守贞操，过贫穷的日子。所有这些想法，或许您已思考过千遍了。我即将结束以上的话题，接下来要和您谈谈我离开柏林之后在德国举行的最后两场音乐会。我想，您会为此对我千恩万谢。

只怕我所说的内容不能使您感兴趣。我不得不继续引用前几封信中已经谈论过很多的作品。反正总是《五月五日》《哈罗尔德在意大利》《罗密欧与朱丽叶》等等。总是存在着同样的寻找某些乐器的困难；管弦乐队也是同样优秀，构成了我所称的古典乐队，莫扎特乐队；并且犯的错误也是一模一样，在同一乐段的同一部分；而经过几次细致的研究后，错误也总是最终得到了改正。

我并没有在马格德堡停留。可在那儿我获得了一个十分意外的成功。我的名字差一点使我在那儿遭受侮辱。肇事者是邮局的一位职员。他在登记我的行李时，看着行李上的文字，以怀疑的口气问我：

"柏辽兹？作曲家？"

"是的。"

这位职员被我那自认为是作曲家柏辽兹的鲁莽态度所激怒。他觉得这位非同凡响的音乐家应当坐在被火团包围着的神兽之上旅行，或至少应当被豪华的行李和众多的仆役簇拥着。因此，当他看到一个言谈举止与普通人毫无二致的人，一个在马车车厢里被冻僵、被烟熏黑的人，一个亲手给行李箱过秤的人，一个独自行走的人，一个只会说法语而德语只会说"是"的人的时候，他便立刻得出结论，断定我是个骗子。正如您想象的那样，他的抱怨和耸肩使我很高兴。他的手势和语调越是轻蔑，我就越发感到自豪；假如他揍我的话，毫无疑问我会紧紧地拥抱他。另一位工作人员法语讲得相当不错。他倒比较相信我本人就是柏辽兹。然而他那和蔼的态度远不如他同事那天真的怀疑的态度和可恶的坏脾气使我高兴。我希望在以后的旅行中永远能发生像今天这样的趣事。然而我们那位乐观风趣的戏剧审查官佩皮朗可不是这样想。在一次决斗中，其中一个决斗者背心口袋里的一枚五法郎硬币挡住了对手射来的子弹。对此，佩皮朗大声叹道："幸福只属于富人！我身无分文，肯定立刻被杀死！"

我抵达了汉诺威；阿·博勒尔在那儿等着我。总管德·梅丁先生好心地把唱诗班和剧院乐队交由我指挥。我刚要开始排练时，国王的父亲、萨克森公爵不幸去世。宫里忙着举行葬礼，音乐会只好推迟一礼拜举行。我也因此有更多时间去认识将要与我合作的主要艺术家。

我无法与唱经班的指挥马施纳结成很深的友谊。他糟糕的法语表达能力使得我们之间的对话十分费力。此外,他还特别忙。从目前来讲,您和我们大家都非常欣赏他的《吸血鬼》和《圣殿骑士》。这是我们所敬佩的首批德国作曲家之一。至于阿·博勒尔我已经认识他了。是贝多芬的三重奏和四重奏让我们在巴黎结识的。此后,我们之间一直保持着深厚的友谊。我觉得他是最理解贝多芬作品的音乐家之一,而贝多芬的作品一向被人认为晦涩难懂。我还见过他的四重奏排练:他的兄弟马克斯(著名的大提琴手,现在美洲),第二小提琴手克洛代尔,中提琴手于汉与他合作得天衣无缝。马克斯仔细地听着,琢磨着这段出类拔萃的乐曲,脸上露出了自豪快乐的微笑;他仿佛已经完全沉醉在乐曲之中,呼吸着幸福的空气。于汉则沉默不语,垂下眼皮,如沐浴在阳光中;他好像在说:"上帝创造了伟人贝多芬,让我们能欣赏他。这是上帝的旨意!!!"克洛代尔尤其喜欢深层次的精妙之处。至于第一提琴手博勒尔,他已经欣喜若狂,心荡神驰。一天晚上,在一次非凡的柔板演奏中,贝多芬那首气势恢宏、曲调清高的乐曲如同一只硕大无朋的巨鸟翱翔在雪峰之上。博勒尔用小提琴拉出了雄美壮丽的旋律,好似被狂风唤醒一般;他仿佛平添了一倍的气力,发出的声音连他自己都感到陌生;他的脸上焕发着灵感的光芒。我们屏住呼吸,心跳加剧。这时,博勒尔忽然停了下来,把发烫的小提琴搁在一边,躲进了隔壁的房间。博勒尔夫人焦急地跟着她的丈夫。马克斯却笑着对我们说:

"这没什么,他失去了控制。让他安静一会儿。我们重新开始吧!应该原谅他!"

原谅他……亲爱的艺术家。

博勒尔是汉诺威音乐会的指挥。他现在很少作曲。他目前最重要的工作是对她的女儿进行音乐教育。那个小女孩十二岁,长得很可爱。她具有钢琴家的天赋,而且记忆力惊人。去年,她在维也纳举行了几场音乐会。她父亲没有事先准备节目单,而是向观众展示了一张有七十二首乐曲的单子:奏鸣曲、协奏曲、幻想曲、赋格曲、变奏曲、练习曲;贝多芬的、韦伯的、巴赫的、李斯特的、肖邦的、克拉莫尔的、亨德尔的、塔尔贝格的、等等。小索菲把这些乐曲都熟记在心,能毫不迟疑地凭记忆演奏,并获得了听众的好评。一首乐曲,不管有多难多复杂,只需弹奏三四遍,她就能够记住,永远不会再忘。如此纷杂各异的乐曲都深深地刻在她的脑子里!这难道不让人既害怕又佩服吗?

希望几年以后，我们还能想起已长成博勒尔小姐的小索菲，巴黎的听众还能认出这位非凡的天才。

汉诺威管弦乐团是一支不错的乐团。只是弦乐器过于贫乏：总共才有七把第一小提琴，七把第二小提琴，三把中提琴，四把大提琴和三把低音提琴。小提琴中还有几把比较破旧。大提琴不错，中提琴和低音提琴也无可挑剔。而木管乐器则只有被称赞的份儿，尤其是首席长笛、首席双簧管（爱德华·罗丝；其"极慢"演奏的本领无人可比）及音色优美的首席单簧管。两支巴松管（只有两支）的吹奏准确。法国号手还没达到第一流的水平，但他们会达到的；长号声音嘹亮，小号也相当出色。有一名杰出的圆柱形小号吹奏手，叫萨克斯，与他的对手、魏玛的小号手××齐名。在我眼里，他们俩不相上下。第一双簧管手也吹奏英国管，可惜他的乐器太糟糕了。乐队里没有奥菲克莱，但我们可以巧妙地利用军乐队中的低音大号。定音鼓手本领平平；大鼓手还算不上一位音乐家；击钹手对自己没有信心，以至于每次敲击铙钹的力度都只有正常力度的三分之一。

有一位合唱团的女士竖琴弹得相当不错。她并不是一位演奏高手。但在德国，一般来说，弹竖琴的人都弹不好竖琴。而她与斯图加特、柏林、汉堡的竖琴弹奏者是唯一的例外。不幸的是，她是一位害羞且意志薄弱的音乐家。但如果给她几天时间来研究乐谱，她肯定能演奏得非常准确。她的竖琴是双声部的，质量堪称一流。

合唱团人很少，才四十来人。却不可小看。每个人唱得都很合调。此外，男高音声部的音色非常纯正。合唱团的水平非同一般，除了低音声部。优秀的音乐家斯丹缪勒天生一副好嗓子，让低音声部相形见绌。我听不到低音部的歌声，可我觉得低音声部本来是应该写几笔的。

我们只能排演两次。有的人还觉得这太多了，唱经班的几个人还为此高声抱怨。这是我在德国唯一的一次感到不愉快的经历——那儿的艺术家一直像对待兄弟那样款待我，从不抱怨音乐会排练时间太长或身体疲劳。演奏总算还过得去，却缺乏激情和力量。观众们很有礼貌，但仅此而已。可他们想知道这见鬼的音乐会到底想说些什么。格里本科尔博士特意从布伦斯韦克赶来参加这场音乐会。他肯定注意到了这两座城市的艺术家在思想上有着显著的区别。我和他，还有几个布伦斯韦克的军人，我们以折磨可怜的博勒尔作为消遣，向他讲述了三个月前在布伦斯韦克为我举办的那次音乐节。那儿的盛况令他的心都碎了。博士把他写的一部有关我的作品赠给了我。作为回报，他向我要了我刚才指挥《五月五日》时用的指挥棒。

希望这些指挥棒，无论是法国的还是德国的，将来都能生根发芽，长成参天大树，好让我有一天能在树下乘凉。

汉诺威亲王参加了这场音乐会。出发前，我非常荣幸地与他交谈了片刻。他态度和蔼、举止优雅、思想高尚，虽然遭遇了巨大的不幸（失明），可这丝毫无损于他庄重的气质。

现在我将出发去达姆施塔特。我于早上七点经过卡塞尔。

施波尔[①]还在睡觉，不必去打扰他。

继续赶路！我第四次回到了法兰克福。在那儿，我碰见了帕里什·阿尔瓦斯。他那采用合唱和声的幻想曲《奥伯龙女神》深深地吸引了我。这个人一定是个巫师：他双臂紧紧抱住的竖琴分明是一条美人鱼，倾斜着美丽的颈项，披散着长长的秀发，弹出的琴声令人意乱情迷，仿佛来自另一个世界。哎，古尔被翻修剧院的工人们纠缠得不能脱身。我的天！奥斯博恩，请你原谅我暂时离开一会儿，与那位宫廷乐长说几句话。一会儿就回来。

亲爱的古尔：

我在描写我们之间的第一次谈话时，冒昧地对您开了几个玩笑。好几个人告诉我，这可能令您不快。您也知道这件事。由于了解您的思想，我很怀疑这一点，而怀疑又令我忧伤。我听说您看了我写的关于我们之间谈话内容的信之后，非但没有生气，反而笑着把它译成德文，刊登在法兰克福的一家报纸上。这真是太好了！您懂得这些玩笑，太棒了！请把我当作您的一位挚友，并接受我对法兰克福唱经班的再次致意。它值得拥有您这样的指挥。

再见了，再见了。

---

① 施波尔：(Spohr，1784—1859)，德国小提琴家、作曲家。

我又回到原来的话题上。

看！达姆施塔特到了！我们要在那儿见几位朋友，有乐队首席L·施罗泽，他曾是我拜师莱沙时期的同窗，他那时住在巴黎。此外，我还带来了法兰克福的德·罗特希尔先生写给艾米尔亲王的信。亲王非常热情地招待了我，并为了我的音乐会而从大公那儿拿来了许多我想都不敢想的东西。直到那时，在我举行音乐会的大部分德国城市里，我与剧院总管的结账方式几乎都差不多：管理机构负责所有的费用，我获得总收入一半的报酬（只有魏玛歌剧院把全部收入都给了我。我已经说过：魏玛是座艺术之城，公爵府上很尊重艺术。）

而在达姆施塔特，大公不仅把收入全给了我，而且还想免除我的各项费用。当然，这位慷慨的君主也没有说他的侄子能写什么之类的话。

音乐会的组织工作进展得很快，管弦乐队非但没有急着要求排练，反而希望我再花一星期的时间来研究乐谱。我们排练了五次。一切都很顺利，除了《罗密欧与朱丽叶》剧中的爱情戏的开头——庆贺完节日的卡普莱家青年的合唱竟然唱走了调。第二支合唱队中的男高音低了差不多半个音，而第一支合唱队中的男高音在再现主题时又漏唱了开头部分。歌唱指挥十分恼火。这并不让人感到惊奇：他教了合唱队队员整整一个礼拜，却收效甚微。

达姆施塔特管弦乐团的人数要比汉诺威管弦乐团多一点；它还拥有两位优秀的奥斐克莱演奏家。竖琴的演奏者是一位画家，然而他的演奏色彩却不够丰富。其他演奏者的演奏水平则都是一流的。其中有一位杰出的演奏高手，名叫穆勒。他身材高大，能轻而易举地拉奏四弦低音提琴。他没有演奏经过音群或琶音——虽然他满可以这样做。他用低音提琴拉出了技巧性高、低沉高贵并充满情感的琴音。我听过他演奏的由宫廷乐长的弟弟、小曼戈尔德作曲的旋律非常优美的《柔板》。他的演奏深深打动了表情严肃的听众。那是在一场由休特博士组织的晚会上，他是达姆施塔特第一号音乐爱好者，为艺术做了许多事，就像伦敦的艾尔萨格先生那样，因此他在当地音乐界有很大的影响。穆勒赢得了许多作曲家和乐队指挥的好感，但大公并不这么认为，总是竭力与他们争辩。

曼戈尔德是一位优秀能干的唱经班指挥。他在巴黎接受了大部分音乐教育，是雷哈最好的学生之一。他因此成了我的同窗；他也这样认为。至于已被任命为乐队首席的施罗泽，我已经提到过了：他是一位很好的同志，倾尽全力支持我，以至于让我无法恰当地评价他让我看的作品；当我对他的作品做出正确评价时，就好像在感激他的恩德。这又应验了那句箴言：好心总是没好报！

在达姆施塔特有一支三十多人的军乐队。为此我很羡慕大公。每一个人都演奏得准确无误，有些自己的风格，节奏感也很强，使得鼓手从中获益不浅。

我到达达姆施塔特时，莱舍尔（鼎鼎大名的男低音歌手，曾在汉堡帮了我的大忙）已在那里待了一段时间。他扮演了《胡格诺派教徒》剧中的马赛尔这个角色，并获得了巨大成功。他又在《五月五日》剧中扮演角色，比他第一次演这出戏时更富才华，更具敏感性，尤其是在难度最大的最后一节诗：

什么？他死了？噢，上帝，多么孤独的寡居生活！

在接下来的莫扎特的《你永远不要去了》之中（《费加罗的婚礼》中费加罗的唱段），他的表演显露出灵活性，使人对他的才华刮目相看。整个大厅的观众对着他大喊"再来一次！"。第二天达姆施塔特剧院就跟他签了一份条件十分优厚的合同。我不想再写下去了，否则您来到这个地方，当地的人们会对您说，我认为这儿的居民和艺术家都很聪明是出于幼稚的自负。

亲爱的奥斯博恩，现在我们已经完成了这次音乐朝圣。这或许是一个音乐家所经历过的最艰难的一次朝圣。它将使我终生难忘。我就像古希腊的信教者去特尔斐城求神降示。我是否明白了他的神谕的含义呢？是否应当相信神谕中吉利的那一面呢？……难道没有虚假的神谕吗？……前途，只有前途才能决定一切。不管怎样，我要回法国了，要对培养音乐家的第二位母亲德国说再见了。但怎样才能用言语表达我的感激，我的欣赏和我的遗憾呢？……我怎样才能唱出她的伟大和光荣呢？……我只能在离开德国之际，向她恭敬地鞠躬，并感激地说一句："Vale, Germania, alma parens!"（"万岁，德国，我的祖国！"）

第五十二章

我把《自由射手》搬上了巴黎歌剧院舞台；我的宣叙调；演唱者；德绍尔；莱昂·皮耶先生；韦伯的继承者们对他的总谱的破坏。

我从德国长途旅行回来之时,巴黎歌剧院院长皮耶先生正准备把韦伯的《自由射手》搬上舞台。这部作品音乐的前后各有一段散文对白,就像我们的喜歌剧那样。而根据巴黎歌剧院的惯例,歌剧的所有内容都应当用演唱的形式来表达,所以这部歌剧的对白部分必须使用宣叙调。皮耶先生想把这个改编的任务交给我。

"我并不认为,"我回答说,"《自由射手》中一定要加上宣叙调。但既然这是在剧院上演的必要条件,而且如果我不干的话,您或许会请别的人。他没有我熟悉韦伯,肯定不会像我这样尽心地颂扬韦伯的这部杰作。所以我接受您的请求。但有一个条件:上演《自由射手》时应绝对保证它的原汁原味,剧本和音乐都不能改。"

"我也是这样想的,"皮耶先生答道,"您认为我能重蹈《林中罗宾》的覆辙吗?"

"很好。既然这样,我就答应您。您打算怎样分配角色?"

"我想由施多尔茨夫人扮演阿加特(Agathe)这个角色,多布蕾(Dobré)小姐扮演安奈特(Annetle),都普莱兹扮演马克斯(Max)。"

"我认为这样不妥,"我打断他。

"为什么不能让都普莱兹扮演马克斯?"

"您很快就会知道。"

"布歇一定能把加斯帕尔(Gaspar)演得唯妙唯肖。"

"嗯。那么您打算让谁扮演埃尔米特(Ermite)呢?"

"噢!……"皮耶先生显得有些发窘。"这个角色没什么用处,而且使剧情冗长。我的意思是,把作品中有关这个人物的所有情节都删掉。"

"真的这么简单吗?这就是您答应的尊重《自由射手》的原貌,不重蹈《林中罗宾》的覆辙吗?看来我们之间还有很大的差异。请允许我收回承诺,我根本不可能掺和到这种修改工作中去。"

"上帝！您真是固执己见！好吧！我们留下埃尔米特！我们保留一切！我向您发誓。"

负责翻译德文剧本的埃米利安·帕齐尼也向我作了同样的保证。我这才半信半疑地答应为宣叙调谱曲。一种感情驱动着我坚决要求完整地保留《自由射手》。这种感情被许多人视为"盲目的偶像崇拜"。就是凭着这种感情，我拒绝他人以任何借口改写或删减原著——而这正是许多人热衷投身的工作。不过，我的不变通也造成了一个严重的缺陷：全篇对话配上音乐后，尽管我已竭力加快速度，还是显得太过冗长。此外，我永远无法让演员们放弃演唱宣叙调时的那种慢吞吞和夸张的做派，特别是马克斯与加斯帕尔之间的那几场戏。两者间的音乐对白本应该简洁、亲切，可如今却庄重、华贵得宛如一场抒情悲剧。这多少有损于《自由射手》的总体风格。不过，我们还是获得了辉煌的成功。我不愿意领"宣叙调作者"这个头衔，尽管艺术家和评论家一定会从中找出一些优点。"真是绝了！"他们会说，"这种风格和韦伯的风格完美地结合在了一起。"但在配器方面我仍有所保留，没敢放开手脚，否则我的敌人们不会放过我。

我在上文中说过都普莱兹不能扮演马克斯。十年前，他曾在奥德翁剧院上演的《林中罗宾》中演唱过这个角色。这位轻男高音的音域狭窄，今天自然也不会为了同样的角色而将他那尊贵的首席男高音的嗓音降低一些。他要求对作品做一些匪夷所思的移调，还要连带着进行荒诞的转调……我拒绝了这些狂妄的建议并郑重告知皮耶先生：如果让都普莱兹扮演这个角色，他必定会随心所欲地把它糟蹋得面目全非。于是，该角色分配给了第二男高音马里埃。他的低音很有特点。虽然他体态笨重、臃肿，但不失为一名优秀的音乐家。施多尔茨女士和都普莱兹一样，一旦她得到阿加特这个角色，非把两段最重要的曲子移调不可：所以我应该把第一段乐曲定为D调而不是E调；第三幕的降A调的祈祷文则应降低小三度音——这样一改动，原作的思想光辉将失去十之八九。不过，她倒是保留了用B调唱结尾部分的六重唱。当演唱女高音部分时，她情绪饱满，极为投入，每晚都博得了满堂喝彩。

演唱者拒不按原著的精神表现角色，其中的原因有三：现实的困难占了百分之二十五；演员的无知占了百分之二十五；而他们的任性则占了整整百分之五十。

我还记得，在排练我的歌剧《本韦努托·切利尼》中的浪漫曲《天福曾是我唯一的偶像》时，都普莱兹拒不演唱中音区的一个G调，而这是他的嗓子，甚至是所有人的嗓子都最容易唱出的一个音调。歌词"宠护"的配乐采用的是G、D调，并一直优雅感人地持续到终止。可都普莱兹却更偏爱D、D调，真是庸俗到了极点。在《威廉·退尔》的《世袭的幽静处》一段中，罗西尼使用了与升F等音的降G，巧妙地将重新加入演奏的乐器再次引至起始调上，显示出他卓越的才华和机智。而都普莱兹却始终不愿采用这个降G调，偏偏以一个F调取而代之，显得生硬而俗气，完全破坏了曲调原有的抑扬起伏的美感。

一天，我和都普莱兹一同乘车从乡下返回。我就坐在他身旁。忽然，一个念头在我脑中闪现，我便俯在他耳边用降G调低声哼起了罗西尼的那句唱词。都普莱兹脸微微红了一下，盯着我说："啊！您这是在批评我呐！"

"不错，我是在批评您。您见什么鬼了？为什么不按原调演唱这一句？"

"我不知道……这个音符让我不舒服，让我不安……"

"得了吧！您开什么玩笑！别的不具备您的嗓音和才华的艺术家都能毫不费力地唱出这个音符，它又怎么会让您感到不舒服呢？"

"您说的也许有理……"

"我当然有理。"

"好吧！以后，我就为您唱这个降G调。"

"不是为我，而是为了您自己和作者唱，为了音乐常识而唱！一位像您这样的艺术家竟然会破坏音乐常识，践踏音乐常识，这简直太少见了！"

唉！可惜都普莱兹在《威廉·退尔》的演出中，根本没有想到我、想到他自己、想到音乐、想到普通的常识。自始至终，他都没有唱出那个降G调。魔鬼也好，神仙也好，都没法让他放弃那个可憎的F调。他到死都不会悔悟。

男低音赛尔达在《本韦努托·切利尼》中扮演红衣主教。他一直强调无法用降E调唱"宽恕所有的罪孽吧！"一句，故而将音调降低了八度。下行时，本应将音调逐步上升三度，他却一下跳了六度，完全改变了音乐的抑扬顿挫。一天，由于他不能参加排练，我们便请求阿里扎尔暂时替代他。这位歌唱家的嗓音悦耳动人之极，蕴藏着还未被人发现的力度和美感。他第一次见到我的乐谱，便毫不走样地将其演唱出来，且歌声优美，令周围的合唱队员不禁报以热烈的掌声。赛尔达得知后，第二天就找回了降 E 调的感觉。请大家注意，就是这同一个赛尔达，这个一直强调不能唱出我乐谱中那个降 E 的赛尔达，后来不仅唱出了正常的降 E 调，而且在扮演《胡格诺派教徒》中的圣布利时还唱出了升 F。

这些歌唱家都怎么啦？！

我再来说一说《自由射手》。

有人一定要在这部歌剧中加入一场芭蕾舞。我竭力反对，却枉然。我只好建议按韦伯的钢琴回旋曲《邀舞》编一幕舞戏，由我为乐队把这迷人的一段谱成管弦乐曲。可是编舞者无法领会这段音乐的要旨，定出的舞点没有任何出彩之处，手法也平淡无奇，肯定不能吸引大众。更有人坚持再加入三段舞蹈片断，简直是以量顶质。皮耶先生还来要求我在韦伯的乐谱中引入我的《幻想交响曲》的舞会一段和《罗密欧与朱丽叶》中的节日那段，好使芭蕾舞部分更趋完整。

当时，德国作曲家德绍尔先生正在巴黎。他风雨无阻地天天光临歌剧院后台。当我听到经理的建议时，只是淡淡地回答道：

"我不能在《自由射手》中加入任何不属于韦伯的音乐。不过，为了向您证明我这样做不是出于对大师过度和无理智的崇拜，请您注意德绍尔先生就在后台的尽头那儿；您可以向他说说您的想法。如果他也赞同，我就按照您的要求办。如果他不同意，我就请您以后不要再对我提及此事。"

德绍尔刚听经理说了几句，就连忙转过头对我嚷道：

"喂！柏辽兹！别这么干！"

"您听见了？"我对皮耶先生说。

所以，提案终于以流产而告终。皮耶先生一点儿脾气也没有。我们使用了《奥伯龙》和《普雷乔萨》(*Preciosa*)中的一些舞曲，这样，就用韦伯自己的乐谱使芭蕾舞曲归于完整。可是，排练了几次后，《普雷乔萨》和《奥伯龙》的插曲突然消失得无影无踪。然后，又有人将《邀舞》乱删一气，把它变成了一段交响乐曲。不过，后来倒是取得了巨大的成功。当皮耶先生离开了巴黎歌剧院经理之职，而我又身在俄罗斯时，又有人删掉了《自由射手》第三幕终曲的一部分。最后，甚至有人斗胆取消了第三幕的整个第一场戏——阿加特崇高的祈祷文、年轻姑娘们的争执以及安奈特的那段柔情百转的中提琴独奏都在其中。

这就成了今天巴黎歌剧院推出的已经遭到百般玷污的《自由射手》。代表着诗意、新颖和热情的旷世巨作成了替蹩脚的芭蕾舞曲拉幕布的东西,还不得不改头换面给它们让位。唉!那是些什么乐队啊!把作品仅剩下的残余部分也演奏得惨不卒听!还有乐队指挥,动作是那么迟钝、懒散!整体配合是那么地不协调!所有的人都把一切演绎得平庸而蠢笨,让人憋气!……您想当一位创造家,一位先驱,一位天才,一位灵感迸发的伟人吗?好呀!然后您就会被折磨,被泼污水,被诋毁!那帮粗俗的销售商啊,你们等着吧,迟早有一天,会有一位新基督将你们鞭打出艺术的圣殿!在此之前,请你们相信,你们会遭受欧洲大陆上任何具备一丁点儿艺术感受的人的蔑视!

第五十三章

我被迫为一些专栏供稿；绝望；自杀的念头；工业的节日；一千零二十二名演奏者；三万二千法郎的收入；八百法郎的利润；巴黎警察局长德勒塞先生；音乐会节目单审查制度出台；征收济贫院税的税务员；阿穆萨博士；我去了尼斯；香榭丽舍马戏场的音乐会。

这一时期后，我的生活中没有出现过任何值得一提的音乐事件。我待在巴黎，一心忙于工作。这里的"工作"指的不是担任"评论家"，而是"专栏作家"；两者可是大大不同。评论家（我假设他诚实又聪明）只是在他有了某个想法，或想阐明一个问题，或抨击一种体系，或赞扬或批评时才写东西；也就是说，他有着自认为是明确的目的来促使他表明观点并发表批评和赞扬的言论。而不幸的专栏作家却是被迫写所有与专栏领域有关的事情。他一心想的只是完成上边交给他的任务。对于被迫写的一些"事件"，他常常无任何观点。这些"事件"既不让他生气也不让他赞赏。这根本就是些称不上"事件"的"事件"。可是，他必须装出相信它们存在的样子，装出有理由关注它们的样子，装出支持或反对的样子。我的大部分同行都能毫不费力地，甚至游刃有余地解决这个难题。而我呢，是在付出了漫长而又痛苦的努力之后，才迈出了这一步。一次，为了写一篇关于喜歌剧的专栏，整整三天，我闭门不出，却不知如何下笔。我甚至想不起要谈的作品的名字（这部作品首场演出一周后，我就永远忘记了它的名字）。不过，这三天里为了设法写出文章的最初三段所经历的痛苦啊，我至今还历历在目。我的大脑叶就像快要崩裂似的；血管里仿佛有什么东西在燃烧、炙热、沸腾。我一会儿手捧着脑袋，支在书桌上；一会儿又像一个忍受不了零下二十五度严寒的哨兵，大踏步地走来走去；一会儿又站在窗前，凝视着周围的花园、蒙马特尔高地、西斜的夕阳……不多时，我就陷入了无尽的遐想之中，思绪飞到了离那讨厌的喜歌剧十万八千里的地方。可是，当我再度回到现实中时，目光又落在了可恶的写在纸头的题目上。可恶的纸张还是雪白雪白的，倔强地等着我用其他的字来覆满它。看到这一切，我顿时跌入了绝望之中，一抬脚，把靠在桌边的一把吉他踢开了膛……火炉上，两把手枪瞪着圆眼看着我……我久久地盯着它们……然后，又拼命地用拳头敲打脑壳。最后，我就像个写不出作文的小学生，用手扯着头发，气恼地大哭了起来。咸咸的泪水让我稍稍轻松了些。我把那两支直盯着我的手枪转了个个儿，枪口冲墙，又怜惜地拾起那把无辜的吉他，请求它与我和解。吉他不计前仇，谅解了我。这时候，我六岁的儿子又来敲书房的门。上午，我曾把他当成了出气筒，毫无理由地训斥了他一顿。

起初，我没开门。他就在门外喊："爸爸，你想和我交朋友吗？"我赶紧跑过去开门，边喊着："噢，是的，儿子，让我们交个朋友吧！过来。"

我把他放在膝盖上，将他长满金栗色头发的小脑袋贴在怀中。两个人就这样一起进入了梦乡。我已经把给文章写开头这事儿抛在了九霄云外。当时，是第三天的晚上。转天，我不知为什么，终于写出了一些关于这位我不知是何许人也的不知所云的东西。

那已经是十五年前的事了！……而我的苦恼却一直延续着……那种毁灭性的苦恼一直存在着！哪怕让我写乐谱，让我指挥乐队，让我指挥排练；哪怕让我八个小时，甚至十个小时保持站姿，拿着指挥棒训练无乐器伴奏的合唱队员，直至吐血，胳膊抽筋，动弹不得；哪怕让我当搬运工、木匠，搬运乐谱架、中提琴、竖琴，拆卸舞台，钉木板，晚上再接着熬夜修改排字工、抄写工所犯的错误……这一切一切，我以前做过，现在愿意做，将来也愿意做！因为所有上述的工作都同我的音乐生涯息息相关，我会毫无怨言，甚至连抱怨的想法都没有就承受下来，就像猎人能够忍受狩猎中的寒冷、炎热、饥渴、烈日、暴雨、尘沙、泥泞和数不清的劳累那样。可是，为了生存而没完没了地赶写专栏；为毫无价值的事写毫无价值的言论；温情脉脉地恭维令人难以忍受的庸俗之辈；今天谈论一位大师，明天又用同样的语言一本正经地谈论一个傻瓜；把时间、才智、勇气和耐心都花费在这种苦差事上，却心知肚明：这一切不能摧毁陋习，根除成见，开启思想，升华大众品味并令人各居其位，也不能为艺术尽一丝一毫之力！噢，这真是个奇耻大辱！还不如当一个……共和国的财政部长。

但是，我别无选择。

一八四四年，工业品展览会在巴黎开展时，我为自己不合时宜的观点饱受了从未尝过的苦头。展览会快要闭幕了。巧合（这位素昧平生的神灵在我的生活中扮演着至关重要的角色）之下，我在一家咖啡馆遇见了时尚舞厅的经理施特劳斯先生。我们聊起了展览会的闭幕式，还探讨了有无可能在即将空下来的宽敞的展厅中举办一次名副其实的庆典，向工业参展商献礼。

"我很早就在考虑这件事，"我对施特劳斯说，"我把音乐方面的支出都预算过了。可是，还存在着一个困难，让我不得不罢手，这就是取得大厅使用权的问题。"

"这并不是个解决不了的难题，"施特劳斯立刻回答，"我很了解商贸部长的秘书塞南克先生。法国所有工业方面的事务都归他负责。他会向我们提供实施计划的条件。"

尽管施特劳斯表现得很热心，我却仍不抱太大的希望。只是在分手前，我们约定好第二天同去拜访塞南克先生。如果从他那儿能看到获得展览馆使用权的希望，我们再认真讨论举办庆典一事。

让我们心灰意冷的是，塞南克先生在听完我们的请求后，并没有给出任何承诺。他只答应稍后给我们一个答复。几天后，我们收到了肯定的答复。现在，只剩下争取到警察局长德勒塞先生的批准了。

我们向他介绍了我们的计划：在展览会馆举办一次为期三天的节庆，包括一场音乐会、一场舞会，一场邀请工业参展商出席的宴会。施特劳斯还建议在音乐会之后，观众共同跳舞，聚餐，饮酒。这一项定会给我们带来丰厚的收入。可是，德勒塞先生总是害怕会发生骚乱和阴谋事件，而一口拒绝举办这次狂欢节。

他那谨小慎微的态度让我大为恼火。我觉得这简直荒谬之极。我向贝尔坦先生谈及此事，他也十分赞同我的意见，并设法谋得了内政部长杜夏戴勒的支持。内政部长立即命令警察局长批准我们的请求，或至少批准音乐活动的部分。德勒塞先生只得同意这次庆典第一天举办一场严肃音乐会；第二天上演一场由施特劳斯指挥的通俗音乐会。在这场逍遥音乐会上，可以演奏舞曲，如华尔兹、加洛普舞曲、波尔卡舞曲等，但禁止跳舞。

这样一规定，我们便不敢再保证会有可靠的收入。但是德勒塞先生仍不放心，害怕乐队、合唱队员及大白天聚集在香榭丽舍大街上听曲的音乐爱好者会给国家造成一定的危险。但愿他能明白，我和施特劳斯根本不是乔装成音乐家的谋反分子！……不管怎么样，能够组织、指挥这样一场盛大的音乐会，我已心满意足了。我仅希望这场活动能在音乐方面取得成功，而不要为此倾家荡产就行。

我很快便拟好了作品的提纲。施特劳斯负责指挥演奏舞曲的乐队。为了这场规模浩大的音乐会，我几乎将巴黎城内稍有些才华的合唱队员和演奏家聘请一空，共召集了一千零二十二名表演者。所有的演员都要付酬金，只有我们歌剧院的歌手（非合唱队队员）是例外。我给他们写了一封求援信，恳请他们加入到我的歌手队伍中来，并用心和声音指引其他歌手。

只有都普莱兹、施多尔茨夫人和肖莱（Chollet）拒绝了邀请。不过，演出当天，他们的缺席就被发现了。第二天，报界便为此大大地抨击了我一番。音乐学院之音乐社团的所有成员也都认为人们应当袖手旁观。至于哈贝内克，自然也不会给这场不由他指挥的隆重盛会什么好眼色看……

为了不使开支膨胀到一个庞大的数目，我只要求演员们排练两次：一次部分排练，一次总排练。在租来的埃尔茨排练厅中，我先反复强调了按以下的排练顺序：小提琴、中提琴和大提琴，低音提琴，木管乐器，铜管乐器，竖琴，打击乐，童声和女声合唱团，男声合唱团。

原定九场的排练，每位演员只需参加其中的一次即可。最后的效果很好，是集体排练五次也无法达到的。特别是三十六名低音提琴手，排练时态度十分认真。起初，当我们演奏到贝多芬《c小调交响曲》的谐谑曲时，大家配合极不默契，准确性很差，发出的声音仿佛是五十多头受惊的猪在尖叫。不过，渐渐地，一切都步入了正轨。

"刚一开始，大家干得很糟。后来，稍好了一些。再后来，简直棒极了。最后，就变得完美无缺。"

这一曲句我们反复练了十八九遍，终于准确地按照粗野的风格演奏了出来。这是整支乐队共同排练根本无法办到的。接下来的排练，无论是合唱曲，还是交响乐，都很快通过，没遇到任何困难。我们把所有的时间和精力都投入到棘手乐段的研究中。只是乐队指挥累得精疲力尽。至于我，正如前文所说，在这种情况下，我总是异乎寻常地浑身是劲儿，像耕马似地精力充沛。

在此之前，我已经编排好了节目单。上面的乐曲不是风格多样，就是已被演奏者熟识。它们是：

《贞女》的序曲（斯庞蒂尼）；

《哑女》的祈祷曲（奥伯）；

《c小调交响曲》的谐谑曲和终曲（贝多芬）；

《柳条小摇篮》的祈祷曲（罗西尼）；

我特意为此次节庆创作的《法国赞歌》；

《自由射手》序曲（韦伯）；

《酒神赞歌》（门德尔松）；

我的《幻想交响曲》中的《赴刑进行曲》；

阿道夫·杜马（Adolphe Dumas）为此次节庆创作的《工业家之歌》，由梅罗（Méraux）先生谱曲；

《查理六世》中的一首合唱曲（阿列维）；

《胡格诺派教徒》中的《匕首的祝福》大合唱（梅耶贝尔）；

《阿尔米德》中的《欢乐园》一幕（格鲁克）；

我的《葬礼与凯旋交响曲》中的《化神曲》。

展览馆中央有一块被称为"机器厅"的广场。我们就要在这里进行音乐会的总排练。就在这次重要的考验来临的前夜，木匠们还在忙着搭我的指挥台，大厅还没有腾空，观众席被一大堆钢筋铁骨的机器挤得满满当当，甚至没有人采取必要的措施来拆除这些难看的家伙。

至于我见到此景时内心的焦虑不安，就无须再赘言描绘了。

巴黎城内的街头巷尾的墙上都贴满了这次盛大节庆的宣传画。而我还在为缺少一大笔资金而发愁。我隐隐觉得，一个无法逾越、并且无法预料的障碍在我前进的路上，让我动弹不得。音乐会一天都不能推迟！已经有命令下达：展览最迟在八月五日必须拆除。搭设展厅所用材料的主人有权于八月一日，即首场音乐会那天，开始拆卸工作。没有任何力量能说服他们将展厅多保留几个小时，除了金钱。他们才是场地的真正主人，并拿出了确凿证据向我们证明，商贸部长借给我们的是已不属于他管辖的东西。我的头脑一阵发热,飞速冲出去,想叫人贴出声明,取消狂欢节。施特劳斯使尽全力拦住了我,向我保证,明天会有五十辆大车来清理场地。我已经束手无策了,只好任由事态发展。第二天,我那一千名演员就在一片赶车人的吆喝声中,在鞭子的抽打声中,在骡马的嘶鸣声中,进行了最后的总排演。但不管怎样,总算马车夫来了,骡马渐渐地将机器搬运一空,压在我胸口上的大石头,也慢慢卸了下来。可排演过后,又有另外的梦魇攫住了我。参加排演的大批听众向我拥过来,异口同声地表示,演出台必须重新搭建;由于合唱队在乐队前面唱,导致他们根本无法听到乐器的声响。天啊!一支由五百名乐师组成的乐队演奏的声音竟然令观众无法听见!六十名工人立即投入工作,将演出台一分为二,把合唱队站立的前台位置降低三米,升高后面的舞台,使乐队显露出来。重新布局后,听众肯定能听清乐队的声音,不会再觉得它无声无息。虽然这样一来,场地的音响效果有些过于震耳,但也是没办法改善的遗憾。第二轮令人不安的难题刚刚消失,第三个同样严重的问题又冒了出来。趁着忙乱中的一丝间隙,我和施特劳斯跳上轻便马车,奔走于音乐商、音乐会票商之间,打听他们售票的情况。计算过后,我们惊恐地发现,目前的进账只有一万二千法郎,还不足总支出的一半。现在,我们只能指望明天音乐厅门前售票会带来一笔丰厚的收入。否则,我们只得准备好自掏腰包填补亏空了。

当晚,我们两人都惶恐不可终日。

但是,已经没有退路了。

第二天,也就是八月一日,我将近响午时才向展览馆走去。音乐会预定一点钟开始。我惊喜地发现,不计其数的马车向着香榭丽舍大街中心驶去。我简直不敢相信这一切。我步入大厅,发现一切都秩序井然,我的指令也被不折不扣地执行。乐师、合唱队队员、乐队副指挥、合唱队副指挥悄无声息地走向各自的岗位。我用眼神探问了一下罗克蒙先生(一位聪明绝顶、精力过人的绅士;我们之间建立了真挚的友谊。在许多类似的情况下,他都为我做了令人无法忘怀的倾心效力之事)。他也用眼神告诉我一切就绪,万事皆备。音乐的狂热又令我的血液沸腾起来。我不再想什么公众、收入、亏损了。我刚要做手势开始演奏序曲,忽听得一声巨大的木头断裂声,还伴随着长久不息的喊叫……

是人群！是刚刚买到票的人群挤断了栏杆，举着票欢呼着冲进了大厅。

"瞧啊！这么多的人！"一位乐师指着登时爆满的大厅对我喊道。

"啊！！！我们得救了！"我欣喜得用指挥棒敲着乐谱架，大叫一声。"现在，让我们演奏一些美妙的东西吧！"

我们开始了。《贞女》序曲一段段地展现着她那壮美的音乐。从那一刻起，乐队与合唱团齐声共鸣，气势恢弘、遒劲，并伴随着乐曲的行进，愈来愈震人心魄。我那一千零二十二位艺术家众人一心，同进同退，如同一支优秀的四重唱团般齐整。我手下有两位乐队副指挥：蒂利蒙，喜歌剧乐队指挥，指挥管乐器；还有我的朋友奥古斯特·莫雷尔，如今是马赛音乐学院院长，负责指挥打击乐器。此外，由于合唱队员背对着我，无法看见我的动作，我还聘请了五位合唱团团长，一位站在中央，另外四位站在合唱队四角，负责将我的动作传达给歌手。这样，共有七人打拍子。他们的目光时刻盯着我左右。我们八个人，尽管相互间分隔很远，但那八对儿手臂却以令人难以置信的精确，同时抬起落下。观众不由得为这奇迹般的场面惊叹不已。

不过，全场最沸腾的场面还在后面呐！《自由射手》序曲的行板部分由八十支号角齐奏；《柳条小摇篮》祈祷文部分的二十五位竖琴演奏者舍弃简谱琶音不用，而是采用了四部和声的琶音；这样一来，颤音和弦的数目增加了四倍，给人以一百架竖琴在弹奏的感觉。一曲终了，在观众的强烈要求下，我们又重新演奏了一遍。《法国赞歌》也同样博得了听众的喝彩，被要求再来一遍。不过，我没有这样做。最后那曲《胡格诺派教徒》的《匕首的祝福》更是令全场倾倒。我将这段宏伟的乐段的歌手人数增加到原来的二十倍，即共有八十名低音歌手演唱三名和尚和圣布利的那四部分。演奏者及坐在最靠近乐队席的听众都觉得，如此安排而产生的效果远远强烈于至今所知的所有规模的演出。

至于我，指挥时我忽然紧张得发抖，牙齿也打起架来，就像患了高烧似的。尽管场地的音响效果不太好，但我还是相信，能与本场演出相媲美的音乐会实不多见。当时，我深深地为梅耶贝尔不能到场而遗憾。这部骇世之作仿佛是由一枚硕大的高压电池发出的电流击写而成，震耳的霹雳为其伴奏，滂沱的暴雨为其吟唱。

这一段结束之后，我的精神仍陷在极度的亢奋之中，音乐会不得不为此中止了好一阵子。人们给我端来潘趣酒，送上衣裳，并找来一些竖琴，套上布套，就在指挥台上搭成了一个类似小换衣间的东西。我躲在里面，稍稍猫着腰，脱下外套，还换了件衬衫。观众就坐在对面。不过，他们什么也瞧不见。

在节目单上其他的乐曲之中，接下来最为成功的是：《葬礼上的祷告》(*L'oraison funèbre*)；我的《葬礼与凯旋交响曲》，其中迪埃波的长号独奏显示了他卓越的演奏技巧；《阿尔米德》那宁静而迷情的场面令全体观众心醉神迷。

我的《赴刑进行曲》在普通音乐厅演奏时总是产生震耳欲聋、强劲有力的效果，然而这一次却闷哑微弱。贝多芬的《c小调交响曲》的终曲和谐谑曲部分也是如此。门德尔松的《酒神赞歌》则显得沉闷而乏味。几天后，一位记者说，这位酒神的神父们定是饮了啤酒，而不是塞浦路斯酿的葡萄酒。

《工业家之歌》被人们、特别是演奏者们嗤之以鼻。我曾经许诺将阿道夫·杜马的创作谱成音乐。可是我怎么也无法进行下去。为了不使杜马先生的诗词付诸东流，也为了向他表明我的好意，我只得同意由他选择一名作曲家完成这项工作。他指定了鲁昂的钢琴教授阿梅代·梅罗。

《贞女》序曲和《哑女》的清唱博得了热烈的掌声。《查理六世》则是我受施莱辛格——曲作者阿列维的出版商——的怂恿，于事后补加到节目单上去的。它也产生了不同凡响的效果。一直在巴黎民众体内骚动的好反抗的本能都被它唤醒了。

> 向暴君宣战！
> 英国人，
> 永远不能在法国称王！

四分之三的听众都随着合唱团大声唱了起来。这是那个年代的老百姓怀着强烈的爱国之情反对路易·菲利普实施的政策的呼声，不过，却也仿佛为警察局长先生反对举办这次狂欢节提供了合理的借口。至于这段插曲造成的后果，容我稍后再谈。

就这样，我举办了我的"音乐展览会"。不仅没有发生任何事端，反而获得了辉煌的成功，在参加音乐会的众多观众中间传颂。走出展厅时，我看见"济贫税"的税务官们正忙着在一张大桌子旁清点我的收入，心中不由得升起了得意的满足感。本场音乐会共收入三万二千法郎。税务官们提取了总数的八分之一，即四千法郎。而两天之后，由我的合作人施特劳斯组织的舞曲音乐会却收入平平，没有取得任何成功。为了填补这场音乐会收支的亏空，我们不得不挪用第一场音乐会的利润。最后计算下来，在花费了如此多的心血之后，在经历了如此多的艰辛之后，在完成了一项如此巨大的工程之后，我从"济贫税"的税务官先生手中接过来的是一张四千法郎的收据以及属于我的八百法郎的纯收入……

这真是个迷人的自由国度！艺术家都成了它的农奴，却依然真心实意地赞美它的平等、高尚、自由、对它顶礼膜拜，为它祝福！

斯特劳斯和我刚和我们的乐师、抄稿人、印刷工、竖琴师、泥瓦工、屋面工、细木工、木匠、地毯商、办事员、音乐厅督察结完账，警察局长先生，那位曾让我们拿出一笔1238法郎小数目支付他的手下和保安警察（歌剧的保安费只不过八十法郎）的警察局长先生又来请我们去他那儿谈一件急事。

"什么事？"我问施特劳斯，"您知道吗？"

"一点儿也不知道。"

"是不是德勒塞先生为曾让我们付那么多钱给他那些无用的手下而感到内疚？他是不是要归还我们一笔钱？"

"对，但愿如此。"

我们去了警察署。

"先生，"德勒塞先生对我说，"我很恼火。我得狠狠地责备您。"

"怎么了，先生？"我莫名其妙，惊讶地问。

"您偷偷地在音乐会的节目单中加入了一段极易挑起政治狂热的音乐。政府正努力限制和镇压这种狂热的情绪呢。我指的是合唱曲《查理六世》。狂欢节告示中一开始并没有预告这段合唱曲。内政部长先生对这首歌引起的示威活动极为不满。我对此完全有同感。"

"警察局长先生，"我竭力克制自己，用平静的语气答道，"您完全错了。确实，起初，《查理六世》并没有被列入节目单。但是，我后来得知，阿列维先生觉得自己的作品没有被选入这场几乎囊括了当代所有伟大作曲家的盛会中,自尊心大大受到了伤害。因此,在阿列维先生的出版商的建议下,我同意采用《查理六世》,它比较易于人数众多的乐队演奏。这是唯一促使我做这个决定的原因。像1844年那样,因一场查理六世时代的戏而引发民族主义情绪的事件,我一点儿也不赞同。而且,我压根儿没想过要偷偷摸摸地把这段合唱曲加入节目单。八天来,它的大名一直印在所有狂欢节的宣传单上,甚至也贴在了警察局的墙上。警察局长先生,对此请不要有丝毫怀疑。也请您给内政部长先生提个醒儿。"

德勒塞先生有些为自己的错误犯窘。他表示对我的方才的解释比较满意,并为刚刚的不公正的责备之辞向我道歉。

不过,从那天起,制定了一项音乐会节目审查规定。现在,如未得到经警察署签署的内政部的批准,不得在公共场合演唱贝拉（Bérat）或皮热（Puget）的浪漫曲。

我刚结束这项疯狂的事业——今天我避免再为此冒险,我以前的解剖学老师,也是我最好的朋友,阿米萨医生就来看望我。他见到我时向后退了一步:

"啊!柏辽兹,您怎么了?您脸色蜡黄得像张老羊皮纸。整个人显得又疲惫又异常愤怒。"

我对他说:"说起愤怒,您知道是什么让我愤怒吗?您也参加了狂欢节,知道事情的经过。我很愉快地付给了济贫税的税收官们四千法郎,而我只剩下了八百法郎。我还有什么可抱怨的?这一切难道正常吗?"

（阿米萨摸了摸我的脉搏,说:）

"我亲爱的朋友,您可能要得伤寒。您必须放放血。"

"好吧!不用等明天,现在就给我放血吧!"

我立即脱下上衣。阿米萨给我大大地放了一通血后,又说:

"现在,请您尽快离开巴黎。您可以去耶尔、戛纳、尼斯,去您想去的地方,但一定要去中部地区,去那儿呼吸呼吸海风,别再想那些令您热血沸腾,令您已经很紧张的神经更加亢奋的事儿了。再见吧!没什么可犹豫的。"

我接受了他的建议。我在尼斯住了一个月,尽量治愈狂欢节给我的健康造成的伤痛。这还多亏了狂欢节给我带来的八百法郎的收入呢。

我又看见了十三年前意大利之旅刚开始时我养病住的那些地方。故地重游，我怎能不感慨万千？我在大海里尽情畅游；频频去尼斯、自由城、博略、西米埃斯、法尔郊外远足；我又重拾以前的习惯，去海岸边的峭崖探险。在那里，我又找到了熟悉的老炮筒，它们仍在阳光下沉沉地睡着……；披着海藻的、湿润润的小海湾再一次微笑地展现在我眼前。过去，我常常到这里游泳；1831年我创作《李尔王》时住过的房子里已搬进了一户英国人家。所以，我就在房后蓬榭特崖顶的一座塔里搭了个小窝。

在那里，我可以眺望美丽怡人的地中海，也享受到了从未有过的宁静。不久，当我的黄疸病基本治愈，八百法郎也消耗殆尽时，我告别了这个迷人的撒丁海岸。对我而言，她永远散发着无法抵御的强大的魅力。我又回到巴黎，重新扮起了西西弗斯①的角色。

弗朗科尼剧院经理受到了工业展览馆狂欢节丰厚收入的诱惑。在我结束尼斯之旅几个月后，他来请我在他经营的香榭丽舍剧院举办一系列盛大的音乐演出。

我已经记不起当时我们是如何安排这项事宜了。我只记得他做了项亏本生意。我们组织了四场音乐会，为此聘请了五百名乐师。这笔庞大的人事开销必须完全从收入中支出。此外，又出现了同以前一模一样的情况：场地完全不适合音乐演出。声音在这个圆形建筑中一下一下慢吞吞地拖着调，叫人急得无可奈何。这样一来，所有乐曲的细节都被夸大了，各个声部搅和成一团，不堪入耳。只有《安魂曲》中的《末日经》产生了轰动的效果。该乐段的节奏及和弦宽广、舒缓，使其避免了像其他乐段那样，被这个有着教堂般回声效果的大厅彻底改头换面的命运。鉴于它取得的巨大成功，我们不得不遵从观众的要求，将其列入所有音乐会的节目单中。

举办这次音乐会，我不仅无利可图，反而被折腾得精疲力尽。正在此时，有人请我去马赛和里昂举办两场音乐会。音乐会的收入有保障，最起码可以把路费的花销挣出来。于是，我又有了去令人身心舒畅的地中海休整自己的机会了。这

---

① 西西弗斯：(Sisyphus)，古希腊神话人物，因罪被罚推一块巨石上山，但每当快接近山顶时，巨石便自动滚落，如此反复，永无休止。在此比喻人类无法摆脱的苦难。

也是我第一次去法国外省举办个人作品音乐会。

我在1848年写给我的合作人埃都阿尔·莫奈的《音乐新闻》的信中,已经——尽管笔调有些严肃——详细地记述了我在这次南方之行中的经历。之后不久,我在发给里尔的一则音乐新闻中也谈及了这次旅行。

几个月后,我游览了德国南部,即奥地利、匈牙利和波希米亚。这是我第一次去那里。以下便是我写给《辩论报》的朋友安贝尔·费朗的游记。

德国纪行之二

第一封信 从奥地利、波希米亚和匈牙利寄给安贝尔·费朗先生的信函

自维也纳

亲爱的安贝尔,我又一次从德国归来了。刚刚回国,我就迫不及待地要告诉您我在德国的一切情况。您多次热情地支持我去斗争。您在那些失望气馁的日子里变得坚强了。您通过反思过去,而对未来充满了信心。您对美具有如此敏锐如此崇高的感应力,对真具有如此虔诚的崇敬,对艺术的伟大和力量具有如此深切的信任,所以我多么希望您对我在欧洲的经历和发现感兴趣呵!况且在这个世界上,没有比您的支持更热情更明智的了。尽管您的心灵被痛苦所充斥,尽管您也在世界一隅里完成了自己的工作,尽管您伟大的善心使您悄然隐退了,但是,我知道您一天也没有忘记过诗歌与音乐。您对诗歌与音乐这两位女神的爱太深邃太纯洁了,永远也不会有丝毫的改变。我知道您经常在您岛屿上的群山高处侧耳聆听北风从巴黎带去的音乐和文学的讯息。然而巴黎对我而言显得太忧郁和沉闷了,尤其是在我这次出行之后!而您,在这炎炎夏日里,能在撒丁岛高大葱郁的香橙树下冥想,还能欣赏地中海边的午夜音乐会,甚至能聆听撒丁岛上农夫们纯朴自然的歌声。这一切是多么令我羡慕不已啊!那些农夫是欧洲的非洲人,是现代的古代人! Non nobis Deus haec otia feat. (你不在我们中间,啊上帝。)

我认为我们亲爱的法国首先已经被物质利益所控制。她对那些使诗人和艺术家们狂热不已的东西漠不关心，反而对丑闻和嘲讽倍加青睐。一旦有满足这种畸形的爱的机会，就发出刺耳干涩的笑声。我发现我们亲爱的法国弥漫着地狱炼炉的腥臭味，其中夹杂着烟草专卖局出售的劣质烟草的呛人的香味；她长着一张烦恼的面孔，外形让人望而生厌；失望的艺术家们，疲惫的思想家们，蠢货云集于此；疲惫、饥馑的戏剧濒死甚至已经消亡；手摇风琴像往常那样，按时到来，始终演奏着一成不变的曲调，而我却想发出并支持手摇风琴的音韵，并宣传手摇风琴的杰出作品。

总而言之，所有这一切对我而言构成了一个忧郁的整体。我并不能让自己的思想将它幻化成五颜六色的天边彩虹。您记得在我们的青少年时代，无论在什么舞会或节日庆典的次日，我们都会感到一些伤感吗？一种灵魂上的轻微不适，一种心灵上的巨大苦闷，一种莫名的忧伤和遗憾，对陌生事物的强烈的求知欲，对世间万物的一种无法言喻的担忧——这些都曾让我们感到十分痛苦。以前我曾经耻于承认这种痛苦，但它的确使我真切地感受到。我现在就好像处在节日庆典的次日，而在这个节日庆典中我又不得不结识一些陌生人。昔日，我每天满怀喜悦地指挥大型交响乐队和忠诚、热情、和谐一致的合唱团。而现在，那种日子一去不复返了；我在冗长的排练之后感到的疲惫也一去不复返了；热情、狂热、专注、激情四射的观众也一去不复返了；那种指挥大型音乐会时借交响乐团和合唱团之声向听众所表达的强烈的感情也一去不复返了；对于毫无偏见的观众对现代艺术的最新趋势所产生的各种不同的反应所进行的科学研究也一去不复返了。总之，我对在经历了无数活动之后的停滞不前，以及无数次和谐的喧哗之后的寂静无声感到不安。所以从我回国之后，我脑中就只有一个愿望，虽然我也极力地排斥这种念头，但它还是白天黑夜都始终萦绕在我脑中，那就是：登上一艘远洋舰去周游世界。确切来说，假如上天要与我这种决心作对的话，就不会在前天赐与我一个满足这种愿望的机会。上天使我得以在前天遇到我的一位旧友——哈尔马大师。而他又恰好刚从广州归来！您可以想象，当我向他问及关于中国、马来岛、合恩角、巴西、智利和秘鲁的情况时，我是如何求知若渴地倾听他讲述那一切稀有、珍奇、令人惊叹不已的事物啊！真的！我当时激动得心直跳。如果我拥有一个王国，我肯定会叫着、跳着,模仿理查三世的话:"一艘军舰使我拥有一个王国!"而可怜的我既没有军舰更没有王国,只能留在咱们这座小城市里——这个用我们可爱而富有魅力的诗人梅里的话说就是"从蒙布朗街到蒙马特尔郊区,人们称之为巴黎"的小城市里。每天傍晚,我都在这座城市里散步,以一种想象出来的音调和节奏重复着《鲁伊·布拉斯》里的这句诗:

"啊!但这里是多么令人生厌呀!"

幸运的是,我们的成语说得很有道理——"烦恼出主意"。它使我想到了一种方法,可以不离开巴黎就忘记巴黎带来的烦恼。那就是通过思想的活动去重温那些我曾涉足过的遥远的地方,重见那些我所熟识的国外艺术家们,重现那些我曾参观游览过的古迹,重显那些我学习过的地方。最终也就是选择一些我忘记忧郁的时日给您写信,让您尽可能不感到烦闷。但是谁知道您是否仅仅读我写给您的信呢?我在这里就仿佛看到您在柠檬树的阴影下睡着了,就像幸福、年迈的罗马诗人。在您的身边,勤劳的蜜蜂在花丛中飞来飞去,忙着采蜜;您手中还摊着一本打开的维吉尔或贺拉斯的诗集,这种永恒的诗歌进入了您的梦乡;这时,您便不需要我写的续唱了。幸亏,我知道如何把您叫醒而又不受到您的责备。听着:我想和您谈一谈……格鲁克。关于格鲁克,您听到了吗?谈一谈他的祖国,我刚刚从那儿回来。还有莫扎特和海顿,还有贝多芬,他们都和格鲁克一样,曾长期住在维也纳……我心里很清楚,这些具有魔力的名字可以令您原谅我这种不合时宜的质询。现在,我开始了。

对于我的维也纳之行,有两件事令我刻骨铭心,终生难忘。一次是我在肉体上遭受了巨大的痛苦(这并不是精神上的痛苦,其中几乎没有夸大的成分。因此别试着去想象这种痛苦有多深重。这是一次强烈、乏味的痛苦);它使我不得不在南希停下来。在南希,我想到了死。还有一件十分平常的小事;事实上,我就是为此而活着。我透过奥格斯堡小旅馆的窗户看到了上帝的化身。这个正直的人刚刚在拜恩和萨克斯建立了一种目前很盛行的新基督教。他刚刚坐上了马车。这时,由于激动而面色略显苍白的旅店老板把他指给我看。我忘记了他的名字,但是他在我眼里,面部生动而充满智慧,总之看起来是个善良的智者。我的这次维也纳之行,与意大利之行一样,其中一部分行程坐的是出租马车。而且这次出行比上次乘蒸汽轮船去雷根斯堡的行程更漫长一些,更何况我不得不在这座伟大的小城市中逗留两天。我很快就对沿着从多瑙河到林茨这条路缓慢笨重地前行感到伤心和乏味了。我应该快速顺流而下,像云彩一样飘然而至。这两种运输方式被分离了多少个世纪?离开雷根斯堡时,我自认为是弗雷德里希·巴巴罗萨①的转世。在林茨,当我踏上一艘优雅的快速蒸汽轮船的甲板时,我感觉自己好像回到了1845年。这两个城市的名字使我联想起了我们在欧洲的愚蠢而疯狂的做法。我们把一些城市的名字从一种语言转换成另一种语言并对它们进行改变。比如说,为什么我们叫伦敦 Londres 而不是 London 呢?而意大利人把 Paris(巴黎)称之为 Parigi,这又有何用呢?在这次德国旅行中,我备有一张德国地图,我经常把它拿出来参看。在这张地图上,我能很快地找到林茨,因为在法国我们愿意像德国人那样发音和拼写这个地名。但我怎么也找不到 Ratisbonne(雷根斯堡);这很简单,因为这个地名起源于法语,它与这个城市的本名 Regensburg 毫无相关之处。我们保留下一些最难发音的名字,而改变另外一些名字,这简直叫人莫名其妙。我们对一些名字的叫法就像那些创造这些名字的人一样,比如说:Stuttgart(斯图加特)、Karlsruhe(卡尔斯鲁厄)、Darmstadt(达姆施塔特)、royaume de Wurtemberg(符腾堡王国)。而另一方面,我们却把 Baiern(拜恩)叫作 Bavière,把 München(慕尼黑)叫作 Munich,把 Donau(多瑙河)叫作 Danube!但至少这些法文译名与原词之间还有一点点相似之处。可 Regensburg(雷根斯堡)与 Ratisbonne 之间就根本一点联系也没有。但我们却认为,如果德国人胆敢称 Lyon(里昂)为 Mittenberg,称 Paris(巴黎)为 Triffenstein 的话,那他们可就太荒唐可笑了。

我刚刚下船踏上维也纳的土地,就立刻感受到奥地利人对音乐的狂热:一位海关人员在检查包裹行李时,发现了我的名字,就立刻大叫起来(当然是用法语):

"他在哪儿?他在哪儿?"

"先生,我在这儿。"

"噢!我的天哪!柏辽兹先生,您是怎么到这儿的?我们足足等了您一星期了!所有的报刊都报道了您从巴黎出发,要在维也纳举行音乐会的消息。我们很

---

① 德意志国王,罗马帝国皇帝。——译注

担心见不到您啊！"

我向这位热情的海关人员道了谢，告诉他我确信我从未使法国的海关人员产生过同样的担心。

由于我应邀参加在马奈日（驯马场）为音乐学院举行的年度音乐会，所以我就在维也纳这座美丽的小城暂住了下来。演奏队伍庞大（超过一千人），几乎都是业余爱好者。奥地利政府几乎没有采取什么举措去支持音乐学院，那么很自然它就由一些真正爱好音乐的朋友来支持。但我对这种现象感到十分震惊的理由却是因为这种做法十分自然而且非常成功。每年同一时期，国王授权音乐爱好者协会使用马奈日的宽阔场地。入会者名单通过音乐商向演奏者们公开。在维也纳，音乐爱好者的数目或多或少有些灵活，其中包括乐器演奏家和歌唱家们。所以每年人们为了组织一支六百名歌唱家和四百名演奏家的演出队伍，不得不拒绝五百多人的申请。为此，人们只有选择的困难。这种大型音乐会（共有两场）的收入极其可观。尽管演奏家们借以表演的舞台占去了很大的空间，但马奈日大厅还能容纳将近四千人。然而，通常来说，在第一场音乐会时票就全都卖光了；第二场的观众少一些，其曲目就是第一场的翻版。那么，绝大多数维也纳人是否会对在一周之内接连听两场曲目完全相同的音乐会生厌呢？……

全世界的听众在这一点上都是相似的。坦白地说，这些音乐节的曲目几乎全都是从艺术大师们最著名的乐谱中精选出来的。而且，如果人们有可能在音乐会上听到某首专为这场音乐会及其演奏家而作的新作的话，那么他们就极有可能对第二场音乐会也抱有和第一场音乐会同样高的热情。这种做法甚至可能是值得我们借鉴的。那些大型乐曲，像亨德尔、巴赫、海顿和贝多芬写的那些清唱剧，由水平高超的大型乐队和合唱队来上演，效果也许会更好；可这毕竟只是某些章节的八度移位而已。然而，为一支庞大的管弦乐队和成员众多的合唱队谱曲创作，对一个懂得一种演奏方式组合的多种来源的作曲家来说，应该是能够创作出无论是在细节上还是在整体上都很新颖的乐曲来的。这一点，我仍没有做到。任何人们称之为不朽的巨作，其形式和内容都必然是统一的。在广阔的场地中，人们可以隆重地演奏这些巨作。但在有限的空间里，仅仅由几位演奏家来演奏这些巨作，它们也不会逊色太多。这些巨作特别要求歌喉与乐器的配合，如果歌喉与乐器配合不好，那只不过会将这些巨作的力度机械地加重，而并不会使它们额外产生出人意料的非凡效果。不过，我得承认，这次音乐会还是使我深受感动，尤其是合唱团的水平令我吃惊不已。我认为女高音美妙的歌喉是无与伦比的，而且合唱团的整体效果极佳。当我在节目单上看到莫扎特的《魔笛》序曲时，我很担心如此庞大的乐团能否胜任演奏这阕乐速如此之快，情节如此紧凑，又如此精雕细琢的出色乐章。但我的担忧转瞬即逝，这个乐团（一个业余乐团）演奏得细致到位，热情奔放，有的地方甚至连专业乐团也无法匹敌。

演出曲目包括一首莫扎特的经文歌，一首海顿的经文歌及他的《创世纪》的一支曲调，我刚刚提过的莫扎特的序曲，以及贝多芬的清唱剧《基督在橄榄山》。施陶迪格尔和巴尔特·阿尔塞特夫人分别担任独唱。施陶迪格尔具有圆润、细腻、悦耳而又铿锵有力的男低音。他的音域宽广，能跨越两个八度外加两个音符（从低音3到高音5）。施陶迪格尔的低音从来不是挤出来的，而是自然流露出来，毫不费力地散播开来；它甚至能充满像马奈日这样巨大的场所。尽管一般来说艺术家自己很少被感动，但这富有魅力的嗓音在他身上表现出了狂热的激情。这嗓音深入您的内心，令您不能抵挡它的魅力。此外，施陶迪格尔的演唱风格纯朴，这种风格是大手笔的演唱大师的特性。他们的演唱无懈可击。此外施陶迪格尔还能轻松自如地快速演唱单个元音的练声和经过音群。他还深入了解音乐本身，别人给他看的乐谱他看过一眼就能立即唱出来。这种超乎寻常的才能有时也给他带来不愉快。施陶迪格尔的自尊心使他常常以此为由炫耀自己。因此，如果他不想用心去唱一首乐曲，那么他在乐团面前亮相之前是绝不会看一眼这首乐曲的。每当他要进行一次普通的排练时，他就拿着他从未看过的乐谱来了，并且流利地唱出歌词和曲调而绝不会错一个词或一个音。他读谱就像在读一本人们初次放在他手里的书。但他不会更认真仔细地读，而这种更为认真的态度在排练中是不可缺少的。这种排练不仅仅是一种表面上的准确，更是一种对作曲家作品的巧妙、热情而充满活力的再创作过程。然而，如何把这种热情、灵气与活力投入到这样一种轻率的读谱中去呢？读谱者什么也没有准备，况且作品的总体精神、细微差别甚至速度对他来说都是完全陌生的。在维也纳，一些作曲家向我谈了他们对施陶迪格尔的评价；这些都不是对他的天才的评价，而是对他的习惯的评价。他们认为他太轻率。他的这种态度曾多次在一些重要场合使这些作曲家担忧。路易十八曾说过:"不要比国王更保皇!"人们也可以对施陶迪格尔说:"不要想比音乐更音乐家。"施陶迪格尔在马奈日音乐会上演唱的《创世纪》使所有在场的听众激动不已。而当他演唱后已经退场,正在走出大厅时,又被听众要求返回大厅再次进行表演。施陶迪格尔既是维也纳剧院的一流演员,同时也是舞台监督。该剧院由波克尼先生管理,他在这方面具有天才,为人又正直诚恳。施陶迪格尔音色超群,具有美妙绝伦的男低音,但他的歌喉并不像有些歌唱家的那样娇嫩,需要精心保护,要求歌者养成良好的有规律的生活习惯。施陶迪格尔绝不像那些艺术家那样小心翼翼地保护嗓子;相反,他在数九寒天接连数日踏雪打猎。脖子上空无一物,晚上在打猎归来的路上还唱着伯特伦、马塞尔或加斯帕尔的歌,而嗓子却没有一丝不适的感觉。这个维也纳剧院,因为坐落在与之同名的小河岸边而得名,开放刚满三年。它下决心要与对手肯特内托剧院一决胜负。该剧院使得几乎所有想在维也纳扬名的著名艺术家趋之若鹜。皮舍克就是在1846年冬天第一次在这里登场的。不久,就是詹尼·林德。只有上帝才知道这些著名艺术家接连掀起的一个又一个狂热的崇拜浪潮,也只有上帝才能知道他们为剧院带来的天文数字的收入。

该剧院的合唱团规模虽小,实力却很强。它的成员几乎全都是年轻的一流演员。不论男女,都嗓音清新,音色纯正。他们中间并不是所有的人都能很好地识谱。以前大家已经在我面前说尽了它的乐团的坏话。所以,从我一到维也纳起,我就没有将它的乐团的地位摆得像肯特内托剧院乐团那样高(我很快就要提及肯特内托剧院)。但是维也纳剧院乐团的运营良好,它的成员——年轻的艺术家们充满热情,立志要创造奇迹。我在合唱队中注意到了一位女演员,她资质极佳,适于饰演一些温柔而又充满激情的角色。我十分遗憾没能记下她的名字。虽然以后我也曾尽力去寻找她的芳名,但还是没有找到。她饰演《自由射手》中的阿加特,表现十分出众。

此外,我必须提到优雅的歌剧女高音特雷芙斯小姐以及另外一名歌剧皇后玛拉小姐。玛拉小姐尽管对某些音符把握不太好,但她天分极佳,才华横溢,优雅动人,歌喉亮丽,唱高音时轻快自如。美中不足的是,她的乐感不强,因此有时会在节拍上犯严重的错误。尽管精明能干、反应迅速的乐队指挥竭力挽回,她还是能把整个乐曲弄得一团糟。玛拉小姐在唐尼采蒂的《露茜亚》中表现出色。今年冬季,她刚刚在德国北部和俄国的一些城市获得巨大的成功。

而男高音呢!男高音!男高音正是这一时期维也纳剧院,同时也是几乎世界上所有的剧院的缺憾所在。我极其担心,尽管波克尼先生尽其所能,也还是不能很快在他的演出阵容里弥补这一不足。

就男高音这方面来说,肯特内托剧院就比较幸运了。它拥有男高音歌唱家埃尔先生。埃尔的嗓音平直,略显冷漠。相对于一些激情场景来说,他在一些平静舒缓的乐章中表现更佳。相对于歌剧来说,他更适于演唱一些纯音乐性质的歌曲。肯特内托剧院的老板是个意大利人,名叫巴洛席诺。维也纳城、奥地利宫廷、艺术家们和音乐爱好者们都认为他的管理太严格。而我却不赞同这种批评。在我看来,这种批评是不符合肯特内托听众的意愿的。幸亏杰出的艺术家尼古拉先生作了很大努力去领导音乐部分;因为作为歌剧院总经理的巴洛席诺先生对于音乐显然是陌生的。巴洛席诺先生已经很了不起了,他没让裁缝们①去演奏低音乐器,而是聘用提琴手们来演奏提琴。在我们法国,大家都严格地遵守一个原则,即求助于专业音乐家去演奏音乐。但是我们的主要精力都用于去解决自由的问题了。

在巴洛席诺先生的歌唱班子里除了有一个深沉响亮的漂亮女低音之外,还有一位女高音歌唱家。我将她的芳名排到了更靠前的位置上,她就是巴尔特·阿塞尔特夫人。无论从音乐还是从戏剧方面来讲,她都是一流的天才。巴尔特·阿塞尔特夫人的嗓音略缺乏清纯,但音域极广,音量非凡,音准极佳,音色感人。也许正是因为这些,巴尔特夫人的声音才具有如此强烈的震撼力。我曾聆听过阿塞尔特夫人的歌声。当时,她出演《奥伯龙》中的一幕难度很大、场面华美的戏中的女高音。最后,她取得了完全的成功。她的歌声实在令人难以置信。一百个女高音中也许只有一个能够如此忠实、热情、伟大而又大胆地演绎韦伯写下的这辉煌灿烂的一页。在最后一段快板结束时,在于翁(Huon)的情人引爆欢乐之音后,乐队与女演员进行了一次真正的交锋。阿塞尔特夫人完美无缺地结束了这一幕。她高亢的歌喉覆盖了乐器的风暴,好像是在对乐队进行挑战,但却又从未溜出一

---

① 据说他自己就是裁缝出身。——作者注

个过分夸张或是含混不清的音。我对《奥伯龙》这幕戏的印象,是我珍藏在记忆中最深刻最难忘的印象之一。不久之后,我又有了一个机会去看阿塞尔特夫人的演出。这一次,我见识到了阿塞尔特夫人作为一名悲剧演员的价值。她那一次出演的是尼古拉(Nicolai)的歌剧《流亡者》。它的最后一幕无论从哪方面来看都完美无缺、无懈可击。因此,在我的心目中,尼古拉在众多的作曲家中的地位非常高。

这部选自弗雷德里克·苏利耶戏剧的歌剧讲述的是一位女人,她以为她的丈夫在流放中死去,于是就与一个她挚爱的男子结了婚。然而她的前任丈夫又出人意料地活着回来了。她对那位前任丈夫只有尊敬而从未产生过爱情。这时她发现自己很难为了以前的丈夫而离开现在的丈夫。她那柔弱的身躯难以承受这样的责任。这位不幸的女人最终选择逃避这种命运。她饮鸩自尽了。临终前,她将两位丈夫的手握在一起,放在了自己的心口上,让这两位情敌和解了。最终,她带着两个男人的爱死去了。阿塞尔特夫人饰演这位完美的悲剧女主角时,我在她身上发现了灵魂的悸动和瞬间灵感的巧妙结合。她的一切,在我们法国,正是四十年前布朗许夫人取得的辉煌成就的再现。

唉,我亲爱的安贝尔,这样出色的悲剧女高音歌唱家的数量也正似男高音歌唱家的数量那样,一天天地减少着。如果没有她们这些女高音,歌剧就会消亡。鉴于用歌唱艺术去演绎人类心灵中伟大高尚情操的艺术家越来越稀少和珍贵,这些情感似乎越来越是诗人和音乐家的专利了。而且,创造过少数几个能够了解并表达这些情操的天才的大自然,现在把他们看作是超乎人类之外的奢侈品,而拒绝再一次创造这样的天才。

第二封信 致安贝尔·费朗先生

自维也纳(续)

我最近向您提起过歌剧女高音演员同男高音演员一样越来越稀有了,而且大自然好像不再愿意赐给我们这样的奢侈品了。这并不是说宽广有力的女高音歌喉,像那些真正的男高音一样,都是无价之宝。不,有些女人的歌喉很美是出于训练的结果。如果没有感觉、智慧和灵感去激发,那么徒有一个非凡的发音器官又有何用？我想谈的是那些真正从各方面来说都是完美无缺的天才。我们发现，一大批女高音之所以深受听众欢迎，是因为她们演唱得既十分出色，又十分世俗。可是她们又常常被音乐大师们所厌恶，因为一般来说，她们无法胜任一个任务——即高尚地去演绎音乐大师们的作品。她们具有出色的嗓音，丰富的音乐知识，灵活的歌喉，但她们缺少灵魂、大脑和心灵。这样的女演员事实上是真正的大众明星。而对于作曲家来说，她们更为可怕，因为通常她们都很具有魅力。这也说明了很多文学大师创作的具有虚情假意的角色的弱点。这些角色以他们光彩的表象诱惑了公众。我们看到目前的一些伪劣作品日薄西山的文风，表达意义的空乏，某些国家对戏剧传统的忘却，对真、善、美的蔑视，犬儒主义和艺术的衰败。

我还没和您谈谈肯特内托剧院的乐团和合唱团。它们的实力是一流的，尤其是由尼古拉挑选、训练和领导的乐团更是如此。有一些乐团的水平与之相当，但没有任何乐团能超过它的水平。这个乐团除了具有坚定、热情和灵活的技巧外，它的音质还极其美妙，这也许取决于不同乐器之间严格准确的配合。乐团决不允许任何一件独立的乐器错一个音。我们不可想象这种品质是何等的非同寻常，也不能想象在乐团如此众多的乐器中，甚至从任何方面来讲都是最好的乐器组合中，出现哪怕是小小的纰漏（在我们的印象中这是极其罕见的）——那将是很大的灾难。肯特内托剧院乐团懂得配合各种不同风格的歌曲。当它在演出中担当主要角色时，又懂得如何去控制局面。它的强音永远不会是噪音，除非有人强迫它去演奏由一个糟糕的作曲者写的一连串极其糟糕的音符。该乐团在歌剧中的表现完美无缺；在演奏交响乐方面，也是极其成功。为了保证其良好的声誉，乐团几乎不吸收那种虚荣浮夸的艺术家。这些浮夸的艺术家从来都无视正确的意见，他们将他们身上实际存在的与那些真正名家之间的差距看作是别人对他们的侮辱，甚至认为他们愿意去演奏贝多芬的作品是贝多芬的极大荣幸。尼古拉在维也纳有一些反对派。维也纳人民对此应该感到十分恼怒，因为我将他看作是我所见过的最出色的乐队指挥之一，是维也纳音乐界中最具影响力的人物之一。维也纳人应该显示他们的力量和智慧。我认为尼古拉具有一个完美指挥家不可缺少的三个条件，即博学、经验丰富和富于艺术激情与灵感。他的音乐节奏感极好，指挥时对乐曲的速度把握得相当准确。再有，他还是一位富有创造力、不知疲倦的组织者，从不抱怨没有时间或排练太苦太累。他知道自己在做些什么，因为他从不做自己不懂的事情。正因为有了他，肯特内托剧院乐团才拥有了优秀的人才和完备的物质条件，它才得以成为一个忠诚、服从、耐心、行动一致的高水平乐团。

尼古拉每年都在勒杜特大厅组织并指挥宗教音乐会，它们可以与我们巴黎音乐学院的音乐会相媲美。正是在尼古拉组织的宗教音乐会上，我欣赏到了《奥伯龙》的那场戏（我在给您的上一封信里提到过这场戏）。还有《伊菲姬妮在陶里德》中的一曲："从最美好的童年就相聚在一起"，由埃尔略带忧伤地演唱。我还欣赏了尼古拉的一部优美的交响曲。此外，还有贝多芬那卓越得无可比拟的《降B调交响曲》。乐团忠实而热情地演奏了所有曲目，在细节处理上精心细致，在整体把握上又无懈可击。至少我认为，该乐团是现代艺术的精品，是我们如今称之为艺术的真正代表。

三十年前，就是在这宽敞美丽的勒杜特大厅，贝多芬登台上演了后来风靡整个欧洲的代表作品。但他当时却受到了维也纳人致命的嘲笑和蔑视。马塞尔·维勒奥斯基伯爵曾对我说过，他在1820年曾参加过那次演出。他是演奏《A大调交响曲》的那五十人中的一员。而那时，维也纳人都对萨利埃里的歌剧演出怀有极大兴趣！……可怜的小城人民，伟大的音乐巨匠已经为他们而诞生了！……可他们呢？他们却更喜欢那些庸才。

我亲爱的安贝尔，您可以想象我第一次登上勒杜特大厅的指挥台时的情景。我的双腿微微发颤。当时贝多芬也是这样。继贝多芬之后，这座大厅中什么也没改变。我用的指挥谱架正是当年贝多芬曾用过的那个谱架。那儿正是他即兴弹奏钢琴的地方。这个通往演员休息室的楼梯正是他当年演奏完他那不朽的交响曲之后踏足过的楼梯。那时，有几个激动的富有远见的听众鼓掌要求他出来谢幕，这使得其他的听众极为惊讶。这些听众对新生事物的感觉已经迟钝了；他们在天才的艺术冲动中看到的只是几下痉挛的运动和发狂而古怪的臆想。另外还有几位听众轻轻鼓掌，附和那几位具有远见卓识的人，但又不敢公开加入到他们的行列中去。他们不想与公众舆论正面冲突。这需要时间。然而，贝多芬是极其痛苦的。这个受难的耶稣基督内心忍受了多大的痛苦哦！！！

勒杜特宽阔的大厅很适于举行各种音乐会。大厅是一个规则的方形结构，但其四角无法形成回音效果。楼下有听众席，楼上还有贵宾席。正是在这里，著名歌唱家皮舍克在我举行的一次音乐会上第一次在维也纳登台。我对他的自荐欣喜万分，因为我三年前在法兰克福的时候就认识了他，并深为他的魅力所打动。他为此次音乐会专门选了乌兰（Uhland）的一首名为《桑格尔的诅咒》的叙事诗，由埃塞尔改编为叙事曲。他非常喜爱这首叙事曲，它要求用钢琴伴奏。我便请求西摩·席夫来为他伴奏。西摩·席夫是一位技艺娴熟而严谨的德国钢琴家，是一位真正的艺术家。他答应了我的请求。我们于是一起去皮舍克家里排练这首叙事曲。无须我多言，叙事曲在巴黎被看作不过是音乐中无足轻重的小把戏，但乌兰的这首篇幅较长的叙事诗大部分被音乐家以舒伯特的方式来处理。因此，这首经埃塞尔改编的叙事曲基本上来说是充满变化、有活力和戏剧性的，而不像我们那些多少以哥特式的美丽外表作掩护的歌曲。我亲爱的安贝尔，我简直形容不出皮舍克那无与伦比的歌喉和令人颤抖的激情给我带来的快感。他在这三年中取得了多么大的进步呵！那是一种像杜普雷在第一次出演《威廉·退尔》时使那些嗜好歌剧的人产生的陶醉感。我们无法形容这位男中音的歌喉是多么的美妙动人，它是多么的铿锵有力，也无法形容他那胸音是多么的饱满，无法形容他在使用头声时那种温柔迷人的音质；更无法形容他的歌喉是多么轻快自如。此外，他的音域也很惊人，能用纯粹的胸音跨越两个八度音程，从低音la到高音la。这需要多大的底气才能使这个珍奇的器官发音呀！哦！那些激情！皮舍克是多么熟练地运用激情呀！他一会儿巧妙地控制它，一会儿又无所顾忌地放纵它。欣赏皮舍克的演唱，我们马上就会知道什么是艺术家，什么是真正的音乐家！他随心所欲，或是在听众中掀起风暴，或是使他们平静下来。他让听众着了迷，跟着他或喜或悲。皮舍克在演唱这首叙事曲时，从最初的那几小节开始，他的激情就感染了我。我激动得热血沸腾，欣喜若狂。我喊叫着："这就是唐璜，这就是罗密欧，这就是科尔特兹（Cortez）！"除此之外，皮舍克还具有外形优势。他身材高大匀称，面部表情丰富，生气勃勃。他能大胆地演唱那些著名的作品。同时，他还是一位实力雄厚的钢琴家。他甚至能够毫不费力地以赋格曲风格在第一主题刚刚出现时应用对位法即兴作曲。对于巴黎歌剧界来说，皮舍克不会说一句法语实在是一大憾事！皮舍克于1810年生于布拉格，我想他的母语应该是波希米亚语。他后来又学了德语，不久又是意大利语。现在他正专心致志地学英语。今年冬季他将要在伦敦用英语演唱。

他在我举办的音乐会中演唱的埃塞尔的叙事曲自然取得了空前的成功。此外，出于听众的强烈要求，他又自弹自唱了一首浪漫曲，这使得听众更加痴如狂。真的，我们不可能再听到比这更美妙的歌声了。几天后，他又出现在维也纳剧院中。他首先出演了洛青的《木匠》，然后是《清教徒》。在《清教徒》中，他与施陶迪格尔同台献艺，演唱那段著名的二重唱。我出行去布拉格的时候，他正好出演《唐璜》，我很惋惜没能欣赏到他出演这一大胆而又富于魅力的英雄时的表现。我认为这一英雄人物是理想的化身。然而，在维也纳，由于他感人肺腑、风格独特的演唱，皮舍克也和其他优秀的艺术家一样，受到了一些严厉的批评和指责，说他做作和表面化。我自己从未在他身上发现过与这些过分的批评指责相符合的特质。不过，此类批评也常常降临到鲁比尼身上。我又一次提出这个观点：如果皮舍克最终能够学会法语（现在我认为他不可能做到这一点），而且又有人为他专门创作一个既光辉又激情的角色的话，那么他一定会让巴黎的歌剧听众也欣喜若狂，如痴如醉；巴黎人也会成为他歌声的奴隶。

勒杜特大厅由于冬季人们经常在这里举行大型舞会而闻名。在这里，维也纳的年轻人尽情地抒发他们对舞蹈的热爱。那是一种真正痴狂的热爱。它促使奥地利人民将沙龙舞蹈发展成了一种真正大众的艺术。由于破除了我们法国舞会中的一些陈规旧习，施特劳斯的华尔兹和管弦乐队比巴黎的波尔卡和郊区小咖啡馆里的那些拙劣的乐师的水平要高得多。我曾花好几个晚上去欣赏成千的华尔兹舞者的优美舞姿，以及二百名舞者排成两列跳的四组舞曲。同时还欣赏性格舞步的动人风采。我认为仅有匈牙利的性格舞能在新颖和准确方面略胜它一筹。不一会儿，施特劳斯出场了，他指挥着他那优秀的管弦乐队。当他专为每场舞会所作的新华尔兹舞曲获得成功时，舞者们便不时停下来为他鼓掌喝彩。女士们走到他的指挥台前，向他抛掷鲜花，大家都喊着让他再来一个。在四对舞结束时，大家都鼓掌让他上台谢幕。像这样，舞蹈不再是音乐的情敌，而是音乐的一部分；她们彼此不再互相妒忌；舞蹈也为音乐带来了欢乐和成功。这是本应如此的，因为施特劳斯本身就是一名艺术家。施特劳斯为华尔兹引进交叉节奏的手法，对整个欧洲的音乐理念都颇有影响，但是这点并非是每个人都承认的。这种生动活泼的节奏使舞者创造出一种二拍子的华尔兹来模仿它，虽然音乐本身还保留着三拍子的节奏。如果连德国以外的音乐大众也能够理解这种反节奏手法（即采用相反节奏的对比和重叠手段）产生的独特魅力的话，那么我们就应将此归功于施特劳斯。贝多芬在这方面所创造的奇迹过于阳春白雪，所以直到目前只有少数听众才能心领神会。而施特劳斯却是面向大众，许多模仿者想要仿效他，就得赞成他，支持他。

对小节的不同划分的同时利用，以及对旋律的切分性的强调，即使是以规律的和无变化的方式进行，其节奏也是简单的，这就像是几个声部同时进行中的和声与一般和弦的关系那样。用我的话说，这甚至像是和声本身与同度及八度的关系那样。但现在还不是深入讨论这个问题的时候。我于十二年前在对节奏的研究中就敢于触及这个问题了。在这个问题上，有一大群人在咒骂我。这样的事在法国是没人能理解的。我亲爱的朋友，您知道，在这方面法国虽然不至于像意大利那样落后，但仍然拒绝解除节奏上的限制。

目前，巴黎的一小批人由于在巴黎音乐学院欣赏到了韦伯和贝多芬的作品，所以已经开始形成这种观点，即固定不变的单一节奏会带来单调重复甚至是平淡无味的效果。但我现在已经一点儿也不想再去烦扰那些在节奏问题上的迟到落伍者了。我们法国的农民只能唱齐唱。但我现在十分确信：那些狂热支持单一节奏、八小节短句和专门在强拍时敲大鼓的人们，如果在某一天竟然能感受到并且喜爱节奏上的和声的话，那也就是农民们竟然能用六声部合唱的那一天。这实在是根本就不可能发生的事情。那么就让他们去享受他们的原始快乐吧。

我曾忧伤地想起施特劳斯的一个午夜舞会。（因为施特劳斯的华尔兹舞曲节奏强烈，像爱的呼唤，这就使我深深地陷入了忧伤之中。）那是在我的一场音乐会后的次日，施特劳斯举行了一场绚丽多姿的辉煌的舞会。突然，一个看起来才华横溢的小个子男人从人群中挤出一条路，走到我面前。他激动地说："先生，您是法国人，我是爱尔兰人。我赞同您的音乐观点。但这与民族自尊心无关。（他握住我的左手）请允许我握住您这只高贵的、写出了《罗密欧与朱丽叶》这首交响曲的手。您实在是莎士比亚的知音呀！"我"反驳"说："先生，您握错手了；我总是用右手作曲。"

这位爱尔兰人笑了，他握住了我伸出的右手，非常真诚地摇晃了几下，最后松开手说:"啊!法兰西人民!法兰西人民!你们不要害怕任何事,任何人,更不要怕你们的仰慕者!"

但遗憾的是,我最终也不知道把我的交响作品看作是左手写出的这位可爱的爱尔兰岛民是谁。

我还没对您谈起可爱的恩斯特呢!在这一时期,他在维也纳引起了极大的轰动。我在下文的俄国之行中会再谈到他,因为我在圣彼得堡遇见了他。在那里,他取得的成功一个比一个更了不起。那时,他正在波罗的海海滨疗养,想从辽阔的大海中发现伟大、不朽的东西,以及生命中的重音符。我非常希望会在世界的某个角落再一次与他相遇。因为在所有的音乐家中,李斯特、恩斯特和我柏辽兹是三个最大的流浪汉。我们都是为周游世界的愿望和忧郁的情结所驱使而离开了自己的祖国,并到世界各地去流浪。

一位音乐家必须拥有像恩斯特那样广泛而高超的才能,才能吸引一座像维也纳这样的音乐名城的注意。维也纳人欣赏过太多太多高水平的小提琴家的演奏,而且维也纳本身也拥有一些这样出色的小提琴家。我从中略举几位:首先是梅斯德尔;他成名已久,声震八方。还有年轻的约阿希姆①;他刚刚成名,崭露头角。以及赫尔姆斯贝尔格(肯特内托剧院乐队首席的儿子)。梅斯德尔是一位出色、高雅、无可挑剔的小提琴家,总是充满着自信。另外两位,尤其是约阿希姆,充满了激情和勇气。在他们这个年纪,总是雄心万丈,精力充沛,追求一种新颖的效果,从不相信有做不到的事情。梅斯德尔是恰尔托雷斯基亲王的优秀四重奏团的首席。第二小提琴手为施特雷宾格,中提琴为杜尔斯特,大提琴为博尔扎加。这三位,加上梅斯德尔,都是宫廷唱经班的成员。这个四重奏组是我们在维也纳所能欣赏到的最美妙的声音之一。同时,他们也引起了亲王和少数精英人士的极大关注。每周他们都欣赏这四人组合演奏的贝多芬、海顿和莫扎特的杰作。恰尔托雷斯基亲王夫人也是一位优秀的音乐家。她学识渊博、品味高雅,还是一位出色的钢琴家。有时,她也会在宫廷内部举行的音乐会上担任角色。一次,在刚刚欣赏完她以高超的技艺演奏的洪梅尔的五重奏后,有人对我说:"毫无疑问,现在再也没有业余

---

① 约阿希姆现在是德国或者说是欧洲的第一小提琴手,也是一位彻底的艺术家。——作者注

演奏家了！"我回答说："噢！……您好好找找……，也许您会找到的……甚至在艺术家中您也会找到业余演奏者的。但不管怎样，亲王夫人都是一个例外。"

宫廷唱经班的成员都是从维也纳最优秀的歌唱家和演奏家中精选出来的。因此它也必然是最优秀的。其中还有几位嗓音极漂亮的少年。唱经班的乐队人员很少，但演奏水平却非同一般。唱经班大部分的独唱角色都由施陶迪格尔来担当。总之，这个唱经班让我回忆起了1828年和1829年间的蒂勒里（Tuilerie）唱经班，那一时期正是该唱经班的水平达到登峰造极的时期。我曾欣赏过蒂勒里唱经班演唱的一首弥撒曲。它是由多位音乐大师——包括阿斯麦耶尔、约瑟夫·海顿及其弟弟马塞尔——的作品片断组合而成。在巴黎，人们有时也为宫廷唱经班作类似的集成曲，但这种情况较为罕见。如果我没弄错的话，奥地利皇帝拥有三名唱经班大师：艾布勒、阿斯麦耶尔和韦格尔。他们都擅长对位法作曲。韦格尔在我离开维也纳的前几天与世长辞。在法国，人们熟悉韦格尔是由于他创作了歌剧《瑞士家庭》。这部歌剧于1828年在巴黎上演，但没有获得成功。在音乐家们看来，它平淡无奇，枯燥乏味；有一些人开玩笑说，这是用牛奶写成的牧歌。

在维也纳，有一件事给了我重重的一击。这事实在是不可思议：维也纳人居然不知道格鲁克的作品。我问过许多音乐家和音乐爱好者，他们是否知道《阿尔切斯特》《阿尔米德》或是《伊菲姬妮在陶里德》。但回答总是一样的："维也纳从来没有上演过这些作品，因此我们不知道。"这实在太不幸了！无论这些作品是否上演过，你们都应该用心去了解它们！很明显，像巴洛席诺和波克尼先生这样的剧院经理关心剧院的票房收入甚于关心那些美妙的乐章。他们是不会模仿普鲁士国王的。只要他们还能为公众提供一些新作，他们就不会费心耗巨资去上演那些年代久远的杰作。

维也纳人甚至刚刚发现格鲁克的坟墓！他们甚至把这当成本季节维也纳最令人兴奋的事件之一。了不起的发现！您能想象得到吗？格鲁克的坟墓过去一直居然没人知道？！……太好了。噢，我心中的维也纳人，您不愧是居住在巴黎的人！这在他们身上倒也没什么可奇怪的，因为现在人们还完全不知道莫扎特安息在何处！

我亲爱的安贝尔，在我给您的第一封信中，我不该向您提起维也纳音乐学院是多么的光芒四射。尽管校长普雷耶尔先生为之付出了极大的努力,还有约瑟夫·菲舍霍夫、伯姆先生及其他一些优秀教授也具有出众的才华,而且学院内课程繁杂,但它还是不能与音乐之都维也纳相匹配。几年前,维也纳音乐学院似乎就已经呈现破败之相。加之它现在还缺少了巴赫尔博士那过人的精力、智慧和献身精神。巴赫尔博士曾捍卫过维也纳音乐学院,并使之东山再起过。现在他也许将永远消失了。我们不能称巴赫尔博士为艺术家,他只是音乐的朋友。像巴赫尔博士这样的人在欧洲有两三个。他们有几次承担了最艰苦的工作,但都完成得十分出色。这一切都是出于他们对艺术的热爱。他们由于其高雅独特的音乐品味,在人们心中树立了真正的权威。所以他们最终依靠自己的力量完成了君王应做而未做的事情。巴赫尔博士非常活跃,大公无私,做事坚持不懈,自觉自愿。他是维也纳音乐最坚强的后盾和音乐家们的保护人。

在这个虽然不大但却十分美妙的音乐学院的大厅里举行过德·拉努瓦男爵指挥的爱乐音乐会。它也举行过声乐学会的集会。这个高尚的协会的领导者巴尔特先生为该协会倾注了毕生的智慧与热忱。我在那儿欣赏过不下五六次钢琴家德雷肖克那令人惊诧不已的演奏,每一次都有一种全新的感受。德雷肖克是一位年轻、纯真、光芒四射、精力充沛的才子。他的演奏技巧炉火纯青,乐感极佳,这使得他在演奏过程中能够创造出效果迷人的全新组合。

我要对许多优秀艺术家说声抱歉了。由于信笺有限,我不得不压缩笔墨,简明扼要。以后我应该写一本书,还他们每人一个公道。在书中,我会把维也纳所有的音乐财富逐一详细地列举出来。

可是,我还没有谈到维也纳最杰出的几位音乐家呢。他们的天才主要体现在像四重奏和钢琴伴奏的艺术歌曲方面。其中有贝舍尔先生[①],他具有梦幻与凝聚的灵魂;他在和声方面的尝试是迄今为止最大胆的。他试图扩大四重奏的形式,并使之产生新的变化。贝舍尔先生还是一位杰出的作家。他写的评论在维也纳报界中享有盛誉。

---

① 不幸的贝舍尔!我得知他疯狂地投身于最近一次维也纳起义的最前沿。在此次起义中,他不幸被捕并被枪决了!……——作者注

以霍芬为笔名发表作品的韦斯科·德·普特林根顾问先生令我度过了一些美好的时光。他演唱自创的艺术歌曲时，旋律优美欢快，幽默感十足，伴奏的和声也十分动人。我注意到了他有两部歌剧的片断也具有同样的优点。只可惜我仅仅欣赏过它们的钢琴演奏。

我们对德绍尔先生是再熟悉不过了，我想这是由于他在1840年到1842年在巴黎居住过两年的缘故。他将一些法国一流诗人的诗篇改编为乐曲，并且继续扩大充实他对民间歌曲的收集。在讲究高雅的沙龙里，他的大部分艺术歌曲都获得了极大的成功。德绍尔完全赞成哀歌这种艺术形式。他认为只有在灵魂受苦时才会感到安宁，内心的痛苦是他最快乐的享受，忧伤的眼泪是他全部的幸福。无论在维也纳还是在巴黎，德绍尔总是与我进行一场不失礼貌的论战。他的目的就是想让我赞同一种我还未曾了解的音乐教义，而他自己却从未下定决心让我揭开这一教义的面纱。每当我们一有机会进行深入探讨，即当他开始他的说教时，如果我面对着他，表情十分严肃，他就得出结论，说我要嘲笑他。于是，他就默不作声了，我们的谈话也就进入了一个轻松的阶段。如果所有的传教士都是这样传教的话，那么我们一定还处于异教带来的蒙昧无知的状态中，而停滞不前了。

在此，我还有必要提一下，在维也纳我受到了很多作家的真诚欢迎。维也纳的大部分作家正从事着我迄今为止仍在进行的事业，在崎岖多石的评论这块土地上默默地耕耘着，不时还会遇到荆棘挡道。他们将我看做是兄弟，我万分感谢他们。在他们中间，有位萨菲尔先生，他每年都举行文学音乐集会。尽管存在着新闻审查的枷锁，他还是通过抨击一些人物或事件来表达他闪光的思想。这种做法深受听众喜爱。维也纳的听众与全世界的听众在这点上没有什么两样，听到抨击某人的话语都会感到十分快意。

我在维也纳举行了第三场音乐会之后的一次晚宴上，我的维也纳朋友亲切地赠给我一根指挥棒①。这件事不像您在报刊上看腻的消息，说奥地利国王馈赠我精

---

① 这根指挥棒是米红色的，上面写满了赠送者的签名：一根月桂树的枝条环绕着树身，在树叶上，铭刻我所创作的作品的名称。奥地利国王在出席了我在勒杜特大厅举行的一场音乐会之后，给我寄来了一百杜卡（合1100法郎），而且他还委托手下人向我转达了一句奇特的祝贺："告诉柏辽兹，我玩得很好。"——作者注

美礼品或是其他什么东西。总之,关于我在这次德国之行中感到高兴的事情,您一件也没落下,全都知道了。至少没有什么可遗憾的了。

第三封信 致安贝尔·费朗先生

自佩斯

当您到奥地利旅行的时候,您至少一定要游览一下它的三个都城:维也纳、佩斯和布拉格。事实上,一些忧郁的才子坚持认为佩斯在匈牙利境内,布拉格在波希米亚境内。但这两个国家实际上都是奥地利帝国的附属国。它们的领土、灵魂和财富都附属于奥地利,它们的一切都奉献给了奥地利,这就像是爱尔兰奉献给了英国,波兰奉献给了俄国,阿尔及利亚奉献给了法国那样;就像是被占领地的人民总是附属于他们的征服国。那么就去佩斯这座奥地利在匈牙利境内的城市看看吧。我与多瑙河的关系很不和谐。因为当我想在雷根斯堡乘船去维也纳时,它带走了最后一艘蒸汽轮船(这件事我以前向您提过)。现在,多瑙河上大雾茫茫,这使得我无法顺流而下,直达佩斯。您可以看到,这条古老的河流还没有停止同我作对,它始终对我采取恶劣的态度。看起来它实在是对于我踏上它的领地感到十分生气。它不仅拒绝为我提供便利的条件,还要完全禁止我的行动。然而,我是多么热爱这条强大而雄壮的河流呀!我要高声赞美它!它应该能感受到我对它的热爱。可是它非但感受不到,相反,我越是臣服于它的壮观,它就对我越发蛮横。对于这条河流,我应该引用拉封丹对他的狮子的评语:

这位狮王是卡拉卡拉的父亲。

在离开维也纳之前,我非常想叩见梅特涅亲王。我的朋友之中那些最高级的官员都对我的这一要求一筹莫展。我最后几乎要放弃这个念头了,因为我首先要拜见一位与枢密顾问有关系的官员,顾问再禀告一位掌玺大臣,掌玺大臣可以将我介绍给使馆的一位秘书,他可以说服大使介绍一位部长接见我。我认为这个无限的循环没完没了。我最终决定自己一个人就代替官员、顾问、掌玺大臣、使馆秘书、大使和部长,去把自己介绍给亲王本人。我的朋友们看到我决心去冒险,都认为我很可能是疯了,至少是神志不清。管它是什么,我反正无视奥地利的礼仪或是维也纳严格形成的等级观念，自己走向了亲王府。我上了楼，发现客厅里有一位侍卫军官，我递上了我的名片，向他表述了我心中的渴望。他进入府内，不一会儿，他就返回来告诉我，阿尔黛丝亲王夫人几分钟之后就有空闲，她很愿意接见我。事实上，我直接就被亲王接见了。亲王十分和蔼可亲，问了我很多关于音乐，尤其是关于我的音乐作品的问题。阿尔黛丝亲王夫人似乎还从未听过我的作品，所以她讲出了她对我的作品的一些幼稚可笑的想法。我试图改变她的这些看法。总之，最后，我告退了。我很高兴我自己所受到的礼遇，也万分惊诧于我这么容易就打破了德国礼仪的规矩；而且我又十分骄傲，因为我在几分钟之内就毫无困难地一个人完成了官员、顾问、掌玺大臣、使馆秘书、大使和部长的职能。于是，我再次加深了对福音书中所述真理的理解："敲门吧，大门会向您敞开。"而且，一些亲王出于灵敏的感悟力，有时也会说："我要倾听那些高尚、明智的话语。"当然，只要他们对于这些明智的话语感到陌生，而且这些话语又是属于那些人们现在称之为诗人、音乐家、画家，最终是艺术家，而在中世纪却被无礼地称为吟游诗人、行吟诗人、笑剧丑角和波希米亚人的话，那么亲王们就会非常好奇地仔细品味它们。

亲爱的安贝尔，您也许对我为什么没有利用自己强大的影响力去表达对皇室的敬意感到惊讶。您的想法很有道理。的确，我心中藏着一个借口，我会私下里对您说。在我最初刚到维也纳的时日里，我就听说皇后——这个仁慈、温柔、忠诚的天使——对我的作品的评价甚至比对梅特涅亲王的评价还要高。我写的关于意大利之行的那几段风格原始的记述为我赢得了一个"真正的音乐大盗"的名声。一些好朋友对此也发表了评论。然而，他们对我太过赞誉了。但我的确对这个怪诞的绰号感到非常骄傲。它简直就是从天而降。就像您遇见这种事就会自然而然想到的那样，我认为轻率地夸奖一个人是一件十分不寻常的事情。自拜伦以后，大家就把它视为一种时髦。当人们能够拥有它的时候，就不会去珍惜它，甚至将这种夸奖完全看成了一种负担。于是我由此可以推断出：如果我去了皇宫，皇后很可能屈尊与我谈话，我就一定要张口回答她的问题。而且一旦我们之间开始进行谈话，天晓得她会把我引到哪里。皇后可能一眨眼功夫就会丧失她最初对我的所有美好感觉。她在我身上将看不到任何特殊的东西，她只能看到在她面前站着一位她的崇拜者,和别的千千万万的人一样。他拜倒在她的善良、仁慈的裙裾下。她在我眼中将看不到一丝炽烈的激情,我的目光将丝毫没有艺术猛兽的那种锐利,我的嗓音也将全无一点动人之处。我的鼻子总是有些鹰钩,这是事实。总之一句话,我的样子长得一点儿也不像干音乐这一行的。我会被看作是一个简简单单的有教养的人,无法引起什么风暴,仅仅由于勤奋努力而成了名。看吧,就这样,我失去了我的名望。啊!上帝!不!我更喜欢作为一个强盗,尽快地离开这个地方。我在日益上涨的声誉面前最好是远离维也纳。这样,我的名望就会平稳上升,而且日益美化。

这就是我为什么固执地拒绝去奥地利皇宫作客的理由,而是在某一天早晨突然地南下匈牙利。现在,我应该向您讲述一下我与多瑙河的纠纷了。每天,多瑙河上空阴云密布,就像是荷马笔下的天神要惩罚某种作恶的行为一样。由于天气不好,走水路出行已经完全不可能。要去佩斯,只有取陆路而行。我说的这些话绝无半点掺假。您知道,我亲爱的朋友,在从维也纳到佩斯的这片宽广的平原上,普普通通的小石子像祖母的绿宝石一样罕见。地面都是由细小的尘土组成,就像是筛选过的一样。尘土经由雨水掺和,形成了泥泞的坑洼。若想走过这片平原,需要准备许多后备马匹,而且还要作好思想准备,也许可能永远也走不出这片平原。我不得不承认,这是一条泥泞之路,而不是普通的大路。您可以想象这样的行程将会多么令人难忘。但这还不算什么。在这条路上,多瑙河还肆无忌惮地泛滥,用它那狂怒的波涛填满黑洞洞的沟壑。在这条沟壑里,我们在污浊的泥水中整整行走了十五个小时!而在这个国家里,人们居然还把它称为"大路"。午夜时分,我正在半梦半醒之间,忽然感觉到我们的马车停住了,而且听到四周哗啦啦的水声。顿时我的困意全消:马车夫因为冒险行进,将我们搁置在河床上,现在不能再前进一步了。

然而水还在继续上涨。一位坐在马车前厢的匈牙利军官,透过这辆可怜的马车中间隔板上的玻璃,几次同我说话。

——上尉,(现在轮到我对他说话了。)

——先生!

——您难道不认为我们要下去游泳吗?

——是的，先生，我也这么想。您肯赏脸抽根烟吗？

他那傲慢的冷酷使我简直想上去给他一拳。我愤怒地接过他的烟，一口接一口地吸着。

水还在上涨。

马车夫作了最后的近乎绝望的努力。他突然把马车甩到了河水里。马车最终爬上了右河床。我们还算走运，离河床比较近。车夫驾着马车穿越了田野，把我们带到了……不偏不倚正是一汪湖水里。这一次，我想我们一定是完蛋了。于是，我又一次问那军官：

"上尉，您还有香烟吗？"

"有，先生！"

"好吧，赶快递一根给我！不一会儿，我们就得完完全全地掉进水里了。"

幸运的是，一位好心的农民恰巧路经此地，（难道说魔鬼也恰巧在同一时间，取同样之道路经此地吗？）他帮助我们走出了湖滩，并给这个晦气的马车夫指路。多亏了他，马车夫才又重新找对了路。然而，我们一会儿驶进泥洼，一会儿又跌入污水。我们最终在第二天才走出了泥泞不堪的路段和沟壑，最后，总算到达了佩斯。在佩斯的对面，多瑙河的右岸是一座较大的城市，两城之间没有桥梁。这一次多瑙河开恩，让我们乘船过去。我问上尉，这座城市叫什么名字。

——叫布达（他对我说）。

——什么！布达？在我的德国地图上，佩斯对面的城市完全不是这个名字。看，它叫奥芬（Ofen）。

——正是这个名字——布达（Buda）。奥芬（Ofen）是匈牙利词的德国译音。

——我懂了。德国地图与法国地图一样，制作都比较严谨。但我们只需注意以下几个地名就可以了：Ratisbonne（雷根斯堡）叫作Regensburg；其他还有Ofen叫作Buda（布达）。

到达佩斯后，我自我放松了一下。还是在逃离多瑙河和泥泞之路的前夜，我就曾发誓一定要好好享受一下。我洗了个热水澡，喝了两杯托卡依葡萄烧酒，然后又睡了二十个小时。我没有梦到溺水或是泥泞之湖。之后，我就必须为我的第一场音乐会作些准备了。我要改编一下乐曲，寻找提琴手们，拜见唱经班的领班，歌唱家，等等，等等。多亏了影响力巨大的民族剧院总监拉道伊伯爵的帮助，我很快就扫清了主要的障碍。在民族剧院里，有人建议我最好在德国剧院举行音乐会。我仅仅在组建乐队上感到有些担忧。因为民族剧院的乐队人员很少，我不可能只使用它的少数几个提琴手就上演我的交响曲。而另一方面，我又不可能求助于德国剧院的艺术家们。因为在匈牙利有一个原则，那就是由于匈牙利人令人感动的爱国热情，他们排斥所有来自德国的东西。无论民族剧院是多么需要德国剧院的协助，人们也禁止在民族剧院吸收任何一个德国剧院的艺术家；歌唱家也好，合唱队员或乐师也罢，都是一样。而且，在匈牙利的剧院里，人们可以使用任何古代或是现代的语言，唯一例外的是德语。官方明文规定禁止使用德语。在一个屈从于奥地利帝国的国家里，这种奇怪而大胆的举动是仿效拿破仑的大陆系统。匈牙利人仿效这一系统主要是针对德国，尤其是针对奥地利。这样，德国工业生产的产品基本上卖不出去，社会各阶层也将使用匈牙利生产的产品作为一种义务。而且，在佩斯的多数商店里，在精美的橱窗中，甚至最时髦的商品都注册着大写的几个字母：HONY。在我刚到佩斯的第一天，这个词曾令我困惑不解。现在我明白了，原来它的含义是：民族的。

维也纳的一位音乐编辑亨利·穆勒（一位热心助人的人；我在奥地利时就对他的勤奋和热心印象极深）曾为我而向他在佩斯的一位音乐同仁特赖希林格尔先生写了一封信。特赖希林格尔先生是一位伟大的小提琴家，也是德国古典小提琴学派的创始人之一。他介绍我认识了佩斯爱乐者协会的几位主要成员，而且很快为我请到了十多位出色的小提琴家，并让我请他担任他们的首席。他们都出色地完成了任务。而且我认为这次演出的所有曲目都是佩斯人很久没有欣赏过的高水平演奏。在节目单中有一首进行曲，现在我把它作为我的《浮士德的沉沦》的第一乐章的终曲。我是在动身去匈牙利的头天晚上将它谱写而成的。维也纳的一位熟知匈牙利风俗的音乐爱好者在我动身的前几天拜访了我，他拿着一本匈牙利古代民谣集对我说："如果您希望匈牙利人喜欢您，您可以用他们喜闻乐见的民歌作基调，写首曲子，这样肯定会受到群众的欢迎。这是一本匈牙利民谣集，您只需从中选择一下即可。"我接受了他的建议，选了一首民谣：《拉科齐》。根据这首民谣，我谱写了《拉科齐进行曲》。

刚刚在佩斯宣布将要上演这一匈牙利音乐的新作，全国就出现了各种各样的猜测，大家的想象力得到了极大的发挥。人们思忖着，我是如何改编了这一著名甚至是神圣的主题，它多年来使匈牙利人民的心脏跳动不已，而且激发了他们对自由和光荣的激昂情绪。人们甚至对我抱有一些担忧。他们害怕我亵渎了这一主题……事实上，我没有抵触这种怀疑，相反，我倒十分欣赏它。另外，的确是曾出过太多拙劣的集成曲和改编曲。有些作曲家把本来值得尊敬的旋律改得体无完肤，毫无动人之处。大概也有许多匈牙利的音乐爱好者，在巴黎的国家庆典期间，见过我们在音乐的阴沟里，以一种大逆不道的方式，演绎我们永恒的马赛曲吧！！

最终，他们其中的一个人——匈牙利一家报社的总编霍尔瓦特先生——无法隐藏自己的好奇心，来到了一位编辑的家中。我在组织音乐会时与这位编辑有一定的联系。他打听到了我的乐谱的抄谱人的地址，便向他要去我的手稿，并且仔细地审查了它。霍尔瓦特先生不太满意我的手稿。第二天，他还是不能掩饰自己的忧虑，就对我说：

"我看过您写的《拉科奇进行曲》的总谱了。"

"怎么样？"

"嗯！我害怕。"

"害怕什么？"

"您以弱拍开始我们的这一主题，可是刚好相反，我们习惯于听到它以强拍开始。"

"是的，对于你们匈牙利人是这样的。还有，仅仅是这一点吗？安静一下。我想您一定会听到您这一生中都没听过的最强的乐段。您没有仔细地阅读我的乐谱。不管怎么说，凡做一件事都必须考虑到结果。"

然而，在举行音乐会的那天，当那一神圣的时刻到来，我马上就要指挥这一非凡的乐曲时，我的心却被一种焦虑不安所揪紧，它都要跳出喉咙了。随着旋律的头几拍节奏，小号奏响了，主题出现了。您能记起来，主题是由长笛和单簧管微弱地奏出的，伴随着弦乐器的拨奏。对这一出乎意料的开场白，听众保持了冷静和沉默。然而，当用"渐强"演奏一个较长的经过句时，主题的赋格曲片断又出现了，中间夹杂着沉闷的大鼓声，它模仿着远处的大炮声。这时，大厅开始沸腾了，出现了难以形容的骚动。而且，当乐队在一场狂怒的混战中释放能量时，它发出了长时间的最强音。叫喊声，顿足声震撼了整个大厅。所有这些激愤的灵魂集中了愤怒并爆发出来，使我恐怖得颤抖。我觉得我的头发根都竖起来了。在我完成了这决定命运的一节后，我应该向我的乐曲的结尾部分说再见了。乐队的风暴无法与听众这座"火山"爆发的威力相抗衡。我必须重新开始。这在我的意料之中。这一次，听众好不容易才安静下来几秒钟去欣赏结尾的那几段。霍尔瓦特先生在他的包厢里跑来跑去，像着了魔似的。我不禁笑了起来，并向他投去意味深长的一瞥："嗯！您还害怕吗？您对我的最强演奏满意了吗？"我最终结束了有《拉科奇进行曲》的这场音乐会，它引起了听众难以置信的强烈反响。

在这样一种性质的音乐风暴之后，您可以相信，我被深深地震撼了。我不能在记忆中抹去一张脸，它使我在剧院后台的一间小屋子里感受到了大厅里面的一种特殊的热烈反应。是这么一回事：我看见一个男人突然闯了进来。他的衣着破旧，但脸上散发出了奇异的光彩。他一看见我，就跑过来热烈地拥抱我。他的眼里含着泪水，几乎说不出话来……"呵呵，先生，先生！我是匈牙利人……穷人……不会说法语……说一点意大利语……原谅我的胡言乱语……唉唉！我懂得您的大炮……是的，是的，伟大的战斗……德国佬混蛋！……"然后，他猛烈地摇动他的胸膛！说："在心中，在我心中……它向您敞开……呵！法兰西……革命的……革命的音乐真棒！"

我无法形容这个男人因狂热而扭曲的表情，他流着泪，牙齿直打颤。他看起来简直有些可怕，但却是异常神圣的！

我亲爱的安贝尔，您清楚地知道，从那次音乐会以后，《拉科奇进行曲》便每场必演，每场都引起了轰动。我甚至在离开佩斯之时，不得不将此曲的手稿留给了这座城市，因为佩斯人民太渴望保留这份手稿了。一个月以后，我在布雷斯劳收到了此曲的复制件。现在，匈牙利只要是适逢重大节日，就必演这首乐曲。然而，在此我必须告诉唱经班的领班埃克尔先生，这段时间之内我对这首乐曲的配器做了一些改动。我在终曲上加了三十多个小节。我认为这样改动增强了此曲的效果。我赶紧给编辑寄去了进行曲经重新修改后效果增强了的总谱。①埃克尔先生是一位很有才华的人。在佩斯逗留期间,我就听说过他以娴熟的技艺指挥过一部歌剧,由他自己创作,名叫《胡尼亚第》,题材取自匈牙利的英雄传奇。在这部作品里,有许多新颖之处,尤其是思想很有深度。另外,这部作品的配器十分考究,但这并不是说它没有活力。舍德尔夫人是布朗许夫人的音乐学校(已经消亡的学校,目前在匈牙利我不能指望找到一位布朗许夫人学校的后代)的一位真正的抒情悲剧女演员,她出色地完成了饰演主角的任务。我还必须提一下匈牙利歌唱界的一位十分卓越的男高音——费里迪。他在演唱浪漫曲和民歌时表现十分出色,嗓音独特而富有魅力。他也唱一些为匈牙利人同时也为各国人民深为喜爱的民族歌曲。乐队首席是一位天分极高的小提琴家,名叫科内。他在巴黎居住了很长时间。如果我没弄错的话,他甚至是我们巴黎音乐学院的毕业生。佩斯民族剧院的合唱队实力弱小,无论是人员数目还是素质以及他们缺乏训练的嗓音都表明了它低劣的水平。匈牙利的语言与音乐一样令人喜爱。我感觉匈牙利语比德语要柔和得多。

---

① 1861年3月6日,我刚刚从匈牙利寄出这份总谱。几周前,匈牙利青年协会授予我一顶银冠,以奖励我对日索尔城军乐队所做的出色的工作。上面铭刻着:"赠埃克托尔·柏辽兹,日索尔的青年。"同时,他们还附了一封信。我给他们复信道:

先生们:
  我已收到了你们馈赠的精美礼物及附信。你们亲切友好的态度深深感动了我。我对你们的国家也怀有十分美好的回忆。我的作品唤起了你们身上的民族感情,这种民族感情可以指导你们的生活。它吹响了进击的号角。它可以借用伟大的诗人维吉尔的诗句来作箴言——

    Furor iraque mentes Praecipitant,
    pulchrumqne mori succurrit in armis.
    (狂怒驱使他们前进,
    心中只有一个信念:
    在战斗中牺牲是莫大的光荣。)

  如果你们在我的音乐中发现了某些激情的闪光点,而且它能够点燃你们匈牙利人高尚的灵魂的话,那么我会感到这是一种无上的光荣。我还会将这种成功看作是一位艺术家所最难以获得的成功。
  亲爱的先生们,顺致谢意,并请接受我对你们崇高的敬意。
                谨上,你们忠实的埃克托尔·柏辽兹

                    ——作者注

这是一种真正的语言！如果你不去学它，就永远也不会听懂。我们无法在匈牙利语与其他我们熟知的语言中找到相似之处。如果执意要找的话，那一定是找不到的。一些来源于意大利语的音乐词汇几乎没有经过什么变动就融入了欧洲的各个民族语言中。但这些词汇到了匈牙利语中却被一些极为特殊的词语所代替。无论是变复杂了还是变简单了，这些词都与其来源词完全不同。比如说Concert(音乐会)这个词的意大利文、西班牙文、法文、德文和英文几乎都是一样的。那么猜一猜它在匈牙利的广告栏中变成了什么吧！是Hangverseny。这个奇怪的词按其逐字的意义是：音的协和。

虽然我在佩斯对音乐投入了极大的精力，但我还是参加了由匈牙利贵族举办的两次舞会和一次政治宴会。我从未见过如此盛大的舞会场面，极尽奢华的民族服装奇异独特。参加舞会的自豪的匈牙利人民面容端庄，舞姿优美。他们的舞蹈特点与我们熟知的欧洲其他各国的舞蹈特点基本上不同。我们冷漠的法国四组舞所扮演的角色是模糊不清的。而玛祖尔舞（mazur）、塔萨尔戈舞（tarsalgo）、凯林戈舞（keringo）和恰尔达什舞（Csardas）在舞会中是快乐的王后。尤其是恰尔达什舞深受贵族的喜爱。恰尔达什是由乡村节日舞曲完善后演化而来，传入了匈牙利上层。匈牙利农民经常兴高采烈地跳恰尔达什舞狂欢。有家报刊评论说恰尔达什的旋律轻快。但我认为，将恰尔达什舞与古怪的无法表意舞进行比较是完全不对的。这种无法表意舞在巴黎是被警察严厉禁止的舞蹈。天晓得它遭到了多严厉的批评，人们是以多么仇视的目光将它击倒的。而在这一评论发表后，它又敢于出现在舞会上。我应邀参加的政治宴会使我有机会看到著名演说家戴阿克（Deak）先生，他是匈牙利的奥康奈尔。在匈牙利的街头巷尾到处都能听到他的大名，每个家庭都挂着他的肖像。像爱尔兰岛的光辉捍卫者一样，戴阿克先生也想在匈牙利以逐步立法的方式来进行必要的改革。他对于控制本党内部的重重危机显得力不从心。宴会那天，他说话很少，异常平静。他发表演讲时，由于我的一位面色阴沉、显得很不高兴的邻座与旁人窃窃私语时无意中发出了一句感叹："又是改良主义那一套！"而使我听懂了演讲的主题。

有人向我介绍一位长得很有特点的年轻人。"这是一位Atlas（巨神）"，霍尔瓦特先生对我说。"一位Atlas？""是的，他是位诗人，名叫雨果……"

晚宴时，一个由吉卜赛人组成的小型管弦乐队为我们演奏民族音乐。其演奏风格特别古朴原始。演奏、发言与祝酒交替进行，佐以匈牙利烈酒，更激起了在座宾客们的革命热情。翌日，我不得不对我的匈牙利主人道别了。我带着对这个热情、具有骑士风度、慷慨大方的国度的深深眷恋离开了匈牙利。我在佩斯居住期间，多瑙河变得平静了。它那令人敬畏的表面上的愤怒已经消失了。这一次，它开了恩，让我毫无困难地逆流而上回到了维也纳。我刚到维也纳，那位曾建议我谱写《拉科奇进行曲》的热情的音乐爱好者就来拜访我。

他当时正忍受着精神上的折磨。这种折磨实在是世上最可笑的事情了。

"您的那首关于匈牙利的乐曲威名远扬，连维也纳也知道了。我特地来拜访您，就是为了恳求您，不要向外界透露一个字，说这首乐曲与我有关。如果在维也纳，人们知道我曾建议您谱写这首进行曲，我将受此曲所累，而且它还有可能会给我带来不幸。"

我向他许诺说，我将永远保守这个秘密。如果我现在说出他的名字，那是因为这个严重事件现在已经随着时光的流逝而变得淡化了。他叫……好了，说出他的名字的确是一件十分鲁莽的事情。我仅仅想吓唬一下他，开个玩笑罢了。

第四封信 致安贝尔·费朗先生

自布拉格

我已经游历了德国各地。现在，我有了要去波希米亚看一看的愿望。这个愿望刚刚出现，一些看起来阅历颇丰的友人就劝我不要去那里。于是我就毅然放弃了这个想法。他们对我说："不要去布拉格，这是个老古董城市。人们只重视那些死人的作品；的确，波希米亚人都是优秀的音乐家，但他们都是教授和学院派式的音乐家。对于他们来说，所有新生事情都是可憎的。我们可以想象，您不会令他们满意的。"

于是我决定放弃这次出行。这时，有人为我带来了刊载有评论我的《李尔王序曲》的三篇大作的《布拉格音乐杂志》。其中一篇评论很好地理解了我的作品。而且，我非但没有在其中发现人们赐予波希米亚人的老古董的"美名"，相反却欣喜地发现这篇评论给予我的评价很高。在我看来，这篇文章的作者安布罗斯集真正的学识与正确的判断和非凡的想象于一身。我向他致函表示我的谢意，并向他表述了我对他的同胞对音乐的爱好天性的疑问。他的回信完全否定了这些疑问。这封信反而促使我渴望去布拉格看一看，尽管以前我害怕在这个城市登台演出。在维也纳，当人们知道我决定出行布拉格时，都肆意地嘲笑我。"布拉格人假装发现了莫扎特，实际上他们只是想听他的交响曲。他们会好好安排您的演出的。"等等。

但是安布罗斯博士使我信心十足。这一次，没有什么东西可以动摇我的决心了。尽管预想不妙，嘲笑不断，我还是出发了。

在离一个人的家乡五百古里的地方，在飞快地奔赴一个陌生的国度的时候，遇到一位在码头等候您的朋友，这难道不是一件惬意之事吗？他在猜想着您富有特色的面容，要迎接您，走近您，握住您的手，并用您所操的语言告诉您，已经为您的到来准备好了一切，这难道不是一件更令人欣慰的事情吗？……

这样的事情就发生在我的身上。那是在我到达布拉格时发生在我与安布罗斯博士之间的故事。安布罗斯先生仅仅记住我富有特色的面容是不够的，他没有认出我来。反而是我，发现了一个表情生动、和蔼可亲的矮个子男人用法语对他的同伴说："但是您怎么能指望我在茫茫人海中找到柏辽兹先生呢？我从没见过他！"于是我，我再重复一遍，正是我，一时间，我那不可思议的第六感占了上风，我由此猜出了他就是安布罗斯先生。我走近这两位正在交谈的人，并对他们说：

"我在这儿呢！"

"是柏辽兹先生吗？"

"正是我。"

"您好！终于见到您了，我们可算松了一口气。来，来，我们已经为您准备好了公寓和一个十分热情的管弦乐队。您一定会高兴的。今天晚上您休息一下，明天我们就开始排练。"

事实上，从第二天起，在结识了布拉格城中的音乐权威之后，我们就开始为我的第一场音乐会作一些准备工作了。安布罗斯先生向我介绍了音乐学院的院长基特尔先生。基特尔先生又将我介绍给了斯克鲁布兄弟，他们是教堂和剧院唱经班的领班。基特尔还向我介绍了指挥米尔德纳先生。然后,就轮到了与歌唱家、新闻记者和主要的音乐爱好者们结识了。在所有的这一切结束之后,我对安布罗斯先生说:"现在,您能不能向我介绍一下这座城市。我发现了一座山脉,山上到处都是古建筑物,我平时很少能够见到它们。我十分好奇,想看一看这儿附近所有的一切。"这位乐于助人的博士马上回答我说:"咱们走吧!"

这也许是唯一的一次在爬完一座如此陡峭的山峰后,我没有后悔自己付出了体力。(当然,我把爬维苏威火山那次算作例外。此外,我没有见过埃特纳火山。)玩笑归玩笑,这座山的山坡极其陡峭。但是在山上,接连不断的都是寺庙、宫殿、雉堞、钟楼、小塔、柱廊以及宽阔的庭院的门拱!登高远眺,多么美妙的景致呀!山峰上点缀着无数的大理石!在山坡的一面,森林一直蔓延到一片比较广阔的平原上。山峰的另一面,一座座房屋一直延伸到摩尔多瓦河冒着白烟的雾气中去。摩尔多瓦河雄壮地穿过布拉格。在磨坊和各种手工作坊发出的各种声响的伴奏下,它切断了由波希米亚工业建造的一座旨在改变水流方向的岩坝。这样,在摩尔多瓦河的后面,就形成了两座小岛。在远方,随着蜿蜒的基调变为暖红色的山丘,两座小岛也消失在我的视野中。这些山丘看起来好像一直在亲切地引导摩尔多瓦河直到地平线。

导游告诉我:"这里是猎人岛。人们叫它猎人岛,也许是因为这里找不到猎物。在岛的后面,逆流而上,您就会看到索菲岛。在索菲岛中央是索菲大厅,您将在那里举办您的音乐会。您的音乐会是专为声乐学院举办的,索菲声乐学院。"

"那么这位索菲究竟是谁呢?我将荣幸地在她的学院大厅中举办音乐会。她是摩尔多瓦河的仙女吗?还是岛上人们已将其改编为戏剧的某篇小说中的女主人公?或者简单说就是有着一双通红皲裂的手的洗衣女工?卡吕普索①会令她的歌声和捣衣杵的劳作声留在这个岛上吗?"

"我认为您的最后一个设想最有可能是真的。然而,按照传说,她的双手并没有皲裂……"

---

① 卡吕普索:(Calypso),荷马史诗《奥德赛》中的海上仙女,曾将特洛伊战争英雄奥德修斯截留于其岛上七年。

"啊！博士，您看起来在扮演奥德修斯的角色！难道还有一顿圣餐吗？瞧，我自荐扮演忒勒玛科斯（奥德修斯之子），来到卡吕普索的岛上寻找您的踪迹。"

博士的脸红了，这是他对我的唯一答复。我想我不应该再去触动他那脆弱的神经了……这样，我就处在了一个被动的位置上。所以我一点也没有打听到索菲——这个声乐学院、音乐大厅甚至是这个岛的女主人的轶事。

夏日里的摩尔多瓦河畔有一条绿树成荫、花草繁茂的绿化带。遗憾的是，这个地处摩尔多瓦河清凉河水的中央的美妙的休憩之处隐藏着两三个可恶的地方。此地离和谐寺不远。我不会去诅咒这些地方。法语中把这些地方叫作guinguettes（城郊可供跳舞的咖啡馆）。在那里，拙劣的音乐家们演奏着极其糟糕的音乐。一些毫无音乐素养的男孩和女孩疯狂地跳着乱七八糟的舞蹈。而一些整天游手好闲的人抽着劣质的香烟，喝着好不到哪儿去的啤酒。还有一些家庭主妇做着针线活儿，随便说着她们那些粗俗的语言。在这样一个鲜花绿叶编织的摇篮中，忽然在花草的芬芳中掺入了令人作呕的臭味，在轻柔的旋律中加入了粗鲁的吼叫声——这是多么令人倒胃口的事情呀！……猎人岛难道没有小酒馆、没有磨坊的声响和附近的制革厂吗？从各个方面来讲，它难道不能更好地适应欢乐的民众吗？毫无疑问，咱们私下里说，我觉得索菲恐怕是有一双皲裂的手……

我现在马上就回到音乐这个话题上来。不过，一有机会，我还会东拉西扯，离题万里的。亲爱的朋友，我希望您别要求我为您写一篇关于波希米亚音乐革命、斯拉夫精神的趋势，以及那个波希米亚老一辈音乐大师允许不加准备就使用属七和弦的时代的论文。这样的一篇论文肯定不会是以理服人，而是强制别人去信服它。它既自负又令人厌烦，而且又毫无价值。面对这些高深的问题，我必须承认我是无可救药地孤陋寡闻。如果我再勤奋一点去研究一下历史的话，我肯定会更愿意作一些关于著名的象牙吉他的研究。哲学家孔夫子（通常人们称之为孔子）就利用它来教化整个中国。我也弹奏吉他。然而，与孔子相反，我却是把一屋子的人都教化得四脚朝天地睡着了。的确，我的吉他十分简陋，大象的牙齿也仅仅作为装饰而用。无论如何，我昨天阅读的一段是哲学音乐家。（我没有算上音乐哲学家。自从莱布尼茨死后，音乐哲学家就已不复存在了。）应该思索的一个问题。这一段我已阅读了至少一百遍。以下就是我将其翻译过来的一段：

"孔夫子有一次偶然听到了李白（Li-Pô）①的歌。根据世界公认的看法，这一历史要追溯到四千年前。(据说从那以后，音乐就成了时髦的艺术。)孔子被深深地吸引住了，他整整七天七夜没有睡觉，没有喝水，也没有吃饭。很快，他就创立了神圣的理论。然后，他唱着李白的歌，毫无困难地传播着他的理论和教义。他用他的象牙五弦琴教化了整个中国。"看看我有多不幸吧，我的琴不仅像孔子的那把那样有五根弦，甚至还多了一根弦，一共有六根弦。而且我再一次地重申这一点：我连一点教化人的天赋都没有。啊！如果我的吉他就是象牙制的，如果我能传播善事该有多好！孔子建立了一个多么奇妙的宗教呀！他反复灌输了多少真理，摒除了多少谬误呀！如果我们要是处在他的那个时代就好了！可是，不，仅仅靠一把象牙吉他是不能消除这么多的不幸的！象牙吉他为解除人类的苦难做出了很大的贡献，这一点我从未怀疑过。然而，这些苦难的根源却是我无论怎样思考也搞不明白的。所以我还是谈一谈有关波希米亚人和属七和弦的事吧。

无论如何，还是回过头探讨一下现代欧洲的音乐问题吧！这种音乐不会像中国古老的歌曲那样令人不吃不喝不睡。然而，它还是有它自身的价值的。这也就是说，这种音乐不会令人不吃不喝不睡；但是，我经常听一些优秀的音乐家说，在他们的艺术实践过程中，他们没有水可以喝。于是，这个或那个著名的作曲家或演奏家就渴死了。至于可以令人不睡觉的问题，我们的老一辈音乐大师创作的那些古老的曲子从来就没有过这种奢求。现在，我要就布拉格的音乐机构以及布拉格人民的音乐品味和智慧发表我的观点了。要想深入了解这个美丽的首都，就应该多住上一段时间。可是我只在布拉格小住了一阵子。然而，我将尽量搜索自己的记忆，并且只说出那些令我感到真实的东西。这样，我将向您谈及：

我曾听说过的它的剧院、歌唱队伍、管弦乐队和合唱团；

我所有幸了解的音乐学院、领导该院的技艺高超的作曲家、教授和学生；

声乐学院；

教会的控制和宗教活动；

军乐队；

---

① 原文如此。——译注

上述音乐机构中的演奏高手和作曲家们；

最后是公众。

当我第一次看到它的剧院时（那是在1845年），我觉得它又暗，又小，又脏，音响效果也极其糟糕。但据我所知，从1845年起，这座剧院得以复兴。剧院新经理奥夫曼做出了极大努力，力图使它迅速繁荣起来，使它不再像上届经理管理时那样破烂不堪。现在剧院的总体水平很高，成员结构不比大多数德国歌剧团差。首席男高音斯特拉卡提、男中音格罗塞尔和基希贝格尔小姐，以及波德霍尔斯基夫人，在我看来都是很出色的艺术家。他们的嗓音很宝贵，音色和音准极佳。另外一些音乐家……像波希米亚人那样；我们是不可能比他们再更进一步了。不幸的是，乐队和合唱队的人员规模与大厅狭小的空间正好相配。这似乎是在指责剧院经理的精打细算。剧院的演奏人员实在太少了，真的无法高水平地完成大师们的杰作。然而，这正是布拉格剧院时常在做的事情。这真是令人悲叹的缺憾！这也是所有艺术家所叹息的事情！相形之下，舞台背景的设计装潢却很华丽与忠实原作。我记得曾在格鲁克的《伊菲姬妮在陶里德》的第四幕结尾时，看到一艘配有一排大炮的军舰正准备开往希腊。

目前当那些保留剧目上演时，听众的反响比以前热烈一些了。剧院现在已经很少或几乎不受歌唱及演奏人员过少的限制了。事实上，这些保留剧目都是一些从法文翻译过来的低级小把戏，它们已经溺死在巴黎深深的冷漠中了。长久以来，这种剧目已从我们喜剧院的广告栏上消失了。经理们也是一样。如果他们不被具有精致、伟大与新颖风格的作品激发出本能的厌恶的话，那么就没有什么能与他们发现平庸无奇的东西时的精明相比的了。在这方面，德国、意大利、英国的剧院经理们比大众更为世俗。我没有提到法国。我们都知道，我们法国的剧院总是毫无例外地由那些高雅人士来领导。当两部作品摆在他们面前供其选择，一部低级，一部高雅；当两位艺术家站在他们面前，一个富有创造力，一个只会机械模仿；当两种感觉在他们左右，一种是大胆机警的智慧，另一种是平淡唐突的愚蠢——这时，他们那卓越的触觉是绝不会出错的，不会将两者混淆在一起。他们一定会做出正确的选择。那么，让我赞美他们的光辉业绩吧！一切艺术的朋友都会敬仰并感激这些伟大的人物。

我曾千百次地问我自己，为什么几乎所有国家的大部分剧院的经理都对被那些真正的艺术家、文明高尚的灵魂，甚至是一小部分听众坚持视为是从垃圾工厂里出品的作品抱有特殊的偏好。这些作品的成品比它们的素材多不了多少价值，创作时间通常来说也很短。这并不是因为平庸的作品比优秀的作品更容易取得成功；人们看到的往往正好相反。也不是因为精致的作品比低劣的作品需要更多的开支；经常是质量低劣的作品花钱更多。简单来说，这也许是因为精致的作品要求剧院所有的人，从经理到提词员，都要精心细致，认真耐心，注意力集中，而且还要求某几个人具有深邃的思想、天才和灵感。而低劣的作品是专为懒惰、平庸、肤浅、无知、愚蠢的人所创作的，所以自然也就受到大多数人的青睐。不管怎样，一个剧院经理毕竟还是偏爱一些马上就能使他拥有市民的好评和获得满意目光的作品的。这些作品大家不需要学习就能理解，不会妨碍任何已经被人们接受了的看法和习惯，还能随意跟着人们的偏见走，而不会伤害任何人的自尊心，不会揭露任何无能，尤其是不需要太多的时间排练。剧院经理们喜爱那些耗时不太多的作品，那些循规蹈矩而不是惊世骇俗的作品。

　　另外，还有一些野心勃勃的剧院经理，自认为什么都会，什么都能干。正因为此，他们十分仇视那些交给他们一些必须需要他人合作才能上演的作品的作曲家。如果是这样的话，那么一些冒失的作曲家的作用岂不是超过了剧院经理的作用了？剧院经理们对此十分反感，甚至很愤慨。于是，在船员的面前卑躬屈膝的船长不会原谅使他行动瘫痪的驾驶员。驾驶员甚至毫不在意地将他降为大副或是二副。于是，船长日夜一刻不停地自责，为什么一时疏忽，在一个他并不知晓暗礁存在的海域中冒险，而且发誓以后再也不在任何纵横交叉的方向航海了。

　　还有一些患偏执狂的剧院经理，说得礼貌点，是一些有着特殊癖好的人。他们首先喜欢某种思想上的领导，某种具体事务的井然有序，某个历史时期，某些服装，某些装潢，某种演出的效果，或是某位女高音，某位女舞蹈演员，或是其他什么。不管怎样，他们是一定要随处确立他们的癖好。照此看来，巴黎歌剧院的经理迪蓬谢尔先生的癖好一定是华盖下戴着红色帽子的红衣主教。没有红衣主教，没有华盖的歌剧（它们数量众多）是不会赢得他一点点好感的。有一天，我听梅里先生说起，如果在迪蓬谢尔先生的新剧中有一个上帝的角色，他也会给上帝戴上他所喜爱的红色帽子。上帝会对他说："但是，我亲爱的经理先生，我是上帝，让我穿上红衣主教的服装不太合适吧！"这样的话是毫无用处的。迪蓬谢尔一定会这样回答他："请原谅，我永恒的主，请您屈尊穿上这漂亮的衣装，走在华盖底下。如果不这样，我的歌剧是不会获得成功的。"这样，上帝只得顺从他！！！我没有谈到他对马匹的偏爱，这是一项同样深厚又万分体面的嗜好。

这一切都与布拉格剧院的前任经理无关。我没有能够早一点说明这件事情，这也许是我的过错。他是一位诚实老实的男人，不太懂音乐，这一点他就像他的同僚们一样。但不寻常的是，他深受市民们的喜爱和尊敬。当他的工作处于低迷状态时，市民们会强烈地表达出他们的不满和遗憾之情。但即使是这样，他也不愿意将剧院交到别人的手上。我还应该算上波克尼先生，他是维也纳安得维纳剧院的经理。他也是少数的几个例外之一。剧院经理承包人在德国是很少见的。他们为自己的经济利益而工作，但也要承担由此而产生的风险和后果。我仅仅认识五六个这样的人。他们是莱比锡、布拉格和维也纳剧院的经理，以及布拉格德国剧院和汉堡剧院的经理。其他的歌剧院几乎都是由有爵位的总督领导的，专为皇室的利益而经营。一般来说，尽管这些贵族对待下属略有些冷酷无情，但艺术家们却更喜欢这样的经理——伯爵或男爵。相反，他们并不太喜欢那些实业家们。爵爷们通常具有十分高雅而出色的礼仪，待人十分礼貌，而实业家们却常常自以为是。此外，爵爷们通常还具有一个优点，即他们具有一些文学修养，甚至还有一些音乐修养。但在经理承包人身上，这种优点几乎就不存在了。德勒德恩伯爵先生，长久以来一直掌管着柏林歌剧院，他就是这样的一个例子。然而，尽管我们可以在德国的剧院经理当中找到一些头脑简单或者对艺术一无所知的人，但我还是不相信这三十年来在法国找不到几个人可以与他们相比。我敢打赌，任何一位德国剧院的经理，无论他是贵族还是平民，都不会不知道格鲁克或莫扎特的名字，以及他们的代表作品。相反地，在法国，在这方面，却有不可思议的一大批经理不知道这种艺术上的最浅显的知识。我来举个例子吧：一位歌剧院的经理[①]有一次在会见凯鲁比尼先生时，尽管这位著名的作曲家已经道出了自己的名字，但经理

---

① 迪普罗蒂斯先生。——作者注

还是非常傲慢地问他的职业是什么，他是否是剧院的工作人员，是否是芭蕾舞演员或是舞台布景工人。而且几乎就在同一时期，还是这位凯鲁比尼先生，他刚刚上演了一部新弥撒曲，演出十分轰动。一天晚上，他在艺术处总监①的府邸中，接受了这样一份奇怪的恭贺："您的弥撒曲实在是太美了，我亲爱的凯鲁比尼，它所取得的成功是无法估量的。但是您为什么总是局限于写宗教音乐呢？您本应该写一部歌剧！"您可以想象得出，这位创作了《美狄亚》《两天》《洛多伊斯卡》《圣伯尔纳山》《法尼斯卡》《阿邦塞拉热人》《阿纳克里翁》及其他很多戏剧作品的作曲家，对于这意想不到的一击是多么愤慨和尴尬呀！

一天，一位法国剧院的经理②问及喜剧《没病找病》的作者，而当别人回答他说这部作品是莫里哀写的，并发出了一连串的笑声时，这位经理对此感到十分恼怒……

另外，在巴黎，有一位剧院经理的办公室比部长的办公室还难进。别人致函给他，他从不回函；而且他无论对谁，总是保持冷静，从不主动，使得那些他需要的人反而恨不得前去他的府上拜访。经理有一个专门的机构来联系艺术家，而他本人则认为艺术家放下手中的事情前来拜访他才是正常的。当然，在这种情况下，他也就无法总是夸耀自己得到了友好的答复……

然而，我们应该认识到这样一个事实：巴黎的另一些剧院经理是有深度有思想并具有毋庸置疑的文学修养的真正的雅士。（我并没有说音乐修养；我从未见过有音乐修养的经理。）在那些最富才华，或是最幸福和最大公无私的经理当中，我必须要提一下阿雷尔先生。他曾获法兰西学院的伏尔泰纪念奖。他过世已有两年了。他曾经说过一些妙语，十分有名。而在他的至理名言中，没有一句比他说过的关于弗雷德里克·勒迈特的那句话更为有名的了。阿雷尔负责管理圣马丁门剧院。有一位作家③非常有钱，而且十分迷恋艺术和诗歌。他以前在圣马丁门剧院上演过一部悲剧④。这位先生已经支付了大笔演出的费用。一天，他来到了阿雷尔

---

① 索斯丹尼·德·拉罗什富科子爵先生。——作者注
② 布洛兹先生。——作者注
③ 德·屈斯汀先生。——作者注
④ 《贝娅特丽克丝·桑西》。——作者注

的办公室,恰好一位著名的演员也在场。这位作家刚刚支付了装潢、服饰、小道具等等的费用。最终,他认为他已经付清了所有的费用,可以告退了。这时,贪得无厌的经理又向他索要三千或四千法郎的费用,去支付舞台布景的缆绳钱。对于这种表面看似有理,实则是敲诈的行为,这位先生无能为力,只得照他的吩咐去做。最后,他付了钱,愤恨地走了。其时,弗雷德里克站在一旁,冷眼旁观,对这一奇特的场面饶有兴趣。最后,他狠狠地拍了拍经理的肩头说:"笨蛋!他还有块手表呢!"

第五封信 致安贝尔·费朗先生

自布拉格(续)

我亲爱的安贝尔,今天,我要郑重其事地和您谈一谈布拉格音乐学院。而且,我也要利用这个机会,和您谈一谈世界各地所有的音乐学院。尽管这些音乐学院都有其不完善之处,但我认为音乐学院还是唯一与音乐艺术相关的机构,而且音乐学院都是在正确的方向和理性的影响下建立起来的。目前,欧洲的音乐学院都是由音乐家们所领导(当然也并不总是这种情况)。这一点的确令人感到惊讶,我们应该感谢上帝。按照目前流传很广的一种舆论,一个越重要、越是难以解决的艺术问题,就越需要一个不懂这种问题的人来解决它。根据这种看似由疯人创造的理论,如果我们理解充满激情的作品有些困难,那么我们就最好不要去学习音乐。而我认为,音乐的各个分支教育都应该由专门的艺术家来承担,他们或多或少都懂得一些如何去传播音乐的技巧。也许有很多人,尤其是在巴黎,会说这是一种不幸。他们恨不得让数学家去教小提琴,将文学家们排在作曲家名单的开头,或者让一些医生去担任歌唱家的角色。而另外一些人(法兰西研究院艺术学院的人就持这种观点)则认为,通常来说,只有画家、雕塑家、建筑学家和镌版家才能深入地认识,感觉,理解和评价音乐。最后,还有一小批人传言说,广大的人民群众认为,不仅不需要音乐家去教授音乐并去领导音乐学院和剧院,而且数学家、文学家、医生、镌版家、画家、雕塑家和建筑学家也由于他们的智慧和自身令人讨厌的情感而组成了一个危险的种族:那就是对科学和艺术的尊重。在一些赞同这种说法的人眼中，在那些能对目前和未来产生巨大影响的人眼中，音乐艺术最好的鉴定者和领导者应该是那些完全不懂科学、艺术和美感的人，是那些完全没有理想、灵感和思想的人，他们什么也没做，什么也不知道，不相信任何东西，不热爱任何事物，什么也不想干，什么也不能干。他们对世上的事物一无所知，无能为力，漠不关心，懒惰成性，与愚蠢只有一步之遥。我们看到，支持这种美妙命题的人可以说是不计其数。而且每天，他们的人数还在增长。对此，我们不应该感到惊奇。我仅仅奇怪的是，为什么他们的胜利还不太彻底，而且为什么他们在他们自己开辟的路上缓慢地前进着。以上就是我对于目前由音乐家们领导的音乐学院的观察。

还有布拉格音乐学院。在此，我应当专门指出，布拉格音乐学院由一位天才的作曲家领导。他对艺术充满了热爱。他活跃、激情、不知疲倦，在某些情况下也十分严厉。他完全称得上别人对他的赞誉……此外，他还十分年轻。这就是基特尔先生。人们本来可以选择一位平庸之人来管理音乐学院（长期以来在波希米亚，人们也是一直这样做的），并且委以这位平庸之人以重任，使布拉格的音乐运动渐渐瘫痪下去。可是，人们却没有这样做；他们的做法恰恰相反。他们选择了三十五岁的基特尔先生。这样，布拉格濒死的音乐事业又复活了，变得强大起来。很明显，在评判委员会的成员们之间一定出现了某种混乱，才导致他们做出了这样的选择。或者换个角度说，委员会的成员全部都是有思想有能力的人。

我心目中的音乐学院应该是一个能够在它的任何一个组成部门中都可以实践音乐艺术的机构，它能够保留所有的音乐知识，它能够创作出来不朽杰作，而且它要走在与欧洲音乐同样年轻的其他艺术融合在一起的进步运动的前面。同时，它也要在征服未来的路上保留住历史遗留给我们的真善美。我认为，在我所认识的所有音乐学院当中，巴黎音乐学院是最接近我所下定义的音乐学院；这并不是我的一种民族偏爱。其次是布拉格音乐学院。如果我们考虑到法国的首都与布拉格这样一个城市的资源情况的巨大差别的话，那就可以说明，我将布拉格音乐学院排在第二位已是对它的极大赞扬了。在任何方面，布拉格音乐学院的资源都要比我们巴黎音乐学院的资源差得多。在该学院，教授和学生也都比我们的少得多。而且，布拉格政府当局对音乐学院的支持与法国艺术处对巴黎音乐学院给予的持续而热情的支持也不可同日而语。但是在布拉格音乐学院里，教学质量却很高，而且学校的优秀精神也得以发扬光大。在基特尔先生领导下的布拉格音乐学院的教授当中，我尤其要指出米尔德纳和戈尔迪贾尼两位先生。米尔德纳先生是高超的小提琴家；我以前曾经说过，他在布拉格剧院里也担任指挥和小提琴独奏的职位。他教出了一大批优秀的学生。戈尔迪贾尼先生长久以来就享有从意大利来到德国的歌唱大师的美誉。同时，他还是一位天才的作曲家。我知道他曾写过一部风格优美的由两个合唱队上演的圣母悼歌。还有一部歌剧《康素爱萝》。这部歌剧由他自己作词作曲；以其旋律的自然流畅和配器的朴实高雅而著称。如今，这样的歌剧已经很少见了。有时，人们会这样说："对于一位作曲家来说，懂些歌唱艺术还是十分有好处的。"我认为此话有理。也许对于一位歌唱大师来说，懂得作曲艺术更为必要。的确，只有在对作曲家的作品有了深入透彻的了解之后，只有在对其作品的品质进行了完全正确的欣赏之后，歌唱大师才有可能发现他自己本身更坚固的支撑点，从而去引导学生们的学习。一位作曲兼歌唱大师，如果他不是一个令人讨厌的平庸之辈的话，他就不会在目前已经十分糟糕的情况下，在欧洲音乐四分之三的地方去仇恨地摧毁歌唱艺术。他不会教给学生要轻视节奏和节拍。他从不会教给学生去放肆而乱七八糟地歌唱一些其歌词表达、人物的性格和作者的风格都要求歌者十分准确地去演绎的旋律。他从不允许学生们有以下举动：当他们在公众面前演唱时，习惯于将自身的嗓音条件看作是唯一能够引导歌唱的东西。因此，他的学生从不会扭曲那些美好的作品，以避免自己嗓音中的某几个具有先天缺憾的音；也不会长时间可笑地重复上天赐予他的那几个美妙的音。这位大师更不会错过与学生们一起将歌唱艺术理性化的机会，而且他也能使学生们信服以下观点，即不能以一种缺少音乐理性和品味的力量去歌唱，更不能由于歌喉的低沉、尖锐、突兀或是持续时间过长而发出一些奇怪的音。他还让学生们每个人计算一下他们唱出的重音，并演示给他们看；如果调子唱得不对固然令人不快，但如果歌唱表达得不好，那就更令人反感。一个太高或太低的音固然刺耳，但一段本应轻柔的歌曲演唱得力量十足，一首本该活力四射的歌曲演唱得有气无力，一首本该天真无邪的歌曲演唱得十分浮夸华丽，那就将会更加深入地伤害那些耳清目明的听众的美好感觉。而且，如果艺术家以这样的方式错误地演绎作曲家的作品，那就证明，即使他具有无与伦比的嗓音，也不过是个白痴而已。这样一位大师的学生不会恬不知耻地要求乐队指挥耐心地服从于他在节奏上的离题万里，每时每刻都在节拍内加入额外的时间，三倍地减慢头半个小节，甚至是一个独立的节拍，而在后半小节突然加速歌唱，最后还要指挥抬起手臂，耐心等待他唱完他所喜爱的音的最后一口气。一句话，他们就是糟蹋艺术的帮凶，就是由专制的肺部武装起来的愚蠢的颤抖的奴隶。这样一位大师也不会担心他的学生没有弄懂诗歌的主题，没有了解历史的部分，没有思考作者所要表达的激情，没有尽力把握住歌曲的特点，就去学习接触美丽的乐谱。如果一位学生从他的班上毕业却又不尊重他歌唱时所用的语言，也不尊重一串歌词的和谐以及节奏的本质，那么，这对于他来说，将是一件十分可耻的事情。另外，他也会使他的弟子们明白，如果他们想在某个地方加入延长号，或是改写一下作者写出的经过句群，那么，他们做出的这些改动应该与伴奏部分相协调。况且，那些修改高手也并不敢轻率地在六度或四度音程的和音上开玩笑——当乐队支持属音和弦的时候。

我与戈尔迪贾尼先生的对话以及我所耳闻的他的学生们的演唱方法使我更加确认，他的确是完全赞同我上述的那些观点的。

如果，正像我马上要和您细谈的那样，巴黎音乐学院还有很多专门的课程尚未设置，那么，在布拉格音乐学院也存在同样的问题，就不会令人十分惊讶了。事实上，音乐教学还远远没有达到完善的地步。然而，这种教学体系却培养出了一大批优秀的学生。今天，他们能够做到仅仅依靠自己的力量就能成功地演绎难度极高的作品，比如贝多芬的交响曲。这也许是基特尔先生曾经取得的最辉煌的成果之一。

如果说，音乐学院是一个要保留音乐艺术的所有组成部分及其所直接吸收的知识的机构的话，那么，出现这样一种现象——甚至在巴黎音乐学院我们还没有设置一些专业课程——就实在是一件令人诧异的事情了。长期以来，我们的演奏学校一直没有设置音乐学习中最必不可少的乐器的专门课程，像低音提琴、长号、小号、竖琴等。近几年来，这些空白都被一一填补上了。然而，不幸的是，还有许多其他的空白没有填补上。我要将这些空白都记录下来。我对这一问题的观察和思索也许会让许多人尖叫起来。人们一定会认为这种观察和思索很疯狂，很可笑，很荒诞……但至少我希望这些空白能填补起来。所以，我要发表以下几个观点：

一、小提琴的学习并不完善。我们还没有教授学生学习拨奏。学习了拨奏后，就可以以一种欢快的节奏完美地在四根弦上拨出一串琶音群，或者可以在一根弦上用两三个手指弹出加重的断奏音群。但事实上，吉他弹奏者用小提琴弹奏的做法在小提琴手看来是不可思议的，也是为作曲者所禁止的。也许在五十年后，会有某位革新的先驱者大胆地要求在小提琴课程中教授拨奏。这样，艺术家们和大师们就可以从中获得期望的新奇感以及动人的效果。那时，他们就会笑话如今的小提琴家们，就像那些曾经嘲笑过上一世纪的小提琴家的人那样叫喊着："注意'do'音！"事实上，他们的嘲笑是有一定道理的。另外，他们也没有开始正规而全面地研究和谐音的用法。现在我们年轻的小提琴手们在这方面的知识实在是贫乏极了。他们仅仅是在帕格尼尼出现后才学会了和谐音（sons harmoniques）的使用。

二、我们几乎没有专门学习中提琴的课程，这一点实在令人恼怒。尽管中提琴与小提琴有着亲缘关系，但若要演奏好这种乐器，还需要专门的研究和不断的实践。现在世俗有一种可悲、陈旧而可笑的偏见，即让二流或三流的小提琴手去演奏中提琴部分。如果一位小提琴手十分平庸，那么，人们就会说：他将是一位很好的中提琴手。现代音乐有一种十分错误的推理（至少在大师们身上是这样的），即不再在管弦乐队中加入其他的补充声部，但是在现有各声部却力图创造出一种效果，而并没有意识到某些声部与另一些声部相比较处在一种劣势地位。

三、迄今为止，我们几乎还没有在单簧管课程中教授低音单簧管，这真是大错而特错了。于是这一作法就导致了这样一种可笑而悲惨的结果：我们无法完整地（在法国）演奏莫扎特的某些曲子。现在，由阿道夫·萨克斯完善后的小低音单簧管（clarinettebasse）能够令法国人准确地演奏专为低音单簧管（cor de basset）所作的全部作品。而且，不仅如此，既然小低音单簧管的低音音域比低音单簧管的低音音域多出一个小三度音程，而且小低音单簧管的音色类似于低音单簧管，甚至比它更优美，所以在音乐学院中也应该学习小低音单簧管，与学习其他种单簧管持平。

四、萨克斯管是单簧管家族的新成员。如果演奏者懂得如何发挥它的优点的话，萨克斯管的音乐价值还是颇高的。今天，在音乐学院里，萨克斯管应该拥有它自己单独的位置。因为，离世上所有的作曲家都愿意使用它的时日已经为期不远了。

五、我们几乎还没有教授奥斐克莱的课程。目前在巴黎，大概有一百或者一百五十人在吹奏奥斐克莱这种难度很高的乐器。在一支精心组织的管弦乐队中，能够接受三个奥斐克莱吹奏家就已经是很困难的事情了。在这些吹奏家当中，有一个科西努斯先生，其吹奏水平可以说相当高。

六、我们几乎还没有设置低音大号的课程。低音大号是一种圆柱体的表现力很强的乐器。无论从音色、技巧还是从音域上来说，低音大号与奥斐克莱之间都存在着一些区别。低音大号在小号家族中扮演的角色正像低音提琴在小提琴家族中扮演的角色一样。然而，现在的作曲家在他们的作曲中或用奥斐克莱或用低音大号，有时两者兼用。

七、在我们的音乐学院里，也应该教授萨克斯号和短号，因为目前我们已经普遍使用这两种乐器，尤其是短号。

八、对于打击乐器家族全部成员的学习目前还没有。然而，在欧洲，有没有哪个或大或小的管弦乐队没有一个定音鼓手呢？不，所有的乐队都有一个定音鼓手。但是究竟又有多少真正的定音鼓手呢？也就是说，有多少熟悉所有节奏方面的困难、深入掌握这种乐器的技巧（这并不像人们想象的那样简单），而且拥有训练有素的听觉，同时又能够十分准确地创造和改变和弦的音乐艺术家呢？这种灵敏的听觉甚至在乐队齐奏乐曲那轰鸣的和声时也不会失灵。能有多少这样的定音鼓手呢？我认为继巴黎歌剧院的定音鼓手普萨尔先生之后，我在整个欧洲仅仅发现了三个这样的定音鼓手。九到十年以来，您知道我考察了多少不同的管弦乐队呀。我所遇见的大多数鼓手甚至不懂得如何运用他们手中的定音鼓槌，因而他们也不可能敲出一个真正的震音或是滚奏。而一位不会在一切细微差别中敲滚奏的定音鼓手是什么也做不成的。

我们应该在音乐学院里设立一门打击乐器的课程。在这门课程中，音乐家们可以深入地学习定音鼓、铃鼓以及军鼓的演奏方法。如今存在着一种令人无法容忍的惯例，那就是忽视打击乐器。这种惯例已被贝多芬和其他一些音乐家摒弃了。但事实上，这种惯例仍长期统治着音乐界。根据这种惯例，一些作曲家使用打击乐器仅仅是为了多少制造一些无用或不太悦耳的声音，或者是为了标示节拍中的强拍。由此，我们可以看出，关于打击乐器，作曲家们在管弦乐队中没有其他任务要完成，也没有其他要求要提高。而对于乐师们来说，精心研究技巧也并不是一件十分必要的事情；他们也不必苦苦练习，当一名真正的音乐家来演奏它们。然而，在现代的作曲中，必须要求有一些功力深厚的音乐家来演奏铙钹或大鼓。这样，也许就在所有的音乐学院——包括巴黎音乐学院——的教育中，就不可避免地又出现了另一个空白，一个更加难以填补的空白。

九、我们还没有设置关于节奏方面的课程。节奏课程可以无一例外地被教会给所有的学生，让这些未来的歌唱家或演奏家去克服时间分段上的所有困难。这些困难使得法国和意大利的大部分音乐家都出现了一种令人无法容忍的趋势，那就是标示小节的强拍，并重新使用一种单调的音乐句法。节奏上的困难使得一些音乐家在演奏用切分风格创作的曲子时过于拘谨，比如说西班牙迷人的流行曲调（在法国，我们认为这些是很怪异的曲调）。意大利和法国的歌唱家距离用节奏歌唱的境界还很远。当这种机会出现在他们面前时，他们显得很尴尬，而且又笨拙。这样，他们良好的愿望反而产生出了糟糕的效果。由于不谙节奏的原因，他们仇视一切不明确的东西。用他们常说的话来讲，也就是怪诞离奇的东西。由于不谙节奏，他们对于音乐的形式产生了幼稚可笑的看法，一旦发现旋律的形式和曲调与法国和意大利已经根深蒂固地接受了的那些形式和曲调不同，他们就会十分惊讶。由于不谙节奏，演奏者在演奏时通常表现力都很弱；他们习惯于那些已经规定好了的时间分段和强弱拍节，这就好像孩童在还不会走路时要依赖他们的四轮小童车那样。贝多芬的交响曲已经深深地影响了一大批巴黎演奏家，促使他们摆脱了这些节奏上的陈旧惯例，并赋予他们演奏新颖刺激的节奏的品味。但是，还没有任何东西可以打破歌唱家们的懵懂状态，去激沸奔流在他们身上的热血，让他们习惯于去关注，去激活乐曲本身。由此就产生了一种持续的迟钝。所以，为了从这种迟钝中解放出来，就必须长期让他们去忍受一种特殊的节奏。于是，尤其是对于他们这些歌唱家来说，就应该开创一门节奏课程。这样，一大批演奏者也能从中获益。

十、一所完善的音乐学院应该保留住一种传统，那就是要保留一切有趣的事物。过去遗留给我们的不朽巨著，以及不同时期的艺术革命，应该在音乐的历史中树立起一个讲坛。音乐史使我们能够在音乐学院中保留住我们那些先驱者对作曲的理性认识；它不仅仅是通过口头或是笔头上的教育，还要通过示范而来忠实细致地演奏那些传世之作。这样，我们就不会看到，一些很有才华的学生，在谈及除至今仍健在的音乐大师的辉煌以外的东西时，与霍屯督人一样无知。而且，受到历史启蒙的音乐家的品味也将有所不同，他们对于音乐的想法将更加远大，更加深邃。这在以前是无论如何也达不到的。最终，在音乐实践中，我们将培养出更多的艺术家，而不是艺术工匠。

第六封信 致安贝尔·费朗先生（再续，尾声）

自布拉格

目前，所有的音乐学院都还缺少另外一门很重要的课程；在我看来，这门课程变得一天比一天更加必不可少。这就是配器课程。作曲家的这一技艺近年来得到了极大的发展。配器制造出来的美妙效果不仅吸引了评论家，而且也吸引了广大听众的注意。配器常常可以掩盖住一些作曲家思想上的贫乏，也可使他们笨拙地模仿真正的创造，并伪装灵感。甚至在一些富有才华、具有很多建树的作曲家手中，配器也成了无耻滥用、无限夸张、可笑曲解与言之无物的掩护。我们不难设想，这些"大师"的榜样是多么容易地误导他们的追随者。但是，正是这些配器技巧的滥用，说明了人们现在正在正规或非正规地学习配器。人们学习配器通常都是摸索性和盲目的，没有任何人指导。我们不能说，因为大多数作曲家在使用乐器上比他们的先辈都要多一些，他们就一定比其先辈更熟悉每种乐器的效力、特点和功能，更熟悉它们合奏所产生的各种音响。远非如此。甚至连一些卓越的作曲家至今也还不甚了解这门最基本的科学，也就是说，还不甚了解很多乐器的音域。我甚至知道有一位作曲家对长笛的音域一无所知。至于铜管乐器的音域（尤其是长号的音域），他们仅仅有一个模糊的概念。因此，我们也可以注意到，在几乎所有的现代总谱里，正像在古代的总谱里一样，作曲家们都十分谨慎，只使用乐器的中音区，而避免使用音阶两头的极端音，因为他们害怕超越他们并不十分熟悉的界限；而且他们也并不怀疑从这些中音区中获得的效果。因此，配器现在就犹如一种极为时髦的异域语言，很多人没有学习它，却又喜欢谈论它。他们没有仔细弄懂它，就以一种原始的干劲涉及它，使用它。

音乐学院开设这门课程，不仅对学习作曲的学生来说有益，对那些人们称之为乐队指挥的人来说同样也大有好处。事实上，一个乐队指挥如果没有深入地掌握配器的所有资源，他就没有很高的音乐价值，就不能算作是一名真正的音乐家，他就最需要至少懂得所有乐器的确切音域和技巧。他应该比那些在他指挥下的音乐家更懂得配器。如果不懂配器，尤其是当遇到一些已不使用的乐器组合，或演奏音域跨度大、演奏难度也很大的乐段时，他就只能对乐师们做出非常有限的解释。在这种情形下，由于指挥的惰性或无能，他们会大声疾呼："不能这样演奏！没有这个音！这根本无法演奏！"一些知识浅薄的人在这种情况下，可能还会说出另外一些言论，而他也只能作罢。这时，如果指挥掌握配器知识的话，他就可以回敬他们："您弄错了，这个音完全可以这么演奏。如果您能如此这般的话，就最终肯定能战胜困难。"或者给予另一种回答："这很困难，的确是这样；但是，如果您苦练几天后仍不能胜任的话，我们就不得不另找一位技艺更为娴熟的艺术家。可是您别忘了，您用起您的乐器来是十分得心应手的。"事实上，常见的情形是，由于作曲家缺乏专门知识，却又试图达到根本不可能实现的目标，于是演奏家无论有多么高明的技艺，也免不了要大伤脑筋。在这种情况下，熟知乐器的指挥家就会加入到演奏家的行列中去共同反对这样的作曲家，使他意识到自己所犯的重大错误。另外，说真的，虽然我是在谈论乐队指挥，但我还是认为，如果有可能的话，在一所组织良好的音乐学院里，应该给学生，尤其是给作曲系的学生们教授点指挥的技艺是有好处的，以便在急需的情况下，他们总可以指挥演奏自己的作品，而不致自己手足无措，也不致使演奏员们束手无策。通常人们都认为：所有的作曲家都是天生的乐队指挥。也就是说，作曲家会无师自通地指挥乐队。这种看法是荒谬的。贝多芬就是这种错误见解的绝好例证。我们也可以列举出一大批大师，他们的作品得到了广泛的好评；但当他们拿起指挥棒时，他们不是在指挥节拍，而像是在侦察战场；他们不懂标示节拍，也不懂确定速度的细微差别，而且完全阻挠了演奏者的演奏。这样，如果演奏员们不能很快意识到指挥缺乏经验，并决定不去看他,不再理会他手臂的无规则运动的话,他们就必然会陷入难堪的境地。此外,乐队指挥的任务可分为不同的两种情形:第一种情形(最为舒适轻松的情形),就是仅仅指挥那些演奏员们早已熟知的曲目和上演过的作品(用句时髦话来说,就是早已镶嵌好了的作品)。第二种情形刚好相反,指挥家去指挥那些演奏者一无所知的曲目,去挖掘作者的思想,使之变得明朗而显著,从演奏员身上获得无论是从整体上还是从表达方法上来讲都是忠实于作者意图的品质。如果不是这样,那就称不上是音乐。而且,一旦技术上的困难被克服,指挥家就把自己的感情和演奏员的感情融为一体了,并且能用自己的热情去鼓励演奏员,用自己的激情去激发他们。总而言之,就是要把自己的灵感传递给演奏员。

因此,乐队指挥除了必须通过学习和实践获得基本知识,还必须具有丰富的感情和独有的杰出才华,还必须具有另外一门不可缺少的技艺——读谱。掌握了它,指挥家可以成为作曲家最好的解释者,否则就可能变成作曲家的阴险的敌人。

如果乐队指挥只会使用简化的总谱,或者只会看第一小提琴的声部,像如今许多地方——尤其是法国——所采取的方法那样,那么他在演出中就会几乎连一半的错误也发现不了。如果他真的指出某些错误,演奏员就会回敬他说:"您知道什么?连我的声部都没有!"——这还只是这种可悲制度[①]下一个指挥所遇到的最轻微的责难。

由此,我可以推断出,为了造就一批真正全面的乐队指挥,就必须千方百计使他们熟悉总谱。因为,如果他们不能跨越这个困难,那么即使他再精通配器和作曲,也擅长用指挥棒挥舞节奏性的动作,那也只能算是半瓶醋的艺术家。

现在,我要向您说一说布拉格声乐学院了。它的组成结构大致像德国的声乐学院那样,仅仅由一些社会上的中产阶级业余歌唱者组成。年轻的斯克鲁布先生管理着这个学院。学院的合唱队大约由九十人组成,大部分成员都是音乐家,他们的嗓音清亮而富有磁性。不像同类其他学院那样,该学院的目的并不是学习和演奏一些古老的作品,同时绝对地排斥现代的所有作品。那些同类的学院不过是

[①] 指哈贝内克;他在指挥音乐学院的音乐会时,只利用第一小提琴的一个简单的声部。以后,他的后继者就竞相模仿他。——作者注

音乐的小集团和红衣主教会议，产生出来的作品也只是以真正崇尚作古者为借口而激发的作品。他们悄悄地诽谤着那些他们并不太了解的活着的东西。他们布道，反对现今的大师亵渎所有他们所谓的和声金牍偶像及其崇拜者。正是在这些音乐新教的寺庙中，保留着对古老传统的令人恼怒、嫉妒和难以容忍的崇拜，而不是对美的崇尚。他们无论年龄和价值的大小，都对老的东西崇拜备至。这就像是一本圣经以及两三本福音书，它们忠实的信徒毫无倦意地以千万种方式阅读，评论和诠释着它们，尽管里面所有片断的意义都早已直截了当，清楚无误。他们总能发现某种神秘莫测的东西，而且时刻准备去高唱圣枝主日赞美歌！甚至当《摇篮》里的上帝要求他们将小孩的头往墙上撞碎，让狗将他们的血舔干，而且禁止让看到这一景象的人们用怜悯的泪水湿润他的子民的眼睛的时候，也是一样盲从！

我们应该禁止这种疯狂；他们也将因为驱赶所有健康的灵魂去尊重和欣赏过去的东西而受苦。

而布拉格声乐学院，我再重复一遍，与这种声乐学院毫无共同之处。它的领导者是一位智慧过人的艺术家。因此他在音乐的殿堂里，不仅接受了古代的东西，而且还接受了活着的人们创造出来的东西。他要求学生除了学习巴赫或亨德尔的清唱剧之外，还学习马克斯先生的《摇篮》。马克斯先生是一位博学的音乐评论家和理论家，现居住在柏林。这位领导者还要求学生学习某一歌剧或颂歌的片断。这些歌剧或颂歌由于资历尚浅而不被学院派授予任何头衔。我甚至在第一次参加布拉格歌唱协会会议时，注意到了斯克鲁布先生根据波希米亚民间歌曲所作的幻想合唱曲。它的新颖性令我深深着迷了。在此之前，我从未听到过如此动人的嗓音和如此大胆的演唱；在此之后，我也没有听到过。这种演唱无论从整体还是从声音的准确美妙性上都是如此。联想起我以前也曾经常经历相似的情形，这种生动活泼的演唱在我耳中产生了在一个美丽的仲夏之夜在森林那清新爽洁的空气中漫步的效果，并在我的肺部产生了刚刚从污浊不堪的空气中解放出来的囚犯所感觉到的那种效果。

索菲学院（我的确曾经说过，这就是它的名字）每年都要举行一些由斯克鲁布兄弟指挥的公共音乐会。由哥哥指挥的剧院乐队这时会赶来帮助弟弟率领的合唱队。这些大型的演出活动经过长期的精心准备，总是吸引着一大批听众，也是一大批精英。音乐对于他们来说既不是娱乐放松，也不是疲劳紧张，而是一种神圣庄严的热情。对此，他们倾注了所有的智慧，所有的情感以及心灵中所有的冲动。

我已经向您提及过唱经班领班（即为教会音乐服务的人物）以及布拉格的一些军乐队。宗教音乐！军乐！这些词表明，在音乐阐述中，不可能再有比这两者更好的词了。我从不指望我有能力来说明波希米亚的这两个音乐财富的源泉，这是因为我不知道怎样了解它们才能合适地谈论它们。我不能随意地拼凑一些文字来说明我所不太了解的东西。这一点您可以通过时间和例子来证明。而在此期间，如果我对这两种音乐保持沉默的态度，那就请您原谅我。尽管斯克鲁布先生曾多次热情地邀请我，但我在布拉格逗留期间还是没有进入教堂一步。即便我对宗教音乐的态度是这样冷淡，但您还是了解我的，我是十分虔诚的教徒。应该是有某种严重的原因令我对宗教音乐从表面上看很漠然，但我却一点儿也记不起来了。

关于军乐队，我是能找出理由来为我的缄默不语作辩护的：一次在节日期间，在午夜十二点到凌晨四点钟，我听到驻扎在布拉格的军乐队演奏海顿为奥地利皇帝所作的颂歌。这首颂歌，充满着令人感动的和家长式的尊严，十分简洁，因此深得演奏者们的喜爱。一个不能演奏这样的乐曲的乐队，照我看来，它的演奏者都不懂得音阶。而这些能够准备演奏那些非常珍奇的东西的音乐家却都只在军乐队中出现。我不知道他们是否都是土生土长的波希米亚人，或者他们是奥地利帝国的一部分音乐家。对此，一些见多识广的人可能会这样笑话我说："您说的这些波希米亚音乐家是匈牙利人，奥地利人，或是米兰人。"

在布拉格，在那些既不从属于剧院、音乐学院，也不从属于声乐学院的演奏名家和作曲家当中，我要特意提一下德雷肖克、皮舍克和可敬的托马谢克。我常常有机会谈起德雷肖克和皮舍克，他们的名声响遍整个欧洲。我多次在维也纳、佩斯、法兰克福和其他一些城市欣赏过德雷肖克或皮舍克的演出。但我从未在布拉格看到过他们的演出。由于他们在第一次登台时，好像都不太受他们同胞们的欢迎，因此他们决定，将来不在波希米亚人面前展示他们的天才，无论是在波希米亚人喜欢还是不喜欢的情况下都是如此。任何东西在自己的国家里都是不会繁荣起来的。这个真理在任何时候在任何国家都适用。然而，布拉格人开始竖起耳朵倾听从地平线上四面八方传来的各种赞叹之声："德雷肖克是一位令人赞叹的钢琴家！皮舍克是欧洲一流的歌唱家！"这时候，他们才开始怀疑自己对待这两位音乐家的态度可能是有些不公平了。

托马谢克是一位作曲家，他在波希米亚甚至在维也纳都很有名。他的作品深受人们的喜爱。他不像德雷肖克和皮舍克那样与布拉格的关系不太融洽，而是一有机会就从来不会拒绝上演他的作品。我曾参加过一场音乐会，总共演了三十二首乐曲，其中三十一首是托马谢克先生创作的。由于有人提前告诉了我，所以我注意到了一首题为《桤木王》的新作品，它与舒伯特的作曲完全不同。有人曾比较了这首乐曲与舒伯特的作曲的不同之处，他认为舒伯特生动地创造出了叙事曲中狂怒马匹的奔蹄声，而托马谢克先生则模仿了神甫的矮马那平静的步伐。但另一个对于评价艺术哲学采取更为明智、干练态度的评论家否定了这种比较，并以更有意义的话语回答了他："这恰恰是因为舒伯特一直使这匹已经疲惫不堪的马狂奔，而人们直到现在才看到它已经被迫慢下来了！"托马谢克先生从事作曲至少已有三十年了，因此他的作品集应该是很出色的。

我还剩下一位演奏高手要提及，她的才华在德国来说是十分罕见的。她就是克劳迪乌斯小姐，一位一流的竖琴演奏家、优秀的音乐家和帕里什·阿尔瓦斯的高徒。此外，她的歌喉出众，是声乐学院的一员，经常担任独唱的角色，并获得了巨大的成功。

您想让我谈一谈公众吗？……人们传说，路易十四由于布瓦洛写了关于莱茵河的一段诗，想要赞扬他一番，就对他说："假若您没有过多地赞扬我的话，我就会称赞您的。"我现在与国王一样，处在一种十分尴尬的境地。假如布拉格人民没有如此友好地对待我的话，我会对他们灵活的头脑、明智以及敏感高唱赞歌的。虽然如此，我还是要说，总体上讲，波希米亚人是欧洲最好的音乐家，他们对音乐的真诚热爱以及热烈情感深深地渗入了社会的各个阶层。当我在剧院里举行音乐会时，不仅布拉格的市民赶来了，甚至连农民也赶来了。一些座位的价位定得很低，这样农民们也可以参加音乐会了。而且我通过他们纯朴、毫无掩饰的喝彩声，能感受到这些听众对我的音乐意图是颇感兴趣的。而且，他们那充实的记忆使他们能够比较已知与未知，陈旧与新颖，美好与丑恶。我亲爱的朋友，请您不要苛求我在这儿作一个关于公众的评述。一本书都无法足以深入地研究这一多元的概念。人们评介公众时,会说他们公正或偏倚,理智或任性,单纯或狡黠,热情或冷淡。况且一本关于公众的书如果想要寻求解决问题的办法,那么其结果很有可能是一直停留在原处,第一页与最后一页的结果都将是一样的。伏尔泰本人在这个问题上就失去了他的讽刺性;他在考虑过有多少蠢货组成了公众之后,最终自己却在法兰西剧院中让这些蠢货大加赞扬,从而结束了他的艺术生涯。他的周围到处都是这样的蠢货。他发现自己得到这些蠢货的赞扬后十分幸福。那么,就随他们去吧,让他们本来怎样就怎样吧!大海总是不那么平静,但是,艺术家应该比惧怕风暴更千百倍地惧怕平静。

我在布拉格举行过六场音乐会,或是在剧院,或是在索菲大厅。在索菲大厅里,我能回忆起我第一次在李斯特面前上演我的交响曲《罗密欧与朱丽叶》的情景。在布拉格,人们已经知晓这部交响曲中的一些片断。这部交响曲在布拉格几乎没有引起什么强烈的争论,这也许是因为它在维也纳已经掀起过轩然大波了。这两座城市对于音乐品味的敌对是无可比拟的。演员们的演唱精彩,场面宏伟,这其中只出现过一次小小的事故。担任女低音独唱的年轻歌唱家在那之前还从未公演过。尽管她很羞涩,但她还是时时感到其他声部和乐器的支持,所以总的来说,一切进展得还算顺利。可是,在进行到序曲中的一段:

"年轻的罗密欧抱怨他的命运"时,伴奏消失了,她的声音因此而变得颤抖起来,而且音高也降低了许多。到了最后,当竖琴应该加入E大调和弦时,她的声音已经完全走了样,比E调要低一又四分之一个调。克劳迪乌斯小姐正坐在我的旁边,她不敢去拨动竖琴的琴弦。最后,她在犹豫了一会儿之后低声问我:"我现在必须要弹奏E调和弦吗?"

"当然,因为我们必须从这里加入。"

于是,她弹奏了起来。可怜的女歌唱家这时突然发现自己唱的音调不对,而且突然间又被引回到正确的轨道上。由于她不懂法文,我又无法用言语去使她安定下来。幸亏在三段合唱曲中的第一段到来之前,她终于恢复了镇静:演唱时情绪高涨,准确性无可指责。斯特拉卡蒂扮演的劳伦斯神父一角儿真是好得不能再好了。在终曲时,他投入了极大的热忱和激情。那一天,演奏完一些乐曲之后,听众要求加演。乐师们都示意我不要再重复一遍。但是喊叫声持续不断。米尔德纳先生取出他的怀表,并公开将表举在自己的面前,观众这才明白,如果再次演奏这首乐曲的话,时间就不允许了,因为晚上七点钟还有一场歌剧。这个明智的举动救了我们。在演出结束时,我请求李斯特担任我的翻译,向这些优秀的歌唱家致谢。他们在三周的时间内全身心地投入到我的合唱中去,而且如此出色地完成了任务。李斯特将我说的这几句话译成了德文,然后转过身来对我说:"我受委托的事情这次跟以往的有所不同:这些先生请求我向您表达谢意;感谢您能够让他们演奏您的作品;他们认识您感到十分高兴。"

对于我来说这确实是美妙的一天,在我的记忆中,像这样美好的日子很罕见。

在维也纳的艺术家和音乐爱好者赠给我米红色的指挥棒的那次宴会之后,这次又将有一场晚宴。席间,布拉格的音乐家们想赠送给我一个金杯作为礼物。该城的大部分演奏名家、评论家和音乐爱好者都赶来了。我甚至高兴地在音乐爱好者当中见到了一名同胞,他是才华横溢、和蔼可亲的罗昂亲王。大家一致推选李斯特担任晚宴的主持并致辞。但这位主持的法语不太流利。第一杯祝酒后,他代表大家向我作了至少二十五分钟的致辞。他热情洋溢,思想丰富,极尽各种表达手段,大家都很喜欢听,我也深受感动。遗憾的是,他话说得多,酒也喝得同样多。他喝了很多香槟酒,于是口齿变得不那么利索了。我和拜洛尼①凌晨两点还站在布拉格的马路上,说服他等到以后有机会再用手枪和两条腿去同那个比他能喝的波希米亚人较量。第二天,我们对他是否能参加在午间举行的音乐会不无担心。十一点半了,他还在睡。我们最后还是叫醒了他。他跳上马车,赶到了音乐厅。进入大厅时,他受到了来自三个方向的掌声欢迎。他像往常一样演奏起来。

对于钢琴家来说,存在着一个神仙。

再见了,我亲爱的费朗。我担心您会抱怨我的信写得太简单扼要了。我还没有说出我对布拉格及其居民怀有多少深切的遗憾呢。然而,您是知道我对音乐是怀有深情的,而且您也能通过这知道,我是多么热爱布拉格人民。噢,布拉格!我是多么爱你呀!

---

① 拜洛尼是李斯特的经纪人。——作者注

第五十四章

在布雷斯劳举行的音乐会；我创作的《浮士德的沉沦》的传奇脚本；德国的爱国主义评论家们；《浮士德的沉沦》在巴黎上演；我决定动身去俄国；朋友们对我的热心支持。

在我以前写给费朗先生的信中，对于布雷斯劳之行只字未提。在这座西里西亚的都城中逗留的时光对我十分有益，又令我十分惬意，但我也不明白自己为什么没有提及这件事。在布雷斯劳，多亏一些朋友给了我热情的帮助与支持，我才最终能够在布雷斯劳大学的大厅（欧拉·列奥波迪那大厅）里举行了一场音乐会。这场音乐会的效果无论从任何方面来看都是无可挑剔的。在这些帮助我的朋友当中有克特利茨先生，他是一位有才华的年轻艺术家；还有瑙曼先生，一位杰出的医生，同时也是博学的音乐爱好者；还有著名的管风琴家海斯先生。在我举行音乐会之前，一些听众特地从布雷斯劳邻近的城镇村庄赶来。这次的票房收入比我在德国的一些城市中正常情况下的票房收入要高出许多，而且听众对我的作品表现出了极大的热情。更荣幸的是，我到达布雷斯劳的第二天，就有机会参加了一场音乐会。但在这场音乐会上，听众没有一刻不表现出他们的冷漠，而且我看到了这样一番情景：听众在听到了美妙绝伦的演奏后保持沉默；他们甚至对贝多芬的《c小调交响曲》的反应也是如此。我很惊诧于听众的这种冷静。的确，我从未在别的地方见到过类似的情形。我曾经对贝多芬也曾遭到同样的待遇而激动得大叫。而当时另一位激动不已的妇女对我说："您弄错了。公众喜爱这部杰作，就是能喜爱到什么程度就怎样去爱它。如果人们没有鼓掌的话，那是出于对他的尊敬！""尊敬"这个词，令我想起在巴黎或是世界其他地方的剧院里，总是有一些令人感到可耻的雇来的捧场者。我承认，这种作法令我感到十分担忧。但我还是害怕受到这样的"尊敬"。在我举行音乐会的那一天，也许是因为我没有足够高的头衔，所以组织者认为应该根据整个欧洲遵守的惯例来对待我，即对待那些受到人民爱戴的艺术家，于是我受到了最不礼貌却最热烈的鼓掌欢迎。

正是在奥地利、匈牙利、波希米亚和西里西亚之行中，我开始了对浮士德这一题材的作曲工作。对于这一主题的计划，我已经酝酿了许久。我一旦决定要投入这项工作，我就下定决心自己撰写脚本。二十年前，我参考过奈尔瓦尔翻译过来的歌德所著的《浮士德》的一些法文片断，而且我还准备修改一下之后在其中加入冈多尼埃先生写的两三个场景。那些片断在我的作品中还没有占到六分之一。

于是，我想极尽我所能为我的音乐创作出一些诗歌。我首先从浮士德向自然乞灵那一段开始摸索尝试。我没有试图去翻译或是去模仿大师的杰作，而只是凭借自己的力量去捕捉创作灵感，或是从中摘选音乐要旨。

我写下了下面这首曲子，这首曲子使我重新鼓起了创作的希望，我得以写完了《浮士德的沉沦》的剩余部分：

> 无穷无尽、不可捉摸、骄傲无限的大自然呀！
> 只有你才能使我无限的烦恼消失无踪！
> 在你无所不能的胸膛上，我感觉到自己的
> 不幸也骤减了，
> 我又找回了我的力量，我最终相信自己仍
> 然还生活在这个世界上。
> 是的，让飓风吹响吧，让密林叫喊吧，
> 让山岩轰塌吧，让水波变为洪流吧！
> 我愿将自己的声音加入到你尊严的声响中去，
> 森林，山岩，洪流啊，我深爱着你们！世
> 界呀，
> 闪烁着金光的世界，它走向您，以无限宽
> 广的胸怀，以游离变化的灵魂和心灵之外
> 的幸运，
> 给您带来生活的渴望。

一旦投入其中，我就接连写出一连串来自音乐思想的诗歌。而且它们让我感

到写起乐谱来比创作其他类型的作品更加得心应手。我在我所能利用的时间和地点谱写乐曲。在马车上，铁路上，蒸汽轮上我都未曾忘记过谱曲。即使身居闹市，不得不为我将要举行的音乐会操各种各样的心时，我也没有停下手中的笔。就这样，在帕绍的一个小旅馆里，在巴伐利亚的边境上，我写下了《浮士德的沉沦》的序言：

衰老的冬天已经让位于春天了。

在维也纳，我创作了易北河畔的那一幕——靡菲斯特吟唱的曲调：

这里满是玫瑰花和气精们的芭蕾。

我已经说过，我是在什么情况下，又是如何在一个晚上，同样也是在维也纳，写出了《拉科奇进行曲》。该曲在佩斯产生的非凡影响促使我在《浮士德的沉沦》的乐章中引入我的那位匈牙利的英雄，我让他参加了一支匈牙利军队。他活动在一片平原上，任其梦想纵横驰骋。一位德国评论家十分奇怪：为什么我也让浮士德在相同的地点出现。我也不明白自己为何在这个问题上限制自己的思路，而且我为何毫不犹豫地就将他的活动场所选在了这个地方，而不是世界上其他的什么地方。我没有接受歌德的思路。我认为，像浮士德这样一个人物的最集中的表现地点如果不与拉科奇的活动地点相似的话，那就起不到撼世的作用。另外，德国的一些音乐评论家不久后也注意到了这一独特的想法，便猛烈抨击我的剧本改变了歌德的浮士德，就好像世界上除了歌德的浮士德[①]之外就没有其他的浮士德了，也好像人们可以不经过任何改动就可以将这样一部诗剧从头至尾地谱写成音乐一样。我在《浮士德的沉沦》的序幕中驳斥了他们：这种做法实在是太愚蠢了。我经常问自己，为什么这些音乐评论家从未对我所作的《罗密欧与朱丽叶》的剧本

---

① 比如说马洛（Marlow）的剧本和施波尔（Spohr）的歌剧中的浮士德就与歌德的浮士德极为相似。——作者注

提出过任何指责呢？那个剧本怎么看也不太像莎士比亚那永垂不朽的悲剧呀！这也许是因为莎士比亚不是德国人吧。爱国主义！偶像崇拜！痴呆症！

在佩斯，有一天晚上我在城中迷了路，于是，在一盏小煤气灯灯嘴的微光下，我写出了《农民轮舞曲》的合唱迭句。

在布拉格，一天半夜，我担心自己的灵感转瞬即逝，便从床上爬起来，写出了一曲，即玛格丽特在弥留之际天使们的合唱：

升入天堂吧，那被爱情引入歧途的纯洁的灵魂。

在布雷斯劳，我发了言，并且为大学生们的拉丁文歌词谱了曲。

返回法国时，我途经鲁昂附近，逗留了几天。我在蒙维尔男爵的乡村里写出了那首大型的三重唱：

受人仰慕的天使风姿绝世。

该曲余下的部分我是在巴黎完成的，但经常是即兴而作；在家里，在咖啡馆，在蒂勒里兄弟的花园里，甚至在寺庙大街的界石上，我都在进行着音乐的创作。我没有刻意去寻求乐思，而是任其自然地流露出来。因此，这些思想都是即兴出现在我脑中的。最后，当乐曲的轮廓初步形成后，我开始从整体上重新考虑，以我力所能及的热情和耐心将各个部分润色，联为一个整体，并最终完成原本只在这儿或那儿偶尔标出来的配器。我将这部作品看作是我创作的最出色的作品之一。直到现在，看来公众也都同意我的这个观点。

写出作品来并不算什么，最重要的是要将它上演，让大众能够听到自己的作品。由此才引发了我一系列的失望和不幸。复制《浮士德的沉沦》的乐谱就已花去了我一大笔钱，而且我还要进行数次的排练，还要支付喜歌剧院的租金。当我第一次在巴黎音乐学院上演《罗密欧与朱丽叶》时，听众都急切地跑来欣赏，所以我们不得不出售走廊票去安置那些没有地方坐的人们。尽管演出的票房收入很高，但我却获利微薄。这一时期以来，我的名字在公共舆论中的地位提高了很多，我在国外的成功也使我具备了以前所不具备的权威性。浮士德这个主题与罗密欧的主题一样著名。人们普遍认为我对他这个人物十分熟悉，而且我肯定将他这个角色好好加工过了。这使得公众对于这样一个题材的认识更加广阔，与先辈们相比，调式更加变化多端的作品使公众的好奇心更为浓重，期望也更高。况且这部作品的花销使我的经济负担加重……自从第一次上演《罗密欧与朱丽叶》以来，一转眼数年已经过去了。在这数年当中，巴黎人对于艺术和文学难以置信地变得越来越淡漠。他们尤其不再专门对某一部音乐作品感兴趣，以致到了大白天会将自己关在喜歌剧院里去欣赏它的程度。（我不能在晚上举行音乐会。）在世界其他地方，人们更是很少光顾喜歌剧院。适逢1846年的十一月末，天空飘起了雪花，气候十分恶劣。而我还没有找到一个饰演玛格丽特的女高音。至于罗歇，他饰演浮士德；而埃尔芒·莱昂则饰演靡菲斯特的角色。每天，人们都能听到他们在喜歌剧院中排练。我上演了两场《浮士德的沉沦》，大厅里只坐了一半听众。以前，巴黎的那些好听众经常光顾音乐会，做出对音乐很关心的样子。而今，他们静静地待在家里，毫不关心我的新创作，就好像我是音乐学院里最差的学生。《浮士德的沉沦》的这两场上演时，听众太少了，仿佛它是所有歌剧中最平庸的一部。

在我的艺术生涯中，没有什么比这种意想不到的漠然更深深地刺伤我那脆弱的心灵了。发现听众的这种漠然于我是万分残酷的，但它至少还有用。从某种意义上来说，我利用了这种发现。自那以后，我再也不会冒险用二十个法郎去换取巴黎公众对音乐的热爱了。我非常希望将来[①]不要出现类似情况，因为我还要生活一百年。在这种情况下，我破产了。我必须要支付一大笔钱，而我却一无所有。经过两天两夜无法言喻的精神折磨后，我终于找到了一种办法，以摆脱目前这种尴尬的局面，那就是去俄国举办音乐会。但要实施这一计划，还需要很多钱。在离开巴黎之前，我必须要让我的债务降低到最低限度。在这样一种困难的境地中，我真诚的朋友们给我带来了春天般的慰藉。他们刚刚知道我不得不去圣彼得堡努

---

① 我没有坚持这种看法。在写完《基督的童年》后，我还是没有抵制住想在巴黎上演这部作品的诱惑。这一次，我取得了自发的巨大成功，甚至与我以前的作品形成了讽刺性的对比。我于是在埃兹大厅里举行了多场音乐会。这一次的音乐会，不像《浮士德的沉沦》的那次使我破了产。相反，它们给我带来了几千法郎的收入（1858年）。——作者注

力弥补我上一部作品《浮士德的沉沦》在巴黎演出带来的损失，就在各个方面给予我热情的支持与帮助。贝尔坦先生从《辩论报》的金库中为我预支了一千法郎。朋友们有的借我五百法郎，有的借我六百或七百法郎。一个年轻的德国人弗里德兰先生借给了我一千二百法郎，他是我在最近一次波希米亚之行中在布拉格认识的。还有萨克斯先生，尽管他自己经济上也遇到了困难，但他还是借给了我一千二百法郎。还有一个当时在共和国政府里十分受人尊敬的人——书商埃策尔先生，他和我不过是点头之交。但令我感动的是，一天，我们偶然在咖啡馆中相遇，他对我说：

"您要去俄国？"

"是的……"

"去那儿的开销一定会很大，尤其是在冬季。如果您需要一千法郎现金的话，请允许我将它赠送给您！"

正如他坦诚地赠送给我一样，我也同样坦诚地接受了他的赠金。这样我才能够面对一切，确定了动身的日期。

真的，很少有艺术家能像我这样遇到这么多好心而慷慨的人。

亲爱的人们，好心的人们，也许随着时光的流逝，你们早已忘记了当时你们对我的高尚的善举。在这里，请允许我打开你们记忆的大门吧！让我热切地感谢你们，握住你们的手，并向你们倾诉，我是多么的幸福，能够拥有你们的恩惠呀！！！

第五十五章 俄国纪行

普鲁士邮递员;能斯脱先生;雪橇;大雪;愚蠢的乌鸦;维尔霍斯基伯爵夫妇;利沃夫将军;我在俄国的第一场音乐会;俄国皇后;我发财了;莫斯科之旅;悲惨的小丑;俄国大元帅;年轻的音乐迷们;克里姆林宫的大炮。

为了能在圣彼得堡不受阻碍地举行几场音乐会，就必须要选择封斋期。封斋期间，所有的剧院都关门，而且三月整整一个月都会如此。我于1847年2月14日从巴黎出发赴俄。一路上，地面上都覆盖着六指深的积雪。这条雪路一直通往圣彼得堡。我于十五天之后到达了圣彼得堡。我的视野中满眼都是茫茫大雪，一刻也未停止过。在比利时，也曾下过这么大的雪，致使我坐的列车不得不在蒂勒蒙滞留了好几个小时，等待工人们将路上的积雪清除。大家可以想象我从涅茫的另一头过来的那一周之内所忍受的冷冻之苦。

我在柏林仅仅逗留了几个小时。在那里，我恳请普鲁士国王为我向他的姐姐俄国皇后写了一封推荐信。这是一封很平常的推荐信。国王很快就催我上路了。

我的运气实在不济，因为我在去蒂尔西特的柏林邮车上遇见了一位音乐迷邮差。我坐在他的邮车上，深受其苦。这个男人不过是刚刚在他的路条上看到了我的名字，就已经开始想尽办法利用我了：他对于为钢琴创作波尔卡和华尔兹的做法十分不满，甚至嗤之以鼻。因此，他每逢有邮局的站点就停下邮车，有几次停下的时间还特别长。大家都以为他在同上司一起算账。事实上，他却在利用这些时间整理他的乐稿。他在谱纸上面写下了舞曲的旋律；整整三个小时的路上，他一直在轻轻吹着口哨，哼着这些旋律。在整理完乐稿之后，他又跳上邮车，好不容易才肯发出出发的口令。然后，他又马上递给我他的波尔卡或华尔兹，还有一支笔，让我写出低音部分以及和声。等我写完了，他又开始了无休止的评论，还有一系列的为什么、怎么样，以及抒发一些惊讶和喜悦之情，等等。这些把戏第一次出现在我面前时让我感到十分开心；但第二次和第三次之后，就令我抱怨起我们这位自以为是的邮差在音乐和法语方面的那一点点可怜的知识了。对我而言，这种事情绝不是绝无仅有！也不是仅在法国才有！到达蒂尔西特之后，我要求拜见邮局经理能斯脱先生。等一会儿,我再细述我是如何通过一次偶然的机会知道了他的名字,并能充分相信他乐于助人的品格的。有人告诉我他办公室的位置。我径直走进了他的办公室。映入我眼帘的是一个肥胖的男人,戴着一顶呢帽,在他严肃的面孔上还能依稀显现出智慧与善良的痕迹。他坐在一把高高的椅子上,看到我进来,他连屁股也没有抬一下。我向他致意,同时向他发问:

"能斯脱先生吗?"

"正是我。请问您是哪一位?"

"埃克托尔·柏辽兹。"

"啊!没有什么比这更重要的事了!"他叫喊着,从椅子上跳起,在我面前站立,将帽子摘下,放在了手中。

这位可敬的男人立刻向我表示了各种礼貌、谦逊和殷勤、关切之情。当我向他说明我是受哪一位朋友推荐而来时,他又一次表达了他的殷勤之意。在巴黎,我的一位朋友对我说:"您在途经蒂尔西特时,千万别忘了拜访一下邮局经理能斯脱先生。他是一位出色、有教养,同时又博学的人。他一定会对您有所帮助的。"这位推荐我来拜访能斯脱先生的朋友就是巴尔扎克先生。在我从巴黎出行的前夜,晚上十一点钟时,我在街头的一个角落里遇见了他。他不久前刚刚出行游历过俄国。当巴尔扎克得知我要去圣彼得堡举办音乐会时,他就十分严肃地对我说:"当您从俄国回来时,身上一定会有十五万法郎。我太了解这个国家了。您带回来的钱不可能少于这个数目。"这位伟大的天才有着对财富的特殊嗜好,他在任何地方都从不错过发财的机会;而且,他若是认为获得财富的机率很高,他就会主动地要求银行家提前支付给他这一笔钱。他这一生就是一直在梦想成为百万富翁。尽管他经历了无数次的挫折和打击,但这还是不能使他摆脱这个永恒的梦想。对于他这种对我的俄国之行的成果的估计,我置之一笑;虽然我怀疑这种估算的正确性,但没有表现出来。以后,我们会看到,虽然我在圣彼得堡和莫斯科举行的音乐会为我带来了比我预料得要多的收入,但我还是不能带回巴尔扎克所预言的那十五万法郎。

这个不可多得的作家,这个处于我们这个时代的伟大人物,这个无与伦比的法国社会的解剖分析学家,无论对于能斯脱先生还是对于我来说,他都是一个谈不完的话题。能斯脱先生向我讲述了很多关于巴尔扎克,关于他对婚姻的期望以及他对加利茜表现出来的种种柔情的细节;对此,我都表现出极大的兴趣。此外,他是能将自己的全部身心都投入进去欣赏巴尔扎克的少数几个外国人之一,这大部分是由于他懂法语,能看懂巴尔扎克的作品。我记得当我返回法国后,我向我的家人讲述了旅途中的这个小插曲。当我讲到能斯脱先生听到我的名字不由自主地叫出来"没有什么比这更重要的了!"时,我的父亲爆发出一阵阵爽朗的笑声。尽管当时他已十分衰老,病痛不时地折磨着他,他也变得十分忧郁,而且他一直都信奉着他自己的一套人生哲学,但是,当他听到他儿子举世闻名的证据时,一种本能的骄傲还是不由自主地流露了出来。

"'没有什么比这更重要的了!'"他重复着,又笑了起来,"你说,这是在蒂尔西特吗?"

"是的,在涅茫的边界上,在普鲁士边境的最边儿上。"

"'没有什么比这更重要的了!'"

他又笑了起来。

我在蒂尔西特休息了几个小时之后,好心的能斯脱先生告诉了我许多旅途须知,我又喝了几杯醇香的上等柑橘酒暖了暖身子。然后,我就开始了我俄国之行中最艰苦的一段旅程。一辆邮车将我送到了普鲁士与俄国接壤的边境上,那是一个叫作陶罗根的地方。在那里,我必须要坐进一个密闭的铁制雪橇里。直到抵达圣彼得堡之后,我才能离开这个雪橇。更何况我还要在这个密闭的容器中度过四个艰难疲惫的白天和四个可怕痛苦的夜晚。

事实上,在这个密闭的金属罐中,雪尘还是能够冲杀进来,将您的全身染白的。人们坐在其中,被一股巨大的力量不停地摇来晃去,就像是被刚刚打扫过的干净瓶子里的几粒灰尘一样飘来荡去。人的头部和四肢每时每刻都要碰到雪橇的内壁,引起挫伤。而且,人们还有某种想要呕吐的感觉,我想应将它称为"晕雪",因为这种感觉和晕船的感觉很像。

在我们温带地区,人们通常以为,由快马拉着的俄国雪橇在雪中滑行就像是在湖面的冰上滑行那样,于是人们以为这种运输方式是十分浪漫迷人而富有诱惑力的。然而以下我说的才是事实:如果人们有幸遇上了一块十分平整的地面,上面覆盖着一层没有踏过的积雪，或者地面上各处的积雪都一样高，那么雪橇就会走得很快，而且也会十分平坦地滑行。但是这样的路面很罕见，一百里的行程连二里这样的平整路面也找不到。路面颠簸，加上农民的四轮马车轧过去，使地面形成无数的小谷，这就是当地人们所说的雪橇运输。农民们运输大量的木材。于是地面很像寒冬风景中的大海，水流由于寒冷而突然结冰了。这样，雪坡之间的间隔形成了真正的深谷。在这样的地形中，雪橇开始先费力地爬行至坡顶，再马上向下俯冲，这时雪橇的运动实在太剧烈了，雪橇与坚冰的撞击声能将您的脑神经撕裂，尤其是在夜晚。当您困意正浓的时候，就更加无法忍受这种可怕的颠簸。雪橇上下滑荡，就像一只漂泊在海上的小船。这样，人们的心脏就产生了不适的感觉，甚至想要呕吐。（我在上文中提到过这种"晕雪"的感觉。）我还没有谈到严寒。每到半夜的时候，大家尽管都戴着皮手套，穿着大衣、皮袄，而且雪橇上也都盖满了干草，但是那种透心的严寒还是令人感到难以忍受。人们感到浑身像有千万根针扎在身上，大家又怕又冷，浑身直打哆嗦，害怕自己会冻僵身亡。

当某些天灿烂的阳光普照大地的时候，我能够看一眼这片沉闷但炫目刺眼的荒地。每到这个时候，我就情不自禁地想起我们可怜的法国军队的那次著名的大撤退。军队在流血，当然也早已溃败了。我好像看到了我们不幸的士兵衣不裹体，没有鞋子；没有面包，没有烧酒，缺乏体力和精神力量；绝大部分都是伤员。白天，他们缓缓地行进着，就像一群鬼魂。夜晚，他们横躺在地面上，没有蔽体之物，身体直接接触的就是这样冷酷无情的雪地，就像一堆弃尸那样。他们要忍受更为严酷的寒冷，比我所忍受的严寒更可怕。我在奇怪，为什么他们中间居然会有一个人能够忍受这样的折磨，活着走出了这个冰窖……人们应该坚强地面对死亡。

还有，我嘲笑那些愚蠢的乌鸦们。它们饥饿不堪，扇动着麻木的翅膀，跟在我们的雪橇后面，不时地停在路上，没命地吃马粪，然后仰面朝天地躺在地上，马马虎虎地温暖着几乎冻僵了的爪子。它们几个小时之后就会毫不费力地飞到南方。那时候，它们会发现那里有温润的气候，肥沃的土地，充足的草料。那么，此时此刻，在这些乌鸦的心中，仍然还会觉得故土很亲切吗？如果它们不再觉得故土亲切了，那么，就正像我们的士兵说的那样：这里才是祖国。

最后，在一个星期天的晚上，在从巴黎出发十五天之后，已被寒冷劳顿折磨得憔悴不堪的我终于到达了这个令人骄傲的北方城市——圣彼得堡。由于在法国时就已经有人告诉我，俄国警察很厉害，所以，我已经做好了思想准备，至少要等一周才能见到我装有音乐谱子的包裹。我来到边界时，它们差点被海关人员打开。但是，我甚至没有被叫到警察署，就能够立即带着它们来到旅馆。我承认，这件事对于我来说是一场令人惬意的惊喜。

我刚刚在温暖的屋子里待了一个小时，一位十分可爱而博学的音乐爱好者德·伦兹先生就前来拜访了。他向我表达了他的无上欢迎之情。这位德·伦兹先生，我几年前曾在巴黎遇见过他。

他对我说："我刚刚从米歇尔·维尔霍斯基伯爵家里赶来。在他们家里，我们得知您已到达俄国的消息。伯爵家里现正在举行一场盛大的晚宴，所有圣彼得堡的音乐权威人士都在那里汇聚一堂。伯爵特意委派我前来您处，诚意邀请您前往赴宴。"

"但是他们怎么知道我在这里呢？"

"总之，最后……人们还是知道了……走吧，走吧。"

我仅有一点时间去温暖一下自己的脸庞，刮了刮胡子，就又穿好衣服，跟着我那热心的推荐者一起前去维尔霍斯基伯爵家。

我应该说"伯爵们"，因为他们是兄弟俩。两兄弟生活在一起，都非常聪明，也都是音乐热心的朋友。他们的住宅也是艺术部在圣彼得堡的驻地。这是因为维尔霍斯基伯爵兄弟的音乐品味十分出众，全国闻名，而且他们拥有大量财富，社会关系众多，再加上他们在皇宫中的地位也很显赫。

他们真诚地欢迎我的到来。一连几个小时，他们都忙着将我介绍给沙龙里的政客、音乐名家和文学家们。我立刻就结识了一位好人昂利·龙贝格先生。他是这里的意大利剧院的指挥，为人非常殷勤好客。他刚刚认识了我，就成了我在圣彼得堡的音乐向导和演职人员的监管。当天晚上，皇家剧院的总监盖德奥诺夫将军就确定了我的第一场音乐会的举行时间。地点选在贵族会议的大厅里，票价定为三卢布（合计十二法郎）。这样，我刚刚到达圣彼得堡才四个小时，就发觉自己已处在众人关注的焦点。龙贝格第二天来找我，我就开始跟着他在市区里奔波，拜访那些举足轻重的艺术家。他们的热心帮助对我将是十分必要和有益的。很快，我的乐队就建立起来了。在利沃夫将军、皇家军队、宫廷唱经班领班以及那些具有非凡才能的作曲家和演唱家的帮助下,我们最终迅速组成了一个人员众多、素质很高的合唱队。这些热心的人给予了我兄弟般的关怀。当然,不可缺少的还有两位独唱演员,一位女低音,一位男高音。他们负责演出《浮士德的沉沦》的前两部分,我已在节目单中列出了这两部分。其中一位是费尔辛,她是此地德国剧院的女低音,将饰演靡菲斯特的角色。还有里恰尔迪,他是意大利的男高音,我以前在巴黎时就已经结识了他。他饰演浮士德。可是有一点,他要用法文演唱,而靡菲斯特要用德文演唱。但是俄国听众对这两种语言都很熟悉,所以他们轻而易举地接受了这种奇怪的唱法。对于用德文演唱的合唱队队员来说,我必须要将所有的歌词改为俄文,因为他们只认得俄文。另外,在第一次排练时,龙贝格就提出《浮士德的沉沦》的德文翻译太糟糕,没法演唱。而我在巴黎时却花了一大笔钱请人翻译了这部歌剧。为了不耽误我的第一场音乐会,他赶紧订正了这个糟糕的翻译文本的一些重大错误。但是,我还是必须要自己解决这个问题。几周后,我又重新找到了一个翻译。我有幸请到了明茨拉夫先生。他具有音乐家的头脑,出色地完成了翻译任务,使我摆脱了困境。我的第一场音乐会在贵族会议的大厅里举行。那是一个美好的夜晚。乐队和合唱队人员众多,训练有素。利沃夫将军还提供给我一个军乐队,其成员都是从皇家卫队的音乐家中选拔出来的。龙贝格和毛雷尔这两位圣彼得堡宫廷唱经班的领班也参加了演出,担任《玛布仙子谐谑曲》中的铙钹手。参加演出的所有艺术家都充满热情和活力。而且我发现在他们中间有一位我的同胞——技艺娴熟的大提琴手塔让·罗瑞。他是一位真正的、热情的艺术家。他全心全意地帮助我,支持我。我的节目单上的曲目主要有《罗马狂欢节》序曲,《浮士德的沉沦》的前两幕,《玛布仙子谐谑曲》和《葬礼与凯旋交响曲》。演出十分成功。听众的热情充满了整个宽阔的大厅,大大超出了我的预料。听众尤其对《浮士德的沉沦》的反应更为强烈。鼓掌声,欢呼声,要求我再来一次的叫喊声令我头晕目眩。《浮士德的沉沦》的第一幕演出完毕,出席音乐会的皇后令维尔霍斯基伯爵前来找我;我必须要在这个不太适宜的时候觐见皇后。在这个时候,我满脸通红,流着汗水,喘着粗气,领带也歪了,而且还穿着演出服。皇后大大恭维了我一番,还将她的儿子——王子们介绍给我。她和我谈起了她的弟弟普鲁士国王，说他在信中说的话没有说错。她对我的音乐也赞不绝口，对我的非凡的演出效果表示十分惊异。二十五分钟的谈话过后，她说：

"我向您的听众们投降了。他们实在是太狂热了，您不应该让他们久等。他们正急切盼望着音乐会的下半场呢。"

于是我便从会客厅里告退了。我对于皇家的这种额外的恩赐满怀感激之情。

气精们的合唱之后，场内气氛达到了高潮。人们没有想到能欣赏到这么精致，细腻得如游丝，而又如此轻柔的音乐。你只有侧耳倾听才能欣赏这种音乐。真的，这一刻对于我来说，是最心醉的一刻。但我还没有看到军乐队的到来；它要演奏这场音乐会的结束曲《尊为神》。

我害怕在乐曲进行到一半时，军乐队会发出一些嘈杂的声音，这样会影响演出的效果。我没有对他们进行纪律约束。在演奏完《玛布仙子谐谑曲》之后，需要一阵寂静去欣赏军乐队的表演。这时，我突然发现军乐队已经排好了队站在那儿，手中拿着乐器，六十名音乐家一个不缺地站在他们自己应守的岗位上。他们入场直至列好队伍都没有发出一点点声响。人们甚至没有注意到他们的入场。美妙的时刻到了！……

最后，音乐会结束了。在我们互相拥抱，饮了几杯啤酒之后，我就开始检查音乐会所赢得的经济效益：一共一万八千法郎。音乐会的花费为六千法郎，我还剩下纯收入一万二千法郎。

我得救了！

很快地，我就将目标转向了俄国西南方。我又想到了另一方向的法国，我情不自禁地低声嘀咕着这几个词："啊！亲爱的巴黎人！"

十天后，我举行了第二场音乐会，演出效果同样轰动。我有钱了。然后，我动身去了莫斯科。在莫斯科，我遇到了很多物质上的困难。此外，我还遇到了一些三流的音乐家以及拙劣的合唱队员。但是听众非常热情，他们和圣彼得堡的听众一样，给我留下了深刻、美好的印象。我这次一共收益八千法郎。在这次音乐会之后，我又接着往西南方向进发。这时，我又想起了我的那些麻木不仁、冷漠无情的同胞们，我再一次对自己说："啊！亲爱的巴黎人！"万幸的是，这并不是最后一次。从那时起，在伦敦，我经常能够转向东南行进……

在很多人眼中，一个音乐家就是一个能够演奏某一种乐器的人。在他们的头脑中，从来就没有作曲家的概念，尤其是没有那些举行音乐会向世人展示自己作品的作曲家的概念。这些人大概认为，音乐生来就存在于编辑的手中，就好像奶油蛋糕自然就存在于杂食店里一样。人们只是利用一些程序来将它制造完毕就行了。我相信有很多理由导致产生了这种古怪的观念。但它有时缺乏准确性和真理性。但是，当别人向他们谈起作曲家时，没有什么比他们脸上的惊讶更为滑稽的了。

一天，在布雷斯劳，我差点被一位好父亲所侮辱。他非要强人所难，让我给他的儿子上课，教他小提琴。我向他解释了半天也毫无作用。我极力辩解说，如果我要是会拉小提琴这种乐器的话，那一定是出现了一个极大的偶然；因为我在这一生中，还从未碰过琴弓。而他认为我是在说谎，而且以为我是在极力蒙骗他。"先生，您大概把我当成了贝里奥那个著名的小提琴家了。的确，他的名字和我的名字很相似。"

"先生，我刚刚看过您的通告。您后天要在大学的大厅里举行一场音乐会。因此……"

"是的，先生。我是要举行一场音乐会，但我不是拉小提琴的。"

"那您是干什么的？"

"我是让小提琴演奏的人。我指挥乐队。那么您来参加我的音乐会吧，您将会看到一切的。"

直到第二天，这位老先生还是怒气冲冲的。他直到离开音乐厅时，在经过了思考以后，才明白了这样一个道理：一个音乐家也可以不作为一名演奏者而产生出来。

在莫斯科，类似的误解差点造成了严重的后果。贵族会议大厅是唯一适合我举行音乐会的地方。为了取得许可，我由人引导来到了议会宫殿的大元帅家里。他是宫殿的主人，已八十高龄。我向他讲了来访的目的。他首先问了我这个问题：

"您是演奏什么乐器的？"

"我什么乐器也不演奏。"

"那么，您怎么举行音乐会呢？"

"我让音乐家们演奏我的作品，我指挥乐队。"

"啊！啊！这实在很新奇。我还从未听说过类似的音乐会。我很愿意向您提供我们宽阔的大厅。但是，您也许知道，所有的艺术家若想得到我们的许可，都必须在举行过音乐会之后，在贵族的私人聚会上演奏。"

"那么，贵族会议一定有一个乐队喽？这个乐队能够演奏我的音乐。"

"没有。"

"那么，怎样才能演出呢？您总不能要求我付三千法郎去请音乐家来为贵族私人集会演奏吧？这样的租金可太贵了。"

"那好，先生，我只有遗憾地拒绝您了，我没有别的办法可以选择。"

我不得不带着这种奇怪的答复回到了我的住处。跑这么老远来演出的期望被这样一种最奇特最为意想不到的困难所打断了。一位在莫斯科定居多年的法国艺术家马可先生在听我讲了这段经历后不由自主地笑了。由于他认识大元帅，他提议第二天由他陪我去大元帅家中，再做一次努力。但第二次拜访又失败了。我同胞的解释毫无作用，大元帅还是摇着他那白发苍苍的脑袋，仍旧一副毫不动摇的样子。然而，他担心自己的法文说得不太好，而且有时会误解我的意思，于是便把他的夫人找来了。元帅夫人的年纪也同她丈夫的年纪一样大得令人尊敬，但是她面部的线条却显得更加生硬。她来了以后，看了我几眼，听我说了几句话，然后就毫不留情地打断我，用十分流利的法文清楚干脆地对我说："我们不能也不愿违反贵族会议的规矩。如果我们借给您大厅使用，您就要在我们的下次集会上进行乐器独奏。如果您不想演奏，我们就不能借给您。"

"我的上帝！元帅夫人，我以前在演奏古竖琴、笛子和吉他方面有些天才。您在这三样乐器中选一样吧。但是，我已经有二十五年没有动过这三样乐器了。我可以向您保证，我现在演奏得一定糟透了。而且，如果您喜欢大鼓独奏的话，我想我可能敲得会好一些。"

幸运的是，正在这时，一位军官走了进来。他很快就使我们摆脱了困境。他把我叫到一边，对我说：

"柏辽兹先生，不要再坚持了。现在你们之间的谈话已经令尊敬的元帅有些不高兴了。明天请您给我寄来您的书面申请，我一切都会帮您办好的。我就是专门处理这类事务的。"

我只好接受这个建议。而且真多亏了这位热心的上校的帮忙，他们破天荒地违反了会议的规矩。我的音乐会终于得以举行，我也不必非得在贵族集会上演奏什么笛子、大鼓了。当然，这一次我是侥幸地逃脱了。其实，与路经伏尔加而又无法举行音乐会的结局相比我已够幸运了。我曾下定决心，如果非要我演奏不可的话，我就吹三孔笛。这次我算是领教到了莫斯科贵族俱乐部的独特规矩了。这个规矩令我花了一大笔钱。不幸的是，我没有在圣彼得堡听说过这个规矩。因为，在这场由我自己花钱举行的音乐会结束时，很多音乐爱好者都跳到乐队的演奏台上，叫喊着："再来一个！再来一个！您不能就这样走了！"如果我再举行一场音乐会，我的收入会比这一次还要丰厚。但是，我没有场地。贵族会议大厅的条例是固定的。鉴于我对规矩的无知，俄国人已经专门为我破了一次例，而条件是我不能再在此地举行音乐会了。而且，一个作曲家居然什么乐器都不会演奏！……一个什么都不会的人？……然而，在社会的其他阶层，尤其是在音乐天分相对来说较差的中产阶级，这种艰难得几乎是不实际的职业是最为昂贵的一个梦想！

在一些艺术之家，音乐传统持久不衰，这是很自然的，因为有家庭教育和榜样的作用；而且孩子们很容易沿着父亲踏过的道路一直走下去。这种天生的才能有时甚至也像人的长相那样一代一代地传下去。但是相反地，人们却不知道如何去解释这样一种现象：一些奇特的幻想会突然从月亮上掉下来，钻进某些年轻人的脑袋里。

且不说那些固执己见非要花高价去学习一些无用的课程的人组成了一个原始的学校，在那里，连最博学的音乐大师的耐心和天才都无济于事；也不说那些以为学音乐可以简单地通过说理就能学会的人们，就好像学习数学那样；更不用提那些高尚的父亲想让他们的儿子成为上校或是作曲家的想法。但尽管如此，我们还是遇到了很多人对音乐成癖的令人忧伤的例子。这种癖好使得精神上的疾病成为必然。

我在这里只想举两个例子，它们使我不得不开始观察这种现象。我觉得，这恐怕是一种无法治愈的音乐癖好病的一些表现。在这些病人中，一个是法国人，一个是俄国人。

一天，我在巴黎，独自待在家中，十分忧郁。这时有一个人敲我办公室的门。

我开了门，一个十八岁的年轻人气喘吁吁地走了进来。他看起来十分兴奋，一半是因为他头脑中突如其来的想法，一半是因为他是飞奔而来。我对他说：

"先生，您请坐。"

"没关系……我有点……我来……（然后，他像射出了一枚子弹那样）先生，我继承了一笔遗产！"

"一笔遗产？那我向您表示祝贺。"

"是的，我继承了一笔遗产。我来是想问问您：我能否用这笔钱使自己成为一名作曲家？"

"（我睁大了双眼……）您先坐下。我的上帝！先生，您可能具有非凡的洞察力。但那些建立在甚至比较重要的作品之上的预兆通常都是骗人的。不过，若是您给我带来了什么作品的话……"

"不，我没有带来什么作品。但是我会努力去做的。您看着吧，我对音乐有着极高的品味！"

"您也许创作了什么东西，也许是一部交响曲的片断，一首序曲或是一部大合唱什么的？"

"一首序曲？……不……不……不……不，我也不写大合唱。"

"那好！您曾尝试过写四重奏吗？"

"啊！先生！四重奏！……"

"上帝！别费力去写四重奏了；它也许是所有音乐体裁中最难写的。在这方面成功的大师屈指可数。可是，不要追求这么高的目标，您可以给我看一下您的一首简单的浪漫曲，或是华尔兹吗？"

"（几乎有些被冒犯的表情）哦！一首浪漫曲！……不，不，我不作这些东西。"

"那么，您什么也没作喽？"

"是的。但是我会努力干的……"

"但至少您已经完成了和声和对位法的学习，是吗？您懂得歌喉和乐器的音域吗？"

"至于这个……至于这个……不，我不懂和声，也不懂对位法，更不懂配器。但是，您瞧……"

"原谅我，先生。您已经十八九岁了。现在学习这些已经太迟了。最后，我建议您培养这样一种技能，即听到乐章就能识谱。您试着听谱子并把它写下来，这样好不好？"

"我懂得视唱练耳！啊！比如说……好吧！……不，我甚至不认得音符。我什么都不知道。但是我对音乐有着极高的品味。我是多么想成为一名作曲家呀！如果您愿意教给我音乐课程的话，我会每天两次来到您家里，然后在晚上工作。"

我沉默了半晌，以控制住自己的情绪，不让自己笑出声来。我给我这位年轻的"作曲家"列出了一张表，上面全是他必须跨越的确切的具体难关。他只有克服这些困难，才有可能掌握最一般的音乐技能。也就是说，能够写出一些蹩脚的音乐。如此众多的困难是会打消他的积极性的。我还没有忘记列举一些他若想成为一名高水平的作曲家就必然要碰到的障碍。但是，这些都丝毫不起作用。他在听我说这些话时，很不高兴，也很不耐烦。而且他在临走时，还明确表示要再寻找一位大师；他能提供给这位大师他的夙愿以及……他的遗产。上帝保佑他能找到！

我要列举的另一个音乐癖好的例子并不像这个这样可笑。恰恰相反，我要提的是我刚在莫斯科举行的一场音乐会。我刚才提到过这场音乐会。在这场音乐会中，有人递给我一封信，是用非常漂亮的法文写成的。在信中，一个陌生人要求与我进行一次会晤。我赶紧定下了日期。这一次，这个陌生人没有继承遗产。远不是这样。这是一位年轻的俄国人，至少有二十二岁。他的脸长得很突出，有一点怪。他说话措辞讲究，带着音乐迷的无限热情。他刚说了几句，我就被深深地吸引住了。他对我说："先生，我对音乐有着深深的热爱。我自学音乐，但是很不全面，这一点您能够想象得到。莫斯科没有给予我很多资源供我学习。我也没有很多钱可以出门旅行。我的父母曾阻止我走上这条道路，但他们的努力是徒劳的。现在，一个莫斯科的大贵族很想帮助我。他对我父亲说，如果有一位可以信赖的音乐家能够证明我对音乐艺术的爱好，他就将支付我的全部学费。而且他还要送我去德国和法国学习，以师从著名的音乐大师，从而完善我的音乐教育。我现在就请您检验一下我的成果，然后您就坦率地写下对我的音乐才能的评价和意见。无论如何，我都会永远感激您的。但是，如果您的意见是肯定性的，那您就给了我新生了。因为，先生，我要死了。别人让我不得不忍受的限制扼杀了我。我觉得自己长着翅膀却飞不起来。这种极大的痛苦我想您一定能够感受得到。"

"噢！的确，先生。我能看出您在受苦。我会尽力帮您脱离苦海的。请您相信我。"

"万分感谢！明天我就把一些能够请您过目的作品拿过来。"

最后，他欣喜若狂，目光炯炯，仿佛两团火在燃烧。

翌日，他又来了，像换了一个人似的。他的目光忧郁，两眼无神。我从他苍白的脸上能看出他很失望。他对我说：

"我什么也没带来。我一晚上都在翻看我的手稿。但我没找到一份我认为值得带来给您看的乐谱。而且，坦白地说，我认为没有一份手稿能够证明我在音乐方面有才干。我想再写一首作品。我想让您看到更好一点的作品！"

我说：

"很遗憾，明天我要返回圣彼得堡了。"

"没关系，我会给您寄去我的新作的。啊！先生，如果您能体会到我灵魂中燃烧的火焰那该有多好哦！……有时候灵感会向我招手的！……我在城里待不下去了，城里是多么冷酷！我走到城外，走得远远的，来到森林中。在那里，我独自一人，面对着大自然。我听到世界上最美妙的和声，它们微颤着，回荡着，我不禁热泪盈眶。我叫喊着，我的灵魂出窍了，升入了无限的梦境之中……人们把我看成是疯子……但我不是疯子，请相信我，我会向您证明我不是疯子的。"

我再次向这个年轻的音乐迷保证，我对他很感兴趣，我非常想帮助他。他离开了我。我的上帝，我得说，他难道不是具有一些非凡的征兆吗？……这个人也许是天才！……如果我不帮助他，这无异于是在犯罪。的确，如果有必要的话，哪怕只要他能做出一丝努力，我都会愿意为他奉献出我的身心的。

唉！我在圣彼得堡白白等了几个星期。他最终给我来了一封信。信中，这位年轻的俄国人再一次抱歉说，他不能寄给我他的作品。但是，他对自己表示出了极大的失望之情。他在信中说：尽管自己做出了种种努力，但是上帝还是和他开了个玩笑，灵感还是没有出现。

他为什么会对自己的作品做出这样冷酷而谦虚的评价呢？……这个年轻人为什么一会儿觉得自己灵感丰富，能力十足，一会儿又感到自己很无能呢？他力求达到一种什么样的理想境界呢？他为了接近这种境界究竟做了些什么呢？……老天才知道。但是时间证明，这种对音乐的狂热和渴望或多或少都有一些共同之处。而且这种仔细考虑和诗意的野心使得太多的音乐学院里的青年人选择了音乐这个职业，这就好像人们学习裁缝或制鞋一样……不过，音乐迷们虽然和疯子也差不多，但他们至少不会伤害任何人；而且，只要他们的方式不太滑稽可笑，那么它就是感人和诗意的。但是这些音乐工匠对艺术和艺术家却犯着一个基本的错误，一个长期的令人恼怒的错误。那么，由于这些人人数众多，他们天生的智能低下，他们就会腐蚀一个国家的音乐品味。一个最富音乐精神的民族不会存在于一个出产太多平庸音乐家的国度里，而是存在于一个能够产生最多音乐大师，并且音乐美学的情感也最能得以发展的国家里。

　　从建筑方面来说，莫斯科整个城市颇富艺术性，可以算得上是半个艺术城市。我们在那里能够欣赏到新奇有趣的建筑物。但是我在那里待了三个星期，却几乎没有去研究一下莫斯科的建筑。音乐会的筹备工作占去了我所有的时间。由于天气转暖，地面开始解冻，莫斯科城实在是毫无观赏价值。街道上到处都是污水沟和融雪，因而雪橇难以行进。我甚至只能从外边看看克里姆林宫。我已经厌倦了去数它脖子上挂着的由炮弹制成的项链珠……这收集起来的由我们濒死的军队制造的遗留物，令人伤感的战利品……炮弹项链珠有各种型号，它们的尺寸不同，来自不同的国家。印刻在上面的法文字样（残酷的讽刺！）表明了我们法国或是法国的盟国军队也属于这个葬礼收藏的一部分。其中的一枚受到了一个独特的创伤，它在嘴上印着俄国圆炮弹的烙痕。圆炮弹在口上击了一下后，就钻进了弹体内部。我会不由自主地想象，当这次打击发生的时候，它包含着的弹药筒在受到了如此粗暴的一击后的反应……它应该骄傲地相信，拿破仑皇帝如果重新操起炮手的旧业，那么它就可以不再打击任何人了。

　　我在莫斯科曾听过格林卡的歌剧：《为沙皇献身》。

　　宽阔的剧院空空荡荡（难道它曾经满过座吗？我对此表示怀疑）。而且演出场景几乎一刻不断地表现挂满积雪的冷杉林、覆盖着厚雪的莽莽荒原以及浑身雪白的人们。当我一回想起这些，就禁不住浑身发抖。在这部歌剧中，有许多非常高雅和新颖的旋律。但是，我能够判断出，演奏实在是差劲。关于其他方面，我觉得在这个剧院里，尽管经理韦尔斯托夫斯基先生为人热情且知识渊博，但是剧院的排练方式却很奇怪。当我排练《浮士德的责罚》前两场的合唱时，我就发现了这个问题。

有一次，我来到一个大厅里。通常来说，人们都在这里进行合唱排练。我发现有六十多个男女演员排队默默地站在那里。但是他们既没有领唱，也没有伴奏，甚至连一架钢琴也没有，我就问：

"嗯，钢琴在哪儿呢？钢琴家在哪儿呢？"

有人回答说：

"我们这儿的合唱队不用钢琴伴奏。我们唱歌不用伴奏，都是自愿的。"

"天哪！这都是些什么样的音乐家呀！那么，你们的合唱队员是世界上一流的歌唱家吗？"

"噢！不！我们敢肯定不是世界一流的。但这是惯例。我们尽自己所能来进行排练。"

"啊，是这样！这是在开玩笑！……请搬来一架钢琴。我认为这很有必要；你们一定要满足我这个要求。我是一个外国人。我们很快就会找到一个伴奏。如果需要的话，我起码还能弹几下来伴奏；这总比没有伴奏强。"

大大出乎合唱队员的意料之外，钢琴居然运到了。通过一个偶然机会来此的德国出色的音乐教授盖尼斯塔先生欣然接受了伴奏的任务。我们终于可以让合唱队员们唱《浮士德的沉沦》的乐谱了。经过几次排练之后，合唱队的表现平平。但我发誓，如果这些合唱队员真的能够通过反复练习，结结巴巴地识谱，同时用时间的积累去弄懂整个剧本的话，那么我们就必须承认，俄国人是具有这种特殊才能的。而其他各国的人民从未怀疑过这种才能的存在。他们这次还是用德语演唱，就像他们在圣彼得堡的同行们做的那样。但是扮演浮士德的列昂诺夫先生和扮演靡菲斯特的斯拉维科先生（两位俄国歌唱家）有幸用法国北方的法语来对唱……这是一个进步，至少歌剧中的两位男主角能够用同一种方言对话。正像马尔科先生对我说的那样，在俄国定居的撒丁岛小提琴家格拉西先生的确帮了我的大忙。他帮助我筹备音乐会。几乎与我同时到达莫斯科的著名大提琴家博雷尔先生也真诚地帮助我；答应加入我的乐队。尽管我的乐队中的大提琴手很少，但他们演奏的品味很高，而且十分准确。这些艺术家的演奏手法很简洁，他们不会在这种情况下出错的。

我的音乐会的节目单和《浮士德的沉沦》中大学生们唱的那段拉丁文歌曲受到了新闻审查。歌词如下：

> 在月亮朝我们露出笑脸的时候，在夜晚降临时，来吧，来追求这些年轻的女子吧。为了明天，幸福的凯撒们对我们说：我来过了，我看到了，我征服过了。①

新闻审查官先生宣布不能允许这样一首可耻的歌曲上演。我向他说明，在圣彼得堡，《浮士德的沉沦》的整个剧本已通过了新闻审查，我还向他出示了盖有官方印签的文件。但这一切都没有用。他幽默地回答我："圣彼得堡的新闻审查官可以把这认为是件合乎规矩的事情，但是我不会去模仿他的。这首有问题的歌曲很不道德，必须删去这一段。"然后，他就在剧本上删去了这一段……大家可以想象，我是不会在我的乐谱中删去一段而使其成为一部羞羞答答的作品的。如果我真的这样做了，那才是真正的不道德。于是最后，我们还是上演了那段违禁的歌曲，只不过是用一种没人明白的方式来上演的。

这就是为什么莫斯科人民是天下最道德的人民，而且当月亮露出笑脸时，大学生们也不会跑到城里去追求年轻的姑娘们。

在莫斯科，有很多出色的音乐爱好者和才华横溢的教授。除了几位我在上文中已经提到的音乐家之外，我还要特意提一下格拉齐亚尼先生。他是巴黎原意大利剧院中的一个最为出色的演员的长子。

在一所由皇后直接领导的非常棒的女子学校里，学生们必须接受严格的、甚

---

① 1854年，一位德累斯顿的评论家曾冠冕堂皇地反对这首歌曲。他保证说，德国的大学生是有着良好修养的年轻人，他们是不会在月光下追逐轻佻的女人的。这个纯洁的评论家在文章里难道没有指责我诽谤靡菲斯特，说他欺骗了浮士德吗？"德国的靡菲斯特……是个诚实的人，他填写了让浮士德签字的合同条文。然而，在柏辽兹先生的作品中，他却使浮士德走向了深渊，使他相信他已经把自己扔进了玛格丽特的监狱里。这是一种侮辱！……"从我的立场来看，这难道不也是一种侮辱吗？这位迷人的评论家在德累斯顿城里是长期引发人们欢笑的源泉。我相信人们现在说起他时还会发笑的。——作者注

至是很残酷的音乐训练,来作为她们所受教育的辅助教育。我曾听过该校中最出色的三名钢琴演奏者用羽管键琴演奏一首d小调的三重协奏曲。她们演奏的效果并不太令人满意。然而,她们的校长莱因哈特先生是一位可爱而富有智慧的人。他也是一位出色的音乐家。我甚至认为,他让学生们演奏这样一首乐曲时,并没有要让我不快的意思。

这一时期的莫斯科还有一位迷人的小天才。他就是奥尔加·多尔戈鲁姬公主的儿子,今年十岁。他演唱音乐大师们创作的悲剧选段和自己创作的浪漫曲时的智慧与激情真是吓坏了我。

由于莫斯科的一些好友和定居莫斯科的一个法国家庭的极力邀请,我不得不在音乐会之后再次前往俄帝国的首都。我去那里是为了排演我所作的交响曲《罗密欧与朱丽叶》。盖德奥诺夫先生曾答应过我,要让我在大剧院里好好地演奏一次这部交响曲。

第五十六章

重返圣彼得堡；两度在大剧院上演《罗密欧与朱丽叶》；罗密欧坐在轻便马车里；恩斯特；恩斯特的天才；音乐的追溯性。

到达伏尔加河岸边的时候，我平生第一次看到了俄国的河流在解冻时的溃败之势。我们必须要在左岸等五个小时，等冰块变得不那么坚硬时再动身。最后我们坐在一艘小船里冒险渡河。小船不时地从左摇到右从右摇到左，以避开坚硬的冰块。浮冰缓慢地不停运动，时而发出神秘的劈劈啪啪声。承受箱子巨大压力的小船以及船夫担忧的神色和叫喊声都令我感到很有趣。我觉得我在踏上彼岸时的那一刻感到了一种真正的欣悦。

太阳终于露出了笑脸。尽管光线暗淡，但它毕竟升起来了。邮车穿越各个村庄。我多次看到孩子们只穿着衬衣在雪堆上玩耍嬉戏，就像我们的孩子夏天在干草垛上玩耍那样。俄国人真是耐寒，他们的身上仿佛穿着厚厚的盔甲。

重返圣彼得堡不久，我就开始在大剧院里排练《罗密欧与朱丽叶》的合唱部分。这时，盖德奥诺夫先生表示十分欢迎我上演这部作品。

我问阁下：

"我得排演多少次呢？"

"多少次？当然是随您的便了！您愿意排练多少次就多少次。每天都可以排练。当您前来对我说一切都准备好了时，我们就宣布举行音乐会。如果您没排练好，我们是不会提前宣布的。"

"谢谢您。预祝您度过美好的时光。我们会尽力而为的。"

事实上，就像我以前说过的那样，如果我们不作有规律而连续的彩排，就像排练一部应该用心去演唱的歌剧那样的话，这部交响曲就不会上演成功，甚至都无法继续下去。这就是为什么这部交响曲只在圣彼得堡才稀罕地以一种充满活力和宏伟的方式演奏成功的原因。

我拥有一个规模庞大的男声合唱队，而且还有六十名嗓音嘹亮的女高音和女低音歌手。她们的音乐水准都很高，都是我们从当地的意大利剧院、德国剧院和戏剧学院的合唱队员中挑选出来的。戏剧学院类似于巴黎音乐学院，它教给学生音乐、法语和戏剧表演。

排练分三个部分进行。最后，当三个部分都熟练掌握了各自的那一部分之后，我们就合在了一起。终曲的合唱效果简直是好得不能再好了。此外，费尔辛饰演劳伦斯神父，瓦尔克夫人在序幕中演唱次女低音的片断。霍兰德（一位有思想的男演员，他念白的水平比较罕见）在《玛布仙子谐谑曲》中饰演一位角色。音乐会是由皇家出面组织的。这样说来，其演出水平就应该非常高。事实上，这次演出的效果也的确很出色。我认为这是我一生中最大的快乐之一。而且，在那一天，由于我的心情与状态都出奇的好，我居然没有犯一个错误。我是很少遇见这样的事的。大剧院里坐满了人，制服、肩章、钻石都闪着亮光，大厅里流光溢彩。听众多次要求我重演，我都数不清他们喊了多少次了。但是说实话，那一天我并没有太注意听众的反应。但是我对这首经我自己谱曲的莎士比亚神圣的诗歌印象极深，所以终曲过后，我浑身颤抖，躲进了剧院的一间房屋里。过了一会儿，恩斯特才找到我，他发现我哭成了泪人。我自言自语道："啊！神灵！我终于了解了它！"他走近我，扶着我的头，让我放声痛哭，就像对待一个神经不正常、歇斯底里的女孩子那样。这样一直过了十五分钟。大家想象一下，如果一个在巴黎的圣·德尼斯大街上的资产者，或是剧院的一个经理（当然总是巴黎歌剧院）目击此番情景会作何反应？再试图去猜一猜，他们能懂得多少在艺术家心中随着激流和电火而产生的夏日风暴？能懂得多少艺术家对少年时代的初恋和对意大利的蓝天的所有遥远的回忆？而这些回忆在莎士比亚那天才的热情光芒的照射下在他们的心中又重绽花朵。他们又懂得多少那被人朝思暮想、追寻着但却又从未得到的朱丽叶的芳踪？懂得多少这种在爱和痛苦的折磨中的不断发现？懂得多少那最终在旋律的世界里被唤醒了的喜悦之情？……如果你们能够想象的话……，再看一看他们眼中的直率，他们的嘴巴张得有多大，他们的表情有多么惊讶……这个资产者会说："这位先生病了，我会给他端一杯糖水来。"而剧院经理则会说："他太矫揉造作，我会给他介绍一些协调的音乐……"

平心而论，尽管听众热情欢迎我的大型交响曲，但我还是认为，这部交响曲的多样形式以及终曲时的那些忧伤的神圣会令听众有些厌倦。他们更多的是喜欢《浮士德的沉沦》，而不是《罗密欧与朱丽叶》。当我们宣布第二场演出的消息时，我发现了这一点。剧院的收银员对于第一场的经济收益非常满意。但他说，如果我在下一场演出时不上演至少两幕《浮士德的沉沦》的话，那么演出的效果可能就不会太好。于是我就接受了他的建议。

有人告诉我，在出席第二场音乐会的听众当中，有一位身着意大利剧院服装的夫人。她很有勇气，值得我们学习。她无法忍受别人说她不能以同样的音乐来取悦听众。当她从包间里走出来时，她对自己能够待到音乐会结束才离开感到十分自豪："的确，这是一部十分严肃但又非常易懂的作品。在引子那非凡的配器效果中，我马上就明白了，我们是在听'罗密欧坐着轻便马车赶来了'的那场戏！！！……"

我在圣彼得堡时最不幸的作品就是《罗马狂欢节》的序曲。在我第一晚的那场音乐会上，这首曲子几乎没有被人注意到。米歇尔·维尔霍斯基伯爵向我承认道，他对这首序曲是一点儿也没听懂。我也没有再次上演这首曲子。如有人对维也纳人说这事，那他们大概是不会相信这件事的。就像戏剧和书籍，玫瑰和蓟草那样，乐曲也有它们自己的命运。

我差点忘了说，我在费尔辛大剧院举行的义演晚会上，也担任了我所创作的《幻想交响曲》的指挥。而且，在这次晚会上，达姆克这位优秀的作曲家、钢琴家、指挥家和评论家非常好意地赶来助兴。他担任了定音鼓手的角色，并在钢琴上弹下在这部作品的终曲中代表致哀炮的两个低音。

在我创作的所有作品中，《罗马狂欢节》的序曲是长期以来在奥地利最流行的乐曲，奥地利的任何地方都演奏这首序曲。我记得我在维也纳逗留期间，围绕这首序曲发生了很多小小的花絮，它们都值得一叙。音乐编辑哈辛格举行了一场音乐晚会。在这场晚会上，除了其他节目，人们还要用两架钢琴来演奏这首序曲。

在这场音乐会上，当轮到演奏这首乐曲的时候，我坐在面朝客厅的大门旁边。客厅里，五位演奏者正在表演。他们开始演奏第一个快板，但速度极慢；行板也是如此。当他们再次以一种比第一次更拖沓的速度演奏快板的时候，热血涌上了我的脑门，我的脸涨得通红，变成了猪肝色，我无法控制自己愤怒的情绪，对他们喊道："这不是狂欢节，这是封斋期，你们演奏的正是罗马的周五圣日！"我在听众中喊了这么一声后，感到十分轻松。现场没能恢复安静，序曲在笑声和交谈声中结束了。我们的这五位演奏者始终保持平静，什么也没能扰乱他们那四平八稳的态度。

几天后，德雷肖克要在音乐学院的大厅中举行一场音乐会，他邀请我来指挥他节目单中的这首序曲。

他对我说："我想使您忘记哈辛格举行音乐会的那一夜他们所演奏的'封斋期'。"

他已经雇用了肯特尼托乐队的全体成员。我们只排练了一次。在序曲刚刚开始的时候，一位会说法语的第一小提琴手向我耳语道："您将看到我们与这些维也纳剧院（我举行过音乐会的波克尼剧院）的小角色们的区别。"他说的确实有理。从未有过其他什么人比我用了更多的热情、更高的准确性和更有序的火爆来演奏这首序曲了。乐队演奏得多么响亮呀！多么和谐的和声呀！只有用这种同义迭用才能表达我的思想。这样，在我举行音乐会的那天晚上，这首序曲就像在人工烟火中的一条金蛇那样腾飞了。听众喊叫声，踩着脚，让我们再来一遍。这种情景只有在维也纳才能见到。这种不合时宜的激情场面妨碍了德雷肖克个人的成功。他非常愤怒，甚至撕碎了手套，并且幼稚地说："真希望我们永远也不要在我的音乐会上演奏这首序曲！……"他看着我，表情十分愤怒；我在他的眼中，就好像做了什么可耻的事情似的，成了一个罪人。但我得说，他这种可笑的坏情绪并没有持续多久。几周后，我在布拉格时，又觉得他对我充满了真诚之意。

我刚才提到过恩斯特。实际上，他是与我同日抵达圣彼得堡的。我们以前在俄国曾偶然相遇过，这就像我们以前在布鲁塞尔、维也纳、巴黎曾相聚过一样。在那里，在我们之间的艺术生活中发生了很多小插曲，它们加强了我们之间的联系。事实上，我们已经建立起了友情。我对他怀有最强烈最深刻的欣赏之情。他是一位如此高尚的人，一位多么值得一交的朋友，一位多么伟大的艺术家呵！

人们曾把恩斯特与肖邦进行比较。从一些方面看，这种比较是公正的。从另一些更为重要的方面看，这种比较又是完全不公正的。从纯音乐的角度来研究，这两位艺术家在根本上是完全不同的。肖邦不太限制节拍；照我看来，他有些太过于追求节奏的解放了。而恩斯特呢，他有节制地选取一些为艺术所允许的东西，并且充满激情地表达经常需要的合理的解放。所以，他还是一位时代性的音乐家，韵律节奏感很强；即使在他最大胆的随想曲中，他的音乐风格也一定是沉着冷静的。肖邦不能按规则来演奏音乐；而恩斯特如果愿意的话，是能够暂时脱离规则去更好地感受他所遇到的音乐的强大魅力的。我们应该听听他演奏的贝多芬的四重奏，以欣赏一下他在这方面的才华。

在肖邦的作品中，他所有的注意力都集中在钢琴部分。他的协奏曲中的乐队效果冷冰冰的，伴奏效果几乎没有；而恩斯特的作品正好相反。他为管弦乐队谱写的作品能够以一种非凡的机制和一种交响性的兴趣把以前不可调和的音乐品质集中起来。他让独奏占主导地位，但同时也不能让整个乐队失去其作用；这也是贝多芬的主张。贝多芬也是第一个在这方面获得了极大成功的人。还是贝多芬，他通过独奏来使乐队起主导作用。而在我看来，在恩斯特、维厄当、李斯特和其他一些音乐家的天平上，独奏和乐队是旗鼓相当，不相上下的。

于是，我坚持以下观点：恩斯特是我所见过的最富魅力、最幽默的音乐家。他是一位伟大的音乐家，也是一位伟大的小提琴家。他也是一位全面的艺术家，存在于他身上的表现才能占主导地位。他身上的音乐艺术的根本品质从来没有出现过什么错误。他具有一种艺术家罕见的组织才能，即不需要反复试验就能强烈地表现或演奏出他所构思的东西。他寻求进步，并用尽艺术所包含的所有资源。他在小提琴上用音乐语言来讲述那些优美的诗歌。他全面地掌握了这种音乐语言。肖邦是独一无二的沙龙和私人聚会中的演奏高手。而恩斯特从不惧怕剧院、大厅、听众和疯狂的人群；相反地，他爱他们。而且，他就像李斯特那样，只有面对起码二千名他要征服的听众，才会显示出从未有过的强大和力量。如果我以前还没有这种确信的话，那么他在圣彼得堡剧院的音乐会上就给了我这种信心。我们必须明白这一点，当他以一种宏伟的风格演奏他如此激情四射又经过如此巧妙构思的作品后，他就被掌声所压倒，出来向听众致谢，同时又给他们加演《威尼斯狂欢节》的变奏曲。这是他敢于继帕格尼尼之后没有模仿他的创作风格而创作的变奏曲。在这首高格调的幻想曲中，作者将某种天才的怪异以一种如此灵巧快捷的方式加入其中，致使最后在曲子结束时听众不再感到任何惊讶；但乐曲却在单调的威尼斯曲调的伴奏下平息下来，就好像小提琴独奏的随想曲没有将最生动的旋律瀑布流泻到最出人意料的有趣的腾跃中去似的。在这种令人好奇的优美旋律的成功展示中，恩斯特看似笨拙而漫不经心地演奏着，但他却总是能够将听众吸引住并使之着迷。如果克雷斯佩尔，这位克雷莫内名小提琴的拥有者，能够加入音乐精神的这些不可思议的嬉戏中去的话，那么我们可以相信，这位可怜的人仅存的一点理性也会很快消失，他对安东尼亚的去世所感到的痛苦也会少一些。

从那时起，我就经常听到恩斯特演奏这些变奏曲。最近的一次是在巴登；那次我的感受很独特。当威尼斯的主题在富有魔力的琴弓下出现的时候，时间好像已是深夜了，而我却感到自己仿佛是在圣彼得堡的一个灯火通明的大厅里。我感受到我在美妙的音乐会之后感到的那种神经上的奇怪而轻柔的疲倦。空中弥漫着激动的嘈杂声和笑声，而我陷入了一种浪漫的感伤中。以前我从未出现过这种感伤、要抵制这种感伤对于我来说简直是一件非常痛苦的事情。

…………

除了音乐，没有任何别的艺术能够具有这种使人追溯往事的能力；甚至连莎士比亚的艺术也不能将过去诗意化。因为只有音乐才能与想象、精神、心灵和感觉对话，并且从精神和心灵对感觉的反应或是感觉对精神和心灵的反应中产生可以感受到的音乐形象。这种音乐形象只有具有特殊机制的人才能感受到，而其他的人（未开化的人）却永远也不能感受到。

俄国纪行（续）

我返回了里加；柏林；《浮士德的沉沦》的上演；在无忧宫的一次晚宴；普鲁士国王。

封斋期结束了，没有什么理由可以让我留在圣彼得堡了。于是，我决定离开这座耀眼的都市。我是怀着深深的惋惜之情做出这一决定的。这里的好客之情对于我来说是极其珍贵的。路经里加时，我有了一个别出心裁的想法，那就是要在这里举行一场音乐会。这一场音乐会的收入与支出刚好相抵，但是我由此认识了几位艺术家和优秀的业余音乐家。其中有唱经班领班沙麦科·马丁松先生和邮局经理。后者对于我要在里加举行音乐会的计划表示十分赞同。他对我说："我们这座小城与圣彼得堡很不一样，我们大都是商人。目前，这里的每个人都忙着买卖小麦。听众最多有一百来个夫人。男人是一个也不会去的。"他估计错了：我有一百三十二名女听众和七名男听众。最终，音乐会结束时，我甚至有三卢布（十二法郎）的经济收益。这位邮局经理甚至认为我的样子长得不像是干我这一行的。他说："您看起来不坏，先生。但是我在认真拜读了您的作品后，我预想中的您应该是长着另外一副面孔的。因为，魔鬼已经把我的灵魂带走了！您不是在用一支笔创作，而是在用一把匕首创作。"无论如何，我所持的匕首的尖端没有涂上毒药，而且人们自愿赋予我的割喉宰杀的可贵的恶行①也进展得很好。此外，我在里加还获得一笔巨大的财富，这是我远远没有预想到的。德国优秀的演员鲍迈斯特在这里参加了演出，他扮演……哈姆雷特！

　　五周以前，我在莫斯科收到了德·罗登伯爵的一封信，他在信中向我表达了普鲁士国王渴望欣赏我创作的浮士德传奇的愿望，并且希望我在返回的途中在柏林逗留一下，以便让国王能够欣赏到《浮士德的沉沦》。国王将歌剧院及其所有的资源都划归我使用，并且保证我会得到一半的纯收入。我实在是太感谢国王如此殷勤的厚待了。于是，我又在柏林停留了十多天，去组织《浮士德的沉沦》的上演。这次演出无论从乐队还是从合唱队方面来讲都是非常出色的，但是其他环节实在是太薄弱了。对扮演浮士德的男高音和被玛格丽特的声音所压倒的女高音的选择是我所犯的最大的错误。听众对于图莱（Thulé）国王的叙事曲喝倒彩。（而在这以后，在世界的其他地方，人们却对此曲都报以热烈的掌声。）但是我无法知道这种场面是否是针对作曲家还是女高音，抑或是两者都包括在内呢？看来第二

---

① 奥赛罗谈到伊阿果时所使用的表达方法。——作者注

种假设最有可能。有人对我说，剧场的正厅挤满了心怀不满和愤怒的人们。他们不明白，为何一位法国人如此傲慢不逊，居然将德国的民族杰作改编了。大厅里还有一些是拉兹维尔亲王的忠实拥护者。这位亲王在一批真正的作曲家的帮助下，已把《浮士德的沉沦》改编成了歌剧。在我的一生中，我还从未见过一个盲目崇拜自身、而无法容忍外国东西的荒唐可笑的排外的民族……此外，这一次，还有一部分剧院的工作人员也反对我。几年前，我撰写的关于柏林的信件就已被加蒂先生翻译成德语，并在汉堡出版。这些信件使我失去了德国人民对我的欢心。这些信件现在在我的回忆录中重新亮相。我们可以相信，在这些信中，没有任何伤害柏林那些演奏家感情的地方。相反，我在有保留地批评他们的一些无关紧要的细节的同时，又在以各种方式称赞他们。我称这支乐队是一支非常棒的乐队。我宣称这支乐队拥有卓越、准确、整体力量和精致的品质。但是我的罪过就在于将他们中的一些名家与巴黎的那些名家进行了比较。我承认（我出于愤慨，浑身都颤抖了起来！），关于那些长笛演奏家，我们巴黎的演奏家的确比柏林的略胜一筹。然而，就是这几句简单的话语，已经在柏林第一长笛手的心中埋下了仇恨的种子。最后，他终于使他的同行们相信，我说了柏林的乐队无数污蔑的话语。这样，他的音乐同行们也开始分享起他的狂怒了。这也就是要写文章评论音乐家是一件十分危险的事情的一个新的证据。一旦您不幸写了点有锋芒的东西，那就意味着您要被他们自尊心的狂风所吹倒。在评论一位歌唱家的时候，我们很少会招致他的竞争者产生敌意。相反，这些竞争者会认为您没有认真细致地评论他。但是一位享有盛名的音乐家总是会认为您批评了他，那就等于是侮辱了他所属的那个整体，而且他会使他的同行们相信这个愚蠢的道理。有一天，在巴黎排练《本韦努托·切利尼》的时候，当我指出乐队的第二法国号手（梅弗瑞得先生———一位有思想的人）在一段非常重要的乐曲中犯了错误时，梅弗瑞得先生十分平静并且万分礼貌地做出了如下举动：他站起来，失去了他的全部思想，并喊叫着："我就是按照乐谱的本来面目来演奏的！为什么您要轻视乐队？……"而我则以更为平静的语气回敬他说："首先，我亲爱的梅弗瑞得先生，这完全不是乐队的问题，而仅仅是您个人的问题。其次，我并没有轻视乐队，因为轻视是一种怀疑的态度，而我万分确信，您的确是犯了一个错误。"让我们回到柏林的乐队上来。在排练《浮士德的沉沦》时，我无需花费太多时间就认识到了乐队成员们对我的敌视态度。每当我进场时，乐队都以一种礼貌的态度欢迎我。在排练过最好的乐段之后，他们敌意的沉默，他们愤怒的目光，尤其是长笛手们的目光，以及另外一些音乐朋友的暗示，都使我对他们的敌视态度丝毫不感到怀疑。那些音乐朋友对他们同行激烈的敌视态度感到十分不满，但又不敢公开向我鼓掌。还是他们中间一个会说点法语的人，有一天在剧院里，在我们排练之后，他走过我身旁的时候，向我悄悄地说了几个字："先生！La mousik（音乐）……实在是太棒了！……"至于那段叙事曲的几位吹奏者，我更是有理由去轻视（这里恰恰是说这个词的地方）他们了。他们与柏林乐队中那些伟大、心怀宽广、无可比拟的笛手的确有异曲同工之处。我重复一句：不管怎样，这个乐队的演奏还是绝妙的，无可指责的；合唱队的表现也是一样。

伯蒂舍尔扮演靡菲斯特，他不愧是一位优秀的音乐家和真正的艺术家。在气精们的那场戏之后，听众叫喊着："Da capo！（再来一遍！）"但是当时我的情绪却很糟糕，不想再指挥一遍这首乐曲。普鲁士亲王夫人有两次在早晨八点钟来到冰冷黑暗的歌剧院大厅，来看我们的排练。她向我尽述了各种令人如沐春风的话语。国王也派梅耶贝尔前来看望我，并赠送我红鹰十字肩章，还邀请我大后天到他的无忧宫去赴晚宴。梅耶贝尔和斯庞蒂尼长期以来的死对头、大评论家雷尔施塔博在口头上向我表达了友谊和敬仰之情后，却又在《国家报》上猛烈地抨击我，甚至达到了无以复加的程度。——而这对于我来说，又是一种最大的成功。无忧宫的晚宴十分迷人。洪堡先生、马蒂厄·维尔霍斯基伯爵和普鲁士亲王夫人都在来宾之列。在用完晚餐的甜点之后，我们来到宫中花园喝咖啡。国王手中拿着一杯咖啡在花园中散步。他在一间亭阁的台阶上发现了我，就远远地向我打招呼：

"哎！柏辽兹，请过来。对我说一说关于我姐姐的事，还有你的俄国之行。"

我赶紧走了过去。我也不知发了什么疯，对我那尊严的东道主滔滔不绝地讲了很多话，使得他的情绪高涨，异常兴奋。

他问我："您学过俄语吗？"

"是的，陛下，我会说'Na prana, na Leva'（向右拐，向左拐），来给雪橇夫指路。当雪橇夫迷路时，我还会说'Dourack'。"

"Dourack这个词是什么意思？"

"就是蠢蛋的意思,陛下!"

"啊!哈!哈!蠢蛋,陛下;蠢蛋,陛下!这实在是太逗了!"

国王爆发出一阵大笑。他自己的肚子和手臂也突然抖动了一下,几乎把杯子里所有的咖啡都泼在了沙地上。我毫无顾忌地和他一起笑了起来。这一笑使我一下子变成了一位重要人物。亭阁里的朝臣、官员、绅士和内侍们都注意到了这一幕。他们马上想到要与这位令国王开怀大笑并与国王一起如此亲昵的人搞好关系。于是,我刚回到亭阁里,就被一群我完全不认识的贵族老爷包围起来。他们向我致以深深的敬意,并谦逊地报上他们的姓名:"先生,我是某某亲王。我非常荣幸能与您相识。""先生,我是某某伯爵,请允许我对您刚刚取得的成功表示祝贺。""先生,我是某某男爵。我很荣幸,六年前在不伦斯瑞克就见到过您,并被您的作品迷住……"等等。我不明白自己怎么能突然之间就拥有了普鲁士王宫的信任。最后,我想起《胡格诺派教徒》中第一幕的场景:拉乌尔在收到玛格丽特皇后的信之后,发现自己周围顿时有一群人对他唱着各种音调的卡农曲:"您知道我是一位可靠而温情的朋友!"他们把我当成国王的一个有权势的宠臣了。宫廷是一个多么可爱的世界呀!……

我既不强大也不受宠,但我至少深深感到了普鲁士国王的善意。有一天,我们之间进行了一次严肃的谈话。我说的话并没有恭维的意思:

"您是艺术家们真正的国王。"

"为什么这么说呢?我为他们做了些什么?"

"仅仅从音乐家的角度来说,您就已经为他们做了很多。陛下。您已经补偿了斯庞蒂尼和梅耶贝尔;您促使他们的作品得以完美地上演。您使格鲁克的杰作在上演时的场面很宏伟壮观;这种场面除了在柏林,我们在世界的其他任何地方都不可能见到。您使索福克勒斯(古希腊的剧作家)的《安提戈涅》上演;并且,您为了表现这次古代起义,还让门德尔松写了合唱曲。您还让这位大师着手谱写莎士比亚的一部欢快的幻想作品《仲夏夜之梦》。等等。还有,您对所有音乐创意的直接兴趣成为一种对音乐家的有效激励,以及对他们工作的一种不间断的奖掖。陛下,您的这种支持还会令音乐家们不断努力,并使他们愿意为之付出代价。这在欧洲也是独一无二的。"

"好了,您说的也许是真的。但是我做的不值得您说这么多。"

的确,这是真的。现在的情况已经不同了。普鲁士国王并不是欧洲唯一一个对音乐感兴趣的君主。其他还有两位君主是:汉诺威的年轻国王和魏玛的大公。这样一共是三个。

第五十七章

巴黎；我为罗克布兰与迪蓬谢尔先生提名，让他们当上了歌剧院的经理；我与罗克布兰和迪蓬谢尔先生相识；《哭泣的修女》；我动身去伦敦；特鲁里街剧院的经理于连；教士应该以圣坛为生。

我刚刚回到法国，就匆忙赶回家中住了几天。我离家已经太久了。我把我的儿子带给我父亲看；他还不认识他的孙子呢。可怜的路易！他是多么有幸能够受到他的祖父母和家里老仆人的热情款待呀！他曾经和我一起跑在田野上，手里拿着一把小手枪！前天我收到了一封他从阿兰群岛寄来的信。信中，他对我提起了这件事，并回忆起了在圣安德烈度过的那半个月。那是他一生中最幸福的一段日子……他现在成了英法舰队一艘战舰上的一名海军。英法舰队现在封锁了俄国在波罗的海的海港。他每天都在海上待命，这实在是水中的地狱呀。这种想法扰乱了我的心思和头脑……一个什么都不爱的人实在是太幸福了……是他自己选择了这个职业。为什么当时我没有反对他的这一决定呢？……但这毕竟是一项高尚的职业。而且那时我们没有考虑到战争……这些无数可怕的搞破坏的手段！我希望他能够健康平安地回家来……这些他不得不为之服务的大炮的无数零部件！这些红色的圆炮弹！这些火箭！枪林弹雨！大火！水路！爆炸！……啊！我要发疯了！……我写不下去了！……

（两天以后）

我一直在想这件事情。说说别的事情吧。一场海上战争……现代海上战争……我的《回忆录》进展得太慢了。写作是很令人烦心的一件事，也许阅读也是一样的。写作有什么用呢？……让我们尽可能地缩短发生过的事实吧，也不需要什么思考和评论了。我那亲爱的可怜的孩子！

在这次去多菲内远足后，我又回到了巴黎。现在正在轰炸……此时我的儿子也许正处于战火之中……

列昂·皮耶先生即将离开巴黎歌剧院的领导岗位。内斯托尔·罗克布兰和永恒的迪蓬谢尔先生联合起来，共同努力争当他的继任者。为此他们一起找到了我的住处。

他们对我说："您知道，皮耶先生要离开歌剧院了。我们两个都有机会进入歌剧院的领导层。（迪蓬谢尔可以说：我有机会返回歌剧院的领导层。）但是内务部长并不喜欢我们，只有您才能通过《辩论报》的总编去改变他对我们的看法。您愿意求阿尔芒·贝尔坦先生为我们在部长面前说几句话吗？如果我们当选的话，我们将为您在歌剧院保留一个好职位。我们将任命您为歌剧院的音乐部领导，外加上乐队指挥。""对不起，乐队指挥的位置已经归我的一位老朋友吉拉尔先生所有了。无论如何，我都不愿让他失去这个职位。"

"那好吧。歌剧院需要两位指挥；我们不想让你们产生矛盾，这没什么好处。我们会在吉拉尔和您之间将指挥的职能分成两个相等的部分。这件事交给我们办吧……一切都会如您所愿的，您一定会满意的。"

我被这些十分动听的话语所诱惑，就去找了贝尔坦先生。他对这两个人不太信任，犹豫了一阵后，他还是答应在部长面前为他们说好话。于是，这两个人被任命为剧院经理了。

他们两位刚刚登上了经理宝座，就对我采取了各种侮辱性的行为。罗克布兰和我定好约会但却公然失约，迪蓬谢尔也效仿他。他们曾让我在剧院候客厅里苦等了整整两个小时。最后，当两位经理中的一位好不容易来了之后，他又对另一个人的缺席表示遗憾，并说因为另一个人没有到场，所以他自己一个人也无法和我商谈业务。我很快就明白了这两位先生的居心。这种行为使我十分愤慨；人们可以毫不费力就看出我的这种愤慨之情。但我却没有将其发作出来，我决心看一看他们将要表演到什么程度。我坚持像人们说的那样，要把他们打倒在地，并让他们永远也站不起来。最后，我达到了这个目的。我来来往往赶赴剧院也不知有多少回了，也不知赴了多少次未能如约的约会，我必须要找到一个三个人都在场的机会，然后再开始明确地否定自己以前曾经说过的话。他们不知道如何在剧院里给我安排一个位置，也许他们可以让我作合唱部领导，但我却不会弹奏钢琴，而这对于排练来说是必不可少的。吉拉尔也不能允许乐队里有一个与他平起平坐的人。他说:"一个王冠不能两个人瓜分。"等等。总而言之,阻力实在是太大了。但他们最厉害的一招儿还在后面!

长期以来,我一直在为一部五幕大型歌剧(《哭泣的修女》)作曲。这是列昂·皮耶先生请我作的。斯克里布已经草拟了脚本,我和皮耶先生也已经签订了合同。大家能够想象吗?我和罗克布兰先生在谈话时,他居然当着我的面说这样的话:

"您有一部斯克里布的歌剧脚本,是吗?"

"是的。"

"好吧!您想要把它作成什么?"

"当然是现在正在创作的歌剧了!"

"但是,您知道,根据内务部的条文,剧院雇佣的艺术家是不能上演自己的作品的。如果您想要在剧院里谋职,那您就不能上演您写的歌剧。"

"噢!我并不想写出一打作品来。先生,请您保持冷静。如果我的一生能够创作出两部优秀作品的话,我就感到万分幸福了。"

"都一样;您只要上演一部作品,那也是绝对不允许的。您的修女会流产的。您应该将剧本交出来,我们会让另外一位音乐家做这件事情的。"

我还是控制住自己的怒火,以一种哽住的声音回答:"拿去吧!"

从这一刻起,我们之间的谈话就变得越来越混乱而无用了。我早就猜透了他们的用心。我的怀疑更得到证实了。他们的目的就是要摆脱我。他们不仅不想实现自己许下的诺言,而且还把我看成是一个荒谬而危险的作曲家,我不会为他们带来任何好处,我只能危害剧院的良好声誉。他们已经下定了决心,不能让我的作品在歌剧院里上演。他们要取消上一届经理已经交给我做,我也已经开始做的工作。

迪蓬谢尔一句话也没说。他对他同伴的厚颜无耻感到有些尴尬。尽管他对我的音乐价值有眼无珠,也不想让我得到这个应得的位置,但他还是认为,即使不赶快做出牺牲,让我上演我的这部他们认为理所当然会失败的作品,那至少也要掩藏这种十分伤害我的想法。

大家可以相信,这两位先生对于我的作品的态度还不是令我最恼怒的事情。我以前经常听到他们表达他们对贝多芬、莫扎特、格鲁克以及所有音乐之神的极端蔑视。而且我对于他们假装出来的热情更是感到羞耻。但是，他们这种极端的忘恩负义远远超出了我所能想象的范围。于是，在这次虽然毫无结果、但却让我认识了我的这两位受恩人的丑恶嘴脸的会面的第二天，我就接受了一个建议。这个建议对我来说十分偶然：我得动身去伦敦，指挥伦敦的英国大歌剧院乐队。我马上给迪蓬谢尔和罗克布兰先生写信，让他们知道我的决心。我将他们曾经许下的诺言都一笔勾销，并向他们致以一切预祝他们兴旺发达的话语。然而这两位先生为了在那些有教养的人眼中为自己开脱，又向我身上掷来了最可憎的一击。他们四处奔走，说我觊觎乐队第一指挥的位置，还要撵走吉拉尔先生。这种双重的诽谤从一开始就在维护吉拉尔先生的地位与尊严。最后，他相信了谎言。我对他的轻信感到恼怒不堪。从那时起，我们就一直不和。这件事对于我来说的确是一场不幸。换个角度，我得承认，从这件事中我也汲取了很多教训。我完全了解了觊觎歌剧院领导权的人的音乐道德。这些人都是音乐上的蠢货，但还自认为拥有正义和品味。他们把最彻底的无知和最深刻的野蛮结合于一身。而对于我来说，我不应该为他们进入我们伟大的歌剧殿堂铺平道路，而是应该想方设法使他们远离歌剧院。

但是，他们让我进入歌剧院领导层的许诺迷惑了我；当时我马上就想到了，若当上这样的领导，就能为艺术的振兴和发展做许多美好的事情。我对自己说：他们会管理财政，会在歌剧中加入舞蹈和布景。至于歌剧本身，我就是真正的领导者。这样，我就中了他们的圈套。这两位先生随意做出的承诺并没有比其他承诺得到更好的贯彻。不过，从现在起，这已经不成为一个问题了。

我在伦敦待了几周后，就又一次想到要把这两位领导者打倒在地。这一次是关于我的《哭泣的修女》一事。

我已经很好地回答了罗克布兰。当他再一次向我索要这部剧本的时候，我回答他说："拿走吧！"这有些像莱昂尼达斯在薛西斯一世（古代波斯国王）向他索要武器时回答他时的语气："来把它们拿走吧！"

此外，这事关剧院的一条有名的规定，即一位在剧院供职的作曲家是不能为该剧院作曲的。尽管剧院合唱队领导迪耶施先生曾在剧院上演过他谱曲的《幽灵船》（剧词由理查德·瓦格纳创作，这部剧是花五百法郎从瓦格纳那里买来的，并交给这位迪耶施先生谱曲。迪耶施信任剧院经理胜于信任瓦格纳，他认为剧院经理能够使得这部剧得以上演！）尽管剧院的合唱伴奏贝诺瓦斯特先生也上演了他的歌剧《鬼魂》，尽管阿列维先生在他任剧院合唱队领导时也上演过他自己的《犹太女》等歌剧，但是罗克布兰先生还是对这一切视而不见，而将这一规定作为一个借口，拒绝上演我的《哭泣的修女》。但是当我现在在伦敦落下了脚，不再受规定的限制的时候，我就写信给斯克里布，请求他问问我们这两位经理先生的最终态度如何。我在信中对他说："如果他们同意保留我与皮耶先生签订的合同的话，那就请您转告他们让他们给我一些时间完成这部作品。伦敦特鲁里街乐队的经理没有给我空闲时间去作曲。您自己也没有完成剧本。我希望能有一段时间去构思这部作品，直到全部完成它。我无法用少于三年的时间完成这部作品，并仓促地上演它。如果罗克布兰和迪蓬谢尔先生不同意这个要求的话，或者很有可能，他们会拒绝承认这个合同的话，那么，我亲爱的斯克里布，我就请您不要再浪费时间了。请您拿走《哭泣的修女》这部剧本吧。您将它随便怎样处理都可以。"

斯克里布于是去见了两位经理。他们明知我还远远没有准备好这个剧本，就说，如果我能立即投入排练的话，那就可以上演这部歌剧。斯克里布最后是这样说的：

"所以，我认为这事对我们没有什么好处。既然您愿意将我们这部戏剧的支配权退还给我，那我就承认我等这事已经很久了。我就坦率地对您说，我接受您的建议，并从现在起就给这部剧在这里找一个上演的地方，或者在刚刚创办的国家剧院，或者在别的什么剧院。"他就这样做了。斯克里布拿走了他的剧本。有人对我说，他把剧本先后给了阿列维、威尔第和格里萨尔。这几个人都知道这件事。他们认为斯克里布对我的态度很不好，都婉转地拒绝了他。最后古诺先生接受了这个剧本；我们很快就会听到他创作的乐曲的[①]。

这部剧我仅仅谱了两幕戏。在我的音乐中，我在我认为不错的几段的开头加入了二重唱，它包含《哭泣的修女》的传说和后面的终曲。我将这个二重唱和两首咏叹调全部配了器，但终曲没有动。我认为我配的器很有可能被人遗忘。[②]

---

① 这部歌剧只获得了四分之一的成功。最后剧词由斯克里布和热尔曼·德拉维涅完成。剧词写得实在是太平淡无味了。我很庆幸当初没有保留它。——作者注
② 除了两首曲调之外，所有的配器如今都给毁了。——作者注

我在返回巴黎后，很快就见到了斯克里布。他看起来对接受了我的建议并收回了脚本有点困惑不解。他对我说："但是，您知道，'教士要以圣坛为生'啊。"可怜的人！实际上，他是等不了这么长时间。他仅有两三千法郎的收入，在城里有一间住所，乡下有三间房，等等。

当我向李斯特提起斯克里布的这句话时，他说了一句十分有趣的话："是的，他得以旅馆为生。"这样，他把斯克里布比作了一个旅店老板了。

我还没有细述我第一次去英国的情形。我在那里遇到的事情不可胜数。当然还是老一套。著名的逍遥系列音乐会经理于连雇我去指挥英国大剧院乐队。于连野心勃勃，他想在特鲁里街剧院建立起英国大剧院乐队。于连具有无可争辩的能力，但他也具有毋庸置疑的疯狂。他已经雇用了一个令人叹服的乐队，一个一流的合唱队，歌唱演员也很出色。但是他偏偏忽视了上演曲目。他预想中一切都会顺利进行。他请巴尔夫写一部歌剧（《女傧相》）；他要将唐尼采蒂的《拉美莫尔的露契亚》翻译成英语，以开始他的新演出之季。在等待巴尔夫的歌剧期间，这部新剧——《拉美莫尔的露契亚》——每场演出必须创收一万法郎，才能够支付上演的费用。

结果是不可避免的，《拉美莫尔的露契亚》的收入从未达到过一万法郎，巴尔夫的歌剧也只获得了一半的成功。没过多久，于连就彻底破产了。我只在第一个月里领到了工资。由于他的粗心大意，所以无论这位本质诚实的于连说得有多动听，我还是认为，他应付给我的这笔钱是我不可再得的报酬。

我写的《管弦乐队之夜》一书中有一段就是关于于连和他这怪诞的英国剧院的。我想谈谈这位陷入困境的经纪人是如何认真地对我说，要我在六天之内上演《魔鬼罗伯特》的。而那时他既没有复制剧本，又没有英文译本，也没有服装，更不用说布景道具了。歌唱演员们对此剧连一个调都不知道。而这一切仅仅是出于一种疯狂。这种滑稽可笑的念头就是如此习惯于求助自己的本能，是那些总是以最愚笨的方法取胜的人的活生生的写照。看，我又不由自主地在这里写了这些话。

于连已经黔驴技穷了。他看出巴尔夫的歌剧不会赢利，也看出几乎不可能在六天之内上演《魔鬼罗伯特》。于是，他甚至在休息日也把剧院的行政人员召集起来，为他出谋划策。这一委员会的成员有：亨利·毕肖普先生、乔治·斯马特先生、普朗谢先生（韦伯的《奥伯龙》的剧本作者）、吉叶先生（特鲁里街剧院的舞台监督）、合唱队领班马尔塞克先生，还有我。他向大家讲述了目前的困境，并且谈了谈他很想上演的几部剧（当然还是没有英文译本，也没有复制件）。他得听一听这些先生对这些就这样在舞台上上演的杰作的意见！……我怀着万分敬佩的心情倾听他们发表意见。最后，当他们说到《伊菲姬妮在陶里德》这部于连出于疯狂而许诺给公众要上演的歌剧时（根据惯例，伦敦的剧院经理们每年都宣布要上演这部剧，但却从来没有实现过），委员会的成员们只会说出这部歌剧的剧名；但再具体一点，他们就什么都不知道了。于连对我的沉默很不耐烦，他忽然转向我，质问道：

"真见鬼！您说话呀，您应该知道这个歌剧的！"

"噢，是的，我知道。但具体来说您什么也没问我。您想知道些什么？请您提出问题，我会回答您的。"

"我想知道《伊菲姬妮在陶里德》一共有几幕，剧中有哪些人物，他们是哪个音区的；还有布景和服装。……"

"好吧，请拿来一张纸和一支笔，并记下我所说的：

《伊菲姬妮在陶里德》是格鲁克所作的歌剧（您也许知道这事）。一共有四幕。其中有三位男主角：奥雷斯特（男中音）、皮拉德（男高音）、托阿斯（男低音）。还有一位重要的女主角伊菲姬妮（女高音）。此外还有一位小角色戴安娜（女中音），以及几位合唱领唱。遗憾的是，服装对您来说有些不妙，因为锡尼厄人和他们的国王托阿斯都是些衣衫褴褛的野人，他们住在黑海之滨。奥雷斯特和皮拉德在一艘两名希腊人失事的简陋船里出场。仅皮拉德就需要两套服装；他在第四幕返回，头上戴着一顶帽子……"

于连写着写着，突然打断我，十分激动地说：

"他有一顶帽子？我们得救了！我会写信到巴黎去预订一顶镀金的帽子，周围环绕着珍珠，上面还有鸵鸟羽饰。羽饰像我的手臂这样长。这部剧我们会上演四十场的。"

我已经忘记了这一奇妙的场面是如何结束的。但是我一百年后都会记得当于连得知皮拉德有一顶帽子时那双闪亮的眸子，夸张的手势，发狂的激情，以及他要从巴黎运回这顶帽子的绝妙想法。按照于连的想法，没有一位英国工匠能制作出这样一顶耀眼的帽子。而且由于皮拉德的这顶周围环饰珍珠的镀金帽子，他有望演出四十场格鲁克的这部杰作。

正像多米努什·参孙说的那样,太奇妙了!太——奇——妙——了!……

我无须再多说,《伊菲姬妮在陶里德》这部歌剧甚至连排练都没排练上。在举行了这次高水平的委员会议的几天之后,于连就离开了伦敦,完全不管他的剧院了,听任它一点点地衰败下去。而且,歌唱演员和合唱队领班也反对上演这部古老的歌剧。著名男高音(里夫斯)在听到要他饰演皮拉德这个角色时,大笑不止。

第五十八章

我父亲去世;圣安德烈之行;梅兰之行;寂寞发作;仍是那颗山地之星;我向她致函。

我曾在这本回忆录的最前面的某一章里提到过我在从伦敦返回巴黎——1848年革命之后的巴黎——时的情况。

当时的印象很令人沮丧。但是另一种内心更深处的痛苦，一种无可比拟的深深的痛苦，不久之后就降临到了我的头上：我得知了我父亲去世的消息。

我在六年前就失去了母亲，这种永远的分离对于我来说是十分残酷的。然而，在一位父亲和他的儿子之间的天生情感之中，还自然融入了一种独立的友谊；这后一种感情也许更加强烈。我们对很多问题的观点是如此一致！他的精神境界是多么高尚呀！他的感情如此丰富，他是一位多么善良的人呀！他真是一位天生的仁慈长者！对于以前对我的音乐生涯的预测失误，他感到多么幸福呀！

我从俄国回来后，他对我诉说他的愿望，他说他最强烈的愿望就是想听一听我的《安魂曲》。"是的，我想听一听这首可怕的Dies irae（末日经）。别人对我说过它很多次了。"

唉！我还是没能满足他的这一要求。我的父亲就这样去了。他甚至没有听过我创作的作品的点滴片断。

他的过世的确给很多人留下了深深的遗憾，尤其是给那些他经常以各种方式予以帮助的可怜的农民们留下了遗憾。我的妹妹们在告知我父亲的死讯的同时，向我诉说了这些令人感动的细节……我多么希望他能在世上多活几日啊！……

妹妹南希在给我写信时说："我们不能为这样一位好父亲感到遗憾。活着对于他来说实在是个负担。他最后唯一的念头就是要尽快死去。我们看到，他对世上的一切都已经丧失了兴趣。他急于想离开这个世界。在他弥留之际，一队他曾经帮助过的穷人和病人痛哭失声，为他送行。在下葬时，在他的助手们的痛哭声中，人们致辞哀悼。一位年轻的医生致悼辞，向他的才能、科学和美德致敬……另一位是村民的代表。他向父亲谦逊有益的一生致敬！为了能够减轻你因为不能与我们一起见父亲最后一面而承受的痛苦，请你想一想，他极度地虚弱，已失去感觉了。他几乎一直在昏睡，同我们说话时也十分费劲……可是有一天他突然问我，我有没有关于你和路易的消息……"

我在此不禁要引述一下妹妹阿黛尔在她心中爆发对父亲的爱时给我写的信：

维也纳

1848年4月4日，星期六

在我们共同的痛苦中，我的兄弟，让我们拥抱在一起……这种痛苦实在是太折磨人了……我毫不怀疑你受到的打击之大……我抱怨你为什么还是那样孤僻……在这种令人心碎的时刻，我们需要紧紧握住对方的手……你没能及时赶来见我们深爱的父亲的最后一面……请理解我们的沉默，原谅我们没有及早地通知你。我们不知道你当时是否在巴黎。在那最后的六天中，我们觉得他随时都有断气的可能……我们从周日一直到周五（7月28日）一直沉浸在极度的痛苦之中。他在7月28日正午时分终于去了。他一直在不停地说胡话，什么人也不认识，只有间或清醒一下。他的最后几天实在是太可怕了……人们简直要说那是一具用电激发的尸体……由于神经抽搐，他的头部不停地摇晃……还有他的胳膊……他的双眼呆滞而惊恐，他用空洞的嗓音向我们要求一些根本不可能做到的事情……有时，我们的抚摸能让他安静一些……当他病痛发作得最厉害的时候，我把他抱在我的怀里……南希吓得走开了……但是我们希望他至少不要受罪……照料他的年轻医生也与我们持同样的观点。他对我们说，这种神经抽搐是由于服用鸦片引起的。他直到最后一刻还在服用鸦片。有一天，我的好朋友莫尼克给他看你的画像，他叫着你的名字，十分迫切地索要纸和笔……我们拿来了这些东西。他说：'好，我马上要写了……'他想对你说些什么呢？没人知道。但这的确是唯一的一次他对你的记忆涌上了心头。他认识我们多半是出于本能，我这样认为……一天，我从他游离的目光中猜出他想要什么东西。我问他想要什么……他以一种难以想象的柔情对我说：'没什么，我的女儿，我在找你的眼睛。'这句极富父爱的话语让我泪如雨下，我永远也忘不了……我丈夫是最后一个离开他的人，他向我保证要合上父亲的眼睛，代你执行这个痛苦的职责。他履行了自己的诺言，我会用心记住这些的……

…………

这种痛苦使我很快回到了圣安德烈，我和我的妹妹们在父亲的旧居里痛哭失声……我一到那儿，就直奔向父亲的书房。在那里，父亲曾长久地进行思索；在那里，他开始了对我的文学教育；在那里，他还对我进行音乐的启蒙教育。后来，他才教我那些可怕的骨科。

我在他的长靠背椅上半昏迷了过去。我的妹妹们颤抖地拥抱我……我用颤抖的手触摸着我所看到的一切：他的书籍，他的雨伞，他的记事本，他的笔，他的拐杖，他的卡宾枪（他从未用过的无罪的武器）。他的办公桌上放着我的一封来信……

这时南希打开了抽屉，对我说：

"亲爱的哥哥，看，这是他的怀表，拿着它吧……唉！在他的最后几天，他经常拿出它来看，来计算他还有多少受苦的日子要过……

我把怀表拿了过来，指针还在缓慢地走着，它还活着……可是我的父亲却已逝去。

在重返巴黎之前，我还想再看一看格勒诺布尔，还有我的外祖父在梅兰的旧居。

我想（出于对痛苦的独特饥渴）向我初次为之狂热激动的剧院问好；我还想最后抓住我过去的一切，沉浸在对过去的回忆之中，无论这些回忆是多么地令人悲伤。我的妹妹们知道我想独自在悲伤中虔诚地朝圣；在这些静谧的冥想中，我又回到了从前。当我想讲述这次出行的想法时，我的心禁不住狂跳。然而，以往的感情与现在的感情在表面上是无法平衡的；只有在一个什么都难以忘怀的人心中，这两种感情才得以共存。

我身上的这种对过去的记忆力实在是太强大了，以至于我现在还无法平静地看我儿子那十岁时的照片。看到他的形象让我十分痛苦；这情形就像我有两个儿子似的，现在老天只把那个已经长成为年轻小伙子的儿子留给我，而死亡却把我那钟爱的另一个孩子带走了。

我于早晨八点钟到达格勒诺布尔。我的叔叔和堂兄弟们住在乡下。我急于想见到梅兰，于是马上就动身前往这个小村庄……那时正值美丽的秋日。多么宁静而富有诗意的秋日呀！

到达梅兰后，我站在我外祖父的故居前。这套旧居在他去世后不久就卖给了一个农夫。我打开了大门，走进了故居，里面没有一个人。新房主已定居在他新近在花园的另一头建成的新居里。

我走进客厅。以前，当我们来到这里与外祖父母同住上几周时，一家人都聚在这个客厅里。客厅还是老样子，墙上挂着那几幅怪诞的画，一些五颜六色的纸飞鸟贴在墙上。

这里就是我外祖父午后睡觉的椅子，这就是他的西洋双六棋。在旧餐具柜上，我发现了我童年时手制的一个小柳筐。在这里，我曾看到我的舅舅与美丽的埃丝黛尔在跳华尔兹……我几乎要破门而出了。

一半的荒地都已被开垦了……我在寻找一张长凳。我父亲曾在晚上坐在上面，陷入沉思冥想之中。他的双眼总是望着圣埃纳尔，那是一块巨大的钙质岩石，是最近一次洪水冲积的产物……长凳已经破碎了，只剩下几条虫蛀的凳腿……

那里就是那片玉米地；在我为初恋感伤的那段时期，我就来这里排遣自己的忧伤。在这棵大树底下，我开始阅读塞万提斯的作品。

现在，我来到了山上。

距我最后一次来到这里，三十三年已经过去了。从那时起，我就像一个死去的人那样。而现在，我又复活了。我以前的生活在我脑中又重现了。那时的生活是多么年轻，多么灿烂呀……

我沿着这些多石的小路向上走，这些小路会一直把我引向那座从远处隐约可见的白房子。十六年前我刚从意大利归来时，那颗星星（埃丝黛尔）就照耀着这间房子。

我向上爬呀爬，我感到脉搏逐渐加快。在我的左边应该有一排树，我依稀记得它们。但是这条路一直通往一个陌生的农场；它不是我要找的那条路。

我又选了一条路：这条路没有尽头，我迷失在了一片葡萄园中。很明显，我是迷路了。以前，那条路上有一眼喷泉，但是我没有碰见它……那么，我是在哪儿呢？……喷泉在哪儿？……我找错了路，这令我越发焦虑不安了。

于是我决定去刚才发现的农场问一问路……我走进谷仓，打断了正在打麦的农民的工作。他们停下来，看着我。我向他们询问，心中十分害怕，感觉就像一个正受警察追捕的小偷。我问他们能否指给我通往戈蒂埃夫人以前居住的那所白房子的路。

一位打麦工人搔了搔额头，说：

"戈蒂埃夫人？这里没有人叫这个名字……"

"是的，一位老妇人……她有两个侄女①，她们每年秋天都来看望她……"

一位女工插话道：

"我记起来了，我记起来了。难道你没有想起来吗？……是埃丝黛尔小姐，她长得太漂亮了。每个星期天，大家都待在教堂门口等着她走过。"

"啊！正是她，我想起来了……是，是，戈蒂埃夫人……那是很久以前的事了……您看看……她的房子现在卖给了格勒诺布尔的一个商人……在那上面。还得走那条有喷泉的小路。喏，在葡萄园的后面。然后，您往左拐。"

"喷泉在哪儿？……噢！现在，我又找到路了……谢谢，谢谢。我确信我不会再迷路……"

穿过了与农场毗邻的那片田野，我终于找对了路。

很快，我就听到了小小的喷泉的细语声……我找到了……这条林荫小路很像刚才我走错的那条路……我感到就是这里……我就要看到它了……上帝！……这里的空气令我陶醉……我的头晕眩了……我在这儿停留了片刻，让我的心脏不要跳动得那么快……我来到了路口……一位穿着马甲的先生，正倚在门槛上，点燃一支雪茄……

他奇怪地望着我。

我走过去，什么也没说，继续往上走……我要找到一座旧塔楼，以前它矗立在小丘的高处，在那上面，我能俯视塔下的全景。

我往上走，没有回头，甚至没看一眼身后的景色。我以前就是一个要一直爬

---

① 我记错了，不是两个侄女，而是两个孙女。——作者注

到山顶的人……但是塔楼！塔楼！我没有看到塔楼……也许人们把它拆毁了……不，它还在这儿……它的上半部已被拆掉，而且旁边的树木也长高了，遮住了我的视线。

最后，我还是爬到了山顶。

在这一带，目前山毛榉已经披上了绿装。我和父亲曾坐在这儿，我为他吹奏长笛，《尼娜的风笛舞》。

那儿，埃丝黛尔走过来了……我占据着她那迷人的身体占据过的空间……看看现在……我开始下山。我久久地望着那幅景象……白色圣洁的房子、花园、树木，再往下一点是山谷，远方是阿尔卑斯山，冰雪覆盖着山脉，这一切全都是她所看到的一切，是她所欣赏的一切。我呼吸着她曾呼吸的新鲜空气……啊！……我的叫喊，我的叫喊声在圣埃纳尔山谷中回荡着，没有任何一种人类的语言能够将它翻译出来……是的，我看到了，我又看到了，我太喜欢了……往昔又浮现在我眼前，我又年轻了，我又回到了十二岁！生活、美丽、初恋、无尽的诗歌！我双膝跪倒在地，向山谷，向高山，向蓝天呼喊："埃丝黛尔！埃丝黛尔！埃丝黛尔！"我死命地抓住地面，咀嚼着地上的苔藓……一种孤独感油然而生……难以名状的孤独感……非常强烈……星星，我的心……星星……请赐予我力量，让我能够继续忍受痛苦吧！……

我站起来，疯狂地奔跑。我用眼睛仔细记下四面山坡上的星星点点……我用鼻子到处嗅来嗅去，就像一只迷途的小狗在寻找主人的踪迹……这儿就是一个陡坡的边缘。以前，我在上面行走，她向我大叫：

"当心！别离边缘太近！……"

她就是在这片灌木丛中弯下身子去采摘黑草莓的……啊！那儿正是她美丽的双脚驻足的岩石，我曾看见她站在上面，楚楚动人，凝望着山谷……

就在那天，我以一种孩子的天真对自己说：

"我长大以后，我长大以后一定会成为一个有名的作曲家，我要写一部名为《埃丝黛尔》的歌剧。我发誓……我要把乐谱拿到这块岩石上，有一天早上，她出来欣赏日出的时候，会发现它的。"

岩石在哪儿？……那块岩石！……找不到它了……它无踪无影了……也许葡

萄园的工人把它砸碎了……或者山风为它披上了泥沙的外衣……

这株美丽的樱花树!……她曾倚在它的树干上……

但是这附近还有别的东西吗?还有什么能引起我回忆的东西吗?……还有什么能让她觉得美妙的东西吗?……还有什么?我那负担过重的记忆力减退了……啊!玫瑰花丛!她曾在这里采花……在这条路的拐弯处……我奔跑着……埃丝黛尔就在眼前!……野玫瑰花丛比以前更加茂密了,在风中摇摆着!……岁月啊!……岩石消失了,而玫瑰依然开放……我想抓住一切,拥有一切……但是不行,玫瑰花在孤独中安静地开放着……这不正是我心灵的象征吗!……以前我把它留在了这儿,但只要我活着一天,它就追随着我一天……我只带走了两支玫瑰,上面停留着几只色彩艳丽的蝴蝶,静止的蝴蝶!……别了!永别了!……我深爱的玫瑰,永别了!……永别了!群山、幽谷……永别了!古塔……永别了!老圣埃纳尔……永别了!我的星空……永别了!永别了!我浪漫的童年,我纯真的爱!永别了!我的星星!……我的星星!……

忧伤像幽灵一样附上了我的身体,我开始下山。我再一次经过埃丝黛尔的房前。抽雪茄的先生不见了……他不再充当守门神了……尽管我急切想进去,但却没敢进去……我慢慢地走着,走着,每走一步都要停下来,认真地端详着每一件东西……

我无须再平息我的心跳了……它好像不再跳动了……我快要死了……

然而,阳光却依旧斜照着我,孤独,寂静……

两个小时后,我横渡伊泽尔河,到了另一岸。天黑之前,我到了缪希亚耐特这个小小的村庄,我的堂兄弟们和叔母都住在这里。第二天,我们一起返回了格勒诺布尔。我看起来十分忧虑,十分怪异。大家可以想象当时我的情景。在我单独与堂兄维克多待在一起的时候,他禁不住问我:

"你怎么了?我从没见过你这样……"

"我怎么了?……好吧,你会嘲笑我的。但是既然你问我,我就告诉你吧……这样我会轻松一点。我简直要窒息了……昨天我去了趟梅兰……"

"这我知道。那儿发生了什么事?"

"那儿有戈蒂埃夫人的房子……你认识她的侄女^①弗××夫人吗?"

"认识。以前人们叫她美丽的埃丝黛尔。"

"好了!我在十二岁时,就疯狂地爱上了她……而且……我现在还爱着她!……

维克多"扑哧"笑出声来:

"但是,这太蠢了。她现在已有五十一岁了,她的长子也二十二岁了……他曾同我一道上过法律课呢!"

我也笑了,但是笑得很不自然,那种笑就像是透过雨丝的阳光一样……

"是的,这很荒谬,我知道,然而这……这很荒谬,但这是真的……这种感情很强烈……别笑了;或者,如果你愿意,你还是笑吧。没有关系,她现在在哪里?她在哪儿?你应该知道……"

"她丈夫死后,她就住在维夫……"

"维夫?离这儿远吗?"

"离这儿有三古里……"

"我要去,我想见一见她。"

"你疯了吗?"

"我会找到一个合适的理由去拜访她的。"

"埃克多尔,我希望你不要做得过火了!"

"我想见见她。"

"你对于这样一次会面是无法保持冷静的头脑的。"

"我要见见她!"

"你会显得很愚蠢、可笑,你的名誉也会受损。这就是你的结果。"

"我要见见她!"

"考虑考虑再说吧!……"

"我要见见她!"

"她都五十一岁了!……比半个世纪还长……你能在她身上发现什么呢?难道

---

① 她的孙女。——作者注

保留下她年轻时的新鲜记忆,保存下你的梦想,于你来说不是更好吗?"

"噢,时间的年轮!实在太可怕了!好吧,我想至少要给她写封信……"

"写信?我的老天爷!你简直是疯了!"

他还是为我拿来了一支笔。然后,他坐在了椅子上,我开始写了起来。我的心情时而如晴朗阳光,时而如倾盆大雨。我大滴大滴的泪水滴在了信纸上,把整封信都浸湿了。我不得不把它重新誊写了一遍。全文如下:

夫人:

我对您忠诚、固执的爱慕之心从未死去……我第一次在梅兰见到您,埃丝黛尔小姐时,我正值十二岁。您一定想像不出您如何使得一位少年的心潮变得汹涌澎湃。我甚至认为您有几次笑了起来,这有些残酷。十七年后(我从意大利归来时),当我返回我们的山谷,返回您以前居住过的房子时,我不禁泪流满面。回忆使我流下了冰冷的泪水。几天后,由于我还不知道您的新名字,所以我给您写的信被退了回来。一封给您的信。我到火车站去等×××夫人(您的侄女),我递给她我的那封信。当我握住她的手时,我的心灵受到了重重的一击,不禁颤抖起来……我又感觉到了……我初次动心的感觉……la stella del monte(那颗山地之星)……她那炫目的美丽照亮了我生命的早晨。夫人,昨天,在我长时间的疯狂和激动之后,在我游历了整个欧洲之后,在我的工作完成了之后(也许您对它略有所知),我开始了计划已久的朝圣。我想再看看以前的一切,我也的确这样做了。小房子,花园,林荫路,高高的山丘,古塔,您所凝视、欣赏过无数次的美景。什么也没改变。——时光还是尊重我记忆中的神圣殿堂的。只不过,今天,有一些陌生人住在了那儿。您的那些花被别人的双手种植着。再见了,夫人,我像一阵旋风似地回来了。您也许永远不会见到我了,您也不会知道我是谁。我希望您能原谅我冒昧地给您写信。我也提前原谅您因为一个少年的倾慕之情而发笑的举动。

Despised love[①]

1848年12月6日于格勒诺布尔

---

① "被蔑视的爱"。这是莎士比亚在《哈姆雷特》中所用的表达方法。——作者注

尽管我的堂兄嘲笑我，我还是寄出了这封信。我不知道后来怎样了……从那以后，我再也没有听说过弗××夫人。我几个月后必须要回到格勒诺布尔。噢！这一次，我想，我不会再犹豫了……我要去维夫①。

---

① 我从未去过维夫。我只知道五年前弗××夫人还住在里昂。她还活着吗？……我不敢向别人打听这件事（1854年2月）。我知道了，她还活着（1854年8月）。——作者注

第五十九章

我妹妹逝世；我妻子逝世；她们的葬礼；奥德翁；我在音乐界的地位；我几乎不能对抗我在剧院里引起的仇恨；科文特花园的诡计；巴黎音乐学院里的小集团；被遗忘的梦想中的交响曲；我在德国受到的热情欢迎；汉诺威国王；魏玛大公；萨克森国王的管家；我的告别。

我急于完成这部回忆录。编辑工作让我感到厌烦，也让我感到疲惫不堪。我就像在创作一部歌剧。另外，当我想再继续写一些我想写的东西时，我又必须将我生活中发生的主要事情和感情经历理清，以形成一个比较完整的思路。我还要写写我天生注定要搞的音乐和我注定要受的痛苦……直到我的生命终止。

我要走的路还很长。有人告诉我这条路很像我以前走过的路。我在这条路上到处发现同样深深的车辙，同样崎岖的石子路，同样的坑洼地，这儿或那儿还有一些清澈的小溪流过。路边有一些幽静的树林，路上岩石挡道。我缓缓地向上走，十分吃力。一清早，天就开始下雨。我浑身又冷又湿，只有暂借落日的余晖将满身的雨水和疲惫扫去。

然而，一切都变了，的确都变了。但是这些变化都太缓慢了，让人无法在短期内觉察到。我应该活上二百年，这样我才能在生活中感到甘甜的滋味。

我失去了我的妹妹南希。她死于乳腺癌。她死前，整整经历了六个月的病痛折磨，病痛使她不分白天黑夜地发出撕心裂肺的尖叫。我的妹妹，我亲爱的阿黛尔动身去格勒诺布尔去照料她。直到她死为止，阿黛尔一直陪伴在她身边。南希死后，阿黛尔由于肉体上的疲惫和精神上所受的残酷折磨，也一下子病倒了。

没有一个医生敢于人道地给南希服下一小瓶氯仿，以结束她所受的痛苦折磨。医生们可以在十五分钟的手术前给一位病人服下氯仿以减轻他肉体上的痛苦，但他们却固执地拒绝使用氯仿去解除这持续了六个月的酷刑。当事实证明病人已经无药可救，而他又在忍受着巨大的痛苦时，当死亡无疑已是至善至美时，那么死亡就是解脱、欢乐和幸福！……

但是，国家法令禁止我们这样做，宗教也反对这种做法……

而如果有人建议我妹妹这样做时，她大概也不会同意——"得听从上帝的旨意。"就好像现在发生的一切没有听从上帝的旨意似的……就好像一种轻松的立即死亡与一种无法忍受的毫无意义的酷刑相比，前者不是上帝的旨意似的……

这些有关命运、神灵以及自由裁决等等的问题是多么的无意义呀！！这实在是荒谬之极。人类的知性在这些问题里转来转去，最终自己也将迷失在其中。

无论如何，对于我们这些能够感知的生物来说，世上最为可怕的事情莫过于忍受那些难以忍受的痛苦；那是一种无法得到补偿的痛苦。我们应该或者野蛮或者愚蠢，这样才不至于使用我们现在结束生命的这种约定俗成的办法。野蛮人在这方面比我们更聪明，更人道。

我的妻子也去世了。但至少她没有像我妹妹那样受苦。可怜的亨丽耶特四年前就瘫痪了，也失去了说话的能力。她于1854年3月3日在蒙马特尔熄灭了她的生命之火。那时，我陪伴在她身边。幸运的是，我的儿子恰巧那时正在休假，他从瑟堡赶来陪伴她。他走了仅仅四天，她就停止了呼吸。这次与儿子的会面使她在临死前感到了几许安慰。而我那时恰巧也在法国。

我暂时离开她才两个小时，一位伺候她的女人就急急忙忙地赶来找我，又把我叫了回去……一切都结束了……她刚刚咽下了最后一口气。人们已经给她盖上了白布，我掀开它，在她的额头上印下了我最后的一吻。我去年送给她的那幅画像就摆在她的灵床旁边。这张画像画于她走红的辉煌年代。画像上的她美貌非凡，才智过人。

我不想再细述我心中所承受的痛苦。这些痛苦一个接一个，现已达到了更为剧烈的程度。我已经很难再承受这些痛苦了。我现在又增加了一层新的痛苦——怜悯的痛苦。我对她的爱火已经熄灭。而现在，我那可怜的亨丽耶特给我留下的回忆又让我十分怜悯她：她在我们婚前破产了；她的事故；她最后一次在巴黎上演悲剧之后的失望心情；她对她所喜爱的艺术的自愿而又遗憾的放弃；她那隐匿的光芒；她的那些模仿者的平庸；我们的感情裂痕；她的与日俱增的嫉妒；我们的分手；她双亲的去世；儿子的远离；我的经常性的长期出行；她对我的忠诚是我永远也还不清的债务；她认为她能够将她对法国的爱和对英国听众的感情融为一体；她那颗破碎的心；她那消逝的美貌；她那受损的健康；她那逐渐感到痛苦的肉体；她行动和语言能力的丧失；她与其他人无法沟通；她对死亡的渴望……

每当我想到这些恐怖的事情：毁灭、雷电、鲜血和泪水，我的脑子就紧缩成一团！……

莎士比亚！莎士比亚？你在哪儿？你在哪儿？我认为在所有的智者中只有他才了解我，我们俩也互相了解；只有他才会怜悯我们，我们这些相互热爱而又相互伤害的可怜的艺术家们。莎士比亚！莎士比亚！你一定是富有人性的。如果你还活着，你也要接受这种苦难的命运！只有你才是我的父亲。如果真的有天堂的话，那么你也一定在那里面。

然而上帝对这一切都熟视无睹，他实在是太愚蠢，太残酷了。只有你才是艺术家们的上帝。用你宽阔的胸怀接受我们吧，父亲，拥抱我们吧，用你的深刻和魅力拥抱我们。死亡，虚无，这些都是什么东西？什么东西？……唉！愚蠢！愚蠢！愚蠢！……

我得独立承担这些痛苦……做祷告的神父住在巴黎的另一端，在王子街上。我在晚上八点时去找他。由于铺路工人封锁了一条马路，马车不得不掉头，转而走奥德翁剧院门前的那条路。夜晚，这里灯火通明，正在上演一出时髦的戏剧。二十六年前，我正是在这里第一次欣赏到了《哈姆雷特》。正是在这里，那位可怜的女人（指亨丽耶特·史密斯逊）在一夜之间就成功了，她就像一颗耀眼的流星那样。正是在这里，我看到人们为这位悲剧人物奥菲莉娅伤心落泪；正是在这里，在《哈姆雷特》结束后，我看到亨丽耶特·史密斯逊走出来了，她几乎被她自己所获得的巨大成功吓呆了。她向她的崇拜者们致敬，身体激动得有些颤抖了。正是在这里，我第一次也是最后一次看到朱丽叶。在这个连拱廊下，我经常在冬日的夜晚烦躁地走来走去。我经常看到她走过这个大门，进去排演《奥赛罗》。她那时还不知道我。如果有人曾指给她看我这个面色苍白，精神颓废，倚在奥德翁剧院的一根柱子上，用一双惊惶失措的眼睛盯着她的陌生人的话，并对她说："这就是你未来的丈夫！"，那么她一定会把这位先知看成是一个大蠢货的。

然而……正是她为你准备了上次出行的行李，可怜的奥菲莉娅！正是她，就要对拉埃荷特这样一位神父说："还有什么祷告吗？……"正是她使你如此受苦，也正是她受尽了你的折磨。但即使她伤了你多少次心，也许她曾做错了多少件事，你也还是能像哈姆雷特那样说：

"四万个弟兄的爱也抵不上我对你的爱！"

莎士比亚！莎士比亚！我感到感情的洪水再次袭来，我湮没在这伤感之中，而我却仍然在找寻着你……

Father！ Father！ Where are you?（父亲！父亲！你在哪里？）

…………

第二天，两三位作家——奥荷迪克、布里左、列翁·德·瓦里——还有由戴勒男爵领来的几位艺术家，以及其他一些好心人，"出于对我的友谊之情"也赶来了。他们将亨丽耶特运到了她永远的住所里。如果她是于二十五年前死去的话，整个巴黎都会出于对她的仰慕和爱恋而来参加她的葬礼。所有的诗人、画家、雕塑家和演员都会赶来，她所有的情人，所有的梦想者，甚至是哲学家都会赶来。他们感受到了她温柔的话语，她痛苦的尖叫；他们都会跟随在她的灵柩后面，挥洒着自己的泪水……

…………

可如今，她几乎是孤零零地走向墓地，而巴黎却仍旧烟雾弥漫，人声嘈杂，什么记忆也没有留下。爱着她的那个人却没有勇气跟她一起走到墓地里去，只好在一个空荡院落的一隅里哭泣……"Hic jacet"（"她在这里长眠"）。她长眠在蒙马特尔墓地，在北对英伦的一个小山的侧坡；而她却永远不想回到那里去。她的简朴的墓碑上刻着这样的铭文：

亨丽耶特·康斯坦丝·柏辽兹·史密斯逊
出生于爱尔兰的埃尼斯。1854年3月3日卒于巴黎蒙马特尔。

报纸杂志以冷漠的口吻宣告了她的死讯。只有好心的雅南先生还记得她。以下就是他在《辩论报》上发表的几行评论：

"童话中的神灵们走得太快也太残酷了！这些莎士比亚和高乃依的脆弱的孩子们实在是太脆弱了。唉！不久以前，当我们还年轻，还仍旧充满活力的时候，在一个夏日的夜晚，朱丽叶坐在维罗纳路的舞台上，倚在罗密欧的身旁，陶醉在幸福之中……她在倾听着夜莺的啼鸣，云雀的低吟！她听着听着，就进入了一个梦幻的世界。她的眼神迷离，仿佛在向往着什么！她那嘹亮纯净的金嗓子胜利地唱出了莎士比亚的灵魂！那一刻，全世界的人们都在倾听着这一歌喉，都在感受着这个女人的魅力。

"她那时刚满二十岁。她叫史密斯逊。她有力地征服了所有的观众，他们都无条件地服从她这个新的真理！这位年轻的女人也是一首未知的诗歌，一种新式的激情和完全的革命。她向多尔瓦尔夫人、弗雷德里克·雷马特尔先生、马里布朗夫人、维克多·雨果和柏辽兹发出了信号！她也叫朱丽叶，她也叫奥菲莉娅。她沉下水去，一只手还握着枝条，另一只手还放在她那美丽的胸前，手中还拿着一个美丽的花圈。她的长裙漂浮在水中，四周景象凄凉，远处波浪袭来，即将把她吞噬。她那沉重的衣服将这位可怜的女人拽下水去，她的歌声也消逝无踪了。一切都走向了死亡！

"这位令人爱慕和感动的女人还叫苔斯德蒙娜（《奥赛罗》中的女主人公）。当那摩尔人拥抱她时，对她说：'噢！我美丽的武士！'时，我还远远地见过她，她面色苍白，独自听着屋外的风雨声。莎士比亚将他的爱融入到了这个美丽的少女身上。她独自一人，她很害怕。她在内心深处感到一种说不出的难受。她的手臂裸露，人们甚至能看到她的肩膀！啊！即将死去的女人的健康的裸露！她实在太棒了，史密斯逊小姐，她更像一位天上的仙女而不是地上的女人！——而现在，她死去了，她死去已有八天了。她还在想着她那来去匆匆的辉煌！……噢！梦幻！噢！遗憾！噢！痛苦！……以前，在我年轻的时候，人们唱赞歌去赞美朱丽叶！送葬队伍不停地喊着：抛掷花束！抛掷花束！①葬歌中唱着：朱丽叶走了，她在老神父埃絮勒的哀歌中去了。朱丽叶走了（抛掷花束！），死亡附在她的体上，就像是冰霜附在了四周的细草上。（抛掷花束！）于是乐队敲响了丧钟，婚姻之神的晚宴就像是死神之宴。婚礼的花束变成了葬礼上的花束！"

…………

李斯特不久也从魏玛给我寄来了一封真挚的信函。他写得多么好呀："她激发过你的灵感，你爱过她，你歌颂过她，所以她的任务已经完成了！"……

---

① 雅南先生引用了我的交响曲《罗密欧与朱丽叶》中送葬队伍的合唱。这几句歌词的确是这样反反复复的。——作者注

....

对于那两次曾如此强烈地影响并长久震撼我的心灵和思想的恋情，我现在已经没有什么可说的了。一次已成为我童年的回忆。每当想起它，我就禁不住心神不宁，头晕目眩，就像一处举世无双、充满诱惑的景观，看着它，人就不禁意乱情迷。埃丝黛尔就是我的当贝谷（Vallée de Tempé）中的精灵。十二岁时，我平生第一次感受到了伟大的爱情，这一人类伟大的天性。

另一次爱情同莎士比亚有关。当时，我已成年，身处西奈（Sinaï）炙热的荆棘丛中。周围黑压压的都是乌云。雷电交加。我却从中感受到一种全新的诗情，并为之折服，倾心拜倒。我的整个心灵，整个身躯，都被这残酷的激情占据着，撩拨着，对伟大艺术家的爱和对艺术的爱相互交融，相互烘托，不断升华。

大家可以从中体会到反衬的力量——假如这种感情经历中有反衬的力量的话。正因为如此，我没有向亨丽耶特隐瞒自己在梅兰的那段纯朴温柔的爱情以及那段感情留给我的刻骨铭心的回忆。谁不曾有过甜美甘醇的初恋呢？亨丽耶特虽说有些猜忌，可她总能机巧地避免被这件事伤害。只有几次，她轻描淡写地就此奚落了我几句。

不理解这种感情的人更不能理解我性格中的另一个古怪之处：每当嗅着一枝娇美的玫瑰时，我的心底都会升起一股若有若无的浪漫之情；看到一架精美的竖琴，我也会久久地沉浸同样的情绪之中。只要这类乐器出现在我面前，您千万要赶紧拉住我，否则我又会跪下来亲吻它。

埃丝黛尔是朵在寂寞中盛开的玫瑰；亨丽耶特则是穿插于我每一场音乐会的竖琴，是融入我的喜悦和我的悲伤的竖琴。只是，许多琴弦已在我手中戛然绷断了。

如今，我虽不至于事业中落，但也是站在一个愈来愈陡峭的斜坡上，滑向同样的结局。我虽疲惫和焦头烂额，却仍旧热情似火。有时，活力在我内心猛然苏醒，冲贯全身，那勃发的力量几乎让我战栗。渐渐地，我开始了解法国人了，能写出像样的乐谱、韵文或散文了，并能指挥乐队和欣赏所有艺术。可是，我属于一个对高尚的表达情趣与方式漠不关心，而只对一个神顶礼膜拜的民族！巴黎民众已经退化为蛮族：十个金钟鼎食之家中，很难找出一家藏有音乐书籍……没人愿意买书。人们只从阅览室借阅不超过两卷的蹩脚小说。这些精神食粮足可以满足社会各阶层的胃口。与此同时，寥寥无几的几个人为了能从铺天盖地的平庸之作（商店里摆满了这些货色）中挑出几本曾遭拉伯雷①鄙夷的名作,得每月花几法郎到音乐出版商那儿订购。

人类猥亵的本性得到了艺术工业化的阿谀奉承,便簇拥着它,紧随着它。艺术工业化走在它那可笑的队伍前面,傻里傻气地用不可一世的目光扫视着败落的敌人。我在巴黎这座城市里已经无所作为了。人们都觉得我只担任专栏作家,实在再轻闲不过了。更有甚者,认为我生来只配做这项工作。

但我总觉得自己在音乐领域里会有所作为。可是,在这方面进行尝试,不仅无用,也很危险。首先,从音乐角度来讲,大部分的歌剧院都很糟糕。当时的戏院更是不堪入目。其次,只有确定自己是戏院的绝对主人,是演奏我的交响曲的绝对权威指挥时,我才有激情投入作曲工作。从首席女歌唱家、首席男高音、合唱队队员、乐师、舞者、哑角,到布景师、置景工、导演,通通都得听从我的调遣,服从我的命令。在我看来,歌剧院首先是一件大型乐器,我知道如何演奏它。但是,如让我演奏得好,必须毫无保留地把它托付给我。这一点从来没有实现过。还有一点:我的敌人在剧院里,轻而易举便可实施他们的阴谋诡计。他们可没有胆量在音乐厅里对我吹口哨。可是,到了剧院这么大的地方,他们肯定不会放过机会。这种情况总有发生。

在这样的情形下,我不仅要遭受我的理论评论引来的仇恨的攻击,还要忍受我的音乐风格倾向所点燃的同样猛烈的怒火的炙烤。我的音乐风格本身,就是对某些享有盛誉之徒的作品的最尖锐的抨击。这些人讲得也有道理:"如果有一天,广大公众只懂得和欣赏同样的乐曲,那我们的曲子岂不是一文不值了吗?"我在伦敦便见到了这个真理的佐证。当我的《本韦努托·切利尼》在伦敦科文特花园剧院上演时,一大帮意大利人肆意捣乱,几乎令演出无法进行下去。他们从开场到终场一直不停地尖叫,喝倒彩,打嘘哨,甚至企图阻止我创作的《罗马狂欢节》序曲上演(这一段为第二幕的引子,在伦敦许多场音乐会上赢得观众一次又一次的掌声)。愤怒的公众和我都认为科斯塔先生(科文特花园剧院的乐队指挥),是这场阴谋的首犯。他对音乐大师的乐章任意增删和糟蹋,我在专栏中曾多次撰文批评这种行径。如果科斯塔的确是导演这场闹剧的元凶,那么,排练过程中他殷

---

① 拉伯雷:(Rabelais,1483—1553),法国作家,代表作为《巨人传》。

勤地替我服务，帮这帮那，种种行为都很可能是为了麻痹我，打消我的疑虑。这种心机确实世间少有。

伦敦的艺术家们被如此卑劣龌龊的勾当激怒了，并对我表示出极大的同情。他们联合捐助了二百三十镑，帮我在埃克斯特大厅筹备一场"证明音乐会"，并允诺无偿与我合作（可惜，这场音乐会没有开成）。出版商比尔（是我目前最好的一位朋友）给我带来了一份值二百畿尼（英国旧金币，值二十一先令）的礼物，是一个业余艺术爱好者协会赠送我的。这个协会的首席代表都是著名的钢琴制造商，被称为"布罗德伍德牌的先生们"。我真不知该不该接受这份礼物。法国的民风可与此大相径庭。不过，这份真切的善意与慷慨中蕴藏的都是朋友的心意啊！并不是所有的人都是帕格尼尼呀。

友爱之情深深打动了我，阴谋家的凌辱造成的伤害也就不算什么了。

当然了，在德国不用担心会有同样的事件发生。可是，我不懂德文，必须先在法文歌词的基础上作曲，然后再请人译成德文。这是十分不利的因素。此外，创作一部长篇歌剧，至少要用一年半。在此期间，其他什么都不能做。当然也就没有一分钱的收入。更别提什么津贴，因为在德国，歌剧作曲家是不拿酬金的。还有，我曾写过一篇文章，记述《浮士德的沉沦》在普鲁士第一场演出的情况。在这篇文章中我提到过，《辩论报》刊登的一篇善意的评论却给我惹来了柏林乐团乐师们的敌意。

在莱比锡也是如此。尽管人们今天已不再用门德尔松时代的眼光来看我的音乐，但仍有那么几个庸俗狂热的家伙，音乐学院出来的学生，莫名其妙地把我视作一个毁灭者，一个艺术掠夺狂，疯狂地仇恨我，给我寄来一封封满是污言秽语的信，冲着我扮怪相。连他们自己都不知道这是为什么。还有一些被我搅乱了方寸的唱经班指挥四处散布攻击我的恶毒的言论。不过，这些无法避免的对立，即使再加上一小部分德国新闻界人士对我的反对[①]，同我在巴黎剧院一露面便引来的

[①] 德国和巴黎报界，有一些固守成见的人，一见到我的名字出现在宣传单上或报纸上，就像公牛见了红布似地怒不可遏。他们狭隘的脑瓜里盛着的，是一个狭隘封闭的荒诞的世界。他们认为我的作品不属于那个世界，也没有那个世界的东西。他们端着高贵的姿态同假想敌人作战。要是有人拿着一组完美的D大调和弦问他们的意见，并告诉他们这是我的作品，他们立刻就会愤怒地嚷嚷起来："这些和弦糟糕透顶！"这些可悲的像伙都是些偏执狂，古今法外都存在。——作者注

狂怒之声相比，简直就是小巫见大巫。

三年来，我一直不能放下创作一部由我亲自谱曲和填词的恢弘的歌剧的想法（就像我刚为我的神剧三部曲《基督的童年》做的那样）。它时刻萦绕着我，令我不能释怀。我拼命克制住实现它的愿望，并希望克制到永远（指五幕大型歌剧《特洛伊人》）。在我看来，这个题材崇高，辉煌，感人至深。所以明摆着，巴黎人会觉得它乏味，枯燥。其实，把一切都归咎于公众与我的品味迥异也是不对的。我根本找不到一位灵慧、忠诚的女性来扮演女主人公。她应该美貌，音域宽广，具有戏剧才华，精通音乐，有内涵，有一颗火热的心。我手里更缺乏其他各种能不受束缚由我自由支配的人力物力。一想到为了演出和导演这部鸿篇巨制，我得遭受无数艰难险阻，还要每天与其他为正统戏剧而写作的作曲家争论不休，我就不由地心情烦躁不安。在这种情况下，和那些心怀叵测、愚昧无知的人发生冲突是再危险不过的了。我觉得自己对他们什么事都做得出来，能像杀狗一样把这些家伙都杀了。对于那些既赏心悦目、又发人深省的"喜歌剧"的日益增多，就像烤炉里的小面包，每天一批一批在巴黎生产出来，我一点儿都不嫉妒。在这方面，我与那些梦想升官当皇家侍卫的小下士毫无共同之处。我更愿意当个普普通通的士兵①。我还要提一提梅耶贝尔。他凭借巨额财富，或者同时凭借博采众长的才能，而影响并控制了巴黎的剧院经理、艺术家和评论家，继而是巴黎民众。以这样的方式，他不可能在巴黎取得严格意义上的真正的成功。在他去世之后十年，人们将仍能感受到这种有害影响的存在。海涅认为"他提前付出了代价……"②。至于我在巴黎举办的音乐会，我已经描述过了我身处的环境。此外，巴黎音乐学院的一个小集团已经找到了办法，禁止我再进入学院的大厅。内务部长接受了一笔钱后，一天来到学院，向听众宣布这间大厅（巴黎唯一合适的音乐厅）的所有权专属于音乐学院，从今往后任何人不得借用它举办音乐会。这里的"任何人"指的就是我。

---

① 不过，几年前我也曾答应写一部此类作品（喜歌剧）。抒情歌剧院经理卡勒瓦洛也书面答应在规定日期交给我一本剧本，由我为他的剧院谱写成喜歌剧。合约规定，如一方违约，将付对方罚金一万法郎。可是，到了合约规定的日期时，卡勒瓦洛已将此事忘得一干二净。——作者注
② 我记得我在别处也说过，现在重复一遍：梅耶贝尔不仅幸运地拥有才华，而且，从更高层次上来说，他也拥有把握机遇的才华。——作者注

因为，二十年来，除了两三次例外，只有我在这里举办过大型音乐会。

这家著名的学府（其中几乎所有的演奏员都是我的朋友或支持者）由一名校长和几个对我怀有敌意的自命不凡的家伙领导。他们时刻警惕着，不让音乐会上出现一首我的乐曲。只有一次，那是六七年前的事了，他们居然向我要两个《浮士德的沉沦》的片断。这伙人当时丝毫不接受乐队中我的支持者的意见，在安排节目时，把我的乐曲放在了斯庞蒂尼的《贞女》和贝多芬的《c小调交响曲》的中间演奏，妄想挤垮我。幸运的是，我没有被挤垮。这些先生的期望落空了。尽管遭到前后曲目严重的威胁，《浮士德的沉沦》中的气精一场仍赢得了观众真心的欢迎，并被要求再演一遍。可是，那位曾笨拙地指挥演出的吉拉尔先生，却假装在乐谱上找不到再开始的地方。尽管大厅里尖叫声响成一片，他还是没有演奏第二遍。不过，此举并没有抹杀成功的光彩。从那时起，阴谋集团就像避开瘟疫似地躲着我的作品。

在巴黎城里众多的百万富翁当中，没有一个人想过为高尚的音乐出力。我们连一间好的公共音乐厅都没有。没有一个巨富愿意牵头修建。我只记得，历史上只有帕格尼尼为此做过一些事，但以失败而告终。

所以，如果您是巴黎的一名作曲家，并想在戏剧之外创作一些严肃作品，那一切就只能靠您自己了。如果付不起排练费，演奏时乐师们就会偷工减料，背叛原作，或把它删得残缺不全；音乐厅很不舒适，乐师和观众找不到一个能坐得稳当的座位；歌剧院强迫您雇用他的乐队成员，保护他的保留剧目，还给您制造形形色色的障碍。凡此种种，您都得忍受下来。此外，您还要忍受"济贫税"税务官先生傲慢的敲诈。他们丝毫不考虑举办一场音乐会的花销，一律提取纯收入的八分之一，从而加剧您的亏空。总之，您得花费大量时间和大笔金钱，其中还不包括与各种人为障碍做斗争时身心所受到的损耗和侮辱。具备战胜上述困难本领的艺术家，就好像是颗填满炸药的炮弹，笔直地沿着轨道发射出去，所向披靡，划下自己的弧道。可是，按照它的运动规律，一旦爆炸，同样会四分五裂。大部分情况下，我都倾囊尽力打点。可是，如果这种慷慨行为一旦停止，以前的打点行为又会成为别人控告您的最好证据。

两年前，就是我抓住残存的希望，为了妻子的身体的康复而花费大量金钱的那段时期，一天深夜，我突然在睡梦中听见了一首自己梦寐以求想写出来的交响曲。第二天醒来，我还能几乎完整地回忆起它的第一乐章（也是我唯一能回忆起来的部分），是a小调、二拍子的快板。我坐在桌前，正要把它写下来，可又忽然想到：如果我现在把这段音乐记录下来，将来必定控制不住自己，而要完成剩余的部分。鉴于那段日子我有常常不由自主展开遐想的习惯，一旦投入创作，必定会把这部交响曲写成鸿篇巨制，而这项工作需要三到五个月（谱写《罗密欧与朱丽叶》时，我用了整整七个月）。这样，我就不能再写或几乎不能再写我的专栏文章了。收入因此会锐减。而且，等交响曲完成后，我很可能无法拒绝我的抄谱者的恳求，而把乐谱交给他抄写。可这样一来，我立刻就会背上一笔十万到十二万法郎的债务。一俟乐谱抄写完毕，我又会摆脱不了将它公之于众的诱惑。我就会举办一场音乐会。而挣得的收入将还不及投入的一半。这在当今是不可避免的。我将把自己没有的东西也一并丧失。我的妻子将缺吃少穿。我将不仅无力支付自己的开支，也无力支付即将登上军舰的儿子的膳宿费。一想到这些，我不禁不寒而栗，便把笔抛在一旁想："算了！明天我就会把这首交响曲给忘了。"可第二天晚上，交响曲又阴魂不散地在我脑中冒了出来。我仿佛清楚地听见了a小调的快板，甚至仿佛看见了完成的乐谱。好多次，我在兴奋、焦躁中醒来，哼起小调，对词和曲都心满意足，继而就想起身……可是，想起前面的顾虑，我又躺了下来，顶住诱惑，竭力忘记这一切。终于，我又昏昏睡去。第二天再醒来时，所有的记忆就永远消失了。

"胆小鬼！"一些狂放的青年人会这么说我。我现在就能原谅他们的侮辱。"鼓起勇气！写啊！倾家荡产又有何妨？我们没有权利这样驱赶思想，而把一部呼之欲出、悲叹感慨人生的艺术作品化为乌有！"唉！年轻人！视我为懦夫的年轻人！你们是没有经历过我目睹过的灾难景象的啊！否则，你们就不会这样苛求了。在我的大胆举动仍遭人猜疑的日子里，我没有退缩过。那时候，巴黎城里有一小帮由杰出人物组成的观众，有奥尔良世家的王子王孙，甚至女王，都支持及关心我的举动。此外，还有我的妻子（那时，她的身体还很健康），她总是第一个鼓励我："您必须写出这部作品！还要体体面面风光地上演！什么都不用担心。我们可以节衣缩食，省出必需的费用。"于是，我便义无反顾地投身于创作之中。可是，不久以后，当她奄奄一息地躺在床上，除了痛苦地呻吟之外什么都做不了时，当需要三个女人照顾她时，当医生必须几乎每天都上门探视她时，当我确定——就像我确定巴黎人已沦为蛮族那样——任何音乐事业都将以惨败的结果告终，而我刚刚在这份不幸的契约上签了字时，年轻人！稳妥和三思而行就不再是懦弱的表现了！绝对不是！当时我只是意识到自己应该做个有血有肉的人！内心深处，我和你们、和许多其他人一样都忠诚于艺术。但同时，我也认为，不把艺术看成是吃人的猛兽，并承认是艺术教会了我辨识勇敢和残暴，这就已经是给它面子了。我最近经不住作曲冲动的引诱，写了宗教三部曲《基督的童年》，就是因为我的境况有了改善，接受这样推托不掉的任务时不用再付税。此外，我相信这部作品也能够从容不迫而频繁地在德国上演——德国许多大城市都邀请我前去。我现在经常去德国，最近一年半来我已经去那儿旅行了四次。（我写下这段文字之后不久，贝那泽先生，德国戏剧协会主席，就数次邀请我组织并负责巴德狂欢节，并把演奏我作品需要的资源一并划归我使用。他出手比令我最称心如意的欧洲君主还要慷慨。今年他又对我说："我将全权交给您处理。只要您需要，请什么地方的艺术家都可以。他们喜欢什么房间尽管给他们安排。我提前批准一切！"）人们一次比一次热情地款待我。那里的艺术家对我的好感一日胜过一日。在莱比锡、德累斯顿、汉诺威、布伦斯韦克、魏玛、法兰克福，我到处都感受到友好的气氛，真不知如何表达内心的感激。面对着这样的民众，这样的皇家戏剧主管，这样的公爵府唱诗班，这样的王公贵族，我还有什么不满足的呢？风度翩翩的汉诺威（Hanovre）青年国王和王后安提戈涅（Antigone）（汉诺威国王双目失明）对我的音乐表示出浓厚的兴趣，甚至好几次在清晨八点钟光临排练场，一直待到正午。不久前国王告诉我，这是"为了更透彻地体味您作品的内涵，熟悉您新颖的艺术表现手法"。在谈论我的《李尔王序曲》时，他欣喜若狂，兴奋得手舞足蹈：

"太美妙了！柏辽兹先生！太美妙了！您的乐队会说话呢！您根本不需要填词。我仿佛每一幕都看过了：国王走进议会大厅；欧石楠上空的暴风雨；啊，还有可怕的监狱那场戏和科黛里娅[①]的呻吟！噢，科黛里娅！您把她刻画得唯妙唯肖！

[①] 亨丽耶特扮演这个角色时充分发挥了自己的才华。我虽没有看过她的表演，但她曾给我讲述过几次其中精彩的场面！此外，我也能想像出当时的情景。——作者注

多么羞涩、温柔的女子啊！太令人心碎了！太优美了！"

王后借我最后一次访问汉诺威之机，请求我在节目单上加入《罗密欧与朱丽叶》中的两个片断。她特别钟爱其中表现爱情的那场戏（柔板）。国王也随即正式邀请我第二年冬天重返德国，在剧院举办《罗密欧与朱丽叶》的全场演出——迄今为止，我只在汉诺威上演过几场片断。他又补充道："如果您觉得人手不够，必要的话我将召集布伦斯韦克、汉堡乃至德累斯顿的艺术家，直到您满意为止。"新近获册封的魏玛大公，当我结束对他的最后一次拜访即将告辞时，对我说："柏辽兹先生，请把您的手伸给我。我要真诚地，无上崇敬地握住它。请不要忘记，魏玛的剧院永远向您敞开！"萨克森国王的总管吕蒂肖先生建议我接受即将空缺的德累斯顿唱诗班领班的职务。"只要您愿意（这是吕蒂肖的原话），我们能在这儿创作出多少美妙的作品啊！您会发现我们的艺术家才华横溢，并且十分敬爱您。萨克森有了他们和您，将变成整个德国的艺术中心！"时机合适时，该不该在萨克森落户呢？我还不知道……这得好好考虑一下。李斯特的意思是我应该接受。我在巴黎的朋友则持反对意见。我还没有拿定主意，就有人顶了领班的职位。现在该做的，就是在德累斯顿上演我的歌剧《本韦努托·切利尼》。受人景仰的李斯特已在魏玛复兴了这部歌剧。

当然了，我要亲自去指挥《本韦努托·切利尼》的头几场演出。再说，我在这儿也不用为未来操心。也许是因为，尽管我对曾经发生过的许多可笑的插曲和痛苦的琐事不屑一顾，但我仍然太过在乎过去。最后，在我即将结束这封信之际，我要感谢您，保持着纯洁艺术文化的神圣的德国！感谢您，慷慨大度的英国！感谢您，拯救过我的俄罗斯！还有你们，我亲爱的法国朋友，你们高尚的心灵和情操，胜过我所知的任何民族！我何其有幸结识了你们！与你们的交往是，也永远是我最珍贵的记忆。至于你们，狂暴的疯疯癫癫的家伙，Guildenstern、Rosencranz[①]、Ostrick[②]、Iago[③]们，诸路鬼怪精灵们，farewell, my……friends![④] 我鄙视你们！但愿

---

① 哈姆雷特的虚情假意的朋友。——作者注
② 《哈姆雷特》中的宫廷公子哥儿。——作者注
③ 《奥赛罗》中的挑拨离间的坏人。——作者注
④ 英文：别了，我的……朋友们！——译注

在我进入棺材之前能把你们忘个一干二净!

1854年10月18日于巴黎

附言

至×××先生的一封信;另按其要求,附上本人回忆录手稿,以供其撰写本人传记之用。① (但他丝毫没有参考这些手稿,充斥其书中的,净是些荒诞的故事和怪异的评论。)

---

① 他是多诺普(Donop)男爵、李普-代特莫尔德王子(Lippe-Dettmold)的内侍。

先生：

您想知道我作为一名作曲家二十五年来在巴黎一直遭到反对的原因。缘由太多了。值得庆幸的是，现在它们大部分已不复存在了。（但如今它们再一次卷土重来。讨伐我的反对之声从来没有如此猛烈过。〔1864年〕）整个报界（除了《两个世界》画报。这家杂志的音乐评论撰写人是个偏执狂，经理也仇恨我，我多次承蒙他们的"关照"）对我的最新作品《基督的童年》表现出了仁慈的态度。这也许就是个证明。许多人士认为，我的音乐风格、手法在这部乐曲中得到了彻底的改变。但再也没有比这更站不住脚的见解了。这部作品的主题音乐自然、无邪、平和，比较符合他们的口味和理解力，这才是我获得他们好感的最主要的原因。此外，他们的品味和理解力也改进多了。我真应该二十年前就用同样的方式写出《基督的童年》，看看那时会产生什么样的效果。

巴黎对我展开漫长战争的主要原因是：我的音乐感觉和大部分公众的音乐感觉格格不入。一大群人把我当成疯子，因为我把他们看作是一帮无知的孩子和傻瓜。四分之一个世纪以来，音乐，只要背离了喜歌剧高手们蹒跚而行的那条狭窄的小路，就必定被他们斥为"狂人音乐"。贝多芬的代表作（《第九交响曲》）和他的气势磅礴的钢琴奏鸣曲也逃不过这样的厄运。

其次，巴黎音乐学院的一些教授在凯鲁比尼和费蒂斯的煽风点火之下也纷纷反对我。我发表的和声与节奏方面的"异端邪说"动摇了他们的权威性，深深损害了他们的自尊心。在音乐方面我是个无神论者。更确切地说，我站在贝多芬、韦伯、格鲁克、斯庞蒂尼一边，笃信并用自己的创作实践证明："任何作品既是美妙的，又是拙劣的。""只有由各阶层人士组成的观众对它的反应才是判刑或赦免它的根据。"

如今，就连最墨守成规的教授也或多或少从传统的禁锢中解脱了出来。

提起我的对手，我不得不提到意大利感官学派（l'école sensualiste italienne）的支持者。我经常抨击他们的教理，并亵渎他们的上层权威。

今天的我收敛了许多。我依然痛恨——如从前一般痛恨——那些被众人吹捧为戏剧音乐旷世之作的歌剧。在我看来，它们不过是夸张、扭曲人类情感的下流的漫画而已。只不过，我现在已经有力量克制自己不再发表议论罢了。

然而，我在音乐评论方面的立场仍为我招来众多的敌人。对我怀有最不共戴天之仇的，是那些其作品被我斥责过，或没有得到我的评论，或我没有恭维到家的人。还有一些人，一辈子都不会原谅我的某些玩笑话。十八或二十年前，我曾冒冒失失地就罗西尼的一件平庸的小作品发表了如下的评论：信义、希望、爱德。这其实是我听到过的三个宗教赞美词。在谈论罗西尼时，我便使用了这三个词。现在，我已记不起是在哪儿写的了。我这样评论罗西尼的这部小作品："他的'希望'令我们的希望失望；他的'信义'载不起山峦；至于他对我们颂扬的'爱德'——他决不会出于'爱德'而尽施家财。"

您可以想象罗西尼派该怎样火冒三丈吧。尽管我在别处撰写了一则长篇述评来称赞《威廉·退尔》，并不断夸奖《塞维利亚的理发师》是本世纪的代表作，但也无法平息他们的怒气。

邦斯隆（Panseron）先生曾给我寄来一份好笑的广告单，宣称成立了一个音乐诊所，为广大业余浪漫曲作者提供修改音乐作品的服务，收费一百法郎。我把这份广告单登在了《辩论报》上，还整段抄录了邦斯隆的宣传词，并为之加了一个大标题：地下旋律诊疗所。

几年前，加拉法（Carafa）先生组织上演了一部名为《大公夫人》的歌剧。该剧只演了两场。第二场演出后，我在例行的分析评述中仅简单地引用了包絮埃（Bossuet）在吊唁亨丽耶特的奠文中说的几句著名的话："夫人不行了！夫人溘然长逝了！"为此加拉法一直都不谅解我。必须承认，我在与别人交谈中有时会冒出一些如利刃般伤人的言语。一天晚上，我同几个人在奥尔蒂格（Ortigue）的一位朋友家做客。拉默内（Lamennais）先生和一位内务部的副部长也在场。大家都在倾诉对各自境遇的不满。副部长对现状倒是心满意足。他说："除了现在这个职位，我其他什么都不想要。"我却愣头愣脑地反驳："说实话，我与您正好相反。我宁愿干别的，也不愿意成为您现在这个样子。"

副部长还算有涵养，什么都没说。我却知道，我们和拉默内先生的哈哈大笑已被他记在了心底。

几年来，公众对我的指挥艺术赞誉有加，但我也因此树立了新的敌人。在我的指挥下，乐师们发挥出卓越的才华，演奏时热情洋溢。他们有时也会不经意说出几句赞美我的话。如此一来，我便成了几乎所有德国乐队指挥的眼中钉。这种情形在巴黎也持续了很久。您会在我的回忆录中看到哈贝内克和吉拉尔先生的不满情绪。并由此而引发了许多稀奇古怪的事情。在伦敦也是如此。那里的科斯塔（Costa）先生每走到一个地方就同我展开无声的较量。

同我作战的，是一个人数众多的团体。您一定会同意这一点。别忘了，还有那些歌唱家和演奏名家，当他们胆敢不尊重原作，随心所欲地演奏时，我总是比较粗暴地命令他们回到乐谱上来；还有那些嫉贤妒才的家伙，一有什么美妙的事物光彩照人地出现，必定会令他们狂怒不已。

不过，生活中也正是因为有了这些适度的竞争和敌对（正不断减少）才平添了几分魅力。我喜欢时不时地折断——是折断，而非跨越——栏木，并听木头"喀嚓"地断裂。这是我迷恋音乐的自然结果。这种迷恋一天深过一天，久久不能消退。对艺术的情感中掺不得任何拜金的狂热。为了投身于美的探索，为了避免同气量狭隘、庸俗乏味的人打交道，我甚至乐于做出各种牺牲。有人曾出价十万法郎，请我在几部获得广泛成功的作品上签名。我生气地回绝了。我生来就是这样。

如果需要在这里描绘出与上幅丑陋的画面作对比的图景，那么我可以毫不掩饰地说，我能做到。在法国、英国、德国和俄罗斯，我都听过许多交响乐，令我忘记了烦恼和苦难，心境日臻平和。我甚至能列举出几场热情洋溢、不同凡响的演出。至于帕格尼尼为馈赠皇室而创作的那段乐曲以及附上的那封充满艺术家真诚的信，我就没必要再提醒您注意了；您对它一定还记忆犹新。

德累斯顿剧院的乐队指挥利平斯基（Lipinski）曾说过一句让人心花怒放的话。我在此谨向您引用一下。三年前，我正在萨克森的这座都城中居住。一场我创作的气势恢宏的《浮士德的沉沦》的演出刚刚落下帷幕，利平斯基便为我引见了一位乐师。他热切地想对我说一些赞美之辞，却不会说一句法语。我也不懂德语。利平斯基主动担起了翻译的任务。忽然，乐师打断了他，快速上前一步，抓住我的手，结结巴巴地说着什么，又禁不住抽噎起来。见此情景，利平斯基转过脸来，指着他朋友脸上的泪珠对我说："您懂了吧？"

前不久，布伦斯韦克剧院要举办一场音乐会。届时，将演奏我创作的带合唱的交响曲《罗密欧与朱丽叶》的片断。音乐会上演的那天早晨，一位紧挨着我坐在贵宾席上的陌生人告诉我，他是长途跋涉专程来布伦斯韦克听这些片断的。"您应该根据您对莎士比亚这部戏的理解，用您运用交响曲的方式，创作一部同名歌剧。您一定会写出一部美妙绝伦、前所未闻的杰作来！"

我回答道："可惜啊，先生，我到哪儿去找两位既能唱好又能演好那两个主角的艺术家呢？这样的人根本不存在。好吧，就算有这样的艺术家，可您再看看当前各歌剧院里盛行的那些音乐风气和陈规旧习吧！我相信，如果我着手写这部戏，第一场还没上演，我就会被它们气死！"

晚上，这位爱好我的音乐的陌生人出席了音乐会。场间休息时，他与一位邻座聊了起来，还描述了我早晨对创作歌剧《罗密欧与朱丽叶》一事的反应。他的邻座先是沉吟了一会儿，接着忽然一拍包厢大叫一声："他即使是死也要写啊！"

先生，您打抱不平，渴望替我向许许多多对我不公的人"复仇"（您的原话），这份好意让人涕零。请接受我最诚挚的谢意！我认为，时间是最厉害的复仇者。让它去完成复仇的任务吧！至于那些我曾经或现在仍然怨恨的人和事，它们不配您为之动肝火。

我意识到还没有谈论过自己的创作方法。您也许想了解一些这方面的细节吧。

一般来说，我的风格较为大胆豪放。不过，这并不表明我意欲抛弃所有构成艺术的基本要素。相反地，我一直努力增加这些要素的比重。我从来没有像法国人坚信不疑地以为的那样，妄想发明一种无旋律的音乐。在现今的德国，的确存在着这种流派。而我一向对它心有疑惧。我总是努力赋予我的作品各种真正富于变化的旋律。大家完全可以对这些旋律的价值、它们细微的差别、新意、魅力等进行争论。我无权评判它们。可是，否定它们的存在，我坚持认为这是一种恶意的、愚蠢的行为。只不过，这些旋律或是太过于宽广辽阔，会令目光短浅和幼稚的头脑难以清楚地辨别其中的脉络；或是，和其他副旋律融为一体，在幼稚无知的人看来，这是混淆边界的表现；或是它们与下层音乐人群中所谓"旋律"的那种噱头背道而驰，而令他们不愿称之为"旋律"。

我的音乐的主要特点在于：激昂的外表，内藏的狂热，撩拨情绪的节奏及出人意料的转折。我所说的激昂的外表是指用热烈的方式表现内心的感受，也包括与激情截然相反的感情，如温情脉脉、沉静等等。在《基督的童年》，特别在《浮士德的沉沦》中"天国"一幕以及在《安魂曲》的《圣哉经》之中，人们都能感受到这种表达方式。

至于《安魂曲》这部作品，我认为最好给您指出，我可能是现代作曲家当中进入这种思维方式的唯一一人，而老一辈作曲家甚至不明白其中的意义何在。我想谈一谈被某些评论家形容为"建筑音乐"或"纪念碑音乐"的大型乐曲。我也是因此被德国诗人海涅称为"硕大的夜莺"和"剽悍如雄鹰的云雀"。他说："原始社会中存在过此类动物。""当然了，"诗人接着说，"柏辽兹的音乐总体上有种来自洪荒时代的东西。听他的音乐，我常常联想起已经灭绝的大型巨兽，猛犸，神话传说中的充斥罪孽的帝国以及无数匪夷所思的事物。富于魔力的重音重新唤起了我们记忆中的巴比伦、闪米特人的空中花园，尼尼微的奇观和耶路撒冷的大胆建筑，与我们在昂格莱·马尔丹（Anglais Martin）的画儿上看到的一般无二。"

海涅在其著作《吕苔丝》(*Lutece*)的同一段中继续把我和怪僻的英国人作比较，认为我的音乐"既少旋律，也没有一丝纯真。"《吕苔丝》出版后第三周，《基督的童年》就进行了首演。第二天，我就收到了一封海涅寄来的信。他在信中连连对错误地评价了我表示懊悔。他在病床上给我写道："我从四方获悉阁下新近采撷了世间最甘甜柔美的音乐之花，汇成了一本音乐集，而您的清唱剧当属纯真无邪之作的典范。我永远不会原谅自己曾经对您，我的朋友，做出如此不公正的评判。"当我去拜访他时，他再次痛心疾首地自责。我对他说："先生，您为什么放任自己，像庸俗的评论家那样，还不了解整部作品，就对作者发表荒谬的言论呢？您一定是总想着《信魔者的夜半集会》，我的《幻想交响曲》中的《赴刑进行曲》,《末日经》，还有我的《安魂曲》中的《哀痛》。可是，我认为自己也创作了，并且有能力创作一些其他风格的作品呀……"

我一直致力于解决导致海涅产生误解的作品规模问题。由于我采用了特殊的手法，所以它们显得与众不同。譬如，在我的《安魂曲》上演时，有四支分隔独立的铜管乐队，被我摆在大乐队及合唱团四周，遥相呼应。在《感恩赞》中，则是设在教堂一个尽头的管风琴与另一头的乐团、两组合唱队及第三组人数众多唱齐唱的合唱队三方配合，表示民众也不时参与这场气势宏伟的宗教音乐会的场景。而乐曲的形式，开阔豁朗的风格，美妙的舒缓的渐进，更是烘托出作品磅礴的气势。也恰恰是这种宏伟的形式使人们要么茫然不知所措，要么惊惧过度。一位听众战战兢兢，吓得魂飞魄散。旁边的那位呢，枉自支棱着耳朵，却什么也没听懂。这幅景象在我的《安魂曲》上演时出现过多少回啊！

我创作的被评论家称为"建筑音乐"的作品有：《葬礼与凯旋交响曲》（两支乐队，一个合唱团）；《感恩赞》（该作品的终曲无疑是我诸多作品中最为恢宏的）；需两支合唱团演唱的《帝国》大合唱，1855年在工业会堂系列音乐会上上演；当然，最少不了的，当属《安魂曲》。

至于我的那些普通规模的乐曲，我创作它们时并没采用任何特殊手法。这恰恰表现了它们内在的激情、意境以及节奏上的独树一帜。如此种种，要求乐队具有很高的演奏水平。这也是演奏时常出现错误的原因。演奏者们，特别是指挥，必须像我一样透彻地理解旋律，才能完美地将其演绎出来。势不可挡的激情，收放有度的狂想，梦幻般的敏感，几近病态的忧悒，乐师们都必须准确地加以把握和融合。否则，就完全抹杀了我的音乐形象的主要性格。我常常痛苦地听到自己的大部分乐曲被引向另一种与我的原意迥异的方向。一次在布拉格，当我听着一位唱经班领班——他的才华无可争议——指挥的《李尔王序曲》时，差点儿气得中风。他的指挥差一点儿就正确了……可就是这"差一点"就导致了完全错误。您已经看到，在有关《本韦努托·切利尼》的那章里，哈贝内克犯的种种错误，甚至是无心的错误，都等于是对我的慢性谋杀，让我痛苦难当。

如果您现在问，在所有的作品当中，我最偏爱哪一部，那我的回答是：我和大部分艺术家的意见一致，最喜爱《罗密欧与朱丽叶》的柔板（讲述爱情的那一幕）。一天，在汉诺威，在这一段终场时，我突然觉得身后不知是谁在拽我。回头一看，原来是坐在我谱架旁的乐师正在亲吻我的衣领。不过，我会避免在某些音乐厅里为某些观众演奏这段柔板。

我还能为您举出戏剧音乐《基督的童年》的一段遭遇，以说明法国方面对我的成见。演出以"皮埃尔·迪克雷"（虚构的十九世纪唱经班领班）的名义在两家音乐厅上演。"简单无奇的旋律"竟然博得如潮的好评！可又有多少人做出了这样的结论："如此美妙的音乐，肯定不是出自柏辽兹之手！"

一天晚上，一家沙龙正上演一首浪漫曲。曲名下方印着舒伯特的名字。一位对我的音乐抱有根深蒂固恐惧心理的音乐爱好者听了之后大声赞叹："多美妙啊！这才叫旋律！这才叫感情！这才叫清澈和理性！这样的境界，柏辽兹岂能达到？"其实，这正是我写的同名歌剧的第二幕中切利尼的那段浪漫曲。

一次聚会中，一位音乐爱好者当众抱怨曾被人以一种不恰当的方式愚弄。据他说，当时的情形是这样的：

"一天早晨，我走进圣塞西尔听音乐会的排练。由塞格尔斯先生指挥。我在那儿听到了一段美妙如天籁来音、充满激情的交响乐。其风格、配器法都与我所知的交响乐迥然不同。我便走上前问塞格尔斯先生：

'您刚才指挥的那段令人振奋的序曲叫什么名字？'

'是柏辽兹的《罗马狂欢节》的序曲。您以为这是……'

'……'

'没错，没错，'我的一个朋友打断他的话头说，'我们必须承认，塞格尔斯这样混淆视听，欺骗正直人士，的确有些无耻。'"

在法国或在别的一些地方，人们都一致给我安上了配器法技巧"大师"的称号，特别是在我出版了一本这方面的专业论著之后。不过，与此同时，我也被指责滥用"萨克斯的乐器"（一定是因为我经常夸奖这位灵巧的乐器制造人的手艺）。然而，迄今为止，我只在《特洛伊的沦陷》这场中使用过他的乐器，而且，这部歌剧还一页都没有公之于众。还有人批评我偏爱大鼓，舞台效果过于聒噪。其实，大鼓音只在我为数不多的几段乐曲中不可缺少地出现过。"滥用声响，令人反感""无度使用大鼓、长号"——二十年来，我一直坚持为自己洗刷这两项罪名（其余的种种责骂，我都置之不理）。在现在的小型戏剧、交响曲、歌剧和滑稽剧中，都有人使用鼓呢！

罗西尼在《围困科林斯》中，率先将喧闹的乐器法引进法国。而法国的评论家对他的此举却避而不谈，对他那面目可憎的夸张手法也没有一句抨击之词，但却将种种谩骂抛向了我，抛向了韦伯！（大家不妨看看米肖撰写的《世界名人传》中的《韦伯生平》吧。）韦伯挨的骂比我还多。而他，这位能够持重地利用所有乐器的优点的绝代音乐家，只在乐曲中使用过一次大鼓。

至于有关我的一些可笑的流言，我想都是从音乐节中传出来的。在那些场合，人们往往看见我指挥一些阵容庞大的乐队。所以，有一天，在维也纳，梅特涅亲王（Metternich）问我：

"先生，就是您总是创作需要五百名乐师演奏的音乐吗？"

我的回答是：

"殿下，并不总是这样；有时候我也写一些需要四百五十名乐师演奏的音乐。"

唉，有什么关系呢？……现在，我的乐谱都已经发行于世了。很容易便可以验证我的说法是否正确。就算人们不愿意去验证，那又有什么关系呢？……

最后，先生，请接受我最诚挚的敬意！

埃克托尔·柏辽兹
1858年5月25日写于巴黎

后记

我完工了；研究院；工业展览馆的音乐会；于连；永恒的音符；《特洛伊人》；《特洛伊人》在巴黎上演；《贝亚特丽斯与贝内迪克特》；该作品在巴德与魏玛上演；洛温堡之旅；音乐学院的音乐会；斯特拉斯堡狂欢节；我的第二位妻子逝世；墓地；都见鬼去吧！

从我写《回忆录》搁笔至今已经将近十年了。这些年来，我又有了许多和《回忆录》中记述的事件同样严峻的经历。因此，我想在这儿用几句话记录下来其中的几件，免得以后又得为某些原因再开始这项漫长的工作。

我已经结束了音乐生涯。"奥塞罗的使命已经完成了。"我不再作曲，不再指挥，也不再写韵文、散文了。我还辞去了评论人的职务。总之，我中止了所有进行中的音乐工作。我什么也不愿意做了。每天读读书，静心思考，再就是与难以忍受的乏味无聊做斗争，还要承受无法治愈的神经痛的日夜煎熬。

谁知，我竟然被任命为法兰西研究院美术学会会员。这大大出乎我的意料。我时不时也发表演讲，阐述自己对学会例行制度的一些看法，可都是对牛弹琴，没有产生任何结果。不过，我和同事们建立了亲切的友谊。

我曾负责导演两场歌剧：格鲁克的《奥菲欧》和《阿尔切斯特》，分别在抒情歌剧院和巴黎歌剧院上演。本来，我可以对此讲许多东西。不过，我在《穿越歌声》[①]及以后的增补内容中已经谈得够多了……我不想再说了。

拿破仑亲王派人请我在他亲临工业展览会主持一场隆重的颁奖仪式那天在馆中举办一场盛大的音乐会。我接受了这项不同寻常的任务，但拒绝承担金钱上的责任。贝先生，一位头脑机灵，胆量过人的承包人，毛遂自荐。他对我出手十分大方。这些音乐会（官方仪式后举行了好几场音乐会）给我带来了近八千法郎的进账。我在皇座后方的一间离地面很高的陈列大厅里安置了一千名乐师。当时我还觉得声音太微弱。可是典礼那天，乐队的音响效果震耳欲聋。演奏至第一段中最精彩部分时（我特意为展览会创作了《帝国》大合唱），有人忽然来打断我，强

---

① *A travers chants*，柏辽兹的音乐评论专著。——译注

迫我停下乐队。因为，亲王要发表演讲，而音乐持续得太久了……第二天，公众买票入场。音乐会收入七万五千法郎。这一次，我们让乐队走下高台，恰如其分地排列在大厅的低地部位。效果棒极了！那天没有人来打断音乐会。我终于能让我的指挥棒大放异彩。我为了这场音乐会从布鲁塞尔请来了一位我认识的技师。他为我安装了一只电动的五分枝节拍器。我只需动一动左手的一只手指，就可以一边用右手挥舞指挥棒，一边向阵容庞大的乐队同时提示五个相隔甚远且互不相同的节奏。五位副指挥通过电线接收到我的动作，再立即传达给各自负责的乐队。总体效果绝妙无比。从那时起，大部分歌剧院在当合唱队站在幕后表演，合唱指挥们既看不见节奏，也听不到乐队时，都引进这种电动节拍器。只有巴黎歌剧院拒不使用。不过，当我在巴黎歌剧院指挥排练时，却获准使用这件宝贝。工业展览会系列音乐会所选的曲目其和声都很宽广，乐章行进较为舒缓，烘托出富丽堂皇的舞台效果。我至今能回忆起的几场主要曲目有：格鲁克歌剧《阿尔米德》中的合唱曲《曾经在这些美丽的地方》；我的《感恩赞》中的 *Tibiomnes*；《葬礼与凯旋交响曲》中的《化神曲》。

在这次音乐盛会之后的第四或第五年，于连（我已经谈过他在特鲁里街剧院指挥英国歌剧）来到巴黎，准备在香榭丽舍大街的竞技场举办一组盛大音乐会。

可是，他潦倒破产，不能签订某些典押契约。我幸运地帮他弄到了清偿协议，恢复了他的自由身，使他可以不受约束订立合同。这个可怜的人在商业法庭上见我大度地把他欠我的债务一笔勾销，感动得泪水涟涟，紧紧地拥抱住我。但是，从那时起，他的精神状态却再次恶化。这是伦敦人和巴黎人都不愿看到的。其实，很多年以前，于连就宣称自己在声学领域有了一项不同寻常的发现。来一个人，他就要展示一遍。他用两根手指堵住两个耳孔，说自己能听见血液流经颈动脉再涌入脑袋时发出的低沉的声音。他还坚信从中辨认出了 A 大调，是地球滚向茫茫太空时发出的声音。接着，他又用嘴唇胡乱吹起些刺耳的音调，时而 D，时而降 E，时而 F，还激动地大叫："这就是 A 调！真正的 A 调！宇宙中的 A 调！永恒的音符，就是它啊！"

一天，他神色古怪地飞奔到我家，说自己"看见上帝了！上帝被一团蓝色的云彩环绕着！"；上帝命令他来帮我发家致富。所以，他此趟来我家，首先要买下我刚刚完成的《特洛伊人》，出价三万五千法郎。此外，尽管我已经放弃了债权，他仍然要偿清欠我的钱。"我有钱！有钱！"他一边说着，一边从口袋里掏出一大把一大把的金币和钞票。"拿着，拿着！都在这儿呢！收下吧！"我好说歹说，劝他收回金币和纸钞。"下次吧，亲爱的于连。我们以后再谈这件上帝赋予您的使命吧！"事实是，他取得了一位承包商的信任，从他那儿筹到了一大笔举办香榭丽舍音乐会所需的资金。这件事过后的第二周，于连竟然乘着轻便马车在意大利大街上吹笛子，还邀过往行人参加他的音乐会！引得公众议论纷纷。不久，他就因脑充血猝死。在他撒手人寰的那一刻，欧洲大陆上，有多少音乐家，被人误认为庄重，实则内心与他一样疯狂啊！……

那时，我已经完全结束了我刚才谈及的那部歌剧。我也曾在前面某章的注解中提起过它。四年前的一天，我在魏玛维特根斯坦公主家中作客（她是李斯特忠诚的朋友，睿智而高尚。在我最潦倒的时候，是她大力地支持我）。言谈间，我对维吉尔大加赞赏，还谈起自己打算按莎士比亚的风格创作一部大型歌剧的构思。这部戏将以《埃涅阿斯纪》的第二、四章内容为原型。不过，我又承认，由于我太清楚这样一项宏伟的工程将会给自己带来什么样的烦恼，所以永远不可能去冒险一试。"噢，"公主叫道，"您如此钟爱莎士比亚的古典爱情故事，怎能让这一腔热情付之东流，不凭着它，去创作出一部宏伟壮丽、令人耳目一新的作品呢？行动起来吧！您必须写出这部歌剧，这激情洋溢的诗篇！随心所欲地命题，构思吧！您一定得开始，直至完成！"我还想为自己辩护。公主又说："请您听着！如果您在这部作品可能或一定会给您制造的困难面前退缩的话，如果您懦弱胆怯，没有勇气为了狄多，为了卡桑德拉（Cassandre）而义无反顾的话，那就请您永远不要再登我的门，我也不愿意再见到您！"再也没有比这句话更能促使我下定决心的了。一回到巴黎，我就开始为抒情诗《特洛伊人》配写韵文。接着，我又投入乐谱的创作中去。再经过三年半的修改和增删等……我终于完成了全剧。我在许多场合朗读过这部诗篇，听取众人的意见，尽量为我所用。在我反复润色作品期间，我忽然想给皇帝写一封信。内容如下：

陛下：

我最近亲自作曲和填词，完成了一部长篇歌剧。尽管投入巨大、浩繁，我也将倾尽在巴黎的所有家资，勉力促成其上演①。陛下能否赐恩，允许我冒昧地为您朗诵其中的诗文，为能博得您尊贵的庇护？——如果它有福配得上您的庇护的话。巴黎歌剧院现由我的一位老朋友②主管。他对我的音乐风格一无所知，也无法认同，所以对此发表了一些奇谈怪论。他主管下的两位音乐部经理又是我的对头。陛下，请恩庇我不受朋友的伤害吧！至于我的那些敌人，就如意大利一句俗语说的，"我会自己罩着自己的"。陛下，如果您听完了我的诗后认为它没有上演的价值，我也会诚惶诚恐，绝对尊重您的决定。但是，我不能把我的作品交给那些受成见、偏见左右的家伙，任由他们去品头论足。他们的见解自然对我毫无价值。他们会指出乐章的种种不足，以此为借口拒绝接受整部作品。我曾经一时闪过一个念头，想恩请陛下恩准，允许臣为您朗读《特洛伊人》的剧本。但是，当时我尚未完成乐谱部分。而且，臣也有所顾虑：假如朗读后得到的不是赞同的回应，由此而来的受挫感一定会妨碍我完成乐谱。而我渴望写这部宏伟的乐谱，渴望把它完整地写出来。融入其中的，有我持久不熄的激情，还有万般呵护的疼爱。不过，现在，即使令人气馁的险阻接踵而来，也不能抹杀这部乐谱已存在于世的事实了。她宏伟壮丽，气吞山河，表面上复杂烦琐，实质朴实无华。唯一不幸的是，这不是一部通俗作品。不过，这种偏见是由那些承仰陛下鼻息的人抛出的。巴黎的公众现已渐渐明白：制造带响声的供人消遣的玩意儿，这不是艺术最崇高的目标。陛下，请允许我用古代一位伟大人物的话点明我的主旨：Arma citiproperate viro! 我相信我能夺取拉丁姆。

卑人竭忠尽智，甘为陛下谦恭的奴仆。

埃克托尔·柏辽兹
艺术研究院院士
1858年3月28日于巴黎

唉，我没有夺取拉丁姆。巴黎歌剧院的那些人小心翼翼，防备 Properate arma

---

① 当时《特洛伊人》的抒情诗文还未分为两部歌剧，是一部长达五个小时的歌剧。——作者注
② 阿尔方斯·鲁瓦耶（Alphonse Royer）。——作者注

viro；皇帝也从未见过我的这封信。德·莫尔尼先生劝我打消把信寄给皇帝的念头。他对我说："陛下会觉得此举有失体面。"所以，当《特洛伊人》最终公演时，皇帝没有亲临现场观看。

有一天晚上，我终于有机会在杜伊勒利宫与皇帝交谈了一会儿。陛下令我将《特洛伊人》的诗文托人转交给他，并向我保证，如果空闲下来，一定会读一读。可是，法国皇帝怎么能有闲暇的时候呢？我把手稿呈递给了皇帝。不过，他读也没读就转交给了戏剧管理部门。那儿的人大肆诋毁我的作品，视其为荒谬离奇之作，还放出谣言，说这部戏长达八小时，需要两支巴黎歌剧院乐队规模的乐队演奏，我还要再增加三百名合唱团团员，等等。一年之后，才好像有人开始稍稍关注我的作品。一天，阿尔方斯·鲁瓦耶把我拉到一边，偷偷说："国务大臣命我告诉您，巴黎歌剧院将研究您的《特洛伊人》乐谱。他会给您一个满意的答复。"

国务大臣主动做出的这项承诺和许许多多其他承诺一样，没有得到兑现。而且从那时起，就再也没有人做出什么承诺。所以，在长期无望地等待之后，我厌倦了忍受如此众多的奚落，终于经受不住卡尔瓦洛先生的好意怂恿，同意让他承办在抒情歌剧院排演《特洛伊人在迦太基》的事宜（此为《特洛伊人》抒情诗的第二部分，我为它增加了一段器乐引子和一段开场白）。其实，这家歌剧院缺乏完美表现该作品的条件。它刚刚从政府那儿获得每年十万法郎的补贴。尽管如此，该剧场仍不具备承办这项浩大工程的能力：舞台不够宽绰，歌手素质达不到要求，合唱队和乐团也不够人数。剧院为这部戏投入了大笔资金。我也做了许多牺牲。我自己出钱聘请了一些乐师，以增加乐队的人手。我甚至根据剧院的实际财力和人力，对好几处配器编排作了删减。

沙尔东-德默尔（Charton-Demeur）夫人是唯一能够演唱狄多一角儿的女士。卡尔瓦洛先生付给她的薪金，比她从马德里戏院经理那儿得到的收入少得多，但她却接受了下来。在我看来，她的这一举动非常大度友好。尽管我们做出了许多努力，但演出依然，而且不可避免地不尽如人意。沙尔东女士表现得十分出色。扮演埃内的蒙若兹有几天的表演也扣人心弦，热情奔放。卡尔瓦洛执意亲自来完成导演工作，可结果同我事先指明的演出效果完全背道而驰，在某些方面甚至流于荒谬可笑。置景工在第一场演出时，差点儿把所有道具弄混；到"暴风雨中的狩猎"一场时，还笨手笨脚地把一块木板掉在了舞台上。这个场景要是换在巴黎歌剧院上演，一定会充满震撼人心的荒蛮之美。可在这儿，整个儿显得小家子气，庸俗不堪。还有，这里换一次布景，竟然需要场间休息五十分钟！所以在第二天，暴风雨，狩猎，整场戏都被删掉了。

我已经说过，如果要我体面地组织上演一场如上文所述的那种气势恢宏的作品，我就必须掌握剧院的绝对指挥权，排练乐曲时也必须是乐队的绝对指挥；所有的人都要真心实意地协助我，毫无异议地服从我。否则，整日陷于反对之声，幼稚的见解，还有某些人对我施加的更加幼稚的恫吓之中，过不了几天，我的精力就会消耗殆尽。结局是，我递上一纸辞呈，疲倦无力地离去，让一切都见鬼去吧！卡尔瓦洛一面申辩说他一心只想配合，表现我的意愿，一面却对作品进行他认为必需的删减，以此折磨我，煎熬我。当他不敢亲向我提出这些要求时，就派一位我们共同的朋友来做说客。有的朋友会给我写信，指出哪段哪段有害无益；有的来恳求我——也是以书面的形式——删除某一段。还有那些细致入微的评论简直逼得我都要发疯了。

"您的吟诗者手里提着一把四弦里拉（古希腊的一种竖琴）。我知道，这种琴完全可以诠释出乐队中竖琴的四个音符。不过，您是想进行一点考古吧？"

"那又怎么样？"

"哈！这种行为太危险，会遭人笑的。"

"确实很可笑！哈哈！哈哈！四弦琴！只能奏出四个音符的古竖琴！哈哈！哈哈！"

"您的开场白中有个词让我害怕。"

"哪一个？"

"triomphaux。"（triomphal〔凯旋的〕的复数形式。——译注）

"它为什么让您害怕？它难道不是triomphal的复数形式吗？就如同cheval（马）的复数是chevaux，original（别出心裁的）的复数是originaux，还有madrigal（牧歌）和madrigaux，municipal（市镇的）和municipaux那样，不是吗？"

"您说得不错。不过，这个词不太听人说。"

"要是在一部史诗般的作品中只能使用小酒馆、滑稽歌舞剧场里用的通用词儿，那不合常规的表达方式还多着呢！若那样，作品的风格就会沦于古板和贫乏！"

"但您得明白，这会让人笑话的。"

"哈！triomphaux！这个词本身就很滑稽嘛！triomphaux！这和莫里哀的到处都用得上的口头禅一样好玩！哈哈！"

"埃内上场时不应戴着头盔。"

"为什么？"

"因为现在咱们广场上那个卖铅笔的商人芒甘也戴着顶头盔。不错，您戏中的是一顶中世纪的头盔。可不管怎么说，它们都是头盔。四楼上的那些开玩笑人会哄叫：'噢！那不是芒甘吗！'"

"啊，是吗？一位特洛伊英雄竟然不能戴头盔？这才可笑呢。哈哈哈！头盔！哈！芒甘？"

"您可不可以为我做件好事？"

"又怎么了？"

"去掉麦尔居尔（Mercure）。他头上、脚上的翅膀太可笑了。我们只见过在肩膀上长翅膀的。"

"噢！你们只见过肩上长翅膀的人面生灵！这我倒不知道。不过，我承认，脚跟上长翅膀是会让人发笑。哈哈哈！既然你们在巴黎的街巷中不经常遇见麦尔居尔，那就把麦尔居尔取消吧。"

你们知道这些愚蠢的担忧使我有了什么样的感受吗？对于卡尔瓦洛那些音乐方面的见解，我无话可说。为了实现一种他想当然的导演效果，他不是让我放慢或增快几段乐谱的行进速度，就是让我加入十六个节拍、八个节拍、四个节拍，或删除两个、三个或一个节拍。在他眼里，不是歌剧的演出效果屈从于音乐，而是音乐屈从于演出效果。就好像我不懂我研究了四十年的音乐规则，没有充分计算乐谱的长度似的。不过，至少演员们没有折磨我。我必须公正地说，他们都根据我的意图演唱了各自的角色，没有篡改一个音符。这仿佛不可思议，但事实就是如此。我为此对他们感激不尽。《特洛伊人在迦太基》于1863年11月4日，即卡尔瓦洛事先宣布的日期，如期开始了第一场演出。这部作品本来还需进行三到四次正规的总排演。一切都进行得不顺当，特别是舞台表演。每晚，剧院里都空空荡荡。经理束手无策，不知道如何将剧目进行下去。他想尽快摆脱困境。大家都知道，经理在这种时刻总表现得像凶神恶煞。我和我的朋友们都认为晚会上会有暴风骤雨，所以等待着各种敌意行为的发生。可是什么也没有发生。我的敌人们不敢亮相。只是在终场宣读我的名字时，才有人怯怯地吹了声口哨。仅此而已。吹口哨的那个人一定是受了命在几星期内用同样的方法侮辱我。因为，在第三、五、七、十场演出时，他又回来了，还多了个同伙。一演到同一场戏时，他们就开始吹口哨。还有些人在走廊里粗野地高声谈论、诅咒我，说什么大家不能、也不应该允许这样的音乐上演。五家报纸精心选出最能残酷地伤害艺术家的粗言秽语，向我劈头盖脸地抛来。不过，两周以来，有五十多篇文章对我的作品表示赞赏。其中有加斯白里尼先生（Gasperini）、菲奥兰蒂诺先生（Fiorentino）、奥尔蒂格（Ortigue）、雷翁·克鲁泽尔（Léon Kreutzer）、达姆科（Damcke）、若阿恩·韦伯（Joannes Weber）等等。他们的评论热情洋溢，充满不可多得的洞察力。我又感受到一种很久没体会过的喜悦。此外，我还收到了大量来信，有的雄辩，有的幼稚；但都感人至深，深深地打动了我的心。好几次演出时，我都看见有人落泪。《特洛伊人》首次公演后的两个月内，我常常在巴黎的街道上被一些陌生人拦住，请我允许他们握我的手，并感谢我创作了这部作品。这难道不是对我遭受敌人凌辱的最好的补偿吗？我由于自己的音乐创作倾向而结下的敌人比我写音乐评论时结下的敌人还要多。这些敌人就像街头妓女仇视贤良的淑女那样仇视我。庇护她们的神灵一般都叫作拉伊丝或福莉内，而很少叫阿丝帕齐。而备受本性高尚之人和艺术爱好者青睐的那些女神则有朱丽叶，还有苔丝德蒙娜、考狄利娅、奥菲丽娅、伊菲姬妮、维吉丽娅、米兰达、狄多、卡桑德拉、阿尔切斯特等等[1]。这些崇高的名字激醒浪漫之爱，纯洁无华，忠贞而启人灵感。至于前面的那些名字，则只叫人想到猥琐的淫欲。

甚至，我自己都承认，在《特洛伊人》的排练中，一些被出色演唱的乐段给我以强烈的震撼，如埃内的唱段"啊！永别的那一刻何时才能到来！"；如狄多的独白"我就要死了，带着无尽的深深的痛苦"——这些都让我动容。沙尔东女士

---

[1] 皆为莎士比亚剧中女主人公或古希腊神话中之女神。——译注

诉出"埃内，埃内！噢！我的灵魂跟随着你！"时的神情是多么的忧郁！她没有多余的话，只是绝望地喊着，捶着胸，撕扯着头发，就像维吉尔形容的那样。

很奇怪，在那么多咆哮的批评中，竟然没有一个指责我胆敢使用这种声乐效果的。我倒觉得这很值得他们火冒三丈呢。在我创作的所有充满悲痛的音乐中，没有一首可以与狄多在这幕及以后的旋律中发出的呐喊相比拟，就像还没有人在其他地方使用过卡桑德拉在《特洛伊沦陷》的一些段落中的呐喊一样……噢！我那高尚的卡桑德拉！①我那贞洁的女主人公！我不得不屈从世俗。今后，我再也听不到你的声音了……

在经过了研究和第一场演出之后，抒情歌剧院删除了《特洛伊人在迦太基》中的如下段落：

1.建筑工起曲；

2.水手起曲；

3.农夫起曲；

4.器乐间奏曲（王室狩猎和暴风雨）；

5.安娜（Anna）和纳尔巴勒（Narbal）之间的爱情场面和二重唱；

6.第二段舞曲；

7.伊奥巴（Iopas）的合唱曲；

8.哨兵二重唱；

9.海拉斯（Hylas）之歌；

10.埃内和狄多之间的大二重唱"徒步流浪"。

卡尔瓦洛认为建筑工、水手、农夫的起奏全都平淡无奇，显得冷冰冰的。此外，剧院的面积也不够大，容不下如此庞大的演出队伍。"狩猎"那段间奏曲演得十分拙劣。导演用画出来的雷雨背景代替了我想要的几柱真正的喷射而下的水流。舞动的林神由一队十二岁的小女孩扮演。这些小孩手上没有一支燃烧的树枝——

---

① 希腊神话中特洛伊的女预言者，多预言凶事。——译注

消防队员怕失火，反对这么做。山林水泽的仙女没有披散着秀发，一面呼喊着"意大利"，一面奔跑着穿越森林。女合唱队员被安置在不被人注意的角落，她们的声音根本传不到大厅。乐队的人数很少，而且都无精打采，但奏出的闪电的声音还算勉强听得见。而且，这滑稽可笑的一幕结束后，置景工总是至少需要四十分钟来撤换布景。所以，我自己要求取消了这段幕间曲。卡尔瓦洛固执地坚持剪掉纳尔巴勒和安娜之间的二重唱、舞曲及哨兵间的二重唱几场戏。因为他觉得这种通俗的笔调和原著史诗般惊心动魄的风格不相融。我怒不可遏，竭力反对，但也没有用。伊奥巴的合唱曲是经我同意后取消的：扮演该角色的歌手没有能力唱好这几段。埃内和狄多的二重唱的那场戏也遭到了同样的下场。我发现沙尔东夫人的嗓音存在着不足之处。这场激烈的戏让这位女艺术家累得疲惫不堪，以至于在第五幕中再也没有力气说出可怖的宣叙调："不死的神灵们啊，他走了！"也没有力气表演最后一段咏叹调及焚尸一场。至于海拉斯之歌，它在第一场演出中大获好评。年轻的加贝尔的唱功也不俗。可当我得了支气管炎，卧床不起时，这一段也被删得无影无踪。原因是：第二天《特洛伊人》的演出需要加贝尔上场，并且合同也规定他一个月演唱15场，加班演出每场需付他200法郎。因此，卡尔瓦洛为了节省开支，没通知我就把海拉斯之歌取消了。我被这一切折磨得昏头昏脑。一位钢琴谱的出版商与卡尔瓦洛的想法如出一辙，想让这部作品尽可能符合演出要求。我竟然没有拼着残余的力气去反对，就同意他在出版钢琴谱时删减了好几段乐曲。幸运的是，总谱至今还未出版。我用了一个月时间，小心翼翼地为它包扎伤口，重新整理成序。它将恢复最初的完整，完全以我创作时的模样展现在世人眼前。

噢！一部这样性质的作品，被抛售于市，任由出版商剪接排列，还能找出比这更残酷的折磨人的方法吗？乐谱在音乐商的橱窗里被拆得零七八落，就像肉店案板上的小牛犊的身体，被切成碎块，连同杂碎一起卖出去，供家猫享用。

尽管卡尔瓦洛对《特洛伊人在迦太基》进行了诸多"修改""润色"，这部戏还是只上演了二十一场。演出收入没有达到他预期的数目。卡尔瓦洛只好解除了与沙尔东女士的契约，后者起身去了马德里。不过，我作为词、曲作者，从这二十一场演出中提取了一笔可观的薪金。再加上我在此之前把乐谱卖到了巴黎、伦敦而获得的钱，我喜出望外地发现，这笔总收入基本上和我在《辩论报》时的年收入持平。于是，我一纸辞呈，推掉了评论家的工作。经过三十年的奴隶般生活后，我终于自由了！我再也不用写专栏文章，不用评论庸俗的东西，不用阿谀媚俗，不用忍气吞声，不用说谎，不用虚情假意，不用胆怯奉承了！我，自由了！我可以不踏入歌剧院半步，不说也不闻任何言论，甚至不用去嘲笑那些低等音乐小餐馆里炮制出的玩意儿了。

至少，我这可怜的专栏作家应该把《特洛伊人》从别人手中解救出来，不让她再受被篡改之苦了。

这部歌剧完全搁笔至演出前这段时间，我应巴纳泽先生（巴德赌场的经理）的要求，创作了一部两幕喜歌剧：《贝亚特丽斯与贝内迪克特》。这部剧于1862年4月9日在巴德新剧院上演，由我担任指挥。演出获得了巨大成功。几个月后，歌剧由理查德·保勒先生译成德文，应大公夫人要求，在魏玛上演。大公夫妇还邀请我前往魏玛指挥第二场演出，并一如既往，亲切地招待了我。

霍恩佐伦-海辛根王子也是如此。在他下榻魏玛期间，他派自己的唱经班指挥邀请我去他目前居住的洛温堡，指挥一场音乐会。他告诉我，他的乐队熟识我所有的交响曲，并请求我为他列出一张包括我所有作品的目录。

我回答道："殿下，我遵从您的命令。不过，既然您的乐队了解我的交响乐及序曲，能否请您自己列出目录，任选曲目，由我来为您指挥？"王子选了《李尔王序曲》，《罗密欧与朱丽叶》中节日及爱情两幕戏，《罗马狂欢节》序曲以及整首《哈罗尔德在意大利》交响曲。王子的乐队中没有竖琴师，所以他在邀请我的同时也请来了一位魏玛竖琴师，保勒夫人。她很乐意同丈夫一同做这次旅行。自我1842年海辛根之行后，王子变化了许多。他受着痛风病的折磨，一步也下不了床，甚至不能出席我专程前来举办的音乐会。他毫不掩饰内心的悲伤，对我说："您不是乐队指挥。您，就是一支乐队。我却不能好好利用您在此逗留的日子，真是不幸之极啊！"

王子在洛温城堡中建了一座富丽堂皇的音乐厅。他每年十至十二次从最爱音乐并有良好音乐素养的音乐爱好者中挑选出六百人，将他们聚集到音乐厅中。音乐会无偿开放。人们从王子府的周围赶来，甚至从布恩茨劳和德累斯顿，从遥远的城堡赶来。乐队只有四十五名乐师，但个个训练有素，全神贯注，聪慧得令我无法形容。乐队指挥赛弗利兹先生以罕见的才华和耐心指挥着他们，培养着他们。此外，这些艺术家从不教训人，也不用像我们的乐师那样为教堂和剧院的公务疲于奔命。他们完完全全属于王子所有。王子邀请我住在他府上。第一天排练时，一个仆人过来通知我："先生，乐队准备好了，正等着您呢。"我穿过一条走廊，走进一间陌生的音乐厅。四十五位乐师拿着乐器，已经静悄悄地等候在那儿。没有乱糟糟的调音声，没有一丁点儿的噪音！他们对我的要求都已心领神会了！弦乐器组的首席手捧着《李尔王序曲》的总谱。我举起手臂，开始指挥。乐器齐奏。乐师们情绪饱满，分寸拿捏得恰到好处。快板处曾出现过的稀奇古怪的变调一点儿都没露面。我有十到十二年没有听过奏得这样好的序曲了。我一边指挥一边自忖："太不可思议了！难道，这样的乐谱真是出自我之手吗？"……余下的曲目也都演奏得完美无缺。我最后对乐师们说："先生们，这对您们简直易如反掌。我们的排练就像自娱自乐。我没有什么意见可提的。"宫廷乐长操琴的中提琴独奏《哈罗尔德在意大利》无可挑剔，乐声美轮美奂，节奏四平八稳，听得我喜不自禁。在其他乐段演奏中，他又重新拿起了自己的小提琴。里夏尔·保勒（Richard Pohl）掌铙。我可以实实在在地说，我从来没有听过用如此拨人心弦的方式演奏的《哈罗尔德在意大利》。还有《罗密欧与朱丽叶》的柔板……啊！他们的歌声多么凄美！我们仿佛离开了洛温堡，来到了维罗纳……这段音乐的演奏没有任何纰漏，一气呵成。一曲终了时，赛弗利兹先生站起了身。他静立了一会儿，努力克制激动的心情，然后用法语大声赞叹："啊！再也没有比这更美妙的了！"话一落音，整个乐池立即掌声雷动。小提琴，中提琴，定音鼓……也都欢叫起来。我紧紧地咬着下嘴唇，紧紧地，紧紧地……几位密使时时地将排练情形向王子汇报。可怜的王子在房间里沮丧不已。音乐会那天，大厅里坐满了名流贵宾。他们表现出了极大的热情。可以很明显地看出，他们对所有的乐曲早已熟识。《朝圣者进行曲》演奏完后，一位王子的侍卫登上舞台，当着满场观众在我衣上佩戴上一枚昂昂佐莱尔勋章。授勋之事事先被瞒得严严实实，我一点儿也没觉察出来。这项荣誉让我欣喜若狂。我忘记了听众，紧咬牙关，狂热地以自己的方式为自己演奏起《哈罗尔德在意大利》狂欢曲。

次日，乐师们为我举办了一场盛大的宴会。之后还有舞会。人们向我频频敬酒。

里夏尔·保勒为我担任翻译，一句一句地把我的话译成德语。

关于这次难忘的洛温堡之行，我还有很多很多要说。在此，我只想提一点，承王子殿下恩典，我受到了王子的所有随从，特别是布罗德罗蒂将军，一位王子的军官一家的接待。我还想说，布罗德罗蒂家的女眷们说的法语优美典雅，对于不懂德语，又忍受不了蹩脚法语的我来说，真是珍贵无比。第三天，我必须离开这次艺术家的聚会。一直卧床不起的王子一边拥抱着我，一边说："再见了，亲爱的柏辽兹。您就要回到巴黎了。您在那儿会找到敬爱您的人的。请替我转达我对他们的爱意。"

…………

我再继续谈谈歌剧《贝亚特丽斯与贝内迪克特》。

我在这部歌剧中引用了莎士比亚的戏剧《无事空忙》中的一段，并在其中加入了唱经班指挥的一段插曲和几首唱词。两位年轻姑娘的二重唱"夫人，您在伤感！"，男主人公、贝亚特丽斯和乌尔苏拉之间的三重唱"我怀着一颗爱慕的心而去"，以及沙尔东女士在巴德满怀激情、声情并茂并完美演唱的贝亚特丽斯的唱段"上帝！我刚刚听见了什么？"，都产生了不可思议的效果。巴黎的评论家看了此剧后，对音乐，特别对二重唱大加赞扬。也有人认为其余的乐谱中存在着许多混乱之处，对话缺少内容。可是，这些对话基本上完全照抄了莎士比亚的原作……

这部歌剧很难演好。男子的角色尤其如此。我认为这部歌剧是我作品中最奔放，最别致的。而且，它不需任何投入即可上演，这一点与《特洛伊人》截然不同。不过，巴黎方面仍不愿意购买它。他们这么做确有其理由：这部乐谱根本不属于巴黎音乐。一贯慷慨的柏那泽先生（Benazet）以每幕四千法郎的价钱买下了它，词、曲各两千法郎，也就是说，总计八千法郎。他还另付了我一千法郎，请我第二年指挥演出。我将钢琴分谱排版印刷出来。以后，如果我有了足够的资金，会把总谱和另外三部作品《本韦努托·切利尼》《特洛伊的沦陷》和《特洛伊人在迦太基》一起印刷出版。出版商肖登在购买我的歌剧《特洛伊人》时，书面承诺将在钢琴谱出版一年后出版总谱。不过，这项承诺和其他许多承诺一样，没有付诸实现。而且，自合同签订之后，他再没做过什么承诺。有年轻姑娘的合唱曲的《贝亚特丽斯和贝内迪克特》如今在德国已经流传甚广。人们常常演唱这段曲子。我还记得一件关于这首曲子的往事。在我最后一次拜访魏玛大公时，他多次邀请我参加家庭宴会，还饶有兴趣地仔细询问我在巴黎生活的细节。我向他揭示了音乐圈的种种真相，令他又惊又悲。不过，有一天晚上，我让他开怀大笑了。当时，他问我是在什么环境中为《贝亚特丽斯和贝内迪克特》的二重唱"夫人，您在悲叹！"谱写的音乐。

"您一定是在一次浪漫之旅中，借着月光谱下这段曲子的吧？"他问。

"殿下，艺术家们把他们对自然的感受一点一滴地贮藏起来，一旦时机契合，灵感便从他们的灵魂深处迸发出来，而不分地点和场合。我的这首音乐也是这样得来的。事实上，我是在学院听一位同僚发表演讲时写下它的。"

"果真如此？"大公惊讶不已，"这可是对那位演说家的最好赞誉啊！他的演说一定是少有得动人吧？"

这段二重唱也在我们音乐学院的一场音乐会上与公众见面。当时场内一片沸腾。观众从未如此激动过。他们一边高喊再来一遍，一边拼命鼓掌。整座大厅都被震动了。对我"死心塌地"吹口哨的家伙没敢放肆。必须指出维阿尔多和万丹俄费尔-蒂普蕾小姐的演唱极为细腻，精美。还有乐队，他们的演奏多么优雅，细腻！这样的演出，一个人一生中只能听到几次……而且是在梦中。音乐协会还想在今年的节日安排中加演一场我的宗教三部曲《基督的童年》的第二部分。这场戏也引起了轰动。我不明白的是，在别处大受欢迎的《圣家族的一餐》(*Le repas de la sainte famielle*)在这儿并没有赢得公众特别的喝彩。那两个吹口哨的家伙也斗胆亮相了。他们的举动激怒了满座的观众。音乐学院目前由我的一位朋友乔治管理，他对我不再持敌视态度，并主动提出定期将我的作品片断搬上舞台。我把手头的全部音乐作品，乐队谱，合唱谱，镌印的，手抄的，总之，除歌剧之外所有规模宏大的作品都一股脑儿交给了他。这套今后价格不菲的"音乐丛书"只能放在最合适的人手中。

在这里，我不能不谈一谈斯特拉斯堡狂欢节。一年半以前，我应邀前往该城市指挥《基督的童年》。斯特拉斯堡为此建造了一座可容纳六千人的大厅。乐师有五百人。这段乐曲的旋律自始至终柔和平静，落在宽广的大厅中很难听得清。可我惊讶地看到，听众个个如痴如醉，都被深深地打动了。终曲的一段无伴奏合唱唱至"噢，我的灵魂！"时，观众甚至纷纷落泪。噢！看到我的观众落泪，我是多么幸福啊！……这段合唱曲在巴黎可没有产生如此的效应；此外，那儿的每场演出都很蹩脚。

我得知我的一些乐曲一年前就在美国、俄国、德国上演了。还有什么比这更令人欣喜的呢？我的音乐生涯一定会变得亮丽迷人——只要我能活到一百四十岁。

我又结婚了……我必须这么做……第二次婚姻刚持续了八年，我的妻子就因心脏破裂猝死。她被葬在蒙马特尔大公墓。她下葬后不久，我的挚友埃都阿尔·阿格泽桑德尔（著名的管风琴制造商，他对我的友情始终不渝）觉得她的墓地过于简陋，便有意为我及我的家人买断一块地的产权。我们在那儿建了一处墓穴，将我的妻子移葬至此。我参加了移葬仪式。那一幕真是令人心碎！我悲痛欲绝。可这一切和命运给我的安排相比，又算得了什么呢？仿佛冥冥之中，我不得不去体验葬礼中最撕心裂肺的情感。这件事过后不久，我得到官方通知，我的第一位妻子，亨丽耶特·史密斯逊安眠的蒙马特尔小公墓即将被夷平，我必须把那些对于我而言弥足珍贵的遗骸迁移别处。我对两处公墓做了必要的安排。一个阴沉沉的清晨，我独自一人走向墓地。一位奉命参加葬礼的市镇官员在那儿等着我。一个掘墓工已经把墓地打开了。我一到，他就跳进坑里。埋藏了十年的棺木还很完整，只是棺盖受潮，有些缺损。因此，工人没有把棺木拖出来，而是撬开锈迹斑斑的木板。"嘎吱"一声闷响，木板随之裂开，显露出棺中的情形。掘墓工弯下身，用双手捧起已脱离身躯的头骨。唉！可怜的奥菲丽娅！她的头冠，头发已不见了！工人将头骨安放在沟边准备好的一副新棺具中，接着再次弯下身，费力地用双手拾捧起无头的躯干，与头骨放在一起，凑成一个黑魆魆的整体。殓布仍缠绕其上，像潮湿匣子中的一块柏油……移葬过程中工人发出沉浊的声响……空气中还弥漫着一种异味……官员站在几步远的地方，注视着这凄惨的一幕……见我支撑不住靠在一棵松柏根上，他叫道："别待在那儿！柏辽兹先生！到这儿来！到这儿来！"他可能觉得在这种可怖的气氛中应说些打趣的话，又故意说："唉！悲惨的'不人道'啊！"①几分钟后，一辆四轮畜力车赶来运走了尸骨。我们跟在后面，下山来到了蒙马特大公墓已经挖好的新墓穴旁。墓穴张着大口，吞噬了亨丽耶特。此时此刻，

---

① 法语的 inhumanité（不人道）与 inhumation（埋葬）拼写相近，市镇官员玩了一个文字游戏，以此打趣。——译注

两位逝者一定宁静地安息在那里，等待着我未来的朽骨。我已经六十一岁了。所有的希望、梦想、思绪，都已离我而去了。我的儿子几乎总不在身边。我孤身一人，形单影只。面对着人类的愚蠢和虚伪，我从未这样蔑视过；面对着人类的残忍和凶暴，我从未如此仇恨过。我时时刻刻对着死亡说："什么时候想来就来吧！"再说，死亡，她还等什么呢？

多菲内之旅

第二次瞻仰梅兰；在里昂的二十四小时；

再见弗××小姐；心脏痉挛。

去年，也就是1864年9月初，很少害怕孤单的我忽然极度落寞起来。根据惯例，几乎我所有的朋友都在这个时候离开了巴黎。只有斯蒂芬·海勒（Stephen Hellen）留了下来。他是个风趣博学的音乐家，写过大量令人赞叹的钢琴曲。他忧郁的气质及对真正的艺术不泯的热情，都深深地吸引了我。可巧，我的儿子也从墨西哥赶过来，陪我几日。他的心情也不好。所以，我、海勒和路易常常在一起倾诉各自的苦闷。一天，我们一同去阿斯尼埃尔（Asnières）吃饭。天近黄昏时，我们一边漫步在塞纳河畔，一边谈论着莎士比亚、贝多芬。我记得，那天我们的情绪都十分激动。我的儿子只对有关莎士比亚的事发表评论，贝多芬对他还是个陌生的名字。不过，我们一致同意，应该为观赏美丽的事物而活着。如果我们无法摧毁和减少丑恶，至少应该唾弃它，尽可能少地接触它。夕阳开始西斜了。我们又走了一会儿后，在河畔的草地上坐了下来。对面，就是娜丽（Neuily）岛。燕儿随着塞纳河泛起的涟漪上下翩翩起舞。看着这一切，怎不让人心旷神怡？忽然，我的心儿一颤。我认出了我们所处的地方。我叫儿子看过去……想起了他的母亲……三十六年前，我沮丧绝望地在巴黎城中漫无目的地游荡，后来，跌坐在雪地中，就在这个地方恍恍惚惚地昏睡过去。于是，我想起了哈姆雷特得知被送殡队伍送入坟墓的死者就是他不再爱的美丽的奥菲丽娅时说的一句冷冰冰的表白："什么？是那窈窕美丽的奥菲丽娅！"我对两个朋友说："许多年前的一个冬天，我想踩着冰面穿过塞纳河，结果差一点儿就在这儿淹死。那天，我从清早起就在田野里漫无目的地游荡……"路易深深地叹了一口气……

第二周,我的儿子就要离开了——他的假期快要满了。我当时忽然渴望再见一见维埃纳,格勒诺布尔,特别是梅兰,还有我的侄女们,还有……另外一个人,如果我能找到她的地址的话。我出发了。内弟苏阿前天得到我的通知,带着两个儿子赶到维埃纳站月台接我。过不多久,他们就领我到了埃斯特纳森,离城区不远的一个乡村。每年夏天,他们都要来这儿度过三到四个月。两个可爱的孩子,一个十九岁,一个二十一岁。一听说到乡村来,他们就欢天喜地的。只是在走进维埃纳家的客厅时,他们才稍稍收敛了一下欢乐的情绪。我看见了他们的母亲,我的妹妹阿黛尔的画像。她于四年前去世。我的心猛地抽搐了一下,陷入了悲痛之中。两个孩子和他们的父亲十分惊讶。这间客厅,这些家具,这幅画像,从很久起就天天展现在他们面前。唉!习惯已经磨去了他们的记忆,时间已经……可怜的阿黛尔!她有一颗宽厚仁慈的心,总是温柔地谅解我粗暴的脾气和孩子般的任性……我从意大利返回后的一天清晨,我们一家在圣安德烈团聚。屋外下着瓢泼大雨。我问妹妹:"阿黛尔,你想不想出去散散步?"

"好啊!亲爱的朋友。等等我。我穿双套鞋就来。"

"唉哟哟!"我的姐姐叫道,"看看这两个疯子。这种天气,他们还说要去野外'蹚泥'!"

我对大家的讥笑不理不顾,拿了一把大雨伞,和阿黛尔下了楼。我们依偎在伞下,一句话也不说,一直走到二英里外的平原上。我们相互深深地敬爱着对方。

我在偏僻的埃斯特纳森,与侄女们和内弟度过了平静的两周。我曾经请求内弟在维埃纳打听弗××小姐的情况,并找到她在里昂的地址。他真的办到了。我再也待不住了,立刻起身去了格勒诺布尔,从那儿再转道去梅兰,就像十六年前我第一次登上旅途一样。

一路上,我的心里总是七上八下,不由得加快了脚步。前方,就是圣爱伊那尔了。半秃的山顶从地平线上露出来,俯视着其他山峦。我就要再次见到那座小小的白房子了!还有周围的景致!然后,明天……明天……我就到了里昂,看见一个活生生的埃丝黛尔!这一切真有可能实现吗?

到了梅兰,我沿着山路缓缓而上。这一回,我可没走错路。我很快就找到了那口泉,那条林荫小径,最后,那座房子。一切都没变,就像我昨天刚刚来过似的。十六年已经过去了。我走上大路,头也不回地一直顺坡来到塔底。周围的山丘上长满了茂密的植物,熟透了的葡萄爬满藤条。我费力地登上塔基,像昔日一样回过头去,美丽的山谷立即尽收眼底。我竭力克制自己的情绪,低声唤着:埃丝黛尔!埃丝黛尔!埃丝黛尔!突然,我感到一阵气闷,颓然跌倒在地。我久久地躺在那儿,内心充满了致命的恐惧,血管"通通"地跳动着,每一下都让我脑里响起可怕的声音:往昔!往昔!时间!……再也回不来了!再也回不来了!……再也回不来了!

我站起身来,往塔墙中塞了一块石头。这块石头一定能见到她!她也有可能会触摸这块石头!我从身旁一棵橡树上砍下一截树枝。下塔时,我认出了田隅边那块让我寻觅百度的岩石。我看见她时,她脚下踩的,就是这块岩石。噢!多让人惊喜啊!对!就是这块石头,这块花岗岩!它是不会消失的。

我登上石头,脚就踏在她曾踏过的地方。这一次,我再无疑意:茫茫宇宙中,我占据了她迷人的身体曾占据的空间!我从这花岗岩制成的祭台上取下一小块石头带走。不过,那些粉色的豌豆花又在哪里呢?……也许还未到花季吧。也有可能它们早就被毁了。我四处寻找,却枉费气力。再也没有豌豆花了。啊!樱桃树在那儿!它长得多粗壮啊!我揭下一小片树皮,用双臂拥住树根,紧紧地,紧紧地抱在胸前。美丽的树啊!你一定还记得她吧?只有你能理解我的心!……

我再一次走到林荫道口。一路上没有碰见任何人。我当即决定进去,去看看那座花园,那间房子。也许这里的新主人不会把我当作坏人。就算把我当成坏人又有什么关系!我走进花园。在小径的拐弯处我遇见了一位老太太。她被我的突然出现吓了一大跳。

我用勉强听得清的声音对她说:"对不起,女士。请允许……我参观一下您的花园。它……引起了我……许多的回忆……"

"请进,先生。您随意。"

"哦,我只是想转转看看。"

没走几步,我便看见一个小女孩正站在梯子上摘梨。我经过时向她打了个招呼。我穿过一堆长得横七竖八,几乎堵住了通道的灌木。这个小花园没有得到很好的维护。我折了一枝山梅花藏在怀里，而后走出花园。经过大敞的房门时，我停在门口向里望了一眼。那个小女孩已经从树上下来了。她的妈妈一定已经告诉她家里来了我这个奇怪的访客。她注视着我，接着走近我，亲切地对我说："先生，您请进。"

"谢谢，小姐。"

于是，我走进这间小屋。小屋的那扇窗户面向着莽莽苍苍的大平原。当我还是个十二岁的孩童时，她便是从这里向我骄傲而快乐地展示充满诗意的山谷。屋里的一切依旧；旁边的客厅里仍然摆设着同样的家具……我使劲地咬着我的手帕。小女孩几乎吓坏了，害怕地看着我。

"小姐，请不要惊讶。这些是我重新见到的物品……我已有……有四十年没有……回到这里了！"

说完，我便抽噎着逃开了。当这两位女士看到如此奇怪的场面，她们会想些什么呢？她们永远也不会知道其中的隐情。

读者们也许会说：他总是老调重弹。确实，千真万确。我有那么多的回忆，那么多的懊恼，还有一颗总是紧紧抓住往事不放的灵魂，和一腔疯狂地想要留住正在流逝的时光的可怜的激情！我总是无用地同时间抗争，渴望把不可能变为现实，总是狂热地需要无限的情感！我怎么能够不一说再说？大海也是重复的，它的每一朵浪花都是相似的。

当天晚上，我来到里昂。这是个特殊的夜晚。我整夜未眠，满脑想的都是计划好的明天的拜访。我要去看弗××女士。我决定中午去她家。等待的时间过得真慢。我又想，她很有可能会拒绝见我。于是，我写了下面这封信，她看了之后便会知道她的访客的名字。

夫人：

我从梅兰来。这是我第二次来朝拜留下我童年梦想的地方。这一次比上一次更加让人痛苦。第一次来这里是十六年前。之后我冒昧地给当时居住在维夫（Vif）的您写了一封信。今天我再一次冒昧地请求您见我一面。我能够控制自己。

面对一颗渴望摆脱无情现实压抑的心灵所迸发的激情，请不必害怕。请您给我几分钟时间让我再见您一面。我恳求您的同意。

埃克托尔·柏辽兹

1864年9月23日

我等不到中午了。十一点半钟我便按响了她家的门铃,把我的信和名片交给了她的女仆。她在家。本来只需把信交给女仆就可以了。但我已不知自己在做什么了。弗××女士一见到我的名字立即吩咐人把我领进去。她来到了我的面前。我认出了她仙女般的姿态和穿戴……上帝!她的容颜已改!脸有些晒黑了,头发花白。但当我看见她时,我的心没有一刻犹豫,我的全部灵魂已飞向它的偶像,仿佛她仍然闪烁着美丽的光辉。她把我引进客厅。我手里拿着那封信,不能呼吸,不能言语。她开口说话了,神态庄重而又温柔:"我们是老朋友了,柏辽兹先生!……(沉默)我们曾是两个孩子!……"又是一阵沉默。

垂死的我终于挤出一点儿声音:

"夫人,请您读读我的信。它会向您解释我这次来访的原因。"

她打开信,读完,而后把它放在壁炉上。

"您又是从梅兰来的!您是偶尔来到此地,还是特意到此地游览?"

"哦!夫人,您能相信我的解释吗?难道,我需要为看到您……找理由吗?不,不!很久以来,我就渴望再回到这里。"(沉默。)

"您的生活很不安定,柏辽兹先生。"

"您怎么知道的,夫人?"

"我看过您的传记。"

"哪一本?"

"我想是梅利(Méry)写的那本。几年前我买的。"

"哦!别把这本剽窃之作归到梅利名下。这只是一些无稽之谈和荒唐话的混合物。现在我能猜出作者是谁。而我的朋友梅利可是个艺术家,一个充满智慧的人。我确实要出一本传记,一本我自己写的自传。"

"哦,一定没问题。您的文笔一向那么好。"

"我并没有对我的创作风格抱有什么幻想。但我强调作品的准确性和诚实。至于我对您的感情,我已经在书中毫无保留地说出来了。不过,我没有提到您的名字。"(沉默。)

"我也从您的一位朋友那里得到了一些关于您的详细消息。"弗××夫人打破了沉默,又开口说,"他同我丈夫的侄女结婚了。"

"十六年前,当我获得了给您写信的自由时,我也请求他打听一下我的信的下落。我坚持至少要知道您是否收到了信。不过,我再也没有见到他。现在他已经去世了。而我还是一无所知。"(沉默。)

弗××女士说:"我的生活非常简单,也很悲伤。我失去了几个孩子,也抚养了另外一些孩子。当他们年龄很小时,我的丈夫便去世了……我尽全力扮演好母亲的角色。(沉默。)柏辽兹先生,对于您对我的情感,我深受感动,并且万分感激。"

听到这些亲切的话语,我的心跳得更快了。我热切地望着她,在想象中重现她被时光掩盖住的美丽和青春。终于我对她说:"把您的手递给我,夫人。"

她立即把手伸了过来。我把它放到唇边,我感到我的心已经融化,所有的关节都在战栗。

一阵沉默之后我又说:"我是否能够希望您允许我不时写信给您,隔很久一段时间拜访您一次呢?"

"哦,当然!但是我不会在里昂待很久。我的一个儿子要结婚了。我会随他一起到日内瓦去。"

我不敢再延长拜访的时间,便站了起来。她把我送到门口,又对我说:"再见,柏辽兹先生,再见!我非常感激您对我的感情。"

我向她鞠了一躬,再一次握住她的手,把它放在额前。良久,我才有力气离开。

我在她的住所附近游荡。我一会儿撞到布洛多树,一会儿伫立在莫朗桥上凝视罗纳河汹涌的河水,而后又激动地继续漫无目的地前行。就在此时,我遇见了斯特拉科施先生,他是著名女歌唱家阿德丽娜·巴迪的姐夫。

"是您呀!真巧!阿德丽娜见到您一定会很高兴。她正在这里演出。明天在大剧院上演《塞维利亚的理发师》。您想到包厢去看演出吗?"

"谢谢。但今晚我可能会离开这里。"

"那么至少您今天要来和我们共进晚餐。您知道,您的光临会给我们带来多大的喜悦。"

"我不敢承诺，这要看情况……我现在身体不是太好……您住在哪儿？"

"大饭店。"

"我也住在那儿。如果我觉得有可能，我今晚会去和您共进晚餐。但不要特意等我。"

我突然想到一个借口，可以让我返回弗××女士家，再见到她。我跑到她家，却得知她刚刚离开。我便委托她的女佣转告她第二天我在大剧院有一个包厢，希望她能接受邀请来听巴迪小姐的演唱。如果她接受邀请，我将留在里昂，希望有幸陪她观看演出；如果她拒绝，我当晚便离开这座城市。我恳求她在六点以前给我回音。

我回到住处。二十分钟过去了。我试着读一本在格勒诺布尔买的游记，但一个字也没看进去。我在房间里走来走去，后来又躺在床上，过一会儿又打开窗子，最后实在忍不住下楼出去了。不一会儿我就来到诺阿伊勒路56号她的家。是我的双腿不自觉地把我带到这里来的。我无法控制自己。我来到她家门前按铃。但没人来开门。一个令人沮丧的念头立即不断侵扰我的心：是不是她猜到我会回来，命令佣人不要让她再看到我了呢？这个想法很滑稽，可它折磨着我。一个小时后，我又回到这里。这次我派了一个门童去按她家的门铃。还是没人来开门。怎么回事呢？我要不要待在她家门前站岗呢？这不合适，也很可笑。不幸呀！走吗？去哪儿？回家吗？还是到罗纳河边？她可能并不是想躲着我。她一定是真的出门去了……一个小时后我又再次登上她家门前的台阶。这时，我听见头上方有关门的声音和几位女士说德语的声音。我继续上台阶，遇见一位正好下楼的陌生女士，接着是第二位，而第三位女士正是她，手里拿着信。

"天哪！柏辽兹先生！您是来要答复的吗？"

"是的，夫人。"

"我已经给您写了一封信，现在正要和这几位女士一起把这张便条送到大饭店去呢。真不巧，明天我不能接受您的热情邀请。我要到乡下去。离这儿很远。中午就要出发。非常抱歉这么晚才通知您。但我刚回来，刚刚知道您的盛情。"

她刚要把信装进口袋里，我急忙喊到："请把它给我好吗？"

"哦！这没必要……"

"我恳求您，把它留给我吧！"

"那好吧。给您。"

她把信交给了我。这是我第一次看见她的笔迹。在街上我问她："我还能见到您吗？"

"您今晚要走吗？"

"是的，夫人。再见了。"

"再见。祝您一路顺风。"

我握了握她的手，目送她同两位德国女士离开了。我竟然感到心情愉快。我第二次见到了她；又同她讲了话，还握了她的手。现在我有了她的信，她在信末又向我肯定了她对我深切的感情。这可是我未曾预料的财富呀！我在回到大饭店的路上希望能在巴迪小姐那里安安静静地吃顿晚饭。当巴迪小姐看见我走进客厅时，高兴地叫了出来，像孩子一样拍着手："啊！太幸福了！他来了！他来了！"这个迷人的女歌唱家跑了过来，根据她的习惯，让我亲吻她纯洁的额头。我同她，她的父亲、姐夫以及几位朋友一起吃饭。席间，她显得可爱而又温柔，时不时地问我："一定有什么事。您在想什么呢？我可不愿意看见您心情不好。"当我要离开时，他们决定送我到站台。这个可爱的女子，她的一个女伴和她的姐夫，我们四个人一起上了车，一起到了车站。阿德丽娜直到火车启动的最后一刻才肯放我走，火车开动的信号已经发出了。必须分手了。这个顽皮的女孩搂着我的脖子，亲吻我的脸，说："再见，再见！下星期见！我们星期二回巴黎。星期四您一定要来看我们。就这么说定了，好吗？您不会忘的，是吧？"火车开动了。

我用什么办法才能使弗××夫人对我表达同样炽热的感情呢？就算巴迪小姐只是用冷冰冰的礼貌接待我，我也不在乎……当这个声音甜美的赫柏（Hébé）女神对我百般温柔时，我只感觉是一只长着钻石眼睛的珍贵的鸟儿在我头顶上飞来飞去，栖息在我的肩头，啄我的头发，拍打着翅膀，向我唱着快乐的歌儿。我很高兴，但并不激动。她是位年轻美丽，光彩夺目的歌唱家。她只有二十二岁，却已征服了欧洲和美洲的音乐界。我喜欢她，但那种感情并不是爱。而那个上了年纪的女人，她忧伤，默默无闻，对艺术一窍不通，可她主宰了我的灵魂。从前如此，将来也会如此，直至我生命的最后一刻。

就算是巴尔扎克和莎士比亚，这两位擅长描写激情的大师，也不会想到世间有如此的情感。只有一位诗人，一位英国诗人，托马斯·穆尔相信它的存在，并能用令人赞叹的诗句描绘出这种罕见的情感。他的诗句现在就出现在我的脑海中：

Believe me, if all those endearing young charms……
（相信我，即使所有这些令人愉悦的青春魅力……）[①]

以下是穆尔诗的译文：

相信我，即使所有这些令人愉悦的青春魅力明天就会改变，或将在我的怀中逝去，如同仙女的礼物，但你仍将被深爱，如现在一般。你的优雅会枯萎，但我心灵的激情从未稍减，在我挚爱的衰老的人儿周围永远青翠。

并不是只在你拥有年轻和美貌，容颜尚未因泪水而衰败时，才激起我的狂热和一腔忠诚。时间只会令你在我心中更加珍贵。不，真爱过的心灵永远不懂得遗忘，真爱会一直持续到生命的尽头。就像向日葵会永远面向它的太阳神，用同样的目光迎送它的东升西落。

在铁路上度过的那个悲伤的夜晚中，我不知重复了多少遍：笨蛋！为什么要离开呢？应该留在那儿。如果留下来，明天早上就会再次见到她。是谁迫使我返回巴黎？没错，我是害怕自己行为冒失，令人生厌……假如我留在里昂，离她只有几步之遥却不能见到她，又该怎样度过这漫长的几个小时呢？那一定会是种痛苦的折磨……

我在巴黎度过了几天痛苦的日子后，给她写了下面这封信。从这封信及此后的信和她的回信中，您可以看出我的痛苦和她的平静。您会更容易地猜到我

---

① 爱尔兰民谣。——译注

现在所体验的情感。我即使给她写信也不能得到慰藉。与其维持这段仿佛是浪漫友情的徒劳的爱，倒不如结束我过分平静的生活。不！我最终定会被毁灭，撕裂！

第一封信

1864年9月27日，巴黎

夫人：

您用一种质朴的亲切的态度接待了我。这种亲切是那么得体。很少有女士能在当时的情况下做到这一点。上帝保佑您！自我与您告别后，我一直经受着痛苦的折磨。即使我一直不停地告诉自己您已经用最好的方式接待了我也无济于事。即使我对自己说，其他任何形式的款待都会变得不合时宜或不合情理，也不能让我可怜的心停止流血。它好像受伤了。我自问原因。以下便是我找到的答案：首先是分离。我很少见到您。当我只向您讲述了我应该讲述的四分之一时，我便离开了，就像一次永别。但是您曾把手递给我，我也曾把它紧紧地靠在我的额头上，我的唇上。当时，我忍住了自己的泪水。我向您发誓。但我有一种迫切的渴望，一种无法逃避的渴望。我需要说更多的话，希望您不要拒绝听。想一想，我爱您已经有四十九年了。我从小时候起便爱上了您。尽管狂风暴雨曾毁坏了我的生活，我对您的爱却从未动摇过。我现在所体验的深切情感便是证据。如果这种情感曾经有一天停止，那么在现在它便不会重新燃起。有多少女士曾听过这样的告白？别把我看作是一个古怪的人，一个被自己的想象力捉弄的人。不，我只是有特别敏锐的感受力。但请相信我的思想异常清晰。真正的情感是一种无法比拟的力量，能够抗衡一切。我爱您，过去，现在，将来都爱您。我已经六十一岁了。我了解生活。我并不心存一丝幻想。请不要像慈善院的修女照顾病人那样，而要像一位心灵高尚的高贵女士医治她无心引起的痛苦那样，答应我三件事，这会令我恢复平静：允许我给您写信；保证给我回信；答应我明年至少邀请我一次去拜访您。如果我没有得到您的允许便登门造访，可能会不合时宜，令人厌烦。只要您写信告诉我：来吧！我便会来到您的身边，不论您当时是在日内瓦还是在别处。这样会显得古怪和失礼吗？还有比这更纯洁的联系吗？我们不都是自由的吗？如果谁觉得它应受指责，那他只是缺乏善良和理性。没有人，甚至您的儿子也不会有这样的想法。我知道他们是非常出色的年轻人。我承认，如果必须有证人在场才能见到您，那真是可怕极了。如果您对我说：来吧！我必须和您像上星期五第一次见面时那样交流。我不敢延长那次会面的时间。我拼命努力才压制住内心的渴望，不去品尝它令人痛苦的诱惑。

哦！夫人，夫人，在这世上我只有一个目标：得到您的感情。让我试着实现这个目标。我会变得顺从，克制。我们的通信会很少，如果您期望这样，它绝不会成为您的负担。您只要写几行便足够了。我也会尽量少去看您。但我知道我们的思想不会再分开。这么多年来我没能为您做任何事。现在我终于有希望成为您的朋友了。我将是个全心全意的朋友。我将用深情、温柔以及完全的激情包围您。这里混合了一个男人的情感和一个小孩幼稚的感情的流露。您可能会发现这份感情的美好，也可能您最终会对我说："我是您的朋友。您能否肯定我配得上您的友谊？"

再见，夫人。我再一次拜读了您23日写的那份短笺。我看见信末您保证的对我的真挚的情感。这不是一句平淡的客套话，是不是？是不是？

您永远的

埃克托尔·柏辽兹

附注：我给您寄去三本书，敬请在闲暇时翻看。您会发现这只是个借口，作者只是希望您能留意一下他。

弗××夫人的第一封回信

1864年9月29日，里昂

先生：

如果我不立即给您回信，如果我不立即对您希望建立的关系做出答复，我将会对您、对我自己深感歉疚。我将坦诚地向您表达我的想法。

我只是个上了年纪，很老的女人（先生，我比您大六岁）。我的心已在悲苦的岁月中枯萎，它饱受肉体和精神上的各种痛苦折磨。过去的岁月没有给我留下快乐和各种情感上的幻想。我失去了亲爱的丈夫已过去了二十年，我从未想过要去寻找另一份感情。我只保留过去的关系留给我的与家庭的联系及它对我的自然的约束。在我成为寡妇的那一天，我便中断了所有的关系，我便同快乐、享受告别。我全身心投入到我的内心世界，把自己奉献给我的孩子们。这便是我二十年来的生活。对我而言，什么也无法打断这种习惯产生的魅力。因为这种心灵上的亲近是唯一能给我未来生活带来宁静的东西。所有扰乱这种宁静生活的可能对我而言都是可怕的，是种负担。

在您27日给我的信中，您对我说您只有一个愿望，就是通过信件成为我的朋友。您认为这可能吗？我不了解您。四十九年来我只是在上星期五见过您几分钟。我可能既不欣赏您的品味，又不了解您的性格。而这些恰恰是友谊的基础。当两个人有相同的观察和思考方式时，友情才能出现，到来。但当人们分离后，信件不能建立起您所期望的关系，起码对我而言是不可能的。另外，我必须向你承认，我非常懒惰，不爱写信。我的思想同我的手指一样麻木，我对完成我必须要尽的义务感到十分困难。所以，我不能向您许诺与您进行连续不断的通信。我常常不能遵守自己的诺言，这一点必须提前告诉您。如果您乐意偶尔给我写信，我一定会收下它们。但请不要期望我准时回信。

您也渴望我对您说："来看我。"但这是不可能的。我也不会对您说："我将单独与您会面。"星期五那天，我接待您时恰好独自一人，但这纯属偶然。等我与儿子及他的妻子去了日内瓦后，如果有一天您来他们家，而我又独自一人，我会招待您；但如果您来作客时他们在我身边，您就必须忍受他们在场的事实。因为，我觉得让他们离开是十分不合适的行为。

我十分坦诚地向您描述我的想法和感觉。坦诚，正是我真实的性格。我觉得还有必要向您指出：当头上已是斑斑白发时，就应该知道如何放弃所有的幻想、憧憬，所有新奇的感觉也将随着那华发而消逝、破灭，甚至包括友情。只有在幸福的年轻时代保持的长久的友谊才会有迷人的魅力。在我看来，当已经感觉到岁月的沉重时，当流逝的时光令我们体验过种种失望时，就不应该再开始建立交往。我向您承认，对我而言，一切都到此为止了。我的未来一天一天缩短。建立那些今天刚开始明天就消逝的交往又有什么意义呢？只会徒增惆怅而已。

先生，看了我刚刚对您说的话后，请不要认为我意图诋毁您留给我的回忆。我对它们抱有深深的敬意，并为您的执着的精神而感动。您有一颗依然年轻的心。我却不是如此。我是确确实实地老了。请相信，把您留在我的记忆中，是对我而言最好的方式。您将在我的回忆中占据很大的位置。您所有成功的消息都将令我欢欣。您也必将取得成功。

再见了，先生。我还要再说一句：请接受我诚挚的敬意。

埃丝特·弗××

昨日早晨我收到了您寄给我的书。承蒙您的好意，感激不尽。

第二封信

巴黎，1864年10月2日

夫人：

您的来信是令人陷入极度悲伤的作品。我之所以直至今日才动笔回复，是因为我一直希望能够控制住您的信给我带来的难以承受的绝望之情。是的，您说的完全正确，您，不应该建立新的友情，您应该回避可能扰乱您生活的一切，等等。但我没有扰乱您的生活，请您相信这一点。而且，我谦逊地向您请求的以相隔稍久见一次面的形式保持的友情绝不会成为您的负担。（坦白地说，您信中的这个字眼的确让我觉得很残酷！）一点友爱，您记忆中的一席之地，您对我的经历的一点点的兴趣，您垂怜给予我的这一切已令我心满意足。谢谢您，夫人。我拜倒在您脚下，恭敬地吻您的手。您说我将会偶尔地不定期地收到一些回复，再次感谢您的承诺。我饱含热泪恳求的，正是能够获得您的消息的可能性。您是那样勇敢地谈及晚年及岁月，令我也鼓起勇气模仿您。我希望我先死去，这样我便能确信能向您道最后一个永别！如果正相反，是我先获悉您离开这痛苦的世界的消息……或是您的儿子通知我……对不起……我不想冒信寄不到您那儿的险。请告诉我您在日内瓦的地址，就像您把它告诉那些对此漠不关心的人一样。

这个月我不会去里昂看您。因为很明显，您会认为这种拜访是不谨慎的。我害怕打扰您，所以至少一年内是不会去日内瓦的。但是，您的地址，您的地址！

请您发发善心，一知道它便告知我。如果您以沉默来无情地回绝我，或以明确的态度禁止我与您保持最诚惶诚恐的关系，如果您将我当成一个危险分子或一个可耻的小人而置于一边，不予理睬，您将给我带来最深重的痛苦。那样的话，夫人，让您的良心与上帝原谅您吧！我将孤独地在您使我陷入的寒夜中忍受痛苦，至死为您效忠。

埃克托尔·柏辽兹

（这封信是多么杂乱而充满矛盾呀！）

弗××夫人的第二封回信

里昂，1864年10月14日

先生：

我不知道以后什么时候才有可能给您写信，但为了让您不要以为我会视您为一个"危险分子或可耻小人"，我匆匆写下这几句话。我儿子明晚来我这儿。他将于本月19日举行婚礼。在以后几天，我家中将宾朋满堂。作为母亲与女主人，我得做许多准备工作，不可能有片刻的自由与娱乐的时间。婚礼一结束，我就将考虑准备去日内瓦。这对我来说不是小事儿。我的身体状况不允许我总做我想做的事。我大约于11月上旬出发。我一到达安顿好就会通知您我的地址。我现在还不知道地址，所以无法告诉您。如果不是担心您会由于我的沉默而痛苦，我会等到我儿子告诉我地址之后再给您写信。先生，请相信，您给我留下了亲切的回忆。

埃丝特·弗××

第三封信

巴黎，1864年10月15日

夫人：

哦，谢谢！谢谢！我等待您的地址，同时向新婚夫妇表示最诚挚的祝福！亲爱的夫人，十二万分地祝您在那最庄严的场合充满最甜蜜的欢乐。啊！您太善良了！

请勿担心，我对您的爱慕是十分谨慎的。

忠于您的埃克托尔

经历了十二天痛苦的日子后，我收到了夏尔·弗××的结婚喜帖。地址签署出自他母亲之手。这令我饱尝了鲜为人知的快乐。我飘荡于七重天外，立即写下了——

第四封信

巴黎，1864年10月28日

被某些感情照亮的生活是美丽的！……我收到了喜帖。地址是您亲手写上去的，亲爱的夫人，我识出了您的笔迹！……这表示您想到了我这个流亡者……哪位善良的天使使您对我做了这件好事？

诚然，生活是美好的。但如果跪在您脚前，头靠您的膝盖，紧握您的双手而死去，那死亡会更加美好！

埃克托尔·柏辽兹

但是，日子一天一天过去，我没收到任何音讯。我从里昂打听到一些消息，得知弗夫人已于三个星期前去日内瓦了。难道她要对我隐瞒她的地址？虽然她曾明白地许诺给我。我也不愿违背她的意愿去打听她的地址……如果违背她的命令，见到她时，我是否会痛苦？

经过这些天的焦虑不安，我终于相信，就像我上面说的那样，即使给她写信，我也不会再得到任何慰藉。我完全灰心丧气了。但一天早晨，当我悲哀地坐在壁炉边沉思时，有人送来了一张写有夏尔·弗××先生及夫人字样的名片。这是她的儿子和媳妇。是她让他们趁到巴黎旅行来看我的。太让人惊喜了！太幸福了！是她派他们来的！当我见到年轻的夏尔时，我激动得不知所措。我从他身上活生生地看到了十八岁的埃丝黛尔小姐的模样……年轻的夫人有些惊愕于我的感情，她丈夫不及她惊讶。显然，他们知道了一切，弗××夫人已给他们看过我所有的信。

"她年轻时一定很美？"年轻的妇人冷不丁地问。

"哦！……"

弗××先生接过话题："不错。我五岁时，有一天看见妈妈盛装去参加舞会。我当时直感到眩晕。这种感觉至今记忆犹新。"

我竭力控制自己的感情，以便能头脑清醒地与这两位可爱的客人谈话。夏尔夫人是一位来自爪哇岛的荷兰籍克里奥尔人。她曾在苏门答腊和波尔内奥住过。她对马来亚很熟悉，并且见过布鲁克。布鲁克是沙捞越的一位贵族。如果我当时是处于正常的思维状态，我会有不计其数的问题要问她。

我非常高兴能在这对小夫妇逗留巴黎期间常常见到他们，并很乐于为他们提供一些惬意的消遣活动。我们总是谈及"她"。当我们走得更亲近些时，那位小夫人表示，对我总给她婆婆写信的做法感到震惊。

她说："您会吓坏她的。您不该那样对她说。您想想，你们虽然年龄相当，可她却对您几乎一无所知……我清楚地记得，她曾忧郁地拿您的信给我看，并问：'你认为我该怎样答复他？'您应该更冷静些。这样您的日内瓦之行会很舒心。我们也将很荣幸地向您介绍我们的城市。您一定要来。我们相信您。啊！当然，您一点儿也不用担心，因为弗××夫人已经答应了。"

因此，我学会了克制。当这对小夫妇出发时，我甚至没想让他们带封信给他们的母亲。这时，正值我的《特洛伊人》第二幕要在音乐学院的一个音乐厅上演。我只给她寄去一部剧诗的样本，并请她于12月18日两点半钟，这幕戏在巴黎上演时，阅读我夹着一些枯叶的那一页。夏尔·弗××夫人本来要回到巴黎替无法分身离开日内瓦的丈夫办一件事。她一直盼望着能观看这场在音乐界引起一定轰动的音乐会。又过了半个月，但她一直没回来。当我实在熬不住时，夏尔·弗××夫人终于在17号回来了，给我带来了下面这封信：

日内瓦，1864年12月16日

先生：

如果不是因为我多病的身体和惯有的惰性，我会在早些日子里亲自前来感谢您对我的儿子及他妻子的热忱的招待。您使他们度过了许多愉快的夜晚。如果我的儿媳没有给你捎去我的感激之情,我是不会让她走的。苏珊娜负责让您知晓我们在日内瓦的情况。如果不是由于与两个儿子分离,与那些爱我的或是我爱的朋友分开使我心底略感遗憾,我会觉得日内瓦与里昂一样美好。先生,还要感谢您寄来的《特洛伊人》剧本及您精心做的标签。这些都使我回想起年轻时的美妙时光及快乐。

星期日我将与儿子一起拜读您的大作。恭喜您所获的成功,并分享苏珊娜倾听您的音乐时的喜悦。

请接受我对您最崇高的敬意。

埃丝特·弗××

以下是我的回信:

巴黎,1864年12月19日,星期一

今年9月路经格勒诺布尔时,我顺便去拜访了住在圣乔治的我的一个表兄弟。圣乔治是一个坐落在德拉克河左岸高山峻岭中的小村庄,偏僻隐蔽,村民们生活极为贫困。表兄的大姑子把全部身心都投到了为村民排忧解难上,在当地人心目中,她是一位可亲可敬的神。我到达圣乔治那天,她得知一户住在偏远地方茅屋中的人家已经有三个星期没有面包了,便立即赶过去,对那家的主妇说:

"让娜,你们遇到了困难怎么都不对我说一声?你知道我们愿意尽量帮助你们。"

"哦!大姐,我们不缺东西。我们还有点土豆、白菜。只是孩子们不肯吃。他们哭闹着要吃面包。您知道,跟孩子是没法儿讲理的。"

啊,夫人!亲爱的夫人!您也一样!您给我写信就是行了一件善事。我已经强令自己要克制,不要给您写信打扰您。我一直盼望您的儿媳回到巴黎,从她那儿得到您的消息。她迟迟没来时,我就像一个把头浸在水中不愿离开的人,渐渐窒息……您知道,跟我这样的人,是没法儿讲理的。

但,事实是,我的道理懂得太多了,我也太理智了。请相信这一点。我不需要人用刀一下一下刺在我的心上,以此来教训我……噢,不!我首先想的,是不

要打扰您,不要给您制造一丁点儿的烦恼。我会尽量少给您写信。您可以给我回信,也可以不回。我一年去拜访您一次,仅把那当作一次愉快的旅行。您知道我内心的感情。不过,您也许会因为我把一些感情埋藏在心底、不向您表白而感谢我……

我觉得您很忧郁,这让我更加……

不过,从今天起,我要收敛自己的某些言语。我就与您谈一些无关紧要的事儿吧。

您可能已经知道我的《特洛伊人》昨天没有在音乐学院上演。委员会千方百计地折磨我,不是让我删除这一段,就是让我删除那一段,还辞退了许多歌手,夺去了他们凭借此剧一举成名的机会。所以,我取消了整场戏的演出。

我要感谢您诚心诚意地在两点半钟,让思想飞到音乐厅,替《特洛伊人》祝福。

就在巴黎人让我如此心烦意乱的同时,维也纳人却在庆祝我的生日(12月11日)。那里上演了我的《浮士德的沉沦》的一部分。两个小时后,当地唱经班指挥还给我发来了一份电报,上面写着:为了您,节日活动丰富多彩;士兵及学生合唱在米奈尔热桑·韦兰音乐厅上演;掌声雷动,经久不息。

这些德国艺术家的热情比我的成功更令我激动。我相信您一定理解我的心情。善良,是一切德行之本!

第三天,一位陌生的巴黎人给我寄来了一封信。信的文笔优雅,对我的《特洛伊人》的赞赏之辞令我汗颜,不敢再转述给您。

我的儿子刚刚结束了在墨西哥的一段痛苦之旅,回到了圣纳泽尔(Saint-Nazaire)。一次机会令他在墨西哥立了功,现在他是路易安娜舰的大副。他通知我说他近日即要起身,不可能去巴黎。因此,我去了圣纳泽尔与他拥吻告别。这是个正直的年轻人。很不幸,他处处像我,容不下这个世界的所有庸俗与罪恶。我们就像一对双胞胎兄弟,相互敬爱。

现在,该说一说我周围的事情了。我的老岳母(我曾允诺永不抛弃她不管)在我这儿帮我打理一些日常小事。她从不问我性格变得阴郁的原因。我阅读,比如说重读莎士比亚、维吉尔、荷马的作品,《保罗和维吉妮》《旅途中的交往》等。我空虚烦躁,还要遭受令我痛苦了九年、让所有医生都束手无策的神经痛的可怕的折磨。夜幕降临,当身体、心灵和精神上的苦痛猛烈地扑过来时,我便吞下三口阿片酊,昏昏沉沉地睡去。如果我的身体稍稍好转,并且有必要与几个朋友交往时,我就去邻居达姆卡家。他是一位拥有罕见才华的德国作曲家,也是位博学的教授。他的夫人如天使般善良。这是两位有着金子般心灵的人。我们有时谈谈音乐,有时闲聊,有时大家躺在壁炉火旁的长沙发上,我能在那儿一言不发地躺一晚,反复想着苦涩的心事……一切视我当时的心情而定。这就是我的所有生活,夫人。我以前曾对您说过了,我不再写作,也不再作曲。巴黎和其他地方的音乐界,那些培养艺术、保护艺术家、褒奖杰作的方式都让我恶心,愤怒。这是不是也证明了我还没有心如死灰呢?……

我希望后天能有幸陪夏尔·弗××夫人(她是那样迷人……尽管她的迟迟不到曾像刀般刺伤了我)和她的一位俄国女伴去意大利剧院。我们要去观看唐尼采蒂的《波留托》的第二场演出。如果可能,我们将一直看到终场。沙尔东夫人(她扮演波琳娜)给了我一个包厢。

再见了,夫人。希望您心境安宁,无忧无虑,品尝着您的儿子和朋友对您的爱带给您的幸福。但请偶尔也想一想那个没有理智的可怜的孩子。

您忠实的

埃克托尔·柏辽兹

附记:您真慷慨大度,派新婚夫妇来看望我。夏尔·弗××先生与埃丝黛尔小姐的相似的容貌让我惊撼。我甚至忘乎所以地把这种感觉告诉了他——尽管如此恭维一位男士有失妥当。

她收到这封信后不久给我寄来了回信,上面写着:请相信,我对丧失理智的孩子们并不是没有怜悯之心。我一直认为,为了使他们心境平和,恢复理智,最好的办法便是帮助他们放松,给他们看画片。我冒昧地给您寄去一张这样的画片,它能唤起您对现实的意识,打消对往昔的幻想。

她给我寄来了她的肖像!……太美妙了!真是位可敬的女子!

我就此打住。我想现在我可以更平静地生活了。我将有时给她写信,她会回信;我会去看望她;我知道她的住址;他们会告诉我她生活中可能出现的变动。他的儿子已经向我承诺这一点,并保证通知我。渐渐地,尽管她仍害怕产生新的友情,但她也许会发现,她慢慢地对我越来越有好感。我已经预见到生活将变得美好起来。过去的并没有完全过去。我的天空不再是一片空白。我感激地凝视着我的星宿,它仿佛正远远地温柔地对我笑呐。不错,她不爱我。她为什么要爱我呢?她本来可能永远都不知道我这个人;而现在,她已经知道我爱慕着她。

就像我感叹未能结识我深深敬爱的维吉尔、格鲁克、贝多芬、莎士比亚……那样,我一直感叹与她相见恨晚。本来,她也许会爱上我……(我确实一直无法释怀。)

爱情与音乐这两股强大的力量,哪一个会令人升华到最高境界呢?……这是个难题。但我认为可以这样说:爱情不能界定音乐,音乐却能激发爱情……为什么要将两者分开呢?它们是灵魂的双翼。

看到有些人理解爱情的方式,看到他们在艺术创作中寻找的那些东西,我总是不由自主地想到了猪;那些用肮脏的嘴巴,在美丽的花丛中,在高大的橡树下拱刨土地,希望找到它们爱吃的美味的猪。

但是,让我们不要再想艺术了!……丝黛拉!我的星!丝黛拉(即埃丝黛尔——译注)!现在,我可以不悲不怨,无怨无悔地死去了。

1865年1月1日

图书在版编目（CIP）数据

柏辽兹回忆录：狂飙之子与十九世纪西欧文艺 /（法）埃克托尔·柏辽兹著；冷杉，佟心平，徐艳译 .—北京：北京联合出版公司，2017.1
ISBN 978-7-5502-9043-3

Ⅰ. ①柏… Ⅱ. ①埃… ②冷… ③佟… ④徐… Ⅲ. ①柏辽兹 (Berlioz, Hector 1803-1869) —回忆录 Ⅳ. ①K835.655.76

中国版本图书馆CIP数据核字(2016)第261020号

本书中文简体版权归属于银杏树下（北京）图书有限责任公司。

柏辽兹回忆录：狂飙之子与十九世纪西欧文艺

著　　者：[法]埃克托尔·柏辽兹
译　　者：冷　杉　佟心平　等

选题策划：后浪出版公司
出版统筹：吴兴元
责任编辑：管　文
特约编辑：欧阳潇　董　亚
营销推广：ONEBOOK
装帧制造：墨白空间·曾艺豪

北京联合出版公司出版
（北京市西城区德外大街83号楼9层　100088）
北京天宇万达印刷有限公司印刷　新华书店经销
字数601千字　720毫米×1030毫米　1/16　41印张　插页2
2017年1月第1版　2017年1月第1次印刷
ISBN 978-7-5502-9043-3
定价：78.00元

后浪出版咨询（北京）有限责任公司 常年法律顾问：北京大成律师事务所　周天晖 copyright@hinabook.com
未经许可，不得以任何方式复制或抄袭本书部分或全部内容
版权所有，侵权必究

本书若有质量问题，请与本公司图书销售中心联系调换。电话：010-64010019